国家古籍整理出版专项经费资助项目
广西古籍工作规划项目

——

中国历代登科总录

龚延明　主编

隋唐五代登科总录

龚延明　金滢坤　许友根　编著

4

GUANGXI NORMAL UNIVERSITY PRESS
广西师范大学出版社
·桂林·

卷十六

唐僖宗（李儇）朝（875—888）

乾符二年乙未(875)

知贡举：中书舍人崔沆

进士科

【郑合敬】河南人，祖涯官至宰相，父延休官至山南西道节度使。乾符二年(875)进士科状元及第。终谏议大夫。

《全唐诗》第十九册卷六六七有郑合《及第后宿平康里》诗。按：《全唐诗》云"郑合"一作"郑合敬"。

(唐)孙棨《北里志》附录"郑合敬先辈"条："郑合敬先辈及第后，宿平康里，诗曰：'春来无处不闲行，楚润相看别有情。好是五更残酒醒，时时闻唤状头声。'（楚娘字润卿，妓之尤者。）"

(五代)王定保《唐摭言》卷三《慈恩寺题名游赏赋咏杂纪》："郑合敬先辈及第后，宿平康里，诗曰：'春来无处不闲行，楚闰相看别有情。好是五更残酒醒，时时闻唤状头声。'"

《新唐书》卷七五上《宰相世系表》五上云郑合敬为延休之子，涯之孙，延休官山南西道节度使，河南人。参见大中元年进士科条郑延休小传。

(宋)计有功《唐诗纪事》卷六七《郑合敬》："合敬《及第后宿平康里》诗曰：'春来无处不闲行，楚闰相看别有情。好是五更残酒醒，时时闻唤状头声。'合敬，乾符三年登上第，终谏议大夫。"按："乾符三年"当为"乾符二年"之误。

(明)徐应秋《玉芝堂谈荟》卷二《历代状元》："僖宗乾符二年，进士三十人，状元郑合敬。"

《登科记考》卷二三，乾符二年(875)进士科条云郑合敬状元及第。

【杨涉】郡望苏州，贯京兆府长安县，祖遗直位终濠州录事参军，父严官至兵部侍郎。乾符二年(875)登进士科。历吏部郎中，礼、刑、吏三部侍郎，吏部尚书，官至宰相，后梁官至户部侍郎。

(五代)孙光宪《北梦琐言》卷一二《杨收不学仙》："唐相国杨收，江州人，祖为本州都押衙，父直，为兰溪县主簿。生四子，发、假、收、严，皆登进士第……（杨假）以夏为义，其房子以昃为名……（杨严）以冬为义，其房子以注、涉、洞为名。尽有文学，登高第，号曰'修竹杨家'，与静恭诸杨，比于华盛。"

《旧唐书》卷一七七《杨收传》："杨收字藏之，同州冯翊人……父遗直，位终濠州录事参军。家世为儒，遗直客于苏州，讲学为事，因家于吴。遗直生四子：发、假、收、严……严，字凛之，会昌四年进士擢第……乾符四年，累迁兵部侍郎。二子：涉、注。涉，乾符二年登进士第。昭宗朝，累迁吏部郎中，礼、刑二侍郎。乾符四年，改吏部侍郎。天祐初，转左丞。从昭宗迁洛阳，改吏部尚书。辉王即位，本官平章事，加中书侍郎。涉性端厚秉礼。乾宁之后……涉谦退善处，竟以令终。"

《新唐书》卷一八四《杨收传》："杨收……世居冯翊。父遗直……客死姑苏……严……子涉、注。涉,昭宗时,仕至吏部侍郎。哀帝时,进同中书门下平章事……注为翰林学士。涉已相,辞内职,为户部侍郎。"

《登科记考》卷二三,乾符二年(875)进士科条云杨涉及第。

崇祯《吴县志》卷三三《选举进士》："杨涉,严子,通礼记,历官吏部尚书,进中书门下平章事,仕梁改户部侍郎。"按:《隋唐两京坊里谱》云长安县修行坊有杨收宅,并:"《长安志》:'端州司马杨收宅。'《注》:'收兄发、假弟严皆显贵。'"则杨涉籍贯应在京兆府长安县。

【陈万言】封川人。乾符二年(875)登第。历歙州刺史。

乾隆《广东通志》卷三一《选举志一·唐进士》："乾符二年乙未,陈万言,封川人。乾符二年进士,为歙州刺史。"

【陈谠】字昌言,郡望颍川,贯福州侯官,祖福官至侍御史内供奉,父懋官至大理评事。乾符二年(875)登进士科。历秘书省正字,官至韶州刺史。

《唐代墓志汇编》残志〇二三,黄滔撰《朝散大夫使持节韶州诸军事守韶州刺史上柱国陈府君(谠)墓志铭并序》："府君讳谠字昌言,其先颍川人,太丘宰仲弓之后也。晋末避乱于闽,因而家焉。曾王父护同州司马;王父福侍御史内供奉,皇考懋大理评事赠兵部郎中……(府君)仅及□举,遂擢高科。时尤重其名,榜下授秘省正字……遂授春州刺史……葬于侯官县葛崎之先茔礼也。"

《登科记考》卷二三,乾符二年(875)进士科条云陈谠及第。

淳熙《三山志》卷二六:"乾符二年乙未郑合敬榜:陈谠,字昌言,侯官人,终韶州刺史。"

【张文蔚】字右华,郡望河间,贯京兆长安,祖君卿累历郡守,父袆官至京兆尹。乾符二年(875)登进士科。释褐盐铁巡官,累辟使府,历尚书郎、祠部郎中、中书舍人,官至宰相,赠右仆射。

《旧唐书》卷一七八《张袆传》："张袆字公表,河间人。父君卿,元和中举进士,词学知名,累历郡守。袆,会昌四年进士擢第……迁吏部侍郎、京兆尹。……子文蔚、济美、贻宪。文蔚,乾符二年进士擢第,累佐使府。龙纪初,入朝为尚书郎。乾宁中,以祠部郎中知制诰,正拜中书舍人,赐紫……辉王时,拜中书侍郎、平章事。入梁,卒。"

《旧五代史》卷一八《张文蔚传》："张文蔚,字右华,河间人也。父袆,唐僖宗朝,累为显官。文蔚幼砺文行,求知取友,蔼然有佳士之称。唐乾符初,登进士第,时丞相裴坦兼判盐铁,解褐署巡官。未几,以畿尉直馆。丁家艰,以孝闻。中和岁,僖宗在蜀,大寇未灭,急于军费,移盐铁于扬州,命李都就判之,奏为转运巡官。驾还长安,除监察御史,迁左补阙侍御史、起居舍人、司勋吏部员外郎,拜司勋郎中、知制诰,岁满授中书舍人。丁母忧,退居东畿,哀毁过礼。服阕,复拜中书舍人,俄召入翰林,为承旨学士。属昭宗初还京阙,皇纲寝微,文蔚所发诏令,靡失厥中,论者多之。转户部侍郎,仍依前充职,寻出为礼部侍郎。天祐元年夏,拜中书侍郎、平章事,兼判户部。时柳璨在相位,擅权纵暴,倾陷贤俊,宰相裴枢等五家及三省而下三十余人,咸抱冤就死;缙绅以目,不敢窃语其是非,余怒所注,亦不啻十许辈。文蔚殚其力解之,乃止,士人赖焉。璨败死,文蔚兼度支盐铁使。天祐四年,天子以土运将革,天命有归,四月,命文蔚与杨涉等总率百僚,奉禅位诏至大梁。太祖受命,文蔚等不易其位。开平二年春,暴卒于位,诏赠右仆射。"

(宋)欧阳修《新五代史》卷三五《张文蔚传》:"张文蔚字右华,河间人也。初以文行知名,举进士及第。唐昭宗时,为翰林学士承旨。是时,天子微弱,制度已隳,文蔚居翰林,制诏四方,独守大体。昭宗迁洛,拜中书侍郎、同中书门下平章事……梁太祖立,仍以文蔚为相,梁初制度皆文蔚所裁定。文蔚居家亦孝悌。开平二年,太祖北巡,留文蔚西都,以暴疾卒,赠右仆射。"

《登科记考》卷二三,乾符二年(875)进士科条云张文蔚及第。按:《城坊考》:"天官侍郎张锡宅。"则张文蔚籍贯应该在京兆。

【林嵩】字降臣,福州长溪县人。乾符二年(875)登进士科。除秘书省正字,历浙东观察使、福建观察使巡官,终金州刺史。

《全唐文》卷八二九林嵩小传:"值黄巢之乱,遂东归。观察使李晦辟为团练巡检官,转度支使,后除毛诗博士。官至金州刺史。"

《全唐诗》第二十一册卷七〇五黄滔《寄越从事林嵩侍御》:"子虚词赋动君王,谁不期君入对扬。莫恋兔园留看雪,已乘骢马合凌霜。路归天上行方别,道在人间久便香。应念都城旧吟客,十年踪迹委沧浪。"按:浙江东道节度使,治越州,当指浙江东道观察使。

(元)辛文房撰,傅璇琮主编《唐才子传校笺》(册四)卷九《林嵩》:"嵩字降臣,长乐人也。乾符二年,礼部侍郎崔沆下进士。官至秘书省正字。"

《登科记考》卷二三,乾符二年(875)进士科条云林嵩及第。

淳熙《三山志》卷二六:"乾符二年乙未郑合敬榜:林嵩,字降臣,长溪人,终金州刺史。"按:唐福州下有长乐、长溪县,今从淳熙《三山志》。

【林徽】福州人。父慎思咸通十年(869)进士,官至水部郎中。乾符二年(875)进士科及第。

(明)何乔远《闽书》卷七十七《英旧志·福州府长乐县·唐·选举》下记:"乾符二年乙未:林徽,慎思子。"

《钦定四库全书总目》卷九一:"唐林慎思撰,慎思,字虔中,长乐人,咸通十年进士,十一年又中宏词拔萃魁,授秘书省校书郎,兴平尉,寻除尚书水部郎中,守万年县令,黄巢之乱抗节不屈死。"

【郑隐】字伯超,福清人。乾符二年(875)登进士科。历南海从事。

(五代)王定保《唐摭言》卷九《好知己恶及第》:"郑隐者,其先闽人,徙居循阳,因而耕焉。少为律赋,辞格固寻常。咸康末,小魏公沆自阙下黜州佐,于时循人稀可与言者;隐赞谒之,沆一见甚慰意,自是日与之游……行至商颜,诏沆知贡举……暨榜除之夕,沆巡廊自呼隐者三四,蘙然顿气而言曰:'郑隐,崔沆不与了,却更有何人肯与之!'一举及第……中和末,郑续镇南海,辟为从事。"

《登科记考》卷二三,乾符二年(875)进士科条云郑隐及第。

淳熙《三山志》卷二六:"乾符二年乙未郑合敬榜:郑隐,字伯超,福清人。"

【孟棨】一作"孟启",乾符二年(875)登进士科。曾官凤翔府节度推官。

《全唐文补遗》第八辑,咸通十二年(871)七月二十八日《唐孟氏(启)家妇陇西李夫人(琡)墓志铭并叙》,署名"李琡之夫孟启撰"。按:孟棨在唐代科举史上以出入科场三十余年而闻名,撰其妻《李琡墓志》时云"启读书为文,举进士久不得第"云云,与史籍记载契合。

《全唐文补遗》第八辑,乾符二年(875)十月十二日《唐故朝请大夫京兆少尹上柱国孟府君(璲)夫人兰陵郡君萧氏(威)墓志铭》,署名"凤翔府节度推官、前乡贡进士孟启撰"。

(五代)王定保《唐摭言》卷四《与恩地旧交》:"孟棨年长于小魏公。放榜日,棨出行曲谢。沆泣曰:'先辈,吾师也。'沆泣,棨亦泣。棨出入场籍三十余年。"

《登科记考》卷二三,乾符二年(875)进士科条云孟棨及第。

【崔胤】一作"崔敬本""崔徹本",字昌遐,一作"垂休",太原人,父慎由官至宰相。乾符二年(875)登进士科。历河中节度使从事,官至昭宗朝宰相,勋官上柱国,爵魏国公。

《旧唐书》卷一七七《崔慎由传附崔胤传》:"崔慎由字敬止,清河武城人……父从,少孤贫。寓居太原……十年,以本官同平章事,兼集贤殿大学士……拜太子太保,分司东都,卒……慎由子胤。胤,字昌遐,乾宁二年登进士第。王重荣镇河中,辟为从事。入朝,累迁考功、吏部二员外郎,转郎中、给事中、中书舍人。大顺中,历兵部、吏部二侍郎,寻以本官同平章事……开府仪同三司、守司空、兼门下侍郎、同平章事,充太清宫使、弘文馆大学士、延资库使、诸道盐铁转运等使、判度支、上柱国、魏国公、食邑五千户崔胤。"按:其大顺中已为侍郎,《登科记考》卷二三,乾符二年(875)条已指出乾宁当作"乾符",此说为是。

《新唐书》卷二二三下《奸臣下·崔胤传》:"崔胤字垂休,宰相慎由子也。擢进士第,累迁中书舍人、御史中丞……由户部侍郎同中书门下平章事。"按:岑仲勉《登科记考订补》考证(唐)孙棨《北里志》之"崔徹本",即为崔胤。

《登科记考》卷二七《附考·进士科》作"崔敬本"。

【崔澹】乾符二年(875)登进士科。

(宋)钱易《南部新书·戊》:"乾符二年,崔沆放崔澹。"

(宋)王谠撰,周勋初校证《唐语林校证》卷七《补遗·起武宗至昭宗》:"崔沆知贡举,得崔澹。时榜中同姓,澹最为沆知,谭者称'座主门生,沆澹一气'。"

《登科记考》卷二三,乾符二年(875)进士科条云崔澹及第。

制科

【韦昭范】乾符二年(875)登博学宏词科。小传见咸通十五年进士科韦昭范条。

(五代)王定保《唐摭言》卷三《慈恩寺题名游赏赋咏杂纪》:"咸通十四年,韦昭范先辈登第,昭范乃度支侍郎杨严懿亲。"

(宋)李昉等《《太平广记》卷一九六《豪侠四·宣慈寺门子》引《摭言》:"宣慈寺门子

不记姓氏,酌其人,义侠徒也。唐乾符二年,韦昭范登宏词科,昭范乃度支使杨严懿亲。"

《登科记考》卷二三,乾符二年(875)博学宏词科条云韦昭范及第。

乾符三年丙申(876)

知贡举：礼部侍郎崔沆

进士科

【孔缄】曲阜人,祖戣官至给事中。乾符三年(876)进士科状元及第。

(宋)乐史《广卓异记》卷一九《兄弟三人俱状元及第》:"右按《登科记》:孔纬,大中二年状元及第。弟纁,咸通十四年状元及第。缄,乾符三年状元及第。"

(元)辛文房撰,傅璇琮主编《唐才子传校笺》(册四)卷九《高蟾》:"蟾,河朔间人。乾符三年孔缄榜及第。"按:据《新唐书》卷七五下《宰相世系表》五下:孔缄,曲阜人,祖戣给事中,父温儒。

《登科记考》卷二三,乾符三年(876)进士科条云孔缄状元及第。按:孔缄,贯东都洛阳人,详见建中元年进士科孔戣小传。

【苗延义】一作"苗廷义",郡望上党,贯洛阳。乾符三年(876)登进士科。

《唐代墓志汇编》咸通一〇〇咸通十二年(871)十二月十三日《唐故上党苗君(景符)墓中哀词并序》署"长兄乡贡进士义符撰并书"。其曰:"君讳景符,字祯运,上党人也……唐扬州录事参军讳颖,即君曾大父也;太原参军赠礼部尚书讳蕃,即君大父也;先大夫讳恽,与伯季鳞射进士策,著大名于世……君比无恙,忽病热旬余,竟以咸通辛卯岁九月四日不起于靖安里第。吾与仲弟廷义同经营,粗备窆岁之用,以其年十二月十三日,吾护葬于洛阳县平阴乡陶村北原,从先大夫之右,礼也。"

(宋)魏仲举《五百家注释韩昌黎全集》卷二五《唐故太原府参军苗君墓志铭》樊注:"按登科记,延义乾符三年登第。"《登科记考》卷二三,乾符三年(876)进士科条根据《韩文考异》引《登科记》记载,作"苗延",按语云:"《世系表》恽生廷义。'延',盖'廷义'之讹。"

【高蟾】河朔间人。乾符三年(876)登进士科。官至御史中丞。

《新唐书》卷六〇《艺文四》:"《高蟾诗》一卷。乾宁御史中丞。"

(宋)计有功《唐诗纪事》卷六一《高蟾》:"时谓蟾无躁竞心。后登第,乾宁中为御史中丞。"《诗话总龟》前集卷四四引《诗史》:"(高蟾)下第,上王司马侍郎诗云云。人颇怜其意。明年,李昭知举,随擢第。"

(宋)陈振孙《直斋书录解题》卷一九录载《高蟾集》一卷,注:"唐御史中丞高蟾撰。乾符三年进士。"

(元)辛文房撰,傅璇琮主编《唐才子传校笺》(册四)卷九《高蟾》:"蟾,河朔间人。乾符三年孔缄榜及第……官至御史中丞。"

《登科记考》卷二三,乾符三年(876)进士科条云高蟾及第。

【章碣】钱塘人,父孝标官至试大理评事。乾符三年(876)登进士科。

(五代)王定保《唐摭言》卷一〇《海叙不遇》:"章碣,不知何许人,或曰孝标之子。咸通末,以篇什著名。乾符中,高侍郎湘自长沙携邵安石至京及第,碣赋《东都望幸》以刺之。(诗在好知己恶及第门。)"

(宋)计有功《唐诗纪事》卷四一《章孝标》:"孝标元和十三年下第,时辈多为诗以刺主司,独孝标为《归燕》诗留献,侍郎庾承宣得诗展吟讽;庾果重典礼曹,孝标来年登第……孝标及第除正字……或曰:前有八元,后有孝标,皆桐庐人……孝标,大和中,山南东道从事,试大理评事。"

(宋)计有功《唐诗纪事》卷六一《章碣》:"碣,孝标之子,登乾符进士第。"

(元)辛文房撰,傅璇琮主编《唐才子传校笺》(册四)卷九《章碣》:"碣,钱塘人,孝标之子也。累上著不第,咸通末以篇什称。乾符中,高湘侍郎自长沙携邵安古来京及第,碣恨湘不知己,赋《东都望幸》诗曰:'懒修珠翠上高台,眉月连妍恨不开。纵使东巡也无益,君王自领美人来。'后竟流落不知所终。"

嘉靖《浙江通志》卷三八《人物志》:"(章碣)登乾符进士,亦有诗名。"

嘉庆《浙江通志》卷一八二引万历《严州府志》:"孝标子,乾符三年进士,有集一卷行于世。"参见元和十四年进士科章孝标小传。

乾符四年丁酉(877)

知贡举:中书舍人高湘

进士科

【刘覃】润州句容人,祖三复官至刑部侍郎,父邺官至宰相。乾符四年(877)登进士科。

(唐)孙棨《北里志》之《天水仙哥》:"刘覃登第,年十六七,永宁相国邺之爱子,自广陵入举,辎重数十车,名马数十驷。时同年郑賓先辈扇之,极嗜欲于长安中。"

(五代)王定保《唐摭言》卷三《慈恩寺题名游赏赋咏杂纪》:"新进士尤重樱桃宴。乾符四年,永宁刘公第二子覃及第;时公以故相镇淮南,敕邸吏日以银一铤资覃醵罚,而覃所费往往数倍。"此事,(宋)李昉等《太平广记》卷四一一《果下·樱桃》引《摭言》略同。

《旧唐书》卷一七七《刘邺传》:"刘邺,字汉藩,润州句容人也。父三复,聪敏绝人……自谏议、给事,拜刑部侍郎、弘文馆学士判馆事……邺六七岁能赋诗……其年同平章事,判度支,转中书侍郎,兼吏部尚书,累加太清宫使、弘文馆大学士。"

《新唐书》卷一八三《刘邺传》:"刘邺字汉藩,润州句容人。父三复……擢三复刑部侍郎、弘文馆学士……邺六七岁能属辞……咸通初,擢左拾遗,召为翰林学士,赐进士第。历中书舍人,迁承旨……以礼部尚书同中书门下平章事,判度支。"

《登科记考》卷二三,乾符四年(877)进士科条云刘覃及第。

【张昭远】循州归善人。乾符四年(877)登进士科。官至起居舍人。

嘉靖《惠州府志》卷四《选举表·进士》:"张昭远,归善人,起居舍人。"

乾隆《广东通志》卷三一《选举志一·唐进士》:"乾符四年丁酉,张昭远,归善人,起居舍人。"按:《新唐书》卷四三上《地理七上》载岭南道循州海丰郡辖有归善县。

【邵安石】连州人。乾符四年(877)登进士科。

《全唐诗》第二十一册卷七一六有曹松《送邵安石及第归连州觐省》。

(五代)王定保《唐摭言》卷九《好知己恶及第》:"邵安石,连州人也。高湘侍郎南迁归阙,途次连江,安石以所业投献遇知,遂挈至辇下。湘主文,安石擢第,诗人章碣赋《东都望幸诗》刺之:'懒修珠翠上高台,眉月连娟恨不开。纵使东巡也无益,君王自领美人来。'"

(五代)王定保《唐摭言》卷一〇《海叙不遇》:"乾符中,高侍郎湘自长沙携邵安石至京及第。"

《登科记考》卷二三,乾符四年(877)进士科条云邵安石及第。

【郑賔】字贡华,吴人。乾符四年(877)登进士科。

(唐)孙棨《北里志》之《天水仙哥》:"刘覃登第年十六七,永宁相国邺之爱子,自广陵入举,辎重数十车,名马数十驷。时同年郑賔先辈扇之(郑賔本吴人,或荐裴赞为东床,因与名士相接,素无操守,粗有词学。乾符四年,裴公致其捷,与覃同年,因诣事覃,以求维扬幕,不慎廉隅,猥褒财利,又薄其中馈,竟为时辈所弃斥),极嗜欲于长安中。"

《新唐书》卷六〇《艺文四》:"《郑賔集》十卷。字贡华,乾符进士第。"

《登科记考》卷二三,乾符四年(877)进士科条云郑賔及第。

乾符五年戊戌(878)

知贡举:中书舍人崔澹

进士科

【孙偓】一作"孙渥",字龙光,冀州武邑人,父景商官至天平军节度使。乾符五年(878)进士科状元及第。官至宰相,封安乐县侯。

《全唐文》卷八四一,裴廷裕《授孙偓判户部制》:"门下。在天成象,拱帝座者三台。在地称崇,镇方隅者五岳。我有贤辅,立乎大朝。叶三台照耀之功,契五岳匡扶之力。毁凝庶绩,宜峻徽章。正议大夫守中书侍郎同中书门下平章事上柱国赐紫金鱼袋孙偓,壁立孤峰,渭清一派,早以闺门之行,闻于乡里之间……可银青光禄大夫依前中书侍郎同中书门下平章事充集贤殿大学士兼判户部事,仍封安乐县开国子,食邑五百户,余如故。"

《洛阳流散唐代墓志汇编续集》附录〇〇一,贞明五年(919)四月二十四日〈唐丞相梁司空致仕赠司徒乐安孙公(偓)墓志铭并序〉云:"凤翔四面行营都统、金紫光禄大夫、门下侍郎兼礼部尚书、同中书门下平章事、监修国史、判度支盐铁诸道转运等使、上柱国、乐安郡开国侯,食邑一千户讳偓,字龙光,魏郡武水人也。……祖起,皇任滑州白马县令,赠右仆射。父景商,皇任天平军节度使,谥曰康。府君乃第五之嫡子也。统冠擢第,释褐丞相府。"

（唐）孙棨《北里志》之《郑举举》："郑举举者，居曲中……孙龙光为状元，（注：名偓，文府弟，为状元在乾符五年。）颇惑之，与同年侯彭臣潜、杜宁臣彦殊、崔勋美昭愿、赵延吉光逢、卢文举择、李茂勋茂蔼弟等数人，多在其舍。"

（五代）王定保《唐摭言》卷八《梦》："孙龙光偓，崔澹下状元及第。前一年，尝梦积木数百，偓践履往复。既而请一李处士圆之，处士曰：'贺喜郎君，来年必是状元，何者？已居众材之上也。'"

《新唐书》卷一八三《孙偓传》："孙偓，字龙光。父景商，为天平军节度使。偓第进士，历显官，以户部侍郎同中书门下平章事，迁门下，为凤翔四面行营都统。俄兼礼部尚书、行营节度诸军都统招讨处置等使。始，家第堂柱生槐枝，期而茂，既而偓秉政，封乐安县侯。与朴皆贬衡州司马，卒。"

（元）辛文房撰，傅璇琮主编《唐才子传校笺》（册四）卷九《牛峤》："峤字延峰，陇西人，宰相僧孺之后。博学有文，以歌诗著名。乾符五年，孙偓榜第四人进士。"

（明）徐应秋《玉芝堂谈荟》卷二《历代状元》："（咸通）二年，状元孙龙光。"又："（乾符）四年进士三十人，状元孙渥。"按：孙龙光和孙渥当为同一人，详见岑仲勉《登科记考订补》。

《登科记考》卷二三，乾符五年（878）进士科条云孙偓及第。

【邓承勋】广州人。乾符五年（878）登进士第。为虔州司马。

《旧唐书》卷一六五《柳公绰传附柳仲郢传》："柳公绰……明年，黄巢陷广州，郡人邓承勋以小舟载批脱祸。"

《登科记考补正》卷二三，乾符五年（878）进士科增补。

同治《广东通志》卷二六八引《黄志》："邓承勋，南海人……登乾符五年进士，为虔州司马。"

【牛峤】字松卿，一字延峰，郡望陇西临州狄道，贯洛阳，宰相僧孺之后。乾符五年（878）登进士科。历拾遗、补阙、尚书郎、西川节度使判官，官至伪蜀给事中。

（唐）李钰《故丞相太子太师赠太尉牛公神道铭并序》："公讳僧孺，字思黯，陇西狄道人。"据《旧唐书》卷四〇《地理三·陇右道》云唐代临州有狄道县。其新贯洛阳，参考大和九年进士科牛蔚条。

（宋）计有功《唐诗纪事》卷七一《牛峤》："峤，字松卿，一字延峰，陇西人，自云僧孺之后。"

（宋）晁公武《郡斋读书志校证》卷一八《别集类中》录《牛峤歌诗》三卷，注："右伪蜀牛峤字延峰，陇西人。唐相僧孺之后……乾符五年进士，历拾遗、补阙、尚书郎。王建镇西川，辟判官。及开国，拜给事中，卒。"

（元）辛文房撰，傅璇琮主编《唐才子传校笺》（册四）卷九《牛峤》："峤字延峰，陇西人，宰相僧孺之后。博学有文，以歌诗著名。乾符五年，孙偓榜第四人进士。仕历拾遗、补阙、尚书郎。王建镇西川，辟为判官。及伪蜀开国，拜给事中，卒。"

《登科记考》卷二三,乾符五年(878)进士科条云牛峤及第。

【卢择】字文举。乾符五年(878)登进士科。历司勋员外郎、史馆修撰、吏部尚书。

《全唐文》卷八三七,薛廷珪《授考功员外郎郑璘司勋员外郎卢择并充史馆修撰制》:"敕。具官郑璘等:尧舜禹汤文武之善,桀纣幽厉之违,非直笔信史,后王莫得而详也。我国家列圣行事,亦具书于史官。将以昭示后昆,垂训不朽。纪纲专总于丞相,笔削分任于名儒。非夫望蕴司南,才膺载笔者,不当其选。而崇望言尔璘等,博闻强识,绳直冰清。四时之和气袭人,一字之褒贬惟正。闻见事典,周知故实。可以著不刊之书,论司过之史。尔宜详于注记,纪乎言动之非。继彼春秋,明乎得失之迹。彰善瘅恶,无忿疾厥心。举直错枉,无上下其手。伫闻称职,当议陟明。可。"

(唐)孙棨《北里志》之《郑举举》:"郑举举者,居曲中……孙龙光为状元,(注:名偓,文府弟,为状元在乾符五年。)颇惑之,与同年侯彰臣潜、杜宁臣彦殊、崔勋美昭愿、赵延吉光逢、卢文举择、李茂勋茂蔼弟等数人,多在其舍。"

《新五代史》卷六一《吴世家第一》:"(天祐十六年夏四月)卢择为吏部尚书。"

《登科记考》卷二三,乾符五年(878)进士科条云卢择及第。

【卢嗣业】郡望范阳,贯东都洛阳,祖纶官至户部郎中,父简求官至充河东节度观察等使。乾符五年(878)登进士科,累辟使府。历长安尉、左拾遗、右补阙,官至检校礼部郎中。

(唐)孙棨《北里志》之《郑举举》:"郑举举者,居曲中……孙龙光为状元,(注:名偓,文府弟,为状元在乾符五年。)颇惑之,与同年侯彰臣潜、杜宁臣彦殊、崔勋美昭愿、赵延吉光逢、卢文举择、李茂勋茂蔼弟等数人,多在其舍。他人或不尽预。故卢嗣业与同年。"

《旧唐书》卷一六三《卢简辞传》:"卢简辞字子策,范阳人,后徙家于蒲。祖翰。父纶,天宝末举进士,遇乱不第,奉亲避地于鄱阳……超拜户部郎中。方欲委之掌诰,居无何,卒……简求……子太师致仕,还于东都……简求……充河东节度观察等使……简求十子,而嗣业、汝弼最知名。嗣业进士登第,累辟使府。广明初,以长安尉直昭文馆、左拾遗、右补阙。王铎征兵收两京,辟为都统判官、检校礼部郎中,卒。"按:"王铎征兵收两京,辟为都统判官"一句,当指《旧唐书》卷一九下《僖宗》:"(中和元年七月)以侍中王铎检校太尉、中书令,兼滑州刺史、义成军节度、郑滑观察处置,兼充京城四面行营都统。"

《新唐书》卷一七七《卢简辞传》:"卢简辞字子策。父纶,别传。与兄简能、弟弘止、简求皆有文,并第进士……(简求)子嗣业、汝弼,皆中进士第……嗣业子文纪,后贵显。"

《登科记考》卷二七《附考·进士科》又附卢嗣业,与同书乾符五年卢嗣业为同一人,当删除。见施子愉《登科记考补正》。

【李茂勋】乾符五年(878)登进士科。

(唐)孙棨《北里志》之《郑举举》:"郑举举者,居曲中……孙龙光为状元,(注:名偓,文府弟,为状元在乾符五年。)颇惑之,与同年侯彰臣潜、杜宁臣彦殊、崔勋美昭愿、赵延吉光逢、卢文举择、李茂勋茂蔼弟等数人,多在其舍。"

《登科记考》卷二三,乾符五年(878)进士科条云李茂勋及第。

【杜彦林】一作"杜彦殊",字宁臣,京兆府人。乾符五年(878)登进士科。累官至尚书郎、知制诰,拜中书舍人,官至御史中丞。

《全唐文补遗》第八辑,乾符五年(878)二月十八日《唐故汝南翟氏夫人(裴君妻)墓志铭》,署名"前乡贡进士杜彦林纂"。

(唐)孙棨《北里志》之《郑举举》:"郑举举者,居曲中……孙龙光为状元,(注:名偓,文府弟,为状元在乾符五年。)颇惑之,与同年侯彰臣潜、杜宁臣彦殊、崔勋美昭愿、赵延吉光逢、卢文举择、李茂勋茂蔿弟等数人,多在其舍。"

《旧唐书》卷一七七《杜审权传附杜让能传》:"杜审权字殷衡,京兆人也……三子:让能、彦林、弘徽。……彦林,光化中累官至尚书郎、知制诰,拜中书舍人。天祐初,为御史中丞。"

《新唐书》卷七一下《宰相世系表》一下:"彦林,字宁臣,中书舍人。"

《登科记考》卷二三,乾符五年(878)进士科条云杜彦殊及第。按:"殊",疑为"林"之讹。

【陈蜀】字文都,福州闽县人。乾符五年(878)登进士科。

《登科记考》卷二三,乾符五年(878)进士科陈蜀条:《永乐大典》引《闽中记》:"陈蜀字文都,闽县人。乾符五年及第……至是主司乃崔澹也。"

淳熙《三山志》卷二六:"乾符五年戊戌孙渥榜:陈蜀,字文都。"

【赵光逢】字延吉,京兆奉天人,祖存约官至兴元府推官,父隐官至宰相。乾符五年(878)登进士科。释褐凤翔推官,历节度判官、凤翔支使,官至宰相,封齐国公。

(唐)孙棨《北里志》之《郑举举》:"郑举举者,居曲中……孙龙光为状元,(注:名偓,文府弟,为状元在乾符五年。)颇惑之,与同年侯彰臣潜、杜宁臣彦殊、崔勋美昭愿、赵延吉光逢、卢文举择、李茂勋茂蔿弟等数人,多在其舍。"

《旧唐书》卷一七八《赵隐传》:"赵隐字大隐,京兆奉天人也。祖植……三迁尚书工部侍郎……子存约、滂。存约,大和三年为兴元从事……(隐)大中三年,应进士登第,累迁郡守、尚书郎、给事中、河南尹,历户、兵二侍郎,领盐铁转运等使。咸通末,以本官同平章事,加中书侍郎,兼礼部尚书,进阶特进、天水伯、食邑七百户……子光逢……光逢,乾符五年登进士第,释褐凤翔推官。入朝为监察御史,丁父忧免。僖宗还京,授太常博士,历礼部、司勋、吏部三员外郎,集贤殿学士,转礼部郎中。景福中,以祠部郎中知制诰,寻召充翰林学士,正拜中书舍人、户部侍郎、学士承旨。改兵部侍郎、尚书左丞,学士如故。乾宁三年,从驾幸华州,拜御史中丞,改礼部侍郎。刘季述废立之后,宰相崔胤与黄门争权,衣冠道丧。光逢移疾,退居洛阳,闭关却扫六七年。昭宗迁洛,起为吏部侍郎,复为左丞,历太常卿。鼎没于梁,累官至宰辅,封齐国公。"

《新唐书》卷一八二《赵隐传》:"赵隐字大隐,京兆奉天人……会昌中,擢进士第,历州刺史、河南尹。以兵部侍郎领盐铁转运使。咸通末,进同中书门下平章事,迁中书侍郎,封天水县伯……广明初,为吏部尚书。居母丧,卒。"

《旧五代史》卷五八《赵光逢传》:"赵光逢,字延吉。曾祖植,岭南节度使。祖存约,兴元府推官。父隐,右仆射。光逢与弟光裔,皆以文学德行知名……光逢……僖宗朝,登进士第。逾月,辟度支巡官,历官台省,内外两制,俱有能名,转尚书左丞、翰林承旨……改礼部侍郎、知贡举……门人柳璨登庸,除吏部侍郎、太常卿。入梁为中书侍郎、平章事,累转左仆射兼租庸使,上章求退,以太子太保致仕。梁末帝爱其才,征拜司空、平章事。无几以疾辞,授司徒致仕……天成初,迁太保致仕,封齐国公,卒于洛阳。诏赠太傅。"

《登科记考》卷二三,乾符五年(878)进士科条云赵光逢及第。

【侯潜】字彰臣。乾符五年(878)登进士科。

(唐)孙棨《北里志》之《郑举举》:"郑举举者,居曲中……孙龙光为状元,(注:名偓,文府弟,为状元在乾符五年。)颇惑之,与同年侯彰臣潜、杜宁臣彦殊、崔勋美昭愿、赵延吉光逢、卢文举择、李茂勋茂蔼弟等数人,多在其舍。"

《登科记考》卷二三,乾符五年(878)进士科条云侯潜及第。

【崔昭愿】字勋美。乾符五年(878)登进士科。

(唐)孙棨《北里志》之《郑举举》:"郑举举者,居曲中……孙龙光为状元,(注:名偓,文府弟,为状元在乾符五年。)颇惑之,与同年侯彰臣潜、杜宁臣彦殊、崔勋美昭愿、赵延吉光逢、卢文举择、李茂勋茂蔼弟等数人,多在其舍。"

《登科记考》卷二三,乾符五年(878)进士科条云崔昭愿及第。

【康骈】字驾言,池阳人。乾符五年(878)登进士科。

《新唐书》卷五九《艺文三》:"康骈《剧谈录》三卷。字驾言,乾符进士第。"

《四库全书总目》卷一四二《居谈录·提要》:"骈,池阳人,乾符四年登进士第。"按:登第年份误。

《登科记考》卷二三,乾符五年(878)进士科条:《永乐大典》引《池州府志》:"康骈,乾符五年登进士第。"

【蒋子友】乾符五年(878)进士科及第。

(明)董斯张《吴兴备志》卷十八《选举·进士》:"蒋子友乾符中进士。"

嘉泰《吴兴志》卷一三《寺院·归安县》:"宣妙院,在县东九十里琅琊古博村。唐乾符五年进士蒋子友舍宅建,号兴福院。"

明经科

【王玫】一作"王玟",泉州晋江县人。乾符五年(878)登明经第。历温州平阳令。

胡可先《〈登科记考〉匡补三编》补入。

乾隆《福建通志》卷三三《选举志一·唐科目》:"乾符五年戊戌孙渥榜:明经林翱,莆田人,藻子;晋江县王玫及第,温州平阳令。"《闽书》卷八一《泉州府晋江县·唐·进士》下记"乾符五年戊戌:王玫(明经及第)"。王玫,两《唐书》无传,《八闽通志》卷五七泉州府下记有王玟,谓"平阳县令",则"王玫"又有作"王玟"者。

【林翱】泉州莆田人。乾符五年(878)登明经第。

《登科记考补正》卷二三,乾符五年(878)明经科增补。

乾隆《福建通志》卷三三《选举》:"乾符五年孙渥榜:明经林翱,莆田人,藻子;晋江县王玫及第,温州平阳令。"

乾符六年己亥(879)

知贡举:中书舍人张读

进士科

【杜弘徽】京兆府人,曾祖佐位终大理正,祖元绛位终太子宾客,父审权终太子太傅。乾符六年(879)登进士科。官至户部侍郎。

《旧唐书》卷一七七《杜审权传》:"杜审权字殷衡,京兆人也……祖佐,位终大理正。佐生二子:元颖、元绛。元颖,穆宗朝宰相。绛位终太子宾客。绛生二子:审权、蔚,并登进士第……(审权)入为太子太傅,分司东都。卒,赠太子,谥曰德。三子:让能、彦林、弘徽。……彦林、弘徽,乾符中相次登进士第。彦林,光化中累官至尚书郎、知制诰,拜中书舍人。天祐初,为御史中丞。弘徽,累官至中书舍人,迁户部侍郎,充弘文馆学士判馆事,与兄同日被害。"

《登科记考》卷二三,乾符六年(879)进士科杜弘徽条:杜彦殊,当即彦林乾符五年及第,杜弘徽相继及第,则应在乾符六年。

【李袭吉】洛阳人。乾符中举进士。官至谏议大夫。

《旧五代史》卷六〇《李袭吉传》:"李袭吉,自言左相林甫之后,父图,为洛阳令,因家焉。袭吉,乾符末应进士举(案《唐新篹》作应广文举,不第),遇乱,避地河中,依节度使李都,擢为盐铁判官。"按:袭吉是否进士及第,尚需史料证实。录此俟考。

《新五代史》卷二八《李袭吉传》:"李袭吉,父图,洛阳人,或曰唐相林甫之后也。乾符中,袭吉举进士,为河中节度使李都擢盐判官。后去之晋,晋王以为榆次令,遂为掌书记。袭吉博学,多知唐故事。迁节度副使,官至谏议大夫……袭吉为人恬淡,以文辞自娱,天祐三年卒。以卢汝弼代为副使……庄宗即位,赠袭吉礼部尚书、汝弼兵部尚书。"

《登科记考补正》卷二三,乾符六年(879)进士科增补李袭吉。

【骆用锡】宣州南陵县人。乾符六年(879)登进士科。

《全唐诗》第二十册卷六七四,郑谷《贺进士骆用锡登第》:"苦辛垂二纪,擢第却沾裳。春榜到春晚,一家荣一乡。题名登塔喜,醵宴为花忙。好是东归日,高槐蕊半黄。"

胡可先《〈登科记考〉匡补三编》补入。

《登科记考》卷二七《附考·进士科》云骆用锡及第,宣州有南陵县。

《南陵县志》卷一九《选举志·进士·唐》:"乾符己亥张渎榜:骆用锡。"

光绪《安徽通志》卷一五四《选举表四·进士》:"乾符己亥张读榜:骆用锡,南陵人。"按:《旧唐书·僖宗本纪》乾符五年十二月:"以中书舍人张读权知礼部贡举。"《旧唐书·张荐传》:张读"累官至中书舍人、礼部侍郎,典贡举,时称得士"。

制科

【康軿】字驾言,池州人。乾符六年(879)登博学宏辞科。小传见乾符五年进士科条康軿小传。

《新唐书》卷五九《艺文三》:"康軿《剧谈录》三卷。字驾言,乾符进士第。"

《登科记考》卷二三,乾符六年(879)博学宏词科康軿条:《永乐大典》引《池州府志》:"康軿中乾符六年博学宏词科。"

广明元年庚子(880)

正月己卯朔,改元。《资治通鉴》。

知贡举:礼部侍郎崔厚

进士科

【郑蔼】广明元年(880)进士科状元及第。

(元)辛文房撰,傅璇琮主编《唐才子传校笺》(册四)卷九《钱珝》:"珝,吴兴人,起之孙也。乾宁六年郑蔼榜及第,昭宗时仕为中书舍人。"按:"乾宁"或为"乾符"之误。徐松《登科记考》卷二三广明元年(880),据《永乐大典》引《苏州府志》载"广明元年钱珝、杨钜及第",定珝广明元年(880)及第,且记是年状元郑蔼。徐氏所记较可信,今从之。

【刘崇鲁】字郊文,洛阳人,祖藻(早)赠秘书郎,父符官至蔡州刺史。广明元年(880)登进士科。历河东节度使推官、掌书记、水部员外郎,终官司户参军。

《秦晋豫新出墓志蒐佚续编》九四二,刘崇望撰乾符四年(877)四月二日《唐故振武观察支使将仕郎试太常寺协律郎刘府君墓铭并序》:"君讳瑰,字比德,河南人也。绪萌于后魏,业盛于我唐。七代祖政会,以佐命元勋封渝国公,图形凌烟阁。著河山之誓,自渝国轩冕蝉联,至王父讳早,赠秘书郎,历佐郡城,仁及蒸庶。皇考讳符,皇任蔡州刺史兼御史中丞、赐紫金鱼袋,赠左散骑常侍。春官登上第,南宫为刑郎。自刑曹由杭州而理上蔡,功德及于下,清白遗其后。"

《旧唐书》卷一七九《刘崇望传》:"刘崇望字希徒。其先代郡人,随元魏孝文帝徙洛阳,遂为河南人……藻生符,进士登第,咸通中位终蔡州刺史,生八子,崇龟、崇望、崇鲁、崇谟最知名……崇鲁,广明元年登进士第,郑从谠奏充太原推官。时兄崇龟为节度判官,昆仲同居幕府,寻转掌书记。中和二年入朝,拜右拾遗、左补阙。景福初,以水部员外郎知制诰。二年,杜让能得罪,昭宗复命韦昭度为相,翰林学士李溪同平章事。崇鲁与崔昭纬相善……崇鲁坐贬崖州司户。"

(宋)王钦若等《册府元龟》卷七二九《幕府部(十四)·辟署第四》:"前进士刘崇鲁充推官。"

《新唐书》卷九〇《刘政会传》:"刘政会,滑州胙人……七世孙崇望,字希徒,及进士第,宣歙王凝辟转运巡官……弟崇鲁,字郊文,亦第进士,擢士补阙、翰林学士……景福中,以水部郎中知制诰……崇鲁贬崖州司户参军。终水部员外郎。"

《旧五代史》卷六八《刘岳传》:"刘岳,字昭辅。其先辽东襄平人,元魏平定辽东,徙家于代,随孝文迁洛,遂为洛阳人。八代祖民部尚书渝国公政会,武德时功臣。祖符,蔡州刺史。父珪,洪洞县令。符有子八人,皆登进士第。珪之母弟瑰、玕,异母弟崇夷、崇龟、崇望、崇鲁、崇嗜。崇龟,乾宁中广南节度使;崇望,乾宁中宰相;崇鲁、崇嗜、崇夷,并历朝省。"

《登科记考》卷二三,广明元年(880)进士科条云刘崇鲁及第。

【李深之】广明元年(880)登进士科。

(唐)孙棨《北里志》之《郑举举》:"今左史刘郊文崇及第年,亦惑于举举。同年宴,而举举有疾不来,其年酒纠,多非举举,遂令同年李深之邀为酒纠。"

(宋)王谠撰,周勋初校证《唐语林校证》卷七《补遗·起武宗至昭宗》:"翰林学士孙棨《北里志》:'一日,举举有疾,不来,令同年李深之为酒纠。'"

《登科记考》卷二三,广明元年(880)进士科云李深之及第。按:陈尚君《〈登科记考〉正补》中疑李深之即李茂勋。

【杨钜】字文硕,郡望苏州,贯京兆府长安县,祖遗直位终濠州录事参军,父收官至宰相。广明元年(880)登进士科。历翰林学士,官至散骑常侍。

(五代)孙光宪《北梦琐言》卷一二《杨收不学仙》:"唐相国杨收,江州人,祖为本州都押衙,父直,为兰溪县主簿。生四子,发、假、收、严,皆登进士第……(杨收)以秋为义,其房子以钜、磷、镰、鉴为名……(杨发)以春为义,其房子以枨,以乘为名……尽有文学,登高第,号曰'修竹杨家',与静恭诸杨,比于华盛。"

《旧唐书》卷一七七《杨收传》:"杨收字藏之,同州冯翊人……父遗直,位终濠州录事参军。家世为儒,遗直客于苏州,讲学为事,因家于吴。遗直生四子:发、假、收、严。……(收)乃加银青光禄大夫、中书侍郎、同平章事,累迁门下侍郎、刑部尚书……收子鉴、钜、磷,皆登进士第。"

《新唐书》卷五八《艺文二》:"杨钜《翰林学士院旧规》一卷。字文硕,收子也。昭宗时翰林学士、吏部侍郎。"

《登科记考》卷二三广明元年(880)据《永乐大典》引《苏州府志》:"广明元年钱珝、杨钜登第。"

杨鸿年《隋唐两京坊里谱》云长安县修行坊有杨收宅,则杨钜籍贯应在京兆府长安县。

崇祯《吴县志》卷四七《人物·风雅》:"杨钜,广明元年进士,乾宁初为翰林学士,从入洛,终散骑常侍。"

【何迎】袁州宜春人。广明元年(880)登进士科。历水部郎中。

《新唐书》卷一八三《朱朴传》:"水部郎中何迎亦表其贤,帝召与语。"

《登科记考》卷二三广明元年(880)进士科何迎条:《登科记考》引《宜春志》:"何迎,广明元年登进士第。"

四库本《江西通志》卷四九《选举·唐》广明中进士:"何迎,袁州人。"

【钱珝】字瑞文,郡望吴兴,贯京兆,祖起历官尚书郎,父徽官至吏部尚书。广明元年

（880）登进士科。官至中书舍人。

《旧唐书》卷一六八《钱徽传》："钱徽字蔚章，吴郡人。父起，天宝十年登进士第……起位终尚书郎。徽，贞元初进士擢第，从事戎幕。元和初入朝，三迁祠部员外郎，召充翰林学士……拜中书舍人。十一年……罢徽学士之职，守本官。长庆元年，为礼部侍郎……寻贬徽为江州刺史……徽明年迁华州刺史、潼关防御、镇国军等使。文宗即位，征拜尚书左丞。大和元年十二月，复授华州刺史。二年秋，以疾辞位，授吏部尚书致仕。三年三月卒，时年七十五。"

（元）辛文房撰，傅璇琮主编《唐才子传校笺》（册四）卷九《钱珝》："珝，吴兴人，起之孙也。乾宁六年郑蔼榜及第，昭宗时仕为中书舍人。"按："乾宁"或为"乾符"之误。徐松《登科记考》卷二三广明元年，据《永乐大典》引《苏州府志》载"广明元年钱珝、杨钜及第"，定珝广明元年（880）第，且记是年状元郑蔼。徐氏所记较可信，今从之。

（清）李调元《全五代诗》卷六《钱珝》："珝，字瑞文，徽之子，起之孙。善属词。官知制诰，进中书舍人。梁开平初贬抚州司马。"

《登科记考》卷二三广明元年（880）进士科条云钱珝及第。按：珝贯京兆，参考贞元元年进士科条钱徽小传。

广明二年辛丑（881）

七月丁巳，改广明二年为中和元年。《旧唐书》本纪。

知贡举：户部侍郎韦昭度

进士科

【于柷】旧名韬玉，京兆人，叔琮官至宰相。广明二年（881）登进士科。历佐十军。

（唐）孙棨《北里志》之《俞洛真》："于公琮，尚广德公主……从子柷，冒其季父（柷，珠之子）……后投迹今左广令孜门，因中第，遂佐十军。"

（五代）王定保《唐摭言》卷九《恶得及第》："于柷旧名韬玉，长兴相国兄子……广明初，崔厚侍郎榜，贵主力取鼎甲……巢寇难后，于川中及第，依栖田令孜矣。或曰，柷及第非令孜力，后依其门耳。"

《登科记考》卷二三广明二年（881）进士科条云于柷及第。按：柷贯京兆，参考大中十二年进士科于琮条。

【王彦昌】太原人。广明二年（881）登进士科。历判官，官至大理卿。

（五代）王定保《唐摭言》卷九《救赐及第》："王彦昌，太原人，家世簪冕，推于鼎甲。广明岁，驾幸西蜀，恩赐及第，后为嗣薛王知柔判官……又左常侍大理卿。"此事，（宋）李昉等《太平广记》卷一八三《贡举六·王彦昌》引《摭言》略同。

《登科记考》卷二三，广明二年（881）进士科条云王彦昌及第。

【杜昪】广明二年(881)登进士科。授拾遗。

(五代)王定保《唐摭言》卷九《敕赐及第》："杜昪父宣猷终宛陵,昪有词藻,广明岁,苏导给事刺剑州,昪为军倅。驾幸西蜀,例得召见,特敕赐绯导入内。韦中令自翰长拜主文,昪时已拜小谏,抗表乞就试,从之。登第数日,有敕复前官,并服色。议者荣之。"

(宋)王谠撰,周勋初校证《唐语林校证》卷四《企羡》："杜昪自拾遗赐绯后,应举及第,又拜拾遗,时号'著绯进士'。"此事,(宋)李昉等《太平广记》卷一八三《贡举部·杜昪》引《卢氏杂说》略同。

《登科记考》卷二三,广明二年(881)进士科条云杜昪及第。

【李端】一作"李瑞",韶州曲江人。广明二年(881)登进士科。历宾佐。

(五代)王定保《唐摭言》卷九《恶得及第》："李端,曲江人,亦受知于令孜,擢进士第,又为令孜宾佐。"

(宋)王谠撰,周勋初校证《唐语林校证》卷七《补遗·起武宗至昭宗》："华郁,三衢人,早游田令孜门,擢进士第,历正郎金紫。李瑞,曲江人,亦受知于令孜,擢进士第,又为令孜宾佐。"按:唐韶州有曲江县。

《登科记考》卷二三,广明二年(881)进士科条云李端及第。

【黄郁】一作"华郁",衢州三衢人。广明二年(881)登进士科。历正郎金紫。

(五代)王定保《唐摭言》卷九《恶得及第》："黄郁,三衢人,早游田令孜门,擢进士第,历正郎金紫。"

(宋)王谠撰,周勋初校证《唐语林校证》卷七《补遗·起武宗至昭宗》："华郁,三衢人,早游田令孜门,擢进士第,历正郎金紫。李瑞,曲江人,亦受知于令孜,擢进士第,又为令孜宾佐。"按:唐代衢州西有三衢山。

《登科记考》卷二三,广明二年(881)进士科条云黄郁及第。

中和二年壬寅(882)

知贡举:礼部侍郎归仁泽

进士科

【于邺】字武陵,杜曲人。中和二年(882)进士及第。

(元)辛文房撰,傅璇琮主编《唐才子传校笺》(册三)卷八《于武陵》："武陵,名邺,以字行,杜曲人也。大中时尝举进士,不称意,携书与琴,往来商洛、巴蜀间,或隐于卜中,存独醒之意。"按:《直斋书录解题》谓"于武陵大中进士",不确,辛传所述大中尝举进士,亦未为确论。《唐诗纪事》卷六三:"邺唐末进士",殆系事实而史籍失载,《登科记》亦复失考。邺曾自郿县入斜谷,经褒谷,至褒中,过百牢关入蜀。邺《过百牢关贻舟中者》:"蜀国少平地,方思京洛间。远为千里客,来度百牢关。帆影清江水,铃声碧草山。不因名与利,尔我各应闲。"词谓入蜀所求者名利,殆系入蜀应进士举。因黄巢攻占长安,僖宗入蜀,中和元年、二年、三年均在蜀试举。邺与同舟人入蜀既曰因名与利,则似系为应举而来。中和二年进士登第二十八人,三年登第三十人,今《登科记考》此两年间仅考得七人,盖因战乱,《登科记》阙如故也。邺殆系中和二年、三年登第,《唐诗纪事》谓唐末进士,似近之。

《登科记考补正》卷二三,中和二年(882)进士科补入于邺。

【卢尚卿】中和二年(882)登进士科。

(宋)李昉等《太平广记》卷一八三《贡举六·卢尚卿》引《年号记》:"咸通十一年,以庞勋盗据徐州……因诏权停贡举一年。是岁,进士卢尚卿自远至关,闻诏而回。"

(宋)计有功《唐诗纪事》卷五八《卢尚卿》:"尚卿,至僖宗中和二年始登第于蜀。"

《登科记考》卷二三,中和二年(882)进士科条云卢尚卿及第。

【杨注】郡望苏州,贯京兆府长安县,祖遗直位终濠州录事参军,父严累迁兵部侍郎。中和二年(882)登进士科。历考功员外、刑部郎中、中书舍人、翰林学士,官至户部侍郎。

(五代)孙光宪《北梦琐言》卷一二《杨收不学仙》:"唐相国杨收,江州人,祖为本州都押衙,父直,为兰溪县主簿。生四子,发、假、收、严,皆登进士第……(杨假)以夏为义,其房子以昊为名……(杨严)以冬为义,其房子以注、涉、洞为名。尽有文学,登高第,号曰'修竹杨家',与静恭诸杨,比于华盛。"按:《隋唐两京坊里谱》云长安县修行坊有杨收宅,并云:"《长安志》:'端州司马杨收宅。'《注》:'收兄发、假弟严皆显贵。'"则杨注籍贯应在京兆府长安县。

《旧唐书》卷一七七《杨收传附杨注传》:"杨收字藏之,同州冯翊人……父遗直,位终濠州录事参军。家世为儒,遗直客于苏州,讲学为事,因家于吴。遗直生四子:发、假、收、严……严……乾符四年,累迁兵部侍郎……二子:涉、注……注,中和二年进士登第。昭宗朝,累官考功员外、刑部郎中。寻知制诰,正拜中书舍人,召充翰林学士,累迁户部侍郎。"

《新唐书》卷一八四《杨收传》:"杨收……世居冯翊。父遗直……客死姑苏……严……子涉、注……注为翰林学士。"

《登科记考》卷二三,中和二年(882)进士科条云杨注及第。

【秦韬玉】字中明,京兆府人。中和二年(882)赐进士科及第。历工部侍郎。

(五代)王定保《唐摭言》卷九《敕赐及第》:"秦韬玉,出入大阉田令孜之门。车驾幸蜀,韬玉已拜丞郎,判鹾。及小归公主文,韬玉准敕放及第,仍编入其年榜中。"

(宋)晁公武《郡斋读书志校证》卷一八《别集类中》录《秦韬玉投知小录》三卷,注:"右唐秦韬玉字中明,京兆人……为田令孜所善。僖宗幸蜀,令孜引为工部侍郎。中和二年,赐进士第,编入春榜。"

(元)辛文房撰,傅璇琮主编《唐才子传校笺》(册四)卷九《秦韬玉》:"韬玉字中明,京兆人……中和二年,礼部侍郎归仁绍放榜,特敕赐进士及第,令于二十四人内安排,编入春榜,令孜引擢工部侍郎。"按:其籍贯,《唐才子传校笺》考订为湘中,尚待商榷。(宋)王谠撰《唐语林》卷七《补遗》略同。

《登科记考》卷二三,中和二年(882)进士科条云秦韬玉及第。

【程贺】眉州人。中和二年(882)登进士科。

（五代）孙光宪《北梦琐言》卷一一《程贺为崔亚持服》："唐崔亚郎中典眉州，程贺以乡役差充厅子……崔公见贺风味有似儒生，因诘之曰：'尔读书乎？'贺降阶对曰：'薄涉艺文。'崔公指一物，俾其赋咏，雅有意思。处分令归，选日装写所业执赞，甚称奖之……凡二十五举及第。"此事，（宋）李昉等《太平广记》卷一八三《贡举六·程贺》引《北梦琐言》略同。

（宋）计有功《唐诗纪事》卷六七《程贺》："崔亚典眉州，贺为厅仆，崔见其风味不常，问曰：'尔读书乎？'曰：'薄涉艺文。'崔指一物令咏之，雅有意旨。因令归，选日装写所业执赞，称奖于诸公间，凡二十五举及第。时中和二年也。"

《登科记考》卷二三，中和二年（882）进士科条云程贺及第。

【薛廷珪】蒲州河东人，父逢官至秘书监。中和二年（882）登进士第。仕僖宗、昭宗，官至尚书左丞；入梁，至礼部尚书。

《旧唐书》卷一九〇下《文苑下·薛逢传》："薛逢字陶臣，河东人。父倚。逢会昌初进士擢第，释褐秘书省校书郎……迁秘书监，卒。子廷珪。中和中登进士第。大顺初，累迁司勋员外郎。知制诰，正拜中书舍人。乾宁三年，奉使太原复命，昭宗幸华州，改左散骑常侍……光化中，复为中书舍人，迁刑部、吏部二侍郎，权知礼部贡举，拜尚书左丞。入梁，至礼部尚书。"

《新唐书》卷二〇三《文艺下·薛逢传》："薛逢字陶臣，蒲州河东人。会昌初，擢进士第……子廷珪，进士及第。大顺初，以司勋员外郎知制诰，迁中书舍人。从昭宗次华州，引拜改左散骑常侍……光化中，复为舍人，累尚书左丞。"

《旧五代史》卷六八《薛廷珪传》："薛廷珪，其先河东人也。父逢，咸通中为秘书监，以才名著于时。廷珪，中和年在西川登进士第，累历台省……入梁为礼部尚书。庄宗平定河南，以廷珪年老，除太子少师致仕。（案《通鉴》：廷珪与李琪尝为太祖册礼使。）同光三年九月卒。赠右仆射。"按：中和中在西川放榜的年份当为中和二年。

《登科记考》卷二七《附考·进士科》录载薛廷珪。

中和三年癸卯（883）

知贡举：礼部侍郎夏侯潭

进士科

【崔昭纬】字蕴曜，清河人，祖庇官至滑州酸枣县尉，父崅官至鄂州观察使。昭纬中和三年（883）进士科状元及第。历中书舍人、翰林学士、户部侍郎，官至宰相，阶至尚书右仆射。

《全唐诗》第二十册卷六九〇有张曙《下第戏状元崔昭纬》。

（五代）王定保《唐摭言》卷一一《怨怼憨直附》："张曙、崔昭纬，中和初西川同举，相与诣日者问命。时曙自恃才名籍甚，人皆呼为将来状元，崔亦分居其下。无何，日者殊不顾曙,目崔曰:'将来万全高第。'曙有愠色。日者曰:'郎君亦及第,然须待崔家郎君拜相,当于此时过堂。'……后七年,崔自内廷大拜,张后于三榜裴公下及第,果于崔公下过堂。'"昭纬其年首冠。"

《旧唐书》卷一七九《崔昭纬传》:"崔昭纬,清河人也。祖庇,滑州酸枣县尉。父巘,鄂州观察使。昭纬进士及第。昭宗朝,历中书舍人、翰林学士、户部侍郎、同平章事……罢相,授右仆射。后又以托附汴州,再贬梧州司马。"

(宋)乐史《广卓异记》卷一九《及第与长行拜官相次》:"右按《摭言》:崔昭矩大顺年中,裴公下状元及第,翌日兄昭纬登,昭纬中和三年亦状元及第。"

《新唐书》卷二二三下《奸臣下·崔昭纬传》:"崔昭纬,字蕴曜,其先清河人。及进士第。至昭宗时,仕寖显,以户部侍郎同中书门下平章事,居位凡八年,累进尚书右仆射。"

(明)徐应秋《玉芝堂谈荟》卷二《父子兄弟状元》:"兄弟状元者……乾符二年崔昭纬,景福二年崔昭矩。"按:"乾符二年"当作"中和三年"。

《登科记考》卷二三,中和三年(883)进士科条云崔昭纬状元及第。

【刘崇谟】一作"刘崇暮",郡望代郡,贯洛阳,祖藻(早)赠秘书郎,父符位终蔡州刺史。中和三年(883)登进士科。历太常少卿、弘文馆直学士。

《秦晋豫新出墓志蒐佚续编》九四二,刘崇望撰乾符四年(877)四月二日《唐故振武观察支使将仕郎试太常寺协律郎刘府君墓铭并序》:"君讳瑰,字比德,河南人也。绪萌于后魏,业盛于我唐。七代祖政会,以佐命元勋封渝国公,图形凌烟阁。著河山之誓,自渝国轩冕蝉联,至王父讳早,赠秘书郎,历佐郡城,仁及蒸庶。皇考讳符,皇任蔡州刺史兼御史中丞、赐紫金鱼袋,赠左散骑常侍。春官登上第,南宫为刑郎。白刑曹由杭州而理上蔡,功德及于下,清白遗其后。"

《旧唐书》卷一七九《刘崇望传》:"刘崇望字希徒。其先代郡人,随元魏孝文帝徙洛阳,遂为河南人……裴生藻,位终秘书郎。藻生符,进士登第,咸通中位终蔡州刺史,生八子,崇龟、崇望、崇鲁、崇谟最知名……崇谟,中和三年进士及第。乾宁末,为太常少卿、弘文馆直学士。"

《旧五代史》卷六八《刘岳传》:"刘岳,字昭辅。其先辽东襄平人,元魏平定辽东,徙家于代,随孝文迁洛,遂为洛阳人。八代祖民部尚书渝国公政会,武德时功臣。祖符,蔡州刺史。父珪,洪洞县令。符有子八人,皆登进士第。珪之母弟瑰、玗,异母弟崇夷、崇龟、崇望、崇鲁、崇暮。崇龟,乾宁中广南节度使;崇望,乾宁中宰相;崇鲁、崇暮、崇夷,并历朝省。"

《登科记考》卷二三,中和三年(883)进士科条云刘崇谟及第。

中和四年甲辰(884)

停举。

中和五年乙巳(885)

三月丁卯,车驾至京师。己巳,御宣政殿大赦,改元光启。《旧唐书》本纪。

知贡举：礼部侍郎归仁泽

进士科

【许祐孙】中和五年(885)进士科状元及第。

(明)徐应秋《玉芝堂谈荟》卷二《历代状元》："中和五年,状元许祐孙。"

《登科记考》卷二三,中和五年(885)进士科条云许祐孙状元及第。

【倪曙】字孟曦,福州侯官县人。中和五年(885)登进士科。唐官至太学博士,南汉官至宰相。

(清)吴任臣《十国春秋》卷六二《南汉五·倪曙》："倪曙,字孟曦。福州侯官人。唐中和时及第,有赋名,官太学博士,黄巢之乱,避归故乡。会闽王从子延彬刺泉州,雅好宾客,曙与徐寅、陈郏等,赋诗饮酒为乐。未几,西游岭表,烈宗招礼之,辟置幕中。高祖即位,擢为工部侍郎,进尚书左丞,乾亨五年,诏同平章事。无何,以病卒。"

《登科记考》卷二三,中和五年(885)进士科条云倪曙及第。

淳熙《三山志》卷二六："中和五年乙巳许祐孙榜:倪曙,字孟曦,侯官人,仕刘隐为工部侍郎平章事。"

【崔严抟】新罗人。中和五年(885)登进士科。历执事侍郎、瑞书院学士,官至高句丽宰相。

《登科记考》卷二三,中和五年进士科崔严抟条:《东国通鉴》："后晋出帝开运元年,高句丽惠宗义恭王元年冬十二月,翰林院令、平章事崔严抟卒。严抟,新罗人……年十八,入唐登科。四十二,还国,拜执事侍郎、瑞书院学士。及新罗归附,太祖命为太子师……及卒,年七十七,谥文英。"

【裴廷裕】字膺馀,闻喜人。中和五年(885)登进士科。官至左散骑常侍。

(五代)王定保《唐摭言》卷三作裴廷裕"小归尚书榜"。按:《唐仆尚丞郎表》据《益州名画录》载中和四年九、十月中和院写真,归仁泽时为"尚书礼部侍郎知贡举",因定仁泽知五年贡举。"小归尚书",即指仁泽。

《新唐书》卷五八《艺文二》："裴廷裕《东观奏记》三卷。大顺中,诏修宣、懿、僖实录,以日历注记亡缺,因摭宣宗政事奏记于监修国史杜让能。廷裕,字膺馀,昭宗时翰林学士、左散骑常侍,贬湖南,卒。"

(宋)计有功《唐诗纪事》卷六一《李抟》："僖宗在成都,廷裕登第,抟以诗贺曰:'……。'裴有六韵答曰:'何劳问我成都事,亦报君知便纳绛……'"

(清)李调元《全五代诗》卷六有裴廷裕《蜀中登第答李抟六韵》,同书卷四六有李抟《贺裴廷裕登第》。

《登科记考》卷二三,中和二年(882)进士科条云裴廷裕及第,当误。

乾隆《山西通志》卷六五:"光启二年进士:裴廷裕,闻喜人,蜀中登第,左散骑常侍。"

光启二年丙午(886)

知贡举:中书舍人郑损

进士科

【陆扆】本名允迪,字祥文,原吴郡人,后徙家于陕,祖师德官至淮南观察支使,父鄩官至陕州法曹参军。光启二年(886)进士科状元及第。历巡官、校书郎、蓝田尉、左拾遗、户部侍郎,位至宰相,封吴郡开国公。

(五代)王定保《唐摭言》卷八《自放状头》:"郑损舍人,光启中随驾在兴元,丞相陆公扆为状元。"

《旧唐书》卷一七九《陆扆传》:"陆扆字祥文,本名允迪,吴郡人。徙家于陕,今为陕州人。曾祖澧,位终殿中侍御史。祖师德,淮南观察支使。父鄩,陕州法曹参军。扆,兴启二年登进士第,其年从僖宗幸兴元。九月,宰相韦昭度领盐铁,奏为巡官。明年,宰相孔纬奏直史馆,得校书郎,寻丁母忧免。龙纪元年冬,召授蓝田尉,直弘文馆,迁左拾遗,兼集贤学士……转户部侍郎。二年,改兵部,进阶银青光禄大夫、嘉兴男、三百户。三年正月,宣授学士承旨,寻改左丞。其年七月,改户部侍郎、同平章事……从昭宗自华还宫。明年正月,复拜中书侍郎、同平章事。光化三年四月,兼户部尚书,进封吴郡开国公,食邑一千户。九月,转门下侍郎、监修国史。天复元年五月,进阶特进,兼兵部尚书,加食邑五百户……被害于滑州白马驿,时年五十九。"

《新唐书》卷一八三《陆扆传》:"陆扆字祥文,宰相赘族孙。客于陕,遂为陕人。光启二年,从僖宗幸山南,擢进士第,累进翰林学士、中书舍人……累为尚书左丞,封嘉兴县男。徙户部侍郎、同中书门下平章事……以兵部尚书复当国,封吴郡公。"

(宋)计有功《唐诗纪事》卷六九《陆扆》:"扆诗有今秋已约天台月之句。或曰:扆僖宗末举进士及第,六月榜出。"

《登科记考》卷二三,光启二年(886)进士科条云陆扆及第。

【苏鹗】字德祥,京兆武功人。光启二年(886)登进士科。

《新唐书》卷五九《艺文三》:"苏鹗《演义》十卷。又《杜阳杂编》三卷。字德祥,光启中进士第。"

(宋)晁公武《郡斋读书志校证》卷一三《小说类》录《杜阳杂编》三卷,注:"右唐苏鹗撰。字德祥。光启中进士,家武功杜阳川。"

(清)李调元《苏氏演义序》:"苏氏名鹗,字德祥,武功人,宰相珽之族。光启中,登进士第,尝撰《杜阳杂俎》。"

四库本《苏氏演义·提要》:"鹗字德祥,武功人。光启中,登进士第。仕履无考。"

《艺海珠尘》本《苏氏演义》卷首注："鹗字德祥,京兆武功人,唐光启二年进士,历官未详。"

《登科记考》卷二七《附考·进士科》云苏鹗登第。

【顾在镕】苏州人。光启二年(886)登进士科。

《登科记考》卷二三,光启二年(886)进士科录有顾在镕,考:《永乐大典》引《苏州府志》:"光启二年,陆扆状元,顾在镕登第。"

正德《姑苏志》卷五《科第表上·进士》云顾在镕寄递及第。

乾隆《江南通志》卷一一九《选举志·进士》:唐"光启:陆扆,吴县人。顾在镕,吴县人"。

诸科

【刘日新】字继平,福建侯官人。光启二年(886)登童子科。释褐京兆府文学,入道。

《全唐文》卷八七五,陈致雍《唐故金华大师正和先生刘君碑铭并序》:"先生讳日新,字继平,闽侯官人也。显考讳极,本朝将作少监端州刺史。妣颍川夫人陈氏。先生初年诵诗读书,对客答义。佩觿独立,岐嶷不群。七岁举童子擢第,释褐授京兆府文学……保大十一年夏仲月二十三日……终于金陵紫极宫,寿七十有六。"

《登科记考》卷二三,光启二年(886)诸科条刘日新:"以保大十一年七十六推之,是年七岁。"按:陈尚君《〈登科记考〉正补》认为刘日新在中和四年登第,兹从《登科记考》。

光启三年丁未(887)

知贡举：尚书右丞柳玭

进士科

【赵昌翰】光启三年(887)进士科状元及第。历考功郎中。

《全唐文》卷八三一钱珝《授赵昌翰考功郎中制》:"敕。具官赵昌翰:国之旧章,系会府者仅什六七。坐曹郎见坠不举,焉用官为。而善最之法,所坠尤重。非精材强力,安能举之。昌翰以名家子,实自修整。为县罢去,脩然自安。公卿有知己之门,车马无致身之迹。善养材用,益闻精强。是以考绩处之,且欲明试于尔。噫！择名曹,置名士,吾不知设官之始,独为人乎？如或深思,必将召宠。可依前件。"

(元)辛文房撰,傅璇琮主编《唐才子传校笺》(册四)卷九《郑谷》:"谷字守愚,袁州宜春人。父史,开成中为永州刺史……谷光启三年,右丞柳玭下第进士。"《登科记考》卷二三,光启三年进士科赵昌翰条云《广卓异记》引《赵氏科名录》:"赵氏十三榜,十四人登科。内光启三年故柳大夫榜,再从弟两人同年及第,即昌翰、光庭也。"

《登科记考》卷二三,光启三年(887)进士科条云赵昌翰是年及第,但未言赵昌翰为本年状元。考宋葛立方《韵语阳秋》卷一八:"今之新进士,不问科甲高下,唱名出皇城,则例唱状元,莫知其端。唐郑谷登第……谷,赵昌翰榜第八名也。"又据《历代诗话》,知赵昌翰为光启三年状元。

【李峄】字鲁珍,广州人。光启三年(887)登进士科。历司封员外郎。

《旧五代史》卷一○一《汉书·隐帝纪上》:"(乾祐元年)十一月甲寅,诛太子太傅李崧及其弟司封员外郎峄、国子博士巘,夷其族,为部曲诬告故也。"

(宋)李昉等《文苑英华》卷一五三《诗三·天部三》有郑谷《荆渚八月十五日夜值雨寄同年李峄》诗。按:郑谷光启三年登进士第。

(宋)计有功《唐诗纪事》卷五八《李郢》:"郢子峄,字鲁珍,生于南海……后登甲科。"《登科记考》卷二三误作"乾符三年"。详见黄震云《新发现的郑都官墓志和郑谷生平》。

【郑谷】字守愚,袁州宜春人,父史官至永州刺史。光启三年(887)登进士科。释褐京兆鄠县尉,历右拾遗,官至都官郎中。

《全唐文》卷八三七薛廷珪《授长安县尉直宏文馆杨赞禹左拾遗鄠县郑谷右拾遗制》:"敕。具官杨赞禹等:以赞禹挺生公族,雅有令名。检身如履其春冰,操心不愧于屋漏。而言行无玷,文章可观。连中殊科,首冠群彦。舍而不顾,去奉良知。三年于兹,澄澹一致。自待之意,何其远欤?以谷二雅驰声,甲科得隽,亦承遗构,自致亨衢。求诸辈流,兼慎行止。朕方求理道,允属滞淹。闻尔赞禹之规为,可以厚风俗而敦教化。闻尔谷之诗什,往往在人口而伸王泽。举贤劝善,允得厥中。并命谏垣,我为公选。汝于职业,勉自激扬。可依前件。"

《新唐书》卷六○《艺文四》:"郑谷《云台编》试卷,又《宜阳集》三卷。字守愚,袁州人,为右拾遗。乾宁中,以都官郎中卒于家。"

(宋)祖无择《龙学文集》卷九,《郑都官墓表》(《全宋文》册二二):"予既作韩文公祠成,因画都官郎中,荥阳郑公像于东壁以配……公名谷,字守愚,袁州宜春人。光启三年,进士及第,始为京兆府鄠县尉,终以尚书都官郎中,老于乡。"

(宋)童宗说《云台编后序》:"谷字守愚,宜春人,永州刺史史之子。"

(宋)晁公武《郡斋读书志校证》卷一八《别集类中》录《云台编》三卷、《宜阳外编》一卷,注:"右唐郑谷字守愚,宜春人。光启三年,擢高第,迁右拾遗,历都官郎中。"按:《直斋读书解题》卷一九作"宜春郑谷"。

(元)辛文房撰,傅璇琮主编《唐才子传校笺》(册四)卷九《郑谷》:"谷字守愚,袁州宜春人。父史,开成中为永州刺史……谷光启三年,右丞柳玭下第进士。授京兆鄠县尉,迁右拾遗,补阙。乾宁四年为都官郎中。"

《登科记考》卷二三云郑谷乾符三年进士第及第,并云《唐才子传》记"光启三年"当为"乾符三年"之误。

【郑徽】光启三年(887)登进士第。历司封员外郎、华州从事。

《郑谷诗集》卷一《驻跸华下同年司封员外从翁许共游西溪久违前契戏成寄赠》中"从翁"即从父。同书同卷《送司封从叔员外徽赴华州裴尚书均辟》,则"司封员外从翁"即郑徽,与郑谷同年。

【赵光庭】光启三年(887)登进士科。

《登科记考》卷二三,光启三年(887)进士科赵昌翰条云《广卓异记》引《赵氏科名录》:"赵氏十三榜,十四人登科。内光启三年故柳大夫榜,再从弟两人同年及第,即昌翰、光庭也。"

【赵光裔】京兆奉天人,祖存约为兴元从事,父隐官至宰相。光启三年(887)登进士科。历岭南观察使副使、司勋郎中、弘文馆学士、膳部郎中、知制诰,后梁兵部尚书,官至南汉宰相。

《旧唐书》卷一七八《赵隐传》:"赵隐字大隐,京兆奉天人也。祖植……三迁尚书工部侍郎……子存约、滂。存约,大和三年为兴元从事……(隐)大中三年,应进士登第,累迁郡守、尚书郎、给事中、河南尹,历户、兵二侍郎,领盐铁转运等使。咸通末,以本官同平章事,加中书侍郎,兼礼部尚书,进阶特进、天水伯、食邑七百户。……乾符中罢相,检校兵部尚书、润州刺史、浙西观察等使。入为太常卿,转吏部尚书,累加尚书左仆射。广明中卒。(隐)子光逢、光裔、光胤。……光裔,光启三年进士擢第。乾宁中,累迁司勋郎中、弘文馆学士,改膳部郎中、知制诰,赐金紫之服。兄弟对掌内外制命,时人荣之。季述废立之后,光逢归洛。光裔旅游江表以避患。岭南刘隐深礼之,奏为副使,因家岭外。"

《新唐书》卷一八二《赵隐传》:"(赵隐)子光逢、光裔、光胤,皆第进士,历台省华剧。"

《旧五代史》卷五八《赵光逢传》:"光逢与弟光裔,皆以文学德行知名。(案《旧唐书》:光裔,光启三年进士擢第,累迁司勋郎中、弘文馆学士,改膳部郎中、知制诰。)"

《资治通鉴》卷二七〇,后梁贞明三年七月:"癸巳,清海、建武节度使刘岩即皇帝位于番禺,国号大越,大赦,改元乾亨。以梁使赵光裔为兵部尚书,节度副使杨洞潜为兵部侍郎,节度判官李殷衡为礼部侍郎,并同平章事。"

《登科记考》卷二三,乾符三年进士科赵□条下云郑谷有《寄同年礼部赵郎中》诗,又有《春夕伴同年礼部赵员外省直》诗。陈尚君《〈登科记考〉正补》认为赵□即赵光裔,赵光裔《登科记考》已收入光启三年,则是年赵□条当删除。

【翁洮】字子平,睦州寿昌县人。光启三年(887)登进士科。授主客员外郎,退隐。

《全唐诗》第十九册卷六六七作者小传:"翁洮,字子平,睦州人。光启三年进士第,官主客员外郎。"

《登科记考补正》卷二三,光启三年(887)进士科补有翁洮。

万历《严州府志》卷一一:"光启三年柳批榜:翁洮,寿昌人。仕至员外郎。"

嘉靖《浙江通志》卷三八《人物志》:"(翁洮)举进士,授主客员外郎,退居不仕。"

民国《寿昌县志》卷八《人物志下·隐逸·唐》:"翁洮,字子平,号青山,五都航川人。光启元年登进士第,授主客员外郎,退居不仕。"同书卷七《选举志·进士·唐》:"光启三年丁未科柳批榜:翁洮。"

【黄匪躬】连州人。光启三年(887)登进士科。历后梁江西观察使掌书记。

(清)吴任臣《十国春秋》卷七五《楚九·黄匪躬传》:"黄匪躬,连州人。幼负诗名,与同郡张鸿、邵安石、吴霭并有才华,登唐光启三年进士。后仕梁,掌江西钟传幕奏记,武穆王雅倾慕之。会匪躬以使事来湖南,王大喜,尽蠲其门户租役。匪躬固辞。王曰:'老夫常恨不一挹清风,今幸得见,惟恐不足以奉汤沐。'其见重有如此。"

《登科记考》卷二三,光启三年(887)进士科条云黄匪躬及第。

光启四年戊申(888)

二月,戊子,改元文德。

知贡举:柳玭

进士科

【郑贻矩】光启四年(888)进士科状元及第。

(元)辛文房撰,傅璇琮主编《唐才子传校笺》(册四)卷九《崔涂》:"涂字礼山,光启四年郑贻矩榜进士及第。"

《登科记考》卷二三,光启四年(888)进士科条云郑贻矩状元及第。

乾隆《泉州府志》卷三三《选举一·唐进士》:"文德元年戊申郑贻矩:谢翛,同安人。"

【陈峤】字景山,一作延封,泉州莆田县人。光启四年(888)登进士科。释褐京兆府参军,历福建观察使从事,终闽大理司直兼殿中侍御史。

《全唐文》卷八二六,黄滔《司直陈公墓志铭》:"讳峤字延封……光启二年收开,三年荣登故相荥阳郑公礼部上第……其春首门人脱麻摄京兆府参军,司空太原公帅闽,解褐以礼,辟之为大从事,受大理评事兼监察御史。今府相继拥于节旄,益贤其参画。奏大理司直兼殿中……不幸寝疾,浃辰不起,享龄七十有五,光化二年十月三日……葬于泉州莆田县崇教里北平故山。礼也。"

(宋)钱易《南部新书·戊》:"陈峤字景山,闽人也。"

(宋)李俊甫《莆阳比事》卷一:"文德元年有陈峤。"注:"《莆志》云光启四年,盖是改元文德。"淳熙《三山志》卷二六同。

(清)李调元《全五代诗》卷八五有黄滔《喜陈先辈峤及第》。

(清)吴任臣《十国春秋》卷九五《闽六·陈峤传》:"陈峤字延封,远祖迈,唐初为莆田令,家焉。后数世有南安尉真,真生荛,荛生齐。齐有九子,峤其长也,弱冠能文,与高阳许龟图、江夏黄彦修居莆田北岩精舍。未几,复居北平山读书。光启三年登进士第,释褐摄京兆府参军。太祖兄弟入闽,辟为大从事,迁大理评事兼监察御史,已又奏授大理司直兼殿中侍御史。光化三年十月卒,年七十五。"按:《登科记考》卷二三误作光启二年。

【崔涂】字礼山,睦州桐庐人。光启四年(888)登进士科。

《全唐文》卷八一九崔涂《渠州冲相寺题名》:"中原黄贼煽乱,前进士崔涂避地于渠州。春日独游冲相寺,由此登眺,翌日乃归。"

《新唐书》卷六〇《艺文四》:"《崔涂诗》一卷。字礼山。光启进士第。"

（宋）计有功《唐诗纪事》卷六一《崔塗》："塗，字礼山，光启进士也。"按：崔塗之字，王安石《唐百家诗选》卷一七作"礼仙"。崔塗之籍贯，元以前的诸书未见记载。至明胡震亨《唐音戊籤》卷六始："崔塗字礼山，江南人。"《唐才子传校笺》册四考订为睦州桐庐人。

（宋）陈振孙《直斋书录解题》卷一九录载《崔塗集》一卷，注："唐崔塗礼山撰。光启四年进士。"

（元）辛文房撰，傅璇琮主编《唐才子传校笺》（册四）卷九《崔塗》："塗字礼山，光启四年郑贻矩榜进士及第……家寄江南，每多离怨之作。"

《登科记考》卷二三，光启四年（888）进士科条云崔塗及第。

【谢翛】泉州龙溪人，字升之。光启四年（888）登进士第。

（明）凌迪知《万姓统谱》卷一○五："谢翛，龙溪人，隐于青樵文圃山……光启回銮乃出，寻擢上第。"同书《谢翛传》："谢翛字升之……自广明西幸……遂登文德初进士。"

（明）何乔远《闽书》卷九○《英旧志·泉州府同安县·唐·进士》："文德五年戊申：谢翛。"按："五年"当作"元年"。

胡可先《〈登科记考〉匡补三编》补入。

乾隆《泉州府志》卷三三《选举一·唐进士》："文德元年戊申郑贻矩：谢翛，同安人。"

附考（僖宗朝）

附考进士（僖宗朝进士）

【丁茂珪】僖宗朝登进士科。

（五代）孙光宪《北梦琐言》卷一一《希慕求进》："唐自大中后，进士尤盛。封定卿、丁茂珪场中头角，举子与其交者，必先登第，而二公各二十举方成名，何进退之相悬也。先是，李都、崔雍、孙瑝、郑嵎四君子，蒙其盼睐者，因是进升。故曰：'欲得命通，问瑝、嵎、都、雍。'"按：大中后二十余年约在僖宗朝。

《登科记考》卷二七《附考·进士科》云丁茂珪进士及第。

【王抟】字昭逸，雍州咸阳人。乾符前后登进士科。历王铎滑州节度使从事、苏州刺史、户部侍郎，官至昭宗朝宰相。

《新唐书》卷一一六《王綝传》："王綝字方庆，以字显。其先自丹杨徙雍咸阳。父弘直，为汉王元昌友……孙俌。六世孙玙，别传。玙曾孙抟……抟字昭逸。擢进士第，辟佐王铎滑州节度府，累迁苏州刺史。久之，以户部侍郎判户部。乾宁初，进同中书门下平章事……加检校尚书右仆射、浙东西宣抚使。会钱镠兼领二浙，故留拜门下侍郎、同中书门下平章事、判度支……正拜右仆射，迁司空，封鲁国公……又贬崖州司户参军事，赐死蓝田驿。"按：王铎节度义成军的时间大致在中和元年至四年，则其登第年当在乾符前后。

《登科记考》卷二七《附考·进士科》云王抟及第。

【韦美】中和中登进士科。

《新唐书》卷五八《艺文二》："韦美,《嘉号录》一卷。中和中进士。"

【卢光启】字子忠。约僖宗朝登进士第。累兵部侍郎,官至宰相。

(宋)李昉等《太平广记》卷一八三《贡举六·卢光启》引《北梦琐言》："卢光启先人伏法,光启兄弟修饰赴举,谓亲知曰:'此乃开荒也。'……策名后,扬历台省,受知于租庸张濬。"按:张濬为晚唐人,见《旧唐书》卷一七九《张濬传》。

《新唐书》卷一八二《卢光启传》："卢光启字子忠,不详何所人。第进士,为张濬所厚,擢累兵部侍郎。昭宗幸凤翔,宰相皆不从,以光启权总书事,兼判三司,进左谏议大夫,参知机务。复拜兵部侍郎、同中书门下平章事。俄罢为太子少保,改吏部侍郎。"

《登科记考》卷二七《附考·进士科》云卢光启及第。

【厉自南】中和年间登进士科。

(宋)计有功《唐诗纪事》卷五一《厉玄》："玄,大和二年进士,终于侍御史。有子自南,登中和进士第。"

(宋)郑樵《通志》卷二八《氏族略第四·以谥为氏》"厉氏"载:唐"光启登科有厉自南"。

《登科记考》卷二七《附考·进士科》录载厉自南。

【乐朋龟】字兆吉,滑台人。中和前登进士科。官至太子少保。

《全唐文》卷八一四,乐朋龟小传:"朋龟字兆吉,滑台人,第进士。中和元年官翰林学士承旨、知制诰,后以太子少保致仕。"按:《〈登科记考〉补遗、订正》补入。

《全唐文》卷九三三,杜光庭《历代崇道记》:"又敕翰林学士承旨尚书兵部侍郎知制诰乐朋龟撰碑立之,伏乞颁示天下,以表皇家承神仙之苗裔,感太上之灵贶,实万代之无穷也。"

《新唐书》卷六〇《艺文四》:"乐朋龟《纶阁集》十卷;又《德门集》五卷;《赋》一卷。字兆吉,僖宗翰林学士,太子少保致仕。"

【孙揆】字圣圭,武强人,刑部侍郎逖五世从孙。约在僖宗朝登进士科。历户部巡官、中书舍人、刑部侍郎,官至京兆尹,卒昭义军节度使,赠左仆射。

《新唐书》卷一九三《忠义下·孙揆传》:"孙揆字圣圭,刑部侍郎逖五世从孙也。第进士,辟户部巡官。历中书舍人、刑部侍郎、京兆尹。昭宗讨李克用,以揆为兵马招讨制置宣慰副使,既而更授昭义军节度使……赠左仆射。"

《登科记考》卷二七《附考·进士科》云孙揆及第。按:其登第年大概在僖宗朝。

光绪《畿辅通志》卷三四《选举唐进士》:"昭宗年,孙揆,武强人,逖五世孙,刑部侍郎。"

【孙鄩】僖宗朝登进士科。

(清)李调元《全五代诗》卷一九有曹松《览春榜喜孙鄩成名》。按:曹松光化四年进士及第,不久死去,则孙鄩及第大概在僖宗朝。

《登科记考》卷二七《附考·进士科》云孙鄩及第。

【李在蒙】赵郡西祖之后。登进士第。

《全唐文补遗》第三辑,崔锴撰乾符三年(876)十一月十七日《唐故朝散大夫汉州刺史赐紫金鱼袋李公(推贤)墓志铭并序》:"公讳推贤,字匡仁,赵郡西祖之后……亲犹子在蒙,登进士第,从知相府,七贵赐绯。"按:"犹子"基本的涵义是指侄子,即兄弟的儿子,亦有如同儿子、侄女或晚辈自称等说法。从墓志推测,在蒙为志主李推贤"亲犹子",则为推贤侄子可能性较大。

【李廷璧】僖宗朝登进士科第。历舒州军倅。

《全唐诗》第十九册卷六六七作者小传:"李廷璧,僖宗朝登进士第。诗一首。"

(五代)王定保《唐摭言》卷九《防慎不至》:"李廷璧,乾符中试夜,于铺内偶获袄子半臂一对,廷璧起取衣之。同铺赏之曰:'此得非神授!'逡巡有一人擒捉,大呼:'捉得偷衣贼也!'"

(宋)李昉等《太平广记》卷二七二《妇人三·李廷璧妻》引《抒情集》:"李廷璧二十年应举,方于蜀中策名……尝为舒州军倅。"

朱玉麟《〈登科记考〉补遗、订正》补入。参见《登科记考补正》卷二七《附考·进士科》。

【李抟】乾符中登进士科。

(宋)计有功《唐诗纪事》卷六一《李抟》:"抟,登乾符进士第。"

《登科记考》中大历五年状元为李抟,此李抟当为另一人。

朱玉麒《〈登科记考〉补遗、订正》补入。

【李系】进士及第。历官宣州观察推官、试秘书省校书郎。

《全唐文补遗》第八辑,李修撰广明二年(881)五月二十九日《唐故陇西李公(杅)范阳卢氏夫人墓志》:"卢氏为山东鼎族,特美称北祖大房。夫人即其后也……幼子系,近登进士科,前宣州观察推官、试秘书省校书郎。"

【吴廷隐】乾符六年(879)前登进士科。历武宁军节度使掌书记。

《唐代墓志汇编》乾符○三三,乾符六年(879)五月廿五日《唐故西川尹支公(讷)墓志铭并序》:"门吏武宁军节度掌书记前乡贡进士吴廷隐谨撰。"按:此墓志铭撰于乾符六年五月廿五日以后,则吴廷隐登第应在乾符六年前。

【张仁龟】洛阳人。僖宗朝登进士科。历侍御史。

(五代)孙光宪《北梦琐言》卷八《张仁龟阴责》:"唐张褐尚书典晋州……生一子(名仁龟)……应进士举及第,历侍御史。"

(五代)孙光宪《北梦琐言》卷八《张褐尚书无忌讳》:"唐张褐尚书……及第后归东都。"

(五代)孙光宪《北梦琐言》卷一二《张氏子敩壁鱼》:"唐张褐尚书有五子,文蔚、彝宪、济美、仁龟皆有名第,至宰辅丞郎。"

(宋)钱易《南部新书·丁》:"张褐尚书牧晋州……生子曰仁龟……仁龟以进士成名,历侍御史,因奉使江浙而死。"

《登科记考》卷二七《附考·进士科》云张仁龟及第。按:其父及第后归东都,其贯应在东都。

【张俊】字彦臣。乾符中登进士科。历校书郎、御史、补阙、起居郎、司勋员外、万年县令,后梁官至礼部郎中。

《旧五代史》卷二四《张俊传》:"张俊,字彦臣。祖、父咸有闻于时。俊少孤,自修饰,善为五言诗,其警句颇为人所称。唐广明中,黄巢犯京师,天子幸蜀……俊亦晦迹浮泛,不失其道。及僖宗还京师,由校书郎、西畿尉登朝为御史、补阙、起居郎、司勋员外、万年县令,以事黜官峡中,将十年。太祖即位,用宰臣薛贻矩为盐铁使,俊与贻矩同年登第,甚知其才,即奏为盐铁判官,迁职为礼部郎中,兼职如故。"按:薛贻矩乾符中登进士科,则张俊应在乾符中登进士科。

《登科记考补正》卷二七《附考·进士科》补入。

【陈庆】饶州人。光启中进士及第。官礼部尚书。

四库本《江西通志》卷四九《选举·唐》光启中进士:"陈庆,德兴人,官礼部尚书。"按:宋代饶州有德兴县,此处德兴当指唐代的饶州。

【封定卿】僖宗朝登进士科。

(五代)孙光宪《北梦琐言》卷一一《希慕求进》:"唐自大中后,进士尤盛。封定卿、丁茂珪场中头角,举子与其交者,必先登第,而二公各二十举方成名,何进退之相悬也。先是,李都、崔雍、孙瑝、郑嵎四君子,蒙其盼睐者,因是进升。故曰:'欲得命通,问瑝、嵎、都、雍。'"按:大中后二十余年约在僖宗朝。

(宋)李昉等《太平广记》卷一八二《贡举五·封定卿》引《北梦琐言》:"大中后,进士尤盛。封定卿、丁茂珪,举子与其交者,必先登第,而二公各二十举方成名。"

《登科记考》卷二七《附考·进士科》云封定卿进士及第。

【赵均】乾符五年(878)十月前登进士科。

《唐代墓志汇编》乾符〇二五乾符五年(878)十月廿三日《唐故昌黎韩府君(绶)墓志并序》:"乾符五年岁次戊戌十月""前乡贡进士赵均撰"。

张忱石《徐松〈登科记考〉续补(下)》补入。

【皇甫颖】乾符中登进士科。归隐。

(五代)王定保《唐摭言》卷八《及第后隐居》:"皇甫颖,早以清操著称,乾符中及第,时四郊多垒,颖以垂堂之诫,绝意禄位,隐于鹿门别墅,寻以疾终。"

《登科记考》卷二七《附考·进士科》录载皇甫颖。

【徐延休】字德文,会稽人。乾符中登进士科。官至吴光禄卿、江都少尹。

(宋)陆游《陆氏南唐书》卷五《周徐查边列传第二》:"徐锴,字楚金,会稽人。父延休,字德文,风度淹雅,故唐乾符中进士。"

(清)吴任臣《十国春秋》卷一一《吴十一·徐延休传》:"徐延休字德文,会稽人。博物多学,风度淹雅,唐乾符中进士,昭宗狩石门,无学士草诏,延休未调官,适在旁近逆旅,左右言其工文辞,即召见命视草,昭宗善之。及还长安,不得用。枢密使蒋玄晖辟为僚佐,延休恶其人,弃去,依钟传于洪州。烈祖时取江西,得延休,归授义兴县令。累官至光禄卿、江都少尹,卒。"

《登科记考》卷二七《附考·进士科》云徐延休及第。

【萧璩】兰陵人。乾符二年(875)前举进士。

《全唐文补遗》第八辑,孟启撰乾符二年(875)十月十二日《唐故朝请大夫京兆少尹上柱国孟府君(璲)夫人兰陵郡君萧氏(威)墓志铭》:"夫人讳威,字德真,兰陵人也……弟二人:长曰丹,前阆州奉国县主簿。季曰璩,举进士。"

【徐胶】僖宗朝进士及第。摄沧州司马。

《唐代墓志汇编》中和〇〇一,中和元年(881)十一月八日《大唐故幽州节度要籍祖君夫人弘农杨氏墓志铭并序》,题下署名"前摄沧州司马乡贡进士徐胶撰"。按:徐胶当在僖宗朝进士及第。

【崔兢】乾符四年(877)四月前登进士第。历摄东都畿汝州都防御巡官。

《唐代墓志汇编》乾符〇一九乾符四年(877)十一月二十三日《唐故温州刺史清河崔府君(绍)墓志铭并序》:"三从幼子摄东都畿汝州都防御巡官前乡贡进士兢撰。""以兢居阮巷之列,又忝科第,遂命为志,故不克让。"按:碑立于乾符丁酉,即乾符四年十一月。

《洛阳新获七朝墓志》,崔彦昭撰乾符四年(877)四月二日《唐故秦国太夫人赠晋国太夫人郑夫人合祔墓志》:"太夫人号太素,不字不名,所以厚流俗也……生子男四人,长曰元范,清规茂行,推重搢绅,由拔萃科聘诸侯府,升宪台为监察御史,不幸短折,士林痛之。有胤曰兢,今春中太常第。咸谓其善人之报也。"

【崔橹】一作"崔鲁",荆南人。广明间登进士科。

(五代)王定保《唐摭言》(五代)王定保《唐摭言》卷一〇《海叙不遇》及卷十二《酒失》、《新唐书》卷六〇《艺文志四》别集类、(宋)陈振孙《直斋书录解题》卷一九诗集类上等均作"崔橹"。但阮阅《诗话总龟》卷五《评论门上》、《宋史》卷二〇八《艺文志七》、(元)辛文房《唐才子传》卷九等均作"崔鲁"。今两存之。按:(宋)陈振孙《直斋书录解题》卷一九录载《无讥集》四卷,注云"唐崔橹撰,僖宗时人",而(元)辛文房《唐才子传》卷九言"鲁,广明间举进士",则崔橹当为僖宗时人,似《唐诗纪事》有误。其籍贯,《唐才子传校笺》册四考证为荆南。

(宋)计有功《唐诗纪事》卷五八《崔橹》:"橹,大中时进士也。"

【程维】饶州人。乾符中进士及第。官至紫金光禄大夫。

四库本《江西通志》卷四九《选举·唐》乾符中进士:"程维,德兴人,官至紫金光禄大夫。"按:德兴,宋代饶州有德兴县,唐代当指饶州。

【裴筠】字东美,河东绛郡人。广明间登进士科。历集贤校理、蓝田尉,官至朝议郎、给事中、上柱国。

《全唐文》卷八四二,封舜卿《进越王钱镠为吴王竹册文》:"维天祐三年岁次丙寅九月辛亥朔十五日乙丑,皇帝若曰:惟后法天以降命,式协无私。惟臣体国以垂功,乃兴厥后……今遣使臣中散大夫右散骑常侍上柱国赐金紫鱼袋王矩副使朝议郎守尚书司勋郎中上柱国赐绯鱼袋裴筠持节册尔为吴王。"

《全唐文补遗》第八辑,裴皞撰开平四年(910)三月十二日《唐故朝散大夫权知给事中柱国河东裴公(筼)墓志铭并序》:"公讳筼,字东美,河东绛郡人……唐室广明年擢进士第,释褐京兆参军、集贤校理,结授蓝田尉,依前集职……开平四年二月二十五日,薨于东周,享寿五十有六。"

(五代)王定保《唐摭言》卷九《误掇恶名》:"裴筼婚萧楚公女,言定未几,便擢进士。罗隐以一绝句刺之,略:'细看月轮还有意,信知青桂近嫦娥。'"按:《旧唐书》卷一七九《萧遘传》云萧遘封楚国公。

(宋)王谠撰,周勋初校证《唐语林校证》卷七《补遗·起武宗至昭宗》:"裴筼婚萧楚公女,言定未几,便擢进士。"(宋)李昉等《太平广记》卷二五六《嘲诮四·罗隐》引《摭言》略同。

《登科记考》卷二七《附考·进士科》云裴筼及第。

【薛贻矩】字熙用,河东闻喜人,祖存,父廷望。乾符中登进士科。历度支巡官、集贤校理、拾遗、司勋郎中、吏部尚书,唐官至御史大夫,后梁官至相国。

(五代)孙光宪《北梦琐言》卷一六《薛贻矩画赞》:"梁相国薛贻矩,名家子,擢进士第,在唐至御史大夫……唐帝命禅于梁,仕至宰相。"

《旧五代史》卷一八《薛贻矩》:"薛贻矩,字熙用,河东闻喜人。祖存,父廷望,咸有令名。贻矩风仪秀耸,其与游者皆一时英妙,藉甚于文场间。唐乾符中,登进士第,历度支巡官、集贤校理、拾遗、殿中、起居舍人,召拜翰林学士,加礼部员外郎、知制诰,转司勋郎中,其职如故。乾宁中,天子幸石门,贻矩以私属相失,不及于行在,罢之。旋除中书舍人,再践内署。历户部、兵部侍郎,学士承旨。及昭宗自凤翔还京,大翦阉寺,贻矩尚为韩全诲等作画赞,悉纪于内侍省屋壁间,坐是谪官。天祐初,除吏部侍郎,不至。太祖素重之,尝言之于朝,即日拜吏部尚书,俄迁御史大夫。四年春,唐帝命贻矩持诏赴大梁,议禅代之事。贻矩至,盛称太祖功德,请就北面之礼,太祖虽谦抑不纳,待之甚厚。受禅之岁夏五月,拜中书侍郎、平章事,兼判户部。明年夏,进拜门下侍郎、监修国史,判度支,又迁弘文馆大学士,充盐铁转运使,累官自仆射至守司空。在位绵五载,然亦无显赫事迹可纪。扈从贝州还,染时疹,旬日卒于东京。诏赠侍中。"

胡可先《〈登科记考〉匡补续编》补入。

附考明经（僖宗朝明经）

【文龟年】成都温江人。乾符中登明经科。历彰明令。

(清)吴任臣《十国春秋》卷五六《后蜀九·文谷传》:"文谷,成都温江人。汉文翁之裔有龟年者,唐乾符中明经及第,任彰明令,谷即其孙也。谷笃学博闻,以词章显于世。事后主,历官员外郎、侍御史、山南道节度判官。"

《登科记考》卷二七《附考·明经科》云文龟年及第。

【杨迎儿】乾符四年(877)前登明经科。

《全唐文补遗》第三辑,杨咸撰乾符四年(877)十月十七日《唐故陇西郡李夫人(雅)墓志铭并序》:"夫人讳雅……年十九,适杨公……前夫人刘氏之子……曰迎儿,经明擢第。"按:"经明擢第"当为"擢明经科"。

王其祎、周晓薇《〈登科记考〉补续》补入制科,误。

【周知新】约在僖宗朝登三礼科第。历陕州司马。

《唐代墓志汇编》残志〇二三,黄篆撰《朝散大夫使持节韶州诸军事守韶州刺史上柱国陈府君(谠)墓志铭并序》:"府君讳谠字昌言,其先颍川人,太丘宰仲弓之后也……公前娶于汝南周氏……后娶范阳卢氏……内弟知新,三礼登科,见任陕州司马。"按:陈谠乾符二年登第,则知新当在其后。

《登科记考补正》卷二七《附考·明经科》以《陈谠墓志》为据收录周知新。按:据墓志,陈谠先娶汝南周氏,后娶范阳卢氏,则"内弟"可能姓周,亦有可能姓卢。又按:刘安志《关于〈大唐开元礼〉的性质及行用问题》(载《中国史研究》2005年第3期),梁力《唐代礼科相关问题论析》认为"内弟知新"是指陈谠之弟陈知新,未知何据,今从《补正》暂作周知新,俟考。

【孟表微】父璲官至京兆少尹。乾符二年(875)前明经及第。

《全唐文补遗》第八辑,孟球撰大中十四年(860)四月十四日《唐故朝请大夫守京兆少尹上柱国孟公(璲)墓志铭》:"三子蔚,明经擢第。"

《全唐文补遗》第八辑,孟启撰乾符二年(875)十月十二日《唐故朝请大夫京兆少尹上柱国孟府君(璲)夫人兰陵郡君萧氏(威)墓志铭》云志主生有五子:长表微,明经擢第,方举进士。按:《萧氏墓志》云表微明经擢第,方举进士,则当以明经录载。

【戴昭】乾符六年(879)前登明经科。

《全唐文补遗》第三辑,戴昭撰乾符六年(879)八月二十七日《唐故银青光禄大夫检校太子宾客授泾州长史兼侍御史上柱国赐紫金鱼袋王公(季初)墓志铭并序》,署名"应书判拔萃、前乡贡明经戴昭述"。

王其祎、周晓薇《〈登科记考〉补续》补入。

附考诸科(僖宗朝诸科)

【朱朴】襄州襄阳人。约在僖宗朝登三史科。历荆门令、京兆府司录参军、谏议大夫,官至宰相。

《新唐书》卷一八三《朱朴传》:"朱朴,襄州襄阳人。以三史举,縻荆门令进京兆府司录参军,改著作郎。乾宁初,太府少卿李元实欲取中外九品以上官两月俸助军兴,朴上疏执不可而止。擢国子《毛诗》博士……擢左谏议大夫、同中书门下平章事。以素无闻,人人大惊,俄判户部,进中书侍郎……朴罢为秘书监,三贬郴州司户参军,卒。"

(宋)晁公武《郡斋读书志校证》卷一八《别集类中》录《朱朴致理书》十卷,注:"右唐朱朴也。襄阳人。以三史举,为荆门令。乾宁中,方士许岩士得幸禁中,言朴有经济才,帝幸石门召时,即拜谏议大夫、平章事。"

(宋)王应麟《玉海》卷一一五《选举·唐三传科·史科》:"史科至相者一人,朱朴以三史举。"

《登科记考》卷二七《附考·诸科》云朱朴及第。

附考科目选（僖宗朝科目选）

【侯翙】成都人。光启中登拔萃科。历邠宁节度使从事,官至翰林学士;历前蜀西川节度使判官、掌书记。

（五代）孙光宪《北梦琐言》卷五《符载侯翙归隐》:"唐光启中,成都人侯翙……以拔萃出身,为邠宁从事。僖宗播迁,擢拜中书舍人,翰林学士。"

（清）吴任臣《十国春秋》卷四四《前蜀十·侯翙传》:"侯翙,成都人也……唐光启中,以拔萃出身为邠宁从事。僖宗幸蜀,拜中书舍人、翰林学士。已而归隐导江卧龙馆不出。高祖镇西川时,翙素于冯涓有恩,涓力荐,高祖辟为节度判官、掌书记,终于其官。"

胡可先《〈登科记考〉匡补续编》补入。

卷十七

唐昭宗（李晔）朝（889—904）

龙纪元年己酉(889)

正月癸巳朔,大赦,改元。《旧唐书·本纪》。

知贡举:礼部侍郎赵崇

进士科

【李瀚】龙纪元年(889)进士科状元及第。历山南节度府从事。

(元)辛文房撰,傅璇琮主编《唐才子传校笺》(册四)卷九《温宪》:"宪,庭筠之子也。龙纪元年李瀚榜进士及第,去为山南节度府从事。"

《登科记考》卷二四,龙纪元年(889)进士科条云李瀚状元及第。

【李冉】凉州姑藏人。龙纪元年(889)登进士科。历虞部郎中,官至右司郎中。

《全唐诗》第二十册卷六八〇有韩偓《奉和峡州孙舍人肇荆南重围中寄诸朝士二篇时李常侍洵严谏议龟李起居殷衡李郎中冉皆有继和余久有是债今至湖南方暇牵课》,同册卷六八二有韩偓《同年前虞部李郎中自长沙赴行在余以紫石砚赠之赋诗代书》。陈尚君《〈登科记考〉正补》认为虞部李郎中即李冉。

《新唐书》卷七二上《宰相世系表》二上,李氏姑藏大房有"冉,右司郎中",即此人。

(清)李调元《全五代诗》卷七六有韩偓《访同年虞部李郎中》《同年前虞部李郎中自长沙赴行在余以紫石研赠之赋诗代书》。按:李郎中即李冉。

《登科记考》卷二四,龙纪元年(889)条据前引文云李□进士科及第,兹疑即李冉。

【吴融】字子华,越州山阴人。龙纪元年(889)登进士科。历掌书记、侍御史、荆南节度使从事,召为左补阙,以礼部郎中为翰林学士,拜中书舍人,进户部侍郎,卒翰林学士承旨。

(五代)孙光宪《北梦琐言》卷五《中书蕃人事》:"近代吴融侍郎,乃赵崇大夫门生,即世日,天水叹曰:'本以毕、白待之,何乃乖于所望。'歉其不大拜,而亦讥当时也。"

《新唐书》卷二〇三《文艺下·吴融传》:"吴融字子华,越州山阴人。祖翥,有名大中时,观察府召以署吏,不应,帅高其概,言诸朝,赐号文简先生。融学自力,富辞调。龙纪初,及进士第。韦昭度讨蜀,表掌书记,迁累侍御史。坐累去官,流浪荆南,依成汭。久之,召为左补阙,以礼部郎中为翰林学士,拜中书舍人。昭宗反正,御南阙,群臣称贺,融最先至。于时左右欢骇,帝有指授,叠十许稿,融跪作诏,少选成,语当意详,帝咨赏良厚。进户部侍郎。凤翔劫迁,融不克从,去客阌乡。俄召还翰林,迁承旨,卒官。"又《旧唐书》卷一七九《韦昭度传》:"昭宗即位,阆州刺史王建攻陈敬瑄于成都,隔绝贡奉。乃以昭度检校司空、同平章事、成都尹、剑南西川节度招抚宣慰等使。昭度赴镇,敬瑄不受代。诏东川顾彦朗与王建合势讨之。昭度为行营招讨。"按:吴融应为行营招讨使掌书记。

(宋)计有功《唐诗纪事》卷六八《吴融》:"融,字子华,越州人。昭宗时为翰林学士,卒官。"

(元)辛文房撰,傅璇琮主编《唐才子传校笺》(册四)卷九《吴融》:"融字子华,山阴人。初力学,富辞,调工捷。龙纪元年,李瀚榜及进士第。"

(清)李调元《全五代诗》卷七六有韩偓《与吴子华侍郎同年玉堂直怀恩叙恩因成长句四韵兼呈诸同年》。

《登科记考》卷二四,龙纪元年(889)进士科条云吴融及第。

【骆均】临安人。龙纪元年(889)登进士第。历御史中丞。

胡可先《〈登科记考〉匡补三编》补入。

四库本《浙江通志》卷一二三《选举志一唐进士》:"昭宗龙纪:骆均,临安人。御史中丞。"按:龙纪仅一年。

【唐备】龙纪元年(889)登进士科。

(元)辛文房撰,傅璇琮主编《唐才子传校笺》(册四)卷九《唐备》:"备,龙纪元年进士。"

《登科记考》卷二四,龙纪元年(889)进士科条云唐备及第。

【崔远】博陵安平人,祖玙官至兵部侍郎,父淡官至吏部侍郎。龙纪元年(889)登进士科。以户部侍郎拜同平章事,封爵博陵县男,阶至中书侍郎。

《旧唐书》卷一七七《崔珙传附崔球传》:"崔珙,博陵安平人。祖懿。父颋……出为同州刺史,卒……珙……寻以本官同中书门下平章事……珙弟瑨、璪、玙、球、珦……玙……转兵部侍郎。子淡。淡,大中十三年登进士第,累迁礼部员外郎,位终吏部侍郎。淡子远。远,龙纪元年登进士第。大顺初,以员外郎知制诰,召充翰林学士,正拜中书舍人。乾宁三年,转户部侍郎、博陵县男、食邑三百户,转兵部侍郎承旨。寻以本官同平章事,迁中书侍郎,兼吏部尚书。"

《登科记考》卷二四,龙纪元年(889)进士科条云崔远及第。

【韩偓】字致光,一作致尧,小字冬郎,京兆府万年人,父瞻。龙纪元年(889)登进士科。历河中节度使从事、翰林学士、中书舍人,官至户部侍郎,后依闽太祖卒。

《旧唐书》卷二〇上《昭宗》:天复三年正月丙午"上又令户部侍郎韩偓、赵国夫人宠颜宣谕于全忠军"。

《新唐书》卷一八三《韩偓传》:"韩偓字致光,京兆万年人。擢进士第,佐河中幕府。召拜左拾遗,以疾解。后迁累左谏议大夫。宰相崔胤判度支,表以自副。王溥荐为翰林学士,迁中书舍人……偓因荐御史大夫赵崇劲正雅重,可以准绳中外。帝知偓,崇门生也,叹其能让。初,李继昭等以功皆进同中书门下平章事,时谓'三使相',后稍稍更附韩全诲、周敬容,皆忌胤……至凤翔,迁兵部侍郎,进承旨……偓不敢入朝,挈其族南依王审知而卒。"

(宋)计有功《唐诗纪事》卷六五《韩偓》:"偓父瞻,开成六年李义山同年也。义山有《饯韩同年西迎家室戏赠》:'籍籍征西万户侯,新缘贵婿起朱楼。一名我漫居先甲,千骑君翻在上头。云路招摇回彩凤,天河迢递笑牵牛。南朝禁脔无人近,瘦尽琼枝为四愁。'偓,小字冬郎……偓字致尧,今曰致光,误矣。"

（元）辛文房撰，傅璇琮主编《唐才子传校笺》（册四）卷九《韩偓》："偓字致尧，京兆人。龙纪元年，礼部侍郎赵崇下擢第。天复中，王溥荐为翰林学士，迁中书舍人。"

《登科记考》卷二四，龙纪元年（889）进士科条云韩偓及第。

【程忠】字匪躬。龙纪元年（889）登进士科。授蓝田尉。

《浯田程氏宗谱》卷二录七十一世："忠字匪躬，以字行，昭宗龙纪二舍人赵崇下擢进士第，授蓝田尉。世难还家。"按：龙纪无二年，当为龙纪元年，本年为赵崇知举。

【温宪】太原人，父庭（廷）筠。宪龙纪元年（889）登进士科。历山南西道从事。

（五代）王定保《唐摭言》卷一○《海叙不遇》："温宪，先辈庭筠之子，光启中及第，寻为山南从事。辞人李巨川草荐表，盛述宪先人之屈。"

（宋）计有功《唐诗纪事》卷七○《温宪》："温宪员外，廷筠子也。僖、昭之间，就试于有司，值郑相延昌掌邦贡也，以其父文多刺时，复傲毁朝士，抑而不录。既不第，遂题一绝于崇庆寺壁。后荥阳公登大用，因国忌行香，见之悯然动容。暮归宅，已除赵崇知举，即召之，谓曰：'某顷主文衡，以温宪廷筠之子，深怒嫉之。今日见一绝，令人恻然，幸勿遗也。'于是成名。诗曰：'十口沟隍待一身，半年千里绝音尘。鬓毛如雪心如死，犹作长安下第人。'……温终于山南从事。"

（元）辛文房撰，傅璇琮主编《唐才子传校笺》（册四）卷九《温宪》："宪，庭筠之子也。龙纪元年李瀚榜进士及第，去为山南节度府从事……后迁至郎中，卒。"

（明）凌迪知《万姓统谱》卷二二《上平声》："温宪，咸通中及第，与张乔等为十哲。"

《登科记考》卷二四，龙纪元年（889）进士科条云温宪及第。

大顺元年庚戌（890）

正月戊子朔，大赦，改元大顺。《旧唐书·本纪》。

知贡举：御史中丞裴赞

进士科

【杨赞禹】一作"杨赞安"。大顺元年（890）进士科状元及第。授长安县尉，历直弘文馆、左拾遗，官至学士。

《全唐文》卷八二三，黄滔《与杨状头书》："谨献书状元先辈。圣人之道没，必假后贤以援之。故天将假后贤以援之，必先否其人之数，而后克亨其道。苟知厥理，鲜是得而言之。且咸通、乾符之贡士，其有德行、文学、人地如先辈，而在举场，则其举罕再，而先辈在举场逮二十年，何哉？是知天否先辈当年之数，以亨今日之道。假于春官、天官之网，首冠群彦，基我中兴。使天下之人，翕然向风，奔走慕义，以偃干戈，岂不然乎？今俾天下之人，奔走瞻之为龙门管钥，宗伯之处士也，莫不俟我之启。某顷者频试于小宗伯，姓名罔为人之所闻，然多受知于前辈。故安州郑郎中江陵蒋校书谓所业赋偶公道，必为宗师之荐，宗伯之求。某佩斯言十有五年矣。幸蜀之后,东蛰闽越。泊前年榜,伏睹先辈荣登。逮王先辈希龙之还,敬话先辈之道,某熟得而知勉。某提携所业,直扣门仞。昨某之来也,朝及京师,暮期刺谒。今幸于此遽获贽投,果蒙先辈逾涯越等,加之赏录,便许荐拔。充宗伯之所求,则二贤之言斯验矣。若某则已登选于今日也。某草泽单寒,无门报德。且世之感恩谢知,罔不率以杀身为之辞。夫杀身之期,是待知已于患难。某今感先辈之恩知,谨唯铭刻肌骨。故献书于座右以陈露之,伏惟始终怜察焉。不宣。某再拜。"

《全唐文》卷八三七,薛廷珪《授长安县尉直宏文馆杨赞禹左拾遗鄠县郑谷右拾遗制》:"敕。具官杨赞禹等:以赞禹挺生公族,雅有令名。检身如履其春冰,操心不愧于屋漏。而言行无玷,文章可观。连中殊科,首冠群彦。舍而不顾,去奉良知。三年于兹,澄澹一致。自待之意,何其远欤? 以谷二雅驰声,甲科得隽,亦承遗构,自致亨衢。求诸辈流,兼慎行止。朕方求理道,允属滞淹。闻尔赞禹之规为,可以厚风俗而敦教化。闻尔谷之诗什,往往在人□而伸王泽。举贤劝善,允得厥中。并命谏垣,我为公选。汝于职业,勉自激扬。可依前件。"

(唐)黄滔《黄御史集》卷三《寄杨赞图学士》诗,题注:"学士与元昆俱以龙脑登选。"《登科记考》卷二四,大顺元年(890)进士科条:"元昆即赞禹。"

(宋)乐史《广卓异记》卷一九《兄弟二人状元及第》:"右按《登科记》:杨赞禹大顺元年状元及第。弟赞图,乾宁四年状元及第。"

(元)辛文房撰,傅璇琮主编《唐才子传校笺》(册四)卷九《王驾》:"驾字大用,蒲中人,自号'守素先生'。大顺元年,杨赞禹榜登第。"

(明)徐应秋《玉芝堂谈荟》卷二《历代状元》:"大顺元年,状元杨赞安。"

【王虬】字希龙,泉州南安人。大顺元年(890)举进士第。

《全唐文》卷八二三,黄滔《与杨状头书》:"谨献书状元先辈。圣人之道没,必假后贤以援之。故天将假后贤以援之,必先否其人之数,而后克亨其道。苟知厥理,繇是得而言之。且咸通乾符之贡士,其有德行文学人地如先辈,而在举场,则其举罕再……逮王先辈希龙之还,敬话先辈之道,某熟得而知勉。"

《新唐书》卷六〇《艺文四》:"《王虬集》十卷。字希龙,泉州南安人。大顺初举进士第。"

《登科记考》卷二四,大顺元年(890)进士科条云王虬及第。

【王驾】字大用,河中浦州人。大顺元年(890)登进士科。授校书郎,官至礼部员外郎。

(宋)计有功《唐诗纪事》卷六三《王驾》:"驾,字大用,河中人。登大顺进士第,仕至礼部员外郎。自称守素先生,与图、谷相为诗友。"

(宋)陈振孙《直斋书录解题》卷一九录载《王驾集》一卷,注:"唐彭城王驾大用撰。大顺元年进士。自号守素先生。"

(元)辛文房撰,傅璇琮主编《唐才子传校笺》(册四)卷九《王驾》:"驾字大用,蒲中人,自号'守素先生'。大顺元年,杨赞禹榜登第。授校书郎,仕至礼部员外郎。弃官嘉遁于别业。"按:唐代河中府下设浦州。

《登科记考》卷二四,大顺元年(890)进士科条云王驾及第。

【张乔】池州人,寓居京兆府长安县。大顺元年(890)登进士科。归隐九华山。

《全唐文》卷八〇六,张乔小传:"乔,池州人咸通中进士。黄巢之乱,隐九华山。"

(元)辛文房撰,傅璇琮主编《唐才子传校笺》(册四)卷一〇《张乔》:"乔隐居九华山,池州人也。有高致,十年不窥园。以苦学,诗句清雅,迥少其伦。当时东南多才子,如许棠、喻坦之、剧燕、吴罕、任涛、周繇、张蠙、郑谷、李栖远,与乔亦称'十哲',俱以韵律驰声。大顺中,京兆府解试,李参军频时主文,试《月中桂》诗,乔:'根非生下土,叶不坠秋风。'遂擅场。其年频以许棠久困场屋,以为首荐。乔与喻坦之复受许下薛尚书知,欲表于朝,以他不果。竟岨峿名途,徒得一进耳。"

嘉靖《池州府志》卷七《人物篇·贤哲》:"张乔,寓居长安延兴门……京兆府解试,首荐,昭宗大顺元年登进士第。"

【张莹】字昭文,连江人。大顺元年(890)登进士科。官至礼部尚书。

《登科记考》卷二四,大顺元年(890)进士科条云张莹及第。

淳熙《三山志》卷二六:"大顺元年庚戌杨赞禹榜:张莹,字昭文,连江人,终礼部尚书知连州。"

【林兖】字谠言,福州闽县人。大顺元年(890)登进士科。终秘书省校书郎。

《登科记考》卷二四,大顺元年(890)进士科条云林兖及第。

淳熙《三山志》卷二六:"大顺元年庚戌杨赞禹榜:林兖,字谠言,闽县人,终秘书省校书郎。"

【戴司颜】大顺元年(890)登进士科。历太常博士。

(五代)王定保《唐摭言》卷五《切磋》:"景福中,江西节度使钟传遣僧从约进《法华经》一千部,上待之恩渥有加,宣从约入内赐斋,而锡紫衣一副。将行,太常博士戴司颜以诗赠行。"

(宋)计有功《唐诗纪事》卷六六《戴司颜》:"司颜,登大顺进士第。"

(元)辛文房撰,傅璇琮主编《唐才子传校笺》(册四)卷九《戴思颜》:"思颜,大顺元年杨赞禹榜进士及第,与王驾同袍。"《登科记考》卷二四,大顺元年(890)进士科条作"戴思颜"。按:当以"司颜"为确。

大顺二年辛亥(891)

知贡举:礼部侍郎裴贽

进士科

【崔昭矩】清河人,祖庇官至滑州酸枣县尉,父巘官至鄂州观察使,兄昭纬官至宰相。大顺二年(891)进士科状元及第。历殿中丞。

(五代)王定保《唐摭言》卷八《及第与长行拜官相次》:"崔昭矩,大顺中裴公下状元及第。翌日,兄昭纬登庸。"

　　(五代)孙光宪《北梦琐言》卷一一《进士团所由倒罚崔状元》:"唐进士崔昭矩为状元,有进士团所由,动静举罚……博陵无言以对。"

　　《旧唐书》卷二〇下《哀帝》:"(天祐二年四月)辛丑,侍御史李光庭郗殷象、殿中丞张升崔昭矩、起居舍人卢仁炯卢鼎苏楷、吏部员外郎崔协、左补阙崔咸林、右补阙杜承昭罗兖、右拾遗韦象路德延,并宜赐绯鱼袋。"

　　《旧唐书》卷一七九《崔昭纬传》:"崔昭纬,清河人也。祖庇,滑州酸枣县尉。父崫,鄂州观察使。昭纬进士及第。昭宗朝,历中书舍人、翰林学士、户部侍郎、同平章事……罢相,授右仆射。后又以托附汴州,再贬梧州司马。"

　　(宋)乐史《广卓异记》卷一九《及第与长行拜官相次》:"右按《摭言》:崔昭矩大顺年中,裴公下状元及第,翌日兄昭纬登,昭纬中和三年亦状元及第。"

　　《新唐书》卷二二三下《奸臣下·崔昭纬传》:"崔昭纬字蕴曜,其先清河人。及进士第。至昭宗时,仕寖显,以户部侍郎同中书门下平章事,居位凡八年,累进尚书右仆射。"

　　(明)徐应秋《玉芝堂谈荟》卷二《父子兄弟状元》:"兄弟状元者……乾符二年崔昭纬,景福二年崔昭矩。"按:徐应秋《玉芝堂谈荟》误。

　　《登科记考》卷二四,大顺二年(891)进士科条云崔昭矩进士科状元及第。

　　淳熙《三山志》卷二六《人物类一·科名》:"(大顺)二年,辛亥,崔昭矩榜,陈鼎,福清人。"

　　【王拯】字极甫,歙州人。大顺二年(891)登进士科。历小版、少勖。

　　(五代)王定保《唐摭言》卷三《慈恩寺题名游赏赋咏杂纪》:"大顺中,王涣自左史拜考功员外;同年李德邻自右史拜小戎,赵光允自补衮拜小仪,王拯自小版拜少勖。涣首唱长句感恩,上裴公曰……"

　　(宋)计有功《唐诗纪事》卷六六《王涣》:"涣,字群吉,大顺二年侍郎裴贽下登第,德邻、(王)拯、光胤皆同年也。"

　　《登科记考》卷二四,大顺二年(891)进士科条云王拯及第。

　　【王翃】字雄飞。大顺二年(891)登进士科。

　　《新唐书》卷六〇《艺文四》:"《王翃赋》一卷。字雄飞,大顺进士第。"《登科记考》卷二四据此将王翃放在大顺二年下。《登科记考》卷二七《附考·进士科》引《新唐书》卷六〇《艺文四》:"《王翃赋》一卷字雄飞,大顺进士第。"将其再列入《附考》中。其实,两王翃为同一人,《新唐书》未确言王翃大顺二年及第。按:大顺仅两年,《新唐书》未言为初年当考虑其为大顺二年,则《登科记考》卷二七《附考》中王翃当删除。施子愉《登科记考补正》认为删除大顺二年王翃条不妥。

　　【王涣】一作"王焕",字群吉,一作"文吉",太原府人。大顺二年(891)登进士科。官至考功员外郎。

　　(五代)王定保《唐摭言》卷三《慈恩寺题名游赏赋咏杂纪》:"大顺中,王涣自左史拜考功员外;同年李德邻自右史拜小戎,赵光允自补衮拜小仪,王拯自小版拜少勖。涣首唱长句感恩,上裴公曰⋯⋯"

《新唐书》卷七二中《宰相世系表》二中:"涣字群吉。"岑仲勉《金石论丛·从王涣墓志解决了晚唐史一两个问题》中引《王涣墓志铭》:"府君讳涣,字文吉。"待考。《王涣墓志铭》云其为太原人。

(宋)计有功《唐诗纪事》卷六六《王涣》:"涣,字群吉,大顺二年侍郎裴贽下登第,德邻、(王)拯、光胤皆同年也。"

(元)辛文房撰,傅璇琮主编《唐才子传校笺》(册四)卷一○《王焕》:"焕,大顺二年礼部侍郎裴贽下进士及第。"

《登科记考》卷二四,大顺二年(891)进士科条云王涣及第。

【杜荀鹤】字彦之,郡望京兆,贯池州,祖从郁终驾部员外郎,父杜牧官至中书舍人。大顺二年(891)登进士科。历宣州节度使从事,后梁翰林学士、主客员外郎。

《全唐文》卷八一五顾云《唐风集序》:"大顺初,皇帝命小宗伯河东裴公掌邦贡。次二年,遥者来,隐者出,异人俊士,始大集都下。于群进士中,得九华山杜荀鹤,拔居上第。"

(五代)王定保《唐摭言》卷一二《自负》:"张曙拾遗与杜荀鹤同年。"

(五代)孙光宪《北梦琐言》卷四《张曙戏杜荀鹤》:"唐右补阙张曙⋯⋯后于裴贽侍郎下擢进士第,官至右补阙。曾戏同年杜荀鹤曰:'杜十四仁贤大荣幸,得与张五十郎同年。'"

《旧唐书》卷一四七《杜佑传附杜牧传》:"杜佑字君卿,京兆万年人⋯⋯元和元年,册拜司徒、同平章事,封岐国公⋯⋯三子,师损嗣,位终司农少卿。式方,字考元⋯⋯久之,穆宗即位,转兼御史中丞⋯⋯季弟从郁⋯⋯从郁⋯⋯终驾部员外郎。(从郁)子牧⋯⋯牧,字牧之⋯⋯岁中迁中书舍人。"

《旧五代史》卷二四《杜荀鹤传》:"杜荀鹤,池州人。(案:辛文房《唐才子传》:荀鹤,字彦之,牧之微子也。)善为诗,辞句切理,为时所许。既擢第,复出旧山。(案:《唐才子传》:⋯⋯大顺二年,裴贽侍郎放第八人登科,正月十日放榜,正荀鹤生朝也。王希羽献诗曰:'金榜晓悬生世日,玉书潜记上升时。九华山色高千尺,未必高于第八枝。')⋯⋯太祖遇之颇厚。及颁遇祸,太祖以其才表之,寻授翰林学士、主客员外郎。既而恃太祖之势,凡播绅间己所不悦者,日屈指怒数,将谋尽杀之。苞蓄未及泄,丁重疾,旬日而卒。"按:其籍贯,(宋)钱易《南部新书·辛》、《旧五代史》卷二四《杜荀鹤传》、《资治通鉴》卷二六四天复三年八月条等均言杜荀鹤为池州人。(宋)乐史《太平寰宇记》卷一○五池州下云杜荀鹤为石埭人。唐池州下有石埭县。则杜荀鹤为池州石埭人。

《新唐书》卷一八九《田頵传》:"(宣州节度使)頵遣其佐杜荀鹤至汴通好,全忠喜,屯宿州须变。"

(宋)计有功《唐诗纪事》卷六五《杜荀鹤》:"荀鹤有诗名,号九华山人。大顺初擢第,寻授翰林学士,主客员外郎,知制诰。"

(宋)晁公武《郡斋读书志校证》卷一八《别集类中》录《杜荀鹤唐风集》十卷,注:"右唐杜荀鹤,池州人。大顺二年进士。"

（元）辛文房撰，傅璇琮主编《唐才子传校笺》（册四）卷九《杜荀鹤》："荀鹤，字彦之，牧之微子也……大顺二年裴贽侍郎下第八人登科。正月十日放榜，正荀鹤生朝也。"

（明）徐应秋《玉芝堂谈荟》卷二《历代状元》："（大顺）二年，状元杜荀鹤。"按：杜荀鹤非当年状元。

《登科记考》卷二四，大顺二年（891）进士科条云杜荀鹤及第。

【李德邻】大顺二年（891）登进士科。历右史、小戎。

《全唐诗》第二十册卷六八八有孙偓《答门生王涣李德邻赵光胤王拯长句》（一作裴贽诗）："谬持文柄得时贤，粉署清华次第迁。昔岁策名皆健笔，今朝称职并同年。各怀器业宁推让，俱上青霄肯后先。何事老夫犹赋咏，欲将酬和永留传。"

（五代）王定保《唐摭言》卷三《慈恩寺题名游赏赋咏杂纪》："大顺中，王涣自左史拜考功员外；同年李德邻自右史拜小戎，赵光允自补衮拜小仪，王拯自小版拜少勋。涣首唱长句感恩，上裴公曰……"

（清）李调元《全五代诗》卷一有孙偓《答门生王涣李德邻赵光允王拯长句》。

《登科记考》卷二四，大顺二年（891）进士科条云李德邻及第。

【吴仁璧】字廷实，一作"廷宝"，苏州长洲县人。大顺二年（891）登进士科。

（五代）王定保《唐摭言》卷一《广文》："大顺二年，孔鲁公在相位，思矫其弊，故特置吴仁璧于蒋肱之上。明年，公得罪去职，及第者复循常而已。"

《新唐书》卷六〇《艺文四》："《吴仁璧诗》一卷。字廷实，并大顺进士第。"

《登科记考》卷二四，大顺二年（891）进士科条：《永乐大典》引《苏州府志》："侍郎裴贽知贡举，仁璧登第……吴仁璧字廷宝，长洲人。"按：苏州有长洲县。

《吴郡志》卷二五："吴仁璧，大顺中及第。"

【吴蜕】越州山阴人。大顺二年（891）登进士科。释褐镇东军节度掌书记，官至礼部尚书。

（宋）钱俨《吴越备史》卷四："（吴程）父蜕，大顺中登进士，解褐镇东军节度掌书记、左拾遗，累官礼部尚书。"

（清）吴任臣《十国春秋》卷八七《吴越十一·吴程传》："吴程字正臣，山阴人。祖可信，唐定州虞唐县令；父蜕，大顺中登进士，解褐镇东军节度掌书记、右拾遗，累官礼部尚书。"

《登科记考》卷二四，大顺二年（891）进士科条云吴蜕及第。

【汪极】歙县人。大顺二年（891）进士及第。

《全唐诗》第二十册卷六九〇有汪极《奉试麦垄多秀色》诗一首，小传："字极甫，歙人，大顺三年进士。诗一首。"按："三年"当作"二年"。

《登科记考补正》卷二四，大顺二年（891）进士科据胡可先考证，增补汪极。

弘治《徽州府志》卷六："汪极，歙人，大顺三年进士。"按："三年"当作"二年"。

光绪《安徽通志》卷一五四《选举表四·进士》："大顺辛亥裴贽榜：汪极，歙人。"按：裴贽是年知贡举，此误为状元。

【张曙】大顺二年(891)登进士科。官至右补阙、拾遗。

(五代)王定保《唐摭言》卷一一《怨怒戆直附》:"张曙、崔昭纬,中和初西川同举,相与诣日者问命。时曙恃才名籍甚,人皆呼为将来状元……既而曙果以惨恤不终场,昭纬其年首冠……后七年,崔自内廷大拜,张后于三榜裴公下及第,果于崔公下过堂。"

(五代)王定保《唐摭言》卷一二《自负》:"张曙拾遗与杜荀鹤同年。"

(五代)孙光宪《北梦琐言》卷四《张曙戏杜荀鹤》:"唐右补阙张曙……后于裴贽侍郎下擢进士第,官至右补阙。曾戏同年杜荀鹤曰:'杜十四仁贤大荣幸,得与张五十郎同年。'"(宋)计有功《唐诗纪事》卷六五《杜荀鹤》略同。按:张五十郎即张曙。

《登科记考》卷二四,大顺二年(891)进士科条云张曙及第。

【陈鼎】福州福清人。大顺二年(891)登进士科。历明州刺史从事。

《全唐文》卷八二六,黄滔《祭陈先辈鼎》:"维光化四年岁次辛酉正月二十七日,祭于东君之灵。闽山秀气,鲁国清尘。天之授受,钟我仁人。卓矣生世,学而立身。卫玠则旁辉其舅,曾参则大孝于亲。始者随计归越,上书入秦。擅价而侯门倾动,呈功而凤藻精新。咸通之年,九霄也鹓路。乾符之际,万仞之龙津。既而瓯岭经兵,蜀川迎帝。匪无随驾之恳,实切问安之计。肩负爨饭,志销丹桂。虽深藏豹之诚,难遇化鲲之势。都堂昔日,困一千辈之交锋。大国中兴,作第二人之登第。杏园醉后,华表归时。往岁井邑,兹辰羽仪。旋属姑苏积衅,勾践兴师。于是板舆避地,草檄从知。百越之江光泓涌,四明之山翠参差。长鲸既剔,逸足难羁。东别朱门,南还故里。一朝而奄至泣血,三载而蔑闻见齿。仲由此后,千钟之禄悠哉。毛义终身,一檄之荣已矣。修程不顾,盛德逾馨。田园草绿,户牖山青。与夔龙而抗迹,追园绮而忘形。且期齐鹤算,寿陟龟龄。是何修短之期莫测,吉凶之阃难扃。"

(清)吴任臣《十国春秋》卷八五《吴越九·黄晟传》:"黄晟,明州鄞人也……晟颇尚礼士,辟前进士陈鼎、羊昭素为宾客,江东儒学多依之。"

《登科记考》卷二四,大顺二年(891)进士科条云陈鼎及第。

淳熙《三山志》卷二六:"鼎,福清人。(大顺)二年辛亥崔昭矩榜:陈鼎,福清人。"

【罗衮】一作"罗衮",成都林邛县人。大顺二年(891)登进士科。终后梁礼部员外郎。

《全唐文》卷八二八,罗衮《谢史馆裴相公启》:"某启,伏以洪钧播物,已在生成。朗鉴通幽,宁期照烛。伏以相公三十五丈熙朝德茂,轶世才高。发言为褒贬之经,回顾是寒暄之律。自叨洪奖,愈切宠惊。近又见户部王侍郎,伏知造化工夫,不遗纤草。丹青润色,偏及偶人。辉华而贱质增荣,感激而雄眸有泪。实以衮家殊弁冕,业继诗书。卷怀于盛壮之时,浮泛于衰迟之日。词科入仕,寻周一纪之星。谏署升朝,亦改四年之火。虽复毛惭腹背,角困藩篱。何尝不砥砺公方,琢磨文术。竟以长沙地窄,难呈宛转之姿。南郡鬼逢,每受揶揄之耻。俄消剥道,显自明恩。霖施而穷泽生流,瑞降而枯条更肆。得不乘风奋力,搦朽申劳。依鲁相之门墙,永随车竖。仰殷宗之左右,长奉鼎梅。卑情无任日夕兢惶生死衔戴之至。"

《全唐文》卷八二八,罗衮《谢诸知己第二启》:"某启。某操行无奇,文章匪赡。拾遗左右,三年未望于转迁。约史春秋,五夜宁通于梦想。斯亦孤单雅分,顽鲁自宜。忽践履于清华,谅因依于贤达。伏以某官优容下位,奖进微才。苟君之日月在躬,道存瞻瞩。王氏之风尘外物,荣遂品题。故得誉彻中台,名闻东观。遽篷弥缝之地,仍参著作之庭。只奉宠光,若临泉谷。静循叨窃,实自门墙。敢不永抱兢铭,深虞负累。以当官而赎(一作"渎")忝,用举职以酬知。"

(五代)孙光宪《北梦琐言》卷五《罗衮不就西川辟》:"唐罗员外衮,成都临邛人,应进士举,文学优赡,操尚甚高。唐大顺中策名,不归故乡……终于梁礼部员外郎也。"

《登科记考》卷二四,大顺二年(891)进士科条:《永乐大典》引《临邛续志》:"罗衮,临邛人,应进士举……唐大顺中策名,不归故乡……终于梁礼部员外郎也。"

【赵光胤】京兆府奉天人,祖存约官兴元府推官,父隐官至宰相。登大顺二年(891)进士科。唐官至驾部郎中,后梁历清显,后唐位至宰相,赠左仆射。

《旧唐书》卷一七八《赵隐传》:"赵隐字大隐,京兆奉天人也。祖植……三迁尚书工部侍郎……子存约、滂。存约,大和三年为兴元从事……(隐)大中三年,应进士登第,累迁郡守、尚书郎、给事中、河南尹,历户、兵二侍郎,领盐铁转运等使。咸通末,以本官同平章事,加中书侍郎,兼礼部尚书,进阶特进、天水伯、食邑七百户……子光逢、光裔、光胤。……光胤,大顺二年进士登第。天祐初,累官至驾部郎中。入梁,历显位。中兴用为宰辅。"

《旧五代史》卷五八《赵光逢传附赵光胤传》:"赵光胤,光逢之弟也,(案:新旧《唐书》俱云赵隐子三人:光逢、光裔、光胤。为后唐相者,光胤也。《薛史》原本避宋讳,宋讳称光胤为光裔,似混二人为一。今改正。)俱以词艺知名,亦登进士第。(案:《旧唐书》云大顺二年,进士登第。天祐初,累官至驾部郎中。)光胤仕梁,历清显,伯仲之间,咸以方雅自高,北人闻其名者,皆望风钦重……(后唐)同光元年十一月,光胤与韦说并拜平章事……(卒)赠左仆射。"

《登科记考》卷二四,大顺二年(891)进士科条云赵光胤及第。历崇文馆校书郎。

【黄璞】字绍山,一作"德温",福州侯官县人。大顺二年(891)登进士科。官至崇文馆校书郎。

《唐代墓志汇编》景福〇〇三《唐故福建观察使检校司徒兼御史大夫颍川郡陈府君墓志铭并序》:"前乡贡进士黄璞撰。"

《新唐书》卷五八《艺文二》:"黄璞《闽川名士传》一卷。字绍山,大顺中进士第。"

《登科记考》卷二四,大顺二年(891)进士科条云黄璞及第。

淳熙《三山志》卷二六:"(大顺)二年辛亥崔昭矩榜:黄璞,字德温,唐《艺文志》作字绍山,侯官人,后迁莆田,至崇文馆校书郎。"按:唐福州有侯官县。

【蒋肱】袁州宜春人。大顺二年(891)登进士科。

(五代)王定保《唐摭言》卷一《广文》:"大顺二年,孔鲁公在相位,思矫其弊,故特置吴仁璧于蒋肱之上。明年,公得罪去职,及第者复循常而已。"

《登科记考》卷二四,大顺二年(891)进士科蒋肱条:"《永乐大典》引《宜春志》:'蒋肱登大顺三年进士第。''三'盖'二'之讹。"

正德《袁州府志》卷七《科第》:"蒋肱,大顺二年进士。"

四库本《江西通志》卷四九《选举·唐》大顺中进士科条:"蒋肱,宜春人。"

景福元年壬子(892)

正月丙寅,大赦,改元景福。

知贡举:蒋泳

进士科

【归黯】苏州长洲人,祖融官至吏部侍郎,父仁泽官至观察使。景福元年(892)进士科状元及第。无疾而卒。

(五代)王定保《唐摭言》卷八《及第与长行拜官相次》:"归黯亲迎拜席日,状元及第,榜下版巡脱白,期月无疾而卒。"按:其为苏州人,见归仁泽条。大顺三年正月丙寅已改元景福元年。

《旧唐书》卷一四九《归崇敬传附归融传》:"归崇敬字正礼,苏州吴郡人也。曾祖奥,以崇敬故,追赠秘书监。祖乐,赠房州刺史。父待聘,亦赠秘书监。崇敬少勤学,以经业擢第……充皇太子侍读……子登嗣。登,字冲之……迁工部尚书……子融嗣。融,进士擢第,自监察拾遗入省……以融权知兵部侍郎。一年内拜吏部。三年检校礼部尚书、兴元尹兼御史大夫,充山南西道节度使。融子仁晦、仁翰、仁宪、仁召、仁泽,皆登进士第。咸通中并至达官。"

(宋)乐史《广卓异记》卷一九《父子状元及第》:"右按《登科记》:归仁泽,乾符元年状元及第。子黯,大顺三年状元及第。"

《登科记考》卷二四,景福元年(892)进士科条云归黯及第。

【崔敔】字济之,清河人,祖从官淮南节度使,父安潜官太子太师。景福元年(892)登进士科。署盐铁巡官,授秘书省校书郎,官至右拾遗。

《唐代墓志汇编》乾宁〇〇七《唐故右拾遗崔君与郑氏夫人合祔》:"府君讳敔,字济之,清河人也……祖从,皇淮南节度使、检校尚书右仆射、赠太师,谥曰贞,父安潜,皇太子太师,赠太尉……年廿八,擢进士甲科第……署盐铁巡官,奉授秘书省校书郎……拜右拾遗……以乾宁四年八月廿日,终于华州之官舍,享年三十有三……同归洛食……合葬于河南府寿安县甘泉乡连里村,祔于先茔。"按:以乾宁四年(897)卒,享年三十三推之,其二十八岁在景福元年(892)。

景福二年癸丑(893)

知贡举：礼部侍郎杨涉

进士科

【崔胶】景福二年(893)进士科状元及第。

(元)辛文房撰，傅璇琮主编《唐才子传校笺》(册四)卷一〇《张鼎》："鼎字台业，景福二年崔胶榜进士。"

《登科记考》卷二四，景福二年(893)进士科条云崔胶状元及第。

【孔闰】韶州保昌人。景福二年(893)登进士科。官至朝散大夫、袁州司牧。

《永乐大典》卷六六六引《南雄府图经志》："唐孔闰……唐景福初及第，官至朝散大夫，袁州司牧。"

陈尚君《〈登科记考〉正补》附在是年。按：南汉韶州有保昌县。

嘉靖《南雄府志》卷二《选举》："孔闰，保昌人……年十九及第，官至朝散大夫。"

同治《广东通志》卷三〇四引《南雄志》："孔闰，保昌人。少聪明嗜学，景福初进士。"注："南难、保昌二志选举作癸丑科，时年十九。"

【归蔼】字文彦，苏州长洲人，祖融官至吏部侍郎，父仁泽官至观察使。景福二年(893)登进士科。后唐官至户部侍郎，以太子宾客致仕。

《旧唐书》卷一四九《归崇敬传附归融传》："归崇敬字正礼，苏州吴郡人也。曾祖奥，以崇敬故，追赠秘书监。祖乐，赠房州刺史。父待聘，亦赠秘书监。崇敬少勤学，以经业擢第……充皇太子侍读……子登嗣。登，字冲之……迁工部尚书……子融嗣。融，进士擢第，自监察拾遗入省……以融权知兵部侍郎。一年内拜吏部。三年检校礼部尚书、兴元尹兼御史大夫，充山南西道节度使。融子仁晦、仁翰、仁宪、仁召、仁泽，皆登进士第。咸通中并至达官。"

《旧五代史》卷六八《归蔼传》："归蔼，字文彦，吴郡人也。曾祖登，祖融，父仁泽，位皆至列曹尚书、观察使。蔼登进士第，及升朝，遍历三署。同光初，为尚书右丞，迁刑、户二部侍郎，以太子宾客致仕，卒年七十六。"

《登科记考》卷二四，景福二年(893)进士科条云归蔼及第。

正德《姑苏志》卷四七《人物五·名臣》："(归蔼)擢进士，遍历三署，同光初为尚书左丞。"

【卢玄晖】景福二年(893)登进士科。历补阙。

(五代)王定保《唐摭言》卷四《节操》："卢大郎补阙，(卢名上字与仆家讳同，下字曰晖。)升平郑公之甥也。晖少孤，长于外氏，愚常之举进士。咸通十一年初，举广明，庚子岁，遇大寇犯阙，窜身南服……自是龙钟场屋复十许岁，大顺中，方为宏农公所擢。卒于右兖。"按：《登科记考》卷二四，景福二年(893)进士科条云卢玄晖及第，《唐摭言》所云"大顺中"，误。

【杜晏】河南巩县人，杜甫之后。景福二年（893）登进士科。官至侍御史。

《旧唐书》卷一九〇下《文苑下·杜甫传》："杜甫字子美，本襄阳人，后徙河南巩县……拜右拾遗……子宗武，流落湖湘而卒。元和中，宗武子嗣业，自耒阳迁甫之枢，归葬于偃师县西北首阳山之前。"

《登科记考》卷二四，景福二年（893）进士科杜晏条："杜甫子宗文，生东山翁，东山翁生礼，礼生详。详生晏，景福中第进士，官至侍御史。见宋查篇撰《杜莘老行状》。"

【张鼎】字台业。景福二年（893）登进士科。

（元）辛文房撰，傅璇琮主编《唐才子传校笺》（册四）卷一〇《王涣》："鼎字台业，景福二年崔胶榜进士。"

《登科记考》卷二四，景福二年（893）进士科条云张鼎及第。

【张道古】字子美，沧州蒲台县人。景福二年（893）登进士科。释褐著作郎，历左补阙，官至右拾遗。

《全唐诗》第二十三册卷八三七，贯休《悼张道古》（昭宗时，道古官拾遗，以直谏贬蜀中死。）："清河逝水大匆匆，东观无人失至公。天上君恩三载隔，鉴中鸾影一时空。坟生苦雾苍茫外，门掩寒云寂寞中。惆怅斯人又如此，一声蛮笛满江风。"

（五代）孙光宪《北梦琐言》卷五《张道古题墓》："唐天复中，张道古，沧州蒲台县人，擢进士第，拜左补阙。"按：其籍贯一作"青州临淄人"。

《新唐书》卷五九《艺文三》："张道古《兵论》一卷。字子美，景福进士第。"

（宋）计有功《唐诗纪事》卷七一《张道古》："道古，临淄人。景福中进士，释褐为著作郎，迁右拾遗。"

（宋）张唐英《蜀梼杌》卷上："道古，临淄人。"

《登科记考》卷二四，景福二年（893）进士科条云张道古及第。

【易标】袁州宜春县人。景福二年（893）登进士科。

《登科记考》卷二四，景福二年（893）进士科易标条云《永乐大典》引《宜春志》："景福二年，易标登进士第。"

正德《袁州府志》卷七《科第》："易标，景福二年进士。"

【曹愚】字古直，福州长溪人。景福二年（893）登进士科。官至歙州刺史。

《登科记考》卷二四，景福二年（893）进士科条云曹愚及第。

淳熙《三山志》卷二六："景福二年癸丑：曹愚字古直，长溪人。"

乾隆《福建通志》卷三三《选举》："景福二年癸丑：长溪县，曹愚。特奏进士，歙州刺史。"

【崔承祐】新罗人。景福二年（893）进士登第。

《全唐文》卷九二二，纯白《新罗国石南山故国师碑铭后记》："仁浇者，辰韩茂竦人也。人所谓一代三鹤、金榜题迴：曰崔致远、曰崔仁浇、曰崔承祐，□中中人也。学围海岳，加二车于五车；才包风云，除三步于七步。实君子国之君子，亦大人乡之大人。"

《三国史记》卷四十六《薛聪传·附崔承祐传》："崔承祐，以唐昭宗龙纪二年入唐，至景福二年侍郎杨涉下及第。"

《海东龙榜·中朝制科·新罗》:"崔承祐,唐昭宗景福二年入唐登第。"

《登科记考补正》卷二四,景福二年(893)进士科录有崔承祐。

明经科

【贾潭】字孟泽,洛阳人。景福二年登学究一经科。释褐京兆府参军,历宣池观察使判官,官至南唐兵部尚书。

《全唐文》卷八八五,徐铉《大唐故中散大夫检校司徒使持节泰州诸军事兼泰州刺史御史大夫洛阳县开国子贾宣公(潭)墓志铭》:"公讳潭,字孟泽,洛阳人也……我七代祖黄门侍郎平阳公曾实演丕命。及至德之中兴也,我六代祖黄门侍郎晋国公至实赞大猷。旷古已还,一家而已。五代祖苏,衡州刺史。高祖稹,司门员外郎。曾祖昶,太子司议郎。祖琛,河南密令。皆有韬世之量,济众之仁。大位不跻,余庆斯洽。考翃,以经术擢太常第,以才用为诸侯卿。捍寇输粟,有劳王室。于是佩金紫,升朝廷,上疏论邠宁节度王行瑜恃功恣横,坐贬爱州掾。及行瑜就戮,优诏征还。复出常州刺史盐铁江淮留后。属宗社中绝,官司解弛,计吏未上,哲人其萎。公有世德之资,负凤成之器。风神爽迈,智术通明。景福二年,以学究一经,射策高第。释褐京兆府参军事,迁秘书郎……改宣池观察判官。烈祖高皇帝受命中兴,不忘旧德,征拜秘书少监,充仪礼副使,迁中书舍人崇英翰林学士。周慎密命,润色王言。公望无渝,朝奖弥厚。保大嗣统,拜兵部侍郎,知制诰学士如故,充永陵仪礼副使。同轨胥会,大礼无违,迁兵部尚书,修国史,考定郊庙之乐,褒贬归正,击拊允谐。会六夷南侵,天眷北顾,命公持节使于契丹,宣大国之威神,得诸戎之要领。及轺轩还轸,而控弦出塞矣,报命称旨,时论具瞻。于是避宠台衡,就安关辅,除泰州刺史。视事数月,丕变土风。遘疾还京,保大六年九月二十有一日,卒于江宁永安里官舍,享年六十有八。"

《登科记考》卷二四,景福二年(893)云贾潭登学究一经科。

乾宁元年甲寅(894)

正月乙丑,大赦,改元乾宁。

知贡举:礼部侍郎李择

进士科

【苏检】扬州金陵县人。乾宁元年(894)登进士科状元。释褐校书郎,历中书舍人、工部侍郎,官至宰相。

《资治通鉴》卷二六三,天复二年六月条:"丙子,以中书舍人苏检为工部侍郎、同平章事。"

（宋）李昉等《太平广记》卷二七九《梦四·苏检》引《闻奇录》：“苏检登第,归吴省家……为诗曰:‘楚水平如镜,周迴白鸟飞。金陵几多地,一去不知归。’”按:其贯当为金陵,唐扬州下有金陵县。

（元）辛文房撰,傅璇琮主编《唐才子传校笺》(册四)卷一〇《韦庄》：“庄字端己,京兆杜陵人也……乾宁元年,苏检榜进士,释褐校书郎。”

（明）徐应秋《玉芝堂谈荟》卷二《历代状元》：“乾宁元年,状元苏检。”

《登科记考》卷二四,乾宁元年(894)进士科条云苏检状元及第。

【王倜】雍州咸阳人,字垂光,父抟官至宰相。乾宁元年(894)进士及第。

（五代）王定保《唐摭言》卷八《及第与长行拜官相次》：“王倜,丞相鲁公损之子,倜及第,翌日损登庸,王倜过堂别见。”按:王损似当为王抟。

《新唐书》卷一一六《王綝传》：“王綝字方庆,以字显。其先自丹杨徙雍咸阳……六世孙玙,别传。玙曾孙抟……备孙遂。遂好兴利……乃拜弁开州刺史……抟字昭逸。擢进士第,辟佐王铎滑州节度府,累迁苏州刺史。久之,以户部侍郎判户部。乾宁初,进同中书门下平章事……正拜右仆射,迁司空,封鲁国公”按:徐寅乾宁元年进士及第,则王倜亦是年及第。张忱石《徐松〈登科记考〉续补(下)》已考出。又按:《新唐书》卷七十二中《宰相世系表》二中云王抟系王倜之父。

《登科记考》卷二四,景福元年(892)进士科条录有“□□”,考:“徐寅有《赠垂光同年》诗……”见《全唐诗》卷七〇九徐夤《赠垂光同年》。按:“垂光”,王倜字,官鄠尉,直弘文馆。见《新唐书》卷七二中《宰相世系表》二中。徐夤即徐寅。徐寅乾宁元年及第,则王垂光应在是年及第。又《广卓异记》卷一九《及第与长行拜官相次》：“右按《摭言》:王倜是鲁公损之子,倜及第,翌日父损登。”

【韦庄】字端己,京兆府杜陵人。乾宁元年(894)登进士科。释褐校书郎,历西川判官、掌书记、起居郎,官至伪蜀宰相。

（宋）计有功《唐诗纪事》卷六八《韦庄》：“庄字端己,杜陵人。见素之后……后相建为伪平章事。”

（元）辛文房撰,傅璇琮主编《唐才子传校笺》(册四)卷一〇《韦庄》：“庄字端己,京兆杜陵人也……乾宁元年,苏检榜进士,释褐校书郎。李询宣谕西川,举庄为判官。后王建辟为掌书记。寻征起居郎,建表留之。及建开伪蜀……以功臣授吏部侍郎同平章事。”按:杜陵即京兆府长安县。

《登科记考》卷二四,乾宁元年(894)进士科条云韦庄及第。

【韦郊】京兆府人,祖贯之官至宰相,父潊进士及第。乾宁元年(894)登进士科。历礼部员外郎、中书舍人、翰林学士,官至户部侍郎。

《旧唐书》卷一五八《韦贯之传》：“韦贯之本名纯,以宪宗庙讳,遂以字称……以本官同中书门下平章事……贯之子澳、潊。澳,字子斐,大和六年擢进士第,又以弘词登科……周墀镇郑滑,辟为从事。……潊亦登进士第,无位而卒。潊子庚、庠、序、雍、郊……序、雍、郊皆登进士第。序、雍官至尚书郎。郊文学尤高,累历清显。自礼部员外郎知制诰,正拜中书舍人。昭宗末,召充翰林学士,累官户部侍郎、学士承旨,卒。"

《登科记考》卷二七《附考·进士科》录载韦郊。

岑仲勉《郎官石柱题名新考订》:"韦郊,昭宗末充,累官户部侍郎知制诰,加承旨卒。"又见《旧唐书》卷一五八《韦贯之传》据夏承焘《韦庄年谱》(修订本)昭宗天复元年或稍后韦庄人蜀(中)。韦庄同年、学士皆指韦郊。郊登第应划入乾宁元年。按:韦郊当乾宁元年登进士第,黄震云《〈登科记考〉甄补》已补入。

【孔昌庶】贯东都洛阳,曾祖戡赠司勋员外郎,父迥官莱州刺史。乾宁元年(894)登进士科。历虞部郎中。

《新唐书》卷一六三《孔巢父传附孔戡传》:孔巢父从子"戡字胜始,进士及第,补修武尉,以大理评事佐昭义李长荣节度府……留署掌书记……诏以卫尉丞分司东都。自贞元后……卒,年五十七……追赠司勋员外郎"。

《宋史》卷二七六《孔承恭传》:"孔承恭,字光祖,京兆万年人。唐昭宗东迁,举族随之,遂占籍河南。五世祖戡,《唐书》有传。戡孙迥,莱州刺史。迥子昌庶,虞部郎中。昌庶子庄,仕晋为右谏议大夫。由戡至庄,皆登进士第。"

《登科记考》卷二四,乾宁元年(894)孔昌庶条引《阙里文献考》:昌庶乾宁元年进士,未知所据,附此俟考。

【卢仁炯】乾宁元年(894)登进士科。

(清)李调元《全五代诗》卷八一有徐寅《寄卢端公同年仁炯时迁都洛阳新立幼主》。

《登科记考》卷二四作景福元年(892)进士及第。

【李德休】字表逸,赵郡赞皇人,祖绛官山南西道节度使,父璋官宣州观察使。乾宁元年(894)登进士科。历盐铁使巡官,唐官至定州节度使从事,后唐官至尚书左丞,以礼部尚书致仕。

《全唐文补遗》第五辑,杨凝式《唐故礼部尚书致仕赠太子少保赵郡李公墓志铭并序》:"公讳德休,字表逸,赵郡赞皇人也……乾宁初,春官侍郎李公择下登进士第,升甲科。"(见《隋唐墓志汇编》洛阳卷《李德休墓志铭》)按:李德休当补入是年。

《旧五代史》卷六○《李德休传》:"李德休,字表逸,赵郡赞皇人也。祖绛,山南西道节度使,《唐史》有传。父璋,宣州观察使。德休登进士第,历盐铁官、渭南尉、右补阙、侍御史。天祐初,两京丧乱,乃寓迹河朔,定州节度使王处直辟为从事。庄宗即位于魏州,征为御史中丞,转兵部、吏部侍郎,权知左丞,以礼部尚书致仕。卒时年七十四。赠太子少保。"

光绪《畿辅通志》卷三四《选举·唐·进士》:"昭宗年,李德休,赞皇人,绛孙,后唐礼部尚书。"

【陈乘】泉州莆田县人。乾宁元年(894)登进士科。官至秘书郎,归隐。

《全唐文》卷八八八,徐锴《陈氏书堂记》:"浔阳庐山之阳,有陈氏书楼……子弟之秀者,弱冠以上皆就学焉。自龙纪以降,崇之子蜕从子渤族子乘登进士第。"

(清)吴任臣《十国春秋》卷九七《闽八·陈乘传》:"陈乘,仙游人。唐乾宁初擢进士第,官秘书郎,黄巢之乱,退居里中,与侍中延彬、徐寅、郑良士辈,以诗相唱和,闽士多以风雅归之。”

《登科记考》卷二四,乾宁元年(894)进士科条云《永乐大典》引宋《莆阳志》:“乾宁元年,徐寅、陈乘登进士第。”按:莆阳即泉州莆田县。

【徐寅】一作“徐夤”,字昭梦,泉州莆田县人。乾宁元年(894)登进士科。授秘书正字。

《全唐文》卷八二六,黄滔《司直陈公墓志铭》:“愚与公同邑,闽越江山,莆阳为灵秀之最。贞元中,林端公藻冠东南之科第,十年而许员外稷继翔其后……而公追二贤之后,七年而徐正字寅捷,八年而愚□莫不以江山之数耶?”

《全唐文》卷八二六,黄滔《祭陈侍御峤》:“维光化三年岁次庚申正月庚寅朔十五日甲辰,将仕郎守国子四门博士黄滔,谨以清酌之奠,敬祭于侍御陈君延封之灵……林端公贞元七年首闽越之科第,以《珠还合浦赋》擅名。后十年莆邑许员外荣登。自此文学之士继踵,而悉不偶。时旷八十七年始钟于延封。其文以申秦续篇擅名,后六七年徐正字及第,兼滔尘忝。林端公同延封榜皆第十二人,皆开路于后人,皆终使府大判官。判官皆柏台。林荆南、延封闽中也。”《唐才子传校笺》册四亦考定其乾宁元年登第。

(唐)黄韬《黄御史集》卷六《司直陈公墓志铭》:“闽越江山,莆阳为灵秀之最……七年而徐正字寅捷。”

《五代史补》卷二:“徐寅登第,归闽中……终生止于秘书正字。”

(宋)刘克庄《跋徐先辈集》(《后村大全集》卷九六):“公乾宁元年登第。”

(元)辛文房撰,傅璇琮主编《唐才子传校笺》(册四)卷一○《徐寅》:“寅,莆田人也……大顺三年蒋咏下进士及第……始得秘书正字。”按:(五代)王定保《唐摭言》卷一○、(宋)徐师仁《唐秘书省正字徐公钓矶文集序》(《钓矶文集》卷首附)等均作“徐夤”。

《登科记考》卷二四,乾宁元年(894)进士科条云《永乐大典》引宋《莆阳志》:“乾宁元年,徐寅、陈乘登进士第。”按:莆阳即泉州莆田县。

【唐廪】袁州萍乡人。乾宁元年(894)登进士科。官至秘书正字。

《新唐书》卷六○《艺文四》:“唐廪《贞观新书》三十卷。廪,袁州萍乡人。集贞观以前文章。”

正德《袁州府志》卷七《科第》:“唐廪,乾宁元年进士,官至秘书正字。”

四库本《江西通志》卷四九《选举·唐》乾宁元年进士:“唐廪,袁州人,秘书正字。”

【崔协】字司化,清河人。乾宁初(894)进士及第。官至门下侍郎兼工部尚书、同中书门下平章事。

《全唐文》卷一○六,后唐明宗《授冯道崔协中书侍郎制》:“银青光禄大夫守太常卿判吏部尚书铨事上柱国崔协,星辰降彩,轩冕联荣,礼乐禀于生知,诗书博于时习。辉华继世,可鄙荀陈;清贵传家,固超王谢。自登高第,践历周行。”

《洛阳新获七朝墓志》,李德休撰天成五年(930)正月二十九日《唐故银青光禄大夫门下侍郎兼工部尚书同中书门下平章事监修国史判国子监事上柱国清河县开国伯食邑七百户赠尚书右仆射追封开国公谥恭靖崔公墓志铭并序》:“公讳协,字司化,清河人也……故太常卿赠太师讳邠,曾祖也。吏部尚书赠司空讳瓘,王父也。楚州团练使赠司徒讳彦融,烈考也……公即楚州之嗣子……乾宁初,昭宗皇帝以文柄授陇西李公择,而公以进士登甲科。"按崔协卒于天成四年(929)二月二十七日,享年六十有六,又《崔协墓志》署"正议大夫礼部尚书致仕上柱国赞皇县开国男食邑三百户赐紫金鱼袋赵郡李德休撰";《全唐文补遗》册五,杨凝式撰长兴三年(932)正月三日《唐故礼部尚书致仕赠太子少保赵郡李公(德休)墓志铭并序》:"公讳德休,字表逸,赵郡赞皇人也……乾宁初,春官侍郎李公择下登进士第,升甲科。"是知崔协与李德休为同年。

《旧五代史》卷五八《崔协传》:"崔协,字思化。远祖清河太守第二子寅,仕后魏为太子洗马,因为清河小房,至唐朝盛为流品。曾祖邠,太常卿,祖瓘,吏部尚书。父彦融,楚州刺史……协即彦融之子也。幼有孝行,登进士第,释褐为度支巡官、渭南尉,直史馆,历三署。"

乾宁二年乙卯(895)

知贡举:刑部尚书崔凝

进士科

【赵观文】字厚之,桂州人。乾宁二年(895)进士科状元及第。官至侍读学士。

《全唐文》卷九一,昭宗《覆试进士敕》:"朕自君临寰海,八载于兹,梦寐英贤,物色岩野,思名实相符之士,艺文具美之人,用立于朝,庶裨于理。且令每岁乡里贡士,考核求才,必在学贯典坟,词穷教化。然后升于贤良之籍,登诸俊造之科。如闻近年已来,兹道寝坏,鹦多披于隼翼,羊或服于武皮,未闻一卷之师,已在迁乔之列,永言其弊,得不以惩?昨者崔凝所考定进士张贻宪等二十五人,观其所进文书,虽合程度,必虑或容请托,莫致精研。朕是以召至前轩,观其实艺,爰于经史,自择篇题。今则比南郭之竽音,果分一一;慕西汉之辞彩,无愧彬彬。既鉴妍媸,须有升黜。其赵观文、程晏、崔赏、崔仁宝等四人,才藻优赡,义理昭宣,深穷体物之能,曲尽缘情之妙。所试诗赋,辞艺精通,皆合本意。其卢赡、韦说、封渭、韦希震、张蠙、黄滔、卢鼎、王贞白、沈崧、陈晓、李龟祯等十一人,所试诗赋,义理精通,用振儒风,且蹑异级。其赵观文等四人并卢赡等十一人,并与及第。其张贻宪、孙溥、李光序、李枢、李途等五人,所试诗赋,不副题目,兼句稍次,且令落下,许后再举。其崔砺、苏楷、杜承昭、郑稼等四人,诗赋最下,不及格式,芜颣颇甚,曾无学业,敢窃科名,浼我至公,难从滥进。宜令所司落下,不令再举。其崔凝爵秩已崇,委寄殊重,司吾取士之柄,且乖慎选之图,辜朕明恩,自贻伊咎。委中书门下行敕处分奏来。其进士张贻宪等二十四人名,准此处分,赐陆扆冯渥银器分物,其落下举人,并赐绢三匹。"

《全唐诗》第二十册卷六九四,褚载《贺赵观文重试及第》:"一枝仙桂两回春。始觉文章可致身。已把色丝要上第,又将彩笔冠群伦。龙泉再淬方知利,火浣重烧转更新。今日街头看御榜,大能荣耀苦心人。"

（五代）王定保《唐摭言》卷七《好放孤寒》："昭宗皇帝颇为寒畯开路。崔合州榜放，但是子弟，无问文章厚薄，邻之金瓦，其间屈人不少。孤寒中惟程晏、黄滔擅场之外，其余以呈试考之，滥得亦不少矣。然如王贞白、张蠙诗，赵观文古风之作，皆臻前辈之阃阈者也。"

（五代）孙光宪《北梦琐言》卷三《李勋尚书发愤》："近代进士赵观文，桂州小军杜状元及第，乃才举也。"

（宋）计有功《唐诗纪事》卷五九《褚载》：褚载有《贺赵观文重试及第》，"案观文乾宁二年崔凝下第八人登第。是年陆扆重试，而观文为榜首……载，字厚之，登乾宁进士第"。

（明）凌迪知《万姓统谱》卷八二《上声》："赵观文：临桂人，乾宁初状元及第……官终侍讲。"

（明）徐应秋《玉芝堂谈荟》卷二《历代状元》："（乾宁）二年，状元赵观文。"

（清）李调元《全五代诗》卷八五黄滔《和同年赵先辈观文》。

《登科记考》卷二四，乾宁二年（895）进士科条引孔平仲《珩璜新论》："赵观文，桂州人，状元及第。"

【王贞白】一作"王正白"，字有道，信州上饶县永丰镇人。乾宁二年（895）登进士科。历校书郎。

《全唐文》卷九一，昭宗《覆试进士敕》："朕自君临寰海，八载于兹，梦寐英贤，物色岩野，思名实相符之士，艺文具美之人，用立于朝，庶裨于理。且令每岁乡里贡士，考核求才，必在学贯典坟，词穷教化。然后升于贤良之籍，登诸俊造之科。如闻近年已来，兹道寝坏，鹦多披于隼翼，羊或服于武皮，未闻一卷之师，已在迁乔之列，永言其弊，得不以惩？昨者崔凝所考定进士张贻宪等二十五人，观其所进文书，虽合程度，必虑或容请托，莫致精研。朕是以召至前轩，观其实艺，爱于经史，自择篇题。今则比南郭之竽音，果分一一；慕西汉之辞彩，无愧彬彬。既鉴妍媸，须有升黜。其赵观文、程晏、崔赏、崔仁宝等四人，才藻优赡，义理昭宣，深穷体物之能，曲尽缘情之妙。所试诗赋，辞艺精通，皆合本意。其卢赡、韦说、封渭、韦希震、张蠙、黄滔、卢鼎、王贞白、沈崧、陈晓、李龟祯等十一人，所试诗赋，义理精通，用振儒风，且蹑异级。其赵观文等四人并卢赡等十一人，并与及第。其张贻宪、孙溥、李光序、李枢、李途等五人，所试诗赋，不副题目，兼句稍次，且令落下，许后再举。其崔砺、苏楷、杜承昭、郑稼等四人，诗赋最下，不及格式，芜颣颇甚，曾无学业，敢窃科名，浼我至公，难从滥进。宜令所司落下，不令再举。其崔凝爵秩已崇，委寄殊重，司吾取士之柄，且乖慎选之图，辜朕明恩，自贻伊咎。委中书门下行敕处分奏来。其进士张贻宪等二十四人名，准此处分，赐陆扆冯渥银器分物，其落下举人，并赐绢三匹。"

（五代）王定保《唐摭言》卷七《好放孤寒》："昭宗皇帝颇为寒畯开路。崔合州榜放，但是子弟，无问文章厚薄，邻之金瓦，其间屈人不少。孤寒中惟程晏、黄滔擅场之外，其余以呈试考之，滥得亦不少矣。然如王贞白、张蠙诗，赵观文古风之作，皆臻前辈之阃阈者也。"

《新唐书》卷六〇《艺文四》："《王贞白诗》一卷。字有道。"

（宋）计有功《唐诗纪事》卷六七《王贞白》："贞白，字有道。"

（宋）洪迈《容斋四笔》卷五《乾宁复试进士》："信州永丰封人，王正白，时再试中选。"

按:"王正白"即"王贞白"。其籍贯应为信州上饶县永丰镇。

(宋)陈振孙《直斋书录解题》卷一九录载《灵溪集》七卷,注:"唐校书郎上饶王贞白有道撰。乾宁二年进士。"

(元)辛文房撰,傅璇琮主编《唐才子传校笺》(册四)卷一〇《王贞白》:"贞白,字有道,信州永丰人也。授校书郎,时登科后七年矣。"

(明)徐应秋《玉芝堂谈荟》卷二《历代状元》:"(乾宁)二年,状元赵观文。"

《登科记考》卷二四,乾宁二年(895)进士科条云王贞白及第。

【韦希震】乾宁二年(895)登进士科。

《全唐文》卷九一,昭宗《覆试进士敕》:"朕自君临寰海,八载于兹,梦寐英贤,物色岩野,思名实相符之士,艺文具美之人,用立于朝,庶裨于理。且令每岁乡里贡士,考核求才,必在学贯典坟,词穷教化。然后升于贤良之籍,登诸俊造之科。如闻近年已来,兹道寝坏,鹦多披于隼翼,羊或服于武皮,未闻一卷之师,已在迁乔之列,永言其弊,得不以惩? 昨者崔凝所考定进士张贻宪等二十五人,观其所进文书,虽合程度,必虑或容请托,莫致精研。朕是以召至前轩,观其实艺,爰于经史,自择篇题。今则比南郭之竽音,果分一一;慕西汉之辞彩,无愧彬彬。既鉴妍媸,须有升黜。其赵观文、程晏、崔赏、崔仁宝等四人,才藻优赡,义理昭宣,深穷体物之能,曲尽缘情之妙。所试诗赋,辞艺精通,皆合本意。其卢赡、韦说、封渭、韦希震、张蟾、黄滔、卢鼎、王贞白、沈崧、陈晓、李龟祯等十一人,所试诗赋,义理精通,用振儒风,且躐异级。其赵观文等四人并卢赡等十一人,并与及第。其张贻宪、孙溥、李光序、李枢、李途等五人,所试诗赋,不副题目,兼句稍次,且令落下,许后再举。其崔砺、苏楷、杜承昭、郑稼等四人,诗赋最下,不及格式,芜颣颇甚,曾无学业,敢窃科名,洗我至公,难从滥进。宜令所司落下,不令再举。其崔凝爵秩已崇,委寄殊重,司吾取士之柄,且乖慎选之图,辜朕明恩,自贻伊咎。委中书门下行敕处分奏来。其进士张贻宪等二十四人名,准此处分,赐陆扆冯渥银器分物,其落下举人,并赐绢三匹。"

《登科记考》卷二四,乾宁二年(895)进士科条云韦希震及第。

【韦说】乾宁二年(895)登进士科。历侍御史、右司员外郎,官至后唐礼部侍郎、平章事、中书侍郎。

《全唐文》卷九一,昭宗《覆试进士敕》:"朕自君临寰海,八载于兹,梦寐英贤,物色岩野,思名实相符之士,艺文具美之人,用立于朝,庶裨于理。且令每岁乡里贡士,考核求才,必在学贯典坟,词穷教化。然后升于贤良之籍,登诸俊造之科。如闻近年已来,兹道寝坏,鹦多披于隼翼,羊或服于武皮,未闻一卷之师,已在迁乔之列,永言其弊,得不以惩? 昨者崔凝所考定进士张贻宪等二十五人,观其所进文书,虽合程度,必虑或容请托,莫致精研。朕是以召至前轩,观其实艺,爰于经史,自择篇题。今则比南郭之竽音,果分一一;慕西汉之辞彩,无愧彬彬。既鉴妍媸,须有升黜。其赵观文、程晏、崔赏、崔仁宝等四人,才藻优赡,义理昭宣,深穷体物之能,曲尽缘情之妙。所试诗赋,辞艺精通,皆合本意。其卢赡、韦说、封渭、韦希震、张蟾、黄滔、卢鼎、王贞白、沈崧、陈晓、李龟祯等十一人,所试诗赋,义理精通,用振儒风,且躐异级。其赵观文等四人并卢赡等十一人,并与及第。其张贻宪、孙溥、李光序、李枢、李途等五人,所试诗赋,不副题目,兼句稍次,且令落下,许后再举。其崔砺、苏楷、杜承昭、郑稼等四人,诗赋最下,不及格式,芜颣颇甚、曾无学业,敢窃科名,浼我至公,难从滥进。宜令所司落下,不令再举。其崔凝爵秩已崇,委寄殊重,司吾取士之柄,且乖慎选之图,辜朕明恩,自贻伊咎。委中书门下行敕处分奏来。其进士张贻宪等二十四人名,准此处分,赐陆扆冯渥银器分物,其落下举人,并赐绢三匹。"

《旧唐书》卷二〇上《昭宗》:"(天祐元年六月庚子)前侍御史韦说为右司员外郎。"

《旧五代史》卷三二《唐书·庄宗纪六》:同光二年六月甲戌"礼部侍郎、平章事韦说加中书侍郎"。

《登科记考》卷二四,乾宁二年(895)进士科条云韦说及第。

【卢鼎】字调臣。乾宁二年(895)登进士科。历起居舍人。

《全唐文》卷九一,昭宗《覆试进士敕》:"朕自君临寰海,八载于兹,梦寐英贤,物色岩野,思名实相符之士,艺文具美之人,用立于朝,庶裨于理。且令每岁乡里贡士,考核求才,必在学贯典坟,词穷教化。然后升于贤良之籍,登诸俊造之科。如闻近年已来,兹道寝坏,鶹多披于隼翼,羊或服于武皮,未闻一卷之师,已在迁乔之列,永言其弊,得不以惩?昨者崔凝所考定进士张贻宪等二十五人,观其所进文书,虽合程度,必虑或容请托,莫致精研。朕是以召至前轩,观其实艺,爰于经史,自择篇题。今则比南郭之竽音,果分一一;慕西汉之辞彩,无愧彬彬。既鉴妍媸,须有升黜。其赵观文、程晏、崔赏、崔仁宝等四人,才藻优赡,义理昭宣,深穷体物之能,曲尽缘情之妙。所试诗赋,辞艺精通,皆合本意。其卢赡、韦说、封渭、韦希震、张蟾、黄滔、卢鼎、王贞白、沈崧、陈晓、李龟祯等十一人,所试诗赋,义理精通,用振儒风,且躐异级。其赵观文等四人并卢赡等十一人,并与及第。其张贻宪、孙溥、李光序、李枢、李途等五人,所试诗赋,不副题目,兼句稍次,且令落下,许后再举。其崔砺、苏楷、杜承昭、郑稼等四人,诗赋最下,不及格式,芜颣颇甚、曾无学业,敢窃科名,浼我至公,难从滥进。宜令所司落下,不令再举。其崔凝爵秩已崇,委寄殊重,司吾取士之柄,且乖慎选之图,辜朕明恩,自贻伊咎。委中书门下行敕处分奏来。其进士张贻宪等二十四人名,准此处分,赐陆扆冯渥银器分物,其落下举人,并赐绢三匹。"

《新唐书》卷七三上《宰相世系表》三上有卢鼎,字调臣,起居舍人。

(清)李调元《全五代诗》卷八四有黄滔《寄少常卢同年》,同书卷八五有黄滔《寄同年卢员外》。

《登科记考》卷二四,乾宁二年(895)进士科条云卢鼎及第。

【卢赡】一作"卢瞻"。乾宁二年(895)登进士科。

《全唐文》卷九一,昭宗《覆试进士敕》:"朕自君临寰海,八载于兹,梦寐英贤,物色岩野,思名实相符之士,艺文具美之人,用立于朝,庶裨于理。且令每岁乡里贡士,考核求才,必在学贯典坟,词穷教化。然后升于贤良之籍,登诸俊造之科。如闻近年已来,兹道寝坏,鶹多披于隼翼,羊或服于武皮,未闻一卷之师,已在迁乔之列,永言其弊,得不以惩?昨者崔凝所考定进士张贻宪等二十五人,观其所进文书,虽合程度,必虑或容请托,莫致精研。朕是以召至前轩,观其实艺,爰于经史,自择篇题。今则比南郭之竽音,果分一一;慕西汉之辞彩,无愧彬彬。既鉴妍媸,须有升黜。其赵观文、程晏、崔赏、崔仁宝等四人,才藻优赡,义理昭宣,深穷体物之能,曲尽缘情之妙。所试诗赋,辞艺精通,皆合本意。其卢赡、韦说、封渭、韦希震、张蟾、黄滔、卢鼎、王贞白、沈崧、陈晓、李龟祯等十一人,所试诗赋,义理精通,用振儒风,且蹑异级。其赵观文等四人并卢赡等十一人,并与及第。其张贻宪、孙溥、李光序、李枢、李途等五人,所试诗赋,不副题目,兼句稍次,且令落下,许后再举。其崔砺、苏楷、杜承昭、郑稼等四人,诗赋最下,不及格式,芜颣颇甚,曾无学业,敢窃科名,浼我至公,难从滥进。宜令所司落下,不令再举。其崔凝爵秩已崇,委寄殊重,司吾取士之柄,且乖慎选之图,辜朕明恩,自贻伊咎。委中书门下行敕处分奏来。其进士张贻宪等二十四人名,准此处分,赐陆扆冯渥银器分物,其落下举人,并赐绢三匹。"

(唐)黄滔《黄御史集》中有《寄同年卢员外》诗:"听尽鹦声出雍州,秦吴烟月十经秋……当年甲乙皆华显,应念槐宫今雪头。"按:《登科记考》卷二四,乾宁二年(895)进士科条云此"卢员外"即卢赡。

《新唐书》卷七三上《宰相世系表》三上有卢瞻,而无卢赡。

【李龟祯】乾宁二年(895)登进士科。历南唐知制诰。

《全唐文》卷九一,昭宗《覆试进士敕》:"朕自君临寰海,八载于兹,梦寐英贤,物色岩野,思名实相符之士,艺文具美之人,用立于朝,庶裨于理。且令每岁乡里贡士,考核求才,必在学贯典坟,词穷教化。然后升于贤良之籍,登诸俊造之科。如闻近年已来,兹道寝坏,鹦多披于隼翼,羊或服于武皮,未闻一卷之师,已在迁乔之列,永言其弊,得不以惩? 昨者崔凝所考定进士张贻宪等二十五人,观其所进文书,虽合程度,必虑或容请托,莫致精研。朕是以召至前轩,观其实艺,爰于经史,自择篇题。今则比南郭之竽音,果分一一;慕西汉之辞彩,无愧彬彬。既鉴妍媸,须有升黜。其赵观文、程晏、崔赏、崔仁宝等四人,才藻优赡,义理昭宣,深穷体物之能,曲尽缘情之妙。所试诗赋,辞艺精通,皆合本意。其卢赡、韦说、封渭、韦希震、张蟾、黄滔、卢鼎、王贞白、沈崧、陈晓、李龟祯等十一人,所试诗赋,义理精通,用振儒风,且蹑异级。其赵观文等四人并卢赡等十一人,并与及第。其张贻宪、孙溥、李光序、李枢、李途等五人,所试诗赋,不副题目,兼句稍次,且令落下,许后再举。其崔砺、苏楷、杜承昭、郑稼等四人,诗赋最下,不及格式,芜颣颇甚,曾无学业,敢窃科名,浼我至公,难从滥进。宜令所司落下,不令再举。其崔凝爵秩已崇,委寄殊重,司吾取士之柄,且乖慎选之图,辜朕明恩,自贻伊咎。委中书门下行敕处分奏来。其进士张贻宪等二十四人名,准此处分,赐陆扆冯渥银器分物,其落下举人,并赐绢三匹。"

(清)吴任臣《十国春秋》卷四三《前蜀九·李龟祯传》:"李龟祯,京兆人也。乾德末,官知制诰。"

(清)李调元《全五代诗》卷八五黄滔《寄同年李侍郎龟祯》:"石门南面泪浪浪,自此东西失帝乡……"此诗收入《黄御史集》。

《登科记考》卷二四,乾宁二年(895)进士科条云李龟祯及第。

【沈崧】字吉甫,福州闽县人,祖辂官大理评事,父超历福州长溪县令。乾宁二年(895)登进士科。历镇海军掌书记、浙西营田副使,官至吴丞相,谥曰文献。

《全唐文》卷九一,昭宗《覆试进士敕》:"朕自君临寰海,八载于兹,梦寐英贤,物色岩野,思名实相符之士,艺文具美之人,用立于朝,庶裨于理。且令每岁乡里贡士,考核求才,必在学贯典坟,词穷教化。然后升于贤良之籍,登诸俊造之科。如闻近年已来,兹道寝坏,鹢多披于隼翼,羊或服于武皮,未闻一卷之师,已在迁乔之列,永言其弊,得不以惩?昨者崔凝所考定进士张贻宪等二十五人,观其所进文书,虽合程度,必虑或容请托,莫致精研。朕是以召至前轩,观其实艺,爰于经史,自择篇题。今则比南郭之竽音,果分一一;慕西汉之辞彩,无愧彬彬。既鉴妍媸,须有升黜。其赵观文、程晏、崔赏、崔仁宝等四人,才藻优赡,义理昭宣,深穷体物之能,曲尽缘情之妙。所试诗赋,辞艺精通,皆合本意。其卢赡、韦说、封渭、韦希震、张蠙、黄滔、卢鼎、王贞白、沈崧、陈晓、李龟祯等十一人,所试诗赋,义理精通,用振儒风,且躐异级。其赵观文等四人并卢赡等十一人,并与及第。其张贻宪、孙溥、李光序、李枢、李途等五人,所试诗赋,不副题目,兼句稍次,且令落下,许后再举。其崔砺、苏楷、杜承昭、郑稼等四人,诗赋最下,不及格式,芜额颇甚、曾无学业,敢窃科名,浼我至公,难从滥进。宜令所司落下,不令再举。其崔凝爵秩已崇,委寄殊重,司吾取士之柄,且乖慎选之图,辜朕明恩,自贻伊咎。委中书门下行敕处分奏来。其进士张贻宪等二十四人名,准此处分,赐陆扆冯渥银器分物,其落下举人,并赐绢三匹。"

(宋)钱俨《吴越备史》:"沈崧字吉甫,闽人也。祖辂,大理评事,赐绯。父超,福州长溪县令……乾宁二年,崔凝主礼闱,二十五人登进士第。"

(明)徐应秋《玉芝堂谈荟》卷二《历代状元》:"(乾宁)三年,状元崔谔。又云沈崧。"

(清)吴任臣《十国春秋》卷八六《吴越十·沈崧传》:"沈崧字吉甫,闽人也。祖辂,唐大理评事,赐绯;父超,福州长溪县令。崧初生时,有大蛇坠榻前,引首注视,久而方去。既七日,将浴,忽风雨震坏浴盘,人咸异之。乾宁二年,刑部尚书崔凝知贡举,登进士第者二十五人,崧与焉。已而昭宗御武德殿,命翰林学士陆扆、秘书监冯渥覆试,凡落十人,是日崧再入选。(《闽书》:崧,乾宁三年丙辰状元。)寻归闽。道由淮甸,淮帅辟之不就。遂经杭州,武肃王留为镇海军掌书记,除浙西营田副使,奏授秘书监、检校兵部尚书、右仆射,凡书檄表奏,多崧所出。后唐庄宗即位,改元同光,武肃王问其祚修短,崧曰:'观此号,为国不成,止一口耳。'文穆王立,雅好儒学,置择能院,选吴中文士录用之,命崧领其职。国建,拜崧丞相。天福三年二月卒,年七十六,谥曰文献。有集二十卷。"

《登科记考》卷二四,乾宁二年(895)进士科条云沈崧及第。

嘉靖《浙江通志》卷二五《官师志》:"(沈崧)唐乾宁初进士,图归省过临安,钱镠留为镇海军掌书记。"

【陈晓】乾宁二年(895)登进士科。

《全唐文》卷九一,昭宗《覆试进士敕》:"朕自君临寰海,八载于兹,梦寐英贤,物色岩野,思名实相符之士,艺文具美之人,用立于朝,庶裨于理。且令每岁乡里贡士,考核求才,必在学贯典坟,词穷教化。然后升于贤良之籍,登诸俊造之科。如闻近年已来,兹道寝坏,鹢多披于隼翼,羊或服于武皮,未闻一卷之师,已在迁乔之列,永言其弊,得不以惩?昨者崔凝所考定进士张贻宪等二十五人,观其所进文书,虽合程度,必虑或容请托,莫致精研。

朕是以召至前轩,观其实艺,爰于经史,自择篇题。今则比南郭之竽音,果分一一;慕西汉之辞彩,无愧彬彬。既鉴妍媸,须有升黜。其赵观文、程晏、崔赏、崔仁宝等四人,才藻优赡,义理昭宣,深究体物之能,曲尽缘情之妙。所试诗赋,辞艺精通,皆合本意。其卢赡、韦说、封渭、韦希震、张蠙、黄滔、卢鼎、王贞白、沈崧、陈晓、李龟祯等十一人,所试诗赋,义理精通,用振儒风,且蹑异级。其赵观文等四人并卢赡等十一人,并与及第。其张贻宪、孙溥、李光序、李枢、李途等五人,所试诗赋,不副题目,兼句稍次,且令落下,许后再举。其崔砺、苏楷、杜承昭、郑稼等四人,诗赋最下,不及格式,芜颣颇甚、曾无学业,敢窃科名,浼我至公,难从滥进。宜令所司落下,不令再举。其崔凝爵秩已崇,委寄殊重,司吾取士之柄,且乖慎选之图,辜朕明恩,自贻伊咎。委中书门下行敕处分奏来。其进士张贻宪等二十四人名,准此处分,赐陆扆冯渥银器分物,其落下举人,并赐绢三匹。”

《登科记考》卷二四,乾宁二年(895)进士科条云陈晓及第。

【张蠙】字象文,郡望清河,贯池州。乾宁二年(895)登进士科。历校书郎,栎阳、犀浦二令,官至蜀膳部员外郎。

《全唐文》卷九一,昭宗《覆试进士敕》:“朕自君临寰海,八载于兹,梦寐英贤,物色岩野,思名实相符之士,艺文具美之人,用立于朝,庶裨于理。且令每岁乡里贡士,考核求才,必在学贯典坟,词穷教化。然后升于贤良之籍,登诸俊造之科。如闻近年已来,兹道寝坏,鹦多披于隼翼,羊或服于武皮,未闻一卷之师,已在迁乔之列,永言其弊,得不以惩?昨者崔凝所考定进士张贻宪等二十五人,观其所进文书,虽合程度,必虑或容请托,莫致精研。朕是以召至前轩,观其实艺,爰于经史,自择篇题。今则比南郭之竽音,果分一一;慕西汉之辞彩,无愧彬彬。既鉴妍媸,须有升黜。其赵观文、程晏、崔赏、崔仁宝等四人,才藻优赡,义理昭宣,深究体物之能,曲尽缘情之妙。所试诗赋,辞艺精通,皆合本意。其卢赡、韦说、封渭、韦希震、张蠙、黄滔、卢鼎、王贞白、沈崧、陈晓、李龟祯等十一人,所试诗赋,义理精通,用振儒风,且蹑异级。其赵观文等四人并卢赡等十一人,并与及第。其张贻宪、孙溥、李光序、李枢、李途等五人,所试诗赋,不副题目,兼句稍次,且令落下,许后再举。其崔砺、苏楷、杜承昭、郑稼等四人,诗赋最下,不及格式,芜颣颇甚、曾无学业,敢窃科名,浼我至公,难从滥进。宜令所司落下,不令再举。其崔凝爵秩已崇,委寄殊重,司吾取士之柄,且乖慎选之图,辜朕明恩,自贻伊咎。委中书门下行敕处分奏来。其进士张贻宪等二十四人名,准此处分,赐陆扆冯渥银器分物,其落下举人,并赐绢三匹。”

《新唐书》卷六〇《艺文四》:“《张蠙诗集》二卷。字象文。”

(宋)晁公武《郡斋读书志校证》卷一八《别集类中》录《张蠙诗》一卷,注:“右伪蜀张蠙字象文,清河人。唐乾宁中进士。为校书郎。”

(宋)陈振孙《直斋书录解题》卷一九录载《张蠙集》一卷,注:“唐张蠙象文撰。乾宁二年进士。”

(元)辛文房撰,傅璇琮主编《唐才子传校笺》(册四)卷一〇《张蠙》:“蠙字象文,清河人也。乾宁二年赵观文榜进士及第。释褐为校书郎,调栎阳尉,迁犀浦令,伪蜀王建开国,拜膳部员外郎,后为金堂令。”

《登科记考》卷二三引《永乐大典》引《池州府志》:"(张)乔及许棠、张蠙、周繇皆华人,时号'九华四俊'。"按:张蠙为池州人。

《登科记考》卷二四,乾宁二年(895)进士科条云张蠙及第。

【封渭】乾宁二年(895)登进士科。官至中书舍人。

《全唐文》卷九一,昭宗《覆试进士敕》:"朕自君临寰海,八载于兹,梦寐英贤,物色岩野,思名实相符之士,艺文具美之人,用立于朝,庶裨于理。且令每岁乡里贡士,考核求才,必在学贯典坟,词穷教化。然后升于贤良之籍,登诸俊造之科。如闻近年已来,兹道寝坏,鹢多披于隼翼,羊或服于武皮,未闻一卷之师,已在迁乔之列,永言其弊,得不以惩? 昨者崔凝所考定进士张贻宪等二十五人,观其所进文书,虽合程度,必虑或容请托,莫致精研。朕是以召至前轩,观其实艺,爰于经史,自择篇题。今则比南郭之竽音,果分一一;慕西汉之辞彩,无愧彬彬。既鉴妍媸,须有升黜。其赵观文、程晏、崔赏、崔仁宝等四人,才藻优赡,义理昭宣,深穷体物之能,曲尽缘情之妙。所试诗赋,辞艺精通,皆合本意。其卢赡、韦说、封渭、韦希震、张蠙、黄滔、卢鼎、王贞白、沈崧、陈晓、李龟祯等十一人,所试诗赋,义理精通,用振儒风,且蹑异级。其赵观文等四人并卢赡等十一人,并与及第。其张贻宪、孙溥、李光序、李枢、李途等五人,所试诗赋,不副题目,兼句稍次,且令落下,许后再举。其崔砺、苏楷、杜承昭、郑稼等四人,诗赋最下,不及格式,芜额颇甚、曾无学业,敢窃科名,浼我至公,难从滥进。宜令所司落下,不令再举。其崔凝爵秩已崇,委寄殊重,司吾取士之柄,且乖慎选之图,辜朕明恩,自贻伊咎。委中书门下行敕处分奏来。其进士张贻宪等二十四人名,准此处分,赐陆扆冯渥银器分物,其落下举人,并赐绢三匹。"

《全唐诗》第二十一册卷七〇五,黄滔《二月二日宴中贻同年封先辈渭》:"桂苑五更听榜后,蓬山二月看花开。垂名入甲成龙去,列姓如丁作鹤来。同戴大恩何处报,永言交道契陈雷。"

《旧唐书》卷二〇下《哀帝》:"(天祐二年五月)甲戌,敕中书舍人封渭贬齐州司户。"

(清)李调元《全五代诗》卷八五有黄滔《寄同年封舍人渭》。按:"舍人"当指中书舍人或起居舍人。

《登科记考》卷二四,乾宁二年(895)云封渭进士科及第。

【黄滔】字文江,泉州莆阳县人。乾宁二年(895)登进士科。历四门博士、监察御史里行、威武军节度推官。

《全唐文》卷九一,昭宗《覆试进士敕》:"朕自君临寰海,八载于兹,梦寐英贤,物色岩野,思名实相符之士,艺文具美之人,用立于朝,庶裨于理。且令每岁乡里贡士,考核求才,必在学贯典坟,词穷教化。然后升于贤良之籍,登诸俊造之科。如闻近年已来,兹道寝坏,鹢多披于隼翼,羊或服于武皮,未闻一卷之师,已在迁乔之列,永言其弊,得不以惩? 昨者崔凝所考定进士张贻宪等二十五人,观其所进文书,虽合程度,必虑或容请托,莫致精研。朕是以召至前轩,观其实艺,爰于经史,自择篇题。今则比南郭之竽音,果分一一;慕西汉之辞彩,无愧彬彬。既鉴妍媸,须有升黜。其赵观文、程晏、崔赏、崔仁宝等四人,才藻优赡,义理昭宣,深穷体物之能,曲尽缘情之妙。所试诗赋,辞艺精通,皆合本意。其卢赡、韦说、封渭、韦希震、张蠙、黄滔、卢鼎、王贞白、沈崧、陈晓、李龟祯等十一人,所试诗赋,义理精通,用振儒风,且蹑异级。其赵观文等四人并卢赡等十一人,并与及第。其张贻宪、孙溥、李光序、李枢、李途等五人,所试诗赋,不副题目,兼句稍次,且令落下,许后再举。其崔砺、苏楷、杜承昭、郑稼等四人,诗赋最下,不及格式,芜颣颇甚,曾无学业,敢窃科名,浼我至公,难从滥进。宜令所司落下,不令再举。其崔凝爵秩已崇,委寄殊重,司吾取士之柄,且乖慎选之图,辜朕明恩,自贻伊咎。委中书门下行敕处分奏来。其进士张贻宪等二十四人名,准此处分,赐陆扆冯渥银器分物,其落下举人,并赐绢三匹。"

《全唐诗》第二十一册卷七〇五有黄滔《二月二日宴中贻同年封先辈渭》。

(唐)黄滔《黄御史集》卷五引《莆阳志》:"黄滔字文江,乾宁二年乙卯赵观文榜进士。广化中,除四门博士。寻迁监察御史里行,充威武军节度推官。"

(五代)王定保《唐摭言》卷七《好放孤寒》:"昭宗皇帝颇为寒畯开路。崔合州榜放,但是子弟,无问文章厚薄,邻之金瓦,其间屈人不少。孤寒中惟程晏、黄滔擅场之外,其余以呈试考之,滥得亦不少矣。然如王贞白、张蠙诗,赵观文古风之作,皆臻前辈之阃阈者也。"按:黄滔为泉州莆阳县人,见徐寅小传。

(宋)洪迈《容斋四笔》卷六《乾宁复试进士》:"有黄滔者,是年及第闽人也。"

《登科记考》卷二四,乾宁二年(895)进士科条云黄滔及第。

【崔仁宝】乾宁二年(895)登进士科。历学士。

《全唐文》卷九一,昭宗《覆试进士敕》:"朕自君临寰海,八载于兹,梦寐英贤,物色岩野,思名实相符之士,艺文具美之人,用立于朝,庶裨于理。且令每岁乡里贡士,考核求才,必在学贯典坟,词穷教化。然后升于贤良之籍,登诸俊造之科。如闻近年已来,兹道寝坏,鹗多披于隼翼,羊或服于武皮,未闻一卷之师,已在迁乔之列,永言其弊,得不以惩?昨者崔凝所考定进士张贻宪等二十五人,观其所进文书,虽合程度,必虑或容请托,莫致精研。朕是以召至前轩,观其实艺,爱于经史,自择篇题。今则比南郭之竽音,果分一一;慕西汉之辞彩,无愧彬彬。既鉴妍媸,须有升黜。其赵观文、程晏、崔赏、崔仁宝等四人,才藻优赡,义理昭宣,深穷体物之能,曲尽缘情之妙。所试诗赋,辞艺精通,皆合本意。其卢赡、韦说、封渭、韦希震、张蠙、黄滔、卢鼎、王贞白、沈崧、陈晓、李龟祯等十一人,所试诗赋,义理精通,用振儒风,且蹑异级。其赵观文等四人并卢赡等十一人,并与及第。其张贻宪、孙溥、李光序、李枢、李途等五人,所试诗赋,不副题目,兼句稍次,且令落下,许后再举。其崔砺、苏楷、杜承昭、郑稼等四人,诗赋最下,不及格式,芜颣颇甚,曾无学业,敢窃科名,浼我至公,难从滥进。宜令所司落下,不令再举。其崔凝爵秩已崇,委寄殊重,司吾取士之柄,且乖慎选之图,辜朕明恩,自贻伊咎。委中书门下行敕处分奏来。其进士张贻宪等二十四人名,准此处分,赐陆扆冯渥银器分物,其落下举人,并赐绢三匹。"

(唐)黄滔《黄御史集》卷二有《寄同年崔学士仁宝》诗。

(清)李调元《全五代诗》卷八五,黄滔《寄同年崔学士仁宝》诗:"半因同醉杏花园,尘忝洪炉与铸颜……"

《登科记考》卷二四,乾宁二年(895)进士科条云崔仁宝及第。

【崔赏】乾宁二年（895）登进士科。

《全唐文》卷九一，昭宗《覆试进士敕》："朕自君临寰海，八载于兹，梦寐英贤，物色岩野，思名实相符之士，艺文具美之人，用立于朝，庶裨于理。且令每岁乡里贡士，考核求才，必在学贯典坟，词穷教化。然后升于贤良之籍，登诸俊造之科。如闻近年已来，兹道寝坏，鹦多披于隼翼，羊或服于武皮，未闻一卷之师，已在迁乔之列，永言其弊，得不以惩？昨者崔凝所考定进士张贻宪等二十五人，观其所进文书，虽合程度，必虑或容请托，莫致精研。朕是以召至前轩，观其实艺，爰于经史，自择篇题。今则比南郭之竽音，果分一一；慕西汉之辞彩，无愧彬彬。既鉴妍媸，须有升黜。其赵观文、程晏、崔赏、崔仁宝等四人，才藻优赡，义理昭宣，深穷体物之能，曲尽缘情之妙。所试诗赋，辞艺精通，皆合本意。其卢赡、韦说、封渭、韦希震、张蟾、黄滔、卢鼎、王贞白、沈崧、陈晓、李龟祯等十一人，所试诗赋，义理精通，用振儒风，且蹑异级。其赵观文等四人并卢赡等十一人，并与及第。其张贻宪、孙溥、李光序、李枢、李途等五人，所试诗赋，不副题目，兼句稍次，且令落下，许后再举。其崔砺、苏楷、杜承昭、郑稼等四人，诗赋最下，不及格式，芜颣颇甚、曾无学业，敢窃科名，浼我至公，难从滥进。宜令所司落下，不令再举。其崔凝爵秩已崇，委寄殊重，司吾取士之柄，且乖慎选之图，辜朕明恩，自贻伊咎。委中书门下行敕处分奏来。其进士张贻宪等二十四人名，准此处分，赐陆扆冯渥银器分物，其落下举人，并赐绢三匹。"

《登科记考》卷二四，乾宁二年（895）进士科条云崔赏登进士科。

【程晏】字晏然。乾宁二年（895）登进士科。

《全唐文》卷九一，昭宗《覆试进士敕》："朕自君临寰海，八载于兹，梦寐英贤，物色岩野，思名实相符之士，艺文具美之人，用立于朝，庶裨于理。且令每岁乡里贡士，考核求才，必在学贯典坟，词穷教化。然后升于贤良之籍，登诸俊造之科。如闻近年已来，兹道寝坏，鹦多披于隼翼，羊或服于武皮，未闻一卷之师，已在迁乔之列，永言其弊，得不以惩？昨者崔凝所考定进士张贻宪等二十五人，观其所进文书，虽合程度，必虑或容请托，莫致精研。朕是以召至前轩，观其实艺，爰于经史，自择篇题。今则比南郭之竽音，果分一一；慕西汉之辞彩，无愧彬彬。既鉴妍媸，须有升黜。其赵观文、程晏、崔赏、崔仁宝等四人，才藻优赡，义理昭宣，深穷体物之能，曲尽缘情之妙。所试诗赋，辞艺精通，皆合本意。其卢赡、韦说、封渭、韦希震、张蟾、黄滔、卢鼎、王贞白、沈崧、陈晓、李龟祯等十一人，所试诗赋，义理精通，用振儒风，且蹑异级。其赵观文等四人并卢赡等十一人，并与及第。其张贻宪、孙溥、李光序、李枢、李途等五人，所试诗赋，不副题目，兼句稍次，且令落下，许后再举。其崔砺、苏楷、杜承昭、郑稼等四人，诗赋最下，不及格式，芜颣颇甚、曾无学业，敢窃科名，浼我至公，难从滥进。宜令所司落下，不令再举。其崔凝爵秩已崇，委寄殊重，司吾取士之柄，且乖慎选之图，辜朕明恩，自贻伊咎。委中书门下行敕处分奏来。其进士张贻宪等二十四人名，准此处分，赐陆扆冯渥银器分物，其落下举人，并赐绢三匹。"

（五代）王定保《唐摭言》卷七《好放孤寒》："昭宗皇帝颇为寒畯开路。崔合州榜放，但是子弟，无问文章厚薄，邻之金瓦，其间屈人不少。孤寒中惟程晏、黄滔擅场之外，其余以呈试考之，滥得亦不少矣。然如王贞白、张蟾诗，赵观文古风之作，皆臻前辈之阃阈者也。"

（宋）晁公武《郡斋读书志校证》卷一八《别集类中》录《程晏集》六卷,注:"右唐程晏字晏然。乾宁二年进士。"

《登科记考》卷二四,乾宁二年(895)进士科条云程晏及第。

制科

【黄诇】 字仁泽,福州侯官县人,父璞官至崇文馆校书郎。乾宁二年(895)登拔萃科。官至左宣义郎。参考大顺二年登进士科黄璞小传。

《登科记考》卷二四,乾宁二年(895)拔萃科条云黄诇及第。

淳熙《三山志》卷二六:"(大顺)二年辛亥崔昭矩榜:黄璞,字德温,唐《艺文志》作字绍山,侯官人,后迁莆田,至崇文馆校书郎。乾宁二年乙卯:黄诇,字仁泽,登拔萃科,璞之子,终左宣义郎、节度巡察判官。"

弘治《八闽通志》卷四六《选举·科第·福州府》乾宁二年赵观文榜有福州籍进士黄诇。

乾宁三年丙辰(896)

知贡举:礼部侍郎独孤损

进士科

【崔谔】 泉州莆阳人,郡望清河,父詹官至中书舍人。乾宁三年(896)进士科状元及第。

《芒洛冢墓遗文四编》卷六,王权撰《唐故中书舍人清河崔公(詹)墓志铭并序》:"公讳詹,字顺之,其先清河东武城人也……公昆季四人,长曰荷……次曰艺……次曰谔,状元及第,结绶而卒。"收入《北图馆藏石刻拓片汇编》第三十四册《崔詹墓志》。

(明)徐应秋《玉芝堂谈荟》卷二《历代状元》:"(乾宁)三年,状元崔谔。"

《登科记考》卷二四,乾宁三年(896)进士科条云《永乐大典》引《莆阳志》:"昭宗御内殿,试崔谔以下十二人。"

【王权】 字秀山,太原人。乾宁三年(896)登进士科。解褐授秘书省校书郎、集贤校理,历左拾遗、右补阙,后梁官至御史中丞,后唐官至礼部尚书,后晋官至兵部尚书,以太子少傅致仕,赠左仆射。

《芒洛冢墓遗文四编》卷六,王权撰《唐故中书舍人清河崔公(詹)墓志铭并序》:"公讳詹,字顺之,其先清河东武城人也……公昆季四人,长曰荷……次曰艺……次曰谔,状元及第,结绶而卒。"又:"权之室,公之甥也;公之仲兄状元,权之同年也。"按:崔谔为本年状元。

《旧五代史》卷九二《王权传》:"王权,字秀山,太原人,积世衣冠。曾祖起,官至左仆射、山南西道节度使,册赠太尉,谥曰文懿,《唐史》有传。祖龟,浙东观察使。父荛,右司员外郎。权举进士,解褐授秘书省校书郎、集贤校理,历左拾遗、右补阙。梁祖革命……俄拜御史中丞。唐庄宗平梁……迁户兵吏三侍郎、尚书左丞、礼部尚书判铨。清泰中,权知贡举,改户部尚书,华资美级,罕不由之。高祖登极,转兵部尚书。天福中,命权使于契丹……逾岁授太子少傅致仕。六年秋,以疾卒,年七十八。赠左仆射。"

《新五代史》卷五六《王权传》:"王权字秀山,太原人也。唐左仆射起之曾孙。父尧,官至右司郎中。权举进士,为右补阙。唐亡,事梁为职方员外郎、知制诰、翰林学士,累迁御史中丞。唐庄宗灭梁,贬权随州司马。起为右庶子,累迁户部尚书。晋高祖时为兵部尚书。是时,高祖以父事契丹,权当奉使,叹曰:'我虽不才,安能稽颡于穹庐乎?'因辞不行,坐是停任。逾年以太子少傅致仕。卒,年七十八,赠左仆射。"

罗继祖《登科记考补》补入是年。

【王国才】封州封川人。乾宁三年(896)登进士第。

乾隆《广东通志》卷三一《选举志一·唐进士》:"乾宁三年丙辰:王国才,封川人。"

【杨鏻】郡望苏州,贯京兆府长安县,祖遗直位终濠州录事参军,父收官至宰相。乾宁三年(896)登进士科。初授集贤殿校理,官至户部尚书。

《旧唐书》卷一七七《杨收传》:"杨收字藏之,同州冯翊人……父遗直,位终濠州录事参军。家世为儒,遗直客于苏州,讲学为事,因家于吴。遗直生四子:发、假、收、严……乃加银青光禄大夫、中书侍郎、同平章事,累迁门下侍郎、刑部尚书……收子鉴、钜、鏻,皆登进士第……鏻,登第后补集贤校理、蓝田尉。乾宁中,累迁尚书郎。"

(五代)孙光宪《北梦琐言》卷一二《杨收不学仙》:"唐相国杨收,江州人,祖为本州都押衙,父直,为兰岘主簿。生四子,发、假、收、严,皆登进士第……(杨收)以秋为义,其房子以钜、鏻、镳、鉴为名……(杨发)以春为义,其房子以杭,以乘为名……尽有文学,登高第,号曰'修竹杨家',与静恭诸杨,比于华盛。"按:杨钜广明元年登第,则鏻在其后登第。

《登科记考》卷二四,乾宁三年(896)进士科条云杨鏻及第。

杨鸿年《隋唐两京坊里谱》云长安县修行坊有杨收宅,则杨鏻籍贯应在京兆府长安县。

崇祯《吴县志》卷四七《人物·风雅》:"杨鏻,乾宁三年进士,历官户部尚书。"

【翁承赞】字文尧,福州福唐县人。乾宁三年(896)登进士科,四年登宏辞科。历京兆府参军、唐谏议大夫,位至闽相。

(宋)计有功《唐诗纪事》卷六三《翁承赞》:"承赞,字文尧,闽人。唐末为谏议大夫。""乾宁进士也。"

(元)辛文房撰,傅璇琮主编《唐才子传校笺》(册四)卷一〇《翁承赞》:"承赞,字文尧。乾宁三年礼部侍郎独孤损下第四人进士。又中宏词敕头……仕王审知,终谏议大夫。"

(清)吴任臣《十国春秋》卷九五《闽六·翁承赞传》:"翁承赞字文尧,福唐人也。父巨隅,荣王府咨议参军。承赞举唐乾宁三年进士,擢宏词科,任京兆府参军,累官右拾遗、户部员外郎。天祐元年受诏,册封太祖为琅琊王,赐金紫……仕梁为谏议大夫。开平三年,复为闽王册礼副使,滔复赠以诗。寻守右谏议大夫、福建盐铁副使,就加左散骑常侍、御史大夫。承赞既依太祖,太祖待之殊厚,遂以为相。承赞劝太祖建四门学,以教闽士之秀者。自号狎鸥翁。殁,葬建安新丰乡。"

《登科记考》卷二四,乾宁三年(896)进士科条云翁承赞及第。

淳熙《三山志》卷二六:"乾宁三年丙辰:翁承赞,字文尧,福清人……四年中博学宏词科,官至谏议大夫。"

【游恭】建安人。乾宁三年(896)登进士科。历鄂岳观察使掌书记、吴馆驿巡官,官至吴知制诰。

(宋)马永易《实宾录》卷一:"吴游恭幼聪悟为辞章,士大夫称之。时造举避宰相崔胤家讳,恭以姓犯其嫌名,累年不第。乾宁中,礼部侍郎独孤损擢为上第。唐末贡举多请托,时谓恭及殷文圭进士中进士。"

(宋)马令《马氏南唐书》卷一〇《列传第五·游简言传》:"游简言字敏中,其先建安人。父恭,登进士第,有名于时,仕吴为驾部员外郎、知制诰。"按:乾宁三年独孤损知贡举。《闽书》卷九二《建宁府建安县·五代·进士》游简言小传:"父恭,唐末进士,仕杨行密为驾部员外郎、知制诰。"则游恭乃唐末登第,确年无考。

(清)吴任臣《十国春秋》卷一一《吴十一·游恭传》:"游恭,建安人,登唐进士第。博学能文辞,有名于世。初为鄂州杜洪掌书记,洪死来归,署馆驿巡官。武义改元,迁知制诰,无何卒。"按:《吴在庆补》补在唐末,不妥,当在乾宁三年。见《登科记考》卷二七《附考·进士科》。

乾宁四年丁巳(897)

知贡举:礼部侍郎薛昭纬

进士科

【杨赞图】乾宁四年(897)进士科状元及第。官至吴弘文馆直学士。

《全唐诗》第二十一册卷七〇七有殷文圭《赵侍郎看红白牡丹因寄杨状头赞图》诗。

(唐)黄滔《黄御史集》卷三《寄杨赞图学士》诗:"学士与昆俱以龙脑登选。"

(五代)王定保《唐摭言》卷三《散序》:"定保生于咸通庚寅岁,时属南蛮骚动,诸道征兵,自是联翩,寇乱中土,虽旧第太平里,而迹未尝达京师。故治平盛事,罕得博闻;然以乐闻科第之美,尝谘访于前达间。如丞相吴郡公宷,翰林侍郎濮阳公融,恩门右省李常侍渥,颜夕拜荛,从翁丞相溥,从叔南海记室涣,其次同年卢十三延让、杨五十一赞图、崔二十七籍若等十许人,时蒙言及京华故事,靡不录之于心,退则编之于简策。"

(宋)乐史《广卓异记》卷一九《兄弟二人状元及第》:"右按《登科记》:杨赞禹,大顺元年状元及第。弟赞图,乾宁四年状元及第。"

(明)徐应秋《玉芝堂谈荟》卷二《历代状元》:"(乾宁)四年,状元杨赞图。"

《登科记考》卷二四,乾宁四年(897)进士科条云杨赞图状元及第。

【韦象】字象先,池州人。乾宁四年(897)登进士科。历后梁太常少卿、右谏议大夫。

(五代)王定保《唐摭言》卷五《切磋》:"羊绍素夏课有《画狗马难为功赋》,其实取'画狗马难于画鬼神'之意也。投表兄吴子华……有进士韦象,池州九华人,始以赋卷谒子华。子华闻之,甚喜。象居数日,贡一篇于子华……其年子华为象取府元。"

《旧五代史》卷九《梁书·末帝纪中》:贞明四年五月"己丑,以太常少卿韦象为右谏议大夫"。

《登科记考》卷二四,乾宁四年(897)进士科条云《永乐大典》引《池州府志》载《唐登科记》:"乾宁四年,礼部侍郎薛昭纬下进士二十人,韦象举选。象字象先,贵池人。"

【刘纂】睦州桐庐人。乾宁四年(897)登进士科。历后蜀礼部尚书。

(五代)王定保《唐摭言》卷二《为登第后久方及第》:"刘纂以平漫子弟,汩没者二十一年。"

(五代)王定保《唐摭言》卷三《慈恩寺题名游赏赋咏杂纪》:"卢肇,袁州宜春人;与同郡黄颇齐名……明年,肇状元及第而归。"按:黄颇会昌三年进士及第,则刘纂及第在会昌三年后。

(清)吴任臣《十国春秋》卷四二《前蜀八·刘纂传》:"刘纂,桐庐人,一云长沙人,唐左拾遗蜕之子也。蜕以言事与令狐绹忤,遂侨居潼川。纂事高祖父子,历任礼部尚书……国亡后,复依孟氏。天成四年,撰《遂州文宣王庙记碑》,蜀人皆称道之。"

《登科记考》卷二四,乾宁四年(897)进士科条云刘纂及第。

【孙郃】字希韩,明州四明人。乾宁四年(897)登进士科。释褐校书郎,官至河南府文学,后归隐奉化山。

《全唐文》卷八一九孙郃小传:"郃字希韩,明州奉化人,乾宁中进士,累迁左拾遗,朱温篡虐,隐遯奉化山。著书但纪甲子,以示不臣之义。"按:此云"孙郃",当为"孙郃"。

《新唐书》卷六〇《艺文四》:"《孙子文纂》四十卷,又《孙氏小集》三卷。孙郃,字希韩,乾宁进士第。"

(宋)晁公武《郡斋读书志校证》卷一八《别集类中》录《孙郃文纂》一卷,注:"右唐孙郃字希韩,四明人。乾宁四年进士……为校书郎、河南府文学。"

(宋)计有功《唐诗纪事》卷六一《孙郃》:"郃,字希韩,四明人。与方干友善。乾宁中,登进士第……为校书郎中,河南府文学。"

《登科记考》卷二四,乾宁四年(897)进士科条云孙郃及第。

【卓云】福州长乐人。乾宁四年(897)登进士科。

《登科记考》卷二四,乾宁四年(897)进士科条云卓云及第。

淳熙《三山志》卷二六:"(乾宁)四年丁巳杨赞图榜:卓云。"

乾隆《福建通志》卷三三《选举·唐进士》:"乾宁四年丁巳杨赞图榜:长乐县,卓云。"

四库本《福建通志》卷五一《文苑传》:"卓云,长乐人,乾宁中及第。"

诸科

【王栖霞】一名敬真,字元隐,生于齐鲁。乾宁四年(897)登童子科。入道。

《全唐文》卷八八五,徐铉《唐故道门威仪元博大师贞素先生王君碑》:"君讳栖霞,字元隐,华宗继世,积德所钟。生于齐得洸洸之风,长于鲁习恂恂之教。七岁神童及第,十五博综经史。阙党童子,靡敢并行。东方诸侯,为之前席……保大壬子岁夏四月甲寅,隐化于元贞观,春秋六十有二。"

（清）吴任臣《十国春秋》卷三四《南唐二十·王栖霞传》:"王栖霞,一名敬真,字元隐,生于齐鲁。七岁以神童及第,天祐时避乱南渡,从道士聂师道传道法。"胡可先《续编》误作"光启三年"及第。

《登科记考》卷二四,乾宁四年(897)诸科条:"以保大壬子卒、年六十二推之,七岁在此年。"

制科

【翁承赞】字文尧,福清人。乾宁四年(897)登博学宏辞科。小传见乾宁三年(896)进士科翁承赞小传。

（元）辛文房撰,傅璇琮主编《唐才子传校笺》(册四)卷一○《翁承赞》:"承赞,字文尧。乾宁三年礼部侍郎独孤损下第四人进士。又中宏词敕头……仕王审知,终谏议大夫。"

《登科记考》卷二四,乾宁四年(897)博学宏词科条云翁承赞及第。

淳熙《三山志》卷二六:"乾宁三年丙辰:翁承赞,字文尧,福清人……四年中博学宏词科,官至谏议大夫。

乾宁五年戊午(898)

八月壬戌,车驾自华还京师。甲子,大赦,改元光化。

知贡举: 礼部尚书裴赞

进士科

【羊绍素】乾宁五年(898)进士科状元及第。历浙东道指挥使宾客。

（元）辛文房撰,傅璇琮主编《唐才子传校笺》(册四)卷一○《王毂》:"毂字虚中,宜春人,自号临沂子……乾宁五年羊绍素榜进士。"

（清）吴任臣《十国春秋》卷八五《吴越九·黄晟传》:"黄晟,明州鄞人也……晟颇尚礼士,辟前进士陈鼎、羊昭素为宾客,江东儒学多依之。"

《登科记考》卷二四,乾宁五年(898)进士科条云羊绍素状元及第。

【王毂】字虚中,袁州宜春县人。乾宁五年(898)登进士科。官至尚书郎中。

《全唐诗》第二十三册卷八三一有贯休《送王毂及第归江西》。

《新唐书》卷六○《艺文四》:"《王毂诗集》三卷。字虚中,乾宁进士第,郎官致仕。"

（宋）计有功《唐诗纪事》卷七○《王毂》:"毂,字虚中,宜春人。登乾宁进士第……毂,唐末为尚书郎中,致仕。"按:唐袁州有宜春县。

(宋)陈振孙《直斋书录解题》卷一九录载《王毂集》一卷,注:"唐王毂虚中撰……乾宁五年进士。"

(元)辛文房撰,傅璇琮主编《唐才子传校笺》(册四)卷一〇《王毂》:"毂字虚中,宜春人,自号临沂子……乾宁五年羊绍素榜进士。历国子博士,后以郎官致仕。"

《登科记考》卷二四,乾宁五年(898)进士科条云王毂及第。

四库本《江西通志》卷四九《选举·五代》北汉进士:"王毂,宜春人。"

【孔邈】兖州曲阜人。乾宁五年(898)登进士科。除校书郎,历万年县尉、集贤校理,以谏议大夫致仕,袭爵文宣公。

《旧五代史》卷三八《唐书·明宗纪四》:天成二年八月"丁酉,以吏部郎中、袭文宣公孔邈为左谏议大夫"。

《旧五代史》卷六八《孔邈传》:"孔邈,文宣王四十一代孙。身长七尺余,神气温厚。登进士第,历校书郎、万年尉,充集贤校理,为谏议大夫,以年老致仕。(案:考《册府元龟》:乾宁五年登进士第,除校书郎。崔远在中书,奏万年尉,充集贤校理,以亲舅独孤损方在廊庙,避嫌不赴职。)"

(宋)王钦若等《册府元龟》卷七二九《幕府部(十四)·辟署第四》:"孔邈,兖州曲阜人。乾宁五年登进士第,除校书郎。崔远在中书,奏万年尉,充集贤校理,以亲舅独孤损方在廊庙,避嫌不赴职。谒罗绍威于邺下,辟为判官。"

《登科记考》卷二四,乾宁五年(898)进士科条云孔邈及第。

【卢肃】南阳人。乾宁五年(898)登进士科。

(五代)王定保《唐摭言》卷三《慈恩寺题名游赏赋咏杂纪》:"卢肃,钧之孙,贞简有祖风,光化初,华州行在及第……肃有旧业在南阳。"

《登科记考》卷二四,乾宁五年(898)进士科条云卢肃及第。

【伍唐珪】池州人。光化元年(898)登进士科。

(宋)计有功《唐诗纪事》卷七一《伍唐珪》:"唐珪,唐末进士也。"

《登科记考》卷二七《附考·进士科》云伍唐珪及第。胡可先《〈登科记考〉匡补三编》补入。

嘉靖《池州府志》卷七《人物篇·甲科》:"伍唐珪,文苑云登唐末进士。"

光绪《安徽通志》卷一五四《选举表四·进士》:"光化戊午榜:伍唐珪,秋浦人。"按:光化戊午榜即为光化元年。

【刘咸】乾宁五年(898)登进士科。

《全唐诗》第二十一册卷七〇七,殷文圭《贺同年第三人刘先辈咸辟命》:"甲门才子鼎科人,拂地蓝衫榜下新。脱俗文章笑鹦鹉,凌云头角压麒麟。金壶藉草溪亭晚,玉勒穿花野寺春。多愧受恩同阙里,不嫌师僻与颜贫。"

《登科记考》卷二四,乾宁五年(898)进士科条云刘咸及第。

【何幼孙】袁州宜春人。乾宁五年(898)登进士科。

《登科记考》卷二四,乾宁五年(898)进士科条云《永乐大典》引《宜春志》:"陈炯、何幼孙登乾宁五年进士第。"

四库本《江西通志》卷四九《选举·唐》乾宁四年进士:"何幼孙,袁州人。陈炯,袁州人。"

【何胜德】池州秋浦人。光化元年(898)登进士第。

光绪《安徽通志》卷一五四《选举表四·进士》:"光化戊午榜:伍唐珪,秋浦人。何胜德,秋浦人。"按:光化戊午年为光化元年。胡可先《〈登科记考〉匡补三编》补入。

【陈炯】袁州宜春人。乾宁五年(898)登进士科。

《登科记考》卷二四,乾宁五年(898)进士科条云《永乐大典》引《宜春志》:"陈炯、何幼孙登乾宁五年进士第。"

四库本《江西通志》卷四九《选举·唐》乾宁四年进士:"何幼孙,袁州人。陈炯,袁州人。"

【贾泳】晋州人。乾宁五年(898)登进士科。

(五代)王定保《唐摭言》卷一一《以德抱怨》:"贾泳父……常佐武臣倅晋州……昭宗幸蜀,三榜裴公,时为前主客员外……后公三主文柄,泳两举为公所黜,既而谓门人曰:'贾泳潦倒可哀,吾当报之以德。'遂放及第。"(宋)李昉等《太平广记》卷一八三《贡举六·贾泳》引《唐摭言》同。按:其籍贯当为晋州。

《登科记考》卷二四,乾宁五年(898)进士科条云贾泳及第。

【殷文圭】一作"殷文珪",字表儒,小字桂郎,池州青阳县人。乾宁五年(898)登进士科。寻为宣谕判官,官至吴翰林学士。

《全唐诗》第二十一册卷七〇七有殷文圭《赵侍郎看红白牡丹因寄杨状头赞图》诗。

(五代)王定保《唐摭言》卷九《表荐及第》:"乾宁中,驾幸三峰。殷文圭者,携梁王表荐及第,仍列于榜内。"

(宋)计有功《唐诗纪事》卷六八《殷文圭》:"文圭,池州人,居九华,小字桂郎……乾宁中,帝幸三峰,文圭携梁王表荐及第,仍列榜中。寻为裴枢宣谕判官……文圭事杨行密,终左千牛卫将军。"

(宋)陈振孙《直斋书录解题》卷一九录载《殷文珪集》一卷,注:"唐殷文珪撰。乾宁五年进士。后仕南唐。"

(宋)马永易《实宾录》卷一:"吴游恭幼聪悟为辞章,士大夫称之。时造举避宰相崔胤家讳,恭以姓犯其嫌名,累年不第。乾宁中,礼部侍郎独孤损擢为上第。唐末贡举多请托,时谓恭及殷文圭为进士中进士。"

《资治通鉴》卷二七〇四月戊戌条:"即吴国王为……掌书记殷文圭为翰林学士。"

(元)辛文房撰,傅璇琮主编《唐才子传校笺》(册四)卷一〇《殷文圭》:"文圭,字表儒,池州青阳人也。乾宁五年,礼部侍郎裴贽下进士。"

《登科记考》卷二四,乾宁五年(898)进士科条云殷文珪及第。

【褚载】字厚之。乾宁五年(898)登进士科。

《新唐书》卷六〇《艺文四》:"《褚载诗》三卷。字厚之,并乾宁进士第。"

(宋)计有功《唐诗纪事》卷五九《褚载》:"载,字厚之,登乾宁进士第。"

(宋)陈振孙《直斋书录解题》卷一九录载《褚载集》一卷,注:"唐褚载厚之撰……乾宁五年进士。"

(元)辛文房撰,傅璇琮主编《唐才子传校笺》(册四)卷一〇《褚载》:"载字厚之。家贫,客梁、宋间……乾宁五年,礼部侍郎裴贽知贡举,君牙又荐之,遂擢第。"

《登科记考》卷二四,乾宁五年(898)进士科条云褚载及第。

【路德延】阳平寇氏人,祖群官至中书舍人,从父岩官至宰相,父岳官至给事中。乾宁五年(898)登进士科,授左拾遗。历河中节度使从事。

《旧唐书》卷一七七《路岩传》:"路岩者,字鲁瞻,阳平寇氏人也。……群……正拜中书舍人……二子:岳、岩,大中中相次进士登第。岩,幼聪敏过人,父友践方镇,书币交辟,久之方就。数年之间,出入禁署。累迁中书舍人、户部侍郎。咸通三年,以本官同平章事,年始三十六。在相位八年,累兼左仆射。懿宗时,王政多僻,宰臣用事。岩既承委遇,稍务奢靡,颇通赂遗。及韦保衡尚公主,素恶岩为人。保衡作相,罢岩知政事,以检校左仆射出为成都尹、剑南西川节度使。未几,改荆南节度。诏令六月下峡赴镇,寻复罢之。岳,历两郡刺史,入为给事中。子德延。"

(五代)孙光宪《北梦琐言》逸文卷三《路德延放恣》:"河中判官路德延,相国岩之侄,岳之子,时谓才俊。擢进士第,西平王朱友谦幕寮,放恣凌傲,主公容之。"

(宋)李昉等《太平广记》卷一七五《幼敏·路德延》:"路德延,儋州岩相之犹子也。数岁能为诗。"

(宋)李昉等《太平广记》卷二六四《无赖二·路德延》引《北梦琐言》:"河中判官路德延,相国岩之侄,岳之子,时谓才俊,擢进士第。"

(宋)计有功《唐诗纪事》卷六三《路德延》:"德延,儋州岩相之犹子。……光化初,方就举擢第……天祐中,授拾遗。"

《登科记考》卷二四,乾宁五年(898)进士科条云路德延及第。

光化二年己未(899)

知贡举:礼部侍郎赵光逢

进士科

【卢文焕】光化二年(899)登进士科。

(五代)王定保《唐摭言》卷三《慈恩寺题名游赏赋咏杂纪》:"卢文焕,光化二年状元及第,颇以宴醵为急务,常俯关宴。同年皆患贫,无以致之。一旦,给以游齐国公亭子,既至,皆解带从容。文焕命团司牵驴。时柳璨告文焕以驴从非已有。文焕曰:'药不瞑眩,厥疾弗瘳!'璨甚衔之。居四年,璨登庸。文焕忧戚日加。璨每遇之,曰:'药不瞑眩,厥疾弗瘵!'"(宋)李昉等《太平广记》卷一八四《贡举七·卢文焕》引《唐摭言》同。

《登科记考》卷二四,光化二年(899)进士科条云卢文焕及第。

【吴霭】字廷俊,连山人。光化二年(899)登进士科。

《全唐诗》第二十二册卷七九五作者小传:"吴霭字廷俊,连州人。光化三年进士。七岁时咏野烧诗曰:'烟随红焰断,化作白云飞。'识者知其为青云器。"

(明)谢肇淛《小草斋诗话》:"唐吴霭字廷俊,连山人……登光化二年进士,后归朱全忠。"

《登科记考》卷二四,光化三年(900)进士科以《全唐诗》为据录载吴霭,今不取。

【柳璨】郡望河东,贯京兆府华原县,祖公器,父遵。光化二年(899)登进士科。官至户部尚书。

(五代)王定保《唐摭言》卷一五《杂记》:"光化二年,赵光逢放柳璨及第。"

《旧唐书》卷一七九《柳璨传》:"柳璨,河东人。曾祖子华。祖公器,仆射公绰之再从弟也。父遵。璨少孤贫好学,僻居林泉……光化中,登进士第。尤精《汉史》鲁国颜荛深重之。荛为中书舍人,判史馆,引为直学士……昭宗好文……召为翰林学士……即以谏议大夫平章事,改中书侍郎……初,璨迁洛后,累兼户部尚书、守司空,进阶光禄大夫、盐铁转运使。"

《新唐书》卷一六三《柳公绰传附柳公权传》:"柳公绰字宽,京兆华原人……公权,字诚悬,公绰弟也。"按:柳璨贯应为京兆华原,参考元和元年进士科柳公权小传。

《旧五代史》卷五八《赵光逢传》:"门人柳璨登庸,(案《唐摭言》:光化二年,赵光逢放柳璨及第,后三年不迁,时璨自内庭大拜,光逢始以左丞征入。)除吏部侍郎、太常卿。"

《登科记考》卷二四,光化二年(899)进士科条云柳璨及第。

【黄叔宏】徽州祁门人。光化二年(899)登进士第。

光绪《安徽通志》卷一五四《选举表四·唐进士》:"光化己未榜:黄叔宏,祁门人。"按:宋代徽州有祁门县,知其为徽州人。

光化三年庚申(900)

知贡举:礼部侍郎李渥

进士科

【裴格】光化三年(900)进士科状元及第。

(元)辛文房撰,傅璇琮主编《唐才子传校笺》(册四)卷一〇《卢延让》:"延让,字子善,范阳人也。有卓绝之才。光化三年裴格榜进士。"

(明)徐应秋《玉芝堂谈荟》卷二《历代状元》:"唐御食红绫饼啖为上,光化中放进士榜裴格,卢延逊等二十八人,宴于曲江,敕大官,赐二十八枚。"

《登科记考》卷二四,光化三年(900)进士科条云裴格状元及第。

【王定保】字翊圣,南昌人。光化三年(900)登进士科。历唐容管巡官,南汉位至宰相。

(五代)王定保《唐摭言》卷三《散序》:"定保生于咸通庚寅岁,时属南蛮骚动,诸道征兵,自是联翩,寇乱中土,虽旧第太平里,而迹未尝达京师。故治平盛事,罕得博闻;然以乐闻科第之美,尝谘访于前达间。如丞相吴郡公宷,翰林侍郎濮阳公融,恩门右省李常侍渥,颜夕拜荛,从翁丞相溥,从叔南海记室涣,其次同年卢十三延让、杨五十一赞图、崔二十七籍若等十许人,时蒙言及京华故事,靡不录之于心,退则编之于简策。"

《新唐书》卷七二中《宰相世系表》二中云王定保为琅琊王氏,字翊圣。

(宋)陈振孙《直斋书录解题》卷一一录载《摭言》十五卷,注:"唐王定保撰。专记进士科名事。定保光化三年进士,为吴融子华婿。丧乱后入湖南,弃其妻弗顾,士论不齿。"

(清)吴任臣《十国春秋》卷六二《南汉五·王定保传》:"王定保,南昌人。举唐光化三年进士第。南游湖湘,不为马氏所礼。已而为唐容管巡官,遭乱不得还,烈宗招礼之,辟为幕属。及高祖欲称帝,惮定保不从,先遣定保出使荆南。及即位,而定保回,知其心未善也,预使倪曙迎劳之,且告以建国事……大有初,官宁远军节度使。十三年冬,代赵损为中书侍郎、同平章事,不逾年,卒。"

《登科记考》卷二四,光化三年(900)进士科条云王定保及第。

【孔昌明】曲阜人。光化三年(900)登进士科。

《登科记考》卷二四,光化三年(900)进士科条云孔昌明及第,《阙里文献考》云昌明为光化三年进士,未知所据,附此俟考。

乾隆《山东通志》卷十五《选举志一·唐》:"孔昌明,曲阜人。"

【卢延让】一作"卢延逊",字子善,幽州范阳人。光化三年(900)登进士科。官至伪蜀刑部侍郎。

(五代)王定保《唐摭言》卷六《公荐》:"卢延让,光化三年登第。"

(五代)孙光宪《北梦琐言》卷七《卢诗三遇》:"唐卢延让业诗,二十五举,方登一第……后入翰林,阁笔而已。"

(宋)计有功《唐诗纪事》卷六五《卢延让》:"延让,字子善,范阳人。光化初登第。"按:河北道幽州有范阳郡。

(宋)晁公武《郡斋读书志校证》卷一八《别集类中》录《卢延让诗》一卷,注:"右伪蜀卢延让子善也。范阳人。唐光化元年进士。"按:延让当为光化三年进士。

(元)辛文房撰,傅璇琮主编《唐才子传校笺》(册四)卷一〇《卢延让》:"延让,字子善,范阳人也。有卓绝之才。光化三年裴格榜进士,朗陵雷满荐辟之。满败,归伪蜀,授水部员外郎,累迁给事中,卒官刑部侍郎。"

(明)徐应秋《玉芝堂谈荟》卷二《历代状元》作"卢延逊"。

《登科记考》卷二四,光化三年(900)进士科条云卢延让及第。

光绪《畿辅通志》卷三四《选举·唐·进士》作"卢延逊"。

【郑珏】河南人,祖綮官至宰相,父徽官河南尹判官。光化三年(900)登进士科。历弘文馆校书、集贤校理、监察御史,入梁为补阙、起居郎、礼部侍郎,官至宰相,以左仆射致仕。

《旧五代史》卷五八《郑珏传》："郑珏,昭宗朝宰相綮之侄孙。父徽,河南尹张全义判官。光化中,登进士第,(案《欧阳史》:珏少依全义,居河南,举进士数不中,全义以珏属有司,乃得及第。)历弘文馆校书、集贤校理、监察御史。入梁为补阙、起居郎,召入翰林,累迁礼部侍郎充职……贞明中,拜平章事……明宗惜之,久而方允,乃授开府仪同三司,行尚书左仆射致仕……(卒)赠司空。初,珏应进士,十九年方登第,名姓为第十九人,自登第凡十九年为宰相,又昆仲之次第十九,时亦异之。"

(宋)钱易《南部新书·辛》："郑珏第十九应进士,十九年及第,十九人及第,十九年后入相。"

《新五代史》卷五四《郑珏传》："郑珏,唐宰相綮之诸孙也。其父徽,为河南尹张全义判官。珏少依全义居河南,举进士数不中,全义以珏属有司,乃得及第。昭宗时,为监察御史。梁太祖即位,拜左补阙……末帝时,拜中书侍郎、同中书门下平章事。唐庄宗……乃拜珏平章事……拜左仆射致仕,赐郑州庄一区。卒,赠司空。"

《登科记考》卷二四,光化三年(900)进士科条云郑珏及第。

【翁承裕】福州福唐县人。光化三年(900)登进士科。

(清)吴任臣《十国春秋》卷九五《闽六·翁承赞传》："翁承赞字文尧,福唐人也。父巨隅,荣王府咨议参军。承赞举唐乾宁三年进士,擢宏词科,任京兆府参军,累官右拾遗、户部员外郎……承赞既依太祖,太祖待之殊厚,遂以为相。承赞劝太祖建四门学,以教闽士之秀者。自号狎鸥翁。殁,葬建安新丰乡。弟承裕,举光化中进士。"

胡可先《〈登科记考〉匡补三编》补入。

乾隆《福建通志》卷三三《选举志一·唐科目》："光化三年裴格榜:福清县翁承裕,承赞弟;明经林翊,莆田人,翱兄,校书郎。"

【崔籍若】光化三年(900)登进士科。

(五代)王定保《唐摭言》卷三《散序》："定保生于咸通庚寅岁,时属南蛮骚动,诸道征兵,自是联翩,寇乱中土,虽旧第太平里,而迹未尝达京师。故治平盛事,罕得博闻;然以乐闻科第之美,尝谘访于前达间。如丞相吴郡公宸,翰林侍郎濮阳公融,恩门右省李常侍渥,颜夕拜荛,从翁丞相溥,从叔南海记室涣,其次同年卢十三延让、杨五十一赞图、崔二十七籍若等十许人,时蒙言及京华故事,靡不录之于心,退则编之于简策。"

《登科记考》卷二四,光化三年(900)进士科条云崔籍若及第。

【裴皞】字司东,河东人。光化三年(900)登进士科。释褐授校书郎,历谏职,后梁官至中书舍人,后唐官至兵部尚书,后晋官至工部尚书,以右仆射致仕,赠太子太保。

《全唐文补遗》第八辑,开平四年(910)三月十二日《唐故朝散大夫权知给事中柱国河东裴公(筹)墓志铭并序》,署"堂叔、将仕郎、前守秘书省校书郎皞撰"。

《旧五代史》卷九二《裴皞传》："裴皞,字司东,系出中眷裴氏,世居河东为望族……唐光化三年擢进士第,释褐授校书郎,历谏职。梁初,当路推其文学,迁翰林学士、中书舍人。唐庄宗时,擢为礼部侍郎,后以语触当事,改太子宾客,旋授兵部尚书,以老致仕。天福初,起为工部尚书,复告老,以右仆射致仕。皞累知贡举,称得士,宰相马裔孙、维翰皆其所取进士也。后裔孙知贡举,率新进士谒皞,皞喜,为诗曰:'词场最重是持衡,天遣愚夫受盛名,三主礼闱年八十,门生门下见门生。'当世荣之。维翰尝私见皞,皞不为迎送,人问之,皞曰:'我见桑公于中书,庶僚也;今见我于私第,门生也。'人以为允。卒年八十五。赠太子太保。"

《新五代史》卷五七《裴皞传》:"裴皞,字司东,河东人也……唐光化中举进士,拜校书郎、拾遗、补阙。事梁为翰林学士、中书舍人。事后唐为礼部侍郎。皞喜论议,每陈朝廷阙失,多斥权臣。改太子宾客,以老拜兵部尚书致仕。晋高祖起为工部尚书,复以老告,拜右仆射致仕。卒,年八十五,赠太子太保。皞以文学在朝廷久,宰相马胤孙、桑维翰,皆皞礼部所放进士也。后胤孙知举,放榜,引新进士诣皞,皞喜作诗曰:'门生门下见门生。'世传以为荣。维翰已作相,尝过皞,皞不迎不送。人或问之,皞曰:'我见桑公于中书,庶寮也;桑公见我于私第,门生也。何送迎之有?'人亦以为当。"

《登科记考》卷二四,光化三年(900)进士科条云裴皞及第。

明经科

【杨知万】光化三年(900)登明经科。后唐时曾官兴唐府冠氏县尉。

(宋)王钦若等《册府元龟》卷六三三《铨选部(五)·条制第五》:后唐长兴元年"九月,前兴唐府冠氏县尉杨知万,经中书陈状,称光化三年明经及第,其后选授官两任"。

《登科记考》卷二四,光化三年(900)明经科条云杨知万及第。

【林翊】莆田人。光化三年(900)登明经科。历校书郎。

乾隆《福建通志》卷三三《选举》:"光化三年裴格榜:福清县翁承裕,承赞弟;明经林翊,莆田人,翔兄,校书郎。"

光化四年辛酉(901)

四月甲戌,御长乐门大赦天下,改元天复。

知贡举: 礼部侍郎杜德祥

进士科

【归佾】一作"归修",苏州人。光化四年(901)进士科状元及第。

(明)徐应秋《玉芝堂谈荟》卷二《父子兄弟状元》:"兄弟状元者……光化二年归修,天祐二年归系。"

《登科记考》卷二四,光化四年条云欧阳持进士及第,并引《永乐大典》引《瑞阳府志》载《登科记考》:"欧阳持字化基,高安人,天复元年归佾榜进士。"

《登科记考》卷二四,光化四年(901)进士科归佾条:"徐应秋《玉芝堂谈荟》'佾'作'修',苏州人。"

【王希羽】一作"王希禹",歙州人。光化四年(901)登进士科。释褐秘书省正字。

(五代)王定保《唐摭言》卷八《放老》:"天复元年,杜德祥榜,放曹松、王希羽、刘象、柯崇、郑希颜等及第……希羽,歙州人也……时谓五老榜。"

(宋)计有功《唐诗纪事》卷六五《曹松》:"天复初杜德祥主文,放松及王希羽、刘象、柯崇、郑希颜等及第。年皆七十余,时号'五老榜'。"

(宋)罗愿《新安志》卷六《叙先达》:"王校正希羽,歙州人,词艺优博,天复元年登第,时年七十余。"

(元)辛文房撰,傅璇琮主编《唐才子传校笺》(册四)卷一〇《曹松》:"松字梦征,舒州人也……光化四年,礼部侍郎杜德祥下,与王希羽、刘象、柯崇、郑希颜同登第,年皆七十余矣,号为'五老榜'。时值新平内难,朝廷放进士为喜,特授校书郎而卒。"

(元)马端临《文献通考》卷二九《选举考二》:"昭宗天复元年……于是礼部侍郎杜德祥奏拣到新及第进士……王希禹年七十三……诏光问、松、希禹可秘书省正字。"

《登科记考》卷二四,光化四年(901)进士科条云王希羽及第。

【刘象】京兆人。光化四年(901)登进士科。释褐太子校书。

(五代)王定保《唐摭言》卷八《放老》:"天复元年杜德祥榜,放曹松、王希羽、刘象、柯崇、郑希颜等及第……象,京兆人……时谓五老榜。"

(宋)计有功《唐诗纪事》卷六五《曹松》:"天复初杜德祥主文,放松及王希羽、刘象、柯崇、郑希颜等及第。年皆七十余,时号'五老榜'。"

(元)辛文房撰,傅璇琮主编《唐才子传校笺》(册四)卷一〇《曹松》:"松字梦征,舒州人也……光化四年,礼部侍郎杜德祥下,与王希羽、刘象、柯崇、郑希颜同登第,年皆七十余矣,号为'五老榜'。时值新平内难,朝廷放进士为喜,特授校书郎而卒。"

(元)马端临《文献通考》卷二九《选举考二》:"昭宗天复元年……于是礼部侍郎杜德祥奏拣到新及第进士……刘象年七十……象、崇、希颜可太子校书。"

《登科记考》卷二四,光化四年(901)进士科条云刘象及第。

【李□】光化四年(901)登进士科。

《全唐诗》第二十一册卷七一七曹松有《钟陵寒食日与同年裴颜李先辈郑校书郊外闲游》诗,《登科记考》卷二四光化四年(901)进士科条按云校书疑即希颜,并云李某及第。

【沈颜】字可铸,湖州德清人。光化四年(901)登进士科。释褐校书郎,曾仕楚,后官至吴翰林学士。

(宋)晁公武《郡斋读书志校证》卷一八《别集类中》录《沈颜聱书》十卷,注:"右伪吴沈颜字可铸,传师之孙。天复初进士,为校书郎。属乱离,奔湖南,辟巡官,吴国建,为淮南巡官……翰林学士。"

(清)吴任臣《十国春秋》卷一一《吴十一·沈颜传》:"沈颜字可铸,湖州德清人。唐翰林学士传师之孙也。天复初,举进士第,授校书郎。属乱离,奔湖南马氏,未几来归,为淮南巡官,累迁礼仪使、兵部郎中、知制诰、翰林学士。常撰太祖神道碑,时人推为钜手。顺义中卒。"

《登科记考》卷二四,光化四年(901)进士科条云及第。按:光化四年放榜以后,才改为天复元年。

【陈光问】光化四年(901)登进士科。释褐秘书省正字。

(宋)洪迈《容斋三笔》卷七《唐昭宗怕录儒工》:"天复元年赦文……于是礼部侍郎杜德祥奏:拣到新及第进士陈光问年六十九。"

(元)马端临《文献通考》卷二九《选举考二》:"昭宗天复元年……于是礼部侍郎杜德祥奏拣到新及第进士陈光问……诏光问、松、希禹可秘书省正字。"

《登科记考》卷二四,光化四年(901)进士科条云陈光问及第。

【欧阳持】字化基,高安人。光化四年(901)登进士科。

《登科记考》卷二四,光化四年(901)条云欧阳持进士及第,并引《永乐大典》引《瑞阳府志》载《登科记考》:"欧阳持字化基,高安人,天复元年归俯榜进士。"

嘉靖《瑞州府志》卷九《人物志·侍从》:"(欧阳持)天复进士。"

【郑希颜】闽中人。光化四年(901)登进士科。释褐校书郎。

(五代)王定保《唐摭言》卷八《放老》:"天复元年杜德祥榜,放曹松、王希羽、刘象、柯崇、郑希颜等及第……崇、希颜,闽中人……时谓五老榜。"

(宋)计有功《唐诗纪事》卷六五《曹松》:"天复初杜德祥主文,放松及王希羽、刘象、柯崇、郑希颜等及第。年皆七十余,时号'五老榜'。"

(元)辛文房撰,傅璇琮主编《唐才子传校笺》(册四)卷一〇《曹松》:"松字梦征,舒州人也……光化四年,礼部侍郎杜德祥下,与王希羽、刘象、柯崇、郑希颜同登第,年皆七十余矣,号为'五老榜'。时值新平内难,朝廷放进士为喜,特授校书郎而卒。"

(元)马端临《文献通考》卷二九《选举考二》:"昭宗天复元年……于是礼部侍郎杜德祥奏拣到新及第进士陈光问……郑希颜年五十九……可太子校书。"

《登科记考》卷二四,光化四年(901)进士科条云郑希颜及第。

【曹松】字梦征,舒州人。光化四年(901)登进士科。特授校书郎。

(五代)王定保《唐摭言》卷八《放老》:"天复元年,杜德祥榜,放曹松、王希羽、刘象、柯崇、郑希颜等及第……松,舒州人也……时谓五老榜。"

(宋)计有功《唐诗纪事》卷六五《曹松》:"天复初杜德祥主文,放松及王希羽、刘象、柯崇、郑希颜等及第。年皆七十余,时号'五老榜'……松,字梦征,舒州人。"

(元)辛文房撰,傅璇琮主编《唐才子传校笺》(册四)卷一〇《曹松》:"松字梦征,舒州人也……光化四年,礼部侍郎杜德祥下,与王希羽、刘象、柯崇、郑希颜同登第,年皆七十余矣,号为'五老榜'。时值新平内难,朝廷放进士为喜,特授校书郎而卒。"

(元)马端临《文献通考》卷二九《选举考二》:"昭宗天复元年……于是礼部侍郎杜德祥奏拣到新及第进士……曹松年五十四……诏光问、松、希禹可秘书省正字。"

《登科记考》卷二四,光化四年(901)进士科条云曹松及第。

【柯崇】闽中人。光化四年(901)登进士科。释褐太子校书。

(五代)王定保《唐摭言》卷八《放老》:"天复元年杜德祥榜,放曹松、王希羽、刘象、柯崇、郑希颜等及第……崇、希颜,闽中人……时谓五老榜。"

（宋）计有功《唐诗纪事》卷六五《曹松》："天复初杜德祥主文,放松及王希羽、刘象、柯崇、郑希颜等及第。年皆七十余,时号'五老榜'。"

（元）辛文房撰,傅璇琮主编《唐才子传校笺》（册四）卷一〇《曹松》："松字梦征,舒州人也……光化四年,礼部侍郎杜德祥下,与王希羽、刘象、柯崇、郑希颜同登第,年皆七十余矣,号为'五老榜'。时值新平内难,朝廷放进士为喜,特授校书郎而卒。"

《登科记考》卷二四,光化四年（901）进士科条云柯崇及第。

【裴□】光化四年（901）登进士科。

《全唐诗》第二十一册卷七一七曹松有《钟陵寒食日与同年裴颜李先辈郑校书郊外闲游》诗,《登科记考》卷二四光化四年进士科条按云校书疑即希颜,并云裴某及第。

【颜□】光化四年（901）登进士科。

《全唐诗》第二十一册卷七一七曹松有《钟陵寒食日与同年裴颜李先辈郑校书郊外闲游》诗,《登科记考》卷二四光化四年（901）进士科条按云校书疑即希颜,并云颜某及第。

制科

【李琪】字台秀,郡望敦煌,祖敬方官至谏议大夫,父毂官至谏议大夫。昭宗时举进士科,天复初应博学宏词科。授武功县尉,官至御史,后梁官至宰相,后唐官至尚书左仆射,以太子太傅致仕。

《旧五代史》卷五八《李琪传》："李琪,字台秀。五代祖憕,天宝末,礼部尚书、东都留守。安禄山陷东都,遇害,累赠太尉,谥曰忠懿。憕孙寀,元和朝,位至给事中。寀子敬方,文宗朝,谏议大夫。敬方子毂,广明中,为晋公王铎都统判官,以收复功为谏议大夫。琪即毂之子也……昭宗时……举进士。天复初,应博学宏辞,居第四等,授武功县尉,辟转运巡官,迁左拾遗、殿中侍御史……以太子太傅致仕,长兴中,卒于福善里第,时年六十。"

《新五代史》卷五四《李琪传》："李琪字台秀。河西敦煌人也……琪少举进士、博学宏辞,累迁殿中侍御史,与其兄珽皆以文章知名。唐亡,事梁太祖为翰林学士……末帝时,为御史中丞、尚书左丞,拜同中书门下平章事,与萧顷同为宰相……乃得罢为太子少保。唐庄宗灭梁……以琪为御史中丞……以太子太傅致仕,卒,年六十。"

《登科记考》卷二四,光化四年（901）博学宏词科条云李琪及第。

天复二年壬戌（902）

停举。

天复三年癸亥(903)

停举。

天复四年甲子(904)

四月乙巳,御光正门大赦天下,改天复四年为天祐元年。

知贡举: 尚书左丞杨涉

进士科

【万硕】南昌人。天复四年(904)进士及第。官至宜州牧。

四库本《江西通志》卷四九《选举·唐》天复五年进士:"万硕,南昌人,宜州牧;胡□,奉新人,侍御史。李旭,袁州人;董全祯,德兴人,殿中御史。"按:天复无五年,《登科记考》云李旭天复四年进士及第,则此四人皆当天复四年进士及第。

【王瀣】天复四年(904)登进士科。

《登科记考》卷二四,天复四年(904)进士科王瀣条引宋《尹洙集》:"陕郡开元寺建初院有进士登科、题名二记在焉。其一题:天复四年,左丞杨涉下进士二十六人。实唐昭宗迁洛改元天祐岁……王公讳瀣之嗣子工部追书也。"

【卢程】父蕴历盐铁巡官。天复四年(904)登进士科。后唐官至宰相,赠礼部尚书。

《旧五代史》卷六七《卢程传》:"卢程,唐朝右族。祖懿,父蕴,历仕通显。程,天复末登进士第,崔魏公领盐铁,署为巡官……庄宗署为推官,寻改支使……后历观察判官。庄宗将即位……命为平章事……庄宗既定河南,程随百官从幸洛阳,沿路坠马,因病风而卒。赠礼部尚书。"

《新五代史》卷二八《卢程传》:"卢程,不知其世家何人也。唐昭宗时,程举进士,为盐铁出使巡官。"

(宋)王钦若等《册府元龟》卷七二九《幕府部(十四)·辟署第四》:"卢程天复末登进士第,为盐铁巡官。"

(五代)孙光宪《北梦琐言》逸文卷三《卢程以氏族傲物》:"卢程擢进士第,为庄皇帝河东判官,建国后命相。"

《登科记考》卷二四,天复四年(904)进士科条云卢程及第。

【刘明济】天复四年(904)登进士科。授秘书省校书郎。

《旧唐书》卷二〇上《昭宗》:"(天祐元年六月甲寅)前进士姚颛为校书郎,前进士赵颀、刘明济、窦专并可秘书省校书郎正字,从柳璨奏也。"

《登科记考》卷二四,天复四年(904)进士科条云刘明济及第。

【刘岳】字昭辅,洛阳人,祖符官蔡州刺史,父珪官洪洞县令。天复四年(904)登进士科。后梁官至户部侍郎,后唐官至侍御史,后晋官至太常卿,赠吏部尚书。

《旧五代史》卷六八《刘岳传》:"刘岳,字昭辅。其先辽东襄平人,元魏平定辽东,徙家于代,随孝文迁洛,遂为洛阳人。八代祖民部尚书渝国公政会,武德时功臣。祖符,蔡州刺史。父珪,洪洞县令。符有子八人,皆登进士第。珪之母弟瑰、玗,异母弟崇夷、崇龟、崇望、崇鲁、崇暮。崇龟,乾宁中广南节度使;崇望,乾宁中宰相;崇鲁、崇暮、崇夷,并历朝省。岳少孤,亦进士擢第,历户部巡官、郑县簿、直史馆,转左拾遗、侍御史。梁贞明初,召入翰林为学士。岳为文敏速,尤善谈谐,在职累迁户部侍郎,在翰林十二年。庄宗入汴,随例贬均州司马,寻丁母忧,许自贬所奔丧,服阕,授太子詹事。明宗即位,历兵部吏部侍郎、秘书监、太常卿。卒年五十六。赠吏部尚书。岳文学之外,通于典礼。天成中,奉诏撰《新书仪》一部,文约而理当,今行于世。"

《新五代史》卷五五《刘岳传》:"刘岳字昭辅,洛阳人也。唐民部尚书政会之八代孙,崇龟、崇望其诸父也……举进士,事梁为左拾遗、侍御史。末帝时,为翰林学士,累官至兵部侍郎……唐明宗时,为吏部侍郎……迁岳太常卿……岳卒于官,年五十六,赠吏部尚书。"

(宋)邵伯温《邵氏闻见录》卷一六:"河南刘氏自名环隽者……方平之子符,宝历二年擢第,至户部侍郎,赠司徒……(符孙)岳,天复四年登进士第,至后唐明宗为吏部侍郎,赠司徒。"

《登科记考》卷二四,天复四年(904)进士科条云刘岳及第。

【许昼】睢阳人。天复四年(904)登进士科。

(五代)王定保《唐摭言》卷三《慈恩寺题名游赏赋咏杂纪》:"许昼者,睢阳人也,薄功五字诗。天复四年,大驾东幸,驻跸甘棠。昼于此际及第。梁太祖长子,号大卿郎君者,常与昼属和。昼以卿为奥主,随驾至洛下,醉于梁祖私第,因折牡丹十许朵……梁祖闻之,颇睚眦,独命械昼而献。于时,大卿窃知,间道先遣使至。昼遂亡命河北,莫知所止。"

《登科记考》卷二四,天复四年(904)进士科条云许昼及第。

【李旭】袁州宜春人。天复四年(904)登进士科。

《全唐诗》第二十一册卷七一九李旭有《及第后呈朝中知己》。

(宋)计有功《唐诗纪事》卷七一《李旭》:"旭《及第后呈朝中知己》云:'凌晨晓鼓奏嘉音,雷拥龙迎出陆沉。金榜高悬当玉阙,锦衣即着到家林。真珠每被尘泥陷,病鹤多遭蝼蚁侵。今日始知天有意,还教雪得一生心。'旭,天祐元年进士登第。"

《登科记考》卷二四,天复四年(904)进士科条云《永乐大典》引《宜春志》:"李旭登天复四年进士第。"

四库本《江西通志》卷四九《选举·唐》天复五年进士:"李旭,袁州人;董全祯,德兴人,殿中御史。"按:天复无五年,其登第年从《登科记考》。

【李谨微】德庆州人。天祐元年(904)登进士科。授番阳令。

胡可先《〈登科记考〉匡补三编》补入。

嘉靖《德庆州志》卷五《选举志》云李谨微天祐年间进士及第。

乾隆《广东通志》卷三一《选举志一·唐进士》:"天祐元年甲子:李谨微,德庆州人。"同书卷四四《人物志》:"李谨微,端溪人。天祐元年登进士第,授番阳令。"

【吴文吉】贵溪人。天复四年(904)登进士第。

四库本《江西通志》卷四九《选举·唐》天复二年进士:"吴文吉,贵溪人。"按:天复二年、三年停举,兹附在天复四年。

【陈用拙】本名拙,以字"用拙"行世,连州人。天复四年(904)登进士科。授著作郎,南汉官至吏部郎中、知制诰。

(清)吴任臣《十国春秋》卷六二《南汉五·陈用拙传》:"陈用拙,本名拙,连州人,用拙其字也。少习礼乐,工诗歌,长遂以字显。唐天祐元年擢进士第,授著作郎。心恶梁王全忠所为,假使节南归,加烈宗清海节度、同平章事,烈宗留用之。未几,梁王全忠篡位,改元开平,用拙力劝仍奉天祐年号,烈宗多其义而不能用。遂掌书记、摄观察判官……乾化四年,奉使吴越,吴越武肃王与语,嘉其专对,赉以金帛甚厚,用拙逊谢,归以献高祖。高祖自立为皇帝,擢用拙吏部郎中、知制诰。久之,卒。"

《登科记考》卷二四,天复四年(904)进士科条云陈用拙及第。

【陈咏】眉州青神人。天复四年(904)登进士科。

(五代)孙光宪《北梦琐言》卷七《郑准讥陈咏》:"唐前朝进士陈咏,眉州青神人……昭宗劫迁,驻跸陕郊。是岁策名归蜀。"

《登科记考》卷二四,天复四年(904)进士科条云陈咏及第。

【赵颀】天复四年(904)登进士科。授秘书省校书郎,官至后唐尚书户部侍郎。

《旧唐书》卷二〇上《昭宗》:"(天祐元年六月甲寅)前进士姚顗为校书郎,前进士赵颀、刘明济、窦专并可秘书省校书郎正字,从柳璨奏也。"

《旧五代史》卷三一《唐书·庄宗纪五》:同光二年三月丙辰"尚书户部侍郎、知贡举赵颀卒,以中书舍人裴皞权知贡举"。

《登科记考》卷二四,天复四年(904)进士科条云赵颀及第。

【胡□】奉新人。天复四年(904)登进士科。官至侍御史。

四库本《江西通志》卷四九《选举·唐》天复五年进士:"万硕,南昌人,宜州牧;胡□,奉新人,侍御史。李旭,袁州人;董全祯,德兴人,殿中御史。"按:天复无五年,《登科记考》云李旭天复四年进士及第,则此四人皆当天复四年进士及第。

【姚顗】字伯真,一作"百真",京兆万年县人,祖宏庆官至苏州刺史,父荆官至国子祭酒。天复四年(904)擢进士第。授校书郎,历登封令、右补阙、礼部员外郎,后梁官至中书舍人,后唐官至宰相,后晋赠左仆射。

《旧唐书》卷二〇上《昭宗》:"(天祐元年六月甲寅)前进士姚顗为校书郎,前进士赵颀、刘明济、窦专并可秘书省校书郎正字,从柳璨奏也。"

《旧五代史》卷九二《姚顗传》:"姚顗,字伯真,京兆万年人。曾祖希齐,湖州司功参军。祖宏庆,苏州刺史。父荆,国子祭酒……顗次年擢进士第。梁贞明中,历校书郎、登封令、右补阙、礼部员外郎,召入翰林,累迁至中书舍人。唐庄宗平梁……遂拜中书侍郎、平章事……天福五年冬卒,年七十五。赠左仆射。"

《新五代史》卷五五《姚颤传》:"姚颤字百真,京兆长安人也……举进士,事梁为翰林学士、中书舍人。唐庄宗灭梁,贬复州司马,已而以为左散骑常侍兼吏部侍郎、尚书左丞。废帝欲择宰相,选当时清望官知名于世者,得卢文纪及颤,乃拜颤中书侍郎、同中书门下平章事……晋高祖立,罢颤为户部尚书。卒,年七十五。"

《登科记考》卷二四,天复四年(904)进士科条云姚颤及第。

【董全祯】饶州德兴人。天复四年(904)进士及第。历殿中御史。

四库本《江西通志》卷四九《选举·唐》天复五年进士:"万硕,南昌人,宜州牧;胡□,奉新人,侍御史。李旭,袁州人;董全祯,德兴人,殿中御史。"按:天复无五年,《登科记考》云李旭天复四年进士及第,则此四人皆当天复四年进士及第。又按:宋代饶州设德兴县。

【窦专】天复四年(904)登进士科。授秘书省校书郎。

《旧唐书》卷二○上《昭宗》:"(天祐元年六月甲寅)前进士姚颤为校书郎,前进士赵颀、刘明济、窦专并可秘书省校书郎正字,从柳璨奏也。"

《登科记考》卷二四,天复四年(904)进士科条云窦专及第。

附考(昭宗朝)

附考进士(昭宗朝进士)

【王涤】字用霖,郡望琅琊。景福中登进士科。官至中书舍人。

《新唐书》卷七二中《宰相世系表》二中:"涤,字用霖。"

(宋)计有功《唐诗纪事》卷六七《王涤》:"涤,字用霖,及景福进士第。"

(清)李调元《全五代诗》卷八六《王涤》:"涤,字用霖,琅琊人。景福中擢第,累官中书舍人,后终于闽。"

《登科记考》卷二七《附考·进士科》云王涤及第。

【邓延福】袁州高安人。大顺间登进士第。历太常奉礼郎。

嘉靖《瑞州府志》卷八《选举志·科第》:"邓延福,高安人,大顺间举进士。"

四库本《江西通志》卷四九《选举·唐》大顺中进士:"邓延福,袁州人,太常奉礼郎。"

【卢汝弼】字子谐,一作"子诰",郡望范阳卢氏,东都洛阳人,祖纶官至户部郎中,父简求官至河东节度观察等使。景福中登进士科。官至知制诰、兵部侍郎,后唐赠兵部尚书。

《旧唐书》卷一六三《卢简辞传》:"卢简辞字子策,范阳人,后徙家于蒲。祖翰。父纶……超拜户部郎中……文宗好文,尤重纶诗,尝问侍臣曰:'《卢纶集》几卷?有子弟否?'李德裕对曰:'纶有四男,皆登进士第,今员外郎简能、侍御史简辞是也。'……简求……为太原尹、北都留守,充河东节度观察等使……还于东都。都城有园林别墅……赠尚书左仆射……简辞无子,以简求子贻殷、玄禧入继。贻殷终光禄少卿。玄禧登进士第,终国子博士。弘正子虔灌,有俊才,进士登第。所著文笔,为时所称。位终秘书监。简求十子,而嗣业、汝弼最知名……汝弼登进士第,累迁至祠部员外郎、知制诰,从昭宗迁洛。属柳璨党附贼臣,诬陷士族,汝弼惧,移疾退居,客游上党。遇潞府为太原所攻,节度使丁会归降,从会至太原,李克用奏为节度副使,累奏户部侍郎。太原使府有龙泉亭,简求节时手书诗一章,在亭之西壁。汝弼复为亚帅,每亭中宴集,未尝居宾位,西向俯首而已,人士嘉之。"

《新唐书》卷一七七《卢简辞传》:"卢简辞字子策。父纶,别传。与兄简能、弟弘止、简求皆有文,并第进士……简求……以太子少师致仕,还东都……子嗣业、汝弼,皆中进士第。汝弼以祠部员外郎知制诰,从昭宗迁洛。方柳璨丧王室,汝弼惧,移疾去,客上党。后依李克用,克用表为节度副使。"

《旧五代史》卷六〇《卢汝弼传》:"卢汝弼,(案:《宣和书谱》:弼字子谐,祖纶,唐贞元年有诗名。父简求,为河东节度使。汝弼少力学,不喜为世胄,笃志科举,登进士第,文彩秀丽,一时士大夫称之。)唐昭宗景福中,擢进士第,历台省。昭宗自秦迁洛,时为祠部郎中、知制诰……建国前,卒于晋。(案:《宣和书谱》:赠兵部尚书。)"按:其字,《宣和书谱》卷六作"子诘"。又按:陈尚君《〈登科记考〉正补》附在大顺二年进士科条。

(宋)王钦若等《册府元龟》卷七二九《幕府部(十四)·辟署第四》:"卢汝弼,唐大顺中登进士第,宣歙观察使裴枢辟为判官。"

【苏拯】光化中进士及第。官至容管经略使。

(五代)王定保《唐摭言》卷一一《恶分疏》:"光化中,苏拯与乡人陈涤同处。拯与考功苏郎中璞初叙宗党,璞故太常涤之子也。拯既执贽,寻以启事温卷,因请陈涤缄封,涤遂误书己名,璞得之大怒。拯闻之,苍黄复致书谢过。"

(宋)苏舜钦《苏学士集》卷十四《先公墓志铭并序》:"武葬武功,世遂名其籍。隋唐之际多伟人,六叶之内,四至大丞相,袭封邠、许。文宪公之曾孙传素,广明乱,以其挐逊蜀。生三子:检、拯、振。孟还相唐;仲以策擢,官至容管经略使,唐命革,刘岩掩有南海,独完围不与岩,容民于今祠之;季留为铜山令,即我先公之高祖也。"

《登科记考补正》卷二七《附考·进士科》录载苏拯。

【李珽】字公度,陇西敦煌人,祖敬方官至谏议大夫,父毅官至谏议大夫。昭宗朝登进士科。释褐校书郎,历荆州节度使掌书记、山南东道节度使掌书记、天平军掌书记,后梁官至右散骑常侍。

《旧五代史》卷二四《李珽传》:"李珽,字公度,陇西敦煌人。五世祖忠懿公憕,有大节,见唐史。父毅,仕懿、僖朝,官至右谏议大夫。珽聪悟,有才学,尤工词赋……年二十四登进士第,解褐授校书郎,拜监察御史,俄丁内艰……成汭之镇荆州,辟为掌书记……未几,襄帅赵匡凝复奏为掌记,入为左补阙。又明年,太祖为元帅,以襄阳贰于己,率兵击破之,赵匡凝奔扬州,太祖复署珽为天平军掌书记……大为太祖嗟赏。受禅之岁,宰臣除为考功员外郎、知制诰……兵部郎中、崇政院学士……右散骑常侍、充侍讲学士。内讨之日,军士大扰,珽其夕为乱兵所伤,卒于洛阳。"按:据《唐方镇年表》卷五《荆南》,成汭大顺元年至天复三年为荆南节度使,则李珽及第大概在昭宗朝。

《旧五代史》卷五八《李琪传》载:"李琪,字台秀。五代祖憕,天宝末,礼部尚书、东都留守。安禄山陷东都,遇害,累赠太尉,谥曰忠懿。憕孙寀,元和朝,位至给事中。寀子敬方,文宗朝,谏议大夫。敬方子毂,广明中,为晋公王铎都统判官,以收复功为谏议大夫。琪即毂之子也……琪兄珽,亦登进士第,才藻富赡,兄弟齐名,而尤为梁祖所知,以珽为崇政学士。"

《新五代史》卷五四《李琪传》:"李琪字台秀,河西敦煌人也。其兄珽,唐末举进士及第,为监察御史……还拜御史。荆南成汭辟掌书记……赵匡凝镇襄阳,又辟掌书记。太祖破匡凝,得珽,喜曰:'此真书记也。'太祖即位,除考功员外郎、知制诰……迁兵部郎中、崇政院直学士……友珪立,除右散骑常侍,侍讲。袁象先讨贼,珽为乱兵所杀。"

(宋)王钦若等《册府元龟》卷七八二《总录部(三十二)·荣遇》:"李琪与兄班俱登进士第,为梁太祖所知,及革命,以班为崇政学士,琪为翰林学士,昆仲并处禁林。"按:李班当作"李珽"。

《登科记考》卷二七《附考·进士科》载有《太平广记》引《李琪集序》:李琪兄弟"昭宗朝,联中科第"。

【李琪】字台秀,敦煌人。昭宗时举进士科,天复初应博学宏词科。授武功县尉,官至御史,后梁官至宰相,后唐官至尚书左仆射,以太子太傅致仕。小传见光化四年制科李琪条。

《旧五代史》卷五八《李琪传》载:"李琪,字台秀……昭宗时……琪由是益知名,举进士第。天复初,应博学弘词,居第四等,授武功县尉,辟转运巡官,迁左拾遗、殿中侍御史……梁李相国琪,唐末以文学策名,仕至御史……梁祖受禅,征入,拜翰林学士。累迁户部侍郎、翰林承旨……迁御史中丞,累擢尚书左丞、中书门下平章事……庄宗入汴,素闻琪名,因欲大任。同光初,历太常卿、吏部尚书……除授尚书左仆射……以太子太傅致仕。长兴中,卒于福善里第,时年六十。"

《新五代史》卷五四《李琪传》:"李琪字台秀,河西敦煌人也。其兄珽,唐末举进士及第,为监察御史……还拜御史。荆南成汭辟掌书记……赵匡凝镇襄阳,又辟掌书记。太祖破匡凝,得珽,喜曰:'此真书记也。'太祖即位,除考功员外郎、知制诰……迁兵部郎中、崇政院直学士……友珪立,除右散骑常侍,侍讲。袁象先讨贼,珽为乱兵所杀。"

(宋)王钦若等《册府元龟》卷七八二《总录部(三十二)·荣遇》:"李琪与兄班俱登进士第,为梁太祖所知,及革命,以班为崇政学士,琪为翰林学士,昆仲并处禁林。"按:李班当作"李珽"。

《登科记考》卷二七《附考·进士科》载有《太平广记》引《李琪集序》:李琪兄弟"昭宗朝,联中科第"。

【李楀】乾宁五年(898)八月前进士及第。为太子太师崔安潜女婿。

《全唐文补遗》第六辑,崔就撰乾宁五年(898)八月六日《唐故□□□□□□太子太师上柱国清河郡开国公食邑两千户赠开府仪同三司太尉清河崔公(安潜)墓志铭并序》:"□讳安潜,字延之,其先东武城人也……生三子……□曰□,及第进士,任右拾遗,先公一年无禄功。男（下缺）女三人，长释前□□卢□。次适前进士李楹。"

【张茂枢】字休府，蒲州人，祖弘靖官至宰相，父次宗官至明州刺史。约在昭宗前后登进士第。天祐中累迁祠部郎中、知制诰，贬博昌尉。

《新唐书》卷一二七《张嘉贞传》："张嘉贞字嘉贞，本范阳旧姓，高祖子吒，仕隋终河东郡丞，遂家蒲州，为猗氏人……赐名曰延赏……德宗……即拜中书侍郎、同中书门下平章事……子弘靖……元和中，拜刑部尚书同中书门下平章事……先第在东都思顺里，盛丽甲当时，历五世无所增葺，时号'三相张家'云。子：文规、次宗……次宗，开成初为起居舍人……李德裕再当国，引为考功员外郎，知制诰。出澧、明二州刺史，卒。孙茂枢，字休府，及进士第。天祐中，累迁祠部郎中，知制诰。坐柳璨事，贬博昌尉。"按：茂枢在天祐中累官至祠部郎中，则其登第应在昭宗前后。

《登科记考》卷二七《附考·进士科》录载张茂枢。

【张衍】字元用，洛阳人，父宗奭官至河南尹魏王。昭宗朝登进士科。累至谏议大夫。

《旧五代史》卷二四《张衍传》："张衍，字元用，河南尹魏王宗奭之犹子也。其父死于兵间。衍乐读书为儒，始以经学就举，不中选。时谏议大夫郑徽退居洛阳，以女妻之，遂令应辞科，不数上登第。唐昭宗东迁，以宗奭勋力隆峻，衍由校书郎拜左拾遗，旋召为翰林学士。太祖即位罢之，特拜考功郎中，俄迁右谏议大夫……太祖微闻之，又属应召稽晚，与孙骘等同日遇祸。"

【张瑜】陵川人。进士及第。

《登科记考补正》卷二七《附考·进士科》补入。

雍正《泽州府志》卷二十七《选举·进士科·唐》："张瑜，陵川人，乾宁中进士。"

乾隆《山西通志》卷六五《科目·唐》："乾宁中进士：张瑜，陵川人。"同书卷一六六《祠庙三·陵川县》真泽二仙祠条载："金状元赵安时记：……天德四年偶见仙墨碑，乃唐乾宁间进士张瑜所撰。"

【陈述】德兴人。光化中进士及第。历江山尹。

四库本《江西通志》卷四九《选举·唐》光化中进士："陈臻，德兴人，台州司户。陈宝，德兴人，金华主簿。陈述，德兴人，江山尹。"按：宋代饶州设德兴县。

【陈宝】德兴人。光化中进士及第。历金华主簿。

四库本《江西通志》卷四九《选举·唐》光化中进士："陈臻，德兴人，台州司户。陈宝，德兴人，金华主簿。陈述，德兴人，江山尹。"按：宋代饶州设德兴县。

【陈臻】德兴人。光化中进士及第。历台州司户。

四库本《江西通志》卷四九《选举·唐》光化中进士："陈臻，德兴人，台州司户。陈宝，德兴人，金华主簿。陈述，德兴人，江山尹。"按：宋代饶州设德兴县。

【林用谦】福建人。约在光化三年（900）登进士科。早卒。

（唐）黄滔《黄御史集》卷六《祭林前辈用谦文》："维光化三年岁次庚申十一月日，敬祭于林君执友之灵。惟灵。夫渥洼之足，以千里之为程，已驰之而俄沮。嵁谷之音，以六律之为府，既参之而忽泯。夫不永其终始，何痛如之。鸣呼林君，得以言矣。君负相如之词赋,慕郄氏之科名。一纪秦城,千门祢刺。虽众口大馨其凤藻,人罕如焉。而三春累困于鸎乔,数何奇也。然则女贞而十年必字,药灵而九转须成。果契至公,克升上第。既已东堂得意,南国言旋。龙珠则动彩于握中,雁字则增辉于天际。将冀盛,清风于吾道,岂期叹逝水于人生。屈原之难问者天,蔡泽之不知者命。螺江烟景,方翻丁令之羽毛。驹隙光阴,俄启曾参之手足。诚寿夭靡移于夙契,且鬼神何害于善人。祸福吉凶,悠扬暧昧,凄凉物理,惨怛人情。今则寿域斯开,贞魂永蛰。垅头水咽,山上云愁。邓攸之继世无儿,语留身后。崔曙之遗孤有女,诗在生前。虽盛衰之同休,亦存亡之至痛。滔京关进退,砚席参差。幸忝先鸣,弥欣继捷。未贺桂枝之入手,忽从薤露以伤心。"按:林用谦登第在黄滔乾宁二年登第之后,光化三年之间,据文中所言,其登第不久就去世,疑为光化三年。《全唐文》卷八二六《祭林先辈用谦》同。

施子愉《登科记考补正》补入。

【郑准】字不欺,荥阳人。乾宁中登进士科。历荆南节度使从事。

(五代)孙光宪《北梦琐言》卷七《郑准集军书》:"唐荥阳郑准,以文笔依荆州成中令。"

《新唐书》卷六〇《艺文四》:"郑准《渚宫集》一卷。字不欺,乾宁进士第。"

(宋)计有功《唐诗纪事》卷六一《郑准》:"字不欺,登乾宁进士第,有《渚宫集》一卷。"

(清)李调元《全五代诗》卷八八《郑准》:"准,字不欺,登乾宁进士第,为荆南成汭推官。"

《登科记考》卷二七《附考·进士科》云郑准及第。

【钱若愚】信州云安县。乾宁中登进士科。

(五代)孙光宪《北梦琐言》逸文卷一《杨云外飞空蹑虚》:"唐乾宁中,云安县汉城宫道士杨云外,常以酒自晦,而行止异常。前进士钱若愚甚敬之。"(宋)李昉等《太平广记》卷四〇《神仙四十·杨云外》引《北梦琐言》同。按:其贯当为云安县,唐信州有云安县。

《登科记考》卷二七《附考·进士科》补入。

【萧顷】一作"萧顷",字子澄,京兆府万年县人,祖俶官至宰相,父廪官至京兆尹。昭宗朝登进士科。历度支巡官,唐官至吏部员外郎,后梁官至同平章事,后唐官至礼部尚书,以太子少保致仕。

《旧唐书》卷一七二《萧俛传》:"萧俛字思谦。曾祖太师徐国公嵩,开元中宰相。祖华,袭徐国公,肃宗朝宰相。父恒,赠吏部尚书。皆自有传……俶,大和元年登进士第……寻以本官同平章事,累迁中书、门下二侍郎……不至京师而卒。子廪,咸通三年进士擢第……再迁京兆尹……光化三年卒。乱之际,克保令名。子顷,亦登进士第,后官位显达。"

《旧五代史》卷五八《萧顷传》:"萧顷,字子澄,京兆万年人。故相俶之孙,京兆尹廪之子。顷聪悟善属文,昭宗朝擢进士第,历度支巡官、太常博士、右补阙……累迁吏部员外郎……顷入梁,历给谏、御史中丞、礼部侍郎、知贡举,咸有能名。自吏部侍郎拜中书门下平章事,与李琪同辅梁室,事多矛盾……天成初,为礼部尚书、太常卿、太子少保致仕。卒时年六十九。辍朝一日,赠太子少师。"

《登科记考》卷二七《附考·进士科》云萧顗及第。

【崔□】名未详,郡望清河武城,贯太原,父为太子太师崔安潜。约在乾宁初进士及第。官至右拾遗。

《全唐文补遗》第六辑,崔就撰乾宁五年(898)八月六日《唐故□□□□□□太子太师上柱国清河郡开国公食邑两千户赠开府仪同三司太尉清河崔公(安潜)墓志铭并序》:"□讳安潜,字延之,其先东武城人也……生三子……□曰□,及第进士,任右拾遗,先公一年无禄功。男(下缺)女三人,长释前□□□卢□。次适前进士李楣。"

【崔仁浍】一作"崔仁浍",新罗人,约昭宗时进士登第。

《全唐文》卷九二二,纯白《新罗国石南山故国师碑铭后记》:"仁浍者,辰韩茂竣人也。人所谓一代三鹤、金榜题廻:曰崔致远、曰崔仁浍、曰崔承祐,□中中人也。学围海岳,加二车于五车;才包风云,除三步于七步。实君子国之君子,亦大人乡之大人。"按:《三国史记》卷四十六《薛聪传·附崔承祐传》:"崔承祐,以唐昭宗龙纪二年入唐,至景福二年侍郎杨涉下及第。"又《海东龙榜·中朝制科·新罗》:"崔承祐,唐昭宗景福二年入唐登第。"崔仁浍亦在昭宗时登第。

《登科记考补正》卷二七《附考·进士科》录载崔仁浍。考:《北京图书馆藏中国历代石刻拓本汇编》第三十六册《五代十国附大理》卷所录《行寂塔铭》,撰者署名为"门人翰林学士守兵部侍郎知瑞书院事赐紫金鱼袋臣崔仁浍奉敕撰"。

【崔葆】乾宁间进士及第。

《新唐书》卷六〇《艺文四》:"崔葆《数赋》十卷。乾宁进士。王克昭注。"

《登科记考补正》卷二七《附考·进士科》补入,按语:"崔葆,两《唐书》无传,嘉泰《赤城志》卷八《秩官门一·历代郡守》于唐乾符五年(878)下著录有崔葆。"按:崔葆若为乾符五年赤城郡守,则绝无可能为乾宁进士,疑嘉泰《赤城志》所录之崔葆,别是一人。

【蒋德山】昭宗初进士及第。

《全唐诗》第二十一册卷七〇五,黄滔有《寄蒋先辈》诗。按:同卷又有《伤蒋校书德山》诗,黄滔乾宁二年(895)进士及第,则官校书郎的蒋德山当为昭宗初年及第。

《登科记考补正》卷二七《附考·进士科》补入。

附考明经(昭宗朝明经)

【周□】阳羡人。昭宗年间明经及第。官乌程县令。

《全唐文》卷八六七,杨夔撰《乌程县修东亭记》:"故相国赵郡李公讳绅,宝历中廉问会稽日,以吴兴僧大光有神异之迹,为碑文托郡守敬公建立于卞山法华寺。会昌中,诏毁佛寺,此寺随废。时县令李式,其碑述相国先人曾宰乌程,遂移立于县之东亭。迨今五十载,其碑毁折。汝南周生,以明经赐命,重宰乌程……癸丑夏,复诏生宰乌程,民吏欣欣,再遇宽政。阁鞭听讼,事简庭闲。君子哉汝南,学古入仕,有其经矣。生家于阳羡,数世以经明获禄,后群从昆弟并一举而捷。凡浙右之士,因以向风国庠,闻其名,咸亦推先焉。"按:"癸丑"为唐昭宗景福二年(893),则周生明经及第当在此前。

【唐希颜】父唐山令熊。天复中登明经科。历建威军推官。

(宋)刘挚《忠肃集》卷一一《唐质肃神道碑》(引《全宋文》册三九):"公讳介,字子方,姓唐氏……有为唐山令曰熊者,居余杭生子曰希颜,天复中,以明经为建威军推官,是为公之高祖。"

附考诸科(昭宗朝诸科)

【杨彦伯】庐陵新淦人。大顺间登童子科。累摄县邑,官至吴门下侍郎。

(宋)李昉等《太平广记》卷八五《异人五·华阴店姬》引《稽神录》:"杨彦伯,庐陵新淦人也。童子及第。天复辛酉岁,赴选,至华阴,舍于逆旅。时京郭多难,朝无亲识,选事不能如期,意甚忧闷……伪吴平江西,复见选用,登朝至户部侍郎,会临轩策命齐王,彦伯摄门下侍郎行事。"

(清)吴任臣《十国春秋》卷九《吴九·杨彦伯传》:"杨彦伯,新淦人也。唐时童子科及第。已而从昭宗至凤翔,走还乡里。吉州刺史彭玕厚遇之,累摄县邑。天祐中,江西平,彦伯仕于高祖,累官户部侍郎。睿帝时,临轩策命齐王知诰,诏彦伯摄门下侍郎行事……数月卒。"

《登科记考》卷二七《附考·诸科》云杨彦伯及第。

嘉靖《临江府志》卷六《人物志》云杨彦伯"大顺间擢童子科"。

隆庆《临江府志》卷一二《人物列传》:"(杨彦伯)大顺间擢童子科。"

【刘□】名未详。昭宗朝以神童擢第,时年六岁。

(宋)李昉等《太平广记》卷一七五《幼敏·刘神童》引《郑谷诗集》云:"刘神童者,昭宗朝以乡荐擢第,时年六岁矣。"

《登科记考》卷二七《附考·诸科》云刘□及第。

【柏廷徽】邠州人,祖父暠官毛诗博士,父宗回官仓部郎中。约在乾宁末光化元年间登开元礼科。

《全唐文》卷八二八,罗衮撰《仓部柏郎中墓志铭》:"近代科学之家,有柏氏仓部府君讳宗回,字几圣。祖士良,忠州司马。父暠,毛诗博士,赠国子司业。君踵父学《开元礼》,咸通中,考官第之,尚书落之。不胜压屈,因罢。取家荫出身,选为州县官……始迁虞部员外郎,赐绯鱼袋。岁中转虞部郎中,明年迁仓部郎中,加朝散大夫。年六十一,以光化二年二月二日,卒京京师。某月日,归葬先人之茔于邠州。夫人清河张氏,子廷徽,开元礼登科,廷鸾尚幼。"

黄震云《〈登科记考〉甄补》补入。

附考科目未详(昭宗朝科目未详)

【卢□】太子太师崔安潜女婿。乾宁五年(898)八月前登第。

《全唐文补遗》第六辑,崔就撰乾宁五年(898)八月六日《唐故□□□□□□太子太师上柱国清河郡开国公食邑两千户赠开府仪同三司太尉清河崔公(安潜)墓志铭并序》:"□

讳安潜,字延之,其先东武城人也……生三子……□曰□,及第进士,任右拾遗,先公一年无禄功。男(下缺)女三人,长释前□□卢□。次适前进士李楹。"按:据志文,卢□可能为进士出身,但无确证,暂系科目未详。俟考。

【李洵】陇西人。昭宗时登第。官右省常侍。

《全唐文》卷八二五,黄滔撰《丈六金身碑》云右省常侍陇西李洵诸人"皆以文学之奥比偓商,侍从之声齐褒向,甲乙升第,岩廊韫望"。同书卷八二六黄滔《祭右省李常侍》(原注"洵"),亦谓洵"七升赴命,二妙对歔"。可知李洵尝登科。

《登科记考补正》卷二七《附考·进士科》录载李洵,证据不足。

【张荷】字克之,南阳西鄂人。昭宗时登第。官至尚书司门郎中。

《全唐文补遗》第八辑,张准撰乾化四年(914)正月十八日《大梁故尚书司门郎中南阳张府君(荷)墓志铭并序》:"公讳荷,字克之,南阳西鄂人也……少而聪悟,有一览数千言之称;长乃纯明,抱七步咏五字之作。洎随计入贡,凡六上,登第于故致仕司空河东裴相国之门。旋调授京兆府文学……终于洛之私第,乾化三年九月廿四日也。"按:张荷出司空致仕河东裴相国之门,即裴贽门生,裴贽曾先后主持大顺元年(890)、大顺二年(891)和乾宁五年(898)科举考试。

卷十八

唐哀帝〔李柷〕朝〔905—907〕

天祐二年乙丑（905）

知贡举：礼部侍郎江文蔚

进士科

【归係】苏州长洲人。天祐二年（905）状元及第。

（明）徐应秋《玉芝堂谈荟》卷二《历代状元》："（天祐）二年，状元归係，苏州人，修之弟。"

《登科记考》卷二四，天祐二年（905）进士科条云归係状元及第。

正德《姑苏志》卷五云归係天祐二年进士科及第。

【王克贞】字守节，郡望太原，贯庐陵。天祐二年（905）登进士第。释褐秘书省正字，官至户部尚书。

（宋）徐铉《徐公文集》卷二九《大宋故尚书户部郎中王君墓志铭》："君讳克贞，字守节。其先太原人也……自唐室之季，词场道丧，江左延祚，复者见旧章，翰林学士江君文蔚典司春官……君一举擢第，首冠诸子……明年，以秘书省正字释褐……端拱二年秋，享年六十。"按：江文蔚知贡举在天祐二年，王克贞登第当在是年。

（宋）陆游《陆氏南唐书》卷二《元宗本纪第二》："以翰林学士江文蔚知礼部贡举，放进士王克贞等三人及第。"

（清）吴任臣《十国春秋》卷二五《南唐十一·江文蔚传》："文蔚以翰林学士知举，略用唐故事，放进士庐陵王克贞等三人及第。"

四库本《江西通志》卷四九《选举·五代》南唐童子科："王克贞，庐陵人。"

【卢导】字熙化，郡望范阳。天祐初登进士科。释褐校书郎，后梁官至侍御史，后唐官至中书舍人，后晋官至吏部尚书。

《旧五代史》卷九二《卢导传》："卢导，字熙化，其先范阳人也。祖伯卿，唐殿中侍御史。父如晦，国子监丞，赠户部侍郎。导少而儒雅，美词翰，善谈论。唐天祐初，登进士第，释褐除校书郎，由均州郧乡县令入为监察御史，三迁职方员外郎，充史馆修撰，改河南县令、礼部郎中，赐紫，转右司郎中兼侍御史知杂事。以病免，闲居于汉上，久之。天成中，以本官征还，拜右谏议大夫。长兴末，为中书舍人，权知贡举……晋天福中，由礼部侍郎迁尚书右丞，判吏部尚书铨事，秩满，拜吏部侍郎。六年秋，卒于东京，时年七十六。"

《新五代史》卷五四《卢导传》："卢导字熙化，范阳人也。唐末举进士，为监察御史。唐亡事梁，累迁左司郎中、侍御史知杂事，以病免。唐明宗时，召拜右谏议大夫，迁中书舍人……导后事晋为吏部侍郎。天福六年卒，年七十六。"

【毕知颜】郓州须昌人，祖匀为协律郎，父诚官至宰相。天祐二年（905）登进士科。历显官。

《旧唐书》卷一七七《毕诚传》："毕诚者，字存之，郓州须昌人也。伯祖构，高宗时吏部尚书。构弟栩，鄜王府司马，生凌。凌为汾州长史，生匀，为协律郎。匀生诚……（咸通二年）改礼部尚书，同平章事……子绍颜、知颜，登进士第，累历显官。”

《新唐书》卷一八三《毕诚传》：“毕诚字存之，黄门监构从孙。构弟栩，生凌，凌生匀，世失官，为盐估。匀生诚……礼部尚书同中书门下平章事。”

（明）凌迪知《万姓统谱》卷一一五：“毕绍颜，大中二年进士。知颜，天祐二年进士。”

《登科记考》卷二七《附考·进士科》录载毕知颜。

【刘赞】魏州人，父玭为令录。天祐二年（905）登进士科。释褐魏博节度判官，后梁官至崇政学士，后唐官至秘书监。

（五代）孙光宪《北梦琐言》卷一〇《刘李愚甥》：“唐刘瞻相公，有清德大名……先婚李氏，生一子，即刘赞也。相国薨后，赞且孤幼，性甚懵钝，教其读书，终不记忆……（赞）擢进士第，梁时登朝，充崇政学士。”

《旧五代史》卷六八《刘赞传》：“刘赞，魏州人也。幼有文性。父玭，为令录……繇是赞及冠有文辞，年三十余登进士第。魏州节度使罗绍威署巡官，罢归京师……累迁至金部员外郎，职如故。庄宗入汴，租庸副使孔谦以赞里人，表为盐铁判官。天成中，历知制诰、中书舍人。与学士窦梦徵同年登第，邻居友善，梦徵卒……改御史中丞、刑部侍郎……未几，改秘书监，兼秦王傅……俄而台史示敕，长流岚州，即时赴贬所。在岚州逾年，清泰二年春，诏归田里……行及石会关而卒，时年六十余。”

《登科记考》卷二四，天祐二年（905）：“按赞卒于清泰二年，年六十余……至天祐二年正三十余岁。”

【杨在尧】泉州人。天祐二年（905）登进士科。终右补阙，有文集。

（明）何乔远《闽书》卷一一三《兴化府仙游县·唐·进士》：“天祐二年乙丑：杨在尧。”其小传云：“官右补阙，有文集。”

《仙溪志》卷二《进士题名》：“天祐二年归係榜：杨在尧。”卷四有其传。《莆阳比事》卷一云“天祐二年有翁在尧”，当为同一人。

弘治《八闽通志》卷五三《科第·兴化府》下记：“天祐二年乙丑归系榜：杨在尧（仙游人）。”按：杨在尧，两《唐书》无传，其事迹见《仙溪志》卷四：“杨在尧，其先自华阴入闽，居仙游，登唐天祐二年进士第，终右补阙，有文集。”

【杨凝式】字景度，华阴人，祖严兵部尚书，父涉官至宰相。天祐登进士科。释褐校书郎，后梁官至考功员外郎，后唐官至礼部尚书，后晋官至太子少保，后汉官至少师，后周官至左仆射，赠太子太傅。

《旧唐书》卷一七七《杨收传》：“杨收字藏之，同州冯翊人……父遗直，位终濠州录事参军。家世为儒，遗直客于苏州……遗直生四子：发、假、收、严……严，字凛之，会昌四年进士擢第……乾符四年，累迁兵部侍郎。二子：涉、注。涉，乾符二年登进士第。昭宗朝，累迁吏部郎中、礼、刑二侍郎。乾符四年，改吏部侍郎。天祐初，转左丞。从昭宗迁洛阳，改吏部尚书。辉王即位，本官平章事，加中书侍郎。”

《旧五代史》卷一二八《杨凝式传》：“杨凝式，华阴人也。（案《游宦纪闻》载《凝式年谱》:唐咸通十四年癸巳,凝式是年生,故题识多自称癸巳人。又,《别传》:凝式,字景度。)
父涉,唐末梁初,再登台席,罢相守左仆射卒。凝式……唐昭宗朝,登进士第,解褐授度支
巡官,再迁秘书郎,直史馆。梁开平中……改考功员外郎。唐同光初,授比部郎中、知制
诰……长兴中,历右常侍、工户二部侍郎……晋天福初,改太子宾客,寻以礼部尚书致
仕……晋开运中……奏除太子少保,分司于洛。汉乾祐中,历少傅、少师……广顺中,表求
致政,寻以右仆射得请。显德初,改左仆射,又改太子太保,并悬车。元年冬,卒于洛阳,年
八十五。诏赠太子太傅。"

《宣和书谱》卷一九:"杨凝式,华阴人也……唐昭宗时初登进士。"

《登科记考》卷二四,天祐二年(905)进士科条云杨凝式及第。

【张鸿】连州人。天祐二年(905)登进士第。

胡可先《〈登科记考〉匡补三编》补入。

康熙《连州志》卷二《选举》:"天祐乙丑:陈用拙、刘赞、张鸿。"《粤诗搜逸》卷一同。乾
隆《广东通志》卷三一《选举表一·唐进士》:"天祐二年乙丑:张鸿,连州人。"《登科记考》
云陈用拙、刘赞天祐二年登进士第。《广州人物传》卷三引《湟川志》等作张鸿"天祐末年
进士。"

【崔庸】吴郡人。天祐二年(905)登进士科。

(宋)计有功《唐诗纪事》卷七一《崔庸》:"乾宁初,吴郡进士崔庸有诗:'人莫嫌山小,
僧还爱寺灵。殿高神气力,龙活客丹青。'庸,登天祐二年进士第。"正德《姑苏志》卷五云
崔庸天祐二年进士及第。

《登科记考》卷二四,天祐二年(905)云崔庸进士科及第。

【窦梦徵】同州人。天祐二年(905)登进士科。历校书郎,后唐官至工部侍郎,赠礼部
尚书。

《旧五代史》卷六八《窦梦徵传》:"窦梦徵,同州人。少苦心为文,登进士第,历校书
郎,自拾遗召入翰林,充学士……梁末帝以触时忌,左授外任……天成初,迁中书舍人,复
入为翰林学士、工部侍郎。卒,赠礼部尚书。"

(宋)王钦若等《册府元龟》卷九五三《总录部(二百三)·不遇》:"窦梦徵初登进士
第,谒孔勍于襄州,处之宾席。然薄于礼遇,终无正衔,郁郁不得志,无几离职。"

《登科记考》卷二四,天祐二年(905)云窦梦徵登进士科。

天祐三年丙寅(906)

知贡举:吏部侍郎薛廷珪

进士科

【裴说】桂州人。天祐三年(906)进士科状元及第。历补阙,终礼部员外郎。

(宋)计有功《唐诗纪事》卷六五《裴说》:"说,天祐三年登甲科……终礼部员外郎。"

（宋）陈振孙《直斋书录解题》卷一九录载《裴说集》一卷，注："唐裴说撰。天祐三年进士状头，唐盖将亡矣。说后为礼部员外郎。"

（元）辛文房撰，傅璇琮主编《唐才子传校笺》（册四）卷一〇《裴说》："说工诗，得盛名。天祐三年礼部侍郎薛廷珪下状元及第……后仕为补阙，终礼部员外郎。"

（明）徐应秋《玉芝堂谈荟》卷二《历代状元》："（天祐）三年，状元裴说。"

（清）吴任臣《十国春秋》卷七五《楚九·翁宏传》："翁宏字大举，桂州人……同邑有裴谐者，唐人裴说之弟。"

《登科记考》卷二四，天祐三年（906）进士科条云裴说及第。

【乌光赞】渤海宰相乌炤度子。天祐三年（906）进士及第。

《高丽史·崔彦㧑传》："崔彦㧑初名慎之，庆州人。性宽厚，自少能文。新罗末，年十八游学入唐，礼部侍郎薛廷珪下及第。时渤海宰相乌炤度子光赞同年及第，炤度朝唐，见其子名在彦㧑下，表请曰：'臣昔年入朝登第，名在李同之上，今臣子光赞宜升彦㧑之上。'以彦㧑才学优赡，不许。年四十二始还新罗。"

《渤海国志长编》卷三《世纪第一·□王玮瑎》："十三年，遣国相乌炤度朝贡于唐，其子光赞同来应宾贡试，进士及第。是年王薨，史失其谥。"

《渤海国志长编》卷十《诸臣列传第二·乌炤度传》："乌炤度于王玄锡之世入唐应宾贡试，与新罗宾贡李同同榜进士及第，名在其上，仕至国相。迨王玮瑎十三年，其子光赞亦入唐应宾贡试，礼部侍郎薛廷珪知贡举，光赞与新罗宾贡崔彦㧑同榜进士及第，而名在其下。值炤度奉使朝堂，表请曰：'臣昔年入朝登第，名在李同之上，今臣子光赞宜升彦㧑之上。'昭宣帝不许。"按《渤海国志年表》：王玮瑎十三年丙寅，即唐昭宣帝天祐三年。

【李愚】沧州渤海无棣人，旧贯洛阳，父瞻业。天祐三年（906）登进士科，后梁开平三年登宏辞科。授河南府参军，后唐官至宰相。

《旧五代史》卷六七《李愚传》："李愚，字子晦。自称赵郡平棘西祖之后，家世为儒。父瞻业，应进士不第，遇乱，徙家渤海之无棣，以诗书训子孙。愚童龀时……随计之长安。属关辅乱离，频年罢举，客于蒲、华之间……天复初，驾在凤翔，汴军攻蒲、华，愚避难东归洛阳。时卫公李德裕孙道古在平泉旧墅，愚往依焉……故少师薛廷珪掌贡籍之岁，登进士第；又登宏词科，授河南府参军，遂下居洛表白沙之别墅。梁有禅代之谋……俄充崇政院直学士……贞明中，通事舍人李霄佣夫殴傔舍人致死……俄以本职权知贡举，改兵部侍郎，充翰林承旨。长兴初，除太常卿，属赵凤出镇邢台，乃拜中书侍郎、平章事，转集贤殿大学士……清泰二年秋，愚已婴疾，率多请告，累表乞骸，不允，卒于位。"

《新五代史》卷五四《李愚传》："李愚字子晦，渤海无棣人也……举进士、宏词，为河南府参军……久之，拜左拾遗、崇政院直学士……唐庄宗灭梁，愚朝京师，唐诸公卿素闻愚学古，重之，拜主客郎中、翰林学士……明宗即位，累迁兵部侍郎承旨。明宗祀天南郊，愚为宰相冯道、赵凤草加恩制，道鄙其辞，罢为太常卿。任圜罢相，乃拜愚中书侍郎、同平章事。愚为相，不治第宅，借延宾馆以居……清泰二年，以疾卒。"

《登科记考》卷二四，天祐三年（906）进士科录载李愚。

嘉靖《河间府志》卷二〇《人物志》:"李愚……举进士,宏词,为河南府参军。"

光绪《畿辅通志》卷三四《选举·唐·进士·附录》:"李愚,无棣人,又第宏词科,后唐侍郎。"

【何瓒】闽人。天祐三年(906)登进士科。历河东判官、河东节度使留守,后唐西川节度使副使。

《新五代史》卷二八《何瓒传》:"何瓒,闽人也,唐末举进士及第。庄宗为太原节度使,辟为判官……庄宗建大号于邺都,拜瓒谏议大夫,瓒虑庄宗事不成,求留守北京。瓒与明宗有旧,明宗即位……以瓒为西川节度副使……遂改瓒行军司马。瓒耻于自辞,不得已而往,明宗赐予甚厚……知祥反,罢瓒司马,置之私第,瓒饮恨而卒。"

(宋)王钦若等《册府元龟》卷七二九《幕府部(十四)·辟署第四》:"何瓒,闽人也,天祐三年,登进士第。"

《登科记考》卷二七《附考·进士科》云何瓒及第。《〈登科记考〉补遗、订正》补入。

【陈光义】一作"陈宪义",泉州莆田人。天祐三年(906)登进士科。

《旧五代史》卷六八《陈义传》中之陈义为晚唐五代人,不知是否为同一人。《闽书》卷一一三《兴化府仙游县·唐·进士》下记"(天祐)三年丙寅:陈光义"。又《八闽通志》卷五三科第兴化府下记"天祐三年丙寅裴说榜:翁袭明(莆田人,承赞之弟,终秘书郎),陈宪义(仙游人)"。按:上二方志一作"陈光义",一作"陈宪义",《登科记考》卷二四据《永乐大典》引《莆田志》"天祐三年,陈光义、翁袭明登进士第",同《闽书》。

《登科记考》卷二四,天祐三年(906)翁袭明条:《永乐大典》引《莆阳志》:"天祐三年,陈光义、翁袭明登进士第。"

《仙溪志》卷二载陈光义天祐三年登第,即《登科记考》卷二四天祐三年进士科条之"陈光义"。

【翁袭明】泉州莆田人。天祐三年(906)登进士科。历秘书郎。

《登科记考》卷二四,天祐三年(906)翁袭明条:《永乐大典》引《莆阳志》:"天祐三年,陈光义、翁袭明登进士第。"

乾隆《福建通志》卷三三《选举·唐科目》:"天祐三年裴说榜丙寅:莆田县翁袭明,秘书郎。"

【崔彦㧑】新罗人。天祐三年(906)进士及第。

《三国史记·薛聪传》附《崔彦㧑传》:"崔彦㧑年十八入唐游学,礼部侍郎薛廷珪下及第,四十二还国。"

《高丽史·崔彦㧑传》:"崔彦㧑初名慎之,庆州人。性宽厚,自少能文。新罗末,年十八游学入唐,礼部侍郎薛廷珪下及第。时渤海宰相乌炤度子光赞同年及第,炤度朝唐,见其子名在彦㧑下,表请曰:'臣昔年入朝登第,名在李同之上,今臣子光赞宜升彦㧑之上。'以彦㧑才学优赡,不许。年四十二始还新罗。"

《渤海国志长编》卷三《世纪第一·□王玮瑎》:"十三年,遣国相乌炤度朝贡于唐,其子光赞同来应宾贡试,进士及第。是年王薨,史失其谥。"

《渤海国志长编》卷十《诸臣列传第二·乌炤度传》:"乌炤度于王玄锡之世入唐应宾贡试,与新罗宾贡李同同榜进士及第,名在其上,仕至国相。迨王玮瑎十三年,其子光赞亦入唐应宾贡试,礼部侍郎薛廷珪知贡举,光赞与新罗宾贡崔彦㧑同榜进士及第,而名在其下。值炤度奉使朝堂,表请曰:'臣昔年入朝登第,名在李同之上,今臣子光赞宜升彦㧑之上。'昭宣帝不许。"按《渤海国志年表》:王玮瑎十三年丙寅,即唐昭宣帝天祐三年。

《登科记考》卷二三,中和五年(885)进士科录载崔彦㧑,考:"《东国通鉴》:'后晋出帝开运元年,高句丽惠宗义恭王元年冬十二月,翰林院令、平章事崔彦㧑卒。彦㧑,新罗人,禀性宽厚,自少能文。年十八,入唐登科。四十二,还国,拜执事侍郎、瑞书院学士。及新罗归附,太祖命为太子师,委以文翰之任。宫院额号,皆所撰定,一时贵游皆师事之。及卒,年七十七,谥文英。'以年推之,及第在是年。"按:以其年十八入唐登科,崔彦㧑及第当在天祐三年。

【裴诣】一作"裴谐",桂州人。天祐三年(906)登进士科。官至县令。

(宋)计有功《唐诗纪事》卷六五《裴说》:"谐唐天祐三年登第,终于桂领,假官宰字而已。"(元)辛文房《唐才子传》卷一〇作"诣"。

(宋)阮阅《诗话总龟》前集卷一三《郡阁雅谈》:"裴说、裴谐俱有诗名……谐终于桂岭假官宰。"按:"官宰"当为"县宰"。

(清)吴任臣《十国春秋》卷七五《楚九·翁宏传》:"翁宏字大举,桂州人……同邑有裴谐者,唐人裴说之弟。"

《登科记考》卷二四,天祐三年(906)进士科录载裴诣。

【薛正明】温州永嘉县人。天祐三年(906)登进士科。终文房院使。

弘治《温州府志》卷一二三《人物四·科第》:"薛正明,永嘉人,天祐三年登科,终文房院使。"

天祐四年丁卯(907)

三月甲辰,唐昭宣宗降御札,禅位于梁。《资治通鉴》。

知贡举:礼部侍郎于兢

进士科

【崔詹】字顺之,清河武城人。天祐四年(907)进士科状元及第。官至中书舍人。

《全唐文补遗》册三王权《唐故中书舍人清河崔公(詹)墓志铭并序》:"公讳詹,字顺之,其先清河东武城人也……天祐四年,故相国于公主文,精求名实。公登其选,首冠群英。"

(明)徐应秋《玉芝堂谈荟》卷二《历代状元》:"(天祐)四年,状元崔詹。"

《登科记考》卷二五,天祐四年(907)进士科条云崔詹状元及第。

【杨元同】一作"杨玄同",河中人。天祐四年(907)登进士科。

(宋)李昉等《太平广记》卷一八四《贡举七·杨玄同》引《玉堂闲话》:"唐天祐年,河中进士杨玄同老于名场,是岁颇亦彷徨,未涯兆朕,宜祈吉梦,以卜前途。是夕,梦龙飞天,乃六足,及见榜,乃名第六,则知固有前定矣。"

《登科记考》卷二五,天祐四年(907)进士科条引《玉堂闲话》:"唐天祐年,河中进士杨元同老于名场,是岁颇亦彷徨,未涯兆朕,宜祈吉梦,以卜前途。是夕梦龙飞天,乃六足。及见榜,乃名第六。"

【陈淑】天祐四年(907)登进士科。

《登科记考》卷二五,天祐四年(907)进士科条云《永乐大典》引《莆阳志》:"天祐四年,陈淑登进士第。"

乾隆《福建通志》卷三三《选举·唐科目》:"天祐四年丁卯崔詹榜,莆田县,陈淑,峤从子,福建观察推官。"

【梁震】邛州人。天祐四年(907)登进士科。历湖南观察使判官。

《旧五代史》卷一三三《世袭列传二·高季兴传》注:"梁震,蜀郡人。有才略,登第后寓江陵,高季兴素闻其名,欲任为判官。震耻之,然难于拒……洎季兴卒,子从诲继立,震以从诲生于富贵,恐相知不深,遂辞居于龙山别业,自号处士。"

(宋)叶寘《爱日斋丛抄》卷二引《大定录》:"(梁)震,开平元年侍郎于竞下及第。"按:于竞即于兢。于兢天祐四年知贡举,梁震当此年及第。

(宋)周羽翀《三楚新录》卷三:"进士梁震登第后,薄游江陵。"《五代史补》卷四同。

(清)李调元《全五代诗》卷八八《梁震》:"震,邛州又依政人。登进士第。梁开平初,归蜀。"

附考(哀帝朝)

附考制科(哀帝朝制科)

【冯群玉】信都人,父涓为眉州刺史。天祐中登明于吏事科。官至山阳令。

(宋)王象之《舆地纪胜》卷一五五《潼川府路·遂宁府·人物》:"冯涓,其先信都人。连中进士、宏词科。昭宗时为眉州刺史。子群玉,天祐中应明于吏事科,为山阳令。"按:"明于吏事科"似制科,但唐大和二年后制举已停废,待考;冯群玉登第在天祐中,孟二冬《登科记考补正》中将其归入天祐三年,证据不足。

下　五代登科总录

卷　一

后梁（907—923）

太祖(朱温)朝(907—912)

开平二年戊辰(908)

知贡举：礼部侍郎卢文亮

进士科

【崔邈】开平二年(908)进士科状元及第。

(明)徐应秋《玉芝堂谈荟》卷二《历代状元》："五代梁开平二年，状元崔邈。"

《登科记考》卷二五，开平二年(908)崔邈进士科状元及第。

乾隆《福建通志》卷三三《选举》："梁开平二年崔邈榜。"

【韦洵美】后唐开平二年(908)登进士科。历河东从事。

(清)王士禛《五代诗话》卷八《素娥》："韦洵美先辈，开平岁及第，受邺都从事辟焉。"

《登科记考》卷二五，开平二年(908)进士科韦洵美条："《侍儿小名录》引《灯下闲笑》：'韦洵美先辈，开平岁及第，受邺都从事辟焉。'按洵美所宠素娥，为罗绍威所夺。绍威于开平三年冬已病，开平元年又无榜，故载于此。"

【陈沆】泉州莆田县人。开平二年(908)登进士科。历天雄军节度巡官。

《登科记考》卷二五，开平二年(908)进士科录载陈沆。

乾隆《福建通志》卷三三《选举》："梁开平二年崔邈榜：莆田县陈沆(天雄军节度巡官)、郑希闵，晋江县谢谌，顺昌县廖澄。"按：除谢谌外，其余三人均已收入《登科记考》。

【郑希闵】泉州莆田县人。开平二年(908)登进士第科。

《登科记考》卷二五，开平二年(908)进士科录载郑希闵。

乾隆《福建通志》卷三三《选举》："梁开平二年崔邈榜：莆田县陈沆、郑希闵，晋江县谢谌，顺昌县廖澄。"按：除谢谌外，其余三人均已收入《登科记考》。

【郑致雍】一作"郑雍"。开平二年(908)登进士科。释褐秘书省校书郎，历翰林学士。

(五代)孙光宪《北梦琐言》卷一九《座主门生同入翰林》："封舜卿，梁时知贡举。后门生郑致雍同受命入翰林为学士……当时议者以为座主辱门生。同光初，致仕。"

《旧五代史》卷六八《封舜卿传》："封舜卿，仕梁，为礼部侍郎，知贡举。开平三年，奉使幽州，以门生郑致雍从行，复命之日，又与致雍同受命入翰林为学士。致雍有俊才，舜卿虽有文辞，才思拙涩，及试五题，不胜困弊，因讬致雍秉笔，当时讥者以为座主辱门生。"

(宋)钱易《南部新书·庚》："郑致雍未第，求婚于白州崔相远，初许而崔有祸，女则填宫。至开平中，女讬疾出本家，致雍复续旧好，亲迎之礼，亦无所阙。寻崔氏卒，杖绖期周，莫合礼。士林以此多之。场中翘首，一举状头。脱白授校书郎，入翰林，与邱门同敕。不数年卒。"

（宋）乐史《广卓异记》卷一三《封舜卿》："右按《五代史》：礼部侍郎封舜卿,梁开平三年知贡举,放郑致雍状元及第。"

（宋）王钦若等《册府元龟》卷五五三《词臣部（十四）·稽缓》："封舜卿,唐末为礼部侍郎,知贡举。梁开平中,与门生郑致雍同受命入翰林,为学士。致雍有俊才,舜卿虽有文辞,才思拙涩,及试五题,不胜困弊,因托致雍秉笔。当时讥者以为座主辱门生"。按：封舜卿开平三年"奉使幽州,以门生郑致雍从行",则郑致雍登第当在开平三年前,诸书因此而误。

《登科记考》卷二五,开平二年（908）进士科条作"郑雍"。

【谢谌】泉州晋江县人。开平二年（908）登进士第。

胡可先《〈登科记考〉匡补三编》补入。

乾隆《福建通志》卷三三《选举志一·五代科目》："梁开平二年戊辰崔邈榜：莆田县陈沆、郑希闵,晋江县谢谌,顺昌县廖澄。"按：除谢谌外,其余三人均已收入《登科记考》。按：《闽书》卷八一《泉州府晋江县·五代·进士》下记"后梁开平二年戊辰：谢谌"。

【廖澄】建州顺昌县人。开平二年（908）登进士科。久仕南唐,累官至大理评事。

（清）吴任臣《十国春秋》卷二七《南唐十三·廖澄传》："廖澄,顺昌人也。少负忠义,举梁开平二年进士。遭迍不显。烈祖时南奔,累官至大理评事。宋曹彬围金陵急,校书郎林特劝澄同降,澄曰：'吾久仕唐,君臣之义,不可废也。'乃豫以身后事遣苍头归报。城陷,从容更衣,仰药死。"

《登科记考》卷二五,开平二年（908）进士科录有廖澄。

正德《顺昌邑志》卷五《人物·忠烈》："廖澄,少负忠义,开平二年第进士。"

乾隆《福建通志》卷三三《选举》："梁开平二年崔邈榜：莆田县陈沆、郑希闵,晋江县谢谌,顺昌县廖澄。"按：除谢谌外,其余三人均已收入《登科记考》。

开平三年己巳(909)

知贡举：封舜卿

进士科

【卢损】郡望范阳,贯岭表。开平三年（909）登进士科。后梁累迁至右司员外郎,后唐官至御史中丞,后晋官至秘书监,以户部尚书致仕,后周赠太子少傅。

《旧五代史》卷一二八《卢损传》："卢损,其先范阳人也,近世任于岭表。父颖,游宦于京师。损少学为文,梁开平初,举进士,惟颇刚介,以高情远致自许。与任赞、刘昌素、薛钧、高总同年擢第,所在相诟,时人谓之'相骂榜'。及任赞、刘昌素居要切之地,而损自异,不相亲狎。时左丞李琪素薄刘昌素之为人,常善待损……致损仕进。梁贞明中,累迁至右司员外郎。唐天成初,由兵部郎中、史馆修撰转谏议大夫……用为御史中丞……晋天福中,复为右散骑常侍,转秘书监,大失所望,即拜章辞位,乃授户部尚书致仕,退居颍川……

广顺三年秋卒,时年八十余。赠太子少傅。"按:卢损开平初登进士第,同年之间相诟,谓之"相骂榜",其登第当在开平二年或开平三年,开平二年登第者未见与卢损、任赞、刘昌素、薛钧、高总等人相关的记载,故疑为开平三年登第。

(宋)王钦若等《册府元龟》卷九三九《总录部(一百八十九)·讥诮》:"卢损为太子少保致仕。损梁开平初,与任赞、刘昌素、薛钧、高总同年擢第。"

【任赞】开平三年(909)登进士第。后梁历房州司马,后唐历工部侍郎、左散骑常侍、大理卿事,后晋历工部侍郎、兵部侍郎。

《旧五代史》卷三〇《庄宗纪第四》:同光元年冬十月丙戌"乃贬梁宰相郑珏为莱州司户,萧顷为登州司户,翰林学士刘岳为均州司马,任赞房州司马"。

《旧五代史》卷四〇《明宗纪第六》:天成四年秋七月"己卯,以工部侍郎任赞为左散骑常侍,以枢密直学士、左谏议大夫、充瓯使阎至为工部侍郎充职……(八月)庚戌,以宰臣、监修国史赵凤兼判集贤院事,以左散骑常侍任赞判大理卿事"。

《旧五代史》卷七八《高祖纪第四》:天复四年五月"丁巳,以刑部尚书姚颢为户部尚书,以兵部侍郎、权判太常卿事崔税为尚书左丞,以工部侍郎任赞为兵部侍郎"。

《旧五代史》卷一二八《卢损传》:"卢损,其先范阳人也,近世任于岭表。父颖,游宦于京师。损少学为文,梁开平初,举进士,惟颇刚介,以高情远致自许。与任赞、刘昌素、薛钧、高总同年擢第,所在相诟,时人谓之'相骂榜'。"

(宋)王钦若等《册府元龟》卷九三九《总录部(一百八十九)·讥诮》:"卢损为太子少保致仕。损梁开平初,与任赞、刘昌素、薛钧、高总同年擢第。"

【刘斤同】开平三年(909)登进士科。

(宋)王溥《五代会要》卷二二《进士》:"梁开平三年四月敕:'赐刘斤同进士及第,仍编入今年榜内第八人。'其年五月敕:'礼部所放进士薛钧,是左司侍郎薛廷规男,方持省辖,固合避嫌。其薛均宜令所司落下。'"

《登科记考》卷二五,开平二年(908)进士科条云刘斤及第。《登科记考补正》正名并移至本年,今从之。

【刘昌素】开平三年(909)登进士第。历清要官。

《旧五代史》卷一二八《卢损传》:"卢损,其先范阳人也,近世任于岭表。父颖,游宦于京师。损少学为文,梁开平初,举进士,惟颇刚介,以高情远致自许。与任赞、刘昌素、薛钧、高总同年擢第,所在相诟,时人谓之'相骂榜'。及任赞、刘昌素居要切之地,而损自异,不相亲狎。"

(宋)王钦若等《册府元龟》卷九三九《总录部(一百八十九)·讥诮》:"卢损为太子少保致仕。损梁开平初,与任赞、刘昌素、薛钧、高总同年擢第。"

【高总】开平三年(909)登进士第。

《旧五代史》卷一二八《卢损传》:"卢损,其先范阳人也,近世任于岭表。父颖,游宦于京师。损少学为文,梁开平初,举进士,惟颇刚介,以高情远致自许。与任赞、刘昌素、薛钧、高总同年擢第,所在相诟,时人谓之'相骂榜'。"

（宋）王钦若等《册府元龟》卷九三九《总录部（一百八十九）·讥诮》："卢损为太子少保致仕。损梁开平初，与任赞、刘昌素、薛钧、高总同年擢第。"

【薛钧】开平三年（909）登进士第。复落。

《旧五代史》卷一二八《卢损传》："卢损，其先范阳人也，近世任于岭表。父颖，游宦于京师。损少学为文，梁开平初，举进士，惟颇刚介，以高情远致自许。与任赞、刘昌素、薛钧、高总同年擢第，所在相诟，时人谓之'相骂榜'。"

（宋）王钦若等《册府元龟》卷六五一《贡举部（十三）·谬滥》："梁太祖开平三年五月敕：'礼部所放进士薛钧，是左司侍郎薛廷珪男。方持省辖，固合避嫌，其薛钧宜令所司落下。'"

（宋）王钦若等《册府元龟》卷九三九《总录部（一百八十九）·讥诮》："卢损为太子少保致仕。损梁开平初，与任赞、刘昌素、薛钧、高总同年擢第。"

（明）顾炎武《日知录》卷一七《大臣子弟》："后梁开平三年五月，敕礼部所放进士薛钧，是左司侍郎薛廷珪男，方持省辖，固有避嫌，宜令所司落下。"

制科

【李愚】一作"李遇"，渤海无棣人，旧贯洛阳。天祐三年（906）登进士科，后梁开平三年（909）登博学宏词科。授河南府参军，后唐官至宰相。

《新五代史》卷五四《李愚传》："李愚字子晦，渤海无棣人也……举进士、宏词，为河南府参军……久之，拜左拾遗、崇政院直学士……唐庄宗灭梁，愚朝京师，唐诸公卿素闻愚学古，重之，拜主客郎中、翰林学士……明宗即位，累迁兵部侍郎承旨。明宗祀天南郊，愚为宰相冯道、赵凤草加恩制，道鄙其辞，罢为太常卿。任圜罢相，乃拜愚中书侍郎、同平章事。愚为相，不治第宅，借延宾馆以居……清泰二年，以疾卒。"

（宋）王溥《五代会要》卷二二《宏词拔萃》："（后唐天成二年四月二日）礼部贡院牒称：'据成德军解送到前进士王蟾状……伏缘近年别无事例，今检《登科录》内，于伪梁开平三年，应宏词登科二人，前进士余渥、承旨舍人李遇。'"

（宋）王钦若等《册府元龟》卷六四一《贡举部（三）·条制第三》：后唐明宗天成"二年四月，中书奏：……礼部贡院牒，称具成德军解送到前进士王蟾状……今检《登科录》内，于伪梁开平三年，应宏词登科二人：前进士余渥、承旨舍人李愚"。

《登科记考》卷二五，开平三年（909）博学宏词科录载李愚。

【余渥】后梁开平三年（909）登博学宏词科。

（宋）王溥《五代会要》卷二二《宏词拔萃》："（后唐天成二年四月二日）礼部贡院牒称：'据成德军解送到前进士王蟾状……伏缘近年别无事例，今检《登科录》内，于伪梁开平三年，应宏词登科二人，前进士余渥、承旨舍人李遇。'"

（宋）王钦若等《册府元龟》卷六四一《贡举部（三）·条制第三》：后唐明宗天成"二年四月，中书奏：……礼部贡院牒，称具成德军解送到前进士王蟾状……今检《登科录》内，于伪梁开平三年，应宏词登科二人：前进士余渥、承旨舍人李遇"。

《登科记考》卷二五开平三年(909)云余渥登博学宏词科。

开平四年庚午(910)

进士科

十五人。

诸科

一人。

乾化元年辛未(911)

五月甲申朔,大赦,改元。《新五代史·梁纪》。

知贡举：兵部尚书姚洎

进士科

【李仁济】泉州晋江县人。乾化元年(911)登科第。

胡可先《〈登科记考〉匡补三编》补入。

乾隆《福建通志》卷三三《选举志一·五代科目》:"乾化元年,晋江县李仁济。"《闽书》卷八一《泉州府晋江县·五代·进士》下记"乾化元年癸酉:李仁济"。按:乾化癸酉乃后梁乾化三年,《闽书》此处"元年"疑为"三年"之讹。

【国孟恭】乾化元年(911)登进士第。

陈尚君《〈登科记考〉正补》附是年。

乾隆《温州府志》卷一九《选举》:"按《瑞安县志》有梁乾化辛未进士国孟恭,省府各志俱不载,附此俟考。"

【孟□】乾化元年(911)登进士第。

(宋)徐铉《徐公文集》卷二三《广陵刘生赋集序》:"楚人孟宾于尝谓予,言其叔父工为词赋,应举入洛,赟文于学士李公琪,公为之改定数处。时中书舍人姚公洎知举,谓人曰:'孟生赋,李五为改了,不烦更书看也。'遂擢上第。"按:姚洎乾化元年知贡举,则孟某当是年登第。

乾化二年壬申(912)

六月,太祖遇弑,友珪自立。《新五代史·梁纪》。

知贡举：尚书左仆射杨涉

进士科

　　缺。

诸科

　　缺。

末帝(朱友贞)朝(913—923)

乾化三年癸酉(913)

正月甲子,郢王友珪大赦,改元凤历。《资治通鉴》。

二月,均王友贞诛友珪,即帝位,复称乾化三年。《资治通鉴》。

知贡举:礼部侍郎萧顷

进士科

【王易简】字国宝,京兆府万年县人。乾化三年(913)登进士科。释褐邠州观察支使,屡历使府,后梁官至右拾遗,后唐官至中书舍人,后晋官至吏部侍郎,后周官至礼部尚书,以太子少保致仕。

《宋史》卷二六二《王易简传》:"王易简,字国宝,京兆万年人。性介特寡合。曾祖胐,唐剑州刺史。祖远,连州刺史。父贯,唐州刺史。易简……梁乾化中,邵王友诲镇陕,易简举进士,诣府拔解,友诲赠钱二十万。明年遂擢第,复隐华山。邠帅韩恭辟观察支使。府罢,华帅李保衡复辟从事。逾年,尹皓代保衡,易简仍在幕府……召为著作郎,数月弃去。复召为右拾遗,上书忤旨,出为邓州节度推官。后唐同光中,遣魏王继岌伐蜀,以宰相郭崇韬为招讨使,辟易简为巡官,改魏王都督府记室参军。明宗即位,周帅罗周恭辟为掌书记……即召为祠部员外郎,改水部郎中、知制诰,拜中书舍人。晋初,赐金紫,判弘文馆、史馆事。晋祖……又拜御史中丞,历右丞、吏部侍郎、左丞、判吏部铨……周朝讳'简',易止名易。广顺初,迁礼部尚书。是冬,合三铨为一,令易简权判,俄改刑部尚书……以太子少保致仕,归乡里。宋初,召加少傅。"

(宋)计有功《唐诗纪事》卷七一《王易简》:"易简,唐末进士。梁乾化中及第,名居榜尾,不看榜,却归华山。寻就山释褐,授华州幕职。"

《登科记考》卷二五,乾化三年(913)进士科条云王易简及第。

【皮光业】字文通,襄阳人,贯苏州。乾化三年(913)登进士科。释褐校书郎,官至南唐宰相,谥贞敬。

(宋)钱俨《吴越备史》卷三:"光业,字文通,世为襄阳人,父曰休……光业生于姑苏,十岁能属文,及长,以所业谒武肃,累属浙西节度推官,赐绯,命入贡京师,梁后主特赐及第。"

(清)李调元《全五代诗》卷七三《皮光业》:"光业,字文通,日休之子,苏州人……赐进士及第,仍加秘书郎……天福二年,拜丞相。卒谥贞敬。"

《登科记考》卷二五(940)乾化三年(913)进士科皮光业条:"按赐及第,盖非登第也。"

嘉靖《浙江通志》卷二五《官师志》："（皮光业）入贡京师，梁后主特赐进士及第，寻兼两浙观察使。"

【赵都】邺中人。乾化三年（913）登进士科。

《旧五代史》卷七三《聂屿传》："聂屿，邺中人……郑珏之知贡举也，屿与乡人赵都俱赴乡荐，都纳贿于珏，人报翌日登第，屿闻不捷，诟来人以吓之，珏惧，俾俱成名。"

（宋）王钦若等《册府元龟》卷六五一《贡举部（十三）·谬滥》："乾化中，翰林学士郑珏连知贡举，邺中人聂屿与乡人赵都，俱随乡荐。都纳贿于珏，人报翌日登第，屿闻不捷，诟来人以吓之，珏惧，亦俾成名。"

陈尚君《〈登科记考〉正补》附在贞明二年进士科条。

【聂屿】邺中人。乾化三年（913）登进士科。历拾遗、镇州掌书记、邺都留守判官，官至河东节度，卒原州司马。

《旧五代史》卷三九《明宗纪第五》：天成三年九月"乙未，诏德州流人温韬、辽州流人段凝、岚州司户陶玘、宪州司户石知讷、原州司马聂屿，并宜赐死于本处，暴其宿恶而诛之也"。

《旧五代史》卷七三《聂屿传》："聂屿，邺中人……郑珏之知贡举也，屿与乡人赵都俱赴乡荐，都纳贿于珏，人报翌日登第，屿闻不捷，诟来人以吓之，珏惧，俾俱成名。渐为拾遗，依郭崇韬为镇州书记。明宗时，为起居舍人……天成初，除邺都留守判官，与赵敬怡、吕梦奇不足。又改河东节度……天成中，与温韬等同诏赐死。"

（宋）王钦若等《册府元龟》卷六五一《贡举部（十三）·谬滥》："乾化中，翰林学士郑珏连知贡举，邺中人聂屿与乡人赵都，俱随乡荐。都纳贿于珏，人报翌日登第，屿闻不捷，诟来人以吓之，珏惧，亦俾成名。"

《登科记考》卷二五，乾化三年（913）进士科录载聂屿。

【程大雅】乾化三年（913）登进士第。

《浯田程氏宗谱》卷二载七十三世："大雅字审己。按《祁谱》：少爱文学，通《春秋》《诗》《礼》《易》，淮南杨太傅荐之梁朝，游太学有俊誉，乾元三年侍郎萧颋下擢进士第。"后仕南唐。"后归本朝，除太子洗马。"按："乾元"为乾化之误。"萧颋"当为"萧顷"。

《旧五代史》卷五八《萧顷传》："顷入梁，历给谏、御史中丞、礼部侍郎、知贡举，咸有能名。"

乾化四年甲戌（914）

停举。

贞明元年乙亥(915)

十一月乙丑,改元。《新五代史·梁纪》。

知贡举: 礼部侍郎郑珏

进士科

十三人。

诸科

二人。

贞明二年丙子(916)

知贡举: 礼部侍郎郑珏

进士科

【何泽】韶阳曲江人,父鼎官至容管经略。贞明二年(916)进士及第。

(五代)王定保《唐摭言》卷九《表荐及第》:"何泽,韶阳曲江人也。父鼎,容管经略,有文称……后漂泊关外,梁太祖受禅,泽假广南幕职入贡,敕赐及第。"此事,(宋)计有功《唐诗纪事》卷六六《崔安潜》:"何泽,韶阳曲江人也。父鼎,容管经略,有文称。泽乾宁中随计至三峰行在,永乐崔公安潜,即泽之同年丈人也。闻泽来,乃以一绝振之曰:四十九年前及第,同年唯有老夫存。"

《登科记考》卷二五,贞明二年(916)进士科录载何泽。

【程逊】字浮休。贞明二年(916)登进士科。官至太常卿。

《浯田程氏宗谱》卷二:"逊字浮休,弱冠善属文……梁贞明二年郑珏下擢进士第。卢文纪持宪纲,奏为监察御史,孔勍帅河阳,请为记室参军……自兵部侍郎丞授太常卿。"

《旧五代史》卷九六《程逊传》:"程逊,字浮休,寿春人。召入翰林充学士,自兵部侍郎承旨授太常卿。天福三年秋,命使吴越,母羸老双瞽,逊未尝白执政以辞之。将行,母以手扪其面,号泣以送之。仲秋之夕,阴晦如晦,逊尝为诗曰:'幽室有时闻雁叫,空庭无路见蟾光。'同僚见之,讶其诗语稍异。及使回,遭风水而溺焉。"

贞明三年丁丑(917)

知贡举：礼部尚书薛廷珪

进士科

【和凝】字成绩，汶阳须昌人。贞明三年(917)登进士第。释褐义成军节度使从事，后唐官至工部侍郎，后晋官至宰相，转左仆射，后汉太子太傅，封鲁国公，后周赠侍中。

《旧五代史》卷一二七《和凝传》："和凝字成绩，汶阳须昌人也……曾祖敞、祖濡皆以凝贵，累赠太师。父矩，赠尚书令……凝幼而聪敏……年十七举明经……十九登进士第。滑帅贺瑰知其名，辟置幕下……后历郓、邓、洋三府从事。唐天成中，入拜殿中侍御史……明宗益加器重，迁中书舍人、工部侍郎，皆充学士。晋有天下……晋祖……五年，拜中书侍郎平章事。六年……少帝嗣位，加右仆射……转左仆射。汉兴，授太子太保。国初，迁太子太傅。显德二年秋……诏赠侍中。"

《新五代史》卷五六《和凝传》："和凝字成绩，郓州须昌人也……举进士，梁义成军节度使贺瑰辟为从事……天成中，拜殿中侍御史，累迁主客员外郎，知制诰，翰林学士，知贡举……天福五年，拜中书侍郎、同中书门下平章事……汉高祖时，拜太子太傅，封鲁国公。显德二年卒，年五十八，赠侍中……凝举进士及第时第五。"按：《石林燕语》卷八、(宋)洪迈《容斋四笔》卷四、(元)马端临《文献通考》卷三〇等均言和凝第十三人及第，《新五代史》云第五人，误。

《登科记考》卷二五，贞明三年(917)进士科和凝条："以周显德二年卒、年五十八推之，贞明二年为十九岁。然是年进士十二人，凝不得云十三人及第，盖三年之榜也。"

【张铸】河南府洛阳县人。贞明三年(917)登进士科。初授福昌尉，后梁官至殿中侍御史，后唐官至礼部尚书，后晋官至右庶子，后周官至秘书监，宋官至检校刑部尚书。

《宋史》卷二六二《张铸传》："张铸，字司化，河南洛阳人……曾祖居卿，祖褐，父文蔚，在唐俱举进士……铸，梁贞明三年举进士，补福昌尉、集贤校理，拜监察御史，迁殿侍御史。仕后唐，历起居郎、金部员外郎，赐绯，改右司员外郎。明宗初，转金部郎中，赐金紫……迁考功郎中。晋……开运二年……逾年，转右庶子，分司西京。周广顺初，入为左谏议大夫、给事中，使朗州。显德三年，授检校礼部尚书、光禄卿，又以祖名请避，改秘书监、判光禄寺。宋初，加检校刑部尚书。建隆四年，卒，年七十二。"

《登科记考》卷二五，贞明三年(917)进士科条云张铸及第。

嘉靖《常德府志》卷一二《官府志·历官》："(张铸)梁贞明三年举进士。"

【崔棁】字子文，郡望深州安平崔氏，贯滑台。后梁贞明三年(917)举进士甲科。历开封尹王瓒辟掌奏记，后唐官至翰林学士，后晋官至太常卿。

《旧五代史》卷九三《崔棁传》："崔棁，字子文，博陵安平人。累世冠冕。曾祖元受，举进士，直史馆。祖铢，安、濮二州刺史。父涿，刑部郎中。棁少好学，梁贞明三年，举进士甲科，为开封尹王瓒从事……明宗朝，授监察御史，不应命，逾年诏再下，乃就列焉。累迁都官郎中、翰林学士。天福初,以户部侍郎为学士承旨……命权知二年贡举……遂罢学士,拜尚书左丞,迁太常卿。后以风痹改太子宾客,分司西京。卒年六十八。"

《新五代史》卷五五《崔棁传》:"崔棁字子文,深州安平人也。父涿,唐末为刑部郎中。棁少好学,颇涉经史,工于文辞。遭世乱,寓居于滑台,不游里巷者十余年,人罕识其面。梁贞明三年,举进士甲科,开封尹王瓒辟掌奏记……唐明宗以为监察御史,不拜,逾年再命,乃拜。累迁都官郎中、翰林学士。晋高祖时,以户部侍郎为学士承旨,权知天福二年贡举……拜尚书左丞,迁太常卿。五年,高祖诏太常复文武二舞,详定正、冬朝会礼及乐章。自唐末之乱,礼乐制度亡失已久,棁与御史中丞窦贞固、刑部侍郎吕琦、礼部侍郎张允等草定之……其年高祖崩。棁以风痹改太子宾客分司西京以卒。"

《登科记考》卷二五,贞明三年(917)进士科录有崔棁。

贞明四年戊寅(918)

进士科

【陈逖】泉州人。贞明四年(918)状元及第。

(宋)徐铉《稽神录》卷五《登第皂荚》:"泉州文宣庙,庭宇严峻,学校之盛,冠于藩府。庭中有皂荚树,每州人将登第,即生一荚,以为常矣。梁贞明中,忽然生二荚有半,人莫谕其意。乃其年,州人陈逖,进士及第,黄仁颖,学究及第。仁颖耻之,复应进士举。至同光中,旧生半荚之后,复生全荚。其年仁颖及第。"(宋)李昉等《太平广记》卷四〇七《草木二·登第皂荚》引《稽神录》略同。

(明)徐应秋《玉芝堂谈荟》卷二《历代状元》:"贞明中状元陈逖。"

《登科记考》卷二五,贞明四年(918)进士科条云陈逖及第。

明经科

【黄仁颖】泉州人。贞明四年(918)登学究科,后唐同光中登进士第。

(宋)徐铉《稽神录》卷五《登第皂荚》:"泉州文宣庙,庭宇严峻,学校之盛,冠于藩府。庭中有皂荚树,每州人将登第,即生一荚,以为常矣。梁贞明中,忽然生二荚有半,人莫谕其意。乃其年,州人陈逖,进士及第,黄仁颖,学究及第。仁颖耻之,复应进士举。至同光中,旧生半荚之后,复生全荚。其年仁颖及第。"(宋)李昉等《太平广记》卷四〇七《草木二·登第皂荚》引《稽神录》略同。

(明)徐应秋《玉芝堂谈荟》卷二《历代状元》:"唐同光中……状元黄仁颖。"

《登科记考》卷二五,贞明四年(918)明经科云黄仁颖及第。

诸科

二人。

贞明五年己卯(919)

进士科

缺

诸科

【尹拙】颍州汝阴人。贞明五年(919)举三史及第。授下邑县主簿。

《宋史》卷四三一《儒林传》:"尹拙,颍州汝阴人。梁贞明五年,举三史,调补下邑主簿。"

《登科记考》卷二五,贞明五年(919)诸科录载尹拙。

贞明六年庚辰(920)

进士科

【许鼎】贞明六年(920)登进士科。

(宋)计有功《唐诗纪事》卷七一《许鼎》:"鼎,唐末诗人,至梁贞明六年始登第。"

(清)李调元《全五代诗》卷八《许鼎》:"鼎,梁贞明六年登第。"

《登科记考》卷二五云许鼎贞明六年(920)登进士科。

【李京】贞明六年(920)登进士科。

(宋)计有功《唐诗纪事》卷七一《李京》:"京,唐末诗人,至梁贞明六年登第。"

(清)李调元《全五代诗》卷一《李京》:"京,梁贞明六年登第。"

《登科记考》卷二五云李京贞明六年(920)登进士科。

龙德元年辛巳(921)

正月丙戌朔,改元。《新五代史·梁纪》。

停举。

龙德二年壬午(922)

进士科

【赵莹】字玄辉,华阴人。龙德二年(922)进士及第。解褐康延孝从事。

《旧五代史》卷八九《赵莹传》："赵莹,字玄辉,华阴人也。曾祖溥,江陵县丞。祖孺,秘书正字。父居晦,为农。莹风仪美秀,性复纯谨。梁龙德中,始解褐为康延孝从事。"

《登科记考》卷二五,龙德二年(922)进士科录载赵莹。

【黄损】字益之,连州人。龙德二年(922)登后梁进士科。南汉始授永州团练,累进尚书左仆射。

《五代史补》卷二:"黄损,连州人……同光初应进士,以此书移于公卿间……洎登第,归。会王潮南称霸……逾年始授永州团练判官……"

(宋)阮阅《诗话总龟》前集卷十引《雅言杂载》:"唐黄损,龙德二年登进士第。"

(宋)陶岳《五代史补》卷二《后唐》黄损不调条:"黄损,连州人。少有大志,其为学务于该通。尝上书三书,号曰《三要》,大约类《阴符》《鬼谷》。同光初,应进士,以此书投于公卿间,议者以为有王佐才。洎登第归,会王潮南称霸,损因献十策,求入幕府,其言多指斥切权要,由是众疾之。然以其掇朝廷名第,不可坐废,逾年始授永州团练判官。"按孟二冬考:黄损登龙德二年进士第,又见《明一统志》卷七九、日本藏万历《粤大记》卷一七、《唐音统签》卷八○一《戊签》四六,所以黄损登龙德二年进士科实较可信。《登科记考》卷二五云黄损登龙德二年进士。又按:据《五代史补》黄损登第当在同光初以后,非后梁龙德二年。

(清)吴任臣《十国春秋》卷六二《南汉五·黄损传》:"黄损字益之,连州人……梁初应进士举,遍投三书公卿间,识者谓此王佐才也。已而登龙德二年进士第,归自京师,适岭南,与中朝隔绝,遂家居不复入汴。高祖既嗣立,颇加亲任。损献十策,乞居幕府自效,中间多指切权贵,众皆疾之。逾年,授永州团练判官,累进尚书、左仆射……损常与都官员外郎郑谷、僧齐已定近体诗诸格,为湖海骚人所宗。"

【颜衎】字祖德,兖州曲阜人。龙德二年(922)擢第。解褐授北海主簿,后唐官至太常博士,后晋官至户部侍郎,后周官至工部尚书。

《宋史》卷二七○《颜衎传》:"颜衎,字祖德,兖州曲阜人……梁龙德中擢第,解褐授北海主簿,以治行闻。再调临济令……后唐天成中,为邹平令……即表为观察推官,且塞前事。长兴初,召拜太常博士……房知温镇青州,复辟置幕下……晋祖入洛……衎拜殿中侍御史。俄迁都官员外郎,充东都留守判官,改河阳三城节度副使、检校左庶子……晋祖闻之,召为工部郎中、枢密直学士……开运末,授左谏议大夫……改户部侍郎……周广顺初,起为尚书右丞,俄充端明殿学士……守兵部侍郎。显德初,上表求解官,授工部尚书……建隆三年春,卒于家,年七十四。"

《登科记考》卷二五,龙德二年(922)进士科条云颜衎登科。

嘉靖《山东通志》卷三○《人物三·兖州府》:"(颜衎),后梁进士。"

明经科

【麻希梦】北海人。龙德二年(922)登明经第。官至工部员外郎。

《宋太宗实录》卷四十四:端拱元年闰五月乙未"以前青州录事参军麻希梦为工部员外

郎致仕。希梦北海人也,梁龙德二年擢明经第,累居宰字之任"。

罗继祖《登科记考补》以《宋太宗实录》为据录载麻希梦为龙德二年(922)明经。

诸科

二人。

附考（后梁朝）

附考进士（后梁朝进士）

【王周】唐末登进士科。曾官巴蜀。

（清）李调元《全五代诗》卷《王周》："周，梁贞明间人，登进士第，曾官巴蜀。"《登科记考》卷二七《附考·进士科》王周及第，云王周有《下瞿塘寄时同年》诗，是已登第。钱塘厉鹗《宋诗纪事》卷四《王周》："周登进士第，曾官巴蜀，诗一卷。"

【陈德初】后梁进士及第。历富阳尹。

四库本《江西通志》卷四九《选举·五代》五代后梁进士："陈德初，德兴人，富阳尹。"

【沙承赞】渤海人。五代贞明登科。

（宋）郑樵《通志》卷二九《氏族略第五·代北四字姓氏》"平声沙氏"载："五代贞明登科沙承赞，渤海人。"

（宋）邓名世《古今姓氏书辨证》卷十二："梁贞明中有渤海沙承赞，登第。"

《登科记考》卷二七《附考·进士科》录载沙承赞。

【罗贯】后梁初登进士第。官至河南令。

《旧五代史》卷七一《罗贯传》："罗贯，不知何许人。进士及第，累历台省官，自礼部员外郎为河南令……先是，梁时张全义专制京畿，河南、洛阳僚佐，皆由其门下，事全义如厮仆。及贯授命，持本朝事体，奉全义稍慢，部民为府司庇护者，必奏正之。全义怒，因令女使告刘皇后从容白于庄宗，宦官又言其短，庄宗深怒之……即令伏法，曝尸于府门，冤痛之声，闻于远迩。"

张忱石《徐松〈登科记考〉续补（上）》补入。按：其后梁末为河南令，其登第年当在后梁初。

【欣彪】渤海人。五代贞明登科。

（宋）郑樵《通志》卷二九《氏族略第五·代北四字姓氏》"平声欣氏"载："望出西河，五代贞明登科有欣彪，渤海人。"

《登科记考》卷二七《附考·进士科》录载欣彪。

【曹国珍】字彦辅，幽州固安人。后梁贞明中登进士科。后晋官至给事中。

《全唐文》卷八五三曹国珍小传："国珍字彦辅，幽州固安人。少举进士，累迁尚书郎。晋祖即位，自吏部郎中拜左谏议大夫给事中。少帝嗣立，贬陕州行军司马，卒。"

《旧五代史》卷九三《曹国珍传》："曹国珍，字彦辅，幽州固安人也。曾祖蔼，祖蟾，父绚，代袭儒素。国珍少值燕蓟乱离，因落发被缁，客于河西延州，高万兴兄弟皆好文，辟为从事。国珍常以文章自许，求贡礼闱，且掌书奏，期年，入为左拾遗，累迁至尚书郎……高祖在藩时，尝通私谒，以兄事之。及即位，国珍自比于严陵，上表叙旧，由是自吏部郎中拜左谏议大夫、给事中……（少帝）出为陕州行军司马。至任悒怏，遘疾而卒。"

《旧五代史》卷一三二《高万兴传》："高万兴,河西人……(天祐六年二月)梁祖以万兴为鄜延招抚使,与刘知俊合兵攻收鄜、坊、丹、延等州,梁祖乃分四州为二镇,以万兴、万金皆为帅。"

(宋)王钦若等《册府元龟》卷七二九《幕府部(十四)·辟署第四》："曹国珍,字彦辅,少值燕蓟乱离,因落发被缁,客于河西。延州高万兴兄弟皆好文,辟为从事。国珍常以文章自许,求贡礼闱,万兴飞表荐之,梁贞明中,特敕进士及第。还为万兴幕客,且掌书奏。期年入为左拾遗。"

【萧希甫】宋州人。后梁进士登第。历开封府尹象先掌书记、节度巡官。

(五代)孙光宪《北梦琐言》卷一九《戏萧希甫》："萧希甫,进士及第,有文才口辩,多机数。"

(宋)李昉等《太平广记》卷二六四《无赖二·萧希甫》引《北梦琐言》："萧希甫进士及第,有文才口辩,多机数。梁时不得意,弃母妻渡河,易姓名为皇甫校书。庄宗即位于魏州,征希甫知制诰。庄宗平汴洛,希甫奉诏宣慰青齐,方知其母死妻嫁,乃持服于魏州。时议者戏引李陵书:'老母终堂,生妻去室。'后为谏议大夫。性褊忿,躁于进取,疏宰臣豆卢革、韦说,至于贬斥。又以毁訾宰相,责授岚州司马焉。"

(宋)王钦若等《册府元龟》卷七二九《幕府部(十四)·辟署第四》："萧希甫,梁时登进士第。"

(宋)王钦若等《册府元龟》卷九三六《总录部(一百八十六)·躁竞》："萧希甫初在梁,登进士第。初依开封府尹袁象先,典书奏。"

《新五代史》卷二八《萧希甫传》："萧希甫,宋州人也。为人有机辩,所矫激,少举进士,为梁开封尹袁象先掌书记。"

嘉靖《归德志》卷七《人物志》："(萧希甫)少举进士,为袁象先节度巡官。"

【崔居俭】贝州清河人。唐末登进士科。后梁累官御史中丞,后唐官至户部尚书,后晋赠右仆射。

《全唐文》卷八五〇崔居俭小传："居俭,清河人。少举进士,梁贞明中累官御史中丞,后唐同光中授刑部侍郎,改兵吏二部侍郎尚书左丞户部尚书,晋天福四年卒,年七十。赠右仆射。"

《新五代史》卷五五《崔居俭传》："崔居俭,清河人也。祖蠡、父荛皆为唐名臣。居俭美文辞,风骨清秀,少举进士。梁贞明中,为中书舍人、翰林学士、御史中丞。唐庄宗时,为刑部侍郎、太常卿。崔氏自后魏、隋、唐与卢、郑皆为甲族,吉凶之事,各著家礼。至其后世子孙,专以门望自高,为世所嫉。明宗崩,居俭以故事为礼仪使,居俭以祖讳蠡,辞不受,宰相冯道即徙居俭为秘书监。居俭历兵、吏部侍郎、尚书左丞、户部尚书。晋天福四年卒,年七十,赠右仆射。"

嘉靖《河间府志》卷二〇《人物志》："崔居俭……少举进士。"

【卢亿】字子元,怀州河内人;祖得一、父真启皆为邑宰。举明经,调补新乡主簿,秩满,复试进士。历官校书郎、集贤校理、著作佐郎、郓州观察支使、河南令。宋乾德二年以少府监致仕。

《宋史》卷二六四《卢多逊传》:"卢多逊,怀州河内人。曾祖得一、祖真启皆为邑宰。父亿,字子元,少笃学,以孝悌闻。举明经,调补新乡主簿。秩满,复试进士,校书郎、集贤校理。晋天福中,迁著作佐郎,出为郓州观察支使……周初,为侍御史……俄以本官知杂事,加左司员外郎,迁主客度支郎中,并兼弘文馆直学士。世宗晏驾,为山陵判官,出为河南令。宋初,迁少尹。亿性恬退,闻其子多逊知制诰,即上章求解。乾德二年,以少府监致仕。"

《登科记考》卷二七《附考·明经科》录载卢亿。

【田敏】淄州人。贞明中登明经第。

《宋史》卷四三一《儒林传》:"田敏,淄州邹平人。少同《春秋》之学,梁贞明中登科。"

《登科记考》卷二七《附考·明经科》录载田敏。

【夏侯浦】夏侯峤父。开平中明经及第。官至棣州录事参军。

《宋史》卷二九二《夏侯峤传》:"父浦,梁开平中以明经至棣州录事参军。"

《登科记考》卷二七《附考·明经科》录载夏侯浦。

【淳于晏】登州人。后梁登明经科。历诸府从事,后唐官至亳州团练使。

《旧五代史》卷三八《明宗纪四》:天成二年九月,"以青州节度副使淳于晏为亳州团练使"。按:淳于晏登第当在后梁,胡可先《〈登科记考〉匡补续编》补入。

《旧五代史》卷七一《淳于晏传》:"淳于晏……以明经登第,自霍彦威为小校,晏寄食于门下。彦威尝因兵败……及历数镇,皆为从事,军府之事,至于私门,事无巨细,皆取决于晏。"

（宋）王钦若等《册府元龟》卷七二五《幕府部（十）·尽忠》:"淳于晏,登州人,以明经登第。"

（宋）王钦若等《册府元龟》卷八〇四《总录部（五十四）·义第四》:"淳于晏,登州人,以明经登第。"

卷二

后唐（923—936）

庄宗(李存勖)朝(923—926)

同光元年癸未(923)

四月,晋王即皇帝位,大赦,改元。《册府元龟》。

十月己卯,灭梁。《新五代史·唐纪》。

停举。

同光二年甲申(924)

知贡举: 户部侍郎赵颀

进士科

【崔光表】郡望清河郡,贯开封府鄢陵县。同光二年(924)进士科状元及第。历横海节度使支使,终右补阙、直史馆。

《旧五代史》卷一三〇《崔周度传》:"崔周度者,父光表,举进士甲科,卢质节制横海,辟为支使。"

(宋)韩琦《安阳集》卷五〇《故尚书工部侍郎致仕赠工部尚书崔公行状》(《全宋文》册二〇):"崔公姜姓……曾祖光表,清河大房休之后十二世孙也。后唐同光初举进士,为天下第一,终右补阙,直史馆。"

《永乐大典》卷二七四〇,韩琦《故尚书工部侍郎致仕赠工部尚书崔公行状》:"本贯开封府鄢陵县仪凤乡仪凤里……曾祖讳光表……后唐同光初举进士,为天下第一,终右补阙、直史馆。"

【张砺】字梦臣,磁州滏阳人。同光二年(924)擢进士第。初授左拾遗,官至吏部尚书,契丹入汴,授右仆射、平章事、集贤殿大学士。

《旧五代史》卷九八《张砺传》:"张砺,字梦臣,磁州滏阳人也。祖庆,父宝,世为农。砺……唐同光初,擢进士第,寻拜左拾遗、直史馆。会郭崇韬伐蜀,奏请砺掌军书……及魏王班师,砺从副招讨使任圜东归……天成初,明宗知其名,召为翰林学士。再丁父母忧,服阕,皆复入为学士,历礼部、兵部员外郎、知制诰充职……清泰中,复授尚书比部郎中、知制诰,依前充学士……累官至吏部尚书。契丹入汴,授右仆射、平章事、集贤殿大学士,随至镇州……归葬于滏阳。"

《新五代史》卷五五《李怿传》:"天成中,(李怿)复为中书舍人、翰林学士,累迁尚书右丞承旨。时右散骑常侍张文宝知贡举,所放进士,中书有覆落者,乃请下学士院作诗赋为贡举格,学士窦梦徵、张砺等所作不工,乃命悴为之。"

《登科记考》卷二五云张砺同光二年(924)登进士科。

【徐台符】一作"皮台符",字光信,深州武强县人。同光二年(924)中登进士科。历镇州从事,官至翰林学士。

(宋)王钦若等《册府元龟》卷七七五《总录部(二十五)·幼敏第三》:"周徐台符字光信,深州武强人。幼善属文,唐同光中擢进士第,释褐为镇定从事,位翰林学士。"注:"徐台符,原作'皮台符',据宋本改。"按:后唐同光凡四年,元年停举,三年四人已全,台符及第当在同光二年(924)。

朱玉麒《〈登科记考〉补遗、订正》补作"皮台符"。

【窦贞固】同光二年(924)登进士科。

陈尚君《〈登科记考〉正补》将窦贞固附在同光二年(924)进士科条,兹从之。

四库本《陕西通志》卷三〇云窦贞固于同光初及第,《宋史》本传作同光中,《登科记考》卷二七《附考·进士科》收入窦贞固。按:《增修诗话总龟》卷一八引《郡阁雅谈》:"裴皞官至礼部尚书,放三榜,四人拜相:桑维翰、窦正固、张砺、马裔孙。"

明经科

【马缟】唐末登明经科,又登拔萃科。后梁官至太常卿,后唐官至兵部侍郎,赠兵部尚书。

《旧五代史》卷七一《马缟传》:"马缟,少嗜学儒,以明经及第,登拔萃之科。仕梁,为太常修撰,累历尚书郎,参知礼院事,迁太常少卿……长兴四年,为户部侍郎。缟时年已八十,及为国子祭酒,八十余矣。"

《新五代史》卷五五《马缟传》:"马缟,不知其世家,少举明经,又举宏词。事梁为太常少卿,以知礼见称于世。唐庄宗时,累迁中书舍人、刑部侍郎、权判太常卿。明宗入立……复为太子宾客,迁户部、兵部侍郎。卢文纪作相,以其迁儒鄙之,改国子祭酒。卒,年八十,赠兵部尚书。"

(宋)王钦若等《册府元龟》卷六五〇《贡举部(十二)·应举》:"马缟,少嗜学,以明经及第,登拔萃科。"

张忱石《徐松〈登科记考〉续补(上)》补入。

弘治《保定郡志》卷一一:"同光二年明经诸科八十八人。举明经、宏辞二科:马缟,唐人。"

诸科

【郭忠恕】字恕先,一作"国宝",洛阳人。后唐同光二年(924)登童子科,后周又以明经中第。历掌书记,宋官至国子博士。

《宣和画谱》卷八:"郭忠恕,字国宝,不知何许人,柴世宗朝以明经中科第,历官迄国朝,太宗喜忠恕,特迁国子博士。"

《五代史补》卷五:"郭忠恕七岁童子及第……乾祐中湘阴公镇徐州,辟为推官。"

(清)吴任臣《十国春秋》卷一〇八《北汉五·郭忠恕传》:"郭忠恕字恕先,洛阳人。幼敏慧,七岁童子及第……乾祐初,湘阴公赟镇徐州,辟为推官。隐帝遇弑于北冈,侍中郭威命宰相冯道迎赟,比至宋州,威已为三军所推戴……周初征为周易博士,归宋,与监察御史符昭文争忿于朝堂,贬乾州司户。秩满去官,遂不复仕宦,纵放岐、雍、陕、洛间……太宗素习其名,特召归阙,入馆于内侍省窦神兴舍……太宗以其少检,除国子监主簿,出馆于太学。益纵酒肆言时政,颇有谤讟语,上闻,决杖配流登州,至齐州临邑,谓部送吏曰:'我逝矣!'因掊地为穴,度可容面,俯窥焉而卒。藁葬于官道之侧。"

科目选

【马缟】唐末登明经科,又登拔萃科。后梁官至太常卿,后唐官至兵部侍郎,赠兵部尚书。参见明经科马缟小传。

《旧五代史》卷七一《马缟传》:"马缟,少嗜学儒,以明经及第,登拔萃之科。仕梁,为太常修撰,累历尚书郎,参知礼院事,迁太常少卿……长兴四年,为户部侍郎。缟时年已八十,及为国子祭酒,八十余矣。"

《新五代史》卷五五《马缟传》:"马缟,不知其世家,少举明经,又举宏词。事梁为太常少卿,以知礼见称于世。唐庄宗时,累迁中书舍人、刑部侍郎、权判太常卿。明宗入立……复为太子宾客,迁户部、兵部侍郎。卢文纪作相,以其迁儒鄙之,改国子祭酒。卒,年八十,赠兵部尚书。"

(宋)王钦若等《册府元龟》卷六五〇《贡举部(十二)·应举》:"马缟,少嗜学,以明经及第,登拔萃科。"

张忱石《徐松〈登科记考〉续补(上)》补入。

弘治《保定郡志》卷一一:"同光二年明经诸科八十八人。举明经、宏辞二科:马缟,唐人。"

同光三年乙酉(925)

知贡举:礼部侍郎裴皞

进士科

【王彻】大名莘人。同光三年(925)登进士科。官至左拾遗。

(宋)王溥《五代会要》卷二二《进士》:"(后唐同光三年四月)敕:'礼部所放进士符蒙正等四人……其王彻升为第一,桑维翰第二,符蒙正第三,成僚第四。'"

(宋)王钦若等《册府元龟》卷六五一《贡举部(十三)·谬滥》:"后唐庄宗同光三年三月,敕:'……其王彻升为第一,桑维翰第二,符蒙正第三,成僚第四。'"

《宋史》卷二六九《王祐传》:"王祐,字景叔,大名莘人。祖言,仕唐黎阳令。父彻,举后唐进士,至左拾遗。"

（元）马端临《文献通考》卷三〇《选举考三》作"王徽",误。

《登科记考》卷二五云王彻同光三年(925)进士科条考云:"《宋史·王祐传》:'大名莘人。父彻,举后唐进士,至右拾遗。'按即松王旦之祖,亦见旦传。《玉芝堂谈荟》作'澈',又谓是王旦曾祖,皆误。

【成僚】同光三年(925)登进士第。

《旧五代史》卷三二《庄宗本纪六》:同光三年夏四月丁亥,"礼部贡院新及第进士四人,其王澈改为第一,桑维翰第二,符蒙正第三,成僚第四"。按:"王澈"当作"王彻"。

（宋）王溥《五代会要》卷二二《进士》:"（后唐同光三年四月）敕:'礼部所放进士符蒙正等四人……其王彻升为第一,桑维翰第二,符蒙正第三,成僚第四。'"

（宋）王钦若等《册府元龟》卷六五一《贡举部（十三）·谬滥》:"后唐庄宗同光三年三月,敕:'……其王彻升为第一,桑维翰第二,符蒙正第三,成僚第四。'"

【胡昌翼】婺源人。同光三年(925)登明经科。

《登科记考补正》卷二五,同光三年明经科录载胡昌翼,考云:此言以明经登进士第,未当。嘉靖《新安名族志》上卷《胡姓·婺源·考水》载:"在邑北三十里,其先出陇西李唐宗室之后。朱温篡位,诸王播迁,曰昌翼者逃于婺源,就考水胡氏以居,遂从其姓。同光乙酉以明经登第,义不仕。子孙世以经学传,乡人习称为明经胡氏。"是知其为明经擢第。

弘治《徽州府志》卷六《选举》:"胡昌翼,婺源人,以明经登后唐同光乙酉年进士第。"按:后唐同光乙酉年即同光三年。

乾隆《江南通志》卷四一《舆地志·祠墓》:"明经墓在婺源县考川,祀唐胡昌翼。"

【桑维翰】字国侨,洛阳人。同光三年(925)登进士第。释褐河阳节度使掌书记,后晋官至宰相,封魏国公,后汉赠尚书令。

《旧五代史》卷三二《庄宗本纪六》:同光三年夏四月丁亥,"礼部贡院新及第进士四人,其王澈改为第一,桑维翰第二,符蒙正第三,成僚第四"。按:"王澈"当作"王彻"。

《旧五代史》卷八九《桑维翰传》:"桑维翰,字国侨,洛阳人也……唐同光中,登进士第。高祖领河阳,辟为掌书记,历数镇皆从,及建义太原,首预其谋……及高祖建号,制授翰林学士、礼部侍郎,知枢密院事。寻改中书侍郎平章事、集贤殿大学士,充枢密院使……以维翰守中书令,再为枢密使、弘文馆大学士,继封魏国公……及汉高祖登极,诏赠尚书令。"

《新五代史》卷二九《桑维翰传》:"桑维翰字国侨,河南人也……初举进士,主司恶其姓,以'桑''丧'同音……卒以进士及第。晋高祖辟为河阳节度掌书记,其后常以自从……高祖即位,以维翰为翰林学士、礼部侍郎、知枢密院事,迁中书侍郎、同中书门下平章事,兼枢密使。"

（宋）王钦若等《册府元龟》卷六五一《贡举部（十三）·谬滥》:"后唐庄宗同光三年三月,敕:'……其王彻升为第一,桑维翰第二,符蒙正第三,成僚第四。'"

（宋）王溥《五代会要》卷二二《进士》:"（后唐同光三年四月）敕:'礼部所放进士符蒙

正等四人……其王彻升为第一,桑维翰第二,符蒙正第三,成僚第四。'"

【符蒙】同光三年(925)登进士第。

《旧五代史》卷三二《庄宗本纪六》:同光三年夏四月丁亥,"礼部贡院新及第进士四人,其王澈改为第一,桑维翰第二,符蒙正第三,成僚第四"。按:"王澈"当作"王彻(徹)"。

(宋)王溥《五代会要》卷二二《进士》:"(后唐同光三年四月)敕:'礼部所放进士符蒙正等四人……其王彻升为第一,桑维翰第二,符蒙正第三,成僚第四。'"

(宋)王钦若等《册府元龟》卷六五一《贡举部(十三)·谬滥》:"后唐·庄宗同光三年三月,敕:'……其王彻升为第一,桑维翰第二,符蒙正第三,成僚第四。'"

(宋)陈振孙《直斋书录解题》卷一九录载《符蒙集》一卷,注:"题符侍郎。同光三年进士也。同年四人,蒙初为状头,复试为第四。"

同光四年丙午(926)

四月丁亥,庄宗崩。丙午,皇帝即位于枢前。《新五代史·唐纪》。

甲寅,改同光四年为天成元年。《册府元龟》。

知贡举:礼部侍郎裴皞

进士科

【王归朴】一作"王归璞"。简州人。同光四年(926)状元及第。

(明)徐应秋《玉芝堂谈荟》卷二《历代状元》:"后唐同光中状元王彻,状元王归璞。"

《登科记考》卷二五云王归朴同光四年(926)进士科状元及第,简州人。

【马胤孙】一作"马裔孙",字庆先,棣州商河人。同光四年(926)登进士第。后唐官至宰相,后晋官至太子宾客,后周赠太子少傅。

《旧五代史》卷一二七《马裔孙传》:"马裔孙,字庆先,棣州滴河人……唐末帝即位,用为翰林学士、户部郎中、知制诰,赐金紫,未满岁,改中书舍人、礼部侍郎,皆带禁职。寻拜中书侍郎、平章事……裔孙以宾客致仕,专美转少卿,裔孙得太子詹事。晋、汉公卿以裔孙好为文章,皆忻然待之。太祖即位,就加检校礼部尚书、太子宾客,分司在洛……广顺三年秋七月,卒于洛阳。诏赠太子少傅。"

(宋)乐史《广卓异记》卷一九《门生引门生谒座主》:"右按《五代史》:同光二年、三年、四年,礼部侍郎裴皞连放三榜,放进士马裔孙及第。"

(宋)洪迈《容斋五笔》卷七《门生下见门生》:"后唐裴尚书(皞)年老致仕……裴在同光中三知举,四年放进士八人,裔孙预焉……"按:《登科记考》卷二五,开成二年条云马胤孙进士及第,误。马裔孙即马胤孙,其登第当在同光四年。

【张文伏】字德昭,号曲江,西门人。同光四年(926)登进士第。

光绪《仙居志》卷二三:"张文伏,字德昭,号曲江,西门人。天成元年进士。授淮东安抚奏议。"又见《三台诗录》卷一及民国《台州府志》卷二二引万历《仙居志》。按:陈尚君《〈登科记考〉正补》附在同光四年条,兹从之。

【韩熙载】字叔言,齐州人。同光四年(926)登进士科。释褐吴校书郎,历吴滁、和、常三州从事,官至南唐宰相。

《全唐文》卷八八六,徐铉《唐故中书侍郎光政殿学士承旨昌黎韩公(熙载)墓志铭》:"公讳熙载,字叔言,其先南阳人。传称武王之穆,诗美韩侯受命,晋以六卿升降,汉以三杰重轻。至东晋末,征西从事延之,以忠义之节,践艰屯之运,避乱远徙,遂家昌黎。余庆流光,最为繁衍。曾祖均,太仆卿。祖殷,侍御史。考光嗣,秘书少监淄青观察支使,故又为齐人。公秉凤成之智,负不羁之才,文高学深,角立杰出。年始弱冠,游于洛阳,声名蔼然,一举擢第。同光之乱,藩郡崩离,公以国难方兴,家艰仍构,瞻乌择木,杖策渡江。烈祖孝高皇帝纳麓在辰,侧席时彦,得公甚喜,宾礼有加。于时有吴肇基,庶事草创,公以俊迈之气,高视名流。既绛灌之徒弗容,亦季孟之间不处。以校书郎释褐,出为滁和常三州从事,公亦怡然不以屑意,咏风月游山水而已。中兴受命,上嗣抚军,以公有七子之才,膺四友之拜,征为秘书郎,掌东宫文翰。元宗深器之,及践位,以为虞部员外郎史馆修撰赐绯。又以大礼繁叠,加太常博士。"

(宋)徐铉《唐韩熙载墓志铭》(《全宋文》册一):"公讳熙载,字叔言,其先南阳人。年始弱冠,游于洛阳……一举登第,以校书郎释褐,出为滁、和、常三州从事……今上践位……拜中书侍郎,充光政殿学士承旨……春秋六十有九,庚午岁秋……没于……"

(宋)晁公武《郡斋读书志校证》卷一八《别集类中》录《韩熙载文集》五卷,注:"右伪唐韩熙载字叔言,北海人。后唐同光中进士……李昇建国,用为秘书郎……谥曰'文'。"

(宋)郑文宝《江表志》卷中:"前进士韩熙载江北行止状:熙载本贯齐州,隐居嵩岳,虽叨科第,且晦姓名。"按:其籍贯当为齐州,曾隐南阳嵩岳。

《登科记考》卷二五云韩熙载登同光四年(926)进士科。

明宗（李嗣源）朝（926—933）

天成二年丁亥（927）

知贡举：礼部侍郎裴皞

进士科

【卢士衡】天成二年（927）登进士科。

（宋）陈振孙《直斋书录解题》卷一九录载《卢士衡集》一卷，注："后唐卢士衡撰。天成二年进士。"

（清）李调元《全五代诗》卷九《卢士衡》："士衡，后唐天成二年进士。"

【李涛】字信臣，唐宗室，京兆府万年县人。天成二年（927）登进士科。初仕晋州从事，后唐官至起居舍人，后晋官至中书舍人，后汉官至宰相，后周官至户部尚书，封莒国公，宋官至兵部尚书，赠右仆射。

《宋史》卷二六二《李涛传》："李涛，字信臣，京兆万年人……后唐天成初，举进士甲科，自晋州从事拜监察御史，迁右补阙。宋王从厚镇邺，以涛为魏博观察判官。岁余，入为起居舍人。晋天福初，改考功员外郎、史馆修撰。晋祖……改比部郎中、盐判官，改刑部郎中……晋祖崩……迁屯田职方郎中、中书舍人……汉祖嘉之。至汴，以为翰林学士……高祖览奏，以涛堪任宰辅，即拜中书侍郎兼户部尚书、平章事……周初，起为太子宾客，历刑部、户部二尚书。世宗宴驾，为山陵副使。恭帝即位，封莒国公。宋初，拜兵部尚书……涛卒，年六十四，赠右仆射。"

《登科记考》卷二五天成二年（927）云李涛进士科及第。

【黄仁颖】泉州人。贞明四年（918）登学究科，后唐天成二年（927）登进士科。

（宋）徐铉《稽神录》卷五《登第皂荚》："泉州文宣庙，庭宇严峻，学校之盛，冠于藩府。庭中有皂荚树，每州人将登第，即生一荚，以为常矣。梁贞明中，忽然生二荚有半，人莫谕其意。乃其年，州人陈逖，进士及第，黄仁颖，学究及第。仁颖耻之，复应进士举。至同光中，旧生半荚之后，复生全荚。其年仁颖及第。"（四库本第 1042 册）（宋）李昉等《太平广记》卷四〇七《草木二·登第皂荚》引《稽神录》略同。

《登科记考》卷二五，天成二年（927）进士科条云黄仁颖及第。

诸科

【王蟾】天成二年（927）登宏辞科。历梁州司功参军。

（宋）王钦若等《册府元龟》卷六四五《贡举部（七）·科目》："后唐明宗天成二年四月中书奏：……据成德军解送到前进士王蟾状，请罢摄梁州司功参军，应宏词举。"

（宋）王溥《五代会要》卷二二《宏词拔萃》："（后唐天成二年四月二日）礼部贡院牒称：'据成德军解送到前进士王蟾状……其前进士王蟾请宏词……准《新定格》节文,宏词、拔萃,准长庆二年格,吏部差考试官二人……其宏词举,前进士王蟾当年放及第后,寻已闻过吏部讫。'"

天成三年戊子（928）

知贡举：兵部侍郎赵凤

进士科

【郭晙】天成三年（928）进士科状元。

（五代）王仁裕《玉堂闲话》："郭俊应举时,梦见一老僧屐于卧榻上蹒跚而行……及见榜,乃状元也。"《登科记考》卷二五,天成三年条："按：'俊'当即'晙'之误。"

（明）徐应秋《玉芝堂谈荟》卷二《历代状元》："天成三年,状元郭晙。"

【陈保极】字天赐,福州闽县人。天成三年（928）登进士科。仕南唐为大理评事,充武义节度掌书记、尚书左司员外郎。

《旧五代史》卷九六《陈保极传》："陈保极,闽中人也。好学,善属文,后唐天成中擢进士第,秦王从荣闻其名,辟为从事……寻出为定州推官……擢居三署,历礼部、仓部员外郎……维翰乃奏于高祖曰：'保极闽人,多狡,恐逃入淮海。'……贬为卫尉寺丞,仍夺金紫。寻复为仓部员外郎,竟以衔愤而卒。"

（清）吴任臣《十国春秋》卷三一《南唐十七·陈元亮传》："陈元亮,永春人。与兄保极同仕后主,俱以才学名,后主称为'二英'。"注：《闽书》："保极,登天成三年进士,仕南唐为大理评事,充武义节度掌书记、尚书左司员外郎。"

淳熙《三山志》卷二六："天成三年戊子郭晙榜：陈保极,字天赐,闽县人,终礼部、仓部员外郎,赐金紫。"

诸科

四人。

天成四年己丑（929）

知贡举：中书舍人卢詹

进士科

缺。

【赵美】一作"赵匡赞""赵赞",字元辅,幽州人。天成四年(929)特赐童子科及第。

《旧五代史》卷四〇《明帝本纪六》:"天成四年春正月壬申朔,帝御崇元殿受朝贺,仗卫如仪。幽州节度使赵德钧奏:'臣孙赞,年五岁,默念《论语》《孝经》,举童子,汴州取解就试。'诏曰:'都尉之子,太尉之孙,能念儒书,备彰家训,不劳就试,特与成名。宜赐别敕及第,附今年春榜。'"

《宋史》卷二五四《赵赞传》:"赞字元辅,本名美,后改焉,幽州蓟人。初德钧,父延寿。赞七岁诵书二十七卷,应神童举。明宗诏赐童子及第,仍附长兴三年礼部春榜。"按:《宋史》与薛史异,今从薛史。又按:赞本名匡赞,后避宋太祖偏讳改,则登第时当作"匡赞"。

(宋)王钦若等《册府元龟》卷七七五《总录部(二十五)·幼敏第三》:"赵美,幽州节度使德钧之孙。天成四年正月,德钧奏美年五岁,默念何论《孝经》,令于汴州取解就试,敕:'都尉之孙,能念儒书,备彰家训,不劳就试,特与成名。宜赐别敕及第,仍附今年春榜。'"

(清)吴任臣《十国春秋》卷五三《后蜀六·赵匡赞传》:"赵匡赞字元辅,本名美,后更今名,幽州蓟人也……后避宋太祖偏讳,遂去'匡'名赞云。"是知其本名美,后改名为匡赞,入宋后又去匡名赞。《旧五代史》所言"臣孙赞"者,乃史臣避讳改称。

参见《登科记考补正》卷二五,天成四年(929)进士科有"赵美(赵匡赞)"条。

天成五年庚寅(930)

二月,乙卯,大赦,改元长兴。《资治通鉴》。

知贡举:左散骑常侍张文宝

进士科

【王德柔】天成五年(930)进士及第。

(宋)王钦若等《册府元龟》卷六四二《贡举部(四)·条制第四》:"(后唐明宗长兴元年)六月,中书门下奏:'敕新及第进士所试新文,委中书门下细览详覆,方具奏闻,不得辄徇人情,有隳事体。中书于今年四月二十九日帖贡院,准元敕指挥,中书量重具详覆者:李飞赋内三处犯韵,李毅一处犯韵,兼诗内错书青字为清字,并以词翰可嘉,望特恕此误。今后举人词赋属对,并须要切,或有犯韵及诸杂违格,不得放及第。仍望付翰林别撰律诗、赋各一首,具体式一一晓示。将来举人合作者,即与及第。其李飞、樊吉、夏侯珙、吴泂、王德柔、李毅等六人。'"

【李飞】天成五年(930)进士及第。

(宋)王溥《五代会要》卷二二《杂处置》:"(长兴元年)十一月,吏部南曹关试今年及第举人进士李飞等七十九人,内三礼刘莹、李诜、李守文,明算宋延美等五人,所试判语皆同。"

（宋）王钦若等《册府元龟》卷六四二《贡举部（四）·条制第四》："（后唐明宗长兴元年）六月，中书门下奏：'敕新及第进士所试新文，委中书门下细览详覆，方具奏闻，不得辄徇人情，有隳事体。中书于今年四月二十九日帖贡院，准元敕指挥，中书量重具详覆者：李飞赋内三处犯韵，李毅一处犯韵，兼诗内错书青字为清字，并以词翰可嘉，望特恕此误。今后举人词赋属对，并须要切，或有犯韵及诸杂违格，不得放及第。仍望付翰林别撰律诗、赋各一首，具体式一一晓示。将来举人合作者，即与及第。其李飞、樊吉、夏侯珙、吴沺、王德柔、李毅等六人。'"

【李毅】天成五年（930）进士及第。

（宋）王钦若等《册府元龟》卷六四二《贡举部（四）·条制第四》："（后唐明宗长兴元年）六月，中书门下奏：'敕新及第进士所试新文，委中书门下细览详覆，方具奏闻，不得辄徇人情，有隳事体。中书于今年四月二十九日帖贡院，准元敕指挥，中书量重具详覆者：李飞赋内三处犯韵，李毅一处犯韵，兼诗内错书青字为清字，并以词翰可嘉，望特恕此误。今后举人词赋属对，并须要切，或有犯韵及诸杂违格，不得放及第。仍望付翰林别撰律诗、赋各一首，具体式一一晓示。将来举人合作者，即与及第。其李飞、樊吉、夏侯珙、吴沺、王德柔、李毅等六人。'"

【吴沺】天成五年（930）进士及第。

（宋）王钦若等《册府元龟》卷六四二《贡举部（四）·条制第四》："（后唐明宗长兴元年）六月，中书门下奏：'敕新及第进士所试新文，委中书门下细览详覆，方具奏闻，不得辄徇人情，有隳事体。中书于今年四月二十九日帖贡院，准元敕指挥，中书量重具详覆者：李飞赋内三处犯韵，李毅一处犯韵，兼诗内错书青字为清字，并以词翰可嘉，望特恕此误。今后举人词赋属对，并须要切，或有犯韵及诸杂违格，不得放及第。仍望付翰林别撰律诗、赋各一首，具体式一一晓示。将来举人合作者，即与及第。其李飞、樊吉、夏侯珙、吴沺、王德柔、李毅等六人。'"

【夏侯珙】天成五年（930）进士及第。

（宋）王钦若等《册府元龟》卷六四二《贡举部（四）·条制第四》："（后唐明宗长兴元年）六月，中书门下奏：'敕新及第进士所试新文，委中书门下细览详覆，方具奏闻，不得辄徇人情，有隳事体。中书于今年四月二十九日帖贡院，准元敕指挥，中书量重具详覆者：李飞赋内三处犯韵，李毅一处犯韵，兼诗内错书青字为清字，并以词翰可嘉，望特恕此误。今后举人词赋属对，并须要切，或有犯韵及诸杂违格，不得放及第。仍望付翰林别撰律诗、赋各一首，具体式一一晓示。将来举人合作者，即与及第。其李飞、樊吉、夏侯珙、吴沺、王德柔、李毅等六人。'"

【樊吉】天成五年（930）进士及第。

（宋）王钦若等《册府元龟》卷六四二《贡举部（四）·条制第四》："（后唐明宗长兴元年）六月，中书门下奏：'敕新及第进士所试新文，委中书门下细览详覆，方具奏闻，不得辄徇人情，有隳事体。中书于今年四月二十九日帖贡院，准元敕指挥，中书量重具详覆者：李飞赋内三处犯韵,李毂一处犯韵,兼诗内错书青字为清字,并以词翰可嘉,望特恕此误。今后举人词赋属对,并须要切,或有犯韵及诸杂违格,不得放及第。仍望付翰林别撰律诗、赋各一首,具体式一一晓示。将来举人合作者,即与及第。其李飞、樊吉、夏侯琪、吴沺、王德柔、李毂等六人。'”

进士科重试落下九人

【王谷】天成五年(930)进士及第,重试落下。

(宋)王钦若等《册府元龟》卷六四二《贡举部(四)·条制第四》:“(后唐明宗长兴元年)六月,中书门下奏:'……卢价赋内薄伐字合使平声字,今使侧声字,犯格。孙澄赋内御字韵,使宇字,已落韵。又使膌字,是上声有字韵,中押售字,是去声。又有朽字犯韵,诗内田字犯韵。李象赋内一句六石庆兮,并合使此奊字;道之以礼,合使此导字,及错下事。常字韵内使方字。诗中言十千,十字处,合使平声字,偏字犯韵。杨文龟赋内,均字韵内使民字。以君上为骖騑之士,失奉上之体。兼善字是上声,合押,遍字是去声。如字内使舆字,诗中遍字犯韵。师均赋内仁字犯韵。晏如书宴如。又如河清海晏,晏字不合韵,又无理,晏字即落韵。杨仁远赋内,赏罚字书伐字,衔勤字书针字;诗内莲蒲字,合着平声字,兼黍粱不律。王谷赋内御字韵押处字,上声,则落韵;去声,则失理。善字韵内使显字,犯韵;如字韵押殊字,落韵。其卢价等七人,望许令将来就试,仍放再取文解。高策赋内于字韵内使依字,疑其海外音讹,文意稍可,望特恕此。其郑朴赋内言肱股,诗中十千字犯韵,又言玉珠。其宾贡郑朴许令将来就试,亦放取解。仍自此宾贡,每年只放一人,仍须事艺精。其张文宝试士不得精当,望罚一季俸。今后知举官如敢因循,当行严典……'敕旨从之。”

【卢价】天成五年(930)进士及第,重试落下。

(宋)王钦若等《册府元龟》卷六四二《贡举部(四)·条制第四》:“(后唐明宗长兴元年)六月,中书门下奏:'……卢价赋内薄伐字合使平声字,今使侧声字,犯格。孙澄赋内御字韵,使宇字,已落韵。又使膌字,是上声有字韵,中押售字,是去声。又有朽字犯韵,诗内田字犯韵。李象赋内一句六石庆兮,并合使此奊字;道之以礼,合使此导字,及错下事。常字韵内使方字。诗中言十千,十字处,合使平声字,偏字犯韵。杨文龟赋内,均字韵内使民字。以君上为骖騑之士,失奉上之体。兼善字是上声,合押,遍字是去声。如字内使舆字,诗中遍字犯韵。师均赋内仁字犯韵。晏如书宴如。又如河清海晏,晏字不合韵,又无理,晏字即落韵。杨仁远赋内,赏罚字书伐字,衔勤字书针字;诗内莲蒲字,合着平声字,兼黍粱不律。王谷赋内御字韵押处字,上声,则落韵;去声,则失理。善字韵内使显字,犯韵;如字韵押殊字,落韵。其卢价等七人,望许令将来就试,仍放再取文解。高策赋内于字韵内使依字,疑其海外音讹,文意稍可,望特恕此。其郑朴赋内言肱股,诗中十千字犯韵,又言玉珠。其宾贡郑朴许令将来就试,亦放取解。仍自此宾贡,每年只放一人,仍须事艺精。其张文宝试士不得精当,望罚一季俸。今后知举官如敢因循,当行严典……'敕旨从之。”

【师均】天成五年(930)进士及第,重试落下。

(宋)王钦若等《册府元龟》卷六四二《贡举部(四)·条制第四》:“(后唐明宗长兴元

年)六月,中书门下奏:'……卢价赋内薄伐字合使平声字,今使侧声字,犯格。孙澄赋内御字韵,使宇字,已落韵。又使眷字,是上声有字韵,中押售字,是去声。又有朽字犯韵,诗内田字犯韵。李象赋内一句六石庆兮,并合使此奚字;道之以礼,合使此导字,及错下事。常字韵内使方字。诗中言十千,十字处,合使平声字,偏字犯韵。杨文龟赋内,均字韵内使民字。以君上为骈骈之士,失奉上之体。兼善字是上声,合押,遍字是去声。如字内使舆字,诗中遍字犯韵。师均赋内仁字犯韵。晏如书宴如。又如河清海晏,晏字不合韵,又无理,晏字即落韵。杨仁远赋内,赏罚字书伐字,衔勤字书针字;诗内莲蒲字,合着平声字,兼黍粱不律。王谷赋内御字韵押处字,上声,则落韵;去声,则失理。善字韵内使显字,犯韵;如字韵押殊字,落韵。其卢价等七人,望许令将来就试,仍放再取文解。高策赋内于字韵内使依字,疑其海外音讹,文意稍可,望特恕此。其郑朴赋内言肱股,诗中十千字犯韵,又言玉珠。其宾贡郑朴许令将来就试,亦放取解。仍自此宾贡,每年只放一人,仍须事艺精。其张文宝试士不得精当,望罚一季俸。今后知举官如敢因循,当行严典……'敕旨从之。”

【孙澄】天成五年(930)进士及第,重试落下。

(宋)王钦若等《册府元龟》卷六四二《贡举部(四)·条制第四》:“(后唐明宗长兴元年)六月,中书门下奏:'……卢价赋内薄伐字合使平声字,今使侧声字,犯格。孙澄赋内御字韵,使宇字,已落韵。又使眷字,是上声有字韵,中押售字,是去声。又有朽字犯韵,诗内田字犯韵。李象赋内一句六石庆兮,并合使此奚字;道之以礼,合使此导字,及错下事。常字韵内使方字。诗中言十千,十字处,合使平声字,偏字犯韵。杨文龟赋内,均字韵内使民字。以君上为骈骈之士,失奉上之体。兼善字是上声,合押,遍字是去声。如字内使舆字,诗中遍字犯韵。师均赋内仁字犯韵。晏如书宴如。又如河清海晏,晏字不合韵,又无理,晏字即落韵。杨仁远赋内,赏罚字书伐字,衔勤字书针字;诗内莲蒲字,合着平声字,兼黍粱不律。王谷赋内御字韵押处字,上声,则落韵;去声,则失理。善字韵内使显字,犯韵;如字韵押殊字,落韵。其卢价等七人,望许令将来就试,仍放再取文解。高策赋内于字韵内使依字,疑其海外音讹,文意稍可,望特恕此。其郑朴赋内言肱股,诗中十千字犯韵,又言玉珠。其宾贡郑朴许令将来就试,亦放取解。仍自此宾贡,每年只放一人,仍须事艺精。其张文宝试士不得精当,望罚一季俸。今后知举官如敢因循,当行严典……'敕旨从之。”

【李象】天成五年(930)进士及第,重试落下。

(宋)王钦若等《册府元龟》卷六四二《贡举部(四)·条制第四》:“(后唐明宗长兴元年)六月,中书门下奏:'……卢价赋内薄伐字合使平声字,今使侧声字,犯格。孙澄赋内御字韵,使宇字,已落韵。又使眷字,是上声有字韵,中押售字,是去声。又有朽字犯韵,诗内田字犯韵。李象赋内一句六石庆兮,并合使此奚字;道之以礼,合使此导字,及错下事。常字韵内使方字。诗中言十千,十字处,合使平声字,偏字犯韵。杨文龟赋内,均字韵内使民字。以君上为骈骈之士,失奉上之体。兼善字是上声,合押,遍字是去声。如字内使舆字,诗中遍字犯韵。师均赋内仁字犯韵。晏如书宴如。又如河清海晏,晏字不合韵,又无理,晏字即落韵。杨仁远赋内,赏罚字书伐字,衔勤字书针字;诗内莲蒲字,合着平声字,兼黍粱不律。王谷赋内御字韵押处字,上声,则落韵;去声,则失理。善字韵内使显字,犯韵;如字韵押殊字,落韵。其卢价等七人,望许令将来就试,仍放再取文解。高策赋内于字韵内使依字,疑其海外音讹,文意稍可,望特恕此。其郑朴赋内言肱股,诗中十千字犯韵,又言玉珠。其宾贡郑朴许令将来就试,亦放取解。仍自此宾贡,每年只放一人,仍须事艺精。其张文宝试士不得精当,望罚一季俸。今后知举官如敢因循,当行严典……'敕旨从之。"

【杨文龟】天成五年(930)进士及第,重试落下。

(宋)王钦若等《册府元龟》卷六四二《贡举部(四)·条制第四》:"(后唐明宗长兴元年)六月,中书门下奏:'……卢价赋内薄伐字合使平声字,今使侧声字,犯格。孙澄赋内御字韵,使宇字,已落韵。又使膌字,是上声有字韵,中押售字,是去声。又有朽字犯韵,诗内田字犯韵。李象赋内一句六石庆兮,并合使此奚字;道之以礼,合使此导字,及错下事。常字韵内使方字。诗中言十千,十字处,合使平声字,偏字犯韵。杨文龟赋内,均字韵内使民字。以君上为骖骓之士,失奉上之体。兼善字是上声,合押,遍字是去声。如字内使舆字,诗中遍字犯韵。师均赋内仁字犯韵。晏如书宴如。又如河清海晏,晏字不合韵,又无理,晏字即落韵。杨仁远赋内,赏罚字书伐字,衔勤字书针字;诗内莲蒲字,合着平声字,兼黍粱不律。王谷赋内御字韵押处字,上声,则落韵;去声,则失理。善字韵内使显字,犯韵;如字韵押殊字,落韵。其卢价等七人,望许令将来就试,仍放再取文解。高策赋内于字韵内使依字,疑其海外音讹,文意稍可,望特恕此。其郑朴赋内言肱股,诗中十千字犯韵,又言玉珠。其宾贡郑朴许令将来就试,亦放取解。仍自此宾贡,每年只放一人,仍须事艺精。其张文宝试士不得精当,望罚一季俸。今后知举官如敢因循,当行严典……'敕旨从之。"

【杨仁远】天成五年(930)进士及第,重试落下。

(宋)王钦若等《册府元龟》卷六四二《贡举部(四)·条制第四》:"(后唐明宗长兴元年)六月,中书门下奏:'……卢价赋内薄伐字合使平声字,今使侧声字,犯格。孙澄赋内御字韵,使宇字,已落韵。又使膌字,是上声有字韵,中押售字,是去声。又有朽字犯韵,诗内田字犯韵。李象赋内一句六石庆兮,并合使此奚字;道之以礼,合使此导字,及错下事。常字韵内使方字。诗中言十千,十字处,合使平声字,偏字犯韵。杨文龟赋内,均字韵内使民字。以君上为骖骓之士,失奉上之体。兼善字是上声,合押,遍字是去声。如字内使舆字,诗中遍字犯韵。师均赋内仁字犯韵。晏如书宴如。又如河清海晏,晏字不合韵,又无理,晏字即落韵。杨仁远赋内,赏罚字书伐字,衔勤字书针字;诗内莲蒲字,合着平声字,兼黍粱不律。王谷赋内御字韵押处字,上声,则落韵;去声,则失理。善字韵内使显字,犯韵;如字韵押殊字,落韵。其卢价等七人,望许令将来就试,仍放再取文解。高策赋内于字韵内使依字,疑其海外音讹,文意稍可,望特恕此。其郑朴赋内言肱股,诗中十千字犯韵,又言玉珠。其宾贡郑朴许令将来就试,亦放取解。仍自此宾贡,每年只放一人,仍须事艺精。其张文宝试士不得精当,望罚一季俸。今后知举官如敢因循,当行严典……'敕旨从之。"

【郑朴】天成五年(930)进士及第,重试落下。

(宋)王钦若等《册府元龟》卷六四二《贡举部(四)·条制第四》:"(后唐明宗长兴元年)六月,中书门下奏:'……卢价赋内薄伐字合使平声字,今使侧声字,犯格。孙澄赋内御字韵,使宇字,已落韵。又使膌字,是上声有字韵,中押售字,是去声。又有朽字犯韵,诗内田字犯韵。李象赋内一句六石庆兮,并合使此奚字;道之以礼,合使此导字,及错下事。常字韵内使方字。诗中言十千,十字处,合使平声字,偏字犯韵。杨文龟赋内,均字韵内使民字。以君上为骖骓之士,失奉上之体。兼善字是上声,合押,遍字是去声。如字内使舆字,诗中遍字犯韵。师均赋内仁字犯韵。晏如书宴如。又如河清海晏,晏字不合韵,又无理,晏字即落韵。杨仁远赋内,赏罚字书伐字,衔勤字书针字;诗内莲蒲字,合着平声字,兼黍梁不律。王谷赋内御字韵押处字,上声,则落韵;去声,则失理。善字韵内使显字,犯韵;如字韵押殊字,落韵。其卢价等七人,望许令将来就试,仍放再取文解。高策赋内于字韵内使依字,疑其海外音讹,文意稍可,望特恕此。其郑朴赋内言肱股,诗中十千字犯韵,又言玉珠。其宾贡郑朴许令将来就试,亦放取解。仍自此宾贡,每年只放一人,仍须事艺精。其张文宝试士不得精当,望罚一季俸。今后知举官如敢因循,当行严典……'敕旨从之。"

【高策】天成五年(930)进士及第,重试落下。

(宋)王钦若等《册府元龟》卷六四二《贡举部(四)·条制第四》:"(后唐明宗长兴元年)六月,中书门下奏:'……卢价赋内薄伐字合使平声字,今使侧声字,犯格。孙澄赋内御字韵,使字字,已落韵。又使臂字,是上声有字韵,中押售字,是去声。又有杇字犯韵,诗内田字犯韵。李象赋内一句六石庆兮,并合使此奚字;道之以礼,合使此导字,及错下事。常字韵内使方字。诗中言十千,十字处,合使平声字,偏字犯韵。杨文龟赋内,均字韵内使民字。以君上为骖骓之士,失奉上之体。兼善字是上声,合押,遍字是去声。如字内使舆字,诗中遍字犯韵。师均赋内仁字犯韵。晏如书宴如。又如河清海晏,晏字不合韵,又无理,晏字即落韵。杨仁远赋内,赏罚字书伐字,衔勤字书针字;诗内莲蒲字,合着平声字,兼黍梁不律。王谷赋内御字韵押处字,上声,则落韵;去声,则失理。善字韵内使显字,犯韵;如字韵押殊字,落韵。其卢价等七人,望许令将来就试,仍放再取文解。高策赋内于字韵内使依字,疑其海外音讹,文意稍可,望特恕此。其郑朴赋内言肱股,诗中十千字犯韵,又言玉珠。其宾贡郑朴许令将来就试,亦放取解。仍自此宾贡,每年只放一人,仍须事艺精。其张文宝试士不得精当,望罚一季俸。今后知举官如敢因循,当行严典……'敕旨从之。"

明经科落下三人

【刘莹】天成五年(930)明经及第,吏部关试后落下。

(宋)王溥《五代会要》卷二二《杂处置》:"(长兴元年)十一月,吏部南曹关试今年及第举人进士李飞等七十九人,内三礼刘莹、李铣、李守文,明算宋延美等五人,所试判语皆同。寻勘状称晚逼试,偶拾得判草写净,实不知判语不合一般者。敕:'贡院擢科,考详所业;南曹试判,激劝校官。刘莹等既不攻文,合直书其事,岂得相传稿草,侮渎公场?载考情由,实为忝冒。及至定期覆试,果闻自擅私归,且令所司落下。其所给春关,仍各追纳放罪,许后放举。自此南曹凡有及第人试判之时更效此者,准例处分。'"

【李铣】天成五年(930)明经及第,吏部关试后落下。

(宋)王溥《五代会要》卷二二《杂处置》:"(长兴元年)十一月,吏部南曹关试今年及第举人进士李飞等七十九人,内三礼刘莹、李铣、李守文,明算宋延美等五人,所试判语皆同。寻勘状称晚逼试,偶拾得判草写净,实不知判语不合一般者。敕:'贡院攞科,考详所业;南曹试判,激劝校官。刘莹等既不攻文,合直书其事,岂得相传稿草,侮渎公场? 载考情由,实为忝冒。及至定期覆试,果闻自擅私归,且令所司落下。其所给春关,仍各追纳放罪,许后放举。自此南曹凡有及第人试判之时更效此者,准例处分。'"

【李守文】天成五年(930)明经及第,吏部关试后落下。

(宋)王溥《五代会要》卷二二《杂处置》:"(长兴元年)十一月,吏部南曹关试今年及第举人进士李飞等七十九人,内三礼刘莹、李铣、李守文,明算宋延美等五人,所试判语皆同。寻勘状称晚逼试,偶拾得判草写净,实不知判语不合一般者。敕:'贡院攞科,考详所业;南曹试判,激劝校官。刘莹等既不攻文,合直书其事,岂得相传稿草,侮渎公场? 载考情由,实为忝冒。及至定期覆试,果闻自擅私归,且令所司落下。其所给春关,仍各追纳放罪,许后放举。自此南曹凡有及第人试判之时更效此者,准例处分。'"

诸科落下一人

【宋延美】天成五年(930)明算科及第,吏部关试后落下。

(宋)王溥《五代会要》卷二二《杂处置》:"(长兴元年)十一月,吏部南曹关试今年及第举人进士李飞等七十九人,内三礼刘莹、李铣、李守文,明算宋延美等五人,所试判语皆同。寻勘状称晚逼试,偶拾得判草写净,实不知判语不合一般者。敕:'贡院攞科,考详所业;南曹试判,激劝校官。刘莹等既不攻文,合直书其事,岂得相传稿草,侮渎公场? 载考情由,实为忝冒。及至定期覆试,果闻自擅私归,且令所司落下。其所给春关,仍各追纳放罪,许后放举。自此南曹凡有及第人试判之时更效此者,准例处分。'"

长兴二年辛卯(931)

知贡举:太常卿李愚

进士科

【王仲举】营道人。长兴二年(931)进士及第。

(宋)刘斧《青琐高议补遗》:"王仲举,营道人……仲举修进(士)业。长兴化(衍字)二年赴举,谒秦王。登第后有诗谢秦王曰:'三千里外抛渔艇,二十人前折桂枝。'"

【艾颖】长兴二年(931)进士及第。官至户部侍郎。

(宋)文莹《玉壶清话》卷二:"艾侍郎颖,少年赴举。逆旅中遇一村儒,状极茸闒,顾谓艾曰:'君此行登第必矣。'艾曰:'贱子家于郓,无师友,加之汶上少典籍,今学竦寡,聊观场屋尔,安敢俯拾耶?'儒者曰:'吾有书一卷以授君,宜少俟于此,诘旦奉纳。'翌日,果持至,乃《左传》第十卷也。谓艾曰:'此卷书不独取富贵,后四十年亦有人因此书登甲科,然龄禄俱不及君,记之。'艾颇为异,时亦讽诵,果会李愚知举,试《铸鼎象物赋》,事在卷中,一挥而就。愚爱之,擢甲科。后四十年,当祥符五年,御前放进士,亦试此题,徐奭为状元。后艾果以户部侍郎致仕,七十八岁薨于汝;徐年四十四,为翰林学士卒。"

《登科记考》卷二五,长兴二年(931)进士科录载艾颖,按语:"长兴二年至祥符五年,凡八十二年,言四十年,误。"

【师均】大名内黄人。长兴二年(931)进士及第。终永兴节度判官。

《宋史》卷二九六《师颃传》:"师颃,字霄远,大名内黄人。父均,后唐长兴二年进士,终永兴节度判官,因家关右。"

(明)凌迪知《万姓统谱》卷四:"宋师颃,大名内黄人。父均,后唐进士,官至永兴节度判官。"

长兴三年壬辰(932)

知贡举:考功员外郎卢华

进士科

【江文蔚】字君章,建安人。长兴三年(932)登进士科。后唐为河南府馆驿巡官,历吴越宣州观察使巡官,官至南唐翰林学士。

《全唐文》卷八八五,徐铉《唐故左谏议大夫翰林学士江公(文蔚)墓志铭》:"公讳文蔚,字君章,共先济阳考城人也……公鄙尺鹥之为,从黄鹄之举。类延州之观乐,同太史之探书。升名俊造,从事河洛。衰俗难佐,天壤不支。我烈祖孝高皇帝王业始于江东,仁风被于四裔。公杖策高蹈,款阙来仪。府朝肃以生风,台阁蔼其增气。署宣州观察巡官,试秘书郎,迁水部员外郎,赐绯鱼袋。王国初建,改比部员外郎知制诰。于时天人协应,狱讼攸归……迁主客郎中,知制诰如故。俄而真拜,仍赐金紫。今上嗣位,大礼聿修,徙公为给事中,判太常卿事……顷之征为卫尉卿。俄拜右谏议大夫,充翰林学士,权知贡举。出纳密命,枢机靡失。登进造士,衡鉴无私。耸禁署之清风,著春官之故事。荐贤之赏,行及于台司。曳杖之期,奄先于朝露。春秋五十有二,保大十年八月二日,卒于京师官舍。"

《全唐文》卷八七〇,江文蔚小传:"文蔚字君章,建安人。后唐长兴中举进士,为河南府馆驿巡官。坐秦王重荣事夺官,奔吴为宣州观察巡官,历比部员外郎知制诰。南唐代吴,改主客郎中,拜中书舍人。嗣主袭位,累迁御史中丞,以请诛冯延巳魏岑贬江州司户参军,召还为翰林学士。保大十年卒,年五十二,谥曰简。"

(宋)陆游《陆氏南唐书》卷一〇《张李皇甫江欧列传第七》:"江文蔚,字君章,建安人,博学,工属文,后唐明宗时擢第,为河南府官驿巡官。"

(宋)乐史《广卓异记》卷一三《同年五人同为翰林学士:》:"张沆、吴承范、汤鹏、江文蔚、范禹偁。右按《五代史》:长兴二年,考功员外郎卢华下进士八人内,张、吴、汤尽为翰林学士,江归伪唐,为翰林学士,范入伪蜀,亦入翰林为学士。"

(元)马端临《文献通考》卷三〇《选举考三·进士》:"江文蔚、韩熙载皆后唐时进士第。"

（清）吴任臣《十国春秋》卷二五《南唐十一·江文蔚传》："江文蔚字君章,建安人。博学,工属文。后唐长兴中举进士,为河南府馆驿巡官,坐秦王重荣事,夺官,南奔。烈祖辅吴,用为宣州观察巡官,历比部员外郎、知制诰。国初,改主客郎中,拜中书舍人……保大初迁御史中丞……升元建国以来,言事遇合,即随材进用,不复设礼部贡举,至是始命文蔚以翰林学士知举,略用唐故事,放进士庐陵王克贞等三人及第。元宗问文蔚:'卿知举取士,孰与北朝?'文蔚曰:'北朝公荐、私谒相半,臣一以至公取才。'元宗嘉叹……保大十年卒,年五十二,谥曰简。"

【阮思道】字思恭,一作"元恭",建阳人。长兴三年(932)进士及第。历宋韶、衢、永三州县尉。

（清）陆心源《宋诗纪事补遗》卷二《阮思道》："字思恭,建阳人,中南唐进士,入宋为史馆检讨,历宋韶、衢、永三州。"

嘉靖《建宁府志》卷一五《选举表上·进士》："五代唐长兴□年:江文蔚、阮思道,建阳人。"

嘉靖《建阳县志》卷九《列传》："阮思道,字元恭,中南唐进士,后归宋为史馆检讨。"

乾隆《福建通志》卷三三《选举志》："长兴中,建阳县江文蔚、阮思道。"按:文蔚为本年进士,故以思道附本年。

【吴承范】字表微,魏州人。长兴三年(932)登进士科。初授左拾遗,后晋官至礼部侍郎,赠工部尚书。

《旧五代史》卷九二《吴承范传》："吴承范,字表微,魏州人也。父琼,右金吾卫将军,累赠太子少保……(承范)长兴三年,擢进士第。及闵帝即位,授左拾遗。清泰二年,以本官充史馆修撰,与同职张昭远等共修《明宗实录》,转右补阙,依前充职。高祖革命,迁尚书屯田员外郎、知制诰……天福三年,改枢密院直学士,未几,自祠部郎中、知制诰召充翰林学士,正拜中书舍人,赐金紫。少帝嗣位,迁礼部侍郎,知贡举,寻遘疾而卒,年四十二。赠工部尚书。"

（宋）乐史《广卓异记》卷一三《同年五人同为翰林学士》："张沆、吴承范、汤鹏、江文蔚、范禹偁。右按《五代史》:长兴二年,考功员外郎卢华下进士八人内,张、吴、汤尽为翰林学士,江归伪唐,为翰林学士,范入伪蜀,亦入翰林为学士。"

（宋）王钦若等《册府元龟》卷一七二《帝王部(一百七十二)·求旧第二》："愍帝长兴四年十一月即位。丙辰……又以天雄军巡官殷鹏为右拾遗。鹏与吴承范俱魏州人,举进士。"

【张沆】字太元,徐州人。长兴三年(932)登进士第。初授河南府巡官,后晋官至右谏议大夫,后汉刑部尚书,后周官至故齐王高行周册赠使,赠太子少保。

《旧五代史》卷一三一《张沆传》："张沆,字太元,徐州人。父严,本州牙将。沆少力学,攻词赋,登进士第。唐明宗子秦王好文……署为河南府巡官……晋初,桑维翰秉政,沆以文干进,用为著作佐郎、集贤校理,迁右拾遗。维翰出镇,奏为记室。从维翰入朝,授殿中侍御史。岁余,自侍御史改祠部员外郎知制诰,召入翰林为学士。维翰罢相,冯玉用事,不欲沆居禁密,改右谏议大夫,罢其职。汉祖至汴,转右常侍,复用为学士,未几,迁工部尚书充职。明年,以营奉葬事求解职,改礼部尚书。及归朝,复为学士。太祖以沆耳疾罢职,改刑部尚书。广顺二年秋,命为故齐王高行周册赠使,复命而卒。赠太子少保。"

(宋)乐史《广卓异记》卷一三《同年五人同为翰林学士》:"张沆、吴承范、汤鹏、江文蔚、范禹偁。右按《五代史》:长兴二年,考功员外郎卢华下进士八人内,张、吴、汤尽为翰林学士,江归伪唐,为翰林学士,范入伪蜀,亦入翰林为学士。"

(宋)王钦若等《册府元龟》卷七一八《幕府部(三)·才学》:"周张沆,后唐明宗朝擢进士第。"

(清)吴任臣《十国春秋》卷七三《楚七·何仲举传》作"张抗",《登科记考》卷二五长兴三年条云当为《旧五代史》之张沆也。

【范禹偁】九陇人也,父虔为衙吏,虔死随母改适张氏,名张禄之。以张禄之名于天成中登进士科,复名范禹偁。后蜀高祖,蒙阳令,入侍太子,后主嗣位累迁翰林学士,出简州刺史,从后主降宋,授鸿胪卿。

(宋)乐史《广卓异记》卷一三《同年五人同为翰林学士》:"张沆、吴承范、汤鹏、江文蔚、范禹偁。右按《五代史》:长兴二年,考功员外郎卢华下进士八人内,张、吴、汤尽为翰林学士,江归伪唐,为翰林学士,范入伪蜀,亦入翰林为学士。"

(宋)张唐英《蜀梼杌》卷下:"禹偁少落拓,斗鸡走狗,随母改适张氏,因冒姓张……随入景山从师苦学,天成中登第。"按:范禹偁,是张禄之登第后复本姓名,因此其登第放榜所用名应为张禄之。

(清)吴任臣《十国春秋》卷五三《后蜀六·范禹偁传》:"范禹偁,九陇人也。父虔,为衙吏。禹偁少落拓,不事生业,斗鸡走狗,习为嬉游。虔死,随母改适张氏,因冒姓名曰张谔……天成中登第,始复本姓名,上州刺史启曰:'昔年上第,误标张禄之名,今日故园,复作范睢之裔。'高祖以为蒙阳令,入侍太子。后主嗣位,累迁翰林学士。禹偁性吝啬,颇以聚赀为急,求守外郡。后主不听其出,令兼简州刺史,岁令州输钱数千缗于禹偁。俄掌贡举,贿厚者登高科,面评其直,无有愧色。举子冯赟尧,故布衣交也,家贫,窘于赀,终不放登第。久之,从后主降宋,授鸿胪卿。"

【殷鹏】字大举,魏州大名人。长兴三年(932)登进士科。初授河南府巡官,历天雄军巡官,后唐官至刑部郎中,后晋官至翰林学士。

《旧五代史》卷八九《殷鹏传》:"殷鹏,字大举,大名人也。以隽秀为乡曲所称,弱冠擢进士第。唐闵帝之镇魏州,闻其名,辟为从事。及即位,命为右拾遗,历左补阙、考功员外郎,充史馆修撰,迁刑部郎中……天福中,擢拜中书舍人……擢为本院学士……寻以病卒。"

(宋)王钦若等《册府元龟》卷一七二《帝王部(一百七十二)·求旧第二》:"愍帝长兴四年十一月即位。丙辰……又以天雄军巡官殷鹏为右拾遗。鹏与吴承范俱魏州人,举进士。"

诸科

【程赞明】袁州宜春人。长兴三年(932)登神童举。官至太子赞善大夫。

(明)程敏政《新安文献志》卷六二《宋宜春县令追封冀国公程公神道碑》:"考讳赞明,赠太师中书令……后唐长兴三年,公之皇考,以神童举,官至太子赞善大夫。"《登科记考》作"程某"。

长兴四年癸巳(933)

十一月戊戌,帝殂。《资治通鉴》。

十二月癸卯朔,宋王即皇帝位。《资治通鉴》。

知贡举:主客郎中和凝

进士科

【申文炳】字国华,洛阳人。长兴四年(933)登进士科。后唐官至右补阙,后晋官至金部郎中,后周官至左散骑常侍。

《旧五代史》卷一三一《申文柄传》:"申文炳,字国华,洛阳人也。父鄂,唐左千牛卫将军。文炳,长兴中进士擢第,释褐中正军节度推官,历孟、怀支使,郓城、陕县二邑宰,自澶州观察判官入为右补阙。晋开运初,授虞部员外郎知制诰,转金部郎中充职。广顺中,召为学士,迁中书舍人、知贡举。(案《玉壶清话》:李庆,显德中举进士,工诗,有:'醉轻浮世事,老重故乡人。'枢密王朴以此一联荐于申文炳。文炳知贡举,遂为第三人。)显德五年秋,以疾解职,授左散骑常侍。六年秋,卒于家,时年五十。"

《登科记考》卷二五,长兴四年(933)进士科附载申文炳,今从之。

【刘熙古】字义淳,宋州宁陵人。长兴四年(933)登进士科,馆于和凝门下。后唐官至金州防御使,后晋官至三司户部巡官,后汉卢氏令,后周官至秦州观察判官,宋官至端明殿学士,以户部尚书致仕。

《宋史》卷二六三《刘熙古传》:"刘熙古,字义淳,宋州宁陵人,唐左仆射仁轨十一世孙。祖实进,尝为汝阴令。熙古……后唐长兴中,以《三传》举。时翰林学士和凝掌贡举,熙古献《春秋极论》二篇、《演论》三篇,凝甚加赏,召与进士试,擢第,遂馆于门下,清泰中,骁将孙铎以战功授金州防御使,表熙古为从事。晋天福初,铎移汝州,又辟以随……调补下邑令。俄为三司户部出使巡官……仕汉,为卢氏令。周广顺中,改亳州防御推官,历澶州支使。秦、凤平,以为秦州观察判官。太祖领宋州,为节度判官。即位,召为左谏议大夫……乾德初,迁刑部侍郎、知凤翔府……转兵部侍郎,徙知成都府。六年,就拜端明殿学士。丁母忧。开宝五年,诏以本官参知政事,选名马、银鞍以赐。岁余,以足疾求解,拜户部尚书致仕。九年,卒,年七十四。赠右仆射。"

【李瀚】长兴四年(933)登进士科。官翰林学士、河南巡官。

（宋）文莹《玉壶清话》卷二："李瀚及第于和凝相榜下，后与座主同任学士。会凝作相，瀚为承旨，适当批诏，次日于玉堂辄开和相旧阁，悉取图书珍玩，留一诗于榻，携之尽去：'座主登庸归凤阁，门生批诏立鳌头。玉堂旧阁多珍玩，可作西斋润笔不？'"

（宋）乐史《广卓异记》卷一三《座主与门生同在翰林》："右按《五代史》：长兴三年，翰林学士知制诰和凝知贡举，放进士二十四人，李浣及第，未数载，与座主同列内署。"按："李浣"当为"李瀚"，其及第年份当为长兴四年。

（宋）洪迈《翰苑群书》卷八，苏易简《续翰林志》下："（李）瀚以词藻特丽，俊秀不群，长兴中于太傅和鲁公下进士擢第。未数载与座主同列内署，和大拜之制，瀚实草之。"

《资治通鉴》卷二七八，长兴四年十一月条："河南巡官李瀚、江文蔚等六人勒归田里，六军判官、太子詹事王居敏、推官郭畯并贬官。瀚，回之族曾孙也。""初，李瀚为翰林学士，好饮而多酒过，高祖以为浮薄。天福五年九月，诏废翰林学士，按《唐六典》归其职于中书舍人，而端明殿学士、枢密院学士皆废。及维翰为枢密使，复奏置学士，而悉用亲旧为之。"

《登科记考》卷二五，长兴四年（933）进士科条录载李瀚。

【何仲举】营道人。长兴四年（933）登进士科。官至衡州刺史。

《五代史补》卷二："何仲举，营道人……天成中入洛，时秦王为河南尹尤重士……公举数百人，独以仲举为擅场……故一举上第。"

（清）王士禛《五代诗话》卷七《何仲举》："何仲举，营道人也……天成中入洛，会秦王从荣为河南尹，倾身下士，仲举与张抗、江文蔚同游其门，逾年遂登进士第……出为全州刺史。已，又改衡州，以寿终。"

弘治《永州府志》卷四《人物》："后何仲举……借坚之支裔，俱登进士第。"

同治《湖南通志》卷一三四《选举志·进士》："何仲举，营道人，明宗长兴四年及第，仕马殷天策府学士，有传。"

【张谊】字希贾，开封襄邑人。长兴四年（933）举进士。初授耀州团练推官，后晋官至礼部郎中，后汉官至中书舍人。

《宋史》卷三〇六《张去华传》："张去华，字信臣，开封襄邑人。父谊，字希贾……遂潜诣洛阳龙门书院，与宗人沇、鸾、浞结友，故名闻都下。长兴中，和凝掌贡举，谊举进士，调补耀州团练推官。晋天福初，代还。会凝由内署拜端明殿学士……超拜左拾遗……改右补阙，充集贤殿修撰，历礼部员外郎、侍御史。改仓部、知制诰，加礼部郎中。乾祐初，真拜中书舍人……改房州司马，岁余卒。"按：和凝长兴四年知贡举。

罗继祖《登科记考补》补入是年。

【范质】字文素，大名宗城人。长兴四年（933）登进士科。初授忠武军节度推官，后晋官至知制诰，后汉官至户部侍郎，后周官至宰相，宋官至太子太傅，封鲁国公。

《旧五代史》卷一二七《和凝传》注："案《渑水燕谈》：范质初举进士，时和凝知贡举，凝尝以宰辅自期，登第之日，名第十三人，及览质文，尤加赏叹，即以第十三名处之，场屋间谓之'传衣钵'，若禅宗之相付授也。后质果继凝登相位。"

（宋）李昉等《太平广记》卷一八四《贡举部·高辇》引《玉堂闲话》："（范）质于癸巳年

应举,考试毕场……及放榜,即第十三人也。"

《新五代史》卷五六《和凝传》:"唐故事,知贡举者所放进士,以己及第时名次为重。凝举进士及第时第五,后知举,选范质为第五。后质位至宰相,封鲁国公,官至太子太傅,皆与凝同,当时以为荣焉。"

《宋史》卷二四九《范质传》:"范质字文素,大名宗城人……后唐长兴四年举进士,为忠武军节度推官,迁封丘令。晋天福中,以文章干宰相桑维翰,深器之,即奏为监察御史。及维翰出镇相州,历泰宁、晋昌二节度,皆请质为从事。维翰再相,质迁主客员外郎、直史馆。岁余,召入为翰林学士,加比部郎中、知制诰……汉初,加中书舍人、户部侍郎。周祖……以质为兵部侍郎、枢密副使。周广顺初,加拜中书侍郎、平章事、集贤殿大学士。翌日,兼参知枢密院事。郊祀毕,进位左仆射兼门下侍郎、平章事、监修国史。从征高平还,加司徒、弘文馆大学士。显德四年夏……世宗不豫,入受顾命。恭帝嗣位,加开府仪同三司,封萧国公……宋初,加兼侍中,罢参知枢密……以质为大礼使……进封鲁国公,质奉表固辞,不允。二年正月,罢为太子太傅。九月,卒,年五十四……赠中书令……质力学强记,性明悟。举进士时,和凝以翰林学士典贡部,鉴质所试文字,重之,自以登第名在十三,亦以其数处之。贡闱中谓之'传衣钵'。其后质登相位,为太子太傅,封鲁国公,皆与凝同云。"

潞王(李从珂)朝(934—936)

清泰元年甲午(934)

正月戊寅,闵帝大赦,改元应顺。《资治通鉴》。

四月癸卯,太后下令,废少帝为鄂王。甲戌,太后令潞王即皇帝位。乙酉,改元。《资治通鉴》。

知贡举:中书舍人卢导

进士科

【张纬】恩州清海军人。清泰元年(934)登进士科。历南唐虞部员外郎、史馆修撰、句容令,官至中书舍人。

《唐余纪事》卷七《江文蔚传》:"中书舍人张纬,后唐应顺中及第。"

《旧五代史》卷九七《李金全传》:"(安州节度使李)金全大骇,命从事张纬,函表送欸于淮夷。淮人遣伪将李承裕以代金全,金全即日南窜。"

(宋)陆游《陆氏南唐书》卷一〇《张李皇甫江欧列传第七》:"中书舍人张纬,后唐应顺中及第。"

(宋)徐铉《骑省集》卷八《虞部员外郎史馆修撰张纬可句容令制》:"敕为政之要,在乎安民长人之利,在乎慎选。故吾用古道,择尚书郎而命之,某官张纬……是为通才,何适不可王畿大邑。"

(宋)欧阳修《文忠集》卷八〇有《比部员外郎致仕张纬男允修可将作监主簿制》。《骑省集》卷二〇《与中书官员祭江学士文》:"维年月日广平游简言、陇西李贻业、清海张纬、东海徐铉。"按:《登科记考》卷二五同光四年进士科条云张纬及第,不确。今从《陆氏南唐书》《唐余纪事》,后唐应顺元年四月改清泰元年,则张纬为清泰元年登进士第。

(清)吴任臣《十国春秋》卷二五《南唐十一·江文蔚传》:"中书舍人张纬,后唐应顺中及第,大衔其言,执政又皆不由科第进,相与排沮,贡举遂复罢。"

清泰二年乙未(935)

知贡举:礼部尚书王权

进士科:

【刘载】字德舆,涿州范阳人。清泰二年(935)举进士。官至工部侍郎。

《宋史》卷二一《刘载传》："刘载,字德舆,涿州范阳人。唐卢龙节度济之六世孙。父昭,下蔡令。载,后唐清泰中举进士。晋初,解褐校书郎,迁著作佐郎,赐绯,拜左拾遗、集贤殿直学士。汉初,为殿中侍御史,丁内艰,服阕,复拜旧官。判西京留台,改仓部员外郎。尝著五论,曰《为君》《为相》《为将》《去谗》《纳谏》,颇为文士所称。周世宗初,擢知制诰。显德三年,拜右谏议大夫,与右拾遗郑起、尚书博士李宁同校道书。迁给事中,使许州定田租。俄赐金紫,为魏王符彦卿加恩国信使。宋初,浚五丈河,自陈桥达曹州之西境,命护其役。建隆四年,贝州节度使张光翰来朝,遣载权知州事。光翰归镇,载还,知贡举。乾德初,掌建安榷货务。六年,就为江南国主生辰使,召还,令知镇州。开宝四年,坐与何继筠不协,改山南东道行军司马。十年不召,尝受诏权点检州事。太平兴国初,复入为给事中。三年,出知襄州,六年,代还。告老,改工部侍郎致仕,乃赐一子出身。八年,卒,年七十一。载尤好学,博通史传,善属文。尝受诏撰明宪皇后谥册文,又作《吊战国赋》万余言行于世。雅信释典,敦尚名节。子宗言,至比部郎中;宗望,景德二年进士及第。大中祥符四年,其孙介以载文集来献,以为试将作主簿。"

《宋太宗实录》："刘载,后唐清泰中举进士及第,解褐秘书省校书郎。"

《登科记考》卷二五,清泰二年(935)进士科条录载刘载。

【熊皦】池州青阳县人。清泰二年(935)登进士科。初授延安节度使从事,官至后晋右司谏。

(宋)晁公武《郡斋读书志校证》卷一八《别集类中》录《熊皦屠龙集》五卷,注:"右晋熊皦。后唐清泰二年进士。为延守刘景延从事。天福中,说景岩归朝,擢右司谏。"

(宋)陈振孙《直斋书录解题》卷一九录载《熊皦屠龙集》一卷,注:"五代晋九华熊皦撰。后唐清泰二年进士。集中多下第诗,盖老于场屋者。"

(元)辛文房撰,傅璇琮主编《唐才子传校笺》(册四)卷一〇《熊皎》:"皎,九华山人,唐清泰二年进士。刘景延节度延安,辟为从事。晋天福中,说景岩归朝,以功擢右谏议,竟坐累黜为上津令。"按:《唐才子传》作"熊皎",误,当以"熊皦"为是。又按:九华山在池州青阳县。

《登科记考》卷二五,清泰二年(935)进士科条作"熊皦",罗继祖《登科记考补》亦作"熊皦"。

【薛居正】字子平,开封浚仪人。清泰二年(935)登进士科。

《宋史》卷二三《薛居正传》："薛居正,字子平,开封浚仪人。父仁谦,周太子宾客。居正少好学,有大志。清泰初,举进士不第,为《遣愁文》自解,寓意倜傥,识者以为有公辅之量。逾年登第。"

(宋)曾巩《隆平集》："薛居正,清泰中登进士第。"

《登科记考》卷二五,清泰二年(935)进士科条录载薛居正。

附考（后唐朝）

附考进士（后唐年间进士）

【王豹】天成四年(929)前乡贡进士及第。

《全唐文补遗》第一辑，天成四年(929)十月十八日《大唐故东南面招讨副使宁江军节度观察处置兼云□榷盐制置等使光禄大夫检校太保乐安县开国伯食邑七百户西方公(邺)墓志铭并序》，署名"前乡贡进士王豹撰"。

《北图馆藏石刻拓本汇编》三六册三九《王方邺墓志》："前进士王豹撰。"

【孔庄】洛阳人，祖迥莱州刺史，父昌庶官至虞部郎中。约后唐登进士科。仕晋为右谏议大夫。

《宋史》卷二七六《孔承恭传》："孔承恭，字光祖，京兆万年人。唐昭宗东迁，举族随之，遂占籍河南。五世祖戡，《唐书》有传。戡孙迥，莱州刺史。迥子昌庶，虞部郎中。昌庶子庄，仕晋为右谏议大夫。由戡至庄，皆登进士第。"

《登科记考》卷二七《附考·进士科》云孔庄及第。

【刘涛】字德润，徐州彭城人。后唐天成中进士。入宋后官终秘书监。

《全唐文》卷八六五刘涛小传："涛字德润，徐州彭城人。后唐天成中进士，累迁起居舍人。晋天福中历度支职方二郎中。汉初为中书舍人。周广顺中左迁少府少监分司西京。显德初就改太常少卿，拜右谏议大夫。四年以知贡举责授太子右赞善大夫。恭帝即位，迁右詹事。入宋终秘书监。"

《宋史》卷二六二《刘涛传》："刘涛，字德润，徐州彭城人，后唐天成中，举进士，释褐为凤翔掌书记，拜右拾遗，赐绯……出为山南东道节度判官，召为左补阙，迁起居舍人。"

《登科记考》卷二七《附考·进士科》录载刘涛。

【杨昭俭】字仲宝，京兆长安人。长兴中登进士科。初授成德军推官，后晋官至中书舍人，后周官至御史中丞，入宋官至礼部尚书。

《全唐文》卷八六三杨昭俭小传："昭俭，字仲宝，京兆长安人。后唐长兴中进士，历殿中侍御史。仕晋，累迁中书舍人。周显德中为翰林学士，改御史中丞。出为武胜军节度行军司马。入宋，累官礼部尚书。太平兴国二年卒。"

《宋史》卷二六九《杨昭俭传》："杨昭俭，字仲宝，京兆长安人。曾祖嗣复，唐门下侍郎、平章事、吏部尚书。祖授，唐刑部尚书。父景，梁左谏议大夫。昭俭少敏俊，后唐长兴中，登进士第，解褐成德军节度推官。历镇、魏掌书记，拜左拾遗、直史馆……迁殿中侍御史。天福初，改礼部员外郎……拜中书舍人，又为翰林学士……未几，起为河南少尹，改秘书少监，寻复中书舍人……周世宗爱其才，复召入翰林为学士。岁余，改御史中丞，多振举台宪故事……开宝二年，入为太子詹事，以眼疾求退。六年，以工部尚书致仕。太宗即位，就加礼部尚书。太平兴国二年，卒。"

（清）李调元《全五代诗》卷一二《杨昭俭》："昭俭，后唐长兴中进士，殿中丞侍御史。事石晋，入宋，官尚书卒。"

《登科记考》卷二七《附考·进士科》录载杨昭俭。

【何交直】后唐年间登进士第。

《五代史补》卷二："何仲举，营道人……天成中入洛，时秦王为河南尹尤重士……公举数百人，独以仲举为擅场……故一举上第。"

（清）王士禛《五代诗话》卷七《何仲举》："何仲举，营道人也……天成中入洛，会秦王从荣为河南尹，倾身下士，仲举与张抗、江文蔚同游其门，逾年遂登进士第……出为全州刺史。已，又改衡州，以寿终。"

弘治《永州府志》卷四《人物》："后何仲举、何嗣全，何间直、交直、谊直，皆（何）坚之支裔，俱登进士第，官绩昭著。"

【何间直】后唐年间登进士第。

《五代史补》卷二："何仲举，营道人……天成中入洛，时秦王为河南尹尤重士……公举数百人，独以仲举为擅场……故一举上第。"

（清）王士禛《五代诗话》卷七《何仲举》："何仲举，营道人也……天成中入洛，会秦王从荣为河南尹，倾身下士，仲举与张抗、江文蔚同游其门，逾年遂登进士第……出为全州刺史。已，又改衡州，以寿终。"

弘治《永州府志》卷四《人物》："后何仲举、何嗣全，何间直、交直、谊直，皆（何）坚之支裔，俱登进士第，官绩昭著。"

【何谊直】后唐年间登进士第。

《五代史补》卷二："何仲举，营道人……天成中入洛，时秦王为河南尹尤重士……公举数百人，独以仲举为擅场……故一举上第。"

（清）王士禛《五代诗话》卷七《何仲举》："何仲举，营道人也……天成中入洛，会秦王从荣为河南尹，倾身下士，仲举与张抗、江文蔚同游其门，逾年遂登进士第……出为全州刺史。已，又改衡州，以寿终。"

弘治《永州府志》卷四《人物》："后何仲举、何嗣全，何间直、交直、谊直，皆（何）坚之支裔，俱登进士第，官绩昭著。"

【何嗣全】后唐年间登进士第。

《五代史补》卷二："何仲举，营道人……天成中入洛，时秦王为河南尹尤重士……公举数百人，独以仲举为擅场……故一举上第。"

（清）王士禛《五代诗话》卷七《何仲举》："何仲举，营道人也……天成中入洛，会秦王从荣为河南尹，倾身下士，仲举与张抗、江文蔚同游其门，逾年遂登进士第……出为全州刺史。已，又改衡州，以寿终。"

弘治《永州府志》卷四《人物》："后何仲举、何嗣全，何间直、交直、谊直，皆（何）坚之支裔，俱登进士第，官绩昭著。"

【周渥】天成四年（929）前宾贡进士及第。

《全唐文补遗》千唐志斋新藏专辑,天成四年(929)十月十七日《大唐故兴国推忠功臣光禄大夫检校太保守左金吾卫大将军致仕兼御史大夫上柱国昌黎县开国伯食邑七百户韩公(恭)墓志铭》,署名"前宾贡进士周渥撰"。

《千唐志斋藏志》一二二〇,天成四年(929)十月十五日《大唐故东头供奉官银青光禄大夫检校左散骑常侍左千牛卫将军兼御史大夫上柱国韩公(汉臣)墓志铭》,署名"前宾贡进士周渥撰"。按:《韩恭墓志》与《韩汉臣墓志》撰写时间接近,均署名周渥,当即一人。

【庞式】后唐年间进士及第。官乐乡县令。

(五代)王仁裕《玉堂闲话》:"唐长兴三年进士庞式,肄业于嵩阳观之侧。后登第,除乐乡县令。"按:庞式当于后唐年间进士及第。

《登科记考》卷二七《附考·进士科》录载庞式。

【贾少瑜】长兴中登进士科。拜监察御史。

《旧五代史》卷八九《刘昫传》:"刘昫,字耀远,涿州归义人也。祖乘,幽府左司马;父因,幽州巡官……长兴中,拜中书侍郎兼刑部尚书、平章事……初,昫避难河朔,匿于北山兰若,有贾少瑜者为僧,辍衾袍以温燠之。及昫官达,致少瑜进士及第,拜监察御史,闻者义之。"按:贾少瑜及第当在长兴中,方合"及昫官达,致少瑜进士及第"。

朱玉麒《〈登科记考〉补遗、订正》补入。

【萧孔冲】建安人。后唐同光时登进士第。

(清)吴任臣《十国春秋》卷九七《闽八·萧孔冲传》:"萧孔冲,建安人。登同光时进士第,不乐仕进。"

《登科记考》卷二七《附考·进士科》云萧孔冲及第。

附考诸科(后唐朝诸科)

【王恕】真定人。后唐时童子及第。宋开宝中知秀州,为盗所杀。

《宋史》卷六三《王济传》:"王济,字巨川。其先真定人,父恕,后唐时童子及第,开宝中,知秀州。会盗起,城陷,为盗所杀。"按:唐有天宝中明经及第之王恕,王播之父,别是一人。

《登科记考》卷二七《附考·诸科》录载王恕。

【成光诲】同光初前后登童子科。

《全唐文》卷九六九,阙名《请定乡贡童子事例奏(同光三年五月礼部)》:"当司准流内铨牒,应请定冬集举人内有前乡贡童子者。三铨已前团奏冬集,皆署前乡贡童子。伏准格文只有童子科,此无乡贡字。铨司先为请定冬集举人九经张仲宣等,内有前乡贡明经童子成光诲。遂检寻六典及苏冕会要,又无本朝书。子细检讨,惟有十三年闰十二月敕,诸道应荐万言及童子,起今后不得更有闻荐。据此童子两字皆由诸道表荐,固无乡贡之名,又无口议帖经,亦不合有明经之字。进则止于暗诵,便号神童。此外格文别无童子。其成光诲,诠司准格只收署前童子团奏去二月十五日具状申留司宰臣取裁奏例准申者。伏缘三铨见团奏冬集,右内有乡贡及明经字,已依成光诲例。准格只署童子团奏次诸左。伏以院司常年考试,皆凭诸道表荐。降敕下到当司,准格考试,及格者便放及第。其同光二年童子郭忠恕等九人,皆是表荐童子敕内,并纳到家状,并有乡贡两字。院司检勘同便榜示。引试及第后,先具白关牒报吏部南曹,续便团奏者。关奏状下到中书省,追当同元下纳家状,检点同覆奏放敕经过诸处。敕下后方始到当司,备录黄关牒,报御史台尚书省并吏部南曹。今准流内铨牒。伏缘院司承前皆凭敕命施行,童子敕内并有乡贡两字。若使下落,恐涉专擅者。"

【祖仲宣】字子明,安平人。后唐明宗朝童子擢第。后晋开运初释褐授隰州司马参军,官至加朝散大夫,北宋赠太常博士。

《千唐志斋藏志》一二五二,左贞撰端拱元年(988)十月八日《大宋故朝散大夫试大理评事前行许州临颍县令兼监察御史赠太常博士祖府君(仲宣)墓志铭并序》(《全宋文》册四):"府君讳仲宣,字子明,本幽州范阳人……遂徙家于深州安平县,今为安平人矣。府君后唐明宗朝,童子擢第……迨晋开运初,释褐授隰州司马参军……加朝散大夫……显德四年十月一日终于任,享年四十有三……(北宋)复又赠太常博士。"

张忱石《徐松〈登科记考〉续补(下)》补入。

高祖（石敬瑭）朝（936—942）

天福元年丙申（936）

十一月丁酉，契丹主命石敬瑭为大晋皇帝。是日，即皇帝位。《资治通鉴》。

己亥，改长兴七年为天福元年。《册府元龟》。

知贡举：礼部侍郎马胤孙（马裔孙）

进士科

【卫融】字明远，青州博兴县人。天福元年（936）登进士科。初授南乐县主簿，历齐澶二州从事、忠武军掌书记，后汉授中书侍郎、平章事，宋官至司农卿。

《宋史》卷四八二《卫融传》："卫融字明远，青州博兴人。晋天福初举进士，调南乐主簿，历齐澶二州从事、忠武军掌书记。汉初，为太原观察支使，刘崇称帝，授中书侍郎、平章事。太祖立，李筠据上党，遣使降刘钧，钧自将兵至太平驿兴筠会，遣宣徽使卢赞入潞州监筠军……乃授融太府卿，赐第京城。乾德初，郊祀，融献《郊禋大礼赋》，改司农卿，出知陈、舒、黄三州。开宝六年卒，年六十九。"

（清）吴任臣《十国春秋》卷一〇七《北汉四·卫融传》："卫融字明远，青州博兴人。晋天福初第进士，调南乐主簿，历齐澶二州从事、忠武军掌书记。高祖时，为太原观察支使。世祖称皇帝。授翰林学士，诣契丹谢册礼，且请兵。天会元年，迁中书侍郎、同平章事。四年，睿宗遣卢赞监李筠军，赞与筠不相能，诏融至潞州和解之。会筠败，融为宋人所擒……宋乃官融太府卿，赐第汴京，乾德改元，郊祀，融献《郊禋大礼赋》，改司农卿，出知陈、舒、黄三州。开宝六年，卒，年六十九。子偁、俦，孙齐，并进士及第。"

【赵宏】一作"赵弘"，宋太祖以宏名犯宣祖偏讳，赐名文度，蓟州渔阳人。清泰三年（936）登进士科。历徐兖陈许四镇从事、河东掌书记、翰林承旨、兵部尚书，历北汉中书侍郎同平章事，转门下侍郎兼枢密使，加司徒；历宋检校太傅、安国军节度使等。

（宋）王辟之《渑水燕谈录》卷七《歌咏》："赵文度，青州人。清泰三年进士第六人及第。"

（清）吴任臣《十国春秋》卷一〇八《北汉五·赵宏传》："赵宏，蓟州渔阳人。父玉，常客沧州，依节度判官吕兖。刘守光破沧州，收兖亲属尽戮之。兖子琦年十四，玉负之以逃，至太原，变姓名，丐衣食以给琦。琦，后唐同光初为藩郡从事。当是时燕、赵义士以玉能存吕氏之孤，翕然称之。明宗时，琦官职方员外郎知杂。清泰中，琦为给事中、端明殿学士，玉已卒矣。宏入洛举进士，琦荐于主司马裔孙，擢甲科，历徐、兖、陈、许四镇从事。高祖时为河东掌书记。宏给捷，善戏谑，世祖雅爱之，及称帝，累官至翰林承旨、兵部尚书。天会四年,授中书侍郎、同平章事,转门下侍郎兼枢密使,加司徒……(宋太祖)以宏名犯宣祖偏讳,赐名文度。师还,授检校太傅、安国军节度使……凡历三镇,宋开宝七年卒,年六十有七。"

《登科记考》卷二六据《十国春秋》作赵宏,避乾隆讳改。

陈尚君《〈登科记考〉正补》附在清泰三年登第。

【高颎】字子奇,开封雍邱人。天福元年(936)进士。

《宋史》卷一九九《文苑二》:"高颎字子奇,开封雍邱人。后唐清泰中举进士,同辈绐之曰:'何不从裴仆射求知乎?'时裴皞以左仆射致仕,后进无至其门者。颎性纯朴,信其言,以文贽于皞。明年,礼部侍郎马胤孙知贡举,乃皞门下生也,皞以颎语之,遂擢乙科。"

《宋太祖实录》卷三二:"(高)颎,开封雍丘人,清泰中举进士,侪辈绐之曰:'何不投裴仆射求知乎?'是时裴皞以左仆射致仕,后进无复至其门者。颎纯朴,信之,遂以文为贽。明年,礼部侍郎马胤孙知举,胤孙即皞之门生也。皞以颎语之,胤孙曰:'谨受命。'遂擢颎乙科。"

《登科记考》卷二六,天福元年(936)进士科条录载高颎。

【程峻】清泰三年(936)登进士第。终于殿中侍御史、淮海行军支使。

《浯田程氏宗谱》卷二载七十二世:"峻,后唐清泰三年侍郎马胤孙下擢进士第,终于殿中侍御史、淮海行军支使。"

陈尚君《〈登科记考〉正补》补入。

天福二年丁酉(937)

知贡举:中书舍人王延

进士科:

【崔颀】父协官至宰相。天福二年(937)进士及第。历御史中丞、尚书右丞、吏部侍郎,工、礼、刑三部尚书,以太子少傅致仕。

《旧五代史》卷一三一《王延传》:"王延,字世美,郑州长丰人也……入梁……寻荐为即墨县令,历徐、宋、郓、青四镇从事。长兴初,乡人冯道、赵凤在相位,擢拜左补阙。逾年,以水部员外知制诰迁中书舍人,赐金紫。清泰末,以本官权知贡举。时有举子崔颀者,故相协之子也。协素与吏部尚书卢文纪不睦,及延将入贡院,谒见,文纪谓延曰:'舍人以谨重闻于时,所以去冬老夫在相位时,与诸相首以长者闻奏,用掌文衡。然贡闱取士,颇多面目。说者:越人善泅,生子方晬,乳母浮之水上。或骇然止之,乳母曰,其父善泅,子必无溺。今若以名下取士,即此类也。舍人当求实才,以副公望。'延退而谓人曰:'卢公之言,盖为崔颀也。纵与其父不悦,致意何至此耶!'来春,以颀登甲科。其年,改御史中丞,岁满,转尚书右丞。奉使两浙,吴人深重之。复命,授吏部侍郎,改尚书左丞,拜太常卿,历工、礼、刑三尚书。以疾求分司西洛,授太子少保。既而连月请告,为留台所纠,改少傅致仕。广顺二年冬卒,时年七十有三。子亿,仕皇朝为殿中丞。"

明经科

【张休】后晋初明经科登第。天福二年(937)上书拜官,守河南府伊阳县主簿。

(宋)王钦若等《册府元龟》卷九七《帝王部(九十七)·礼贤》:"晋高祖天福二年六月,敕:'进策官、前摄郑州防御巡官、前乡贡明经张休以廉科擢第,义府游心,既坚拾芥之勤,果契然薪之志,而能救斯时病,来贡封章,览其所陈,甚为济要,旌诸忧国,示以宠章,王畿式解于褐衣,县簿仍超于常品。可将仕郎守河南府伊阳县主簿。'"按:张休后晋明经及第,天复二年上书拜官,今附此,俟考。

《登科记考》卷二六,天福二年(937)上书拜官条录载张休,未提及其明经及第。《登科记考补正》亦然。

天福三年戊戌(938)

知贡举: 户部侍郎崔棁

进士科:

【孔英】曲阜人。天福三年(938)登进士科。

《旧五代史》卷九三《崔棁传》:"崔棁……天福初,以户部侍郎为学士承旨……命权知二年贡举。时有进士孔英者,素有丑行,为当时所恶,棁受命往见维翰,维翰语素简,谓棁曰:'孔英来矣。'棁不谕其意,以谓维翰以孔英为言,乃考英及第,物议大以为非,遂罢学士,拜尚书左丞,迁太常卿。"

《新五代史》卷五五《崔棁传》:"崔棁……晋高祖时,以户部侍郎为学士承旨,权知天福二年贡举……时有进士孔英者,素有丑行,为当时所恶。棁既受命,往见维翰,维翰素贵,严尊而语简,谓棁曰:'孔英来矣。'棁不谕其意,以谓维翰以孔英为言,乃考英及第,物议大以为非,即罢学士,拜尚书左丞,迁太常卿。"

(宋)王钦若等《册府元龟》卷六五一《贡举部(十三)·谬滥》:"晋高祖天福三年,崔棁权知贡举。时有进士孔英者,行丑而才落,宰相桑维翰素知其为人,深恶之。及棁将镇院,礼辞于维翰。维翰性语简,止谓棁曰:'孔英来也。'盖虑棁放英,故言其姓名,以扼之也。棁性纯直,不复禀复,因默记之。时英又自称时宣尼之后,每凌轹于方场,棁不得已,遂放英登第。"

《登科记考》卷二六,天福三年(938)进士科条录载孔英。

【贾玭】字仲宝。天福三年(938)进士及第。宋初官至刑部郎中,终水部员外郎、知浚仪县。

《宋史》卷二六五《贾黄中传》:"贾黄中,字娲民,沧州南皮人,唐相耽四世孙。父玭字仲宝,晋天福三年进士,解褐。宋初,为刑部郎中,终水部员外郎、知浚仪县,年七十卒。"

嘉庆《河间府志》卷二〇《人物志》:"贾玭……后晋天福三年进士。"

【窦仪】字可象,蓟州渔阳人。天福三年(938)进士及第。后汉官至礼部员外郎,宋初官至礼部尚书。

(宋)曾慥《类说》卷五五《玉壶清话·五子登科》:"窦禹钧生五子:仪、侃、偁、俨、僖,皆相继登科。冯瀛王赠禹钧诗:'灵椿一株老,丹桂五枝芳'。"

《宋史》卷二六三《窦仪传》:"窦仪,字可象。蓟州渔阳人。曾祖逊,玉田令。祖思恭,妫州司马。父禹钧……仪十五能属文,晋天福中举进士。侍卫军帅景延广领襄州节度,表为记室。延广后历滑、陕、孟、郓四镇,仪并为从事……汉初,召为左补阙、礼部员外郎。周广顺初,改仓部员外郎、知制诰。未几,召为翰林学士。周祖幸南御庄宴射,坐中赐金紫。历驾部郎中、给事中,并充职。刘温叟知贡举,所取士有覆落者,加仪礼部侍郎,权知贡举……父卒,归葬洛阳。诏赐钱三十万,米麦三百斛。终丧,召拜端明殿学士……恭帝即位,迁兵部侍郎,充职。俄使南唐,既至,将宣诏……建隆元年秋,迁工部尚书,罢学士,兼判大理寺……俄加礼部尚书……四年秋,知贡举。是冬卒,年五十三,赠右仆射。仪学问优博,风度峻整。弟俨、侃、偁、僖,皆相继登科。冯道与禹钧有旧,尝赠诗,有'灵椿一株老,丹桂五枝芳'之句,缙绅多讽诵之,当时号为'窦氏五龙'……"

天福四年己亥(939)

停举。

《旧五代史·晋纪》:"天福三年……诏贡举宜权停一年。以员阙少而选人多,常调有淹滞故也。"

天福五年庚子(940)

停举。

(宋)王钦若等《册府元龟》卷六四二《贡举部(四)·条制第四》:"(天福四年)六月,敕:'尚书礼部:历代悬科,为时取士,任使贵期于称职,搜罗每虑于遗才。其如铨司注官,员阙有限;贡闱考策,人数不常。虽大朝务广于选求,而常调颇闻于淹滞。每候一阙,或经累年,遂令羁旅之人,多起怨咨之论。将令通济,须识从权,庶几进取之流,更励专勤之业。其贡举公事,宜权停一年。'"

天福六年辛丑(941)

知贡举：礼部侍郎张允

进士科

【仇华】天福六年(941)进士及第。

《宋史》卷二六九《扈蒙传》："宋初,由中书舍人迁翰林学士,坐请托于同年仇华,黜为太子左赞善大夫。"是知仇华与扈蒙同年。

《登科记考补正》卷二六,天福六年(941)进士科条录载仇华。

【边珝】字待价,华州下邽人。天福六年(941)进士及第。授秘书省校书郎。

《宋太宗实录》："珝字待价,华州下邽人……珝晋天福六年举进士,解褐秘书省校书郎。"

《登科记考》卷二六,天福六年(941)进士科条录载边珝。

万历《通州志》卷六《名宦》："边珝……举晋天福六年进士。"

【贾凝】沁水人。天福年间登进士第。

乾隆《山西通志》卷六："天福五年进士:贾凝,沁水人。"按:天福四年、五年皆不贡举,故附本年。

【扈蒙】字日用,幽州人。天福六年(941)进士及第。入宋历官翰林学士、尚书户部侍郎知制诰等,以工部尚书致仕。

《宋史》卷二六九《扈蒙传》："蒙字日用,幽州安次人。曾祖洋,祖曾。蒙晋天福中举进士。"

(清)陆心源《宋诗纪事补遗》卷二《扈蒙》："字明,晋天福进士,入宋历官翰林学士、尚书户部侍郎知制诰……工部尚书致仕。"

《登科记考》附扈蒙于卷二七《附考·进士科》,《登科记考补正》卷二六天福六年(941)进士科条录载扈蒙。

光绪《畿辅通志》卷三四："扈蒙,天福六年与程羽、窦俨同年。"

【窦俨】字望之,郡望蓟州,贯洛阳。天福六年(941)登进士科。初授滑州从事,后晋官至左拾遗,后汉官至史馆撰修,后周官至翰林学士,宋官至礼部侍郎。

《宋史》卷二六三《窦仪传》："窦仪,字可象。蓟州渔阳人……父卒,归葬洛阳……弟俨、侃、偁、僖,皆相继登科。冯道与禹钧有旧,尝赠诗,有'灵椿一株老,丹桂五枝芳'之句,缙绅多讽诵之,当时号为'窦氏五龙'……俨字望之,幼能属文。既冠,举晋天福六年进士,辟滑州从事。府罢,授著作佐郎、集贤校理,出为天平军掌书记,以母忧去职。服除,拜左拾遗。开运中,诸镇恣用酷刑……俨仕汉为史馆修撰。周广顺初,迁右补阙,与贾纬、王伸同修晋高祖少帝、汉祖三朝实录。改主客员外郎、知制诰。时仪自阁下入翰林,兄弟同日拜命,分居两制,时人荣之。俄加金部郎中,拜中书舍人。显德元年,加集贤殿学士,判院事……诏俨考正雅乐,俄权知贡举。未几,拜翰林学士,判太常寺……宋初,就转礼部侍郎,代仪知贡举。当是时,祀事乐章、宗庙谥号多俨撰定,议者服其该博。车驾征泽、潞,以疾不从。卒,年四十二……卢多逊、杨徽之同任谏官,俨尝谓之曰:……又曰:'俨家昆弟五人,皆登进士第,可谓盛矣,然无及相辅者,唯偁稍近之,亦不久居其位。'卒如其言……"

(宋)曾慥《类说》卷五五《玉壶清话·五子登科》:"窦禹钧生五子:仪、侃、偁、俨、偓,皆相继登科。"

《登科记考》卷二六,天福六年(941)进士科条录载窦俨。

天福七年壬寅(942)

六月乙丑,帝殂。是日,齐王即皇帝位。《资治通鉴》。

知贡举：礼部侍郎张允

进士科

七人。

【何承裕】曲江人。天福末举进士。

《全唐诗》第二十五册卷八七一作者小传:"(何)承裕,曲江人,天福末,举进士。"

《宋史》卷四三九《文苑传》:"又有何承裕者,晋天福末,擢进士第。"

《登科记考补正》卷二六,天福七年(942)进士科条录载何承裕。

出帝（石重贵）朝（943—946）

天福八年癸卯（943）

知贡举：礼部侍郎张允

进士科

【程羽】字冲远，深州陆泽人。天福八年（943）登进士科。初授郓州阳谷县主簿，官至宋文明殿学士、兵部侍郎，赠太子少师。

《宋太宗实录》："程羽字冲远，深州陆泽人。少好学，能属文，晋天福八年擢进士第，解褐为郓州阳谷县主簿。"

（明）程敏政《新安文献志》卷六二上引（宋）程大昌《宋故文明殿学士尚书兵部侍郎赠太子少师程公羽世录》："公讳羽，字冲远……举进士，黜于礼部，皆侍郎张永知贡举，每下第辄诣门献文谢不敏。允心媿重之。天福中，允复知贡举，公遂登乙科，调郓州阳谷县尉……（太宗即位）超授给事中……授礼部侍郎、文明殿学士……"

开运元年甲辰（944）

七月辛未朔，大赦，改元。《资治通鉴》。

知贡举：礼部侍郎吴承范（未毕事），礼部侍郎符蒙（放榜）。

进士科

【孟宾于】字国仪，连州桂阳县人。开运元年（944）登进士科。历滏阳令、水部郎中，兴国中致仕。

（宋）晁公武《郡斋读书志校证》卷一八《别集类中》录《李有中诗集》二卷，注："右伪唐李有中。尝为新塗令，与水部郎中孟宾于善。宾于称其诗入方干、贾岛之徒。宾于，晋天福中进士也。"

（宋）龙衮《江南野史》卷八："孟宾于，湖湘连上人……天祐末，工部侍郎李若虚廉察于湘沅，宾于以诗数百篇，自命为《金龟集》献之，大为称誉。因采择集中有可举者十数联记之于书，使宾于驰诣洛阳，献诸朝廷，皆为数之其誉蔼然。至明年春，与故李司昉同年擢进士第。"按："天祐"当为"天福"之误。

（宋）马令《马氏南唐书》卷二三《归明传下第十九》："孟宾于，湖湘连上人，少孤力学，事母以孝闻。天祐末，工部侍郎李若虚廉察沅湘，宾于以诗数百篇，自命为《金龟集》献之，若虚称善,采警册数联誉诸朝廷,由是诗名益振。明年春,擢进士第。"按:"天祐"当为"天福"之误。

(宋)阮阅《诗话总龟前集》卷一八引《郡阁雅谈》:"孟宾于字国仪,连州辅国乡人。"

(元)辛文房撰,傅璇琮主编《唐才子传校笺》(册四)卷一〇《孟宾于》:"宾于字国仪,连州人……晋天福九年,礼部侍郎符蒙知贡(举)……遂擢第,时已败六举矣。与诗人李昉同年情厚……后宾于来仕江南李主,调澄阳令……迁水部郎中……兴国中致仕。"按:天福九年七月改元开运元年。

(元)辛文房撰,傅璇琮主编《唐才子传校笺》册四考订孟宾于为连州桂阳县人。

诸科

五十六人。

开运二年乙巳(945)

知贡举:工部尚书窦贞固

进士科

【寇湘】华州下邽人。开运二年(945)进士科状元及第。后应辟为魏王记室。

(宋)杜大珪《名臣碑传琬琰集》上集卷二,孙忭《寇准碑》(《全宋文》册一一):"公讳准,字严仲……遂为华州下邽人……父湘……晋开运中登甲科,冠多士。后应辟为魏王记室终焉。"

(明)徐应秋《玉芝堂谈荟》卷二《历代状元》:"后晋状元寇湘,准之父。"

《登科记考》卷二六,开运二年(945)进士科条云寇湘及第。

【张澹】字成文,河南人。开运初登进士第。

《宋史》卷二六九《张澹传》:"张澹,字成文,其先南阳人,徙家河南。澹幼而好学,有才藻。晋开运初,登进士第。"按:开运元年七月改元,则言"开运初"者,当在开运二年。

胡可先《〈登科记考〉匡补续编》补入。

诸科

八十八人。

开运三年丙午(946)

十二月,契丹灭晋。《旧五代史·晋纪》。

知贡举：工部尚书王松

进士科

二十人，缺。

诸科

【贾黄中】字娟民，沧州南皮人，父玭终官水部员外郎。开运三年（946）六岁举童子科，显德三年（956）举进士。历校书郎、集贤校理，官至秘书监，赠礼部尚书。

《宋史》卷二六五《贾黄中传》："贾黄中，字娟民，沧州南皮人，唐相耽四世孙。父玭字仲宝，晋天福三年进士，解褐。宋初，为刑部郎中，终水部员外郎……黄中幼聪悟……六岁举童子科……十五举进士，授校书郎、集贤校理，迁著作佐郎、直史馆。建隆三年，迁左拾遗，历左补阙。开宝八年，通判定州，判太常礼院……太宗即位，迁礼部员外郎。太平兴国二年，知升州……八年，与宋白、吕蒙正等同知贡举，迁司封郎中，充翰林学士。雍熙二年，又知贡举，俄掌吏部选。端拱初，加中书舍人。二年，兼史馆修撰。凡再典贡部，多柬拔寒俊，除拟官吏，品藻精当。淳化二年秋，与李沆并拜给事中、参知政事……黄中亦特拜礼部侍郎，代至兼秘书监……（至道）二年，以疾卒，年五十六，其母尚无恙，卒如上言。赠礼部尚书。"

《宋太宗实录》："贾黄中，字娟民，沧州南皮人，唐相魏公耽之四世孙。父玭严毅，善教子，每士大夫家有子弟好学……必谆谆诲诱之。黄中幼聪悟……汉乾祐初，六岁举童子科。"

（宋）文莹《玉壶清话》卷七："贾黄中乃唐造《华夷图》丞相耽四世孙，七岁举童子，开头及第。"按："开头及第"当为"状头及第"。

《登科记考》卷二六，开运三年条："黄中以宋至道二年卒，年五十六，是年六岁。"

附考（后晋朝）

附考进士（后晋朝进士）

【李中】字有中，郡望陇西李氏，九江人。天福后登进士科。官至水部郎中。

（唐）孟宾于《碧云集序》："陇西李中，字有中。"

（南唐）李中《碧云集》卷下《壬申岁承命之任滏阳再过庐山国学感旧寄钧明府》："三十年前共苦心，囊萤曾寄此烟岑……"按：壬申年之年代相当者为宋开宝五年（972年）、后梁乾化二年（912年）。

（宋）晁公武《郡斋读书志校证》卷一八《别集类中》录《李有中诗集》二卷，注："右伪唐李有中。尝为新塗令，与水部郎中孟宾于善。宾于称其诗入方干、贾岛之徒。宾于，晋天福中进士也。"

（元）辛文房撰，傅璇琮主编《唐才子传校笺》（册四）卷一〇《李中》："中字有中，九江人也。唐末尝第进士。为新塗、滏阳、吉水三县令，仕终水部郎中。"按：陇西为李中郡望，九江为其籍贯。李中有《思九江旧居三首》（《碧云集》卷上）。

（清）吴任臣《十国春秋》卷一五《南唐一·烈祖本纪》云庐山国学建于升元四年（940，即天福五年）十二月，则壬申年在三十年后，当为970年（开宝三年）。其登第年当在五代天福五年后。

罗继祖《登科记考补》补入。

【李匡尧】后晋天福年间进士及第。曾官六军推官。

《全唐文补遗》第六辑，李匡尧撰天福八年（943）正月十一日《故银青光禄大夫太子左庶子致仕上柱国济阳蔡府君墓志并序》，署曰："前六军推官、乡贡进士。"按：李氏进士及第当在天福年间。

《登科记考补正》卷二七《附考·进士科》录载李匡尧。

【宋琪】字叔宝，幽州蓟人。中契丹进士第，时天福六年。

《宋史》卷二六四《宋琪传》："宋琪字叔宝，幽州蓟人。少好学。晋祖割燕地以奉契丹，契丹岁开贡部，琪举进士中第，署寿安侍读，时天福六年也。"

《宋太宗实录》："天福中"宋琪登第。

《登科记考》卷二七《附考·进士科》有宋琪。

《登科记考补正》卷二七《附考·进士科》认为宋琪第于契丹，不应收录，可参看。

【宋温故】京兆府长安县人。天福中登进士科。官至左补阙。

《宋史》卷二八七《宋湜传》："宋湜，字持正，京兆长安人。曾祖择，牟平令。祖赞，万年令。父温故，晋天福中进士，至左补阙……"

《登科记考》卷二七《附考·进士科》引杨亿《宋湜神道碑》："考温故，晋天福中擢第进士第。"

《登科记考》卷二七《附考·进士科》进士科条作"宋温",误。胡可先《续编》作"宋温故"。

【宋温舒】京兆府长安县人。天福中登进士科。官至职方员外郎。

《宋史》卷二八七《宋湜传》:"宋湜,字持正,京兆长安人。曾祖择,牟平令。祖赞,万年令。父温故,晋天福中进士,至左补阙;弟温舒,亦进士,至职方员外郎。"

胡可先《〈登科记考〉匡补续编》补入。

附考明经（后晋朝明经）

【谢凫】河朔人。开运中明经中第。官至周任瀛州录事参军,赠国子博士。

(宋)杨杰《无为集》卷一二《故通直郎签书商州军事判官厅公事谢君墓志铭》(引自《全宋文》册三八):"君讳季康,字和卿。其先河朔人……高祖讳凫,始以儒学自立,开运中,明经中第,至周任瀛州录事参军,赠国子博士。"

【蔡仁□】京兆人。天福间明经及第。

《全唐文补遗》第六辑,李匡尧撰天福八年(943)正月十一日《故银青光禄大夫太子左庶子致仕上柱国济阳蔡府君墓志并序》:"君讳□□,京兆人也……有二子:长□仁□,明经登第。"按:墓志撰于天福八年(943),则仁□明经登第当在此前。

卷
四

后汉（947—950）

高祖（刘暠）朝（947—948）

天福十二年丁未（947）

二月辛未，刘知远即皇帝位。自言未忍改晋，又恶开运之名，乃更称天福十二年。《资治通鉴》。

六月戊辰，改国号曰汉。《资治通鉴》。

知贡举：尚书左丞张昭

进士科

二十五人。

诸科

一百五十五人。

乾祐元年戊申（948）

正月乙卯，大赦，改元。《资治通鉴》《册府元龟》。

丁丑，帝殂于万岁殿。《资治通鉴》。

二月辛巳朔，周王即皇帝位。《资治通鉴》。

知贡举：户部侍郎王仁裕

进士科

【王溥】字齐物，并州祁人。乾祐元年（948）举进士甲科。初授秘书郎，后周官至宰相，宋官至太子太师，封祁国公，赠侍中，谥文献。

《旧五代史》卷一二八《王仁裕传》："王仁裕，字德辇，天水人……及寝，心意豁然，自是资性绝高。案：此下有阙文。《舆地纪胜》：王仁裕知贡举时，所取进士三十三人，皆一时名公卿，李昉、王溥为冠。"

《宋史》卷二四九《王溥传》："王溥字齐物，并州祁人。……溥，汉乾祐中举进士甲科，为秘书郎。时李宗贞据河……辟溥为从事……迁太常丞。从周祖镇邺。广顺初，授左谏议大夫、枢密直学士。二年，迁中书舍人、翰林学士。三年，加户部侍郎，改端明殿学士。周祖疾革，召学士草制，以溥为中书侍郎、平章事……恭帝嗣位，加右仆射……宋初，进位司空,罢参知枢密院。乾德二年,罢为太子太保……迁太子太师……封祁国公。七年八月,卒,年六十一。辍朝二日,赠侍中,谥文献。"

（宋）乐史《广卓异记》卷六《座主见门生拜相》:"右按《五代史》:乾祐元年,户部侍郎王仁裕,放王溥状元及第。溥不数年拜相,仁裕时为太子少保。"

（宋）周羽翀《三楚新录》卷二:"有邓洵美者,连郡人也,登进士第……同年王溥为相,闻洵美不得志……"

《登科记考》卷二六,乾祐元年(948)条云王溥状元及第。

【邓洵美】连州人。乾祐元年(948)登进士科。历周行逢署馆驿巡官。

《全唐诗》第二十一册卷七三四有邓洵美《答同年李昉见赠次韵》。

（宋）龙衮《江南野史》卷七:"邓洵美,世为湖郴郡人……天祐中与连人孟宾于,共为廉使李侍郎所荐,入洛阳,与故李昉同年擢进士第。"

（宋）周羽翀《三楚新录》卷二:"有邓洵美者,连郡人也,登进士第。""未几,给事中李昉至,昉亦洵美同年。"

（清）吴任臣《十国春秋》卷七五《楚九·邓洵美传》:"邓洵美,连州人……天福中,与孟宾于并为李若虚所荐,入洛阳,登晋进士第。后还乡。上笺周行逢,署馆驿巡官。洵美貌寝而背伛,时谓之邓驼。又性迂僻,不为同事者所喜,于是行逢礼遇渐薄,虽处府僚,而时忧空乏。同年生王溥、李昉为中朝显官,溥闻洵美不得志,贻以诗曰:'彩衣我已登黄阁,白社君犹困故庐。'行逢稍稍优给之。未几,昉为给事中,来楚,相见话旧,不觉悲泣,因与唱和,款论竟日。行逢疑其泄己阴事,贬为易俗场官,已而使人诬为山贼,突入官舍杀之。"

【许仲宣】字希粲,青州人。乾祐元年(948)登进士第。解褐授济阴主簿,后周官至淄州团练判官,宋官至给事中。

《宋史》卷二七〇《许仲宣传》:"许仲宣,字希粲,青州人。汉乾祐中,登进士第,时年十八。周显德初,解褐授济阴主簿,考功员外郎张义荐为淄州团练判官。宋初赴调,引对便殿……擢授太子中允,受诏知北海军……遂升为潍州……开宝四年,知荆南转运事……南唐平,以漕挽功拜刑部郎中。中谢日,召升殿奖谕,赐绯。九年,诏知永兴军府事。太宗嗣位,迁兵部郎中,驿召赴阙,赐金紫。授西川转运使……改广南转运使……太平兴国六年冬,南郊毕,迁吏部郎中。八年,与膳部郎中、知杂滕中正,兵部郎中刘保勋,刑部郎中辛仲甫皆以久次郎署,擢升谏垣,仲宣为左谏议大夫。未几,召还,以本官权度支。雍熙四年,出知广州,未上,移知江陵府,俄改河南府。端拱中,迁给事中。淳化元年,卒,年六十一。"按其淳化元年六十一岁,十八岁登第,许仲宣登第岁当为乾祐元年。

【李昉】字明远,深州饶阳人,荫补斋郎,选授太子校书。乾祐元年(948)举进士。初授秘书郎,官至集贤殿修撰,后周官至翰林学士,宋官至宰相,以特进、司空致仕,赠司徒,谥文正。

《全唐诗》第二十一册卷七三四有邓洵美《答同年李昉见赠次韵》。

《旧五代史》卷一二八《王仁裕传》:"王仁裕,字德辇,天水人……及瘗,心意豁然,自是资性绝高。案:此下有阙文。《舆地纪胜》:王仁裕知贡举时,所取进士三十三人,皆一时名公卿,李昉、王溥为冠。"

《宋史》卷二六五《李昉传》:"李昉,字明远,深州饶阳人。父超,晋工部郎中、集贤殿直学士。从大父右资善大夫沼无子,以昉为后,荫补斋郎,选授太子校书。汉乾祐举进士,为秘书郎。宰相冯道引之,与吕端同直弘文馆,改右拾遗、集贤殿修撰。周显德二年,宰相李毂征淮南,昉为记室。世宗览军中章奏……擢为主客员外郎、知制诰、集贤殿直学士……乃命为屯田郎中、翰林学士。六年春,丁内艰。恭帝嗣位,赐金紫。宋初,加中书舍人。建隆三年,罢为给事中……太平兴国中……昉与琪俱拜平章事……命昉与琪并为左右仆射,昉固辞,乃加中书侍……淳化二年,复以本官兼中书侍郎、平章事,监修国史……以特进、司空致仕……卧疾数日薨,年七十二。赠司徒,谥文正。"

(宋)龙衮《江南野史》卷七:"邓洵美,世为湖郴郡人……天祐中与连人孟宾于,共为廉使李侍郎所荐,入洛阳,与故李昉同年擢进士第。"

(宋)龙衮《江南野史》卷八:"孟宾于,湖湘连上人……天祐末,工部侍郎李若虚廉察于湘沅,宾于以诗数百篇,自命为《金龟集》献之,大为称誉。因采择集中有可举者十数联记之于书,使宾于驰诣洛阳,献诸朝廷,皆为数之其誉蔼然。至明年春,与故李司昉同年擢进士第。"

(宋)马令《马氏南唐书》卷二三《归明传下第十九》:"时李昉事皇朝为翰林学士,乃宾于同年进士也。"

(宋)曾巩《隆平集》:"李昉……汉乾祐中登进士第。"

(宋)周羽翀《三楚新录》卷二:"有邓洵美者,连郡人也,登进士第。""未几,给事中李昉至,昉亦洵美同年。"

(元)辛文房撰,傅璇琮主编《唐才子传校笺》(册四)卷一〇《孟宾于》:"宾于字国仪,连州人……晋天福九年,礼部侍郎符蒙知贡(举)……遂擢第,时已败六举矣。与诗人李昉同年情厚。"

(清)吴任臣《十国春秋》卷七五《楚九·邓洵美传》:"邓洵美,连州人……天福中,与孟宾于并为李若虚所荐,入洛阳,登晋进士第。后还乡……同年生王溥、李昉为中朝显官。"

《登科记考》卷二六,开运元年(944)李昉条云疑有两李昉,一为诗人李昉,开运元年登第;一为宰相李昉,乾祐元年登第。笔者认为两李昉实为一人,录在后汉乾祐元年条。按:诸书记载天福末李若虚荐李昉于有司,明年登第,其登第最早只能在后汉乾祐元年。《登科记考》云有两李昉,误。

【李恽】字孟深,汴州阳武人。乾祐初第进士。历岚州从事,北汉知制诰、翰林学士,官至宰相,宋官至司农卿。

(清)吴任臣《十国春秋》卷一〇八《北汉五·李恽传》:"李恽字孟深,汴州阳武人。乾祐初第进士,客游岚州。会世祖即位,署州从事,擢知制诰、翰林学士。历仕睿宗父子,累官至推诚佐命保祚功臣、特进、守尚书左仆射兼中书侍郎、平章事、上柱国、陇西郡开国公、食邑三千户……宋太宗陷太原,恽降命为殿中监,始知母亡,表求追服母丧,不许。出知广州,迁司农卿,连知许、孟二州,以足疾求解,授忠武军行军司马。端拱元年卒,年七十有三……初与王溥、李昉同年登第,国亡,相见叙旧,情好益固,论者美之。"

(清)李调元《全五代诗》卷一○○《李恽》:"恽,字孟深,汴州阳武人。乾祐初进士……世祖……署州从事……守尚书左仆射、平章事、上柱国、陇西郡开国公。入宋,授行军司马,卒。"

【窦侃】郡望蓟州,贯洛阳。乾祐元年(948)登进士科。官至起居郎。

《宋史》卷二六三《窦仪传》:"窦仪,字可象。蓟州渔阳人……父卒,归葬洛阳……弟俨、侃、偁、僖,皆相继登科。冯道与禹钧有旧,尝赠诗,有'灵椿一株老,丹桂五枝芳'之句,缙绅多讽诵之,当时号为'窦氏五龙'……侃,汉乾祐初及第,至起居郎。"

(宋)曾慥《类说》卷五五《玉壶清话·五子登科》:"窦禹钧生五子:仪、侃、偁、俨、偁,皆相继登科。"

隐帝(刘承祐)朝(949—950)

乾祐二年己酉(949)

知贡举：礼部侍郎司徒诩

进士科：

【王谱】祁县人。乾祐二年(949)登进士第。

乾隆《山西通志》卷六五《科目》："后汉乾祐二年进士：王谱，祁县人。"

【刘蟠】字士龙，滨州渤海人。汉乾祐二年(949)举进士。解褐益都主簿，入宋后官至左谏议大夫。

《全唐文补遗》第六辑，刘蟠撰显德五年(958)二月三日《大周棣州开元寺故宗主临坛律大德琅琊颜上人(弘德)幢子记》中自言："蟠忝《周南》《召南》之科，漏大乘小乘之趣。让请书而无计，详形状以挥毫。"按：刘蟠撰文时署名"登仕郎、前守青州益都县主簿"。

《宋史》卷二七六《刘蟠传》："刘蟠，字士龙，滨州渤海人。汉乾祐二年举进士，解褐益都主簿。宋初，历安远军及河阳节度推官、保义军掌书记。乾德五年，召拜监察御史，典染院事……俄迁工部郎中，充河北水路转运使。改刑部郎中，就充水陆转运使，入判本部事。籍田毕，迁左谏议大夫。淳化初，兼同考京朝官差遣。二年，暴中风眩，上遣太医视之，赐以金丹。卒，年七十三。"

【赵逢】字常夫，妫州怀戎人。乾祐二年(949)登进士甲科。解褐授秘书郎、直史馆，后周官至水部郎中，宋官至给事中。

《宋史》卷二七〇《赵逢传》："赵逢，字常夫，妫州怀戎人……汉乾祐中，益入为开封尹，表逢为巡官，逢不乐，乃求举进士。是岁，礼部侍郎、集贤殿学士司徒翊典贡举，擢登甲科。解褐授秘书郎、直史馆……显德四年，改膳部员外郎、知制诰。逾年，转水部郎中，仍掌诰命，恭帝即位，赐金紫。宋初，拜中书舍人……乾德初……迁给事中，充职。六年，权知贡举……开宝八年，卒。"

【高锡】虞乡人。乾祐二年(949)登进士第。宋历知制诰、屯田员外郎。

《登科记考》卷二七《附考》收入，胡可先《〈登科记考〉匡补三编》补入是年。

乾隆《山西通志》卷六五《科目》："后汉乾祐二年进士：王谱，祁县人。高锡，虞乡人。宋知制诰，屯田员外郎。"

【梁勖】乾祐二年(949)登第。

(宋)江少虞《皇朝事实类苑》卷三六引《阳文公谈苑》："王某言：'三十年已来，唯梁都官不受一钱，余无免者。'乃梁勖也。勖，汉乾祐中司徒诩下进士及第，有文词，太祖欲令知制诰，为时宰所忌，遂免。"按：司徒诩为乾祐二年、三年知贡举。

陈尚君《〈登科记考〉正补》附在乾祐二年登第。

【窦偁】字日章,蓟州人。乾祐二年(949)举进士。后周补单州军事判官,迁秘书郎,宋官至参知政事,赠工部尚书。

《宋史》卷二六三《窦仪传》:"窦仪,字可象。蓟州渔阳人……父卒,归葬洛阳……弟俨、侃、偁、僖,皆相继登科。冯道与禹钧有旧,尝赠诗,有'灵椿一株老,丹桂五枝芳'之句,缙绅多讽诵之,当时号为'窦氏五龙'……偁字日章,汉乾祐二年举进士。周广顺初,补单州军事判官,迁秘书郎,出为绛州防御判官。宋初,历武宁军掌书记西京留守判官、天雄归德军节度判官。开宝六年,拜右补阙、知宋州。尝作《遂命赋》以自悼。太宗领开封尹,选偁判官……出偁为彰义军节度判官。太平兴国五年,车驾幸大名府,召至行在所,拜比部郎中……以偁为枢密直学士,赐第一区。六年,迁左谏议大夫,充职。七年,参知政事……是秋卒,年五十八。车驾临哭,赠工部尚书。"

(宋)曾慥《类说》卷五五《玉壶清话·五子登科》:"窦禹钧生五子:仪、侃、偁、俨、偘,皆相继登科。"

【鞠恒】原名鞠常,字可久,密州高密人。乾祐二年(949)登进士科。释褐秘书省校书郎,后周官至魏县令,宋官至清河令。

《宋史》卷四四〇《鞠常传》:"鞠常,字可久,密州高密人。祖真,黄县令。父庆孙,申州团练判官,有诗名。常少好学,善属文。汉乾祐二年擢进士第,裁二十一,释褐秘书省校书郎。周广顺中,宰相范质奏充集贤校理,出为郓州观察支使,历永兴军节度掌书记、伊阳令。显德四年,诣阙进策,召试,复授猗氏令,迁蔡州防御判官,复宰介休、魏县。开宝中,赵普为相,擢为著作佐郎……后为清河令。七年,卒。"

(宋)王禹偁《鞠君墓志铭》:"公讳与今御名同,字可久……汉乾祐中一上登进士第,年二十一,榜中推为探花先辈,释褐秘书省校书郎。"

《登科记考》卷二六,乾祐二年(949)条:"……'鞠常',以避讳改也……按墓志铭言,恒开宝七年卒,年四十七。以是推之,则得第时年二十一。"

乾祐三年庚戌(950)

知贡举:礼部侍郎司徒诩

进士科

【王朴】字文伯,东平人。乾祐三年(950)擢进士科状元。解褐授校书郎,后周官至户部侍郎,赠侍中。

《旧五代史》卷一二八《王朴传》:"王朴,字文伯,东平人也。父序,以朴贵,赠左谏议大夫……(朴)汉乾祐中,擢进士第,解褐授校书郎,依枢密使杨邠,馆于邠第……国初,世宗镇澶渊,朝廷以朴为记室。及世宗为开封尹,拜右拾遗,充开封府推官。世宗嗣位,授比部郎中,赐紫……未几,迁左谏议大夫,知开封府事……寻拜左散骑常侍,充端明殿学士,知府如故……改户部侍郎兼枢密副使。未几,迁枢密使、检校太保。顷之,丁内艰,寻起复授本官……六年三月……是夕而卒,时年四十五……优诏赠侍中。"

（明）徐应秋《玉芝堂谈荟》卷二《历代状元》:"后周状元王朴。"

《登科记考》卷二六,乾祐三年(950)条云王朴状元及第,兹从《登科记考》。

明经科

【侯陟】淄州长山人。乾祐三年(950)举明经。后周初试校书郎,官至濮阳襄邑令,宋官至给事中,赠工部尚书。

《宋史》卷二七〇《侯陟传》:"侯陟,淄州长山人。汉末,举明经。周广顺初,试校书郎,为西州回鹘国信使判官,还补雷泽主簿。司门员外郎姚恕凡四荐陟,为襄城令、汝州防御判官、濮阳襄邑令。建隆初,为冤句令……诏与户部员外郎、知制诰王祐等同知贡举……迁户部郎中……加给事中。七年,三司使王仁赡左降,以陟与王明同判三司。八年,卒,赠工部尚书。"

《登科记考》卷二六,乾祐三年(950)条云侯陟明经及第。

附考（后汉朝）

附考进士（后汉朝进士）

【王著】字成象，单州单父人。乾祐中登进士科。后周历观察支使，宋官至翰林学士。

《宋史》卷二六九《王著传》："王著，字成象，单州单父人……汉乾祐中，举进士……广顺中，世宗镇澶州，辟观察支使。随世宗入朝，迁殿中丞；即位，拜度支员外郎。显德三年，充翰林学士。六年……加金部郎中、知制诰，赐金紫……宋初，加中书舍人。建隆二年，知贡举……四年春……乾德初，改兵部员外郎。二年，复知制诰。数月，加史馆修撰、判馆事。三年，就转户部郎中。六年，复为翰林学士，加兵部郎中，再知贡举。开宝二年冬，暴卒，年四十二。"

（清）吴任臣《十国春秋》卷一九《南唐五·南楚国公从善传》："会宋太祖受禅，厚其礼，遣翰林学士王著送归。"

《登科记考》卷二七《附考·进士科》录载王著。

【梁翰】乾祐间进士。任青州刺史，加光禄大夫。

《天一阁藏明代方志选刊》卷一九《新昌县志·选举志》："梁翰，乾祐间进士，任青州刺史，加光禄大夫。"

附考明经（后汉朝明经）

【聂崇义】河南洛阳人。三礼及第。官至国子《礼记》博士。

《宋史》卷四三一《儒林传》："聂崇义，河南洛阳人。少举三礼。汉乾祐中，累官至国子《礼记》博士。"

《登科记考》卷二七《附考·明经科》录载聂崇义。

卷
五

后周（951—960）

太祖（郭威）朝（951—954）

广顺元年辛亥（951）

正月丁卯，皇帝即位。大赦，改元。《新五代史·周纪》《册府元龟》。

知贡举：礼部侍郎司徒诩

进士科

【郑起】字孟隆。广顺元年（951）举进士。初授尉氏主簿，官至殿中侍御史。

《宋史》卷四三九《郑起传》："郑起字孟隆，举进士，周广顺初调补尉氏主簿。"

（宋）王禹偁《五哀诗·故殿中侍御史荥阳郑公起诗》："扬袂入泽宫，鹄心一箭中。"

《登科记考》卷二七《附考·进士科》云郑起及第。按：据《登科记考》体例，凡云某某年初者，皆系于元年。

【窦僖】一作"窦偘"，郡望蓟州渔阳。广顺元年（951）登进士科。官至左补阙。

《宋史》卷二六三《窦仪传》："窦仪，字可象。蓟州渔阳人……父卒，归葬洛阳……弟俨、侃、偁、僖，皆相继登科。冯道与禹钧有旧，尝赠诗，有'灵椿一株老，丹桂五枝芳'之句，缙绅多讽诵之，当时号为'窦氏五龙'……僖，周广顺初及第，至左补阙。"

（宋）曾慥《类说》卷五五《玉壶清话·五子登科》："窦禹钧生五子：仪、侃、偁、俨、偘，皆相继登科。"按："偘"当作"僖"。

广顺二年壬子（952）

知贡举：礼部侍郎赵上交

进士科：

【董淳】广顺二年（952）举进士。

《宋史》卷二六二《赵上交传》："广顺初，拜礼部侍郎。会将试贡士，上交申明条制，颇为精密，始复糊名考校。擢扈载甲科，及取梁周翰、董淳之流，时称得士。"

《登科记考》卷二六，广顺二年（952）进士科条录载董淳。

【梁周翰】字元褒，郑州管城人。后周广顺二年（952）举进士。初授虞城主簿，改开封府户曹参军，宋初为秘书郎、直史馆，官至工部侍郎。

《宋史》卷二六二《赵上交传》："广顺初，拜礼部侍郎。会将试贡士，上交申明条制，颇为精密，始复糊名考校。擢扈载甲科，及取梁周翰、董淳之流，时称得士。"

《宋史》卷四三九《梁周翰传》："梁周翰，字元褒，郑州管城人。父彦温，廷州马步军都校。周翰幼好学,十岁能属词。周广顺二年举进士,授虞城主簿,辞疾不赴。宰相范质、王溥以其闻人,不当佐外邑,改开封府户曹参军。宋初,质、溥仍为相,引为秘书郎、直史馆……历通判绵、眉二州……起授太子左赞善大夫。开宝三年,迁右拾遗……止左授司农寺丞……寻迁起居舍人……咸平三年,召入翰林为学士……明年,授给事中,与宋白俱罢学士。大中祥符元年,迁工部侍郎。逾年,被疾卒,年八十一。"

《登科记考》卷二六,广顺二年(952)进士科条录载梁周翰。

【扈载】字仲熙,北燕人。广顺二年(952)举进士高第。拜校书郎,官至翰林学士。

《旧五代史》卷一三一《扈载传》:"扈载……广顺初,随计于礼部,文价为一时之最,是岁升高等……因拜水部员外郎知制诰,迁翰林学士,赐绯……载为翰林学士,年三十六卒。"

《新五代史》卷三一《扈载传》:"扈载字仲熙,北燕人也。少好学,善属文,广顺初,举进士高第,拜校书郎,直史馆。再迁监察御史……因拜水部员外郎、知制诰。迁翰林学士,赐绯……入直学士院……已而召拜知制诰。及为学士,居岁中病卒,年三十六。"

《宋史》卷二六二《赵上交传》:"广顺初,拜礼部侍郎。会将试贡士,上交申明条制,颇为精密,始复糊名考校。擢扈载甲科,及取梁周翰、董淳之流,时称得士。"

《登科记考》卷二六,广顺二年(952)进士科条录载扈载。

【鞠愉】密州高密人。广顺二年(952)登进士第。

《宋史》卷四四○《鞠常传》:"鞠常,字可久,密州高密人。祖真,黄县令。父庆孙……弟愉,周广顺中进士,与常齐名。"

(宋)王禹偁《小畜集》卷三○《著作郎赠国子博士鞠君墓碣铭》(《全宋文》册四):"鞠氏之先……徙居高密。公讳与今上御名同,字可久……弟愉,同广顺二年登进士第,历某官。"

《登科记考》卷二六,广顺二年(952)进士科条录载鞠愉。

广顺三年癸丑(953)

知贡举:户部侍郎赵上交

进士科

【雷德骧】字善行,同州郃县人。广顺三年(953)进士及第。解褐授磁州军事判官。宋初拜殿中侍御史,改屯田员外郎、判大理寺,官终户部侍郎。

《宋史》卷二七八《雷德骧传》:"德骧字善行,同州郃县人。周广顺三年举进士,解褐磁州军事判官。宋初,拜殿中侍御史,改屯田员外郎、判大理寺……迁户部员外郎兼御史知杂事,改职方员外郎,充陕西、河北转运使。历礼部、户部郎中,入为度支判官。端拱初,迁户部侍郎。"

世宗（柴荣）朝（954—959）

显德元年甲寅（954）

正月丙子朔，大赦。改元。《资治通鉴》。

壬辰，帝殂于滋德殿。丙申，晋王即皇帝位。《册府元龟》《资治通鉴》。

知贡举：刑部侍郎徐台符

进士科：

【卢多逊】怀州河内人。显德元年（954）登进士科。释褐秘书郎、集贤校理，宋官至宰相，加兵部尚书。

《宋史》卷二六四《卢多逊传》："卢多逊，怀州河内人。曾祖得一、祖真启皆为邑宰。父亿……乾德二年，以少府监致仕。多逊，显德初，举进士，解褐秘书郎、集贤校理，迁左拾遗、集贤殿修撰。建隆三年，以本官知制诰，历祠部员外郎。乾德二年，权知贡举。三年，加兵部郎中。四年，复权知贡举。六年，加史馆修撰、判馆事。开宝二年，车驾征太原，以多逊知太原行府事。移幸常山，又命权知镇州。师还，直学士院。三年春，复知贡举。四年冬，命为翰林学士。六年……迁中书舍人、参知政事……加吏部侍郎。太平兴国初，拜中书侍郎、平章事。四年，从平太原还，加兵部尚书……雍熙二年，卒于流所。"

《登科记考》卷二六，显德元年（954）进士科条云卢多逊及第。

【朱遵式】字咸则，祁州无极人。显德元年（954）登进士科。历秘书省校书郎，官至朝散大夫。

（宋）王禹偁《小畜集》卷三〇《监察御史朱府君墓志铭》："公讳遵式，字咸则，祁州无极人……二十四应进士，凡四上，为权势所抑。周显德初……徐公典贡举……公始成名……世宗平寿春……得秘书省校书郎……太宗嗣位，加朝散大夫……（太平兴国）终于私地，享年五十五。"

《登科记考》卷二六，显德元年（954）进士科条云朱遵式及第。

【李穆】字孟雍，开封府阳武人。显德元年（954）登进士科。初授郓、汝二州从事，历右拾遗，宋官至左谏议大夫、参知政事。

《宋史》卷二六三《李穆传》："李穆，字孟雍，开封府阳武人。父咸秩，陕西大都督府司马……周显德初，以进士为郓、汝二州从事，迁右拾遗。宋初，以殿中侍御史选为洋州通判……开宝五年，以太子中允召。明年，拜左拾遗、知制诰……太平兴国初，转左补阙。三年冬，加史馆修撰、判馆事，面赐金紫。四年，从征太原还，拜中书舍人……八年春……召为翰林学士……擢拜左谏议大夫、参知政事。"

《登科记考》卷二六,显德元年(954)进士科条云李穆及第。

【赵孚】字乐道,河南洛阳人。显德元年(954)登进士科。初授开封尉,后周官至宗正丞,宋官至监察御史。

《宋史》卷二八七《赵安仁传》:"赵安仁,字乐道,河南洛阳人。曾祖武唐,虢州刺史。父孚字大信。周显德初,举进士,调补开封尉。乾德中,为浦江令……擢宗正丞。开宝中……太宗即位,起为国子监丞、知袁州。还,知开封府司录参军事,受诏与殿中侍御史柴成务、供奉官葛彦恭、殿直郭载行视黄河……召拜秘书丞,赐绯鱼……迁监察御史,出知舒州,改殿中侍御史……亦赐金紫。明年,卒。"

《登科记考》卷二六,显德元年(954)进士科条云赵孚及第。

【韩溥】京兆长安人。显德元年(954)登进士科。累迁历使府,入宋后历静难军掌书记、监察御史,官至司门郎中。

《宋史》卷一四〇《韩溥传》:"韩溥,京兆长安人,唐相休之裔孙。少俊敏,善属文。周显德初举进士,累迁历使府。开宝三年,自静难军掌书记召为监察御史,三迁至库部员外郎、知华州,同判灵州,再转司门郎中……弟洎,亦进士及第。"

《登科记考》卷二六,显德元年(954)进士科条云韩溥及第。

四库本《陕西通志》卷三〇《选举·后周·进士科》:"韩浦。长安人,显德初。韩洎,浦弟,进士及第。"按:"韩浦"当作"韩溥"。

明经科

【乔维岳】字伯周,陈州南顿人。显德元年(954)登明经科。初授太湖主簿,宋官至太常少卿,赠兵部侍郎。

《宋史》卷三〇七《乔维岳传》:"乔维岳,字伯周,陈州南顿人。治《三传》。周显德初登第,授太湖主簿。四年,迁平舆令。开宝中,右拾遗刘穦荐其才,擢为太子中舍、知高邮军,通判扬州,徙常州。金陵平,又移升州,改殿中丞。太平兴国……三年……为淮南转运副使,迁右补阙……迁户部员外郎。代还,为度支判官,转本曹郎中,出为两浙转运使,历知怀州、沧州。会考课京朝官,召还。属真宗以寿王尹京,精择府僚,留为开封府推官……太宗特加赏异……转太常少卿……拜给事中、知审官院……赠兵部侍郎。"

《登科记考》卷二六,显德元年(954)明经科条云乔维岳登第。

显德二年乙卯(955)

知贡举:礼部侍郎刘温叟

进士科

【李覃】显德二年(955)登进士科。

(宋)王溥《五代会要》卷二二《进士》:"显德二年三月敕:礼部贡院奏……其李覃、何俨、杨徽之、赵邻几等四人宜放及第。"

（宋）王钦若等《册府元龟》卷六四四《贡举部（六）·考试第二》："世宗显德二年三月，敕：'尚书礼部贡院奏今年新及第进士李覃、严说、何曮、武允成、王汾、间丘舜卿、杨徽之、任惟吉、赵邻几、周度、张慎微、王翥、马文、刘选、程浩然、李震等一十六人所试诗赋文询策，国家设贡举之司，求英俊之士，务询文行，方中科名。比闻近年以来，多有滥进，或以年劳而得第，或因媒势以出身。今岁所放举人，试令看验，果见纰缪，须至去留。其李覃、何曮、杨徽之、赵邻几等四人宜放及第。其严说、武允成、王汾、间丘舜卿、任惟吉、周度、张慎微、王翥、马文、刘选、程浩然、李震等一十三人，艺学未精，并宜勾落，且令苦学，以俟再来。'"按：文中"一十三人"，当为"一十二人"。

【杨徽之】字仲猷，蒲城人。显德二年（955）登进士科。

（宋）王溥《五代会要》卷二二《进士》："显德二年三月敕：礼部贡院奏……其李覃、何俨、杨徽之、赵邻几等四人宜放及第。"

（宋）王钦若等《册府元龟》卷六四四《贡举部（六）·考试第二》："世宗显德二年三月，敕：'尚书礼部贡院奏今年新及第进士李覃、严说、何曮、武允成、王汾、间丘舜卿、杨徽之、任惟吉、赵邻几、周度、张慎微、王翥、马文、刘选、程浩然、李震等一十六人所试诗赋文询策，国家设贡举之司，求英俊之士，务询文行，方中科名。比闻近年以来，多有滥进，或以年劳而得第，或因媒势以出身。今岁所放举人，试令看验，果见纰缪，须至去留。其李覃、何曮、杨徽之、赵邻几等四人宜放及第。其严说、武允成、王汾、间丘舜卿、任惟吉、周度、张慎微、王翥、马文、刘选、程浩然、李震等一十三人，艺学未精，并宜勾落，且令苦学，以俟再来。'"按：文中"一十三人"，当为"一十二人"。

嘉靖《建宁府志》卷一八《人物·文学》："（杨）徽之少工诗赋……周显德中第进士。"

【何曮】一作"何俨"，河南府人。显德二年（955）登进士科。

（宋）王溥《五代会要》卷二二《进士》："显德二年三月敕：礼部贡院奏……其李覃、何俨、杨徽之、赵邻几等四人宜放及第。"

（宋）王钦若等《册府元龟》卷六四四《贡举部（六）·考试第二》："世宗显德二年三月，敕：'尚书礼部贡院奏今年新及第进士李覃、严说、何曮、武允成、王汾、间丘舜卿、杨徽之、任惟吉、赵邻几、周度、张慎微、王翥、马文、刘选、程浩然、李震等一十六人所试诗赋文询策，国家设贡举之司，求英俊之士，务询文行，方中科名。比闻近年以来，多有滥进，或以年劳而得第，或因媒势以出身。今岁所放举人，试令看验，果见纰缪，须至去留。其李覃、何曮、杨徽之、赵邻几等四人宜放及第。其严说、武允成、王汾、间丘舜卿、任惟吉、周度、张慎微、王翥、马文、刘选、程浩然、李震等一十三人，艺学未精，并宜勾落，且令苦学，以俟再来。'"按：文中"一十三人"，当为"一十二人"。

（宋）尹洙《河南先生文集》卷一五《故太常博士致仕何君墓志铭》："君讳某，字某……河南人，考讳曮，周显德二年进士第二人。"

【赵邻几】显德二年（955）登进士科。

（宋）王溥《五代会要》卷二二《进士》："显德二年三月敕：礼部贡院奏……其李覃、何俨、杨徽之、赵邻几等四人宜放及第。"

（宋）王钦若等《册府元龟》卷六四四《贡举部（六）·考试第二》："世宗显德二年三月,敕:'尚书礼部贡院奏今年新及第进士李覃、严说、何曠、武允成、王汾、闾丘舜卿、杨徽之、任惟吉、赵邻几、周度、张慎微、王翯、马文、刘选、程浩然、李震等一十六人所试诗赋文询策,国家设贡举之司,求英俊之士,务询文行,方中科名。比闻近年以来,多有滥进,或以年劳而得第,或因媒势以出身。今岁所放举人,试令看验,果见纰缪,须至去留。其李覃、何曠、杨徽之、赵邻几等四人宜放及第。其严说、武允成、王汾、闾丘舜卿、任惟吉、周度、张慎微、王翯、马文、刘选、程浩然、李震等一十三人,艺学未精,并宜勾落,且令苦学,以俟再来。'"按:文中"一十三人",当为"一十二人"。

重试落下十二人

【马文】显德二年（955）登进士科,复落。

（宋）王溥《五代会要》卷二二《进士》："显德二年三月敕:礼部贡院奏今年……其严说、武允成、王汾、闾邱舜卿、任惟吉、周度、张慎微、王翯、马文、刘选、程浩然、李震等一十二人,艺学未精,并宜黜落。"

（宋）王钦若等《册府元龟》卷六四四《贡举部（六）·考试第二》："世宗显德二年三月,敕:'尚书礼部贡院奏今年新及第进士李覃、严说、何曠、武允成、王汾、闾丘舜卿、杨徽之、任惟吉、赵邻几、周度、张慎微、王翯、马文、刘选、程浩然、李震等一十六人所试诗赋文询策,国家设贡举之司,求英俊之士,务询文行,方中科名。比闻近年以来,多有滥进,或以年劳而得第,或因媒势以出身。今岁所放举人,试令看验,果见纰缪,须至去留。其李覃、何曠、杨徽之、赵邻几等四人宜放及第。其严说、武允成、王汾、闾丘舜卿、任惟吉、周度、张慎微、王翯、马文、刘选、程浩然、李震等一十三人,艺学未精,并宜勾落,且令苦学,以俟再来。'"按:文中"一十三人",当为"一十二人"。

【王汾】显德二年（955）登进士科,复落。

（宋）王溥《五代会要》卷二二《进士》："显德二年三月敕:礼部贡院奏今年……其严说、武允成、王汾、闾邱舜卿、任惟吉、周度、张慎微、王翯、马文、刘选、程浩然、李震等一十二人,艺学未精,并宜黜落。"

（宋）王钦若等《册府元龟》卷六四四《贡举部（六）·考试第二》："世宗显德二年三月,敕:'尚书礼部贡院奏今年新及第进士李覃、严说、何曠、武允成、王汾、闾丘舜卿、杨徽之、任惟吉、赵邻几、周度、张慎微、王翯、马文、刘选、程浩然、李震等一十六人所试诗赋文询策,国家设贡举之司,求英俊之士,务询文行,方中科名。比闻近年以来,多有滥进,或以年劳而得第,或因媒势以出身。今岁所放举人,试令看验,果见纰缪,须至去留。其李覃、何曠、杨徽之、赵邻几等四人宜放及第。其严说、武允成、王汾、闾丘舜卿、任惟吉、周度、张慎微、王翯、马文、刘选、程浩然、李震等一十三人,艺学未精,并宜勾落,且令苦学,以俟再来。'"按:文中"一十三人",当为"一十二人"。

【王翯】显德二年（955）登进士科,复落。

（宋）王溥《五代会要》卷二二《进士》："显德二年三月敕：礼部贡院奏今年……其严说、武允成、王汾、闾邱舜卿、任惟吉、周度、张慎微、王翥、马文、刘选、程浩然、李震等一十二人，艺学未精，并宜黜落。"

（宋）王钦若等《册府元龟》卷六四四《贡举部（六）·考试第二》："世宗显德二年三月，敕：'尚书礼部贡院奏今年新及第进士李覃、严说、何曮、武允成、王汾、闾丘舜卿、杨徽之、任惟吉、赵邻几、周度、张慎微、王翥、马文、刘选、程浩然、李震等一十六人所试诗赋文询策，国家设贡举之司，求英俊之士，务询文行，方中科名。比闻近年以来，多有滥进，或以年劳而得第，或因媒势以出身。今岁所放举人，试令看验，果见纰缪，须至去留。其李覃、何曮、杨徽之、赵邻几等四人宜放及第。其严说、武允成、王汾、闾丘舜卿、任惟吉、周度、张慎微、王翥、马文、刘选、程浩然、李震等一十三人，艺学未精，并宜勾落，且令苦学，以俟再来。'"按文中"一十三人"，当为"一十二人"。

【刘选】显德二年（955）登进士科，复落。

（宋）王溥《五代会要》卷二二《进士》："显德二年三月敕：礼部贡院奏今年……其严说、武允成、王汾、闾邱舜卿、任惟吉、周度、张慎微、王翥、马文、刘选、程浩然、李震等一十二人，艺学未精，并宜黜落。"

（宋）王钦若等《册府元龟》卷六四四《贡举部（六）·考试第二》："世宗显德二年三月，敕：'尚书礼部贡院奏今年新及第进士李覃、严说、何曮、武允成、王汾、闾丘舜卿、杨徽之、任惟吉、赵邻几、周度、张慎微、王翥、马文、刘选、程浩然、李震等一十六人所试诗赋文询策，国家设贡举之司，求英俊之士，务询文行，方中科名。比闻近年以来，多有滥进，或以年劳而得第，或因媒势以出身。今岁所放举人，试令看验，果见纰缪，须至去留。其李覃、何曮、杨徽之、赵邻几等四人宜放及第。其严说、武允成、王汾、闾丘舜卿、任惟吉、周度、张慎微、王翥、马文、刘选、程浩然、李震等一十三人，艺学未精，并宜勾落，且令苦学，以俟再来。'"按：文中"一十三人"，当为"一十二人"。

【任惟吉】显德二年（955）登进士科，复落。

（宋）王溥《五代会要》卷二二《进士》："显德二年三月敕：礼部贡院奏今年……其严说、武允成、王汾、闾邱舜卿、任惟吉、周度、张慎微、王翥、马文、刘选、程浩然、李震等一十二人，艺学未精，并宜黜落。"

（宋）王钦若等《册府元龟》卷六四四《贡举部（六）·考试第二》："世宗显德二年三月，敕：'尚书礼部贡院奏今年新及第进士李覃、严说、何曮、武允成、王汾、闾丘舜卿、杨徽之、任惟吉、赵邻几、周度、张慎微、王翥、马文、刘选、程浩然、李震等一十六人所试诗赋文询策，国家设贡举之司，求英俊之士，务询文行，方中科名。比闻近年以来，多有滥进，或以年劳而得第，或因媒势以出身。今岁所放举人，试令看验，果见纰缪，须至去留。其李覃、何曮、杨徽之、赵邻几等四人宜放及第。其严说、武允成、王汾、闾丘舜卿、任惟吉、周度、张慎微、王翥、马文、刘选、程浩然、李震等一十三人，艺学未精，并宜勾落，且令苦学，以俟再来。'"按：文中"一十三人"，当为"一十二人"。

【严说】显德二年（955）登进士科，复落。

（宋）王溥《五代会要》卷二二《进士》："显德二年三月敕：礼部贡院奏今年……其严说、武允成、王汾、闾邱舜卿、任惟吉、周度、张慎微、王鼒、马文、刘选、程浩然、李震等一十二人，艺学未精，并宜黜落。"

（宋）王钦若等《册府元龟》卷六四四《贡举部（六）·考试第二》："世宗显德二年三月，敕：'尚书礼部贡院奏今年新及第进士李覃、严说、何曮、武允成、王汾、闾丘舜卿、杨徽之、任惟吉、赵邻几、周度、张慎微、王鼒、马文、刘选、程浩然、李震等一十六人所试诗赋文询策，国家设贡举之司，求英俊之士，务询文行，方中科名。比闻近年以来，多有滥进，或以年劳而得第，或因媒势以出身。今岁所放举人，试令看验，果见纰缪，须至去留。其李覃、何曮、杨徽之、赵邻几等四人宜放及第。其严说、武允成、王汾、闾丘舜卿、任惟吉、周度、张慎微、王鼒、马文、刘选、程浩然、李震等一十三人，艺学未精，并宜勾落，且令苦学，以俟再来。'"按：文中"一十三人"，当为"一十二人"。

【李震】显德二年(955)登进士科，复落。

（宋）王溥《五代会要》卷二二《进士》："显德二年三月敕：礼部贡院奏今年……其严说、武允成、王汾、闾邱舜卿、任惟吉、周度、张慎微、王鼒、马文、刘选、程浩然、李震等一十二人，艺学未精，并宜黜落。"

（宋）王钦若等《册府元龟》卷六四四《贡举部（六）·考试第二》："世宗显德二年三月，敕：'尚书礼部贡院奏今年新及第进士李覃、严说、何曮、武允成、王汾、闾丘舜卿、杨徽之、任惟吉、赵邻几、周度、张慎微、王鼒、马文、刘选、程浩然、李震等一十六人所试诗赋文询策，国家设贡举之司，求英俊之士，务询文行，方中科名。比闻近年以来，多有滥进，或以年劳而得第，或因媒势以出身。今岁所放举人，试令看验，果见纰缪，须至去留。其李覃、何曮、杨徽之、赵邻几等四人宜放及第。其严说、武允成、王汾、闾丘舜卿、任惟吉、周度、张慎微、王鼒、马文、刘选、程浩然、李震等一十三人，艺学未精，并宜勾落，且令苦学，以俟再来。'"按：文中"一十三人"，当为"一十二人"。

【张慎微】显德二年(955)登进士科，复落。

（宋）王溥《五代会要》卷二二《进士》："显德二年三月敕：礼部贡院奏今年……其严说、武允成、王汾、闾邱舜卿、任惟吉、周度、张慎微、王鼒、马文、刘选、程浩然、李震等一十二人，艺学未精，并宜黜落。"

（宋）王钦若等《册府元龟》卷六四四《贡举部（六）·考试第二》："世宗显德二年三月，敕：'尚书礼部贡院奏今年新及第进士李覃、严说、何曮、武允成、王汾、闾丘舜卿、杨徽之、任惟吉、赵邻几、周度、张慎微、王鼒、马文、刘选、程浩然、李震等一十六人所试诗赋文询策，国家设贡举之司，求英俊之士，务询文行，方中科名。比闻近年以来，多有滥进，或以年劳而得第，或因媒势以出身。今岁所放举人，试令看验，果见纰缪，须至去留。其李覃、何曮、杨徽之、赵邻几等四人宜放及第。其严说、武允成、王汾、闾丘舜卿、任惟吉、周度、张慎微、王鼒、马文、刘选、程浩然、李震等一十三人，艺学未精，并宜勾落，且令苦学，以俟再来。'"按：文中"一十三人"，当为"一十二人"。

【武允成】显德二年(955)登进士科，复落。

（宋）王溥《五代会要》卷二二《进士》："显德二年三月敕：礼部贡院奏今年……其严说、武允成、王汾、间邱舜卿、任惟吉、周度、张慎微、王翯、马文、刘选、程浩然、李震等一十二人，艺学未精，并宜黜落。"

（宋）王钦若等《册府元龟》卷六四四《贡举部（六）·考试第二》："世宗显德二年三月，敕：'尚书礼部贡院奏今年新及第进士李覃、严说、何曮、武允成、王汾、间丘舜卿、杨徽之、任惟吉、赵邻几、周度、张慎微、王翯、马文、刘选、程浩然、李震等一十六人所试诗赋文询策，国家设贡举之司，求英俊之士，务询文行，方中科名。比闻近年以来，多有滥进，或以年劳而得第，或因媒势以出身。今岁所放举人，试令看验，果见纰缪，须至去留。其李覃、何曮、杨徽之、赵邻几等四人宜放及第。其严说、武允成、王汾、间丘舜卿、任惟吉、周度、张慎微、王翯、马文、刘选、程浩然、李震等一十三人，艺学未精，并宜勾落，且令苦学，以俟再来。'"按：文中"一十三人"，当为"一十二人"。

【周度】 显德二年（955）登进士科，复落。

（宋）王溥《五代会要》卷二二《进士》："显德二年三月敕：礼部贡院奏今年……其严说、武允成、王汾、间邱舜卿、任惟吉、周度、张慎微、王翯、马文、刘选、程浩然、李震等一十二人，艺学未精，并宜黜落。"

（宋）王钦若等《册府元龟》卷六四四《贡举部（六）·考试第二》："世宗显德二年三月，敕：'尚书礼部贡院奏今年新及第进士李覃、严说、何曮、武允成、王汾、间丘舜卿、杨徽之、任惟吉、赵邻几、周度、张慎微、王翯、马文、刘选、程浩然、李震等一十六人所试诗赋文询策，国家设贡举之司，求英俊之士，务询文行，方中科名。比闻近年以来，多有滥进，或以年劳而得第，或因媒势以出身。今岁所放举人，试令看验，果见纰缪，须至去留。其李覃、何曮、杨徽之、赵邻几等四人宜放及第。其严说、武允成、王汾、间丘舜卿、任惟吉、周度、张慎微、王翯、马文、刘选、程浩然、李震等一十三人，艺学未精，并宜勾落，且令苦学，以俟再来。'"按：文中"一十三人"，当为"一十二人"。

【间邱舜卿】 一作"间丘舜卿"。显德二年（955）登进士科，复落。

（宋）王溥《五代会要》卷二二《进士》："显德二年三月敕：礼部贡院奏今年……其严说、武允成、王汾、间邱舜卿、任惟吉、周度、张慎微、王翯、马文、刘选、程浩然、李震等一十二人，艺学未精，并宜黜落。"

（宋）王钦若等《册府元龟》卷六四四《贡举部（六）·考试第二》："世宗显德二年三月，敕：'尚书礼部贡院奏今年新及第进士李覃、严说、何曮、武允成、王汾、间丘舜卿、杨徽之、任惟吉、赵邻几、周度、张慎微、王翯、马文、刘选、程浩然、李震等一十六人所试诗赋文询策，国家设贡举之司，求英俊之士，务询文行，方中科名。比闻近年以来，多有滥进，或以年劳而得第，或因媒势以出身。今岁所放举人，试令看验，果见纰缪，须至去留。其李覃、何曮、杨徽之、赵邻几等四人宜放及第。其严说、武允成、王汾、间丘舜卿、任惟吉、周度、张慎微、王翯、马文、刘选、程浩然、李震等一十三人，艺学未精，并宜勾落，且令苦学，以俟再来。'"按：文中"一十三人"，当为"一十二人"。

【程浩然】 显德二年（955）登进士科，复落。

（宋）王溥《五代会要》卷二二《进士》："显德二年三月敕：礼部贡院奏今年……其严说、武允成、王汾、闾邱舜卿、任惟吉、周度、张慎微、王翥、马文、刘选、程浩然、李震等一十二人，艺学未精，并宜黜落。"

（宋）王钦若等《册府元龟》卷六四四《贡举部（六）·考试第二》："世宗显德二年三月，敕：'尚书礼部贡院奏今年新及第进士李覃、严说、何曙、武允成、王汾、闾丘舜卿、杨徽之、任惟吉、赵邻几、周度、张慎微、王翥、马文、刘选、程浩然、李震等一十六人所试诗赋文询策，国家设贡举之司，求英俊之士，务询文行，方中科名。比闻近年以来，多有滥进，或以年劳而得第，或因媒势以出身。今岁所放举人，试令看验，果见纰缪，须至去留。其李覃、何曙、杨徽之、赵邻几等四人宜放及第。其严说、武允成、王汾、闾丘舜卿、任惟吉、周度、张慎微、王翥、马文、刘选、程浩然、李震等一十三人，艺学未精，并宜勾落，且令苦学，以俟再来。'"按：文中"一十三人"，当为"一十二人"。

上书拜官一人

【赵守微】显德二年（955）上书。授右拾遗。

（宋）王钦若等《册府元龟》卷九七《帝王部（九十七）·奖善》："周世宗显德二年，草泽赵守微投匦上书，指陈治道。帝览之，宜召顾问。初，令枢密直学士边归谠试策论诗赋，复令中书程试。以其文义小有可观，翌日，乃授右拾遗，赐衣服银带缯帛鞍马等，兼降诏奖饰，仍以所试策论诗赋，宣示百官。"

显德三年丙辰（956）

知贡举：礼部侍郎窦仪

进士科

【张霭】字伯云，崇安县人。显德三年（956）登进士科。初仕周为靳州刺史，建隆中除侍御史，官至左司员外郎。

（明）何乔远《闽书》卷九七《英旧志·建宁府崇安县·周·进士》："显德三年：张霭。"

《登科记考补正》卷二六，显德三年（956）进士科条录载张霭，考："《闽书》卷九七《英旧志·建宁府崇安县·周·进士》：显德三年：张霭。"四库本《福建通志》卷四七《人物·建宁府·宋》："张霭，字伯云，崇安人。初仕周为蕲州刺史，宋建隆中除侍御史。"考（宋）章定《名贤氏族言行类稿》卷二五："张霭，字伯云，建州崇安人，国初尝任侍御史。"按：嘉靖《建宁府志》卷一五《选举上·进士》、同上卷一八《人物·宦达》，四库本《福建通志》卷三三，均作"周显德二年进士"，皆误。盖显德二年李覃等四人全榜，见徐松考。

弘治《八闽通志》卷四九《科第·建宁府·五代》下记："周显德□年乙卯：杨徽之（浦城人卜……张霭（初浦城人，后徙崇安）。"按：显德乙卯年乃显德二年。又考嘉庆《浦城县志·选举》所记为"周显德二年乙卯"。此前明嘉靖《建宁府志》卷一五亦载："周显德二年乙卯:杨徽之……张霭。"据《登科记考》卷二六所考,杨徽之乃显德二年登进士第。张霭与其同年,则亦同登第于是年,《闽书》记在显德三年,误。张霭,事迹见《八闽通志》卷六四《人物》:"字伯云,崇安人,初仕周为靳州刺史,建隆中除侍御史。太祖方弹雀后苑,霭极请入奏事。及见所奏乃常事,太祖怒,霭曰:'臣以为尚急于弹雀。'太祖色愈厉,引斧柄撞其口,坠两齿,霭徐拾之。太祖曰:'欲讼朕耶?'霭曰:'臣不能讼陛下,自有史官书之耳。'出为河中府判官。太宗立,召还,眷宏尤握,多密启裨赞,官至左司员外郎。"

嘉靖《建宁府志》卷一八《人物·宦达》:"张霭,字伯云,崇安人,好学,善属文……登周显德二年进士,以三史出身知蕲州。"又见乾隆《福建通志》卷三三《选举志一·五代科目》:"周显德二年:崇安县张霭。"

【骆仲舒】显德三年(956)登进士科。官至起居舍人。

康熙《连州志》卷二《进士》:"显德丙辰,骆仲舒,起居舍人。"

【贾黄中】字娲民,沧州南皮人,父玭终官水部员外郎。开运三年(946)六岁举童子科,显德三年(956)举进士。初授校书郎、集贤校理,官至秘书监,赠礼部尚书。

《宋史》卷二六五《贾黄中传》:"贾黄中,字娲民,沧州南皮人,唐相耽四世孙。父玭字仲宝,晋天福三年进士,解褐。宋初,为刑部郎中,终水部员外郎……黄中幼聪悟……六岁举童子科……十五举进士,授校书郎、集贤校理,迁著作佐郎、直史馆。建隆三年,迁左拾遗,历左补阙。开宝八年,通判定州,判太常礼院……太宗即位,迁礼部员外郎。太平兴国二年,知升州……八年,与宋白、吕蒙正等同知贡举,迁司封郎中,充翰林学士。雍熙二年,又知贡举,俄掌吏部选。端拱初,加中书舍人。二年,兼史馆修撰。凡再典贡部,多柬拔寒俊,除拟官吏,品藻精当。淳化二年秋,与李沆并拜给事中、参知政事……黄中亦特拜礼部侍郎,代至兼秘书监……(至道)二年,以疾卒,年五十六,其母尚无恙,卒如上言。赠礼部尚书。"

《宋太宗实录》:"贾黄中,字娲民,沧州南皮人,唐相魏公耽之四世孙。父玭严毅,善教子,每士大夫家有子弟好学……必谆谆诲诱之。黄中幼聪悟……汉乾祐初,六岁举童子科。"

(宋)文莹《玉壶清话》卷七:"贾黄中乃唐造《华夷图》丞相耽四世孙,七岁举童子,开头及第。"按:"开头及第",当为"状头及第"。

《登科记考》卷二六开运三年条:"黄中以宋至道二年卒,年五十六,是年六岁。"同书显德三年(956)条云贾黄中进士及第。

显德四年丁巳(957)

知贡举:中书舍人申文炳

进士科

【李度】河南府洛阳县人。显德四年(957)登进士科。释褐永宁县主簿,官至直史馆。

《旧五代史》卷一三一《申文炳传》:"申文炳……广顺中,召为学士,迁中书舍人、知贡举。案《玉壶清话》:李庆,显德中举进士,工诗,有:'醉轻浮世事,老重故乡人。'枢密王朴以此一联荐于申文炳。文炳知贡举,遂为第三人。"

《宋史》卷四四〇《李度传》:"李度,河南洛阳人。周显德中举进士。度工于诗,有'醉轻浮世事,老重故乡人'之句。时翰林学士申文炳知贡举,枢密使王朴移书录其句以荐之,文炳即擢度为第三人。释褐永宁县主簿累迁殿中丞、知歙州……擢为虞部员外郎、直史馆,赐绯。端拱初,籍田毕……未至交州,卒于太平军传舍,年五十七。"

(宋)潘自牧《记纂渊海》卷三七:"李度显德中举进士,枢密王朴以此一联荐于知举,遂为第三人。"

《登科记考》卷二六,显德四年(957)进士科条:"按:《玉壶清话》作李庆,误。"

上书拜官一人

【段宏】显德四年(957)上书拜官,赐同《三传》出身。

(宋)王钦若等《册府元龟》卷六五一《贡举部(十三)·谬滥》:"(后周显德)四年,屯田员外郎、知制诰扈蒙试进策入乡贡进士段宏等,内段宏赐同《三传》出身。先是诣匦言事者甚众,命蒙以时务策试之。蒙选中者四人,帝览之,命枢密副使王朴覆试,唯留宏一人而已。蒙由是坐夺俸一月。"

《登科记考》卷二六,显德四年(957)上书拜官条云段宏及第。

显德五年戊午(958)

知贡举:右谏议大夫刘涛

进士科

【王汾】显德五年(958)登进士科。

《全唐文》卷一二五《驳落郭峻赵保雍等及第诏》:"……王汾据其文词未至精敏……特与成名。"

(宋)王溥《五代会要》卷二二《进士》:"(后周显德)五年三月,诏曰:……王汾据其文词,未至精敏,念以顷曾驳落,特与成名。熊若谷、陈保衡,皆是远人,深可嗟念,亦放及第。"

(宋)王钦若等《册府元龟》卷六五一《贡举部(十三)·谬滥》:"(显德)五年,右谏议大夫刘涛知贡举。三月,诏曰:'比者以近年贡举,颇是因循,频诏有司,精加试练,所冀去留无滥,优劣昭然。昨据贡院奏,今年新及第进士等,所试文字,或有否臧,爰命词臣,再令考核,庶泾渭之不杂,免玉石之相参。其刘坦、单贻庆、李颂、徐纬、张觌等,诗赋稍优,宜放及第。王汾,据其文词,亦未精当,念以顷曾剥落,特与成名。熊若谷、陈保衡,皆是远人,深可嗟念,亦放及第。郭峻、赵保雍、杨丹、安玄度、张昐、董咸则、杜思道等未甚苦辛,并从退落,更宜修进,以俟将来。涛选士不当,有失用心,可责授右赞善大夫,俾令省过,以戒当官。'先是，涛于东京放榜后，率其新令及第进士刘坦已下一十五人，来赴行在，具以其所试诗赋进呈。帝览之，以其词多纰缪，命翰林学士李昉覆试，故有是命。"

【刘坦】显德五年(958)进士科状元及第。历淮南掌书记。

(宋)王溥《五代会要》卷二二《进士》："(后周显德)五年三月，诏曰：……其刘坦、单贻庆、李庆、徐纬、张觐等诗赋稍优，宜放及第。"

(宋)王钦若等《册府元龟》卷六五一《贡举部(十三)·谬滥》："(显德)五年，右谏议大夫刘涛知贡举。三月，诏曰：'比者以近年贡举，颇是因循，频诏有司，精加试练，所冀去留无滥，优劣昭然。昨据贡院奏，今年新及第进士等，所试文字，或有否臧，爰命词臣，再令考核，庶泾渭之不杂，免玉石之相参。其刘坦、单贻庆、李颂、徐纬、张觐等，诗赋稍优，宜放及第。王汾，据其文词，亦未精当，念以顷曾剥落，特与成名。熊若谷、陈保衡，皆是远人，深可嗟念，亦放及第。郭峻、赵保雍、杨丹、安玄度、张昐、董咸则、杜思道等未甚苦辛，并从退落，更宜修进，以俟将来。涛选士不当，有失用心，可责授右赞善大夫，俾令省过，以戒当官。'先是，涛于东京放榜后，率其新令及第进士刘坦已下一十五人，来赴行在，具以其所试诗赋进呈。帝览之，以其词多纰缪，命翰林学士李昉覆试，故有是命。"

(宋)钱易《南部新书·癸》："刘坦状元及第，为维扬李重进书记。"

(元)马端临《文献通考》卷三〇《选举考三》："(显德)五年，右谏议大夫知举刘涛于东京试士，放榜后，率新及第进士刘坦已下一十五人来赴行在。"

(清)李调元《全五代诗》卷一五《刘坦》："坦，后周进士第一人及第。恭帝时，李重进镇淮南，辟为掌书记。"

【李庆】一作"李颂"。显德五年(958)登进士科。

《全唐文》卷一二五《驳落郭峻赵保雍等及第诏》："其刘坦、单贻庆、李庆、徐维、张觐等诗赋稍优，宜放及第。"

(宋)王溥《五代会要》卷二二《进士》："(后周显德)五年三月，诏曰：……其刘坦、单贻庆、李庆、徐纬、张觐等诗赋稍优，宜放及第。"

(宋)王钦若等《册府元龟》卷六五一《贡举部(十三)·谬滥》："(显德)五年，右谏议大夫刘涛知贡举。三月，诏曰：'比者以近年贡举，颇是因循，频诏有司，精加试练，所冀去留无滥，优劣昭然。昨据贡院奏，今年新及第进士等，所试文字，或有否臧，爰命词臣，再令考核，庶泾渭之不杂，免玉石之相参。其刘坦、单贻庆、李颂、徐纬、张觐等，诗赋稍优，宜放及第。王汾，据其文词，亦未精当，念以顷曾剥落，特与成名。熊若谷、陈保衡，皆是远人，深可嗟念，亦放及第。郭峻、赵保雍、杨丹、安玄度、张昐、董咸则、杜思道等未甚苦辛，并从退落，更宜修进，以俟将来。涛选士不当，有失用心，可责授右赞善大夫，俾令省过，以戒当官。'先是，涛于东京放榜后，率其新令及第进士刘坦已下一十五人，来赴行在，具以其所试诗赋进呈。帝览之，以其词多纰缪，命翰林学士李昉覆试，故有是命。"

【张觐】显德五年(958)登进士科。

《全唐文》卷一二五《驳落郭峻赵保雍等及第诏》："其刘坦、单贻庆、李庆、徐维、张觐等诗赋稍优，宜放及第。"

（宋）王溥《五代会要》卷二二《进士》："（后周显德）五年三月，诏曰：……其刘坦、单贻庆、李庆、徐纬、张觐等诗赋稍优，宜放及第。"

（宋）王钦若等《册府元龟》卷六五一《贡举部（十三）·谬滥》："（显德）五年，右谏议大夫刘涛知贡举。三月，诏曰：'比者以近年贡举，颇是因循，频诏有司，精加试练，所冀去留无滥，优劣昭然。昨据贡院奏，今年新及第进士等，所试文字，或有否臧，爰命词臣，再令考核，庶泾渭之不杂，免玉石之相参。其刘坦、单贻庆、李颂、徐纬、张觐等，诗赋稍优，宜放及第。王汾，据其文词，亦精当，念以顷曾剥落，特与成名。熊若谷、陈保衡，皆是远人，深可嗟念，亦放及第。郭峻、赵保雍、杨丹、安玄度、张昐、董咸则、杜思道等未甚苦辛，并从退落，更宜修进，以俟将来。涛选士不当，有失用心，可责授右赞善大夫，俾令省过，以戒当官。'先是，涛于东京放榜后，率其新令及第进士刘坦已下一十五人，来赴行在，具以其所试诗赋进呈。帝览之，以其词多纰缪，命翰林学士李昉覆试，故有是命。"

【陈保衡】显德五年（958）登进士科。

《全唐文》卷一二五《驳落郭峻赵保雍等及第诏》："熊若谷、陈保衡，皆是远人，深可嗟念，亦放及第。"

《洛阳出土历代墓志辑绳》建隆元年陈保衡撰《韩通墓志》："前乡贡进士陈保衡撰。"

（宋）王溥《五代会要》卷二二《进士》："（后周显德）五年三月，诏曰：……王汾据其文词，未至精敏，念以顷曾驳落，特与成名。熊若谷、陈保衡，皆是远人，深可嗟念，亦放及第。"

（宋）王钦若等《册府元龟》卷六五一《贡举部（十三）·谬滥》："（显德）五年，右谏议大夫刘涛知贡举。三月，诏曰：'比者以近年贡举，颇是因循，频诏有司，精加试练，所冀去留无滥，优劣昭然。昨据贡院奏，今年新及第进士等，所试文字，或有否臧，爰命词臣，再令考核，庶泾渭之不杂，免玉石之相参。其刘坦、单贻庆、李颂、徐纬、张觐等，诗赋稍优，宜放及第。王汾，据其文词，亦未精当，念以顷曾剥落，特与成名。熊若谷、陈保衡，皆是远人，深可嗟念，亦放及第。郭峻、赵保雍、杨丹、安玄度、张昐、董咸则、杜思道等未甚苦辛，并从退落，更宜修进，以俟将来。涛选士不当，有失用心，可责授右赞善大夫，俾令省过，以戒当官。'先是，涛于东京放榜后，率其新令及第进士刘坦已下一十五人，来赴行在，具以其所试诗赋进呈。帝览之，以其词多纰缪，命翰林学士李昉覆试，故有是命。"

【单贻庆】显德五年（958）登进士科。

（宋）王溥《五代会要》卷二二《进士》："（后周显德）五年三月，诏曰：……其刘坦、单贻庆、李庆、徐纬、张觐等诗赋稍优，宜放及第。"

（宋）王钦若等《册府元龟》卷六五一《贡举部（十三）·谬滥》："（显德）五年，右谏议大夫刘涛知贡举。三月，诏曰：'比者以近年贡举，颇是因循，频诏有司，精加试练，所冀去留无滥，优劣昭然。昨据贡院奏，今年新及第进士等，所试文字，或有否臧，爰命词臣，再令考核，庶泾渭之不杂，免玉石之相参。其刘坦、单贻庆、李颂、徐纬、张觐等，诗赋稍优，宜放及第。王汾，据其文词，亦未精当，念以顷曾剥落，特与成名。熊若谷、陈保衡，皆是远人，深可嗟念，亦放及第。郭峻、赵保雍、杨丹、安玄度、张昐、董咸则、杜思道等未甚苦辛，并从退落,更宜修进,以俟将来。涛选士不当,有失用心,可责授右赞善大夫,俾令省过,以戒当官。'先是,涛于东京放榜后,率其新令及第进士刘坦已下一十五人,来赴行在,具以其所试诗赋进呈。帝览之,以其词多纰缪,命翰林学士李昉覆试,故有是命。"

《全唐文》卷一二五《驳落郭峻赵保雍等及第诏》:"其刘坦、单贶庆、李庆、徐维、张觐等诗赋稍优,宜放及第。"

【徐纬】显德五年(958)登进士科。

《全唐文》卷一二五《驳落郭峻赵保雍等及第诏》:"其刘坦、单贶庆、李庆、徐纬、张觐等诗赋稍优,宜放及第。"

(宋)王溥《五代会要》卷二二《进士》:"(后周显德)五年三月,诏曰:……其刘坦、单贶庆、李庆、徐纬、张觐等诗赋稍优,宜放及第。"

(宋)王钦若等《册府元龟》卷六五一《贡举部(十三)·谬滥》:"(显德)五年,右谏议大夫刘涛知贡举。三月,诏曰:'比者以近年贡举,颇是因循,频诏有司,精加试练,所冀去留无滥,优劣昭然。昨据贡院奏,今年新及第进士等,所试文字,或有否臧,爰命词臣,再令考核,庶泾渭之不杂,免玉石之相参。其刘坦、单贶庆、李颂、徐纬、张觐等,诗赋稍优,宜放及第。王汾,据其文词,亦未精当,念以顷曾剥落,特与成名。熊若谷、陈保衡,皆是远人,深可嗟念,亦放及第。郭峻、赵保雍、杨丹、安玄度、张昐、董咸则、杜思道等未甚苦辛,并从退落,更宜修进,以俟将来。涛选士不当,有失用心,可责授右赞善大夫,俾令省过,以戒当官。'先是,涛于东京放榜后,率其新令及第进士刘坦已下一十五人,来赴行在,具以其所试诗赋进呈。帝览之,以其词多纰缪,命翰林学士李昉覆试,故有是命。"

【熊若谷】显德五年(958)登进士科。

《全唐文》卷一二五《驳落郭峻赵保雍等及第诏》:"熊若谷、陈保衡,皆是远人,深可嗟念,亦放及第。"

(宋)王溥《五代会要》卷二二《进士》:"(后周显德)五年三月,诏曰:……王汾据其文词,未至精敏,念以顷曾驳落,特与成名。熊若谷、陈保衡,皆是远人,深可嗟念,亦放及第。"

(宋)王钦若等《册府元龟》卷六五一《贡举部(十三)·谬滥》:"(显德)五年,右谏议大夫刘涛知贡举。三月,诏曰:'比者以近年贡举,颇是因循,频诏有司,精加试练,所冀去留无滥,优劣昭然。昨据贡院奏,今年新及第进士等,所试文字,或有否臧,爰命词臣,再令考核,庶泾渭之不杂,免玉石之相参。其刘坦、单贶庆、李颂、徐纬、张觐等,诗赋稍优,宜放及第。王汾,据其文词,亦未精当,念以顷曾剥落,特与成名。熊若谷、陈保衡,皆是远人,深可嗟念,亦放及第。郭峻、赵保雍、杨丹、安玄度、张昐、董咸则、杜思道等未甚苦辛,并从退落,更宜修进,以俟将来。涛选士不当,有失用心,可责授右赞善大夫,俾令省过,以戒当官。'先是,涛于东京放榜后,率其新令及第进士刘坦已下一十五人,来赴行在,具以其所试诗赋进呈。帝览之,以其词多纰缪,命翰林学士李昉覆试,故有是命。"

重试落下七人

【安玄度】显德五年(958)进士及第,复落。

(宋)王溥《五代会要》卷二二《进士》:"(后周显德)五年三月,诏曰:……郭峻、赵保雍、杨丹、安玄度、张助、董咸则、杜思道等未甚精者,并从退落。"

(宋)王钦若等《册府元龟》卷六五一《贡举部(十三)·谬滥》:"(显德)五年,右谏议大夫刘涛知贡举。三月,诏曰:'比者以近年贡举,颇是因循,频诏有司,精加试练,所冀去留无滥,优劣昭然。昨据贡院奏,今年新及第进士等,所试文字,或有否臧,爰命词臣,再令考核,庶泾渭之不杂,免玉石之相参。其刘坦、单贻庆、李颂、徐纬、张觐等,诗赋稍优,宜放及第。王汾,据其文词,亦未精当,念以顷曾剥落,特与成名。熊若谷、陈保衡,皆是远人,深可嗟念,亦放及第。郭峻、赵保雍、杨丹、安玄度、张昉、董咸则、杜思道等未甚苦辛,并从退落,更宜修进,以俟将来。涛选士不当,有失用心,可责授右赞善大夫,俾令省过,以戒当官。'先是,涛于东京放榜后,率其新令及第进士刘坦已下一十五人,来赴行在,具以其所试诗赋进呈。帝览之,以其词多纰缪,命翰林学士李昉覆试,故有是命。"

【杜思道】显德五年(958)进士及第复落。

(宋)王溥《五代会要》卷二二《进士》:"(后周显德)五年三月,诏曰:……郭峻、赵保雍、杨丹、安玄度、张助、董咸则、杜思道等未甚精者,并从退落。"

(宋)王钦若等《册府元龟》卷六五一《贡举部(十三)·谬滥》:"(显德)五年,右谏议大夫刘涛知贡举。三月,诏曰:'比者以近年贡举,颇是因循,频诏有司,精加试练,所冀去留无滥,优劣昭然。昨据贡院奏,今年新及第进士等,所试文字,或有否臧,爰命词臣,再令考核,庶泾渭之不杂,免玉石之相参。其刘坦、单贻庆、李颂、徐纬、张觐等,诗赋稍优,宜放及第。王汾,据其文词,亦未精当,念以顷曾剥落,特与成名。熊若谷、陈保衡,皆是远人,深可嗟念,亦放及第。郭峻、赵保雍、杨丹、安玄度、张昉、董咸则、杜思道等未甚苦辛,并从退落,更宜修进,以俟将来。涛选士不当,有失用心,可责授右赞善大夫,俾令省过,以戒当官。'先是,涛于东京放榜后,率其新令及第进士刘坦已下一十五人,来赴行在,具以其所试诗赋进呈。帝览之,以其词多纰缪,命翰林学士李昉覆试,故有是命。"

【杨丹】显德五年(958)进士及第复落。

(宋)王溥《五代会要》卷二二《进士》:"(后周显德)五年三月,诏曰:……郭峻、赵保雍、杨丹、安玄度、张助、董咸则、杜思道等未甚精者,并从退落。"

(宋)王钦若等《册府元龟》卷六五一《贡举部(十三)·谬滥》:"(显德)五年,右谏议大夫刘涛知贡举。三月,诏曰:'比者以近年贡举,颇是因循,频诏有司,精加试练,所冀去留无滥,优劣昭然。昨据贡院奏,今年新及第进士等,所试文字,或有否臧,爰命词臣,再令考核,庶泾渭之不杂,免玉石之相参。其刘坦、单贻庆、李颂、徐纬、张觐等,诗赋稍优,宜放及第。王汾,据其文词,亦未精当,念以顷曾剥落,特与成名。熊若谷、陈保衡,皆是远人,深可嗟念,亦放及第。郭峻、赵保雍、杨丹、安玄度、张昉、董咸则、杜思道等未甚苦辛,并从退落,更宜修进,以俟将来。涛选士不当,有失用心,可责授右赞善大夫,俾令省过,以戒当官。'先是,涛于东京放榜后,率其新令及第进士刘坦已下一十五人,来赴行在,具以其所试诗赋进呈。帝览之,以其词多纰缪,命翰林学士李昉覆试,故有是命。"

【张昉】一作"张助"。显德五年(958)进士及第复落。

(宋)王溥《五代会要》卷二二《进士》:"(后周显德)五年三月,诏曰:……郭峻、赵保雍、杨丹、安玄度、张助、董咸则、杜思道等未甚精者,并从退落。"

(宋)王钦若等《册府元龟》卷六五一《贡举部(十三)·谬滥》:"(显德)五年,右谏议大夫刘涛知贡举。三月,诏曰:'比者以近年贡举,颇是因循,频诏有司,精加试练,所冀去留无滥,优劣昭然。昨据贡院奏,今年新及第进士等,所试文字,或有否臧,爰命词臣,再令考核,庶泾渭之不杂,免玉石之相参。其刘坦、单贻庆、李颂、徐纬、张觌等,诗赋稍优,宜放及第。王汾,据其文词,亦未精当,念以顷曾剥落,特与成名。熊若谷、陈保衡,皆是远人,深可嗟念,亦放及第。郭峻、赵保雍、杨丹、安玄度、张昉、董咸则、杜思道等未甚苦辛,并从退落,更宜修进,以俟将来。涛选士不当,有失用心,可责授右赞善大夫,俾令省过,以戒当官。'先是,涛于东京放榜后,率其新令及第进士刘坦已下一十五人,来赴行在,具以其所试诗赋进呈。帝览之,以其词多纰缪,命翰林学士李昉覆试,故有是命。"

【赵保雍】显德五年(958)进士及第复落。

(宋)王溥《五代会要》卷二二《进士》:"(后周显德)五年三月,诏曰:……郭峻、赵保雍、杨丹、安玄度、张助、董咸则、杜思道等未甚精者,并从退落。"

(宋)王钦若等《册府元龟》卷六五一《贡举部(十三)·谬滥》:"(显德)五年,右谏议大夫刘涛知贡举。三月,诏曰:'比者以近年贡举,颇是因循,频诏有司,精加试练,所冀去留无滥,优劣昭然。昨据贡院奏,今年新及第进士等,所试文字,或有否臧,爰命词臣,再令考核,庶泾渭之不杂,免玉石之相参。其刘坦、单贻庆、李颂、徐纬、张觌等,诗赋稍优,宜放及第。王汾,据其文词,亦未精当,念以顷曾剥落,特与成名。熊若谷、陈保衡,皆是远人,深可嗟念,亦放及第。郭峻、赵保雍、杨丹、安玄度、张昉、董咸则、杜思道等未甚苦辛,并从退落,更宜修进,以俟将来。涛选士不当,有失用心,可责授右赞善大夫,俾令省过,以戒当官。'先是,涛于东京放榜后,率其新令及第进士刘坦已下一十五人,来赴行在,具以其所试诗赋进呈。帝览之,以其词多纰缪,命翰林学士李昉覆试,故有是命。"

【郭峻】显德五年(958)进士及第复落。

(宋)王溥《五代会要》卷二二《进士》:"(后周显德)五年三月,诏曰:……郭峻、赵保雍、杨丹、安玄度、张助、董咸则、杜思道等未甚精者,并从退落。"

(宋)王钦若等《册府元龟》卷六五一《贡举部(十三)·谬滥》:"(显德)五年,右谏议大夫刘涛知贡举。三月,诏曰:'比者以近年贡举,颇是因循,频诏有司,精加试练,所冀去留无滥,优劣昭然。昨据贡院奏,今年新及第进士等,所试文字,或有否臧,爰命词臣,再令考核,庶泾渭之不杂,免玉石之相参。其刘坦、单贻庆、李颂、徐纬、张觌等,诗赋稍优,宜放及第。王汾,据其文词,亦未精当,念以顷曾剥落,特与成名。熊若谷、陈保衡,皆是远人,深可嗟念,亦放及第。郭峻、赵保雍、杨丹、安玄度、张昉、董咸则、杜思道等未甚苦辛,并从退落,更宜修进,以俟将来。涛选士不当,有失用心,可责授右赞善大夫,俾令省过,以戒当官。'先是,涛于东京放榜后,率其新令及第进士刘坦已下一十五人,来赴行在,具以其所试诗赋进呈。帝览之,以其词多纰缪,命翰林学士李昉覆试,故有是命。"

【董咸则】显德五年(958)进士及第复落。

(宋)王溥《五代会要》卷二二《进士》:"(后周显德)五年三月,诏曰:……郭峻、赵保雍、杨丹、安玄度、张助、董咸则、杜思道等未甚精者,并从退落。"

(宋)王钦若等《册府元龟》卷六五一《贡举部(十三)·谬滥》:"(显德)五年,右谏议大夫刘涛知贡举。三月,诏曰:'比者以近年贡举,颇是因循,频诏有司,精加试练,所冀去留无滥,优劣昭然。昨据贡院奏,今年新及第进士等,所试文字,或有否臧,爰命词臣,再令考核,庶泾渭之不杂,免玉石之相参。其刘坦、单贻庆、李颂、徐纬、张觐等,诗赋稍优,宜放及第。王汾,据其文词,亦未精当,念以顷曾剥落,特与成名。熊若谷、陈保衡,皆是远人,深可嗟念,亦放及第。郭峻、赵保雍、杨丹、安玄度、张昉、董咸则、杜思道等未甚苦辛,并从退落,更宜修进,以俟将来。涛选士不当,有失用心,可责授右赞善大夫,俾令省过,以戒当官。'先是,涛于东京放榜后,率其新令及第进士刘坦已下一十五人,来赴行在,具以其所试诗赋进呈。帝览之,以其词多纰缪,命翰林学士李昉覆试,故有是命。"

显德六年己未(959)

六月癸巳,世宗崩。甲午,梁王宗训即皇帝位。《新五代史·本纪》《资治通鉴》。

知贡举:中书舍人窦俨

进士科

【石熙载】字凝绩,河南洛阳人。显德六年(959)登进士科。历泰宁军节制掌书记,宋官至户部尚书、枢密使,赠侍中,谥元懿。

《宋史》卷二六三《石熙载传》:"石熙载,字凝绩,河南洛阳人。周显德中,进士登第……宋初,太宗以殿前都虞候领泰宁军节制,辟为掌书记。及尹京邑,表为开封府推官。授右拾遗,迁左补阙……以谗出为忠武、崇义二军掌书记。太宗即位,复以左补阙召,同知贡举……召还,擢为兵部员外郎,领枢密直学士。未几……太平兴国四年……迁刑部侍郎。五年,拜户部尚书、枢密使……八年,上表求解职,诏加慰抚,授尚书右仆射。九年,卒,年五十七。赠侍中,谥元懿。"

【高冕】显德六年(959)登进士科。官至右补阙。

(宋)王钦若等《册府元龟》卷九七《帝王部(九十七)·奖善》:"(显德)六年二月辛卯,以新及第进士高冕为右补阙。"

《登科记考》卷二六显德六年(959)进士科条云高冕及第。

附考（后周朝）

附考进士（后周朝进士）

【王覃】广顺二年（952）八月前登进士第。

《全唐文补遗》第六辑，王覃撰广顺二年（952）八月二日《故凤翔节度行军司马光禄大夫检校司空兼御史大夫上柱国扶风郡开国侯食邑一千户马公（从徽）墓志铭并序》："前乡贡进士王覃撰。"

罗继祖《登科记考补》补入。

【刘衮】彭城人。广顺中登进士第。官至左拾遗。

《旧五代史》卷一三一《刘衮传》："刘衮，彭城人。神爽气俊，富有文藻，繇进士第任左拾遗，与扈载齐名，年二十八而卒。"

《登科记考》卷二七《附考·进士科》刘衮条："按：衮与扈载齐名，当亦广顺间进士。"

【刘德润】显德二年（955）二月前进士及第。

《全唐文补遗》第一辑，显德二年（955）二月四日《大周故金紫光禄大夫检校司徒使持节单州诸军事单州刺史兼御史大夫上柱国天水郡开国侯食邑一千户赵公（凤）墓志铭并序》，题下署名"前摄齐州防御巡官乡贡进士刘德润撰"。

【杨□】名未详。显德中登进士第。

（宋）杨亿《弟偶归乡》诗注："故侍读尚书十五翁，周显德中登进士第。"

《登科记考》卷二七《附考·进士科》录载杨□。

【李莹】字正白。广顺中进士。曾为蒲帅张铎记室。

《宋史》卷四五七《李渎传》："渎父莹，字正白，善词赋，广顺进士，蒲帅张铎辟为记室。"

《登科记考》卷二七《附考·进士科》录载李莹。

【姜蟾】京兆人。后周登进士科。官至宋两京留守判官。

《洛阳出土历代墓志辑绳》建隆三年（962）十二月二十八日郭峻撰《大宋故周金紫光禄大夫检校尚书左仆射卫尉少卿致仕上柱国姜公墓志铭》（《全宋文》册二）："公讳知述，字著文……遂为京兆人，至大宋建隆三年……以疾终……有子三人：……仲曰蟾，擢进士第，任两京留守判官。"按：墓主建隆三年七十三岁，其子姜蟾已为两京留守判官，则其登第年当在后周。

王其祎、周晓薇《〈登科记考〉补续》补入。

【贾琏】显德中登进士第。官至左赞善大夫。

（宋）宋祁《宋景文集》卷五九《贾令公墓志铭》："公讳注，字宗海。贾氏自汉梁王傅谊居洛阳……世贯沧州南皮……考讳琏，周显德中擢进士。太祖平蜀，召为太子左赞善大夫、知陵州……俄终官下。"

【郭昱】显德中登进士第。入宋后官襄州观察推官。

《宋史》卷一九八《郑起传》:"时有郭昱者,好为古文,狭中诡僻。周显德中登进士第,耻赴常选,献书于宰相赵普,自比巢、由,朝议恶其矫激,故久不调……开宝末,普出镇河阳,昱诣薛居正上书,极言谤普,居正奏之,诏署襄州观察推官。"

《登科记考》卷二七《附考·进士科》录载郭昱。

【萧士明】显德三年(956)七月前进士及第。

《全唐文补遗》第五辑,显德三年(956)七月二十四日《大周故光禄大夫检校司徒行右金吾卫将军兼御史大夫上柱国兰陵县开国男食邑三百户赠汉州防御使萧公(处仁)墓志铭并序》,题下署名"从侄、前乡贡进士萧士明撰"。

【崔宪】建州建安县人。登后周进士第。历宋颖州沈丘尉。

(宋)徐铉《徐公文集》卷三〇《故唐朝散大夫尚书水部郎中崔君墓志铭》:"公讳致尧,字用之,其先清河人也……今为建安人也……(子)宪,在后周,以进士擢第,入朝为颖州沈丘尉。"

【程远光】后周世宗朝进士。历监察御史。

嘉靖《冀城县志》卷三《官师志》:"程远光,世宗朝进士,显德乙卯以大理司直兼监察御史。"

【韩洎】京兆长安人,兄溥。显德初进士及第。

《宋史》卷一四〇《韩溥传》:"韩溥,京兆长安人,唐相休之裔孙。少俊敏,善属文。周显德初举进士,累迁历使府。开宝三年……再转司门郎中……弟洎,亦进士及第。"

四库本《陕西通志》卷三〇《选举·后周·进士科》:"韩浦。长安人,显德初。韩洎,浦弟,进士及第。"按:"韩浦",当作"韩溥"。

【舒益彰】德兴人。后周进士及第。官至枢密院。

四库本《江西通志》卷四九《选举·五代》后周进士:"舒益彰,德兴人,枢密院。"

【颖赟】显德元年(954)十一月前进士及第。

《全唐文补遗》第一辑,显德元年(954)十一月八日《大周故护国军节度行军司马金紫光禄大夫检校司徒兼御史大夫上柱国武威县开国男食邑三百户安公(重遇)墓志铭并序》,题下署名"前乡贡进士颖赟撰"。

附考明经(后周朝明经)

【刘继伦】广顺二年(952)前登明经科。

(宋)王钦若等《册府元龟》卷一五四《帝王部(一百五十四)·明罚第三》:"(周太祖广顺)二年八月敕:'前明经刘继伦决杖,仍追夺出身文书。'"

《〈登科记考〉补遗、订正》补入。

【郭嵘】广顺初登三礼科。

（宋）洪迈《容斋续笔》卷一四《周蜀九经》："予家有旧蓝本《周礼》，其末云，大周广顺三年癸丑五月，雕造九经书毕，前乡贡三礼郭嶼书。"按：广顺三年称"前乡贡三礼郭嶼"，则其登第当在广顺初。

《登科记考》卷二七《附考·诸科》云郭嶼三礼科及第。按《登科记考》体例，三礼归属明经科。

卷六

五代附考

南唐附考进士

【丁咸序】楚人。南唐登科第。

（清）李调元《全五代诗》卷六二《丁咸序》："咸序,楚人……《登第后作》:'尝忆金陵应举时,壮心频望折丹枝。蹉跎二十年中梦,一度思量一泪垂。'"按:诗云其在金陵登第,其参加的科举考试当为南唐科第。

【王子邳】丰城人。南唐登进士科。官至御史中丞。

嘉靖《丰乘》卷二《科第表》云王子邳及第,官至御史中丞。

四库本《江西通志》卷四九《选举·五代》南唐进士条:"王子邳,丰城人,季友孙,御史中丞。"

【王则】南唐登进士科。

（宋）赵令畤《侯鲭录》卷八:"南唐给事中乔舜知举,进士及第者五人,即邱旭、乐史、王则、程渥、陈皋也。皆以举数升降等甲。无名子以为乔之榜,类陈橘皮,以年多者居其上。"

【王伦】南唐中进士科。

（宋）陆游《陆氏南唐书》卷三《后主本纪第三》:"（开宝五年）内史舍人张泊知礼部贡举,放进士杨遂等三人……国主命泊考覆遗不中第者,于是又放王伦等五人。"

（宋）郑文宝《南唐近事》:"程员举进士,将逼试,夜梦乌衣吏及门告员曰:'君与王伦、廖衢、陈度、魏清并已及第。'……（张）泊果取员等五人。"

（清）吴任臣《十国春秋》卷三〇《南唐十六·张泊传》:"后主疑泊颇任私意,命张泊复试,遂再放王伦等五人。"

【邓及】南唐进士及第。

（清）吴任臣《十国春秋》卷三一《南唐十七·罗颖传》:"罗颖,南昌人,涉猎经传,与里人彭会同以辞赋称。开宝中诣金陵,试《销刑鼎赋》《儒术之本论》,有司以邓及为第一,颖居末榜,既上,后主迁颖第二,手笔圈其名。"

《永乐大典方志辑佚稿》,《应天府志·人物》:"初,金陵以邓及为状元,以罗颖为末缀。时主司上试卷,后主遂迁颖为第一,固以笔于榜上围颖之名。"

四库本《江西通志》卷四九《选举·五代》南唐进士条:"邓及,新建人,状元。"

【乐史】字子正,抚州宜黄人。南唐登进士科,释褐秘书郎。宋太平兴国五年（980）复登进士科,历水部员外郎。

（宋）赵令畤《侯鲭录》卷八:"南唐给事中乔舜知举,进士及第者五人,即邱旭、乐史、王则、程渥、陈皋也。皆以举数升降等甲。无名子以为乔之榜,类陈橘皮,以年多者居其上。"

（清）李调元《全五代诗》卷三六《乐史》:"史,字子正,抚州宜黄人。仕南唐秘书郎。入宋,太平兴国五年复登进士,历水部员外郎。"

（清）吴任臣《十国春秋》卷二五《南唐十一·乔匡舜传》:"（乔匡舜）知贡举,放及第乐史辈五人。"

【卢郢】一作"卢颖"。南唐进士科状元及第。

(宋)马令《马氏南唐书》卷二三《归明传下第十九》:"明年春,试《王度如金玉赋》,(卢)颖唱第为第一。"

景定《建康志》卷四九:"卢郢,好学,有俊才,以状元登第,迁至南全守,颇著治绩。"

【吕文仲】字子藏,新安人。登南唐进士第。初授临川尉,迁大理评事,宋累迁少府监丞。

弘治《徽州府志》卷七《人物·文苑》:"吕文仲……文仲在南唐举进士,调补临川尉。"

《宋元地方志丛书·新安志》卷六:"吕侍郎文仲字子藏,新安人,南唐第进士,为大理评事,归朝,累迁少府监丞。"

【成彦雄】字文幹。登南唐进士第。

(清)李调元《全五代诗》卷三一《成彦雄》:"彦雄,字文幹,南唐进士。"

【伍乔】一作"武乔"。南唐保大十三年(955)进士科状元。官至考功员外郎。

(宋)马令《马氏南唐书》卷一四《儒者任下第九》:"覆考榜出,(武)乔果第一,(张)洎第二,(宋)贞观第三。"

(宋)陆游《陆氏南唐书》卷一五《周郑李三刘江汪郭伍萧李卢朱王魏列传第二》:"及覆考榜出,乔果为首,洎、贞观次之。"

《续资治通鉴长编》卷一六,开宝八年二月:"是月,江南知贡举,户部员外郎伍乔放进士张确等三十人。自保大十年开贡举,迄于是岁,凡十七榜,放进士及第者九十三人,《九经》一人。"

(清)李调元《全五代诗》卷三一《武乔》:"乔,庐江人……南唐李璟时至金陵,举进士第一,仕至考功员外郎,卒。"

嘉靖《池州府志》卷七《人物篇·甲科》:"伍乔,保大十三年状元。"同书《人物·贤哲》:"保大十三年春试画八卦赋,举进士第一。"

四库本《江西通志》卷四九《选举·五代》南唐进士条:"伍乔,德化人,状元。考功郎。"

【任光】南唐乾德四年(966)进士第一。任将仕郎县尉。

《全唐文》卷八七二任光小传:"光,南唐乾德四年进士第一,任将仕郎县尉。"

黄震云《〈登科记考〉甄补》补入。

【李羽】庐州人。登南唐进士第。

(清)李调元《全五代诗》卷三一:"羽,庐州人。登南唐进士第。"

【李征古】登南唐进士。宋官至枢密副使。

(宋)郑文宝《南唐近事》:"征古……来年至京,一举成名。不二十年,自枢密副使除本州刺史。"

(宋)马令《马氏南唐书》卷二一《党与传下第十七》:"李征古,宜春人也,升元末举第进士。"

(清)李调元《全五代诗》卷三一:"征古,袁州宜春人。南唐升元末举进士第,官枢密副使。"

（清）吴任臣《十国春秋》卷二六《南唐十二·李征古传》："李征古，袁州宜春人。升元末，举进士第。于宋齐丘有中外戚。事齐王景达为宫官。齐丘告归九华，逾年不召……齐丘既得召，征古遂与陈觉结为朋党。已而改枢密副使，同觉掌机密，益相与挟齐丘以自固……齐丘党败，征古削夺官爵，置洪州，赐死。"

四库本《江西通志》卷四九《选举·五代》南唐进士条："李征古，高安人，一作万载人。"

【杨大郁】南唐保大十三年（955）登进士科。

嘉靖《池州府志》卷七《人物篇·甲科》："杨大郁，俱登武乔榜。"按：嘉靖《池州府志》卷七《人物篇·甲科》："伍乔，保大十三年状元。"

【杨文郁】青池人。南唐进士及第。

（清）陆心源《宋诗纪事补遗》卷二《杨文郁》："青池人，南唐进士。"

【杨遂】南唐开宝五年（972）登进士第。

（清）吴任臣《十国春秋》卷三〇《南唐十六·张佖传》："揭榜之前夕，有程员者，榜人报已与王纶等五人及第，员惊喜，诣省门，遇杨遂、张观、曾觊……则闻遂等三人中选。"

（宋）郑文宝《南唐近事》："其年考功员外郎张佖权知贡举，果放杨遂等三人。"

（宋）陆游《陆氏南唐书》卷三《后主本纪第三》："（开宝五年）内史舍人张佖知礼部贡举，放进士杨遂等三人。"

【吴淑】字正仪，丹阳人。擢南唐进士第，为校书郎、直内史。入宋官至起居舍人。

至顺《镇江志》卷一九《科目·吴淑》："吴淑字正仪，大理司直文子。丹阳人，南唐举进士，为校书郎、直内史。从李煜归宋，以近臣荐试文学士院，授大理评事，累迁起居舍人。"

【邱旭】字孟阳，宣城人。南唐状元及第。历江宁尉，调邑簿，官至宋茶陵宰，秩满致仕。

（宋）赵令畤《侯鲭录》卷八："南唐给事中乔舜知举，进士及第者五人，即邱旭、乐史、王则、程渥、陈皋也。皆以举数升降等甲。无名子以为乔之榜，类陈橘皮，以年多者居其上。"

（宋）王象之《舆地纪胜》卷六三《官吏》："邱旭字孟阳，宣城人。南唐状元及第，自江宁尉调邑簿……久之为茶陵宰，秩满致仕。"

（宋）马令《马氏南唐书》卷二三《归明传下第十九》："旭不得已，再就乡举，明年春试《德厚载物赋》，旭为第一，释褐归乡，而家人犹疑其未调。"

（清）吴任臣《十国春秋》卷三一《南唐十七·邱旭传》："邱旭字孟阳，宣城人。旭本农家子，弱冠始读书，习为辞章，俄随计金陵，凡九举，而曳白者六七。旭自励弥笃，不为耻，由是学益进。后主时试《德厚载物赋》，擢第一人。国亡归宋。吕蒙正判铨，久习旭名，问曰：'若非能为赋者乎？'旭曰：'江南献赋，适为第一。'蒙正曰：'闻名旧矣，谓为古人，乃并世邪？'荐授令录，迁京秩。卒于衡州。"

【何蒙】洪都人。南唐进士及第。入宋历水部郎,知濠州。

四库本《江西通志》卷四九《选举·五代》南唐进士条:"何蒙,洪都人,入宋水部郎,知濠州。"

【汪焕】歙州人。南唐初登进士第,擢校书郎。

(清)吴任臣《十国春秋》卷二五《南唐十一·汪焕传》:"汪焕,歙州人。开国时第进士。初,元宗、后主……擢校书郎,而言卒不用。"

【宋贞观】南唐中进士科。

(宋)马令《马氏南唐书》卷一四《儒者任下第九》:"覆考榜出,(武)乔果第一,(张)泊第二,(宋)贞观第三。"

(宋)陆游《陆氏南唐书》卷一五《周郑李三刘江汪郭伍萧李卢朱王魏列传第二》:"及覆考榜出,乔果为首,泊、贞观次之。"

【张观】字仲宾,常州毗陵人。南唐登进士第。入宋为彭原主簿,后赐进士及第,官至广南西路转运使。

《宋史》卷二七六《张观传》:"张观,字仲宾,常州毗陵人。在江南登进士第。归宋,为彭原主簿。太平兴国初,移兴元府掾,复举进士不第,调鸡泽主簿。再求试,特授忠武掌书记,就改观察判官……赐进士及第……召赐绯鱼,以为度支判官。岁余,迁左司,改盐铁判官……移广南西路转运使。"

(清)吴任臣《十国春秋》卷三〇《南唐十六·张泊传》:"揭榜之前夕,有程员者,梦人报已与王纶等五人及第,员惊喜,诣省门,遇杨遂、张观、曾觊……则闻遂等三人中选。"

【张泊】旧字师黯(一作"师闇"),改字偕仁。南唐中进士科。解褐上元尉,南唐官至中书舍人,宋官至刑部侍郎,赠刑部尚书。

(宋)郑文宝《南唐近事》:"程员举进士,将逼试,夜梦乌衣吏及门告员曰:'君与王伦、廖衢、陈度、魏清并已及第。'……(张)泊果取员等五人。"

《宋史》卷二六七《张泊传》:"张泊,滁州全椒人。曾祖旼,澄城尉。祖蕴,泗上转运巡官。父煦,滁州司法掾。泊少有俊才,博通坟典。江南举进士,解褐上元尉……擢监察御史……擢工部员外郎、试知制诰;满岁,为礼部员外郎、知制诰。迁中书舍人、清辉殿学士,参预机密,恩宠第一。泊旧字师黯,改字偕仁……归朝,太祖……拜太子中允,岁余,判刑部。太宗即位,以其文雅,选直舍人院,考试诸州进士。未几,使高丽,复命,改户部员外郎。太平兴国四年,出知相州……迁兵部员外郎,礼、户二部郎中。雍熙二年,同知贡举……泊未几选为太仆少卿、同知京朝官考课,拜右谏议大夫、判大理寺。又充史馆修撰、判集贤院事。淳化中……擢拜中书舍人,充翰林学士……即以泊为给事中、参知政事……改刑部侍郎,罢知政事。奉诏……年六十四。赠刑部尚书。"

(宋)马令《马氏南唐书》卷一四《儒者任下第九》:"覆考榜出,(武)乔果第一,(张)泊第二,(宋)贞观第三。"

(宋)陆游《陆氏南唐书》卷一五《周郑李三刘江汪郭伍萧李卢朱王魏列传第二》:"及覆考榜出,乔果为首,泊、贞观次之。"

（清）吴任臣《十国春秋》卷三〇《南唐十六·张洎》："张洎字师黯,改字偕仁,南谯人也。……少有俊才,博通坟典。举进士,起家句容尉。……以议文献太子谥,为元宗所识,擢监察御史。"

《登科记考补正》卷二七《附考·进士科》录载张洎,云"张洎于晚唐擢第而仕于南唐"。

【张翊】永新人。南唐进士。

四库本《江西通志》卷四九《选举·五代》南唐进士条："张翊,永新人。"

【张确】沙县人。南唐开宝八年(975)登进士第。

《续资治通鉴长编》卷一六开宝八年二月："是月,江南知贡举、户部员外郎伍乔放进士张确等三十人。自保大十年开贡举,迄于是岁,凡十七榜,放进士及第者九十三人,《九经》一人。"

《明代方志选刊》卷二九《延平府志·进士》："张确,第一人,开宝乙亥张确榜。"

乾隆《福建通志》卷三三《选举志·进士》："开宝八年,张确榜。张确,沙县人。"

【陈乔】南唐登科第。历中书舍人,官至门下侍郎兼枢密使。

嘉靖《临江府志》卷五《选举表第六科举》："陈乔,南唐中书舍人,累官门下侍郎兼枢密使。"

【陈度】南唐中进士科。

（宋）郑文宝《南唐近事》："程员举进士,将逼试,夜梦乌衣吏及门告员曰:'君与王伦、廖彻、陈度、魏清并已及第。'……(张)洎果取员等五人。"

（宋）曾慥《类说》卷一八《江南野录·大器不可力致》："陈度两策科名,皆非正榜。"

【陈起】蕲州人。升元中登进士科。历黄梅令,官至监察御史。

（宋）陆游《陆氏南唐书》卷一四《郭张林卢耐二陈列传第十一》："陈起,蕲州人,性刚硬,尤恶妖异。升元中以进士起家为黄梅令。"

（清）吴任臣《十国春秋》卷二三《南唐九·陈起传》："陈起,蕲州人。性刚鲠,尤恶妖异。升元中,以进士起家为黄梅令……官至监察御史,卒。"

弘治《黄州府志》卷五《人物·土著》："(陈起)南唐举进士,为黄梅令。"

【陈皋】南唐登进士科。

（宋）赵令畤《侯鲭录》卷八："南唐给事中乔舜知举,进士及第者五人,即邱旭、乐史、王则、程渥、陈皋也。皆以举数升降等甲。无名子以为乔之榜,类陈橘皮,以年多者居其上。"

【陈彭年】字永年,抚州南城人。南唐登进士科。入宋历秘书丞、直史馆翰林学士、兵部侍郎,卒赠右仆射,谥文僖。

（清）李调元《全五代诗》卷三六《陈彭年》："彭年,字永年,抚州南城人。仕南唐进士。入宋,登为秘书丞、直史馆翰林学士、拜知政事,进兵部侍郎,卒赠右仆射,谥文僖。"

【林松】南唐进士,开宝六年(973)赐《三传》出身。

（元）马端临《文献通考》卷三〇《选举考》："开宝六年……江南进士林松、雷说试不中格,以其间道来归,并赐《三传》出身。"

【欧阳仪】安福人。南唐登进士第,为南京街院判官。累赠金紫光禄大夫、太师、中书令兼尚书令。

(宋)欧阳修《欧阳文忠公集》卷一吴充《欧阳公行状》:"欧阳氏……后世或居安福,或居庐陵。安福之六世孙即公之曾祖也。生八男:曰仪者,中南唐进士第……(仪)南唐召试,为南京街院判官。累赠金紫光禄大夫、太师、中书令兼尚书令。"

【罗颖】南昌人。南唐登进士科。

(宋)马令《马氏南唐书》卷二三《归明传下第十九》:"罗颖,南昌人,经传涉猎,与里人彭会友善,借以词赋称。开宝中诣金陵,举进士。""有司以邓及为第一,颖为末。缀榜既上,后主迁颖第二。"

《永乐大典方志辑佚稿》,《应天府志·人物》:"初,金陵以邓及为状元,以罗颖为末缀。时主司上试卷,后主遂迁颖为第一,固以笔于榜上围颖之名。"

(清)吴任臣《十国春秋》卷三一《南唐十七·罗颖传》:"罗颖,南昌人,涉猎经传,与里人彭会同以辞赋称。开宝中诣金陵,试《销刑鼎赋》《儒术之本论》,有司以邓及为第一,颖居末榜,既上,后主迁颖第二,手笔圈其名。是夕,颖梦黑气环身,有长人自上挽而出之。及宋师下金陵,颖再举不第,道经汉高祖庙,作诗诮之,顷之,辄自免冠,鞠伏数日,卒。"

四库本《江西通志》卷四九《选举·五代》南唐进士条:"罗颖,南昌人。"

【赵绮】南唐进士科状元及第。

(宋)郑文宝《江南余载》卷上:"赵绮困于场屋……明年绮状元及第。"

【胡则】新安人。进士及第。南唐时历池州刺史,升江州总管、军民都指挥使。

(宋)郑文宝《江表志》卷下:"胡则守江州坚壁不下,曹翰攻之危急。"

《登科记考补正》卷二七《附考·进士科》补入。

嘉靖《新安名族志》上卷《胡姓·祁门·城东》:"在邑中街,其先松江华亭人,有讳则者,由进士仕南唐,历池州刺史,升江州总管、军民都指挥使。子曰杰,授翰林孔目,父子守节而死。"

【姚端】南唐状元及第。

(宋)郑文宝《江南余载》卷上:"姚端年十八,状元及第,宰相游简言以女妻之,未几疾终,时人谓之女杀状元。"

【徐锴】南唐进士及第。历屯田郎中、知制诰、集贤殿学士。

(宋)马令《马氏南唐书》卷一四《儒者传下第九》:"徐锴,字楚金,与兄铉同有大名于江左。锴第进士,累迁屯田郎中、知制诰、集贤殿学士。"

【章谷】南唐开宝二年(969)前进士及第。

《全唐文》卷八八八,徐锴《陈氏书堂记》:"浔阳庐山之阳,有陈氏书楼……昔北海有邴郑之风,离骚有江山之助者,皆古也。门生前进士章谷,尝所肄业,笔而见告,思为之碣。会陈氏之令子曰恭,自南昌掾入仕至都下,因来告别,援翰以授之。时太岁己巳十一月九日记。"

【程员】南唐中进士科。

(宋)郑文宝《南唐近事》:"程员举进士,将逼试,夜梦乌衣吏及门告员曰:'君与王伦、廖衢、陈度、魏清并已及第。'……(张)洎果取员等五人。"

【程渥】南唐登进士科。

(宋)赵令畤《侯鲭录》卷八:"南唐给事中乔舜知举,进士及第者五人,即邱旭、乐史、王则、程渥、陈皋也。皆以举数升降等甲。无名子以为乔之榜,类陈橘皮,以年多者居其上。"

【舒雅】字子正,宣城人。南唐进士及第。入宋为将作监丞,官至直昭文馆。

(宋)赵不悔《新安志》卷六《叙先达·舒状元》:"舒状元雅,歙县人……南唐时,以贡入金陵,吏部侍郎韩熙载……会熙载知贡,雅以状元登第……历将作监业……大中祥符二年,直昭文馆。卒年七十余。"

(宋)马令《马氏南唐书》卷二二《归明传上第十八》:"舒雅,世为宣城人,姿容秀发,以才思自命。因随计金陵,以所学献于吏部侍郎韩熙载,一见如畴,昔馆给之……迨数年,会熙载知贡举,以雅为第一。朝野无间者,以雅之才为当也。"

(宋)郑文宝《南唐近事》:"韩熙载放旷不稽,所得一俸钱,即为诸姬分去。乃着衲衣负匡,命门生舒雅报手板,于诸姬院乞食,以为笑乐。"

(清)吴任臣《十国春秋》卷三一《南唐十七·舒雅传》:"舒雅字子正,宣城人。姿容秀发,以才思自命。保大时,随计金陵,怀所业献于吏部侍郎韩熙载,熙载一见如畴昔,馆给之。雅性巧黠,应答如流。熙载定为忘年交,常与雅易服燕戏,猱杂侍婢,以为笑乐。居数年,熙载知贡举,擢雅高第,朝野素服雅才,无间言。会后主命中书舍人徐铉覆试雅等五人,雅不就试。后入宋为将作监丞,已而充秘阁校理,与吴淑齐名。久之,出知舒州,见山水奇秀,有终焉之志。秩满,掌灵仙观,卒,年七十余。"

【游罾】字子改,青州人。进士及第。南唐时为侍卫上将军。

道光《安徽通志》卷二〇八《人物志·流寓一·徽州府·南唐》:"游罾,字子改,青州人。以进士仕南唐,为侍卫上将军……(《徽州府志》引宋司空叶亨《碧云庵记》)。"

【曾觊】南唐开宝五年(972)登进士第。

(清)吴任臣《十国春秋》卷三〇《南唐十六·张佖传》:"揭榜之前夕,有程员者,榜人报已与王纶等五人及第,员惊喜,诣省门,遇杨遂、张观、曾觊……则闻遂等三人中选。"

【雷说】南唐进士,开宝六年(973)赐《三传》出身。

(元)马端临《文献通考》卷三〇《选举考》:"开宝六年……江南进士林松、雷说试不中格,以其间道来归,并赐《三传》出身。"

【廖衢】南唐中进士科。

(宋)郑文宝《南唐近事》:"程员举进士,将逼试,夜梦乌衣吏及门告员曰:'君与王伦、廖衢、陈度、魏清并已及第。'……(张)洎果取员等五人。"

【戴洪宗】漳州人。南唐进士及第。

(明)何乔远《闽书》卷一一七《漳州府龙溪县·唐·选举》:"南唐进士:戴洪宗(归德

孙)、戴秉权(洪宗子)。以上科年无考。"按:戴归德,据《闽书》此处所记乃元和十三年进士。吴在庆《唐五代登科者考补》补入。

【戴秉权】漳州人。南唐进士及第。

(明)何乔远《闽书》卷一一七《漳州府龙溪县·唐·选举》:"南唐进士:戴洪宗(归德孙)、戴秉权(洪宗子)。以上科年无考。"按:戴归德,据《闽书》此处所记乃元和十三年进士。吴在庆《唐五代登科者考补》补入。

【魏清】南唐中进士科。

(宋)郑文宝《南唐近事》:"程员举进士,将逼试,夜梦乌衣吏及门告员曰:'君与王伦、廖偁、陈度、魏清并已及第。'……(张)洎果取员等五人。"

南唐附考明经

【朱弼】字君佐,建州人。登南唐明经第一。初授国子助教,知庐山国学,归宋补衡山主簿,秩满,卒南岳令。

(宋)马令《马氏南唐书》卷二三《归明传下第十九》:"朱弼,字君佐,建安人也。精究五传,旁贯数经。开宝中诣金陵,一举以关头中第,授国子助教,知庐山国学。"

(宋)陆游《陆氏南唐书》卷一五:"朱弼,字君佐,建州人,举明经第一,授国子助教。"

(清)吴任臣《十国春秋》卷二九《南唐十五·朱弼传》:"朱弼字君佐,建州人。举明经第一,授国子助教,知庐山国学……国亡归宋,补衡山主簿;秩满,求为南岳令,卒。"

【王仲华】新喻人。登南唐明经科,宋淳化中复登五经科。

隆庆《临江府志》卷一一《名宦列传》:"(王仲华)南唐擢明经科,淳化中复举五经,与龙图阁学士杜镐同擢第。"

【邓吉】一作"邓佶"。五代时明经及第。

(宋)刘应李《新编事文类聚翰墨全书》后丙集卷四《氏族门》:"邓佑,五代末擢童科,弟吉擢三礼科,改所居为扬名乡两秀里。"

(宋)王象之《舆地纪胜》卷三四《江南西路·临江军·人物》:"二邓:新淦峡江人。长名佑,季名吉,所居曰黄金乡黄金里。南唐时长擢童子科,季登三礼科,遂易其乡曰'扬名',里曰'双秀'云。"

元刊本《新编排韵增广事类氏族大全》卷八"两秀里"条:"邓佑五代末擢童科,弟吉擢三礼科,改所居为扬名乡两秀里。"

嘉靖《临江府志》卷六《人物志·五代》:"邓佑,新淦人,南唐擢童子科第;弟佶,擢三礼科,乡人易其乡曰'扬名',里曰'双秀'。"按:《登科记考补正》卷二七《附考·明经科》疑邓佑、邓佶为同一人。

【印崇简】建康人。南唐保大间登明经科。历舒州司法参军。

《全唐文》卷八八六,徐铉《唐故印府君墓志铭》:"君讳某,字某,其先京兆人也。因官徙牒,遂居建康。曾祖知章,无禄早世。祖某官,考某官。君幼而勤学,长而力行。孝悌著于家庭,信义行于州里。弱冠明经擢第,释褐太子校书。千里之行,时辈推许。会上国丧乱,遂南奔豫章。连帅钟公,见而悦之,辟为从事。豫章府变,始归建康……保大丙寅夏四月日,考终命。临终训励诸子,备有严诫。如魏颗之命,无庄舄之吟。春秋六十有九……子崇礼崇粲,举进士;崇简,明法及第,为舒州司法参军。秀茂之业,闻于场中,咸以为印氏之门,其后必大。"按:南唐保大无丙寅年。

【刘式】字叔度,袁州人。南唐《三传》科状元及第。终宋刑部员外郎。

(明)郑延鹄《白鹿洞志》卷三《名贤》:"刘式,字叔度,清江人,南唐时读书白鹿洞,试《三传》,状元及第。宋平江南……终刑部郎官。"

《宋史》卷二六七《刘式传》:"刘式者,亦久居计司,创端拱中三年磨勘之法,首以式主之。式字叔度,袁州人也。李煜时,举《三传》中第。归宋,历迁大理寺丞、赞善大夫、监通州丰利监及主三司都磨勘司,仍赐绯。式……迁秘书丞……再转工部员外郎,赐金紫。迁刑部……免官,卒。"

隆庆《临江府志》卷一二《人物列传》:"刘式……南唐进士第一人。"

四库本《江西通志》卷四九《选举·五代》:"北汉进士,王毂,宜春人。刘式,袁州人,大理丞。"

【杜镐】南唐明经及第。官至龙图阁学士。

成化《重修毗陵志》卷一五《文事三·选举》云杜镐南唐明经及第。

隆庆《临江府志》卷一一《名宦列传》:"(王仲华)南唐擢明经科,淳化中复举五经,与龙图阁学士杜镐同擢第。"

南唐附考诸科

【王克贞】庐陵人。南唐童子科登第。

四库本《江西通志》卷四九《选举·五代》南唐童子科:"王克贞,庐陵人。欧阳仪,永丰人。刘鹗,庐陵人。曾颉,吉水人。曾文黯,新淦人。萧俨,永新人。郭鹏,永新人。胡元龟,永新人。张惟郴,永新人。"

【邓吉】一作"邓佶"。五代时童子科及第。

(宋)刘应李《新编事文类聚翰墨全书》后丙集卷四《氏族门》:"邓佑,五代末擢童科,弟吉擢三礼科,改所居为扬名乡两秀里。"

(宋)王象之《舆地纪胜》卷三四《江南西路·临江军·人物》:"二邓:新淦峡江人。长名佑,季名吉,所居曰黄金乡黄金里。南唐时长擢童子科,季登三礼科,遂易其乡曰'扬名',里曰'双秀'云。"

元刊本《新编排韵增广事类氏族大全》卷八:"两秀里"条:"邓佑五代末擢童科,弟吉擢三礼科,改所居为扬名乡两秀里。"

嘉靖《临江府志》卷六《人物志·五代》:"邓佑,新淦人,南唐擢童子科第;弟佶,擢三礼科,乡人易其乡曰'扬名',里曰'双秀'。"按:《登科记考补正》卷二七《附考·明经科》疑邓佑、邓佶为同一人。

【刘鹗】庐陵人。南唐登童子科。

（宋）刘才邵《檆溪居士集》卷一二《亡叔墓志铭》："居士讳纪明……刘姓……著望于庐陵者,实出于汉长沙定王之子……公之高祖讳雄为李氏奉化军兵曹参军……兵曹府君之仲子鹗以其才有声场屋间,既登第,郡守申徒公为改其乡,曰化龙里,曰折桂。今所居化仁是也。"

四库本《江西通志》卷四九《选举·五代》南唐童子科："王克贞,庐陵人。欧阳仪,永丰人。刘鹗,庐陵人。曾颙,吉水人。曾文点,新淦人。萧俨,永新人。郭鹏,永新人。胡元龟,永新人。张惟郴,永新人。"

【张惟郴】永新人。南唐童子科及第。

四库本《江西通志》卷四九《选举·五代》南唐童子科："王克贞,庐陵人。欧阳仪,永丰人。刘鹗,庐陵人。曾颙,吉水人。曾文点,新淦人。萧俨,永新人。郭鹏,永新人。胡元龟,永新人。张惟郴,永新人。"

【欧阳仪】庐陵人。南唐童子科登第。

四库本《江西通志》卷四九《选举·五代》南唐童子科："王克贞,庐陵人。欧阳仪,永丰人。刘鹗,庐陵人。曾颙,吉水人。曾文点,新淦人。萧俨,永新人。郭鹏,永新人。胡元龟,永新人。张惟郴,永新人。"

【赵宣辅】字仲申,天水人。南唐明法科及第。释褐补江都府文学,直刑部。

徐铉《唐故奉化军节度判官通判吉州军州事朝议散大夫检校尚书主客郎中骁骑尉赐紫金鱼袋赵君墓志铭》（《全宋文》册一）："君讳宣辅,字仲申。其先天水人也……（君）博综群书,尤善名法之学。烈祖辅政,方申明纪律,君以是中选,释褐补江都府文学,直刑部……享年六十有一。"

【胡元龟】永新人。南唐童子科及第。

四库本《江西通志》卷四九《选举·五代》南唐童子科："王克贞,庐陵人。欧阳仪,永丰人。刘鹗,庐陵人。曾颙,吉水人。曾文点,新淦人。萧俨,永新人。郭鹏,永新人。胡元龟,永新人。张惟郴,永新人。"

【查陶】字大均。南唐以明法登科。初授常州录事参军,宋官至秘书少监。

《宋史》卷二九六《查道传》："查道,字湛然,歙州休宁人……从兄陶。陶字大均,初事李煜,以明法登科,补常州录事参军。归朝,诏大理评事,试律学,除本寺丞,迁大理正,历侍御史、权判大理寺,赐绯。断官仲禹锡讼陶用法非当,陶抗辩得雪。迁工部郎中,俄知台州,累迁兵部……即迁秘书少监、判寺事。时杨亿知审刑,陶屡攻其失,又命代之,赐金紫……景德三年,卒,年七十。"

【郭鹏】禾川人。南唐登童子科。官至大理司直。

（清）吴任臣《十国春秋》卷二八《南唐十四·郭昭庆传》："郭昭庆,禾川人也。父鹏,保大初进士,官至大理司直……鹏坐党免官卒。"

四库本《江西通志》卷四九《选举·五代》南唐童子科："王克贞,庐陵人。欧阳仪,永丰人。刘鹗,庐陵人。曾颙,吉水人。曾文点,新淦人。萧俨,永新人。郭鹏,永新人。胡元龟,永新人。张惟郴,永新人。"

【萧俨】庐陵人。登南唐童子科。官至南唐大理卿。

（宋）马令《马氏南唐书》卷二二《归明传上第十八》："萧俨,庐陵人也,甫十岁,诣广陵,以童子科擢第。"

（清）吴任臣《十国春秋》卷二五《南唐十一·萧俨传》："萧俨,庐陵人。甫十岁,诣广陵,以童子科擢第。及长,志量方正,交不苟合。授秘书省正字,烈祖受禅,迁大理司直,除刑部郎中,以明允称……保大二年,元宗终欲传位景遂……俄召还为大理卿……归宋,以老病居乡里。"

四库本《江西通志》卷四九《选举·五代》南唐童子科："王克贞,庐陵人。欧阳仪,永丰人。刘鹗,庐陵人。曾颉,吉水人。曾文点,新淦人。萧俨,永新人。郭鹏,永新人。胡元龟,永新人。张惟郴,永新人。"

【曾文照】字知章,峡江人,一作"新淦人"。登南唐童子科。初授江州东流尉,改蒙城令。

徐铉《大宋故亳州蒙城县令赐绯鱼袋曾君墓志铭》（《全宋文》册一）："君讳文照,字知章……今为庐陵新淦人也……君年七岁,应州里之举,以神童擢第,选满补江州东流尉……改蒙城令……以雍熙三年四月日终永城传舍,享年若干。"

嘉靖《临江府志》卷六《人物志第七之一》："曾文照,新淦人,七岁南唐童子科第三人。"

隆庆《临江府志》卷一二《人物列传》："曾文照,峡江人,七岁应南唐童子科,擢第三。"

【曾文点】新淦人。南唐登童子科。

四库本《江西通志》卷四九《选举·五代》南唐童子科："王克贞,庐陵人。欧阳仪,永丰人。刘鹗,庐陵人。曾颉,吉水人。曾文点,新淦人。萧俨,永新人。郭鹏,永新人。胡元龟,永新人。张惟郴,永新人。"

【曾颉】吉水人,南唐童子科及第。

四库本《江西通志》卷四九《选举·五代》南唐童子科："王克贞,庐陵人。欧阳仪,永丰人。刘鹗,庐陵人。曾颉,吉水人。曾文点,新淦人。萧俨,永新人。郭鹏,永新人。胡元龟,永新人。张惟郴,永新人。"

前蜀附考制科

【蒲禹卿】成都人。前蜀乾德四年（922）登制科。官至右补阙。

（宋）张唐英《蜀梼杌》卷上："（乾德）四年二月,文明殿试制科,白衣蒲禹卿对策……衍以其言有益,擢为右补阙。"

（清）吴任臣《十国春秋》卷三七《前蜀三·后主本纪》："乾德四年春二月,帝御文明殿试制科,策文曰：……白衣蒲禹卿对策切直……擢为右补阙。"

（清）吴任臣《十国春秋》卷四三《前蜀九·蒲禹卿传》："蒲禹卿,成都人也。当布衣时,慷慨好直言,不肯以嗫嚅事人。后主乾德四年,用制科对策,大约言：'今朝廷所行者,多一朝一夕之事；公卿所陈者,非乃子乃孙之谋。暂偷目前之安,不为身后之虑……'后主以其言有益,擢为右补阙。已出为秦州节度判官……从后主归唐。及后主被诛,禹卿恸哭曰:'蜀人自此重不幸也!'"

后蜀附考进士

【卞震】益州成都人。举蜀进士。历渝州刺史判官,卒虢州录事参军。

《宋史》卷二七七《卞衮传》:"卞衮,字垂象,益州成都人。父震,工为诗。举蜀进士,渝州刺史南光海辟为判官。蜀平,仍旧职……震以前功得赎,以虢州录事参军卒。"

(清)厉鹗《宋诗纪事》卷二:"卞震,成都人,蜀进士,为渝州判。蜀平,入宋仍旧职。"

【田淳】蜀人。后蜀登进士第。累官犀浦簿、龙游令。

(清)陆心源《宋诗纪事补遗》卷二《田淳》:"蜀人,孟蜀时进士。负文学,性刚介不畏强御,累官犀浦簿、龙游令。"

【句中正】字坦然,成都华阳人。后蜀明德中,授崇文馆校书郎,复进士及第。归宋,补曹州录事参军,历氾水令、潞州录事参军、著作郎、虞部员外郎,累迁屯田郎中,赐金紫。

(清)吴任臣《十国春秋》卷五六《后蜀九·句中正传》:"句中正,字坦然,成都华阳人。明德中,授崇文馆校书郎,复举进士及第。中正精于字学,凡古文、篆、隶、行、草诸书,无所不工,常与宰相毋昭裔书《文选》等书行世。国亡,归宋,补曹州录事参军、氾水令。又为潞州录事参军。太宗时,常献八体书,召授著作佐郎,直史馆,详定篇韵。历著作郎,与徐铉重校定《说文》,模印颁行……特拜虞部员外郎。淳化时,累迁屯田郎中。常以大小篆、八分三体书《孝经》摹石。咸平三年,表上之。真宗召见便殿,赐金紫……卒年七十四。中正喜藏书,家无余财。子希古、希仲并进士及第。"按:明德为后蜀年号。

【杨鼎夫】成都人。后蜀登进士。为后蜀幕吏。

《全唐诗》第二十二册卷七六〇作者小传:"杨鼎夫,成都人。举进士,为蜀安思谦幕吏,判榷盐院事。诗一首。"按:鼎夫当登后蜀进士。

(五代)孙光宪《北梦琐言》逸文卷一《杨鼎夫是盐里人》:"进士鼎夫,富于词学,为时所称。"

(清)王士禛《五代诗话》卷四《杨鼎夫》:"杨鼎夫,成都人,举进士……为安思谦幕吏。"

【梁文献】字国宝。后蜀进士及第。释褐永平军节度掌书记,宋官至曹州乘氏县令,赠太子洗马。

句中正《大宋故曹州乘氏县令赠太子洗马梁府君墓志铭》(《全宋文》册二):"维乾德五年十二月二十八日,曹州乘氏县令梁公卒于位,春秋四十有五……府君讳文献,字国宝……孟蜀进士,释褐永平军节度掌书记……淳化四年三月,诏赠太子洗马。"

后蜀附考明经

【石元璨】眉州人。登后蜀学究科。

《宋代蜀文辑存录》卷一〇范镇《石工部杨休墓志铭·嘉祐三年八月》:"君讳扬休,字昌言……眉州人……元璨,孟昶世举学究登科,元璨生济,既君父也。"

【裴庄】字端己,阆州阆中人。登后蜀明经登第。归宋,历虹县尉、高陵主簿,官至光禄卿。

《宋史》卷二七七《裴庄传》:"裴庄字端己,阆州阆中人。曾祖琛,后唐昭州刺史。祖远,河东观察支使。父全福,鄞县令。庄在蜀,以明经登第。归宋,历虹县尉、高陵主簿,本府召权司理掾……淳化三年……令授清资官。翌日,拜监察御史、荆湖南路转运使……转殿中侍御史,历工部、司封二员外郎,特召问讨贼方略……授太府卿,权判西京留司御史台。天禧二年,入判刑部,以疾分司西京。郊祀,改光禄卿,求归上都,以便医药。卒。"按:庄登后蜀明经第。

南汉附考进士

【王宏】南汉乾亨时,由进士官翰林学士承旨。

(清)吴任臣《十国春秋》卷六三《南汉六·王宏传》:"王宏,□□人。少颖异,能工诗赋。乾亨时,由进士官翰林学士承旨,珥笔左右,甚被亲信。会白虹化为白龙,见三清殿。宏为《白虹化白龙赋》上之,文采钜丽,辞旨畅洽。高祖悦,改元白龙,深加欣赏。"按:乾亨为南汉年号。

【王诩】南海人。乾亨元年(917)登南汉进士科。拜中书舍人。

(清)吴任臣《十国春秋》卷六三《南汉六·王诩》:"王诩(一作翃),南海人也,及高祖改县名,遂为咸宁。乾亨初举进士,拜中书舍人。会白龙见南宫,诩进《白龙颂》,文采斐然。大有七年昭阳殿成,诩又著《昭阳殿赋》上之,是时献赋者数十百人,称诩为第一。"

【钟允章】邕州人,一作"宣化人"。南汉中登进士第。累迁至中书舍人,官至尚书左丞、参知政事。

(清)李调元《全五代诗》卷六一《钟允章》:"允章,番禺人,南汉刘䶮时,以进士及第。累迁至中书舍人、礼部员外郎……擢尚书左丞,参知政事。"

(清)吴任臣《十国春秋》卷六四《南汉七·钟允章传》:"钟允章,其先邕州人,徙家番禺(一曰宣化人)。博学赡文辞,为人侃直,不畏强御。高祖时设科取士,允章以进士及第。累迁至中书舍人。尤为中宗所知,凡诰敕碑记多命允章属草……拜工部郎中、知制诰。乾和中,使楚求昏,楚王希广未之许也……中宗晏驾,后主嗣皇帝位,以允章藩府旧僚,颇加敬礼,擢尚书左丞(一作右丞)、参知政事。允章素疾宦官用事,且性戆不善作隐语,至是直请诛乱法者数人,以正纲纪。"

【梁嵩】浔州平南人。南汉白龙元年(925)登进士科状元。官至翰林学士。

(清)吴任臣《十国春秋》卷六三《南汉六·梁嵩传》:"梁嵩,浔州平南人。白龙元年,举进士第一,仕至翰林学士。见时多虐政,乞归养母,因献《倚门望子赋》以见志。高祖怜之,听其去。"

【简文会】南海人。南汉白龙初登进士科状元。累官尚书右丞,谪祯州刺史。

(清)吴任臣《十国春秋》卷六四《南汉七·简文会传》:"简文会,南海人。乾亨元年,改南海为咸宁、常康二县,遂为咸宁人。文会幼颖异,工诗,性耿直。高祖初,开进士科,擢第一人及第,累官尚书右丞。乾和时,切谏中宗暴酷,中宗大怒,谪祯州刺史,尽心民事,卒于官。所居里有'简状元井'。"

五代附考进士

【**马极**】一作"马拯"。五代进士及第。

(宋)吴处厚《青箱杂记》卷三:"乡人上官极累举不第,年及五十,方得解赴省试。游相国寺,买诗一册,纸已熏晦,归视其表,乃五代门状一幅,曰:'敕赐进士及第马极:右极伏蒙礼部放榜。敕赐及第。谨诣。'"

(宋)委心子《新编分门古今类事》卷一《马拯同名》:"五代门状一幅,曰:'敕赐进士及第马拯:右拯伏蒙礼部放榜。敕赐及第。谨诣。'"

《登科记考》卷二七《附考·进士科》云马极及第。

【**王景让**】京兆府万年县人。五代后期登进士科。宋初官至尚书郎。

《宋史》卷二六二《王易简传》:"王易简,字国宝,京兆万年人……梁乾化中……易简举进士……宋初,召加少傅。所居华阴……建隆四年四月,无疾卒,年七十九。子景让,进士及第,至尚书郎。"按:王景让建隆四年已为尚书郎,其登第年当在五代后期。

【**王敏**】字待问,单州金乡人。登进士科。历诸镇从事,后汉官至侍御史,后周官至司农卿。

《旧五代史》卷一二八《王敏传》:"王敏,字待问,单州金乡人。性纯直,少力学攻文,登进士第。后依杜重威,凡历数镇从事。汉初,重威叛于邺,时敏为留守判官……入朝,拜侍御史。世宗镇澶渊,太祖以敏谨厚,遂命为澶州节度判官。及世宗尹正王畿,改开封少尹。世宗嗣位,权知府事,旋拜左谏议大夫、给事中,迁刑部侍郎……复拜司农卿。显德四年秋,以疾卒。"

(宋)王钦若等《册府元龟》卷七二二《幕府部(七)·裨赞》:"(后)汉王敏有文学,举进士第,依杜重威,历数镇从事。"

张忱石《徐松〈登科记考〉续补(上)》补入。

【**文澹**】五代登进士科。

(宋)李昉等《太平广记》卷三八八《悟前生二·文澹》引《野人闲话》:"前进士文澹甚有德行,人皆推之……志学之年,词藻俊逸,后应举,翰林范学士禹偁坐下及第。"按:范禹偁为南唐翰林学士,则文澹登第当在五代。

【**左□**】名未详。五代进士。

《全唐诗》第二十二册卷七六四,谭用之《寄左先辈》:"狂歌白鹿上青天,何似兰塘钓紫烟。万卷祖龙坑外物,一泓孙楚耳中泉。翩翩蛮槎薰晴浦,毂辘鱼车响夜船。学取青莲李居士,一生杯酒作神仙。"同书"作者小传"云:"谭用之,字藏用,五代末人。善为诗,而官不达。诗一卷。"按:左□当为五代进士。

【**石鉴**】进士及第。

嘉靖《南宁府志》卷七《人物》:"石鉴,举进士,皇祐间挟策千余靖平贼,功升大理寺丞。"按:石鉴宋初升大理寺丞,则其登第当在五代末。

【丘廷敏】登进士第。除河东节度使掌书记,不赴。

《旧五代史》卷一〇八《苏逢吉传》:"苏逢吉,长安人……广顺初,诏就西京赐其子庄宅各一区。"《五代史补》:"(后汉)高祖在河东幕府,阙书记,朝廷除前进士丘廷敏为之,以高祖有异志,恐为所累,辞疾不赴,遂改苏逢吉。"

《五代史补》卷四:"(后汉)高祖在河东幕府,阙书记,朝廷除前进士丘廷敏为之,以高祖有异志,恐为所累,辞疾不赴,遂改苏逢吉。"按:《五代十国方镇年表》并州条云刘知远在后晋天福六年至七年为河东节度使,则丘廷敏登进士科当在天福七年前。

【朱德孙】后梁贞明元年(915)之前进士及第。曾官睦州馆驿巡官。

《全唐文补遗》第四辑,朱德孙撰天祐十二年(915)三月《唐故张府君(康)墓志》,署名"前睦州馆驿巡官、乡贡进士"。按:朱氏当在天祐十二年,亦即贞明元年之前进士及第。

《登科记考补正》卷二七《附考·进士科》补入。

【孙冲】赵州乐棘人。五代登明经科,复登进士科。历秘书省校书郎、集贤校理。

嘉靖《河间府志》卷一五:"孙冲,赵州乐棘人,举明经又举进士,为秘书省校书郎、集贤校理。"

【孙拙】字几玄,武水乐安人,祖公义官至工部尚书,父瑝官至御史中丞。进士及第。官终工部侍郎。

《全唐文补遗》第五辑,王蒨撰天成二年(927)二月十五日《唐故朝散大夫守尚书工部侍郎柱国赐紫金鱼袋乐安孙公(拙)墓铭并序》:"公讳拙,字几玄,武水乐安人也……曾祖会,庐常等五州牧,累赠吏部尚书、宣州观察使;祖公义,庐饶等五州牧、工部尚书致仕,累赠太尉;考瑝,前御史中丞,累赠司空……(公)举进士擢第甲科,解褐户部巡官、秘校,京兆参军、直弘文馆……未几,拜工部侍郎……以天成元年岁在丙戌五月十二日薨于洛城税舍,享年六十有九。"

【孙晟】初名凤,又名忌,高密人。举进士。南唐时官至舒州节度使。

(宋)龙衮《江南野史》卷五:"孙忌者,本名晟,山东齐郡人。少家贫,力学,能属文,朱梁主举进士。会庄宗立,号河北方招募河南仕人,忌因亡之,署为著作郎、直史馆。庄宗灭梁,遂都于洛。"按:孙氏举进士当在五代后梁时。

(清)吴任臣《十国春秋》卷二七《南唐十三·孙晟传》:"孙晟初名凤,又名忌,高密人也。笃学,善文辞,尤工于诗。少举进士,如洛阳,时名进士者类修边幅,尚名检。晟豪举跌宕,不能蹈绳墨,遂弃去,南游庐山……乃易儒服北走赵、魏,谒后唐庄宗于镇州。庄宗建号,以豆卢革为相,革雅知晟,辟为判官,迁著作佐郎。天成中,朱守殷镇汴州,辟为判官,守殷反,伏诛,晟弃妻子,亡命陈、宋间……渡淮,至寿春,节度使刘金得之,延与语,晟佯痦不对,授馆累日……时烈祖辅吴,方招纳四方豪杰,得晟甚喜,晟为人口吃,造次不能道寒暄……烈祖受禅,历中书舍人、翰林学士、中书侍郎。元宗立,齐王景遂排之,出为舒州节度使。"

张忱石《徐松〈登科记考〉续补(上)》补入。《登科记考补正》卷二七《附考·进士科》录作"孙忌"。

【许□】名未详,颍川人,许生仲父。五代登进士科。

(宋)王禹偁《小畜外集》卷一三《送许制归曹南序》(《全宋文》册四):"颍川许生,大族也……仲父、季父俱擢进士第,有大才而无显位,惜哉!"按:其五代登第。

【许□】名未详,颍川人,许生季父。五代登进士科。

(宋)王禹偁《小畜外集》卷一三《送许制归曹南序》(《全宋文》册四):"颍川许生,大族也……仲父、季父俱擢进士第,有大才而无显位,惜哉!"按:其五代登第。

【苏德祥】五代登进士第。累历台省。

《旧五代史》卷一二七《苏禹珪传》:"苏禹珪,字玄锡,其先出于武功,近世家高密,今为郡人也。父仲容……显德三年正月旦,与客对食之际,暴疾而卒,时年六十二……子德祥,登进士第,累历台省。"按:其父显德三年六十二岁,则其登第当在显德三年之前。

【李谷汝】五代登进士第。

成化《中都志》卷五《人才》:"(李谷汝)举进士,从事华秦二州,晋天福中擢监察御史。"

【余渥】后梁开平三年(909)前登进士科。

(宋)王溥《五代会要》卷二二《宏词拔萃》:"(后唐天成二年四月二日)礼部贡院牒称:'据成德军解送到前进士王蟾状……伏缘近年别无事例,今检《登科录》内,于伪梁开平三年,应宏词登科二人,前进士余渥、承旨舍人李愚。'"

(宋)王钦若等《册府元龟》卷六四一《贡举部(三)·条制第三》:"(后唐明宗天成二年)四月中书奏:'礼部贡院申当司奉今年六月敕吏部流内铨状,申据白院状,申当司先准礼部贡院牒,称具成德军解送到前进士王蟾状,请罢摄深州司功参军应宏词举……今检《登科录》内,于伪梁开平三年应宏词登科二人,前进士余渥、承旨舍人李愚。'"

【沈遘】字期远,睢阳人。弱冠登进士第。释褐除校书郎,后周官至中书舍人。

《旧五代史》卷一三一《沈遘传》:"沈遘,字期远,睢阳人也。父振,贝州永济令,累赠左谏议大夫。遘幼孤,以苦学为志,弱冠登进士第,释褐除校书郎,由御史台主簿拜监察御史,凡五迁至金部郎中,充三司判官。广顺中,以本官知制诰。世宗嗣位,擢为翰林院学士,岁满,拜中书舍人充职。显德三年夏,以扈从南征,因而遇疾,归及京而卒。"按:其广顺中已为金部郎中,则登第当在后周前。

张忱石《徐松〈登科记考〉续补(上)》补入。

【陈潜】疑为五代登科。官至翰林学士。

嘉靖《临江府志》卷五《选举表第六·科第》云陈潜及第。同书卷六《人物志第七之一》:"(陈岳)子潜,仕吴,翰林学士,撰吴录二十卷。"

【罗处约】字思绳,华阳人。登第。仕终荆南路巡抚。

(清)李调元《全五代诗》卷五九《罗处约》:"处约,字思绳,华阳人。父济,仕蜀。后随父归宋,登第,仕终荆南路巡抚。"

【赵瓒】一作“赵鄼”,定州鼓城人。五代登进士第。

（唐）林宝《元和姓纂》卷七《中山赵氏》：“称本自天水徙中山曲阳,今定州鼓城县。”“自宝符至冬曦,安贞孙鄼,又五代进士。”

《登科记考》卷二七《附考·进士科》云赵瓒及第。

【钟离瑾】合肥人。五代登进士科。历德化县令。

（明）王圻《续文献通考》卷八〇《节义考·义士·五代》：“钟离瑾,合肥人,举进士,知德化县,与邻县许令为姻。女将出,适买一婢从嫁。”

【柴自牧】曹州济阴县人。五代登进士科。

（宋）杨亿《武夷新集》卷一〇《柴公（成务）墓志铭》：“公讳成务,字宝臣,家于济阴,考自牧,举进士乙科。”

【高若讷】进士及第。

（宋）曾慥《类说》卷二七《南唐野史·中秋无月诗》：“前进士高若讷袖所业诣荆见高从海,有《中秋无月诗》：‘人间虽不见,天外自分明。’从海曰：‘此诗虽好,将来但恐丧明。’后如其言。”

【高若拙】唐末五代时进士及第。入宋为观察判官。

《旧五代史》卷一《梁书太祖本纪一》注：“《通鉴考异》引高若拙《后史补》：梁太祖皇帝到梁园,深有大志。然兵力不足。”

（宋）陈振孙《直斋书录解题》卷一一录载《后史补》三卷,注：“前进士高若拙撰。”

《宋史》卷二〇三《艺文志二》著录“高若拙《后史补》三卷”。

《宋史》卷四八三《世家六·荆南高氏》载：建隆四年（963）三月“高若拙任观察判官”。

《登科记考补正》卷二七《附考·进士科》录载高若拙。

【高越】字冲远,幽州人。五代登进士科。

《续唐书》本传：“高越,字冲远,幽州人,少举进士,精词赋,有名燕、赵间。”

（宋）马令《马氏南唐书》卷一三《儒者传上第八》：“高越,燕人,少举进士……时威武军节度使卢文进有女,美而慧,善属文,时称女学士。越闻而慕焉,往谒文进,文进以妻之。”

【崔贻孙】字伯垂。登进士第。后唐时历吏部侍郎、礼部尚书。

《旧五代史》卷六九《崔贻孙传》：“崔贻孙,祖元亮,左散骑常侍。父彖言,潞州判官。贻孙以门族登进士第,以监察升朝,历清资美职……同光初,除吏部侍郎……后迁礼部尚书致仕而卒。”

《新唐书》卷七二下《宰相世系表》二下云贻孙字伯垂。

《登科记考补正》卷二七《附考·进士科》录载崔贻孙。

【谢谟】五代登进士第。释褐校书郎。

《全唐诗外编》上册,范质《诫儿侄八百字》：序曰：“昨得谢谟书,希于京秩之中更与迁转。”诗曰：“去年初释褐,一命到蓬丘……凡登进士第,曰选升校雠。历官十五考。”

【颜萱】苏州人,字弘至。江南进士。

（宋）计有功《唐诗纪事》卷六四《颜萱》："萱，字弘至，江南进士也。"

《永乐大典》卷二三六八引《苏州府志》云颜萱进士及第。

正德《姑苏志》卷五《科第表上·进士》中有此人。

张忱石《徐松〈登科记考〉续补（上）》补入。

五代附考明经

【王汭】天成四年（929）十月前明经及第。

《全唐文补遗》第一辑，王豹撰天成四年（929）十月十八日《大唐故东南面招讨副使宁江军节度观察处置兼云□榷盐制置等使光禄大夫检校太保乐安县开国伯食邑七百户西方公（邺）墓志铭并序》，署名"前国子明经王汭书"。

【卢亿】字子元，怀州河内人，祖得一、父真启皆为邑宰。举明经，调补新乡主簿，秩满，复试进士。历官校书郎、集贤校理、著作佐郎、郓州观察支使、河南令，宋乾德二年（964）以少府监致仕。

《宋史》卷二六四《卢多逊传》："卢多逊，怀州河内人。曾祖得一、祖真启皆为邑宰。父亿，字子元，少笃学，以孝悌闻。举明经，调补新乡主簿。秩满，复试进士，校书郎、集贤校理。晋天福中，迁著作佐郎，出为郓州观察支使……周初，为侍御史……俄以本官知杂事，加左司员外郎，迁主客度支郎中，并兼弘文馆直学士。世宗晏驾，为山陵判官，出为河南令。宋初，迁少尹。亿性恬退，闻其子多逊知制诰，即上章求解。乾德二年，以少府监致仕。"

【刘元英】燕地广陵人。以明经擢第。仕燕主刘守光为相。

（清）李调元《全五代诗》卷八《刘元英》："元英，初名操。燕地广陵人。以明经擢第。仕燕主刘守光为相。后得海蟾子。"

【孙冲】赵州乐棘人。五代登明经科，复登进士科。历秘书省校书郎、集贤校理。

嘉靖《河间府志》卷一五："孙冲，赵州乐棘人，举明经又举进士，为秘书省校书郎、集贤校理。"

【苏禹珪】字玄锡，高密人。登五经科。历辽、青、郓州从事，潞州节度使管记，后汉官至宰相，后周加守司空，封莒国公。

《旧五代史》卷一二七《苏禹珪传》："苏禹珪，字玄锡，其先出于武功，近世家高密，今为郡人也。父仲容……禹珪性谦和……以五经中第，辟辽州倅职，历青、郓从事，转潞、并管记，累检校官至户部郎中。汉高祖作镇并门，奏为兼判。开运末，契丹入汴，汉祖即位于晋阳，授中书侍郎平章事。汉祖至汴，兼刑部尚书，俄加右仆射、集贤殿大学士。汉祖大渐，与苏逢吉、杨邠等受顾命，立少主。明年，转左仆射。三年冬……加守司空，寻罢相守本官。（周）世宗嗣位，封莒国公……显德三年正月旦，与客对食之际，暴疾而卒，时年六十二。"

（宋）王钦若等《册府元龟》卷七二九《幕府部（十四）·辟署第四》："苏禹珪，字玄锡，以五经中第，为潞、并管记。汉高祖作镇并门，奏为兼判。"按：苏禹珪在后晋末已历诸府从事,则其登第年约在后晋初。

【徐昌嗣】莆田人。明经及第。初授秘书郎,历掌书记。

(清)吴任臣《十国春秋》卷九三《闽四·徐昌嗣传》:"徐昌嗣,莆田人,以明经除秘书郎。陈洪进辟掌书记,首劝纳土,洪进欲害之,昌嗣潜走汴京。江南平,洪进始悟其忠,乃命其弟昌图与陈仁愿奉表归宋。"

【梁惟忠】郓州须城人。五代登明经科。官至天平军节度判官。

《宋史》卷二九六《梁颢传》:"梁颢,字太素,郓州须城人。曾祖涓,成武主簿。祖惟忠,以明经历佐使府,至天平军节度判官。"按:梁颢为宋初人,其父登第当在五代后期。

【景范】五代晋汉时登明经第。

(唐)扈载《景范神道碑》:"以公辅之位必由稽古升,廊庙之才必以经济显,而公以明经擢第于春官氏。"按:景范卒于周显德二年,年五十二,则其登第当在晋汉时。

《登科记考》卷二七《附考·明经科》录载景范。

五代附考诸科

【张惟彬】后晋登童子科。授蕲州黄梅尉,官至庐陵令。

(宋)龙衮《江南野史》卷九:"(张翊)弟惟彬,幼以通诵二经中童子科,迨成人,授蕲州黄梅尉。周世宗下淮南,起为武昌崇阳簿。复入选,授庐陵令。"按:张惟彬在周世宗下江南前已为蕲州黄梅县尉,按童子科登第最大限为十二岁,及其成人即二十岁,其间至少有八年,则其登第年当在后晋时期。

(清)吴任臣《十国春秋》卷三一《南唐十七·张惟彬传》:"张惟彬,西昌令翊之弟也。幼以通诵二经中童子科,有文章名。及长,授蕲州黄梅尉;未几,改武昌崇阳主簿;复入选,除庐陵令。既代,未行,而金陵陷,疾作卒。"

【赵凤】字国祥,冀州枣强人。约在后梁间童子及第。后周时官至单州刺史。

《全唐文补遗》第一辑,刘德润撰显德二年(955)二月四日《大周故金紫光禄大夫检校司徒使持节单州诸军事单州刺史兼御史大夫上柱国天水郡开国侯食邑一千户赵公(凤)墓志铭并序》:"公讳凤,字国祥,冀州枣强人也……考讳彦章,皇银青光禄大夫、检校工部尚书、冀州别驾兼御史大夫、上柱国,赠太子右赞善大夫……(公)幼为神童,长而猛士……初童子及第。"按:赵凤卒于广顺三年(953)十二月五日,享年四十一,其童子及第约在后梁间。

《旧五代史》卷一二九《赵凤传》:"赵凤,冀州枣强县人,幼读书,举童子。既长,凶豪多力,以杀人暴掠为事,吏不能禁。"

【祖岳】深州安平人。五代后期登明法科。

《千唐志斋藏志》一二五二,左贞撰端拱元年(988)十月八日《大宋故朝散大夫试大理评事前行许州临颍县令兼监察御史赠太常博士祖府君(仲宣)墓志铭并序》(《全宋文》册四):"府君讳仲宣,字子明,本幽州范阳人……遂徙家于深州安平县,今为安平人矣。府君后唐明宗朝,童子擢第……有子二人:长曰岳,明法登第,历官州县。"

附录：及第时间无考者

附考秀才

【屈隐之】祁阳人。秀才及第。官至韶州刺史。

（明）凌迪知《万姓统谱》卷一一六"唐"："屈隐之，祁阳人。少好经史，尤精《易》《庄》，举秀才，为广州判官兼摄司马，后摄韶州刺史。居官清俭，请讬不行。"又见康熙《永州府志》卷一六《人物志中·祁阳名贤》，光绪《湖南通志》卷一一三《选举一·制科·唐》。

郁贤皓《唐刺史考全编》卷二五八《岭南道·韶州（番州、东衡州、始兴郡）》之《待考录》："屈隐之：光绪《湖南通志》卷一三三《选举志·制科》：'（唐）屈隐之，祁阳人，举秀才，韶州刺史。有传。'"

弘治《永州府志》卷四《人物·唐·祁阳》："屈隐之，少好经史，尤精《易》《庄》，举秀才，为广州判官兼摄司马，后摄韶州刺史。居官清俭，请讬不行。"

附考进士

【丁居□】济阳人，父玄成官郑州原武县尉。大中十三年（859）十月前进士及第。

《千唐志斋藏志》一一四六，丁居立撰大中十三年（859）十月廿七日《唐故郑州原武县尉赠尚书工部员外郎丁府君（佑）河南于夫人封河南郡太君合祔墓志铭并序》："府君讳佑，字玄成，其先济阳人……嗣子五人：曰居约，乡贡进士；次居□，前乡贡进士。"

【于观文】字梦得，射洪人。唐末进士及第。

（宋）佚名《分门古今类事》卷七引《该闻录》"观文榜尾"条："于观文字梦得，射洪人。性清洁，富于文学。别业有林泉之致，乃陈拾遗之旧邻也。下第后献主司《凤玉赋》，为时所称。明年复省试，梦人以轴文与之，曰：'此春榜也，可收之。'既觉，自谓曰：'委我收榜，吾当为榜尾乎？'言讫，院吏报先辈第九人，是年只放进士九人，果符所梦。"《全唐诗补编·续拾》卷五三据同上所引于观文诗"东堂令史报来时，仙桂云攀第九枝"云云，即拟题为《及第后作》。

《登科记考补正》卷二七《附考·进士科》补入，按语："又按唐光启六年（882）放进士九人，未详是其年否，俟考。"按：光启凡四年（885—888），882年为中和二年，是年及第进士，《登科记考》作二十八人，《唐才子传》作二十四人。

【于球】河南府人，祖肃官至给事中，父敖官至刑部侍郎。登进士科。

《旧唐书》卷一四九《于休烈传》："于休烈，河南人也……正拜工部尚书……嗣子益，次子肃……肃官至给事中。肃子敖。敖字蹈中，以家世文史盛名。少为时彦所称，志行修谨。登进士第，释褐秘书省校书郎……工部侍郎，迁刑部……四子：球、珪、瑰、琮，皆登进士第……珪、球皆至清显。"

《登科记考》卷二七《附考·进士科》录载于球。

【卫增】大中十年（856）二月前进士及第。

《全唐文补遗》第八辑，卫增撰大中十年（856）二月二十二日《唐故征事郎前守同州澄城县尉卫府君（景弘）墓志铭并序》："君讳景弘，字汉臣，周封河东安邑人也。曾皇祖府君讳璇，进士登第，累赠太子率更令……自后数岁，增忝登第，从军南雍……（景弘）以大中九年七月廿六日,遘祸于襄州官第,享年四十有四。"按:墓志撰者卫增云其"忝登第",当为进士出身。

【马□】名字未详,兄曙进士及第。进士及第。

《秦晋豫新出墓志蒐佚续编》八七四,马□撰大中六年(852)十一月十四日《唐故濮州鄄城县令马君墓志铭并序》:"鄄城讳文谏,字默章。和州司马府君讳谌之曾孙,著作佐郎府君讳昇之孙,永州录事参军赠太子左庶子府君讳昇之第五子,于吾为季弟也,后吾七年而生……吾兄曙得进士第,吾又继踵,且细且进,将期嗣续以大吾门尔。"

【马光粹】扶风茂陵人,曾祖士儒为隋江、亳二州刺史,祖伯达为怀河内尉,父马颉官尚书兵部郎。举进士。官荥阳令。

《全唐文》卷七一四,李宗闵《马公家庙碑》:"元和十五年夏六月,有诏天平军节度使检校礼部尚书兼郓州刺史御史大夫扶风县开国伯马公作三庙于京师……公名惣,字会元,扶风茂陵人也……公之五代祖曰士儒,为隋江、亳二州刺史。亳州生伯达,入唐举进士,为怀河内尉,乐黄老长生之说,弃官从孙思邈游隐于茅山。河内生颉,举进士,又举八科士,于高宗天后朝为御史、尚书兵部郎……兵部生光粹,五岁而能诗,举进士,为荥阳令,功化甚美,县人传之。荥阳生皇考讳佖,年十岁,则受《左氏春秋》,日记万言。后方以经明行高,历仕诸侯,由检校尚书职方郎中为吉州刺史,治行卓尤,升闻于朝,进褒州名,加赐命服,竟以官卒。"

【马颉】扶风茂陵人,祖士儒为隋江、亳二州刺史,父伯达为怀河内尉。举进士,又举八科士。高宗天后朝为御史、尚书兵部郎。

《全唐文》卷七一四,李宗闵《马公家庙碑》:"元和十五年夏六月,有诏天平军节度使检校礼部尚书兼郓州刺史御史大夫扶风县开国伯马公作三庙于京师……公名惣,字会元,扶风茂陵人也……公之五代祖曰士儒,为隋江、亳二州刺史。亳州生伯达,入唐举进士,为怀河内尉,乐黄老长生之说,弃官从孙思邈游隐于茅山。河内生颉,举进士,又举八科士,于高宗天后朝为御史、尚书兵部郎……兵部生光粹,五岁而能诗,举进士,为荥阳令,功化甚美,县人传之。荥阳生皇考讳佖,年十岁,则受《左氏春秋》,日记万言。后方以经明行高,历仕诸侯,由检校尚书职方郎中为吉州刺史,治行卓尤,升闻于朝,进褒州名,加赐命服,竟以官卒。"

【马曙】进士及第。

《秦晋豫新出墓志蒐佚续编》八七四,马□撰大中六年(852)十一月十四日《唐故濮州鄄城县令马君墓志铭并序》:"鄄城讳文谏,字默章。和州司马府君讳谌之曾孙,著作佐郎府君讳昇之孙,永州录事参军赠太子左庶子府君讳昇之第五子,于吾为季弟也,后吾七年而生……吾兄曙得进士第,吾又继踵,且细且进,将期嗣续以大吾门尔。"

【王仙期】太原晋人。进士及第。

《全唐文补遗》第六辑,李宽中撰大和九年(835)三月二十八日《唐故监铁岭南院巡官试左千牛卫长史王公(正言)墓志铭并序》:"公讳正言,太原晋人也……大王父讳仙期,进士及第。"

《登科记考补正》卷二七《附考·进士科》录载王仙期。

【王汀】疑为晚唐进士及第。

(宋)李昉等《太平广记》卷一八四《贡举七·高辇》引《玉堂闲话》："王汀应举时，至滑州旅店，梦射王慎徵，一箭而中，及将放榜。或告曰：'君名第甚卑。'汀答曰：'苟成名，当为第六人。'及见榜，果如所言。或者问之，则告以梦。王慎徵则前年第六人及第。今射而中之，故知亦此科第也。"

《登科记考》卷二七《附考·进士科》云王汀及第。

【王仲卿】任丘人。进士及第。官御史。

光绪《畿辅通志》卷三四《选举·唐进士附录》："王仲卿，任丘人，御史。"

【王会】字云卿，太原祁人，曾祖勮官至中书舍人、吏部侍郎、弘文馆大学士，祖恮官许州长葛县尉，父彪官监察御史。进士及第。历官右金吾卫大将军、御史大夫、充右街使，赠工部尚书。

《秦晋豫新出墓志蒐佚》七六三，裴譔撰会昌二年(842)八月十一日《唐故宣威将军守右金吾卫大将军兼御史大夫充右街使上柱国赐紫金鱼袋工部尚书王公墓志铭并序》："公讳会，字云卿，始以文学优深，登名峻造。"

《邙洛碑志三百种》，李贡撰咸通十四年(873)二月二十日《唐故朝散大夫建陵台令太原王府君(融)墓志铭并序》："公讳融，字内郎，文中六代孙，太原祁人也。高王父讳勮，皇进士及第。制策□科，官至中书舍人、吏部侍郎、弘文馆大学士。曾王父讳恮，皇进士及第，许州长葛县尉，赠屯田员外郎。大父讳彪，皇监察御史，赠兵部侍郎。皇考讳会，进士及第，右金吾卫大将军、御史大夫、充右街使，赠工部尚书。公即尚书之次子。"

【王羽】江东人。约宣宗前后登进士科。

《全唐诗》第十九册卷六四九有方干《送友及第归浙东》，一作《送王羽登科后归江东》。《登科记考》卷二七《附考·进士科》云王羽及第，见方干诗。按：方干为大中人。

【王志愔】博州聊城人。进士擢第。历官左台御史、驾部郎中、左御史中丞、大理少卿、齐州刺史、汴州刺史、御史中丞、户部侍郎、魏州刺史、扬州大都督府长史，终官刑部尚书。

《旧唐书》卷一〇〇《王志愔传》："王志愔，博州聊城人也。少以进士擢第。神龙年，累除左台御史，加朝散大夫。执法刚正，百僚畏惮，时人呼为'皂雕'，言其顾瞻人吏，如雕鹗之视燕雀也。寻迁大理正……稍迁驾部郎中。景云元年，累转左御史中丞，寻迁大理少卿。二年，制依汉置刺史监郡，于天下冲要大州置都督二十人，妙选有威重者为之，遂拜志愔齐州都督，事竟不行。又授齐州刺史，充河南道按察使。未几，迁汴州刺史，仍旧充河南道按察使。太极元年，又令以本官兼御史中丞、内供奉，特赐实封一百户。寻加银青光禄大夫，拜户部侍郎。出为魏州刺史，转扬州大都督府长史，俱充本道按察使。所在令行禁止，奸猾屏迹，境内肃然。久之，召拜刑部尚书。开元九年，上幸东都，令充京师留守。"

《登科记考》卷二七《附考·进士科》录载王志愔。

【王助】绛州龙门人，王勃之弟。进士及第。

《新唐书》卷二〇一《文艺上·王勃传》："王勃字子安，绛州龙门人……勃兄勔、弟助，皆第进士。"

【王松】京兆杜陵人,父徽相僖宗。进士及第。后唐时历刑部郎中,后晋官至工部尚书。

《旧唐书》卷一七八《王徽传》:"王徽字昭文,京兆杜陵人……大顺元年十二月卒,赠太尉,谥曰贞。子三人:椿、樗、松。"

《新五代史》卷五七《王松传》:"王松,父徽,为唐僖宗宰相。松举进士,后唐时,历刑部郎中,唐末,从事方镇。晋高祖镇太原,辟松节度判官。晋高祖即位,拜右谏议大夫,累拜工部尚书。"按:开运三年(946),松以工部尚书权知贡举。

(宋)邓名世《古今姓氏书辨证》卷一四:"(王)徽字昭文,相僖宗,赠太尉,谥正。子三人:椿、樗、松,均登第。"

《登科记考补正》卷二七《附考·进士科》补入。

【王易从】京兆杜陵人,祖喆为唐晋州司仓参军、同州河西县令,父庆官赵州房子、冀州枣强二县主簿。登进士科,又中大足元年(701)文擅词场科。官至扬州大都督府长史。

《全唐文》卷二五八,苏颋撰《扬州大都督长史王公(易从)神道碑》:"霸城王府君。讳易从,字某……高祖明远,隋雍州大中正宏化郡守司金上士银青光禄大夫,书大旗,勒大鼎,猗那成绩,繁衍重世。曾祖寿,隋州都七职主簿,隋氏沦胥,炀皇板荡,竟全孤竹之操,不败幽兰之芳。祖喜,皇朝晋州司仓参军同州河西县丞。父庆,赵州房子、冀州枣强二县主簿……公八岁工词赋,十五读典坟,十八历涉代史,十九初游太学,二十升甲科。三倾五城,一日千里,阶选部,册天门,出九流之先,当万夫之特。授亳州城父尉……授华州华阴县尉。复册甲科,转京兆府美原县尉,换华原丞……擢拜左台监察御史……迁殿中侍御史,无何。拜尚书户部员外郎,转祠部、主爵、考功三郎中……拜给事中,转中书舍人……出为扬州大都督府长史……以年月日,遘疾终于府之官舍,享年六十。"按:"祖喜",当作"祖喆"。

《全唐文》卷三一三,孙逖撰《太子右庶子王公(敬从)神道碑》:"公讳敬从,字某,京兆人也……明远,隋司金上士。远生寿,隋州都七职主簿。寿生喆,皇朝同州河西县令。喆生庆,皇朝冀州枣强主簿……公兄曰易从,故吏部侍郎弟。曰择从,今京兆府士曹,咸以文学,齐名当代。公始以对策高第,则易从同科。"

《旧唐书》卷一七八《王徽传》:"王徽字昭文,京兆杜陵人,其先出于梁魏。魏为秦灭,始皇徙关东豪族实关中,魏诸公子徙于霸陵。以其故王族,遂为王氏。后周同州刺史熊,徽之十代祖,葬咸阳之凤岐原,子孙因家焉。曾祖择从兄易从,天后朝登进士第。从弟明从、言从,睿宗朝并以进士擢第。昆仲四人,开元中三至凤阁舍人,故时号'凤阁王家'。"

《新唐书》卷七二中《宰相世系表》二中:"明远,周司金上士。""寿,隋州都七职主簿。""喆,河西令。""庆,浦州长史。""易从,扬州刺史。"

《登科记考》卷四大足元年(701)文擅词场科、卷二七《附考·进士科》分别录载王易从。

【王定】字镇卿,京兆人。进士及第。官考功郎中。

《全唐文补遗》第三辑，强道撰□□□□□年十月十七日《□郑州原武县令京兆王公墓志铭并序》："曾祖讳定，进士及第。考功郎中知□□□□议大夫，赠礼部尚书。祖讳仲囧，进士及第，仕利明台三州刺史，国子祭酒□□州刺史。"

《旧唐书》卷一七八《王徽传》："王徽字昭文，京兆杜陵人……曾祖择从兄易从，天后朝登进士第。从弟明从、言从，睿宗朝并以进士擢第。昆仲四人，开元中三至凤阁舍人，故时号'凤阁王家'。其后，易从子定，定子逢，逢弟仲周，定兄密，密子行古，行古子收，收子超，皆以进士登第。"

《登科记考》卷二七《附考·进士科》录载王定，考："权德舆《王定神道碑》：'定字镇卿，京兆人。弱冠游太学，进士甲科。'按：定即易从之子，见《旧书·王徽传》。"

【王昭度】字世范，太原人。进士及第。曾官河南尉。

《全唐文》卷三九七，张景撰《河南县尉厅壁记》："太原王昭度字世范，登进士第，为河南尉。"

《登科记考》卷二七《附考·进士科》录载王昭度。

【王恮】太原祁人，父勳官至中书舍人、吏部侍郎、弘文馆大学士。进士及第。官许州长葛县尉。

《邙洛碑志三百种》，李贡撰咸通十四年（873）二月二十日《唐故朝散大夫建陵台令太原王府君（融）墓志铭并序》："公讳融，字内郎，文中六代孙，太原祁人也。高王父讳勳，皇进士及第。制策□科，官至中书舍人、吏部侍郎、弘文馆大学士。曾王父讳恮，皇进士及第，许州长葛县尉，赠屯田员外郎。大父讳彪，皇监察御史，赠兵部侍郎。皇考讳会，进士及第，右金吾卫大将军、御史大夫、充右街使，赠工部尚书。公即尚书之次子。"

【王祚】太原人。登进士科，又登贤良科。官至朝散大夫、青州司马，卒赠户部侍郎。

《全唐文》卷六〇八，刘禹锡撰《唐兴元节度使王公先庙碑》："大和二年，增新室既成，祔显考于尊位，告飨由礼。观之者以为世程。第一室曰上仪同幽州别驾府君讳元政，以妣博陵崔氏配；第二室曰湖州安吉县令赠尚书刑部员外郎府君讳寔，以妣赠扶风县太君马氏配；第三室曰朝散大夫青州司马赠户部侍郎府君讳祚，以妣赠武威郡太夫人贾氏配；第四室曰温州刺史赠太尉府君讳晃，以妣赠鲁国太夫人博陵崔氏配……惟户部府君，幼孤，以孝闻于乡曲。未冠，以文售于有司。由前进士补延州临安县主簿。会诏征贤良，策在甲科，授瀛州饶阳尉。岁满迁渭南。天后在神都，而东畿差重，遂由渭南转河阳。适逢建万象神宫，甸内吏分董其役，因上书切谏，繇是名益闻。开元初，以大理司直驰轺车，联谳大狱。闽禺朔漠，所至决平。早以栾棘伤生，晚成剧恙，乐就夷旷，故不至大官。"

《新唐书》卷一七九《王涯传》："王涯字广津，其先本太原人，魏广阳侯冏之裔。祖祚，武后时谏罢万象神宫知名；开元时，以大理司直驰传决狱，所至仁平。父晃，历左补阙、温州刺史。涯博学，工属文。"

《登科记考》卷二七《附考·进士科》、同卷《附考·制科》分别录载王祚。

【王晃】太原人，父祚官至朝散大夫、青州司马。进士及第，制举文辞政术科高等。历左补阙、温州刺史。

《全唐文》卷六〇八,刘禹锡撰《唐兴元节度使王公先庙碑》:"大和二年,增新室既成,祔显考于尊位,告飨由礼。观之者以为世程。第一室曰上仪同幽州别驾府君讳元政,以妣博陵崔氏配;第二室曰湖州安吉县令赠尚书刑部员外郎府君讳寔,以妣赠扶风县太君马氏配;第三室曰朝散大夫青州司马赠户部侍郎府君讳祚,以妣赠武威郡太夫人贾氏配;第四室曰温州刺史赠太尉府君讳晁,以妣赠鲁国太夫人博陵崔氏配……惟太尉府君,生于治平时,以文学自奋。年十有五,贲然从秋赋。明年春,升名于司徒。又一年,元宗御层楼,发德音,悬文辞政术科以置髦士。府君策最高,授太常寺太祝。未几,复以能通《道德》《南华》《冲虚》三真经,进周至尉。天宝中历右拾遗、左补阙,礼部、司驾二员外郎。属幽陵乱华,遣兵南服,因佐闽粤,改检校比部郎中行军司马。时中原甫宁,江南为吉地,二千石多用名德,乃以府君牧温州。"

《旧唐书》卷一六九《王涯传》:"王涯,字广津,太原人。父晁。"

《新唐书》卷一七九《王涯传》:"王涯字广津,其先本太原人,魏广阳侯冏之裔。祖祚,武后时谏罢万象神宫知名;开元时,以大理司直驰传决狱,所至仁平。父晁,历左补阙、温州刺史。"

《登科记考》卷二七《附考·进士科》、同卷《附考·制科》分别录载王晁。

【王惬】进士及第。曾参与编写《四部书目》。

《新唐书》卷一九九《儒学中·马怀素传》:"马怀素字惟白,润州丹徒人……开元初,为户部侍郎,封常山县公,进兼昭文馆学士……即拜怀素秘书监。乃诏国子博士尹知章、四门助教王直、直国子监赵玄默、陆浑丞吴绰、桑泉尉韦述、扶风丞马利征、湖州司功参军刘彦直、临汝丞宋辞玉、恭陵令陆绍伯、新郑尉李子钊、杭州参军殷践猷、梓潼尉解崇质、四门直讲余钦、进士王惬刘仲丘、右威卫参军侯行果、邢州司户参军袁晖、海州录事参军晁良、右率府胄曹参军毋煚、荥阳主簿王湾、太常寺太祝郑良金等分部撰次,践猷从弟秘书丞承业、武陟尉徐楚璧是正文字。"

《登科记考》卷二七《附考·进士科》录载王惬。

【王密】京兆人。进士及第。

《旧唐书》卷一七八《王徽传》:"王徽字昭文,京兆杜陵人……曾祖择从兄易从,天后朝登进士第。从弟明从、言从,睿宗朝并以进士擢第。昆仲四人,开元中三至凤阁舍人,故时号'凤阁王家'。其后,易从子定,定子逢,逢弟仲周,定兄密,密子行古,行古子收,收子超,皆以进士登第。"

【王绩】穆文朝登进士科。授校书郎,历江西观察巡官、补阙。

《白居易集》卷五三《知渭桥院官苏洌授员外郎依前职前进士王绩授校书郎江西巡官制》:"敕:某官苏洌,尝以干良,分领剧务,受任称职,主者上闻。绩既有成,赏安可缺?前进士王绩,亦以艺学,籍名太常,著为令闻,及此慰荐。一以课进,一以才升,咸加班荣,同以褒奖,台官、校职,尔各钦承。可依前件。"

《旧唐书》卷一七四《李德裕传》:"开成二年……补阙王绩、魏谟、崔党、韦有翼,拾遗令狐绚、韦楚老、樊宗仁等,连章论德裕妄奏钱帛以倾僧孺,上竟不问。"

《登科记考》卷二七《附考·进士科》录载王绩。

【王超】京兆杜陵人，祖行古，父收。唐末登进士科。历凤翔节度使判官。

《旧唐书》卷一七八《王徽传》："王徽字昭文，京兆杜陵人……曾祖择从兄易从，天后朝登进士第。从弟明从、言从，睿宗朝并以进士擢第。昆仲四人，开元中三至凤阁舍人，故时号'凤阁王家'。其后，易从子定，定子逢，逢弟仲周，定兄密，密子行古，行古子收，收子超，皆以进士登第。"

《旧五代史》卷六〇《李袭吉传》："凤翔有王超（案《北梦琐言》：唐末，凤翔判官王超。）……"

《登科记考》卷二七《附考·进士科》录载王超。

【王惣】丹阳人。唐末登进士科。

《全唐文》卷九〇二，王惣小传："惣，丹阳人，举进士。"

【王椿】京兆杜陵人，父徽相僖宗。进士及第。

《旧唐书》卷一七八《王徽传》："王徽字昭文，京兆杜陵人……大顺元年十二月卒，赠太尉，谥曰贞。子三人：椿、樗、松。"

（宋）邓名世《古今姓氏书辨证》卷一四："（王）徽字昭文，相僖宗，赠太尉，谥正。子三人：椿、樗、松，均登第。"

《登科记考补正》卷二七《附考·进士科》补入。

【王溥】字德润。进士及第。官至中书侍郎同中书门下平章事，终淄州司户参军。

《新唐书》卷一八二《王溥传》："王溥字德润，失其何所人。第进士，擢累礼部员外郎、史馆修撰。崔胤镇武安，表署观察府判官。胤不赴镇，溥留充集贤殿直学士。御史中丞赵光逢奏为刑部郎中，知杂事。昭宗蒙难东内，溥与胤说卫军执刘季述等杀之。帝反正，骤拜翰林学士、户部侍郎，以中书侍郎同中书门下平章事，判户部。不能有所裨益，罢为太子宾客，分司东部。未几，召拜太常卿、工部尚书。会朱温侵逼，贬淄州司户参军，赐自尽，与裴枢等投尸于河。"

《登科记考》卷二七《附考·进士科》录载王溥。按：此王溥与后汉乾祐中进士及第之王溥非一人。

【王慎徽】疑为晚唐进士及第。

（宋）李昉等《太平广记》卷一八四《贡举七·高辇》引《玉堂闲话》："王汀应举时，至滑州旅店，梦射王慎徽，一箭而中，及将放榜。或告曰：'君名第甚卑。'汀答曰：'苟成名，当为第六人。'及见榜，果如所言。或者问之，则告以梦。王慎徽则前年第六人及第。今射而中之，故知亦此科第也。"

《登科记考》卷二七《附考·进士科》云王慎徽及第。

【王樗】京兆杜陵人，父徽相僖宗。进士及第。

《旧唐书》卷一七八《王徽传》："王徽字昭文，京兆杜陵人……大顺元年十二月卒，赠太尉，谥曰贞。子三人：椿、樗、松。"

（宋）邓名世《古今姓氏书辨证》卷一四："（王）徽字昭文，相僖宗，赠太尉，谥正。子三人:椿、樗、松,均登第。"

《登科记考补正》卷二七《附考·进士科》补入。

【王勔】绛州龙门人,王勃之兄。进士及第,制科登科。官至中书舍人、吏部侍郎、弘文馆学士。

《邙洛碑志三百种》,李贡撰咸通十四年(873)二月二十日《唐故朝散大夫建陵台令太原王府君(融)墓志铭并序》:"公讳融,字内郎,文中六代孙,太原祁人也。高王父讳勔,皇进士及第。制策□科,官至中书舍人、吏部侍郎、弘文馆大学士。曾王父讳恮,皇进士及第,许州长葛县尉,赠屯田员外郎。大父讳彪,皇监察御史,赠兵部侍郎。皇考讳会,进士及第,右金吾卫大将军、御史大夫、充右街使,赠工部尚书。公即尚书之次子。"

《旧唐书》卷一九〇上《文苑上·王勃传》:"王勃字子安,绛州龙门人。祖通,隋蜀郡司户书佐。大业末,弃官归,以著书讲学为业。依《春秋》体例,自获麟后,历秦、汉至于后魏,著纪年之书,谓之《元经》。又依《孔子家语》、杨雄《法言》例,为客主对答之说,号曰《中说》。皆为儒士所称。义宁元年卒,门人薛收等相与议谥曰文中子。二子:福畤、福郊。勃六岁解属文,构思无滞,词情英迈,与兄勔、勮,才藻相类……勮,弱冠进士及第,累除太子典膳丞。长寿中,擢为凤阁舍人……寻加弘文馆学士,兼知天官侍郎。"

《新唐书》卷二〇一《文艺上·王勃传》:"王勃字子安,绛州龙门人……勃兄勮、弟助,皆第进士。"

【王彝训】晚唐登进士科。

(唐)齐己《白莲集》卷二有《寄洛下王彝训先辈》《送吴守明先辈游蜀》。按:其登第当在晚唐。施子愉《登科记考补正》补入。

【元充】中晚唐登进士科。

(唐)赵璘《因话录》卷三《商部下》:"刑部郎中元沛妻刘氏……长子固……;次子察,进士及第,累佐使府,后高卧庐山。察之长子濂,好道不仕;次子充,进士及第,亦尚灵玄矣。"

《登科记考》卷二七《附考·进士科》云元充及第。

【元怀景】进士及第。终官太子左庶子。

《全唐文》卷二三二,张说撰开元十一年(723)二月《唐故左庶子赠幽州都督元府君墓志铭》:"公讳怀景,字某。魏武陵王雄之曾孙,右卫大将军胄之孙,赠麟州刺史仁惠之季子……(怀景)弱冠以国子进士高第,补相王府典签。"

《登科记考》卷二七《附考·进士科》录载元怀景。

【元希声】河南洛阳人,祖义恭官隋南郡司法,父孝节官唐黄州刺史。进士及第。历官相州内黄主簿、校书郎、右金吾兵曹、万年主簿,太子文学主客、考功二员外,中书舍人、太常少卿,终官吏部侍郎。

《全唐文》卷二八〇,崔湜撰景龙三年(709)《故吏部侍郎元公碑》:"公讳希声,字某,河南洛阳人也……故我曾大父隋尚书左丞宏,尊贤爱人,开物成务;我大父隋南郡司法义恭,礼乐是蹈,诗书是好;我皇考黄州刺史孝节,政以礼成,名以德举;奕代集礼,以洎于公……兄通理，以其声华太高，谕其从事，不得已举进士。授相州内黄主簿，临下以简，人用宜之……调补校书郎，转右金吾兵曹万年主簿……迁太子文学主客、考功二员外，赏勤也。皇帝缵膺大业，擢中书舍人，是时天地初复，中外多务，章奏交驰，文诰叠委，公操斧则伐，悬衡不欺，至于献纳，多所施用。然而不乐处烦，屡乞外补，上优而不许。转太常少卿，无何，吏部缺，公虽虬蟠不奋，欲固其节，而鹤鸣有闻，终迫其用，拜吏部侍郎。"按：据志文，希声卒于景龙元年（707），春秋四十六。

【元察】中晚唐登进士科。

（唐）赵璘《因话录》卷三《商部下》："刑部郎中元沛妻刘氏……长子固……；次子察，进士及第，累佐使府，后高卧庐山；察之长子潾，好道不仕；次子充，进士及第，亦尚灵玄矣。"

《登科记考》卷二七《附考·进士科》云元察及第。

【韦□】一作"韦十六"。进士及第。

《全唐文》卷五一八，梁肃《送韦十六进士及第后东归序》："益都有司马扬王遗风，生尝薄游西南，览其江山，颇奋文辞，叹蜀解嘲四子讲德之式。及夫秀士升贡，有司处之以上第，时辈归之以高名，飘飘然有排大风摩青天之势。今岁后四月，谢诸朋游，轻骑东出，且以五彩之服，拜庆于庭闱，荣哉孝乎！是往也，予尝与生为五湖之游矣，今则系在柱下，不能奋飞。送归如何？为愧为羡。《大雅》：'敬慎威仪，以近有德。'盖虽有杂珮，不如此诗，辍而为好，以志少别。"

《登科记考补正》卷二七《附考·进士科》录载韦□（韦十六）。

【韦士逸】字士逸，京兆万年县杜陵人。登进士科。释褐为赤县尉，辞官。

《唐代墓志汇编》中和○一一《唐贞士韦君墓志》："……贞士讳士逸，字士逸，万年杜陵人也。举进士，释褐为赤县尉，不屑焉，遂弃去……中和四年（卒）。"收入《唐文拾遗》卷六七，阙名《韦士逸墓志》。

【韦元旦】京兆万年人，祖澄，越王府记室。进士及第。官至中书舍人。

《新唐书》卷二○二《文艺中·韦元旦传》："韦元旦，京兆万年人。祖澄，越王府记室，撰《女诫》传于世。元旦擢进士第，补东阿尉，迁左台监察御史。与张易之有姻属，易之败，贬感义尉。俄召为主客员外郎，迁中书舍人。"

《登科记考》卷二七《附考·进士科》录载韦元旦，考："《旧书·文苑传》：'元旦，京兆万年人。祖澄。元旦擢进士第，补东阿尉。'"按：《旧唐书·文苑传》未载韦元旦。

【韦见素】字会微，京兆万年人。第进士。解褐相王府参军，历卫佐、河南府仓曹，迁太子太师，加开府仪同三司，谥忠贞。

《旧唐书》卷一○八《韦见素传》："韦见素，字会微，京兆万年人。父湊，开元中太原尹。见素学科登第。景龙中，解褐相王府参军，历卫佐、河南府仓曹。丁父忧，服阕，起为大理寺丞，袭爵彭城郡公。坐事出为坊州司马。入为库部员外郎，加朝散大夫，历右司、兵部二员外，左司、兵部二郎中，迁谏议大夫。天宝五年，充江西、山南、黔中、岭南等黜陟使，观省风俗，弹纠长吏，所至肃然。使还，拜给事中，驳正绳违，颇振台阁旧典。寻检校尚书工部侍郎,改右丞。九载,迁吏部侍郎,加银青光禄大夫……(十三年)八月,拜武部尚书、同中书门下平章事,充集贤院学士,知门下省事,代陈希烈……(十五年)七月,至巴西郡,以见素兼左相、武部尚书。数日,至蜀郡,加金紫光禄大夫,进封豳国公,与一子五品官……明年,至凤翔。三月,除左仆射,罢知政事,以宪部尚书致仕……五月,迁见素太子太师。十一月,肃宗自右辅还京,诏见素入蜀奉迎太上皇。十二月,上皇至京师,肃宗御楼大赦。见素以奉上皇幸蜀功,加开府仪同三司,食实封三百户。上元中,以足疾上表请致仕,许之。宝应元年十二月卒,年七十六,赠司空,谥曰忠贞。"

《新唐书》卷一一八《韦见素传》:"见素字会微,质性仁厚。及进士第,授相王府参军,袭父爵,擢累谏议大夫。"

《登科记考》卷二七《附考·制科》录载韦见素,考:"《旧书》本传:'字会微,京兆万年人。父凑。见素学科登第。'按:'学科'疑有误字。"按:据《新唐书》本传,见素为进士及第。

【韦安之】河阳人。进士及第。授潜县尉,卒龙兴县丞。

(宋)李昉等《太平广记》卷三四七《鬼三十二·韦安之》引《灵异录》:"韦安之者,河阳人,时至阳翟,拟往少室寻师……安之五年乃赴举,其年擢第,授杭州於潜县尉……安之为龙兴县丞卒。"

《登科记考》卷二七《附考·进士科》录载韦安之。

【韦迟】京兆万年人,曾祖弘机司农卿,父景骏房州刺史。进士及第。

《旧唐书》卷一○二《韦述传》:"韦述,司农卿弘机曾孙也。父景骏,房州刺史……中书令张说专集贤院事,引述为直学士,迁起居舍人。说重词学之士,述与张九龄、许景先、袁晖、赵冬曦、孙逖、王翰常游其门。赵冬曦兄冬日、弟和璧、居贞、安贞、颐贞等六人,述弟迪、逍、迥、迟、巡亦六人,并词学登科。说曰'赵、韦昆季,今之杞梓'。"

(宋)乐史《广卓异记》卷一九《兄弟六人进士及第》:"右按《登科记》:韦述并弟迪、逍、迥、迟等六人,皆进士及第。"注:"模按:原本逍讹遁,又脱迟字,据唐书并世族大全纲目尚友录等书改增。"按:《广卓异记》与《旧唐书》记载略有不同,今从后者。

《新唐书》卷一三二《韦述传》:"韦述,弘机曾孙……弟逍、迪,学业亦亚述。与逍对为学士,与迪并礼官,搢绅高之。"

《登科记考》卷二七《附考·进士科》录载韦迟。

【韦巡】京兆万年人,曾祖弘机司农卿,父景骏房州刺史。进士及第。

《旧唐书》卷一○二《韦述传》:"韦述,司农卿弘机曾孙也。父景骏,房州刺史……中书令张说专集贤院事,引述为直学士,迁起居舍人。说重词学之士,述与张九龄、许景先、袁晖、赵冬曦、孙逖、王翰常游其门。赵冬曦兄冬日、弟和璧、居贞、安贞、颐贞等六人,述弟迪、逍、迥、迟、巡亦六人,并词学登科。说曰'赵、韦昆季,今之杞梓'。"

(宋)乐史《广卓异记》卷一九《兄弟六人进士及第》:"右按《登科记》:韦述并弟迪、逍、迥、巡、迟等六人,皆进士及第。"注:"模按:原本逍讹遁,又脱迟字,据唐书并世族大全纲目尚友录等书改增。"按:《广卓异记》与《旧唐书》记载略有不同,今从后者。

《新唐书》卷一三二《韦述传》："韦述，弘机曾孙……弟迥、迪，学业亦亚述。与迥对为学士，与迪并礼官，搢绅高之。"

《登科记考》卷二七《附考·进士科》录载韦巡。

【韦序】京兆府人，祖贯之官至宰相，父潾登进士第。约在晚唐进士及第。官至尚书郎。

《旧唐书》卷一五八《韦贯之传》："韦贯之本名纯，以宪宗庙讳，遂以字称……以本官同中书门下平章事……贯之子澳、潾。澳，字子斐，大和六年擢进士第，又以弘词登科……周墀镇郑滑，辟为从事。墀辅政，以澳为考功员外郎……寻召充翰林学士，累迁户部、兵部侍郎、学士承旨……出为京兆尹……入为户部侍郎，转吏部……求归樊川别业，许之。逾年，复授户部侍郎。以疾不拜而卒。赠户部尚书，谥曰贞。……潾亦登进士第，无位而卒。潾子庾、庠、序、雍、郊……序、雍、郊皆登进士第。序、雍官至尚书郎。"

《登科记考》卷二七《附考·进士科》录载韦序。

【韦张】宪宣间登进士科。

(唐)元稹《元稹集》卷一二《献荥阳公诗五十韵并启》："客有前进士韦张在宋来会学，由我而下，联为五言以美之。"参考《全唐诗》卷四〇七，元稹《献荥阳公诗五十韵并启》）。

《登科记考》卷二七《附考·进士科》云韦张及第。

【韦叔文】进士及第。

(宋)李昉等《太平广记》卷二一三《画四·韦叔文》引《闻奇录》："唐进士韦叔文善画马。暇日，偶画二马札绢而未设色。赴举，过华岳庙前。恍然如梦。见庙前人谒己：'金天王奉召。'叔文不觉下马而入，升殿见王。王曰：'知君有二马甚佳，今将求之，来春改名而第矣。'叔文曰：'己但有所乘者尔。'王曰：'有，试思之。'叔文暗思有二画马，即对曰：'有马，毛色未就。'曰：'可以为惠。'叔文曰：'诺。'出庙，急于店中添色以献之。来春改名而第。"

《登科记考补正》卷二七《附考·进士科》补入。

【韦迪】京兆万年人，曾祖弘机司农卿，父景骏房州刺史。进士及第。官终太子中舍人。

《全唐文补遗》第七辑，韦道冲撰元和十二年(817)十月十四日《唐故奉义郎行京兆府泾阳县尉韦府君(柏尼)墓志文并序》："公讳柏尼，贯万年也……先府君迪，登第太常，终太子中舍人。祖景骏，持节刺房陵，入奉先令。"

《旧唐书》卷一〇二《韦述传》："韦述，司农卿弘机曾孙也。父景骏，房州刺史……中书令张说专集贤院事，引述为直学士，迁起居舍人。说重词学之士，述与张九龄、许景先、袁晖、赵冬曦、孙逖、王翰常游其门。赵冬曦兄冬日、弟和璧、居贞、安贞、颐贞等六人，述弟迪、逌、迥、迟、巡亦六人，并词学登科。说曰'赵、韦昆季，今之杞梓'……逌，学业亦亚于述，尤精《三礼》，与述对为学士，迪同为礼官，时人荣之。累迁考功员外郎、国子司业。"

(宋)乐史《广卓异记》卷一九《兄弟六人进士及第》："右按《登科记》：韦述并弟迪、逌、迥、巡、迢等六人，皆进士及第。"注："模按：原本逌讹逎，又脱迪字，据唐书并世族大全纲目尚友录等书改增。"按:《广卓异记》与《旧唐书》记载略有不同,今从后者。

《新唐书》卷一三二《韦述传》:"韦述,弘机曾孙……弟逌、迪,学业亦亚述。与逌对为学士,与迪并礼官,搢绅高之。"

《登科记考》卷二七《附考·进士科》录载韦迪。

【韦峤】进士及第。

《全唐文补遗》第八辑,大中元年(847)二月六日《唐故河南穆氏殇子(憕)墓志铭并序》,署名"外兄、前乡贡进士韦峤撰"。按:墓志云殇子穆憕殁于开成庚申岁(840)五月一日,大中丁卯岁二月六日安葬,则韦峤及进士第当在大中丁卯岁即大中元年(847)或之前。《登科记考》卷二二大中元年录有韦□,墓志作者韦□是否就是《登科记考》所载之韦峤,尚需佐证史料。

【韦迪】京兆万年人,曾祖弘机司农卿,父景骏房州刺史。进士及第。

《旧唐书》卷一○二《韦述传》:"韦述,司农卿弘机曾孙也。父景骏,房州刺史……中书令张说专集贤院事,引述为直学士,迁起居舍人。说重词学之士,述与张九龄、许景先、袁晖、赵冬曦、孙逖、王翰常游其门。赵冬曦兄冬日,弟和璧、居贞、安贞、颐贞等六人,述弟迪、逌、迥、迮、巡亦六人,并词学登科。说曰'赵、韦昆季,今之杞梓'。"

(宋)乐史《广卓异记》卷一九《兄弟六人进士及第》:"右按《登科记》:韦述并弟迪、逌、迥、巡、逌等六人,皆进士及第。"注:"模按:原本逌讹逌,又脱迪字,据唐书并世族大全纲目尚友录等书改增。"按:《广卓异记》与《旧唐书》记载略有不同,今从后者。

《新唐书》卷一三二《韦述传》:"韦述,弘机曾孙……弟逌、迪,学业亦亚述。与逌对为学士,与迪并礼官,搢绅高之。"

《登科记考》卷二七《附考·进士科》录载韦迥。

【韦宪】十四岁升明经第,大中十三年(859)前进士及第。

《全唐文补遗》千唐志斋新藏专辑,韦宪撰大中十三年(859)九月二日《唐故(韦君妻)天水郡赵夫人(真源)玄堂志》:"夫人法讳真源……有子曰宪,幼习诗礼。虽年从外傅,而诱开必先,实赖慈训。生十四年,升孝廉第……洎子登秀才科,夫人泣曰:乃亲之荣,谅无易此!"按:据志文,韦宪明经及第后又考中进士。

【韦逌】京兆万年人,曾祖弘机司农卿,父景骏房州刺史。进士及第。曾与兄述并为学士。

《旧唐书》卷一○二《韦述传》:"韦述,司农卿弘机曾孙也。父景骏,房州刺史……中书令张说专集贤院事,引述为直学士,迁起居舍人。说重词学之士,述与张九龄、许景先、袁晖、赵冬曦、孙逖、王翰常游其门。赵冬曦兄冬日,弟和璧、居贞、安贞、颐贞等六人,述弟迪、逌、迥、迮、巡亦六人,并词学登科。说曰'赵、韦昆季,今之杞梓'……逌,学业亦亚于述,尤精《三礼》,与述对为学士,迪同为礼官,时人荣之。累迁考功员外郎、国子司业。"

(宋)乐史《广卓异记》卷一九《兄弟六人进士及第》:"右按《登科记》:韦述并弟迪、逌、迥、巡、逌等六人,皆进士及第。"注:"模按:原本逌讹逌,又脱迪字,据唐书并世族大全纲目尚友录等书改增。"按:《广卓异记》与《旧唐书》记载略有不同,今从后者。

《新唐书》卷一三二《韦述传》："韦述，弘机曾孙……弟迢、迪，学业亦亚述。与迢对为学士，与迪并礼官，搢绅高之。"

《登科记考》卷二七《附考·进士科》录载韦迢。

【韦庚】京兆府人，祖贯之官至宰相，父潾登进士第。约在晚唐登进士科。累辟使府，官至刑部侍郎。

《旧唐书》卷一五八《韦贯之传》："韦贯之本名纯，以宪宗庙讳，遂以字称……以本官同中书门下平章事……贯之子澳、潾。澳，字子斐，大和六年擢进士第，又以弘词登科……周墀镇郑滑，辟为从事。墀辅政，以澳为考功员外郎……寻召充翰林学士，累迁户部、兵部侍郎、学士承旨……出为京兆尹……入为户部侍郎，转吏部……求归樊川别业，许之。逾年，复授户部侍郎。以疾不拜而卒。赠户部尚书，谥曰贞……潾亦登进士第，无位而卒。潾子庚、庠、序、雍、郊。庚登进士第，累佐使府，入朝为御史，累迁兵部郎中、谏议大夫。从僖宗幸蜀，改中书舍人，累拜刑部侍郎，判户部事。车驾还京，充顿递使，至凤翔病卒。"

《登科记考》卷二七《附考·进士科》录载韦庚。

【韦维】字文纪。举进士。官终左庶子。

《旧唐书》卷一〇一《韦虚心传》附韦绩传："虚心父维，少习儒业，博涉文史，举进士。自大理丞累至户部郎中，善于剖判，时员外郎宋之问工于诗，时人以为户部有二妙。终于左庶子。"

（宋）章定《名贤氏族言行类稿》卷四："韦维字文纪，进士对策高第。"

《登科记考》卷二七《附考·进士科》录载韦维。

【韦楚相】父屺官大光禄，兄楚才元和二年（807）进士及第。进士及第。

《秦晋豫新出墓志蒐佚》六九四，崔权中撰元和十三年（819）十一月二十二日《崔氏夫人墓志铭》："夫人年廿，归适于前进士韦楚相。楚相父屺，时任大光禄。兄楚才，职宪府入有宴居之荣，出有侍朝之庆，宾从相望，时为美谈。"按：韦楚才，元和二年（807）进士及第。参见《秦晋豫新出墓志蒐佚》七〇九，杜诗义撰长庆三年（823）八月二日《唐故前乡贡进士韦君（楚相）墓志文并序》。

【韦甄】晚唐登进士科。历司勋员外郎。

（五代）王定保《唐摭言》卷八《听响卜》："韦甄及第年，事势固万全矣，然未知名第高下，志在鼎甲，未免挠怀。俄听于光德里南街，忽睹一人……既而甄果是第十三人矣。"

《旧唐书》卷二〇下《哀帝》："（天祐二年五月）壬午，敕司勋员外韦甄责授和王友。"

（宋）李昉等《太平广记》卷一八四《贡举七·韦甄》引《摭言》："韦甄及第，势固万全矣，然未知名第高下，未免挠怀……既而甄果是第十三人矣。"

《登科记考》卷二七《附考·进士科》云韦甄及第。

【韦嗣立】襄阳人，祖德伦官唐瀛洲任丘县令，父仁约官至都尉。少举进士。官至宰相。

《全唐文补遗》第二辑，《大唐故纳言上轻车都尉博昌县开国男韦府君（仁约）墓志铭》："府君讳仁约，字思谦，京兆杜陵人也……曾祖量，梁中书黄门侍郎、司农卿、汝南县开国子。祖瑗，隋光州定城、庐州慎县、绛州高梁、荥阳阳武四县令。考德伦，皇朝瀛洲任丘县令……府君年甫弱冠，举国子进士，射策甲科，补幽州昌平县尉……以永昌元年九月廿八日遘疾弥留，薨于神都承义里第，春秋七十有九……孤子承庆、嗣立、淑等。”按：以其永昌元年(689)卒，春秋七十九推算，仁约弱冠年在贞观四年(630)。

《旧唐书》卷八八《韦思谦传》：“韦思谦，郑州阳武人也。本名仁约，字思谦，以音类则天父讳，故称字焉。其先自京兆南徙，家于襄阳。举进士，累补应城令……二子：承庆、嗣立……嗣立，承庆异母弟也……少举进士，累补双流令，政有殊绩，为蜀中之最。三迁莱芜令。会承庆自凤阁舍人以疾去职，则天召嗣立谓曰：‘卿父往日尝谓朕曰：“臣有两男忠孝，堪事陛下。”自卿兄弟效职，如卿父言。今授卿凤阁舍人，令卿兄弟自相替代。’即日迁凤阁舍人……寻迁秋官侍郎，三迁凤阁侍郎、同凤阁鸾台平章事……于是嗣立带本官检校汴州刺史。无几，嗣立兄承庆入知政事，嗣立转成均祭酒，兼检校魏州刺史。又徙洺州刺史。寻坐承庆左授饶州长史。岁余，征为太仆少卿，兼掌吏部选事。神龙二年，为相州刺史。及承庆卒，代为黄门侍郎，转太府卿，加修文馆学士。景龙三年，转兵部尚书、同中书门下三品……睿宗践祚，拜中书令。旬日，出为许州刺史。以定册尊立睿宗之功，赐实封一百户。开元初，入为国子祭酒。先是，中宗遗制睿宗辅政，宗楚客、韦温等改削藁草，嗣立时在政事府，不能正之。至是为宪司所劾，左迁岳州别驾。久之，迁陈州刺史。时河南道巡察使、工部尚书刘知柔奏嗣立清白可陟之状，诏命未下，开元七年卒，赠兵部尚书，谥曰孝……嗣立、承庆俱以学行齐名。长寿中，嗣立代承庆为凤阁舍人。长安三年，承庆代嗣立为天官侍郎，顷之又代嗣立知政事。及承庆卒，嗣立又代为黄门侍郎，前后四职相代。又父子三人，皆至宰相。有唐已来，莫与为比。嗣立三子：孚、恒、济，皆知名。”

【韦雍】京兆人，祖贯之官至宰相，父潾登进士第。约在晚唐登进士科。官至尚书郎。

《旧唐书》卷一五八《韦贯之传》：“韦贯之本名纯，以宪宗庙讳，遂以字称……以本官同中书门下平章事……贯之子澳、潾。澳，字子斐，大和六年擢进士第，又以弘词登科……周墀镇郑滑，辟为从事。墀辅政，以澳为考功员外郎……寻召充翰林学士，累迁户部、兵部侍郎、学士承旨……出为京兆尹……入为户部侍郎，转吏部……求归樊川别业，许之。逾年，复授户部侍郎。以疾不拜而卒。赠户部尚书，谥曰贞……潾亦登进士第，无位而卒。潾子庾、庠、序、雍、郊……序、雍、郊皆登进士第。序、雍官至尚书郎。”

《登科记考》卷二七《附考·进士科》录载韦雍。

【韦肇】进士及第。

（宋）钱易《南部新书·乙》：“韦肇初及第，偶于慈恩寺塔下题名，后进慕效之，遂成故事。”

（明）郎瑛《七修类稿》卷二〇《辩证类》“雁塔题名”条：“至于题名之说，一云韦肇及第，偶尔题名寺塔，遂为故事；一云张莒本寺中闲游，戏题同年之名于塔。然人虽不同，其义其时一也。”

《登科记考补正》卷二七《附考·进士科》录载韦肇。

【韦鹍】京兆人。进士及第。官至东都留守推官。

《秦晋豫新出墓志蒐佚》七六九，韦武当撰会昌六年（846）五月二十日《唐故京兆韦君墓志》："君讳武仲，字学山，世为京兆人……先府君皇进士及第，策中直言，累受评事、东都留守推官，讳鹗。君即府君第二子。"

【毛文锡】字平珪，高阳人，父龟范官至太仆卿。唐末登进士科。前蜀拜司徒，又仕后蜀。

（清）吴任臣《十国春秋》卷四一《前蜀七·毛文锡传》："毛文锡字平珪，高阳人，唐太仆卿龟范子。年十四，登进士第，已而来成都，从高祖官翰林学士承旨。永平四年，迁礼部尚书，判枢密院事……通正元年，进文思殿大学士，已又拜司徒，判枢密院如故。天汉时，宦官唐文扆同宰相张格为表里，与文锡争权。会文锡以女适仆射庾传素子，宴亲族于枢密院，用乐不先奏闻，高祖闻鼓吹声，怪之，文扆因极口摘其短，贬文锡茂州司马，子询流维州，籍其家。及国亡，随后主降唐；未几，复事孟氏。与欧阳炯等五人以小辞为后蜀主所赏。"

《登科记考》卷二七《附考·进士科》云毛文锡及第，仕后蜀。

【长孙□】长安高陵人，父容，殿中侍御史。进士及第。出家修行，法名道氤。

《全唐文》卷九一四《道氤小传》："道氤，俗姓长孙氏，长安高陵人。父容，殿中侍御史。氤少擢进士第，后遇梵僧，心愿出家，事京师招福寺慎言律师为师。元宗幸洛，敕与良秀、法修随驾。开元二十八年卒。"

（宋）释赞宁《宋高僧传》卷五《唐长安青龙寺道氤传》："释道氤，俗姓长孙，长安高陵人也。父容，殿中侍御史。母马氏，梦五色云覆顶，因有妊焉……成于童稚，神气俊秀，学问详明。应进士科，一举擢第。名喧日下，才调清奇，荣耀乡里。"

《登科记考补正》卷二七《附考·进士科》录载长孙□（释道氤）。

【乌炤度】渤海国人。唐末进士及第。

《高丽史·崔彦扰传》："崔彦扰初名慎之，庆州人。性宽厚，自少能文。新罗末，年十八游学入唐，礼部侍郎薛廷珪下及第。时渤海宰相乌炤度子光赞同年及第，炤度朝唐，见其子名在彦扰下，表请曰：'臣昔年入朝登第，名在李同之上，今臣子光赞宜升彦扰之上。'以彦扰才学优赡，不许。年四十二始还新罗。"

《渤海国志长编》卷一〇《诸臣列传第二·乌炤度传》："乌炤度于王玄锡之世入唐应宾贡试，与新罗宾贡李同同榜进士及第，名在其上，仕至国相。迨王玮瑎十三年，其子光赞亦入唐应宾贡试，礼部侍郎薛廷珪知贡举，光赞与新罗宾贡崔彦扰同榜进士及第，而名在其下。值炤度奉使朝堂，表请曰：'臣昔年入朝登第，名在李同之上，今臣子光赞宜升彦扰之上。'昭宣帝不许。"按：《渤海国志年表》：王玮瑎十三年丙寅，即唐昭宣帝天祐三年。

《登科记考补正》卷二七《附考·进士科》补入。

【亢潮】京兆人。唐代登进士科。

（宋）郑樵《通志》卷二九《氏族略第五·代北四字姓》"去声亢氏"条云唐登科有亢潮，京兆人。

【孔□】晚唐登进士第。

（清）李调元《全五代诗》卷八六，林宽《献同年孔郎中》："炊琼燕桂帝关居，卖尽寒衣典尽书。……蟾枝交彩清兰署，鸾珮排光映玉除。……"

【孔迥】洛阳人，祖戡官至孔卫尉丞。约唐末登进士科。官至莱州刺史。

《宋史》卷二七六《孔承恭传》："孔承恭，字光祖，京兆万年人。唐昭宗东迁，举族随之，遂占籍河南。五世祖戡，《唐书》有传。戡孙迥，莱州刺史。迥子昌庶，虞部郎中。昌庶子庄，仕晋为右谏议大夫。由戡至庄，皆登进士第。"

《旧唐书》卷一五四《孔巢父传附孔戡传》："孔巢父，冀州人……兴元元年……赠尚书左仆射……从子戡、戣、戢。戡，巢父兄岑父之子……卢从史镇泽潞，辟为书记……谢病归洛阳。"

《登科记考》卷二七《附考·进士科》云孔迥及第。参考贞元中进士科条孔戡小传。

【孔崇弼】京兆府人，宰相纬之子。约在乾宁二年前登进士科。后唐官至左常侍，后晋迁左散骑常侍。

《旧唐书》卷一七九《孔纬传》："孔纬字化文，鲁曲阜人，宣尼之裔。曾祖岑父，位终秘书省著作佐郎，谏议大夫巢父兄也……纬（乾宁二年）九月，卒于光德里第，赠太尉……子崇弼，亦登进士第，仕至散骑常侍。"按：其父卒于乾宁二年，孔崇弼登第当在此之前，其父卒于光德里，则其籍贯当为京兆府。

《旧五代史》卷九六《孔崇弼传》："孔崇弼，初仕后唐，自吏部郎中授给事中，时族兄昭序繇给事中改左常侍，兄弟同居门下，时论荣之。崇弼，天福中迁左散骑常侍。"

《登科记考》卷二七《附考·进士科》云孔崇弼及第。

【孔温裕】旧贯冀州，新贯洛阳，祖巢父，父戣。长庆四年前登进士科。历补阙、河南尹、河东节度使、检校刑部尚书、郓州刺史、天平军节度、郓曹棣观察处置使。

《旧唐书》卷一九上《懿宗》："（咸通）六年正月癸未朔。丁亥，制以河东节度使、检校刑部尚书孔温裕为郓州刺史、天平军节度、郓曹棣观察处置等使。"

《旧唐书》卷一五四《孔巢父传》："孔巢父，冀州人……从子戡、戣、戢。戡……谢病归洛阳……戣，字君严。登进士第……长庆四年正月卒，时年七十三。子遵孺、温裕，皆登进士第。大中已后，迭居显职。温裕位京兆尹、天平军节度使。"

（宋）李昉等《太平广记》卷一三八《征应四·孔温裕》引《因话录》："唐河南尹孔温裕，任补阙日，谏讨党项事，贬郴州司马。"

《新唐书》卷一六三《孔巢父传》："孔巢父，字弱翁，孔子三十七世孙……从子戡、戣、戢……（戣）子遵孺，温裕，仕为天平节度使。遵孺子纬。"

《登科记考》卷二七《附考·进士科》录载孔温裕。

光绪《畿辅通志》卷三四《选举·唐·进士·附录》："孔遵孺，冀州人，巢父子。"按：其为巢父从孙。

【孔遵孺】旧贯冀州，新贯洛阳，祖巢父，父戣。长庆四年前登进士科。位达显官。

《旧唐书》卷一五四《孔巢父传》："孔巢父，冀州人……从子戡、戣、戢。戡……谢病归洛阳……戣，字君严。登进士第……长庆四年正月卒，时年七十三。子遵孺、温裕，皆登进士第。大中已后，迭居显职。温裕位京兆尹、天平军节度使。"

《新唐书》卷一六三《孔巢父传》："孔巢父字弱翁，孔子三十七世孙……从子戣、戡、戢……（戣）子遵孺，温裕，仕为天平节度使。遵孺子纬。"按：光绪《畿辅通志》卷三四《选举·唐·进士·附录》："孔遵传，冀州人。"此"孔遵传"当指孔遵孺。

【邓文思】南阳人，祖武官齐州刺史，父仁期秀才出身。进士及第。官怀州怀嘉县尉。

《全唐文补遗》第七辑，袁倨撰顺天元年（759）十二月二十七日《□宁远将军左卫郎将彭城刘府君夫人南阳邓氏墓志铭并序》："夫人姓邓氏，其先南阳人也……曾祖武，皇齐州刺史……祖仁期，皇秀才应辟。父文思，唐进士出身，怀州怀嘉县尉。"按：据墓志，邓氏卒于顺天元年，即乾元二年（759）十月八日，春秋七十四。

《登科记考补正》卷二七《附考·进士科》录载邓文思。

【孔策】曲阜人。进士及第。官至尚书。

万历《兖州府志》卷三六《科甲表》云孔策，孔子三十九代孙，官至尚书。

【甘元柬】丹阳人，父玄宽，官汉王府参军。进士及第。终官鸿胪卿兼右金吾卫大将军，封丹阳郡公，卒赠兵部尚书、曹国公。

《全唐文补遗》第五辑，卢藏用撰《大唐故鸿胪卿兼检校右金吾大将军上柱国赠兵部尚书曹国公甘府君（元柬）墓志文》："君讳元柬，丹阳人也……年十八，举茂才，雅为时俊所赏。"按：据志文，元柬曾祖珍，青州刺史、南陵公。祖基，未仕，赠太子中舍人。父玄宽，皇朝汉王府参军，赠润州刺史。元柬及第后，佐幕凉州都督裴行俭，历官雍州参军、右卫率府仓曹、通事舍人、婺州司兵、泽州高平县令、蒲州虞乡县令、洛州垣县令、塞州刺史、长安令、凤州刺史、鸿胪少卿、鸿胪卿兼右金吾卫大将军，封丹阳郡公。卒赠兵部尚书、曹国公。

《登科记考补正》卷二七《附考·进士科》录载甘元柬，考："据两《唐书》、《通鉴》及卢藏用所撰墓志可知，甘元柬为武三思同党。神龙三年（707）太子重俊诛武三思时，甘氏亦同时被杀。其享年未详。"按：墓志未载元柬卒年、享年、葬年。

【平贞眘】字密，一字闲从，燕国蓟人，祖子敬官秘书郎，父直容官偃师令。进士及第。麟德元年（664）举制科藏器下僚，终官常州刺史。

《全唐文》卷二二九，张说撰《常州刺史平君（贞眘）神道碑》："公讳贞眘，字密，一字闲从。燕国蓟人也……公即北齐司空公鉴之曾孙，秘书郎子敬之季孙，故偃师令直容之叔子……始以司成馆进士补庐州慎县尉，刺史卢宝允举器藏下僚，转冀州大都督府曲沃县尉，换晋州洪洞县主簿。北平阳道昕，气尚标举；河东裴知礼，鉴裁精拔。阳推以孝友资身，裴亦荐以经邦兴化，徙雍州新丰县尉。"

《登科记考》卷二七《附考·进士科》、卷二《麟德元年（664）制科藏器下僚》分别录载平贞眘。

【卢文纪】字子持，京兆万年人，祖简求为唐太原节度使，父嗣业官至右补阙。唐末举进士科。后梁官至刑部侍郎，后唐官至宰相，后晋官至太子太傅，后汉官至太子太师，后周拜司空，赠司徒。

《旧五代史》卷一二七《卢文纪传》："卢文纪，字子持，京兆万年人。（案：以下原本有阙文。)长兴末,为太常卿……清泰初,中书阙辅相,末帝……即授中书侍郎、同平章事,与姚顗同升相位……晋祖入洛,罢相为吏部尚书,再迁太子少傅。少帝嗣位,改太子太傅。汉祖登极,转太子太师……广顺元年夏卒,年七十六。赠司徒,辍视朝一日。"

《新五代史》卷五五《卢文纪传》:"卢文纪字子持,其祖简求,为唐太原节度使,父嗣业,官至右补阙。文纪举进士,事梁为刑部侍郎、集贤殿学士……后废帝入立……首得文纪,欣然相之,乃拜中书侍郎、同中书门下平章事……周太祖入立,即拜司空于家。卒,年七十六,赠司徒。"

朱玉麒《〈登科记考〉补遗、订正》补入。

【卢文亮】唐末登进士第。释褐秘校,历后唐行尚书兵部侍郎、知制诰。

《洛阳出土历代墓志辑绳》同光二年《唐故罗林军□银青光禄大夫行尚书兵部侍郎知制诰上柱国范阳开国□食邑三百户卢公(文亮)权厝记》:"(公)幼则奇骨异表,壮乃博识强记,平生□□□□□者,览之如□□。出言成章,落笔如流。一时俊彦,莫之与京。一举擢进士上第,□□□宏词殊科,当时品流无不开路者,释褐秘校。"按:墓主同光二年(924)春秋五十二卒,据志文其似壮岁以后及第,则进士擢第约在唐末。

《登科记考补正》卷二七《附考·进士科》补入。

【卢邹】泉州人。登进士第。历侍御史。

(明)何乔远《闽书》卷九○《泉州府同安县·唐·进士》:"尚有卢邹,光启中为侍御史,旧志不载科年。"按:卢邹既于光启(885—888)中为侍御史,则其登科年必在此前。

【卢怀慎】滑州灵昌人,其先范阳人,祖悊官滑州灵昌令,遂为县人。举进士。历监察御史、吏部员外郎、平章事、黄门监、吏部尚书,卒赠荆州大都督,谥曰文成。

《旧唐书》卷九八《卢怀慎传》:"卢怀慎,滑州灵昌人。其先家于范阳,为山东著姓。祖悊,为灵昌令,因徙焉。怀慎少清谨,举进士,历监察御史、吏部员外郎。景龙中,迁右御史台中丞……先天二年,与侍中魏知古于东都分掌选事,寻征还同中书门下三品。开元三年,迁黄门监……四年,兼吏部尚书。其秋,以疾笃,累表乞骸骨,许之。旬日而卒,赠荆州大都督。"

《新唐书》卷一二六《卢怀慎传》:"卢怀慎,滑州人。盖范阳著姓。祖悊,仕为灵昌令,遂为县人。怀慎在童卯已不凡,父友监察御史韩思彦叹曰:'此儿器不可量!'及长,第进士,历监察御史。神龙中,迁侍御史……迁右御史台中丞……迁黄门侍郎、渔阳县伯。与魏知古分领东都选。开元元年,进同紫薇黄门平章事。三年,改黄门监……又兼吏部尚书,以疾乞骸骨,许之。卒,赠荆州大都督,谥曰文成。"

《登科记考》卷二七《附考·进士科》录载卢怀慎。

【卢沇】范阳人,出北祖大房。进士及第。终左庶子、金紫光禄大夫。

《洛阳新获七朝墓志》,崔协撰同光三年(925)十一月十三日《崔氏范阳卢夫人墓志之铭并序》:"夫人,北祖大房范阳卢夫人……夫人曾祖讳服,皇任太原府晋阳县令,累赠司空。祖讳词,皇任登州刺史,累赠太保。父讳沇,皇任擢进士第。声逾泗磬,叠历清华。终左庶子、金紫。"

【卢虔灌】东都洛阳人，祖纶超拜户部郎中，父弘正（弘止）官至户部侍郎。登进士科。历夔州刺史，官至秘书监。

（五代）孙光宪《北梦琐言》卷三《薛保逊轻薄》："卢虔灌罢夔州，以其为姊妹夫，径至澧州慰省。回至邮亭，回望而笑曰：'岂意薛保逊一旦接军事李判官，打《杨柳枝》乎！'"按：虔灌登第应在文宣朝。

《旧唐书》卷一六三《卢简辞传》："卢简辞字子策，范阳人，后徙家于蒲。祖翰。父纶……超拜户部郎中。简辞弟弘正、简求。弘正，字子强，元和末登进士第……转户部侍郎，（大中三年卒）……文宗好文，尤重纶诗，尝问侍臣曰：'《卢纶集》几卷？有子弟否？'李德裕对曰：'纶有四男，皆登进士第，今员外郎简能、侍御史简辞是也。'……简求……为太原尹、北都留守，充河东节度观察等使……还于东都。都城有园林别墅……赠尚书左仆射……简辞无子，以简求子贻殷、玄禧入继。贻殷终光禄少卿。玄禧登进士第，终国子博士。弘正子虔灌，有俊才，进士登第。所著文笔，为时所称。位终秘书监。"

《新唐书》卷一七七《卢简辞传》："卢简辞字子策。父纶，别传。与兄简能、弟弘止、简求皆有文，并第进士……弘止……子虔灌，有美才，终秘书监。"

《登科记考》卷二七《附考·进士科》录载卢虔灌。

【卢砺】进士及第。授润州延陵县尉。

《秦晋豫新出墓志蒐佚》八〇九，吴筹撰咸通五年（864）二月二十五日《亡妻范阳卢氏夫人墓志》："（夫人）皇考砺，由进士调补润州延陵县尉。"

【卢常师】进士及第。官至秘书少监。

（宋）李昉等《太平广记》卷一五一《定数六·卢常师》引《逸史》："秘书少监卢常师，进士擢第，性淡薄，不乐轩冕。"

《登科记考》卷二七《附考·进士科》录载卢常师。

【卢粲】幽州范阳人。第进士。曾官秘书少监，封固安县侯，终邠王傅，谥曰景。

《旧唐书》卷一八九下《儒学下·卢粲传》："卢粲，幽州范阳人，后魏侍中阳乌五代孙。祖彦卿，撰《后魏纪》二十卷，行于时，官至合肥令。叔父行嘉，亦有学涉，高宗时为雍王记室。粲博览经史，弱冠举进士。景龙二年，累迁给事中……粲以忤旨出为陈州刺史。累转秘书少监。开元初卒。"

《新唐书》卷一九九《儒学中·卢粲传》："卢粲，幽州范阳人，后魏侍中阳乌五代孙。祖彦卿，亦善著书。粲始冠，擢进士第。神龙中，累迁给事中……出粲陈州刺史……开元初，为秘书少监。其从父行嘉，仕为雍王记室，亦以学闻。粲累封固安县侯，终邠王傅，谥曰景。"

《登科记考》卷二七《附考·进士科》录载卢粲。

光绪《畿辅通志》卷三四《选举·唐·进士》："武后时，卢粲，涿人，秘书少监，封固安县侯，谥曰景。"

【卢蔚】范阳人。进士及第。

《云笈七签》卷一二〇引《道教灵验记》"范阳卢蔚醮本命验"："范阳卢蔚弱冠举进士。

有日者言其年寿不永,常宜醮本命以增年禄……其后策名金紫,亦享中年。"

《登科记考补正》卷二七《附考·进士科》补入。

【卢冀】进士及第。

(唐)萧颖士《江有归舟诗序》:"后进而余师者,自贾邕、卢冀之后,比岁举进士登科。"按:《唐诗纪事》卷二七《贾邕》:"邕,天宝九年李昑侍郎下登第。"

《登科记考》卷二七《附考·进士科》录载卢冀。

【卢邈】湖南人。唐末登进士科。官至秘书正字。

《登科记考》卷二七《附考·进士科》云卢邈及第。

正德《袁州府志》卷七《甲科》:"卢邈,旧志,谓唐末侨居湖南,登进士第,献回文诗二百首,官至秘书正字。"

【卢藩】约在文武朝登进士科。历数镇,卒灵武连帅,官至尚书。

(五代)孙光宪《北梦琐言》卷一二《卢藩神俊》:"唐卢尚书藩,以文学登进士第,以英雄自许。历数镇,薨于灵武连帅。"

(宋)王溥《唐会要》卷三四《杂录》:"大中六年十二月,右巡使卢藩等奏。"按:卢藩及第大概在文武朝。

《登科记考》卷二七《附考·进士科》云卢藩及第。

【卢藏用】字子潜,幽州范阳人,父璥官魏州司马。登进士第。应县令举甲科,历职中书舍人、兵吏工户黄门五侍郎、尚书右丞、修文馆学士。

《全唐文补遗》千唐志斋新藏专辑,郑墄撰天宝十载(751)正月二十五日《唐故尚书右丞卢府(藏用)夫人荥阳郑氏(冲)墓志铭并序》:"夫人讳冲,荥阳开封人也……爰及笄年,配合嘉偶,适范阳卢府君讳藏用。历职中书舍人、兵吏工户黄门五侍郎、尚书右丞、修文馆学士。"

《旧唐书》卷九四《卢藏用传》:"卢藏用字子潜,度支尚书承庆之侄孙也。父璥,有名于时,官至魏州司马。藏用少以辞学著称。初举进士选,不调,乃著《芳草赋》以见意。寻隐居终南山,学辟谷、练气之术。长安中,征拜左拾遗……神龙中,累转起居舍人,兼知制诰,俄迁中书舍人……景龙中,为吏部侍郎。藏用性无挺特,多为权要所逼,颇隳公道。又迁黄门侍郎,兼昭文馆学士,转工部侍郎、尚书右丞。先天中,坐托附太平公主,配流岭表。开元初,起为黔州都督府长史,兼判都督事,未行而卒,年五十余。有集二十卷。"

《新唐书》卷一二三《卢藏用传》:"卢藏用字子潜,幽州范阳人。父璥,魏州长史,号才吏。藏用能属文,举进士,不得调。与兄征明偕隐终南、少室二山……长安中,召为左拾遗……姚元崇持节灵武道,奏为管记。还应县令举,甲科,为济阳令。神龙中,累擢中书舍人、数纠驳伪官。历吏部、黄门侍郎、修文馆学士。坐亲累,降工部侍郎。进尚书右丞。"

《登科记考》卷二七《附考·进士科》、同卷《附考·制科》分别录载卢藏用。

光绪《畿辅通志》卷三四《选举·唐·进士》:"武后时,卢藏用,涿州人,集贤院学士。"

【叶蒙】晚唐登进士科。

《全唐诗》第二十三册卷八三一,贯休《闻叶蒙及第》:"忆昨送君诗,平人不用疑。吾徒若不得,天道即应私。尘土茫茫晓,麟龙草草骑。相思不可见,又是落花时。"按:贯休活跃于僖昭间,则叶蒙及第大概也在此期间。

《登科记考》卷二七《附考·进士科》云叶蒙及第。

【冉祖雍】父实官河州刺史,母江夏王宗女。进士及第。历官中书舍人、刑部侍郎,官终蕲州刺史。

(唐)林宝《元和姓纂》卷七《云安冉氏》:"安昌孙实。河州刺史,娶江夏王宗女;生祖雍,刑部侍郎。"

《新唐书》卷二〇二《文艺中·宋之问传》:"宋之问字延清,一名少连,汾州人……会武三思复用事,仲之与王同皎谋杀三思安王室,之问得其实,令兄子昙与冉祖雍上急变,因丐赎罪,由是擢鸿胪主簿,天下丑其行……祖雍历中书舍人、刑部侍郎。倡饮省中,为御史劾奏,贬蕲州刺史……祖雍,江夏王道宗甥,及进士第,有名于时。"

《登科记考》卷二七《附考·进士科》录载祖雍,考:"及进士第,见《新书》。"按:"祖雍",当为"冉祖雍"。

【丘光庭】一作"邱光庭"。进士及第。撰有《古人姓字相同录》一卷。

(唐)丘光庭《兼明书》卷二《沈朗新添》:"大中年中《毛诗》博士沈朗《进新添〈毛诗〉四篇表》。"

(宋)晁公武《郡斋读书志校证》卷一四《类书类》录《古人姓字相同录》一卷,注:"右唐丘光庭撰。光庭中进士第。"

(元)马端临《文献通考》卷二二八著录《古人姓字相同录》,注:"晁氏曰:唐邱光庭撰。光庭中进士第。"

《登科记考补正》卷二七《附考·进士科》补入。

【白论】太原人。进士及第。官坊州宜君县令。

《全唐文补遗》第五辑,大中九年(855)十一月四日《大唐故白府君(公济)墓志铭并序》:"府君讳公济,字子捷,本太原人也……曾祖讳璘,皇任扬州录事参军。祖讳论,皇任坊州宜君县令。盛族簪缨,内外轩冕。皆进士出身,俱登甲科。"按:据志文,公济曾祖璘、祖论皆及进士第。

《登科记考补正》卷二七《附考·进士科》录载白论。

【白璘】太原人。进士及第。官扬州录事参军。

《全唐文补遗》第五辑,大中九年(855)十一月四日《大唐故白府君(公济)墓志铭并序》:"府君讳公济,字子捷,本太原人也……曾祖讳璘,皇任扬州录事参军。祖讳论,皇任坊州宜君县令。盛族簪缨,内外轩冕。皆进士出身,俱登甲科。"按:据志文,公济曾祖璘、祖论皆及进士第。

《登科记考补正》卷二七《附考·进士科》录载白璘。

【包幼正】第进士。

嘉定《镇江志》卷一七《人物》:"包幼正……进士第。"

【冯轩】旧籍婺州东阳,新贯京兆府,祖子华,父定官至工部尚书。进士擢第。历台省。

（唐）杜牧《樊川文集》卷一九《李承庆除凤翔节度副使冯轩除义成军推官等制》:"敕。朝议郎、前守太常丞、上柱国李承庆等,以文学升名于有司,以才能入仕于官次。诸侯辟之,以佐于宾席;天子用之,升于朝廷。次第等级,大小高下,亦与古之乡举里选,考德试言,无以异也。尔等皆吾卿大夫之令子弟也。清风素范,克肖家声,属辞彫章,能取科第。既有知己,皆为才人。贤观与游,达视所举。今尔宾主,两皆得之,义则进,否则退,无为美疢,以求苟容。可依前件。"

《旧唐书》卷一六八《冯定传》:"冯宿,东阳人。丱岁随父子华庐祖墓,有灵芝、白兔之祥。宿昆弟二人,皆幼有文学……宿弟定……四年,迁卫尉卿。是岁,上章请老,诏以左散骑常侍致仕。会昌六年,改工部尚书而卒……（定）子衮、颛、轩、岩四人,皆进士登第。咸通中,历任台省。宿从弟审、宽。审父子郁。审……咸通中,卒于秘书监。"按:《全唐文》卷六四三,王起《银青光禄大夫检校礼部尚书使持节梓州诸军事兼梓州刺史御史大夫充剑南东川节度副大使知节度事管内观察处置静戎军等使上柱国长乐县开国公食邑一千五百户赠吏部尚书冯公（宿）神道碑铭并序》:惟唐开成元年冯宿卒,归葬于"西都……明年五月克葬于京兆万年县崇道乡白鹿原从先人莹礼也……公讳宿字拱之,冀州长乐人……五代祖周乌氏侯讳早惠,隋朝为隰州司户,皇朝为婺州常山令"。可见冯宿旧望为冀州长乐人,五代祖因做官而定居婺州,其子孙后又迁居京兆。

《登科记考》卷二七《附考·进士科》云冯轩及第。

【冯玠】唐时进士及第。

（宋）李昉等《太平广记》卷四五一《狐五·冯玠》引《广异记》:"唐冯玠者,患狐魅疾。其父后得术士,疗玠疾,魅忽啼泣谓玠曰:'本图共终,今为术者所迫,不复得在。'流泪经日,方赠玠衣一袭:'善保爱之,聊为久念耳。'玠初得,惧家人见,悉卷书中。疾愈,入京应举,未得开视。及第后,方还开之,乃是纸焉。"

《登科记考》卷二七《附考·进士科》录载冯玠。

【冯岩】旧籍婺州东阳,新贯京兆府,祖子华,父定官至工部尚书。进士擢第。历台省。

《旧唐书》卷一六八《冯定传》:"冯宿,东阳人。丱岁随父子华庐祖墓,有灵芝、白兔之祥。宿昆弟二人,皆幼有文学……宿弟定……四年,迁卫尉卿。是岁,上章请老,诏以左散骑常侍致仕。会昌六年,改工部尚书而卒……（定）子衮、颛、轩、岩四人,皆进士登第。咸通中,历任台省。宿从弟审、宽。审父子郁。审……咸通中,卒于秘书监。"按:《全唐文》卷六四三王起《银青光禄大夫检校礼部尚书使持节梓州诸军事兼梓州刺史御史大夫充剑南东川节度副大使知节度事管内观察处置静戎军等使上柱国长乐县开国公食邑一千五百户赠吏部尚书冯公（宿）神道碑铭并序》:惟唐开成元年冯宿卒,归葬于"西都……明年五月克葬于京兆万年县崇道乡白鹿原从先人莹礼也……公讳宿字拱之,冀州长乐人……五代祖周乌氏侯讳早惠,隋朝为隰州司户,皇朝为婺州常山令"。可见冯宿旧望为冀州长乐人,五代祖因做官而定居婺州,其子孙后又迁居京兆。

《登科记考》卷二七《附考·进士科》云冯岩及第。

【冯衮】旧籍婺州东阳,新贯京兆府,祖子华,父定官至工部尚书。进士擢第。历台省。

《旧唐书》卷一六八《冯定传》："冯宿，东阳人。龀岁随父子华庐祖墓，有灵芝、白兔之祥。宿昆弟二人，皆幼有文学……宿弟定……四年，迁卫尉卿。是岁，上章请老，诏以左散骑常侍致仕。会昌六年，改工部尚书而卒……（定）子衮、颛、轩、岩四人，皆进士登第。咸通中，历任台省。宿从弟审、宽。审父子郁。审……咸通中，卒于秘书监。"按：《全唐文》卷六四三，王起《银青光禄大夫检校礼部尚书使持节梓州诸军事兼梓州刺史御史大夫充剑南东川节度副大使知节度事管内观察处置静戎军等使上柱国长乐县开国公食邑一千五百户赠吏部尚书冯公（宿）神道碑铭并序》：惟唐开成元年冯宿卒，归葬于"西都……明年五月克葬于京兆万年县崇道乡白鹿原从先人莹礼也……公讳宿字拱之，冀州长乐人……五代祖周乌氏侯讳早惠，隋朝为隰州司户，皇朝为婺州常山令"。可见冯宿旧望为冀州长乐人，五代祖因做官而定居婺州，其子孙后又迁居京兆。

《登科记考》卷二七《附考·进士科》云冯衮及第。

【冯缄】旧籍婺州东阳，新贯京兆府，祖子郁，父审官至秘书监。进士擢第。历侍御史。

《旧唐书》卷一六八《冯定传》："冯宿，东阳人……宿弟定……宿从弟审、宽。审父子郁。审……秘书监。审弟宽，子缄，皆进士擢第，知名于时。"按：《全唐文》卷六四三，王起《银青光禄大夫检校礼部尚书使持节梓州诸军事兼梓州刺史御史大夫充剑南东川节度副大使知节度事管内观察处置静戎军等使上柱国长乐县开国公食邑一千五百户赠吏部尚书冯公（宿）神道碑铭并序》：惟唐开成元年冯宿卒，归葬于"西都……明年五月克葬于京兆万年县崇道乡白鹿原从先人莹礼也……公讳宿字拱之，冀州长乐人……五代祖周乌氏侯讳早惠，隋朝为隰州司户，皇朝为婺州常山令"。可见冯宿旧望为冀州长乐人，五代祖因做官而定居婺州，其子孙后又迁居京兆。

（宋）王溥《唐会要》卷六四《集贤院》："大中五年正月，校理杨收，逢侍御史冯缄与三院退朝入台，收不为之却，乃追捕仆人笞之。"

《登科记考》卷二七《附考·进士科》云冯缄及第。

【冯颛】旧籍婺州东阳，新贯京兆府，祖子华，父定官至工部尚书。进士擢第。历台省。

《全唐文补遗》千唐志斋新藏专辑，会昌四年（844）七月二十八日《唐故河南府颍阳县尉裴君（鼎）墓方石文》，署"摄兖海沂密等州观察巡官、前乡贡进士冯颛撰"。

《旧唐书》卷一六八《冯定传》："冯宿，东阳人。龀岁随父子华庐祖墓，有灵芝、白兔之祥。宿昆弟二人，皆幼有文学……宿弟定……四年，迁卫尉卿。是岁，上章请老，诏以左散骑常侍致仕。会昌六年，改工部尚书而卒……（定）子衮、颛、轩、岩四人，皆进士登第。咸通中，历任台省。宿从弟审、宽。审父子郁。审……咸通中，卒于秘书监。"按：《全唐文》卷六四三，王起《银青光禄大夫检校礼部尚书使持节梓州诸军事兼梓州刺史御史大夫充剑南东川节度副大使知节度事管内观察处置静戎军等使上柱国长乐县开国公食邑一千五百户赠吏部尚书冯公（宿）神道碑铭并序》：惟唐开成元年冯宿卒，归葬于"西都……明年五月克葬于京兆万年县崇道乡白鹿原从先人莹礼也……公讳宿字拱之，冀州长乐人……五代祖周乌氏侯讳早惠，隋朝为隰州司户，皇朝为婺州常山令"。可见冯宿旧望为冀州长乐人，五代祖因做官而定居婺州，其子孙后又迁居京兆。

《东观奏记》卷下："（大中九年）监察御史冯颛左授秘书省著作佐郎,考院所送博学宏词科赵柜等十人,并宜覆落,不在施行之限。"

《登科记考》卷二七《附考·进士科》云冯颛及第。

【司马都】苏州人。约唐末登进士科。

（宋）李昉等《太平广记》卷二五二《诙谐八·司马都》引《玉堂闲话》："前进士司马都居于青丘,尝以钱二万,托戎帅王师范下军将市丝。经年,丝与金并为所没。都因月旦趋府,谒王公,偶见此人,问之。其人貌状,魁伟胡腮,凶顽发怒,欲自投于井。都徐曰：'何至如此,足下吒一抱之髭须,色斯举矣;望千寻之玉甃,并有人焉。'王公知之,毙军将于枯木。"按：王师范为唐末五代人,则司马都约在唐末及第。

《登科记考》卷二七《附考·进士科》云司马都及第,引《玉堂闲话》："前进士司马都居于青丘。"

乾隆《江南通志》卷一一九《选举志·进士》：唐"司马都,吴县人"。

【邢文伟】滁州全椒人。进士及第。咸亨中官至太子典膳丞。

《旧唐书》卷一八九《儒学下·邢文伟传》："邢文伟,滁州全椒人也。少与和州高子贡、寿州裴怀贵俱以博学知名于江淮间。咸亨中,累迁太子典膳丞。"

《登科记考补正》卷二七《附考·进士科》录载邢文伟。

乾隆《江南通志》卷一〇九《选举志·进士·唐》："邢文伟,全椒人。"

【戎昱】登进士科。历荆南节度使从事、虔州刺史。

《新唐书》卷六〇《艺文四》："《戎昱集》五卷。卫伯玉镇荆南从事,后为辰州、虔州二刺史。"

（宋）计有功《唐诗纪事》卷二八《戎昱》："昱登进士第,卫伯玉镇荆南,辟为从事。后为辰、虔二州刺史。"

《登科记考》卷二七《附考·进士科》录载戎昱。

【朴仁范】新罗人。约晚唐登进士科。

据朝鲜赵在三《松南杂识·科举》"东人唐第"条云："唐长庆初,有金云卿者,始以新罗宾贡。又金夷鱼、金可纪、崔致远、朴仁范、金渥皆登唐第。"

【达奚恪】寿州安丰县人。登进士第。官至河南府济源县主簿。

《唐代墓志汇编》咸通〇六三,裴端辞撰咸通八年（867）八月十八日《唐故乡贡进士达奚公（革）墓志铭并序》："公讳革,字日新,其先轩辕氏之垂裔……三代祖讳恪,举进士高第,河南府济源县主簿。大父讳逢,明经及第,本州陈留县尉试大理评事,赠许州司马。"按：碑立于咸通八年,合祔于寿州安丰县。

《登科记考补正》卷二七《附考·进士科》录载达奚恪。

刘汉忠《〈登科记考〉摭遗》补入。

【达奚珣】寿州安丰县人。进士及第,开元五年（717）文史兼优科及第。终官礼部侍郎。

《唐代墓志汇编》咸通〇六三,裴端辞撰咸通八年（867）八月十八日《唐故乡贡进士达奚公（革）墓志铭并序》："公讳革,字日新,其先轩辕氏之垂裔。年……叔祖珣,进士高第,礼部侍郎。"按:据墓志,达奚革归葬于寿州安丰县之里,则寿州当为其祖籍。

（五代）王定保《唐摭言》卷一一《怨怒憨直附》张楚与达奚侍郎书曰:"寻应制举,同赴洛阳。""公授郑县,归迎板舆;仆已罢官,时为贫士。"

（宋）王溥《唐会要》卷七六《贡举中·制科举》:"(开元五年)文史兼优科,李昇期、康子元、达奚珣及第。"

（宋）王钦若等《册府元龟》卷六四五《贡举部（七）·科目》:"(开元)五年二月,诏有嘉遁幽栖,养高不仕者,州牧各以名荐。是年,有文史兼优科(李昇期、康子元、达奚珣及第),文儒异等科(崔偡、褚廷诲及第)。"

《登科记考》卷五,开元五年(717)制举文史兼优科录载达奚珣。

《登科记考补正》卷二七《附考·进士科》录载达奚珣。

【毕构】字隆择,河南偃师人,父憬则天时为司卫少卿。举进士。神龙初累迁中书舍人,玄宗时官终太子詹事,卒赠黄门监,谥曰景。

《旧唐书》卷一〇〇《毕构传》:"毕构,河南偃师人也。父憬,则天时为司卫少卿。构少举进士。神龙初,累迁中书舍人……出为润州刺史。累除益州大都督府长史。景云初,召拜左御史大夫,转陕州刺史,加银青光禄大夫,封魏县男。顷之,复授益州大都督府长史,兼充剑南道按察使……寻拜户部尚书,转吏部尚书,并遥领益州大都督府长史。玄宗即位,累拜河南尹,迁户部尚书。开元四年,遇疾,上手疏医方以赐之。时议户部尚书为凶官,遽改授太子詹事,冀其有瘳。寻卒,赠黄门监,谥曰景。"

《新唐书》卷一二八《毕构传》:"毕构字隆择,河南偃师人。六岁能为文。及冠,擢进士第,初授金水尉,迁九陇主簿。"

《登科记考》卷二七《附考·进士科》录载毕构。

弘治《偃师县志》卷二《人物》:"(毕构)六岁属文,及冠,擢进士第。补金水尉,迁九陇主簿。"

【吕荣】长庆三年(823)前进士及第。

《秦晋豫新出墓志蒐佚续编》七九五,长庆三年(823)十二月十日《唐故前进士李公墓志铭并序》,署"姨弟前进士吕荣撰"。

【朱贞筠】嘉兴人,父伯道官襄州司马。进士及第。官至筠州丰利县令。

《全唐文》卷三九五,李纾撰《故中书舍人吴郡朱府君（巨川）神道碑》:"吴郡朱君,其君子歟! 讳巨川,字德源,嘉兴人也。此邦之人,不学则农,苟违二业,必自他邑。故王父举秀才,先子举孝廉,皆在上第。君以文承祖,以经传代,行中规,身中度,阳休于气,和积于中,而藻之以文章也。年二十,明经擢第……曾祖伯道,皇朝襄州司马;祖贞筠,皇朝筠州丰利县令;父循,赠洗马,君即洗马府君之元子。"按:巨川建中四年(783)卒,春秋五十九,明经擢第在天宝三年(744),则其王父,即其祖贞筠"举秀才",当为进士及第;先子,即其父循"举孝廉",当为明经及第。

【朱承庆】吴郡人,父佐日两登制科,三为御史。登进士科。

（宋）范成大《吴郡志》卷二二引《翰林盛事》："朱佐日，郡人，两登制科，三为御史。子承庆，年十六，登秀才科，代济其美。"

《永乐大典》卷二三六八引《苏州府志》秀才科："朱承庆，年十六。佐日子。"按：登秀才科，晚唐年间指进士及第。

《登科记考补正》卷二七《附考·进士科》录载朱承庆。

黄震云《〈登科记考〉甄补》补入。

崇祯《吴县志》卷三二《选举·诸科》云朱承庆举秀才科。

【任□】名未详。进士及第。曾任京兆试官。

《全唐诗》第十八册卷五八九，李频有《投京兆试官任文学先辈》诗，知任某曾擢第，其名未详。

《登科记考补正》卷二七《附考·进士科》录载任□。

【任迪简】京兆万年人。举进士。官至太子宾客，卒赠刑部尚书。

《旧唐书》卷一八五下《良吏下·任迪简传》："任迪简，京兆万年人。举进士。初为天德军使李景略判官……除丰州刺史、天德军使，自殿中授兼御史大夫，再加常侍。追入，拜太常少卿、汝州刺史、左庶子……寻加检校工部尚书，充节度使……改太子宾客卒，赠刑部尚书。"

《登科记考》卷二七《附考·进士科》录载任迪简。

【庄布】吴郡人。疑为晚唐登进士科。

正德《姑苏志》卷五《选举表上》进士目中有此人。见《永乐大典》卷二三六八引《苏州府志》。张忱石《徐松〈登科记考〉续补（上）》补入，并按：疑为晚唐人。

【庄南杰】进士及第。有《庄南杰集》传世。

（宋）陈振孙《直斋书录解题》卷一九录有《庄南杰集》一卷，注："唐进士庄南杰撰。与贾岛同时。"

《登科记考补正》卷二七《附考·进士科》据《唐才子传校笺》卷五《庄南杰传》笺文录载。

【刘□□】祖行范官洺州刺史，父嘉德官荣州司马。进士出身，制科及第。官至朔方郡朔方县令。

《唐代墓志汇编》天宝二六〇，蔡彦先撰天宝十三载（754）十月十三日《□□□□□朔方郡朔方县令刘府君墓志铭并序》："□□□□，本□□丰人也……曾祖□，隋吏部尚书。祖行范，皇朝洺州刺史、□□都督，封和义郡公。父嘉德，累迁为荣州司马。公则和义公之孙，司马公之子。蹈明哲以立身，究典坟之奥秘。初□桂林之第，冠郡英之首；再射东堂之策，见圣人之心。制授宋州宋城尉。执德不回，为群邪所忌，贬授徐州萧县尉，□迁颍川郡临颍县丞……以天宝四载授朔方郡朔方县令。"按：刘氏卒于天宝四载（745），春秋六十三；志文云其"初□桂林之第"，当为进士出身；"再射东堂之策"，当为制科及第。

《登科记考补正》卷二七《附考·进士科》、同卷《附考·制科》分别录载刘氏。

【刘仁祥】进士科登第。

《登科记考》卷二七《附考·进士科》云刘仁祥及第，见《永乐大典》引《宜春志》。

【刘允济】洛州巩人。进士及第。官至凤阁舍人。

《旧唐书》卷一九〇中《文苑中·刘允济传》："刘允济，洛州巩人，其先自沛国徙焉，南齐彭城郡丞巘六代孙也。少孤，事母甚谨。博学善属文，与绛州王勃早齐名，特相友善。弱冠本州举进士，累除著作郎。允济尝采摭鲁哀公后十二代至于战国遗事，撰《鲁后春秋》二十卷，表上之，迁左史，兼直弘文馆。垂拱四年，明堂初成，允济奏上《明堂赋》以讽，则天甚嘉叹之，手制褒美，拜著作郎。天授中，为来俊臣所构，当坐死，以其母老，特许终其余年，仍留系狱。久之，会赦免，贬授大庾尉。长安中，累迁著作佐郎，兼修国史。未几，擢拜凤阁舍人。"

【刘仲丘】进士及第。曾参与编写《四部书目》。

《新唐书》卷一九九《儒学中·马怀素传》："马怀素字惟白，润州丹徒人……开元初，为户部侍郎，封常山县公，进兼昭文馆学士……即拜怀素秘书监。乃诏国子博士尹知章、四门助教王直、直国子监赵玄默、陆浑丞吴绰、桑泉尉韦述、扶风丞马利征、湖州司功参军刘彦直、临汝丞宋辞玉、恭陵令陆绍伯、新郑尉李子钊、杭州参军殷践猷、梓潼尉解崇质、四门直讲余钦、进士王惬刘仲丘、右威卫参军侯行果、邢州司户参军袁晖、海州录事参军晁良、右率府胄曹参军毋煚、荥阳主簿王湾、太常寺太祝郑良金等分部撰次，践猷从弟秘书丞承业、武陟尉徐楚璧是正文字。"

《登科记考》卷二七《附考·进士科》录载刘仲丘。

【刘如璋】字子玉，弘农人，祖咸官隋苏州长史，父勃历唐岐州岐阳县令。乡贡进士及第。历官洺州武安县尉、豫州上蔡主簿、左司御兵曹参军、河南府渑池丞、濮州濮阳令，终官申州长史。

《唐代墓志汇编》开元三一三，开元十八年（730）十一月十日《大唐故朝散大夫行申州长史上柱国刘府君（如璋）墓志铭并序》："君讳如璋，字子玉，弘农人也……曾祖术，隋陕州上阳府折冲，绩迈昭阳，勋高蔡赐。祖咸，隋苏州长史，声华□□，誉满全吴。考勃，皇朝岐州岐阳县令……（如璋）某年乡贡进士，射策甲科，解褐洺州武安县尉，历豫州上蔡主簿，迁左司御兵曹参军，河南府渑池丞，濮州濮阳令，又拜申州长史。"按：据墓志，如璋卒于开元十八年（730）十月，春秋七十三。

《登科记考补正》卷二七《附考·进士科》录载刘如璋。

【刘延祐】徐州彭城人。弱冠举进士。累补渭南尉，封薛县男，终安南都护。

《旧唐书》卷一九〇上《文苑上·刘胤之传》："刘胤之，徐州彭城人也……弟子延祐，弱冠本州举进士，累补渭南尉……后历右司郎中，检校司宾少卿，封薛县男……出为箕州刺史，转安南都护。"

《登科记考》卷二七《附考·进士科》录载刘延祐。

【刘知柔】徐州彭城人，知几之兄。进士及第。历官荆、扬、曹、益、宋、海、唐等州长史刺史，户部侍郎、国子司业、鸿胪卿、尚书右丞、工部尚书、东都留守，卒赠太子少保，谥曰文。

《旧唐书》卷一〇二《刘子玄传》:"刘子玄,本名知几,楚州刺史胤之族孙也。少与兄知柔俱以词学知名,弱冠举进士,授获嘉主簿……兄知柔,少以文学政事,历荆扬曹益宋海唐等州长史刺史、户部侍郎、国子司业、鸿胪卿、尚书右丞、工部尚书、东都留守。卒,赠太子少保,谥曰文。代传儒学之业,时人以述作名其家。"

《新唐书》卷一三二《刘子玄传》:"刘子玄,名知几,以玄宗讳嫌,故以字行。年十二,父藏器为授《古文尚书》,业不进,父怒,楚督之。及闻为诸兄讲《春秋左氏》,冒往听,退辄辨析所疑,叹曰:'书如是,儿何怠!'父奇其意,许授《左氏》。逾年,遂通览群史。与兄知柔俱以善文词知名。擢进士第,调获嘉主簿。"

《登科记考》卷二七《附考·进士科》录载刘知柔,考:"《旧书·刘知玄传》:'知几兄弟六人进士及第。'按:知柔为知几之兄,当即六人之一。"

【刘承雍】彭城人,祖淑官至州县令佐,父禹锡官至太子宾客。约在会昌前后登进士科。历翰林学士、户部侍郎,官至刑部侍郎。

《旧唐书》卷一九下《僖宗》:"(乾符三年七月)刑部侍郎刘承雍在郡,为贼所害。"

《旧唐书》卷一六〇《刘禹锡传》:"刘禹锡字梦得,彭城人。祖云。父淑,仕历州县令佐,世以儒学称。禹锡贞元九年擢进士第……授苏州刺史,就赐金紫。秩满入朝,授汝州刺史,迁太子宾客,分司东都……开成初,复为太子宾客分司,俄授同州刺史。秩满,检校礼部尚书、太子宾客分司。会昌二年七月卒,时年七十一,赠户部尚书。子承雍,登进士第,亦有才藻。"

《资治通鉴》卷二五二,咸通十四年十月条:"所亲翰林学士、户部侍郎刘承雍为涪州司马。"按:其咸通十四年已官至翰林学士、户部侍郎,则其登第最晚大概在文宣朝。

《登科记考》卷二七《附考·进士科》录载刘承雍。

【刘彦之】河间人,祖端历梁州金牛令、沁州司马,父令彝举幽素及第,补密州莒县尉。进士及第。官至梓州长史。

《唐代墓志汇编》开元〇五五,开元五年(717)八月五日《大唐故梓州长史河间刘公(彦之)墓志并序》:"君讳彦之,字彦之,本沛国酂人也……至大汉勃兴,祚传景帝,其子始封河间郡王,引徙居河间郡,子孙蝉联,史谍纷郁,虽百代可知也。曾祖安和,隋泸、合、通三州刺史……祖端,皇朝梁州金牛令,沁州司马……皇考令彝,举幽素及第,补密州莒县尉……(彦之)妙年郡贡秀才擢第,拜海州胸山主簿。历鸾台典仪、羽林卫、太原尉、明堂主簿、并州司马,再迁司户。盘根错节,中外为劳;德举能贤,朝廷是选。授将仕丞,改绵州司马。无何,清白升闻,帝曰俞我大夫之良也,制梓州长史。"按:彦之"秀才擢第",当为进士出身。以其卒于开元三年(715)九月十九日,春秋六十推之,彦之及第时间约在高宗至武后时期。

《登科记考补正》卷二七《附考·进士科》录载刘彦之。

【刘商】徐州彭城人。擢进士第。官至检校兵部郎中、汴州观察判官。

(唐)武元衡《刘商郎中集序》:"有唐文士彭城刘公讳商,字子夏,眷予一先后之辈,睦予两中外之亲。"

（宋）李昉等《太平广记》卷四六《神仙四十六·刘商》引《续仙传》："刘商,彭城人也,家于长安。少好学强记,精思攻文,有《胡笳十八拍》,盛行于世,儿童妇女,咸悉诵之。进士擢第,历台省为郎。"

（元）辛文房撰,傅璇琮主编《唐才子传校笺》（册二）卷四《刘商》："商字子夏,徐州彭城人。擢进士第。贞元中,累官比部员外郎,改虞部员外郎。数年,迁检校兵部郎中,后出为汴州观察判官。"

《登科记考》卷二七《附考·进士科》录载刘商。

咸淳《毗陵志》卷二五《仙释》："（唐）刘商,彭城人,第进士,历尚书郎。性冲澹,以病免。"

【刘望】登进士科。

《登科记考》卷二七《附考·进士科》云刘望及第,见《永乐大典》引《宜春志》。

【刘焕章】大中九年（855）前进士及第。

《全唐文补遗》千唐志斋新藏专辑,郑贺撰大中九年（855）闰四月十八日《唐故汴州士曹参军事郑府君夫人裴氏（露）墓铭并序》："夫人姓裴氏,名露,字润芝,河东人也……夫人生二子一女……女出适前进士刘焕章。"

【刘道积】彭城人。登进士第。授秘书省正字,官终襄州乐乡县令。

《唐代墓志汇编》元和〇七四,辛劢撰元和九年（814）十月六日《唐朝请大夫唐州长史兼监察御史彭城刘公（密）故夫人崔氏墓志铭并序》："刘公名密,积袭衣冠,门为世重,即皇朝进士出身、授秘书省秘书郎道积之曾孙。"

《唐代墓志汇编》大和〇五〇,大和六年（832）七月十九日《唐故朝请大夫唐州长史兼监察御史彭城刘府君（密）墓志并序》："公讳密,字霞夫,其先望出彭城……曾祖讳道积,进士擢第,终襄州乐乡县令。"

《登科记考补正》卷二七《附考·进士科》录载刘道积。

【刘温其】登进士科。

《登科记考》卷二七《附考·进士科》云刘温其及第,见《永乐大典》引《宜春志》。

【刘廓】进士科登第。

《登科记考》卷二七《附考·进士科》云刘廓及第,见《永乐大典》引《宜春志》。

【关图】荆州人。晚唐登进士科。

（五代）孙光宪《北梦琐言》卷四《破天荒解》："尔来余知古、关图、常修,皆荆州之居人也。率有高文,连登上科。"

《登科记考》卷二七《附考·进士科》云关图及第。

【宇文审】字审,父融相玄宗。擢进士第。官至和、永二州刺史。

《新唐书》卷一三四《宇文融传》："宇文融,京兆万年人,隋平昌公弼裔孙……子审,字审……后擢进士第,累迁大理评事……杨国忠颛政,杀岭南流人,以中使传口敕行刑,畏议者嫉其酷,乃以审为岭南监决处置使,活者甚众。后终和、永二州刺史。"

《登科记考》卷二七《附考·进士科》录载宇文审。

【宇文翃】唐末登进士科。

（五代）孙光宪《北梦琐言》卷四《祖系图进士榜》："唐进士宇文翃，虽士族子，无文藻，酷爱上科。有女及笄……时窦璠年逾耳顺，方谋继室，其兄谏议……能为人致登第。翃嫁女与璠，璠为言之元昆，果有所获……是则宇文翃登科，后人何以知之，悲夫！"

《登科记考》卷二七《附考·进士科》云宇文翃及第。按：《旧唐书》卷二〇下《哀帝》："（天祐元年十月丙申）右散骑常侍窦回、给事中孙续、户部郎中知制诰封舜卿等加勋阶。"则宇文翃及第当在唐末。

【许俞】郡望雍州，后迁歙、黟。进士及第。以孝闻。

《登科记考补正》卷二七《附考·进士科》补入。

嘉靖《新安名族志》下卷《许姓·祁门·官塘》："一名九里坑，在邑东二十五里。邑志：东许出唐太守许远之后，孙儒自雍州迁歙，曾孙遂再迁于黟，遂子俞登进士，以孝闻。见胡安定公传。至宋曰德，迁祁门官塘。"

【许洞】进士科登第。

《登科记考》卷二七《附考·进士科》云许洞及第，见《永乐大典》引《宜春志》。

【许景先】名杲，以字行，常州义兴人。进士及第，制举登科。授陕州夏县尉，官至吏部侍郎。

《全唐文补遗》千唐志斋新藏专辑，韩休撰开元十八年（730）十一月二十日《大唐故吏部侍郎高阳许公（杲）墓志铭并序》："君讳杲，字景先，高阳人也……弱冠，应贤良方正举擢第，授陕州夏县尉……寻以文吏兼优举对策甲科，授扬府兵曹参军……以开元十八年八月九日，遘疾终于京兆宣阳私第，春秋五十有四。"按：墓志未言景先进士及第。

《旧唐书》卷一九〇中《文苑中·许景先传》："许景先，常州义兴人，后徙家洛阳。少举进士，授夏阳尉。神龙初，东都起圣善寺报慈阁。景先诣阙献《大象阁赋》，词甚美丽，擢拜左拾遗。累迁给事中……俄转中书舍人……（开元十三年）自吏部侍郎出为虢州刺史。后转岐州，入拜吏部侍郎，卒。"

《新唐书》卷一二八《许景先传》："许景先，常州义兴人。曾祖绪，武德时以佐命功，历左散骑常侍，封真定公，遂家洛阳。景先由进士第释褐夏阳尉……举手笔俊拔、茂才异等连中，进扬州兵曹参军。"

《登科记考》卷二七《附考·进士科》录载许景先。按：许景先科举及第，《登科记考补正》卷四景龙三年（709）录为茂才异等科，卷五景云三年（712）录为制举手笔俊拔超越流辈科，卷二七《附考·进士科》录为及第时间无考之进士。这三处记载与墓志出入甚大。据墓志，许杲（景先）弱冠年（万岁登封元年，696）以制举贤良方正科及第，释褐授陕州夏县尉；之后又应文吏兼优举对策高第，授扬府兵曹参军。未载其进士及第事。

【孙□】名未详。进士及第。

《唐代墓志汇编》大中〇九二，孙向撰大中九年（855）闰四月二十四日《唐故乡贡进士孙府君（例）墓志》："府君讳例，字可器，河南巩人也……伯举进士第，累任尚书刑部侍郎。"按：据墓志，志主大中九年（855）四月二十四日卒，春秋十九。

【**孙纾**】潞州涉县人，祖公器官至信州刺史，父简官至兵部尚书。登进士科。历凤翔节度使掌书记、试秘书省校书郎。

《隋唐五代墓志汇编》洛阳卷第十五册《孙君妻墓志》："再从侄前凤翔节度使掌书记、试秘书省校书郎纾撰。墓主葬期为大中九年七月二十五日。"详见《唐方镇文职僚佐考》。

《旧唐书》卷一九〇中《文苑中·孙逖传》："孙逖，潞州涉县人……太子詹事……子宿……改桂州刺史、桂管观察使。五年卒。宿子公器，官至信州刺史、邕管经略使。公器子简、范，并举进士。会昌后，兄弟继居显秩，历诸道观察使。简，兵部尚书。子纾、徽，并登进士第。"

《登科记考》卷二七《附考·进士科》云孙纾及第。

【**孙宗闵**】梓州人。进士及第。

《全唐诗补编·续拾》卷五三"无世次上"录载孙宗闵，小传："孙宗闵，梓州人，前进士。"录孙氏《恺悌诗并序》。陈尚君按语："《三台县志》：此诗石刻为正书小楷，首题前进士孙宗闵撰，旧存文庙《干禄碑》侧，民国初毁于兵。"

《登科记考补正》卷二七《附考·进士科》补入。

【**孙革**】进士及第。

（唐）姚合《极玄集》卷下载韩翃撰《送孙革及第东归》诗："过淮芳草歇，千里又东归。野水吴山出，家林越鸟飞。荷香随去棹，梅雨点行衣。无数沧洲客，如君达者稀。"

《登科记考》卷二七《附考·进士科》录有孙革。

【**孙展**】山阳人，父泰。唐末登进士科。入仕后梁为省郎。

（五代）王定保《唐摭言》卷四《节操》："孙泰，山阳人……子展，进士及第，入梁为省郎。"

（宋）李昉等《太平广记》卷一一七《报应十六·孙泰》引《摭言》："唐孙泰，山阳人……子展，进士及第，入梁为省郎。"

《登科记考》卷二七《附考·进士科》云孙展及第。

【**孙颀**】进士及第。

（唐）郎士元《送孙颀》诗："及第，人多羡。"

《登科记考》卷二七《附考·进士科》录有孙颀。

【**孙徽**】潞州涉县人，祖公器官至信州刺史，父简官至兵部尚书。登进士科。

《全唐诗》第二十三册卷八三六有贯休《避地毗陵寒月上孙徽使君兼寄东阳王使君三首》。

《旧唐书》卷一九〇中《文苑中·孙逖传》："孙逖，潞州涉县人……太子詹事……子宿……改桂州刺史、桂管观察使。五年卒。宿子公器，官至信州刺史、邕管经略使。公器子简、范，并举进士。会昌后，兄弟继居显秩，历诸道观察使。简，兵部尚书。子纾、徽，并登进士第。"

《登科记考》卷二七《附考·进士科》云孙徽及第。

【**严诜**】蜀人。进士及第。

《全唐诗》第六册卷二〇〇,岑参《送严诜擢第归蜀》:"巴江秋月新,阁道发征轮。战胜真才子,名高动世人。工文能似舅,擢第去荣亲。十月天官待,应须早赴秦。"

《登科记考》卷二七《附考·进士科》录载严诜。

【严挺之】名浚,以字行,华州华阴人。举进士,神龙元年制举擢第。授义兴尉,历考功员外郎、考功郎中、给事中,终官绛郡太守。

《旧唐书》卷九九《严挺之传》:"严挺之,华州华阴人。叔父方嶷,景云中户部郎中。挺之少好学,举进士。神龙元年,制举擢第,授义兴尉。遇姚崇为常州刺史,见其体质昂藏,雅有吏干,深器异之。及崇再入为中书令,引挺之为右拾遗……开元中,为考功员外郎。典举二年,大称平允,登科者顿减二分之一。迁考功郎中,特敕又令知考功贡举事,稍迁给事中……寻迁濮、汴二州刺史……与张九龄相善,九龄入相,用挺之为尚书左丞,知吏部选,陆景融知兵部选,皆为一时精选……九龄罢相,挺之出为洺州刺史,二十九年,移绛郡太守……子武,广德中黄门侍郎、成都尹、剑南节度使。"

《新唐书》卷一二九《严挺之传》:"严挺之,名浚,以字行,华州华阴人。少好学,资质轩秀。举进士,并擢制科,调义兴尉,号材吏。"

《登科记考》卷四神龙元年(705)制科、卷二七《附考·进士科》分别录载严挺之。

【严郢】字叔敖,华州华阴人,父正海终江南西道采访使。及进士第。历官太常协律郎、监察御史、河南尹、京兆尹、御史大夫,终官费州刺史。

《新唐书》卷一四五《严郢传》:"严郢字叔敖,华州华阴人。父正海,以才吏更七郡、终江南西道采访使。郢及进士第,补太常协律郎,守东都太庙。禄山乱,郢取神主秘于家,至德初,定洛阳,有司得以奉迎还庙,擢大理司直……召郢为监察御史,连署帅府司马……即日拜河南尹、水陆运使。大历末,进拜京兆尹……炎之罢,卢杞引郢为御史大夫……出郢为费州刺史。"

《登科记考》卷二七《附考·进士科》录载严郢。

【苏绾】武功人。进士及第。官工部郎中、荆南府司马。

(唐)林宝《元和姓纂》卷三《邺西苏氏》:"绾,工部郎中、荆南府司马。"

《新唐书》卷七四上《宰相世系表》四上邺西苏氏:"绾,工部郎中。"

《登科记考补正》卷二七《附考·进士科》录载苏绾。

(明)康海《武功县志》卷三《选举志第七》载唐人举进士者有苏绾。

四库本《陕西通志》卷三〇《选举·唐》进士科:"纥,武功人。"按:"纥"乃"绾"之讹。

【苏践言】武功人。进士及第。官太常丞。

《旧唐书》卷七五《苏世长传》:"苏世长,雍州武功人也……子良嗣,高宗时迁周王府司马……其子践言,太常丞,寻为酷吏所陷,配流岭南而死。追削良嗣官爵,籍没其家。景龙元年,追赠良嗣司空。"

《登科记考补正》卷二七《附考·进士科》录载苏践言。

(明)康海《武功县志》卷三《选举志第七》载唐人举进士者有苏践言。

四库本《陕西通志》卷三〇《选举·唐》进士科:"苏践言,武功人。"

【苏献】武功人。进士及第。官太常博士、驾部郎中。

（唐）林宝《元和姓纂》卷三《邺西苏氏》："献，驾部郎中。"岑仲勉校："献于开元四、五年为太常博士，见《会要》一二及一七。"

《新唐书》卷七四上《宰相世系表》四上邺西苏氏：斡子"献，驾部郎中"。

《登科记考补正》卷二七《附考·进士科》录载苏献。

（明）康海《武功县志》卷三《选举志第七》载唐人举进士者有苏献。

四库本《陕西通志》卷三〇《选举·唐》进士科："苏献，武功人。"

【苏颜】武功人。进士及第。官至淮安太守、右武卫将军。

《新唐书》卷七四上《宰相世系表》四上邺西苏氏："颜，淮安太守。"按：《唐刺史考全编》卷一九一《山南东道·唐州（显州、淮安郡）》考苏颜于天宝中任淮安太守。

《登科记考补正》卷二七《附考·进士科》录载苏颜。

（明）康海《武功县志》卷三《选举志第七》载唐人举进士者有苏颜。

四库本《陕西通志》卷三〇《选举·唐》进士科："苏颜，武功人。"按：《元和姓纂》卷三《邺西苏氏》："瑰，侍中、左仆射、许文贞公，生颋、冰、诜、乂、颖、颜……颜，淮安太守，左武卫将军。"又苏颜撰天宝十四载（755）《大唐故蒙阳郡司户参军赵国李君（抗）墓志铭并序》，署名"右武卫将军任城县开国男武功苏颜撰"。

【苏憻】一作"苏檀"，武功人。进士及第。官太府卿。

（唐）林宝《元和姓纂》卷三《邺西苏氏》："憻，太府卿。"

《新唐书》卷七四上《宰相世系表》四上邺西苏氏："檀，太府卿。"按：《元和姓纂》作"憻"。

《登科记考补正》卷二七《附考·进士科》录载苏憻（苏檀）。

（明）康海《武功县志》卷三《选举志第七》载唐人举进士者有苏憻。

四库本《陕西通志》卷三〇《选举·唐》进士科："憻，武功人。"

【杜廷坚】一作"杜庭坚"，京兆府杜陵人，父胜官至给事中。大中前后登进士第。

《旧唐书》卷一四七《杜黄裳》："杜黄裳字遵素，京兆杜陵人也……黄裳男载……载弟胜，登进士第，大中朝位给事中。胜子廷坚，亦进士擢第。"

《登科记考》卷二七《附考·进士科》云杜庭坚及第。

【杜易简】襄州襄阳人，审言从祖兄。登进士第。官考功员外郎、开州司马。

《旧唐书》卷一九〇上《文苑上·杜易简传》："杜易简，襄州襄阳人，周硖州刺史叔昆曾孙也。九岁能属文，及长，博学有高名，姨兄中书令岑文本甚推重之。登进士第，累转殿中侍御史。咸亨中，为考功员外郎……左转易简为开州司马，寻卒。易简颇善著述，撰《御史台杂注》五卷、文集二十卷，行于代。易简从祖弟审言。"

《新唐书》卷二〇一《文艺上·杜审言传》："从祖兄易简，九岁能属文，长博学，为岑文本所器。擢进士，补渭南尉。咸亨中，历殿中侍御史。"

（明）徐应秋《玉芝堂谈荟》卷二《历代状元》："高宗咸亨元年，进士五十四人，状元杜易简。"按：据《登科记考》，咸亨元年状元为宋守节，杜易简为四年知贡举。详见《登科记考》卷二咸亨二年进士科、咸亨四年知贡举,卷二七《附考·进士科》。

【李□】名未详,字叔洪,安阳人。年十九登进士第。

《全唐文》卷七八〇,李商隐《请卢尚书撰曾祖妣志文状(故相州安阳县姑臧李公夫人范阳卢氏北祖大房)》:"夫人姓卢氏,曾祖讳某,某官。父讳某,兵部侍郎东都留守。夫人兵部第三女,年十七,归于安阳君,讳某,字叔洪。姑臧李成宪、荥阳郑钦说等十人,皆僚婿也。安阳君年十九,一举中进士第,与彭城刘长卿中山刘眘虚清河张楚金齐名。始命于安阳,年二十九弃代,祔葬于怀州雍店之东原先大夫故美原令之左次。美原讳某,字既济,其墓长乐贾至为之铭。一子,邢州录事参军讳某字叔卿。始夫人既孀,教邢州君以经业得禄,寓居于荥阳。不幸邢州君亦以疾早世,夫人忍昼夜之哭,抚视孤孙。家惟屡空,不克以邢州归祔,故卜葬于荥阳坛山之原上。"

【李元】一作"李玄",后人避讳改元。进士及第。官监察御史。

《全唐文》卷七二六《授萧邺李元监察御史制》:"敕。御史府居朝廷之中,杰出他署。盖以圭表百吏,纠绳四方。故选其属者,必在坚明劲峭,临事而不挠,不独取谨厚温文,修整咨度而已。尔等皆以词华升于俊秀,从事贤侯之府,驰声馆阁之中,筹画居多,操持甚固。是宜持此霜简,峻其风标。使避马之谣,不独美于桓典;埋轮之志,无所愧于张纲。勉服宠荣,无忘职业。可依前件。"

《登科记考补正》卷二七《附考·进士科》录载李玄(李元)。

【李日知】郑州荥阳人也。举进士。历官司刑丞、给事中、朝散大夫、黄门侍郎、平章事、御史大夫、刑部尚书。

《旧唐书》卷一八八《孝友·李日知传》:"李日知,郑州荥阳人也。举进士。天授中,累迁司刑丞……神龙初,为给事中……寻加朝散大夫……累迁黄门侍郎……景云元年,同中书门下平章事,转御史大夫,知政事如故。明年,进拜侍中。先天元年,转刑部尚书,罢知政事。频乞骸骨,请致仕,许之……开元三年卒。"

《登科记考》卷二七《附考·进士科》录载李日知。

【李仁颖】赵国人。进士及第,又中制科。先后拜白水县尉、云阳尉、洛阳尉、怀州司法,终官水衡监丞。

《全唐文》卷二一六陈子昂撰《唐水衡监丞李府君墓志铭》:"君讳某,字某,赵国人也……曾祖某,后周陕州芮城县令。祖某,属隋运板荡,君子道消,逊言遁时,不显于仕,拜儒林郎。父某,唐隆州苍溪县丞襄州荆山县尉,有高才而无贵仕。君钟常山之气,炳漳水之灵,少尚名节,躬行仁义,始入太学,以精理见知。未几,进士高第,拜白水县尉,寻转云阳尉……秩满,调补洛阳尉,盘根利器,尹守拭目。迁怀州司法……洎上闻,对策甲科,授益州大都督府录事参军,满岁,擢授水衡监丞。"

《登科记考》卷二七《附考·进士科》录载李□,岑仲勉《订补》据《新表》七二上考证:"李某即李仁颖也。"

《登科记考补正》卷二七《附考·进士科》、同卷《附考·制科》分别录载李仁颖。

【李文素】渤海蓨人,太常博士善信之孙。进士及第。历伊阙尉。

《全唐文》卷五二一梁，肃撰《越州长史李公墓志铭》："公讳锋，字公颖，蓨人也。其先自后魏幽州刺史高城公雄四世至皇朝太常博士善信，善信之孙曰文素，以文章知名，举秀才，历伊阙尉。文素生胜，尉于冯翊之白水，盖公之父也。凤阁侍郎平章事武功公苏味道，其外祖也。"按：文素"举秀才"，当为进士及第。

《登科记考》卷二七《附考·进士科》录载李文素。

【李甲】登进士科。

《登科记考》卷二七《附考·进士科》云李甲及第，见《永乐大典》引《宜春志》。

【李尧】进士及第。

(宋)李昉等《太平广记》卷一八三《贡举六·李尧》引《摭言》："李尧及第，在偏侍下。"

【李光庭】京兆人。举进士，官至给事中。

(宋)王钦若等《册府元龟》卷三二四《宰辅部(十七)·荐贤》："卢文纪，清泰中为相，以右谏议大夫李光庭为给事中、弘文馆学士、判馆事。光庭，唐故曹王皋之曾孙，父龟年光启中为太卿监。光庭从狩蜀，举进士，屡迁至兵部郎中。"

【李同】新罗人。唐末进士及第。

《高丽史·崔彦㧑传》："崔彦㧑初名慎之，庆州人。性宽厚，自少能文。新罗末，年十八游学入唐，礼部侍郎薛廷珪下及第。时渤海宰相乌炤度子光赞同年及第，炤度朝唐，见其子名在彦㧑下，表请曰：'臣昔年入朝登第，名在李同之上，今臣子光赞宜升彦㧑之上。'以彦㧑才学优赡，不许。年四十二始还新罗。"

《渤海国志长编》卷一〇《诸臣列传第二·乌炤度传》："乌炤度于王玄锡之世入唐应宾贡试，与新罗宾贡李同同榜进士及第，名在其上，仕至国相。迨王玮瑎十三年，其子光赞亦入唐应宾贡试，礼部侍郎薛廷珪知贡举，光赞与新罗宾贡崔彦㧑同榜进士及第，而名在其下。值炤度奉使朝堂，表请曰：'臣昔年入朝登第，名在李同之上，今臣子光赞宜升彦㧑之上。'昭宣帝不许。"按：《渤海国志年表》：王玮瑎十三年丙寅，即唐昭宣帝天祐三年。

《登科记考补正》卷二七《附考·进士科》补入。

【李仲云】进士及第。兄弟叔霁亦进士擢第。

《全唐文补遗》千唐志斋新藏专辑，天宝三载(744)十一月十三日《大唐故范府君(志玄)墓志铭并序》，署"前国子进士赵郡李叔霁撰"，则叔霁至迟应在天宝三载(744)及进士第。

《登科记考》卷二七《附考·进士科》录有李叔霁、李仲云，考："《广异记》：监察御史李叔霁者，与兄弟仲云俱进士擢第。大历初，叔霁卒，数年仲云亦卒。"

【李安期】高邑人。进士及第。

光绪《畿辅通志》卷三四《选举·唐·进士·附录》："李安期，高邑人。"

【李赤】疑为晚唐登进士科。

《永乐大典》卷二三六八引《苏州府志》："吴郡进士，未详何年。"下录有李赤。

张忱石《徐松〈登科记考〉续补(上)》补入。按：疑为晚唐人，见《登科记考补正》卷二七《附考·进士科》。

乾隆《江南通志》载为及第时间无考之士。

【李佐】山东名族。进士及第。官京兆少尹。

（宋）李昉等《太平广记》卷二六〇《嗤鄙三·李佐》引《独异记》："唐李佐，山东名族。少时因安史之乱，失其父。后佐进士擢第，有令名，官为京兆少尹。"

《登科记考》卷二七《附考·进士科》录载李佐。

【李余庆】进士科登第。

《登科记考》卷二七《附考·进士科》云李余庆及第，见《永乐大典》引《宜春志》。

【李言】原名李后岳(嶽)，更名言。进士及第。

（宋）李昉等《太平广记》卷一五六《定数十一·李言》引《感定录》："有进士李岳，连举不第。夜梦人谓曰：'头上有山，何以得上第？'及觉，不可名岳，遂更名言，果中第。"

【李怀远】字广德，邢州柏仁人。进士及第，又应四科举。官至鸾台侍郎同凤阁鸾台平章事，卒赠侍中，谥曰成。

《旧唐书》卷九〇《李怀远传》："李怀远，邢州柏仁人也。早孤贫好学，善属文。有宗人欲以高荫相假者，怀远竟拒之，退而叹曰：'因人之势，高士不为；假荫求官，岂吾本志？'未几，应四科举擢第，累除司礼少卿。出为邢州刺史，以其本乡，固辞不就，改授冀州刺史。俄历扬、益等州大都督府长史，未行，又授同州刺史。在职以清简称。入为太子左庶子，兼太子宾客，历迁右散骑常侍、春官侍郎。大足年，迁鸾台侍郎，寻同凤阁鸾台平章事。岁余，加银青光禄大夫，拜秋官尚书，兼检校太子左庶子，赐爵平乡县男。长安四年，以老辞职，听解秋官尚书，正除太子左庶子，寻授太子宾客。神龙初，除左散骑常侍、兵部尚书、同中书门下三品，加金紫光禄大夫，进封赵郡公，特赐实封三百户。俄以疾请致仕，许之。中宗将幸京师，又令以本官知东都留守……神龙二年八月卒，唐中宗特赐锦被以充敛，辍朝一日，亲为文以祭之，赠侍中，谥曰成。"

（元）洪景《新编古今姓氏遥华韵》庚集卷三："李怀远，字广德，邢州进士，擢鸾台侍郎平章事。"按：《旧唐书》卷六《则天皇后本纪》："（大足元年）二月，鸾台侍郎李怀远同凤阁鸾台平章事。"

《登科记考补正》卷二七《附考·进士科》、同卷《附考·制科》分别录载李怀远。

【李沧】登进士科。

《登科记考》卷二七《附考·进士科》云李沧及第，见《永乐大典》引《宜春志》。

【李叔霁】天宝三载(744)前及进士第。兄弟仲云亦进士擢第。

《全唐文补遗》千唐志斋新藏专辑，天宝三载(744)十一月十三日《大唐故范府君(志玄)墓志铭并序》，署"前国子进士赵郡李叔霁撰"，则叔霁至迟应在天宝三载(744)及进士第。

《登科记考》卷二七《附考·进士科》录有李叔霁、李仲云，考："《广异记》：监察御史李叔霁者，与兄弟仲云俱进士擢第。大历初，叔霁卒，数年仲云亦卒。"

【李林宗】会昌三年(843)前进士擢第。

《全唐文补遗》第六辑，卢震撰咸通十二年(871)十月七日《唐故朝议郎使持节均州诸军事守均州刺史范阳卢府君(辂)墓志铭》："外祖姑臧氏，河内公之孙，白云先生之子，伯舅林宗，擢进士第。"

《全唐文补遗》第八辑，卢辂撰会昌三年(843)十一月一日《唐故楚州营田巡官庐州舒城县丞卢府君(处约)夫人陇西李氏墓志铭》："夫人伯仲三人：长曰文囧，襄阳奉礼。次曰文经，早世。次曰林宗，进士擢第，名动关中。"

【李岳】大中八年(854)前进士及第。

《全唐文补遗》千唐志斋新藏专辑，大中八年(854)正月十八日《唐乡贡进士博陵崔崔崔沇妻陇西李夫人(瑗)墓志铭并叙》，署名"从祖兄、前乡贡进士李岳撰"。

【李怿】京兆府人，祖褒唐黔南观察使，父昭户部尚书。唐末登进士科。解褐为校书郎、集贤校理、清河尉，后梁官至中书舍人，后唐官至尚书右丞，后晋官至刑部尚书。

《旧五代史》卷九二《李怿传》："李怿，京兆人也。祖褒，唐黔南观察使。父昭，户部尚书。怿幼而能文，进士擢第，解褐为校书郎、集贤校理、清河尉。入梁，历监察御史、右补阙、殿中侍御史、起居舍人、礼部员外郎、知制诰，换都官郎中，赐绯，召入翰林为学士，正拜舍人，赐金紫，仍旧内职。庄宗平汴、洛，责授怀州司马，遇赦，量移孟州，入为卫尉少卿。天成初，复拜中书舍人，充翰林学士，在职转户部侍郎右丞，充承旨。时常侍张文宝知贡举，中书奏落进士数人，仍请诏翰林学士院作一诗一赋，下礼部，为举人格样。学士窦梦徵、张砺辈撰格诗格赋各一，送中书，宰相未以为允。梦徵等请怿为之，怿笑而答曰：'李怿识字有数，顷岁因人偶得及第，敢与后生髦俊为之标格！假令今却称进士，就春官求试，落第必矣。格赋格诗，不敢应诏。'君子多其识大体。天福中，自工部尚书转太常卿，历礼部、刑部二尚书，以多病留司于洛下，不交人事。开运末，遇契丹入洛，家事罄空，寻以疾卒，年七十余。"

《新五代史》卷五五《李怿传》："李怿，京兆人也。少好学，颇工文辞。唐末举进士，为秘书省校书郎、集贤校理。唐亡，事梁为监察御史，累迁中书舍人、翰林学士。梁亡，责授怀州司马，遇赦量移，稍迁卫尉少卿。天成中，复为中书舍人、翰林学士，累迁尚书右丞承旨。时右散骑常侍张文宝知贡举，所放进士，中书有覆落者，乃请下学士院作诗赋为贡举格，学士窦梦徵、张砺等所作不工，乃命怿为之，怿笑曰：'年少举进士登科，盖偶然尔。后生可畏，来者未可量，假令予复就礼部试，未必不落第，安能与英俊为准格？'闻者多其知体。后迁刑部尚书分司洛阳，卒，年七十余。"

【李承庆】登进士科。历凤翔节度使副使、定难军节度使兼同平章事。

(唐)杜牧《樊川文集》卷一九《李承庆除凤翔节度副使冯轩除义成军推官等制》："敕。朝议郎、前守太常丞、上柱国李承庆等，以文学升名于有司，以才能入仕于官次。诸侯辟之，以佐于宾席；天子用之，升于朝廷。次第等级，大小高下，亦与古之乡举里选，考德试言，无以异也。尔等皆吾卿大夫之令子弟也。清风素范，克肖家声，属辞彫章，能取科第。既有知己，皆为才人。贤观与游，达视所举。今尔宾主，两皆得之，义则进，否则退，无为美疢，以求苟容。可依前件。"

《资治通鉴》卷二六二光化三年四月条："加定难军节度使李承庆同平章事。"

《登科记考》卷二七《附考·进士科》云李承庆及第。

【李昭嘏】晚唐登进士科。

（唐）阙名《玉泉子》："进士李昭嘏，举十上不第。时登科年已有主司，并无荐托之地。主司昼寝癗，见一轴文卷在枕前，看其题处乃昭嘏之卷。令选于架上，复寝。暗视有一大鼠，取其卷，衔其轴，复还枕前。再三如此。昭嘏来春及第，主司问其故，乃三世不养猫，皆云鼠报。"（宋）李昉等《太平广记》卷四四〇《畜兽七·李昭嘏》略同。

《登科记考》卷二七《附考·进士科》云李昭嘏及第。按：根据《玉泉子》所记诸事的时间，李昭嘏大致在晚唐登第。

【李峣】登进士科。官至翰林学士。

（五代）王定保《唐摭言》卷三《慈恩寺题名游赏赋咏杂纪》："李峣及第，在偏侍下……峣先人旧庐升平里，凡用钱七百缗，自所居连亘通衢，殆足一里。余参驭辈不啻千余人。辖马车舆，阗咽门巷。来往无有沾濡者，而金碧照耀，颇有嘉致。峣时为丞相韦都尉所委，干预政事，号为'李八郎'。其妻又南海韦宙女，宙常资之，金帛不可胜纪。"

（宋）李昉等《太平广记》卷三一二《神二十二·李峣》引《北梦琐言》："唐乾宁中，刘昌美为夔州刺史，属夏潦，峡涨湍险。里俗：'滟滪大如马，瞿塘不可下。'于是行旅辍棹以候之。学士李峣，挈家，自蜀沿流，将之江陵。昌美以水势正恶，止之。"

（明）曹学佺《蜀中广记》卷七九《神仙记第九》："《北梦琐言》：唐干宁中刘昌美为夔州刺史，属夏潦峡涨，滟滪如马，行旅辍棹以候之。学士李峣挈家自蜀沿流将之。"

《登科记考》卷二七《附考·进士科》录载李峣。

【李觊】宗室，京兆府人，父汉官至吏部侍郎。约在会昌前后登进士科。历给事中、蕲州刺史、秘书少监、谏议大夫。

《全唐文》卷七六一，李觊《连山燕喜亭后记》："余自幼伏览外王父昌黎文公《燕喜亭记》，则知连州山水之殊，亭之称，因记为天下所嘉……时会昌五年十一月五日，连州刺史武兴宗书。"

《旧唐书》卷一九上《懿宗》："（咸通十三年五月辛巳）给事中李觊蕲州刺史。"

《旧唐书》卷一九下《僖宗》："（乾符二年）十月，以秘书少监李觊为谏议大夫。"按：李觊会昌前后及第。

《旧唐书》卷一七一《李汉传》："李汉字南纪，宗室淮阳王道明之后……及岌为蜀州晋原尉。岌生荆，荆为陕州司马。荆生汉。汉，元和七年登进士第……转吏部侍郎……宗闵再贬，汉亦改汾州司马，仍三二十年不得录用。会昌中，李德裕用事，汉竟沦踬而卒。汉弟浐、洗、潘，皆登进士第。潘，大中初为礼部侍郎。汉子觊，亦登进士第。"

宋蜀刻本《新刊经进详注昌黎先生文》卷三四《中大夫陕府左司马李公（邘）墓志铭》，题下王俦补注："《世系表》，汉二子，亦登进士第。"按：《新唐书》卷七〇上《宗室世系表上》雍王房，载李汉二子："觊、赡。"

《登科记考》卷二七《附考·进士科》云李觊及第。

【李适】字子至,京兆万年人。举进士。历官猗氏尉、户部员外郎、修书学士、修文馆学士、工部侍郎,卒赠贝州刺史。

《旧唐书》卷一九〇中《文苑中·李适传》:"李适者,雍州万年人。景龙中,为中书舍人,俄转工部侍郎。睿宗时,天台道士司马承祯被征至京师。及还,适赠诗,序其高尚之致,其词甚美,当时朝廷之士,无不属和,凡三百余人。徐彦伯编而叙之,谓之《白云记》,颇传于代。"

《新唐书》卷二〇二《文艺中·李适传》:"李适字子至,京兆万年人。举进士,再调猗氏尉。武后修《三教珠英》书,以李峤、张昌宗为使,取文学士缀集,于是适与王无竞、尹元凯、富嘉谟、宋之问、沈佺期、阎朝隐、刘允济在选。书成,迁户部员外郎,俄兼修书学士。景龙初,又擢修文馆学士。睿宗时,待诏宣光阁,再迁工部侍郎。卒,年四十九,赠贝州刺史。"

《登科记考》卷二七《附考·进士科》录载李适。

【李恒】进士及第。官安阳令。

《全唐诗》第四册卷一〇五作者小传:"李恒,进士第,官安阳令。诗一首。"

《登科记考补正》卷二七《附考·进士科》录载李恒。

【李殷】进士及第。

(唐)独孤及《唐故朝散大夫中书舍人秘书少监顿邱李公墓志》:"有才子二人:曰兴、曰殷。殷举秀才甲科。"

《登科记考》卷二七《附考·进士科》录载李殷。

【李惟恕】国子进士及第。

(宋)陈思《宝刻丛编》引《集古录目》:"唐匡城令郑府君碑,前国子进士李惟恕书。"

《登科记考》卷二七《附考·进士科》录载李惟恕。

【李景阳】陇西成纪人,曾祖客师官冠军将军、丹阳郡开国公,祖德暮官尚辇奉御,父守真官虢州司兵。国子进士高第。解褐太常寺太祝,秩满,调补华州郑县主簿。

《唐代墓志汇编》开元三二一,开元十九年(731)二月十七日《唐故华州郑县主簿李府君(景阳)墓志并序》:"君讳景阳,陇西成纪人也。曾祖客师,皇冠军将军、丹阳郡开国公;祖德暮,尚辇奉御;父守真,虢州司兵……(景阳)国子进士高第,解褐太常寺太祝,秩满,调补华州郑县主簿。"按:据志文,李氏卒于开元十八年(730)十一月三十日,春秋四十四。

《登科记考补正》卷二七《附考·进士科》录载李景阳。

【李鹄】颍川人。登进士科。

(唐)段成式《酉阳杂俎续集》卷一:"前秀才李鹄觐于颍川,夜至一驿,才卧,见物如猪者突上厅阶。鹄惊走,透后门投驿厩,潜身草积中,屏息且伺之。怪亦随至,声绕草积数匝,瞪目相视鹄所潜处,忽变为巨星,腾起数道烛天。鹄左右取烛索鹄于草积中,已卒矣。半日方苏,因说所见,未旬,无病而死。"按:(宋)李昉等《太平广记》卷三六四《妖怪六·李鹄》引《酉阳杂俎》所载略同。

【李谦顺】字郭奴,黎城县人,祖德官雍州渑池县尉,父客官贝州漳南县尉。进士及第。

历万州刺史、嘉州刺史、上党郡司马。

《全唐文补遗》第五辑,天宝六载(747)四月十六日《大唐版授本郡上党郡司马李府君(谦顺)志铭并序》:"府君讳谦顺,字郭奴,黎城县人……曾祖元,相州邺县令。祖德,雍州渑池县尉。父客,贝州漳南县尉。才高挺秀,位光制锦之能;进□登科,调补神仙之尉……(谦顺)初授万州刺史。次任嘉州刺史,改授本郡司马。"按:墓志载李氏卒于天宝六载(747)四月七日,春秋九十七。

《登科记考补正》卷二七《附考·进士科》录载李谦顺。

【李嗣本】陇西成纪人,祖道丘隋初官工部侍郎,父宗默隋官殷州司马。进士及第,制举清白尤异高第。官终宁州录事参军。

《全唐文补遗》第五辑,景龙三年(709)十二月《唐故宁州录事参军陇西李府君(嗣本)墓志铭并序》:"府君讳嗣本,陇西成纪人也……在北齐时,则有若我曾祖光禄少卿昂。在隋初时,则有若我王父工部侍郎道丘。在隋季时,则有若我烈考殷州司马宗默……(嗣本)初举进士甲科,补金州西城尉。举清白尤异高第,转雍州高陵尉,徙越州录会稽丞……迁宁州录事参军。"按:墓志载李嗣本上元二年(675)六月二十日卒,享年六十九。

【李裴老】举进士。

《秦晋豫新出墓志蒐佚》八四一,赵图撰广明二年(881)六月二十日《唐故陇西李公神道墓铭并序》:"公讳公绰,字有裕……子二人,长曰裴老,次曰沙儿。长举进士,文学义行,当世所称,谦让宽弘,为士之准。"

【李睿】字范丘,渤海蓨人。进士及第。历左卫仓曹参军事、雍州长安县尉,官终太子中舍人兼检校尚书、刑部侍郎。

《秦晋豫新出墓志蒐佚》一九二,永淳元年(682)七月十五日《大唐故太子中舍人兼检校尚书刑部侍郎李府君墓志铭并序》:"君讳睿,字范丘,渤海蓨人也……起家为太学生,资胄伐也。厉精槐市雅叶子襟之咏,擢影桂林俄振宝庭之藻。以进士入贡,射策甲科,除东宫左宗卫仓曹参军事,转左卫仓曹参军事,除雍州长安县尉。"

【李濛】举进士。

《秦晋豫新出墓志蒐佚续编》八六五,李标撰大中元年(847)九月二十九日《唐故李孝廉墓志铭并序》:"孝廉讳泳,无字……兄濛,举进士,文行为士称。"按:开元二十二年(734)进士及第之李濛,字子泉,陇西成纪人,官至华阴县尉,别是一人。

【李赡】宗室,京兆府人。约在会昌前后登进士科。

宋蜀刻本《新刊经进详注昌黎先生文》卷三四《中大夫陕府左司马李公(郱)墓志铭》,题下王俦补注:"《世系表》,汉二子,亦登进士第。"按:《新唐书》卷七〇上《宗室世系表上》雍王房,载李汉二子:"觊、赡。"

《登科记考补正》卷二七《附考·进士科》补录李赡及第。

【李戴】京兆府人,宰相李蔚从孙。唐末登进士科。仕吴起居郎。

(宋)陆游《陆氏南唐书》卷一五《周郑李三刘江汪郭伍萧李卢朱王魏列传第十二》:"李贻业,故唐时平章事蔚从曾孙,父戴,唐末第进士,奔吴为起居郎。"

（清）吴任臣《十国春秋》卷九《吴九·李戴传》："李戴，唐平章事蔚从孙也。唐末，举进士第。为人简略，无威仪。唐亡来奔，授起居郎，因家于广陵。子贻业，见《南唐春秋》。"

《登科记考》卷二七《附考·进士科》云李戴及第。

【李藻】陇西狄道人。进士及第。曾官检校礼部员外郎，充观察判官。

《秦晋豫新出墓志蒐佚续编》九四〇，李当撰、李藻书乾符三年（876）五月二十二日《唐故范阳郡夫人卢氏墓志铭并序》："夫人讳铱，字子颖，其先涿郡人也……生子男成人者三，女二人。中男贻休，不幸早世。长男曰藻，擢进士上第，以秘省校书由书府升谏垣，历拾遗、补阙，今从汉南相府辟命除检校礼部员外郎，充观察判官，锡朱绶印。"

【杨义方】眉山人。唐末登进士科。历秘书郎，仕后蜀。

（清）吴任臣《十国春秋》卷四四《前蜀十·杨义方传》："杨义方，眉山人。少举进士第，已而还蜀，仕高祖为秘书郎。性强毅，长于吟咏，自谓才过罗隐。"

《登科记考》卷二七《附考·进士科》云杨义方及第。

【杨郴】进士及第。

（宋）王象之《舆地纪胜》卷二八《江南西路·袁州·诗》引唐杨郴《登第后送人归宜春》："君归为说龙门事，雷雨初生电绕身。"参见《全唐诗补编·续拾》卷五四。

《登科记考补正》卷二七《附考·进士科》补入。

【杨玢】广明初前后及第。

《全唐文》卷八三一，钱珝《授户部巡官秘书省校书郎杨玢武功县尉充集贤校理制》："敕。具官杨玢：士子由科而进，得为馆殿吏者。俯视华资，如拾地芥然。而道不益固，名不益彰，则朝之华资，其可俯视而拾之哉？玢质秀气实，自立颇强，窥其所为，诚在于道，固名彰之本也。今既列书殿，仍怀令图，奚患华资不能俯拾。可依前件。"

【杨枳】京兆府长安县人，祖遗直位终濠州录事参军，父发官岭南节度使。约在唐末登进士第。

（五代）孙光宪《北梦琐言》卷一二《杨收不学仙》："（杨发）以春为义，其房子以枳、以乘为名……尽有文学，登高第，号曰'修竹杨家'……"

《新唐书》卷一八四《杨收传》："杨收……世居冯翊。父遗直……仕为濠州录事参军，客死姑苏。……收兄发，字至之，登进士，又中拔萃，累官左司郎中。……徙福建观察使……拜岭南节度使。……贬婺州刺史。"

《登科记考补正》卷二七《附考·进士科》补入。

【杨洞】郡望苏州，贯京兆府长安县，祖遗直位终濠州录事参军，父严累迁兵部侍郎。唐末登进士科。

（五代）孙光宪《北梦琐言》卷一二《杨收不学仙》："唐相国杨收，江州人，祖为本州都押衙，父直，为兰峴主簿。生四子，发、假、收、严，皆登进士第……（杨假）以夏为义，其房子以暇为名……（杨严）以冬为义，其房子以注、涉、洞为名。尽有文学，登高第，号曰'修竹杨家'，与静恭诸杨，比于华盛。"按：杨洞兄弟均在唐末登进士科，参考各自小传，则洞及第在唐末。《隋唐两京坊里谱》云长安县修行坊有杨收宅："《长安志》：'端州司马杨收宅。'

《注》：'收兄发、假弟严皆显贵。'"则杨洞籍贯应在京兆府长安县,郡望苏州。

《旧唐书》卷一七七《杨收传附杨注传》："杨收字藏之,同州冯翊人……父遗直,位终濠州录事参军。家世为儒,遗直客于苏州,讲学为事,因家于吴。遗直生四子:发、假、收、严……严……乾符四年,累迁兵部侍郎……二子:涉、注。"

《新唐书》卷一八四《杨收传》："杨收……世居冯翊。父遗直……客死姑苏……严……子涉、注……注为翰林学士。"

《登科记考补正》卷二七《附考·进士科》补入。

【杨珣】一作"阳珣",弘农人,父正基鲁王府谘议,子极官骑曹参军。进士及第。历永平令。

《全唐文》卷三一五李华撰《杨骑曹集序》："宏农杨君,讳极,字齐物。隋观德王之后。祖正基,鲁王府谘议;父珣,永平令,得进士举,邦族高之。"按:《登科记考》卷二七《附考·进士科》作"阳珣",今以《全唐文》所载录存。

【杨辇】字公路,弘农人。进士擢第。官至华州参军。

《秦晋豫新出墓志蒐佚续编》八九四,温庭筠撰咸通二年(861)五月十二日《故华州参军杨君墓志铭并序》："杨辇,辇字公路,弘农人……公路进士擢第,吏部补华州参军,秩满复试吏部,得大学助教,未廷见而卒。"

【杨燓】字公隐,籍贯京兆,祖嗣复官至吏部尚书,父授官至刑部尚书。懿僖朝登进士科。历左拾遗,终谏议大夫。

《旧唐书》卷一七六《杨嗣复传》："杨嗣复字继之,仆射於陵子也……子损、授、技、拭、㧑,而授最贤。"

《新唐书》卷一七四《杨嗣复传》："杨嗣复字继之。父於陵……俄与李珏并拜同中书门下平章事……赠尚书左仆射,谥曰孝穆……以吏部尚书召,道岳州卒,年六十六,赠尚书左仆射,谥曰孝穆……嗣复五子,其显者:授、损。授,字得符,大中九年进士擢第,释褐从事诸侯府……召拜工部侍郎。黄巢犯京师,僖宗幸蜀,征拜户部侍郎。以母病,求散秩,改秘书监分司。车驾还,拜兵部侍郎……昭宗在华下,改刑部尚书、太子少保。卒,赠左仆射。子燓,字公隐,累擢左拾遗。昭宗初立,数游宴,上疏极谏。历户部员外郎。崔胤招朱全忠入京师,燓挈族客湖南。终谏议大夫。"按:其昭宗初已官至左拾遗,则其登第年当在懿僖朝。又按:此杨燓与杨假之子燓,非一人。

《登科记考》卷二七《附考·进士科》云杨燓及第。

【杨燓】郡望苏州,贯京兆府长安县,祖遗直位终濠州录事参军,父假太常少卿。乾宁三年(896)前后登进士科。

(五代)孙光宪《北梦琐言》卷一二《杨收不学仙》："唐相国杨收,江州人,祖为本州都押衙,父直,为兰峪主簿。生四子,发、假、收、严,皆登进士第……(杨假)以夏为义,其房子以燓为名;收以秋为义,其房子以钜、镴、鑛、鉴为名……尽有文学,登高第,号曰'修竹杨家',与静恭诸杨,比于华盛。"按:此杨燓与前杨燓(字公隐),系两人。杨镴乾宁三年登第,则燓在其前后登第。《隋唐两京坊里谱》云长安县修行坊有杨收宅,并云:"《长安志》:

'端州司马杨收宅。'《注》：'收兄发、假弟严皆显贵。'"则杨㫋籍贯应在京兆府长安县，郡望苏州。

《旧唐书》卷一七七《杨收传》："杨收字藏之，同州冯翊人……父遗直，位终濠州录事参军。家世为儒，遗直客于苏州，讲学为事，因家于吴。遗直生四子：发、假、收、严……乃加银青光禄大夫、中书侍郎、同平章事，累迁门下侍郎、刑部尚书……假，字仁之，进士擢第。故相郑覃刺华州，署为从事。从覃镇京口，得大理评事。入为监察，转侍御史。由司封郎中知杂事，转太常少卿。出为常州刺史，卒官。"

《登科记考补正》卷二七《附考·进士科》补入。按：此杨㫋与杨授之子非一人。

【杨鉴】郡望苏州，贯京兆府长安县，祖遗直位终濠州录事参军，父收官至宰相。约乾宁三年后登进士科。

（五代）孙光宪《北梦琐言》卷一二《杨收不学仙》："唐相国杨收，江州人，祖为本州都押衙，父直，为兰岘主簿。生四子，发、假、收、严，皆登进士第……（杨收）以秋为义，其房子以钜、镣、镳、鉴为名……（杨发）以春为义，其房子以枞、以乘为名……尽有文学，登高第，号曰'修竹杨家'，与静恭诸杨，比于华盛。"按：杨镣乾宁三年登第，则鉴在其后登第。《隋唐两京坊里谱》云长安县修行坊有杨收宅，则杨鉴籍贯应在京兆府长安县，郡望苏州。

《旧唐书》卷一七七《杨收传》："杨收字藏之，同州冯翊人……父遗直，位终濠州录事参军。家世为儒，遗直客于苏州，讲学为事，因家于吴。遗直生四子：发、假、收、严……乃加银青光禄大夫、中书侍郎、同平章事，累迁门下侍郎、刑部尚书……收子鉴、钜、镣，皆登进士第……"

《登科记考》卷二七《附考·进士科》云杨鉴及第。

【杨筠】洛阳人，杨汉公子。登进士科。历荆南支使。

《全唐文补遗》第六辑，杨篆撰中和三年（883）十一月二十一日《我大唐故天平军节度副大使知节度事郓曹濮等州观察处置等使银青光□（禄）□（大）夫检校户部尚书使持节郓州诸军事兼郓州刺史御史大夫上柱国弘农郡开国公食邑二千户赠司徒杨公（汉公）夫人越国太夫人韦氏（媛）墓志铭并序》："惟余零丁孤苦，残息尚存。常忝进士擢第……弟筠，进士及第，摄荆南支使。"

【杨蕴中】唐末登进士第。

（清）吴任臣《十国春秋》卷一一五《拾遗·前蜀》："杨蕴中，故唐进士也。"

胡可先《〈登科记考〉匡补续编》补入。

【杨播】凤翔天兴人，祖大宝武德初官龙门令。进士及第。玄宗召拜谏议大夫，肃宗时拜散骑常侍，号玄靖先生。

（宋）王钦若等《册府元龟》卷一三九《帝王部（一百三十九）·旌表第三》："代宗宝应元年，凤翔天兴人杨播隐居，以孝行旌表门闾。一云，播登进士第，隐居不仕，玄宗征为谏议大夫，弃官就养，以孝行祯祥表其门闾。"

《新唐书》卷一四五《杨炎传》："杨炎字公南，凤翔天兴人。曾祖大宝，武德初为龙门令，刘武周攻之，死于守，赠全节侯。祖哲，以孝行称。父播，举进士，退居求志，玄宗召拜谏议大夫,弃官归养。肃宗时,即家拜散骑常侍,号玄靖先生。"

《登科记考》卷二七《附考·进士科》录载杨播。

【杨篆】洛阳人,郓州刺史杨汉公子。登进士第。历许昌、襄州、淮南三府从事,驾部员外郎。

《全唐文补遗》第六辑,杨篆撰中和三年(883)十一月二十一日《我大唐故天平军节度副大使知节度事郓曹濮等州观察处置等使银青光□(禄)□(大)夫检校户部尚书使持节郓州诸军事兼郓州刺史御史大夫上柱国弘农郡开国公食邑二千户赠司徒杨公(汉公)夫人越国太夫人韦氏(媛)墓志铭并序》:"惟余零丁孤苦,残息尚存。常忝进士擢第。从许昌、襄州、淮南三府事,历监察、补阙、起居郎、驾部员外郎。"

【杨镳】郡望苏州,京兆府长安县人。广明元年(880)后登进士科。

(五代)孙光宪《北梦琐言》卷一二《杨收不学仙》:"唐相国杨收,江州人,祖为本州都押衙,父直,为兰岘主簿。生四子,发、假、收、严,皆登进士第……(杨收)以秋为义,其房子以钜、鳞、镳、鉴为名……(杨发)以春为义,其房子以枳、以乘为名……尽有文学,登高第,号曰'修竹杨家',与静恭诸杨,比于华盛。"按:杨钜广明元年登第,则镳应在其后登第。《隋唐两京坊里谱》云长安县修行坊有杨收宅,则杨镳籍贯应在京兆府长安县。

《登科记考补正》卷二七《附考·进士科》补入。

【杨夔】约唐末登进士科。

《全唐文》卷八六七,杨夔《歙州重筑新城记》:"天祐丁卯岁月直辛亥,有星自积水流入于舆鬼。"

《登科记考》卷二七《附考·进士科》云杨夔及第,注:"以上《永乐大典》引《宜春志》。"

【豆卢籍】河东人,父愿,子瑑官至宰相。登进士科。历右谏议大夫。

《全唐文》卷八〇六张云《复论令狐滈疏》:"大中十年十月八日敕:'右谏议大夫豆卢籍刑部郎中李邺,并以本官充夔王已下侍读。'"

《旧唐书》卷一七七《豆卢瑑传》:"豆卢瑑者,河东人。祖愿,父籍,皆以进士擢第。瑑大中十三年亦登进士科。咸通末,累迁兵部员外郎,转户部郎中知制诰,召充翰林学士,正拜中书舍人。乾符中,累迁户部侍郎、学士承旨。六年,与吏部侍郎崔沆同日拜平章事……及巢贼犯京师,从僖宗出开远门,为盗所制,乃匿于张直方之家,遇害。识者以风雷,不令之兆也。弟瓒、璨,皆进士登第,累历清要。"

《登科记考》卷二七《附考·进士科》云豆卢籍及第。

【吴少微】新安人,一说东海人。第进士。拜晋阳尉,官至右台监察御史。有文集五卷。

《旧唐书》卷一九〇中《文苑中·富嘉谟传》:"富嘉谟,雍州武功人也。举进士。长安中,累转晋阳尉,与新安吴少微友善,同官。先是,文士撰碑颂,皆以徐、庾为宗,气调渐劣。嘉谟与少微属词,皆以经典为本,时人钦慕之,文体一变,称为富吴体。嘉谟作《双龙泉颂》《千蠋谷颂》,少微撰《崇福寺钟铭》,词最高雅,作者推重……少微亦举进士,累至晋阳尉。

中兴初,调于吏部,侍郎韦嗣立称荐,拜右台监察御史。卧病,闻嘉谟死,哭而赋诗,寻亦卒。有文集五卷。"

(宋)李昉等《太平广记》卷二三五《交友·吴少微》引《御史台记》:"吴少微,东海人也。少负文华,与富嘉谟友善。少微进士及第,累授晋阳太原尉,拜御史。"

《登科记考》卷二七《附考·进士科》录载吴少微。

《宋元地方志丛书·新安志》卷六:"吴御史少微,新安人,第进士,长安中累至晋阳尉。"

弘治《徽州府志》卷七《人物文苑》:"吴少微……第进士,长安中为晋阳尉。"

【吴守明】晚唐登进士科。

(唐)齐己《白莲集》卷二《寄洛下王彝训先辈》《送吴守明先辈游蜀》。《全唐诗》卷八三九有齐己《送吴守明先辈游蜀》。按:其登第当在晚唐。

施子愉《登科记考补正》补入。

【吴延保】约光启三年后登进士科。

《全唐诗》第二十册卷六七六有郑谷《送进士吴延保及第后南游》。按:郑谷光启三年进士及第,则吴延保当在光启三年之后及第。

《登科记考》卷二七《附考·进士科》录载吴延保。

【吴植】渤海人。进士及第。历官国子博士、硖州刺史。

《全唐文补遗》千唐志斋新藏专辑,姚荆撰乾符二年(875)十月三日《唐故宋州穀熟县令渤海吴府君(邵)墓志铭》:"君讳邵,字鼎臣,渤海人也……君之父讳植,进士及第,为畿官清曹,升朝拜国子博士,后为硖州刺史。"

【岑羲】字伯华,江陵人,祖之象隋末为邯郸令。第进士。相中宗、睿宗。

《新唐书》卷一〇二《岑文本传》:"岑文本字景仁,邓州棘阳人。祖善方,后梁吏部尚书,更家江陵……孙羲。从子长倩。羲字伯华,第进士,累迁太常博士。坐伯父长倩贬郴州司法参军。迁金坛令。时弟仲翔为长洲令,仲休为溧水令,皆有治绩。宰相宗楚客语本道巡察御史:'毋遗江东三岑。'乃荐羲为氾水令。武后令宰相举为员外郎者,韦嗣立荐羲,且言惟长倩为累,久不进。后曰:'羲诚材,何诿之拘?'即拜天官员外郎。于是,坐亲废者皆得援而进矣。俄为中书舍人。中宗时,武三思用事,敬晖欲上表削诸武封王者,众畏三思,不敢为草,独羲为之,词谊劲切,由是下迁秘书少监。进吏部侍郎。时崔湜、郑愔及大理少卿李元恭分掌选,皆以贿闻,独羲劲廉,为时议嘉仰。帝崩,诏擢右散骑常侍、同中书门下三品。睿宗立,罢为陕州刺史,再迁户部尚书。景云初,复召同三品,进侍中,封南阳郡公。"

《旧唐书》卷七〇《岑文本传》:"岑文本字景仁,南阳棘阳人。祖善方,仕萧詧吏部尚书。父之象,隋末为邯郸令……文本兄文叔。文叔子长倩……长倩子羲,长安中为广武令,有能名。"

《登科记考》卷二七《附考·进士科》录载岑羲,考:"《新书》:'羲字伯华,第进士。'《旧书》作岑长倩子,《新书》作文本孙。按:当是文本子。"

【何□】一作"释普门子",岳阳人。登进士第。后为南岳寺沙门,有遗文二百篇行于世。

《全唐文》卷九一九普门子小传:"普门子,俗姓何氏,岳阳人。登进士第,后为沙门,住南岳寺。贞元八年卒,门人昙環集遗文二百篇行于世。"按:普门子事迹见咸淳《毗陵志》卷二五,然未载其登科事。

《登科记考补正》卷二七《附考·进士科》录载何□(释普门子)。

【何景山】唐末登进士第。历朗州节度使掌书记、益阳令。

(宋)周羽翀《三楚新录》卷二:"先是,前进士何景山为王逵记室,每轻忽行逢,行逢得志,命景山为益阳令。"

(清)吴任臣《十国春秋》卷七五《楚九·何景山传》:"何景山,故唐进士,少有文名。入湖南,为王逵掌书记。居恒轻周行逢为人,行逢恨之,未有以发。及据有潭州,署景山益阳县令,俄因事缚而投之江,曰:'汝常佐王逵,今逵死,且为我告龙君,勿复还也。'"按:《旧五代史》卷一一二《周太祖本纪三》注:"案《九国志·王逵传》:逵,朗州武陵人,或名进逵。"则何景山登第在唐末。

胡可先《〈登科记考〉匡补续编》补入。

【何简】庐江人。进士及第。解褐扬州高邮主簿,再授左武卫仓曹参军。

《唐代墓志汇编》天宝〇一三,天宝元年(742)七月三十日《大唐故左威卫仓曹参军庐江郡何府君(简)墓志铭并序》:"君讳简,字弘操,庐江人也。曾祖员、祖豪,考珪,不仕;皆好幽静,避世隐居。至君博学道高,温恭志肃,以进士及第,解褐扬州高邮主簿……再授左武卫仓曹参军。"按:墓志为何简妻辛氏所撰。

《登科记考补正》卷二七《附考·进士科》录载何简。

【何蠲】进士及第。

《全唐文补遗》第九辑,何蠲撰《渔父歌沧浪赋》,作者生平不详,敦煌写卷署"前进士"。按《全唐文补遗》第九辑收录该文献时注明出处为"伯二四八八号",指法国国立图书馆所藏伯希和(Pelliot)收集敦煌文献编号。

【余知古】荆州人。晚唐登进士科。

(五代)孙光宪《北梦琐言》卷四《破天荒解》:"尔来余知古、关图、常修,皆荆州之居人也。率有高文,连登上科。"

《新唐书》卷五八《艺文二》:"余知古《渚宫故事》十卷。文宗时人。"按:其登第大概在宪文间。

《登科记考》卷二七《附考·进士科》云余知古及第。

【辛怡谏】陇西人。成均进士及第。

《百门陂碑》题云"前成均进士陇西辛怡谏文"。

《登科记考》卷二七《附考·进士科》录载辛怡谏。

【沈务本】吴兴人。进士及第。官至给事中、薛王傅。

(唐)林宝《元和姓纂》卷七《吴兴沈氏》:"给事中、薛王傅沈务本,称寂孙。挺。生利宾,大理评事。利宾生忌。忌生建、迥、逵。逵,阆州刺史。"按:"忌",《吴兴志》作"志";"逵",《吴兴志》作"达"。

《登科记考补正》卷二七《附考·进士科》录载沈务本。

嘉泰《吴兴志》卷一六《贤贵事实》:"沈务本,吴兴人。务本官至给事中。子利宾,利宾子志,志子达,四世进士及第。又有沈希义,进士及第,性刚直,尝渡京口,江船欲覆,乃拔剑叱怒,风为之息。又沈颂亦进士第。"

【沈先】晚唐登进士科。

(唐)李冗《独异志》卷八:"(沈)先后果升上第,擢奏芸阁,从事三湘。"

《登科记考》卷二七《附考·进士科》录载沈先。

【沈全交】吴兴武康人。进士出身。官至京兆府泾阳县尉。

《秦晋豫新出墓志蒐佚续编》五三七,张寰撰天宝元年(742)十二月二日《唐京兆府泾阳县尉沈府君墓志铭并序》:"公讳全交,审其先,吴兴武康人也……始以进士出身,解褐右率府骑曹。"

【沈利宾】吴兴人。进士及第。官大理评事。

(唐)林宝《元和姓纂》卷七《吴兴沈氏》:"给事中、薛王傅沈务本,称寂孙。挺。生利宾,大理评事。利宾生忌。忌生建、迥、逵。逵,阆州刺史。"按:"忌",《吴兴志》作"志";"逵",《吴兴志》作"达"。

《登科记考补正》卷二七《附考·进士科》录载沈利宾。

嘉泰《吴兴志》卷一六《贤贵事实》:"沈务本,吴兴人。务本官至给事中。子利宾,利宾子志,志子达,四世进士及第。又有沈希义,进士及第,性刚直,尝渡京口,江船欲覆,乃拔剑叱怒,风为之息。又沈颂亦进士第。"

【沈希义】吴兴人。进士及第。

《登科记考补正》卷二七《附考·进士科》录载沈希义。

嘉泰《吴兴志》卷一六《贤贵事实》:"沈务本,吴兴人。务本官至给事中。子利宾,利宾子志,志子达,四世进士及第。又有沈希义,进士及第,性刚直,尝渡京口,江船欲覆,乃拔剑叱怒,风为之息。又沈颂亦进士第。"

【沈忌】一作"沈志",吴兴人。进士及第。

(唐)林宝《元和姓纂》卷七《吴兴沈氏》:"给事中、薛王傅沈务本,称寂孙。挺。生利宾,大理评事。利宾生忌。忌生建、迥、逵。逵,阆州刺史。"按:"忌",《吴兴志》作"志";"逵",《吴兴志》作"达"。

《登科记考补正》卷二七《附考·进士科》录载沈忌(沈志)。

嘉泰《吴兴志》卷一六《贤贵事实》:"沈务本,吴兴人。务本官至给事中。子利宾,利宾子志,志子达,四世进士及第。又有沈希义,进士及第,性刚直,尝渡京口,江船欲覆,乃拔剑叱怒,风为之息。又沈颂亦进士第。"

【沈既济】苏州吴人。进士及第。位终礼部员外郎,赠太子少保。

《全唐文》卷七五六,杜牧《唐故尚书吏部侍郎赠吏部尚书沈公行状》:"公曾祖某,皇任泉州司户参军。祖某，皇任婺州武义县主簿，赠屯田员外郎。父某，皇任尚书礼部员外郎，赠太子少保。公讳某，字某。明《春秋》，能文攻书，未冠知名。我烈祖司徒岐公与公先少保友善，一见公喜曰：'沈氏有子，吾无恨矣。'因以冯氏表甥女妻之。贞元末举进士。时许公孟容为给事中，权文公为礼部侍郎，时称权、许。进士中否，二公未尝不相闻于其间者。其年礼部毕事，文公诣许曰：'亦有遗恨。'曰：'为谁？'曰：'沈某一人耳。'许曰：'谁家子？某不之知。'文公因具言先少保名字，许曰：'若如此，我故人子。'后数日径诣公，且责不相见。公谢曰：'闻于丈人，或援致中第，是累丈人公举矣。某孤进，故不敢自达。'许曰：'如公者，可使我急贤诣公，不可使公因旧造我。'明年中第。文公门生七十人，时人比公为颜子。联中制策科，授太子校书鄠县尉直史馆左拾遗左补阙史馆修撰翰林学士。历尚书司门员外郎司勋兵部郎中中书舍人。"按：此中第者即沈传师，传师之父即官尚书礼部员外郎之沈既济。

（唐）林宝《元和姓纂》："婺州武义主簿沈朝宗生既济，进士，翰林学士。"

《旧唐书》卷一四九《沈传师传》："沈传师字子言，吴人。父既济，博通群籍，史笔尤工，吏部侍郎杨炎见而称之。建中初，炎为宰相，荐既济才堪史任，召拜左拾遗、史馆修撰……位终礼部员外郎。"

《新唐书》卷一三二《沈既济传》："沈既济，苏州吴人。经学该明。吏部侍郎杨炎雅善之，既执政，荐既济有良史才，召拜左拾遗、史馆修撰……位礼部员外郎，卒。撰《建中实录》，时称其能。子传师。"

《登科记考》卷二七《附考·进士科》录载沈既济。

【沈颂】吴兴人。进士及第。

《登科记考补正》卷二七《附考·进士科》录载沈颂。

嘉泰《吴兴志》卷一六《贤贵事实》："沈务本，吴兴人。务本官至给事中。子利宾，利宾子志，志子达，四世进士及第。又有沈希义，进士及第，性刚直，尝渡京口，江船欲覆，乃拔剑叱怒，风为之息。又沈颂亦进士第。"

【沈逵】一作"沈达"，吴兴人。进士及第。官至阆州刺史。

《全唐文补遗》第二辑，□逵撰贞元十六年（800）八月廿四日《唐故法云寺大德真禅师墓志铭并序》，作者署曰"前进士"。按：据志文所言"以逵属忝诸孙"，则撰者与志主当属同姓。又志文："禅师本系吴兴□氏，自汉述善侯、宋司空公，以迨于皇考鄗县令昂。"考嘉泰《吴兴志》卷一六《贤贵事实》："沈戎：《南史》：初为九江从事，说降剧贼尹良，光武封为海昏侯，辞不就。徙居会稽乌程县余不乡，遂家焉。戎后为述善侯，葬金鹅山。宋元嘉三年，戎八代孙司空庆之、吏部尚书昙庆五、兵尚书怀明、左光禄大夫孟频等奏请过江舍祖宅为寺，文帝以为述善侯有功于人，同怀其德，因以怀德名寺。"是知墓志撰者即沈逵。

（唐）林宝《元和姓纂》卷七《吴兴沈氏》："给事中、薛王傅沈务本，称寂孙。挺。生利宾，大理评事。利宾生忌。忌生建、迥、逵。逵，阆州刺史。"按："忌"，《吴兴志》作"志"；"逵"，《吴兴志》作"达"。

《登科记考补正》卷二七《附考·进士科》录载沈逵（沈达）。

嘉泰《吴兴志》卷一六《贤贵事实》："沈务本，吴兴人。务本官至给事中。子利宾，利宾子志，志子达，四世进士及第。又有沈希义，进士及第，性刚直，尝渡京口，江船欲覆，乃拔剑叱怒，风为之息。又沈颂亦进士第。"

【沈融】会稽人，进士及第。

《会稽三赋》卷上王十鹏撰《会稽风俗赋》："虞泽、孔奂、沈融、朱士明举于秀茂。"宋代周世则注："晋虞泽，余姚人；魏孔奂，山阴人；唐沈融，会稽人，并举秀才。"

《登科记考补正》卷二七《附考·进士科》补入。

嘉靖《浙江通志》卷五〇《选举志》："绍兴……唐沈融则以秀才举。"

四库本《浙江通志》卷一二三《选举一·唐·荐辟》："沈融，会稽人，举秀才。"

【宋务光】一名烈，字子昂，汾州西河人。举进士及第，神龙三年（707）贤良方正科及第。历官洛阳尉、右卫骑曹参军、监察御史、殿中侍御史，官终右台。

（宋）王溥《唐会要》卷七六《贡举中·制科举》："（神龙）二年……贤良方正科，苏晋、宋务光、寇泚、卢怡、吕恂及第。"按：文中"二年"当为"三年"。

（宋）王钦若等《册府元龟》卷六四五《贡举部（七）·科目》："（神龙）三年，材堪经邦科（张九龄、康元瑰及第），贤良方正科（苏晋、宋务光、寇泚、卢怡、吕恂及第）。"

《新唐书》卷一一八《宋务光传》："宋务光字子昂，一名烈，汾州西河人。举进士及第，调洛阳尉。迁右卫骑曹参军……俄以监察御史巡察河南道……以考最，进殿中侍御史。迁右台。"

《登科记考》卷四神龙三年（707）贤良方正科、卷二七《附考·进士科》分别录载宋务光。

【宋南容】河南人。进士及第。

《秦晋豫新出墓志蒐佚续编》六五六，大历十年（775）八月二十三日《大唐故庆王府记室张府君墓志铭并序》，署"前河南府进士宋南容撰"。

【宋维】进士及第。

《全唐诗》第二十一册卷七四九，李中《杪秋夕吟怀寄宋维先辈》："江岛穷秋木叶稀，月高何处捣寒衣。苦嗟不见登龙客，此夜悠悠一梦飞。"又同卷《春日招宋维先辈》："瓮中竹叶今朝熟，鉴里桃花昨日开。为报广寒攀桂客，莫辞相访共衔杯。"

《登科记考补正》卷二七《附考·进士科》补入。

【宋鹏举】登进士第。

《登科记考》卷二七《附考·进士科》云宋鹏举及第，见《永乐大典》引《宜春志》。

【张□】名未详。建隆元年（960）前进士及第。

建隆元年（960）《孙延郜墓志》，署"前乡贡进士张□述"。

《登科记考补正》卷二七《附考·进士科》据王补录载。

【张从申】吴人。擢进士第。官秘书省正字。

（唐）张彦远《法书要录》卷六载窦□《述书赋》："张氏四龙，名扬海内。中有季弟，功夫少对。右军风规，下笔斯在。"窦蒙注："张从申长史，文场擢第。弟从师，监察御史；从仪,灼然有才。从申志业精绝,工正行书,握管用笔,其于结字紧密,近古所无。"

（明）凌迪知《万姓统谱》卷三八"唐"："张从申,吴人,善书,世称独步。擢第,为秘书省正字。弟从师、从仪、从约皆工书,得右军风规,人谓四绝。"

《登科记考补正》卷二七《附考·进士科》录载张从申。

【张从师】吴郡人。进士及第。官至河南府法曹参军。

《全唐文》卷三九三,独孤及撰《唐故河南府法曹参军张公（从师）墓表》："有唐逸士吴郡张从师,冲和纯粹,辩博宏达,卓荦好古,傥荡逸群。言不近名,惟代耕是谋;贞不绝俗,以忘机为心。秀才高第,起家临濮县尉,历冯翊、伊阙二县主簿,乾元元年拜监察御史。御史中丞郑炅(一作"旻")之拥旄济江,辟为从事,转河南府法曹参军。凡历官五政,享年五十八……上元二年八月辛卯,终于吴郡私第。"

《登科记考》卷二七《附考·进士科》录有张从师。

【张为】登进士科。

（元）辛文房撰,傅璇琮主编《唐才子传校笺》（册四）卷一〇《张鼎》："鼎字台业,景福二年崔胶榜进士。工诗,集一卷,今行。同时……张为,闽中人,离群拔类,工诗,存一卷及著《唐诗主客图》等,并传于世。"

《登科记考》卷二七《附考·进士科》云张为及第,见《永乐大典》引《宜春志》。

【张芃】进士及第。

《全唐文》卷五一八,梁肃《送张三十昆季西上序》："恒卫大陆之间,土厚风淳,世生伟人。其大名大节之后,著于天下,唯张氏为盛。曩予得其叔季,曰芃、曰苞,始冠章甫,游翰林,盖相知矣,而未深也。间八九年,又相遇于江淮间,则叔也秀才登科,已知名于代。"

《登科记考》卷二七《附考·进士科》录有张芃。

【张忌】进士及第。

《秦晋豫新出墓志蒐佚续编》七九二,张务行撰长庆三年（823）十月四日《大唐故陇州吴山县令张府君墓志铭并序》："公讳忌,其氏也出自黄帝廿五子……公幼孝文字博精诗书,长登进士之科,翱翔金门之上。"

【张林】约昭宗前后登进士科。官至侍御史。

（五代）孙光宪《北梦琐言》卷一二《张林多戏》："唐张林,本士子,擢进士第,官至台侍御。为诗小巧……受眷于崔相昭纬。"按:张林及第应在昭宗前后。

《登科记考》卷二七《附考·进士科》云张林及第。

【张柬之】字孟将,襄州襄阳人。进士擢第,永昌元年（689）贤良方正第一。历监察御史、司刑少卿,封汉阳郡王,加授特进。

《全唐文》卷一七五张柬之小传："柬之,字孟将,襄州襄阳人。少补太学生,第进士,累补青城丞,永昌元年以贤良征,时年七十余矣。试策第一,擢拜监察御史,神功初累拜荆州大都督府长史。长安中召还,狄仁杰荐为司刑少卿,迁秋官侍郎,寻同凤阁鸾台平章事,迁凤阁侍郎。中宗即位,以诛张易之昌宗功擢拜天官尚书凤阁鸾台三品,封汉阳郡公,迁中书令,监修国史,进封汉阳郡王,加特进,令罢知政事,授襄州刺史,寻为武三思所构,贬新州司马,愤恚卒,年八十二。景云元年赠中书令,谥曰文贞,建中初又赠司徒。"

(唐)杜牧《樊川文集》卷一二《上宣州高大夫书》:"汉阳王张公柬之,亦进士也,年八十为相,驱致四王,手提社稷,上还中宗。"

《旧唐书》卷九一《张柬之传》:"张柬之字孟将,襄州襄阳人也。少补太学生,涉猎经史,尤好《三礼》,国子祭酒令狐德棻甚重之。进士擢第,累补青城丞。永昌元年,以贤良征试,同时策者千余人,柬之独为当时第一,擢拜监察御史。圣历初,累迁凤阁舍人。神功初,出为合州刺史,寻转蜀州刺史……后累拜荆州大都督府长史。长安中,召为司刑少卿,迁秋官侍郎。时夏官尚书姚崇为灵武军使,将行,则天令举外司堪为宰相者。崇对曰:'张柬之沉厚有谋,能断大事,且其人年老,惟陛下急用之。'则天登时召见,寻同凤阁鸾台平章事。未几,迁凤阁侍郎,仍知政事。及诛张易之兄弟,柬之首谋其事。中宗即位,以功拜天官尚书、凤阁鸾台三品,封汉阳郡公,食实封五百户。未几,迁中书令。监修国史。月余,进封汉阳郡王,加授特进,令罢知政事。"

(宋)李昉等《文苑英华》卷四八二《策六·方正》之《贤良方正策七道》下有张柬之策文。

(宋)王应麟《玉海》卷一一五《选举·唐制举》:"张柬之,永昌元年贤良第一,时对策者千余。"

(宋)潘自牧《记纂渊海》卷三七《科举部·贤良科》:"张柬之以贤良召对,时年七十,对策者千余,柬之为第一。"

【张咸】进士科登第。

《登科记考》卷二七《附考·进士科》云张咸及第,见《永乐大典》引《宜春志》。

【张庭珪】一作"张廷珪",字温玉,曾祖惠湛官陈宣猛将军、散骑常侍、永嘉郡太守;祖子爽官唐朝巴州曾口县令、尚食奉御。进士及第,仪凤二年(677)贤良方正科及第。历冀氏、白水、伊阙三县尉,中书舍人、礼部侍郎、尚书左丞,卒赠工部尚书,谥号贞穆。

《全唐文补遗》第五辑,徐浩撰天宝五载(746)二月十四日《唐故赠工部尚书张公(庭珪)墓志铭并序》:"惟开元廿二载秋八月十九日,金紫光禄大夫、太子詹事致仕、上柱国、范阳县开国子张公薨于河南大同里第,春秋七十有七。优诏追赠工部尚书,赐绢布各百段,米粟各百石,有司谥行曰贞穆……公讳庭珪,字温玉,范阳方城人……曾祖讳惠湛,陈宣猛将军、散骑常侍、永嘉郡太守。祖讳子爽,皇朝巴州曾口县令、尚食奉御。考讳孝昊,并州乐平、荆州公安二县令……弱冠,制举贤良射策第二等。历冀氏、白水、伊阙三县尉,右台监察殿中、左台侍御史。再为起居,一为吏部员外、中书舍人、礼部侍郎、尚书左丞、黄门侍郎、少府监,持节颍、洪、沔、苏、宋、魏、汴、饶、同等州刺史,前后充河北宣劳、江西按察、河南沟渠等三使,进阶金紫光禄大夫,策勋上柱国,封范阳县子,太子詹事致仕。凡任官廿四。三执宪简,再案史笔。四登丹地,三入粉闱。一司内府,九典外郡。"按其卒于开元二十二年(734)、享年七十七推之,其弱冠在仪凤二年(677)。

《旧唐书》卷一〇一《张廷珪传》:"张廷珪,河南济源人,其先自常州徙焉。庭珪少以文学知名,性慷慨,有志尚。弱冠应制举。长安中,累迁监察御史……景龙末,为中书舍人,再转洪州都督,仍为江南西道按察使。开元初,入为礼部侍郎……出为沔州刺史,又历苏、宋、魏三州刺史。入为少府监,加金紫光禄大夫,封范阳男。四迁太子詹事,以老疾致仕。二十二年卒,年七十余,赠工部尚书,谥曰贞穆。"

《新唐书》卷一一八《张廷珪传》:"张廷珪,河南济源人。慷慨有志尚。第进士,补白水尉。举制科异等。累迁监察御史,按劾平直……入为少府监,封范阳县男。以太子詹事致仕。卒,赠工部尚书,谥贞穆。"

《登科科考》卷二七《附考·进士科》录载张廷珪。

【张济美】洛阳人,祖君卿累历郡守,父裼官至京兆尹。约在乾符二年(875)后登进士科。官至宰辅丞郎。

《旧唐书》卷一七八《张裼传》:"张裼字公表,河间人。父君卿,元和中举进士,词学知名,累历郡守。裼,会昌四年进士擢第……迁吏部侍郎、京兆尹。乾符三年……子文蔚、济美、贻宪。"

(五代)孙光宪《北梦琐言》卷一二《张氏子教壁鱼》:"唐张裼尚书有五子,文蔚、彝宪、济美、仁龟皆有名第,至宰辅丞郎。"

《旧五代史》卷一八《张文蔚传》:"张文蔚,字右华,河间人也。父裼,唐僖宗朝,累为显官……(文蔚)唐乾符初,登进士第,时丞相裴坦兼判盐铁,解褐署巡官。"

《登科记考》卷二七《附考·进士科》云张济美及第。

【张凑】范阳人,曾祖通官隋掖县令,祖孝明官朝请大夫、齐州长史,父昂官安定令。进士及第。历官朝邑尉、龙门丞、三水令、丰州司马,终官播州罗蒙丞。

《全唐文补遗》第六辑,开元九年(721)十月一日《故丰州司马张公(凑)墓志铭并序》:"公讳凑,范阳人也……隋掖县令通,生朝请大夫齐州长史孝明,孝明生安定令昂,昂生公。公少而强学,有老成人之风,为州里所重。应茂才甲科,有司籍奏,署朝邑尉,调补龙门丞。幽俗不理,傍询异政。拜公三水令。下车则弘以信让,示之好恶,阖境欢然,从化如归矣。秩终,拜丰州司马……在丰未几,坐公事左迁播州罗蒙丞。"按:据墓志,张凑卒年五十七,其"应茂才甲科",当为进士及第。又按:"掖县"当为"掖县"。

《登科记考补正》卷二七《附考·进士科》录载张凑。

【张盖】河南告人,祖全官隋骠骑将军,父君宽官唐右领军郎将。进士及第,未仕。子楚璋,官至忻州定襄县令。

《唐代墓志汇编》开元二八四张杲撰开元十七年(729)二月二十四日《□□议郎前行忻州定襄县令上柱国张府君(楚璋)墓志铭并序》:"□讳楚璋,字楚璋,其先南阳向人也……今为河南告人也……曾门全,隋骠骑将军;大祖君宽,皇右领军郎将;烈孝盖,茂才擢第,纵诞不仕。"按:"烈孝",似应作"烈考"。

《登科记考补正》卷二七《附考·进士科》录载张盖。

【张憛】成均监擢第进士。垂拱四年(688)时官幽州都督府安次县尉。

《全唐文补遗》第七辑,张憛撰垂拱四年(688)四月八日《大唐幽州安次县隆福寺长明灯楼之颂》,署名"前成均监擢第进士、幽州都督府安次县尉张憛文"。按:唐代有同名明经擢第者,别是一人。

《登科记考补正》卷二七《附考·进士科》录载张愃。

【张鷟】进士及第。

《秦晋豫新出墓志蒐佚续编》七七二,元和十一年(816)十月十五日《唐监察御史里行太原郭公妻弘农杨夫人墓志铭并序》,署名"前乡贡进士张鷟充庭撰"。

【陆余庆】苏州吴县人,元方从叔,璪父。进士及第,举制策甲科。官至太子詹事。

《旧唐书》卷八八《陆元方传》:"陆元方,苏州吴县人。世为著姓……元方从叔余庆,陈右军将军瑜孙也。少与知名之士陈子昂、宋之问、卢藏用,道士司马承祯,道人法成等交游,虽才学不逮子昂等,而风流强辩过之。累迁中书舍人。则天尝引入草诏,余庆惶惑,至晚竟不能措一辞,责授左司郎中。累除大理卿、散骑常侍、太子詹事。以老疾致仕,寻卒。"

(宋)李昉等《太平广记》卷三二八《鬼十三·陆余庆》引《御史台记》:"陆余庆,吴郡人,进士擢第。累授长城尉,拜员外监察。久视中,迁凤阁舍人,历陕州刺史洛州长史大理寺少府监。主睿宗辒车不精,出授沂州刺史。"按:两《唐书》未载余庆及进士第一事,所述任职亦多有不一,录此俟考。

《新唐书》卷一一六《陆元方传》:"陆元方字希仲,苏州吴人……元方从父余庆。余庆,陈右卫将军瑜孙,方雅有祖风……举制策甲科,补萧尉。累迁阳城尉。武后封嵩山,以办具劳,擢监察御史。圣历初,灵、胜二州党项诱北胡寇边,诏余庆招慰,喻以恩信,蕃酋率众内附。迁殿中侍御史、凤阁舍人。后尝命草诏殿上,恐惧不能得一词,降左司郎中。久之,封广平郡公、太子右庶子。余庆于寒品晚进,必悉力荐藉。人有过,辄面折,退无一言。开元初,为河南、河北宣抚使,荐富春孙逖、京兆韦述、吴兴蒋洌、河南达奚珣,后皆为知名士。迁大理卿。终太子詹事,谥曰庄。子璪,字仲采。举明经,补长安尉,以清干称。"

《登科记考》卷二七《附考·进士科》、同卷《附考·制科》分别录载陆余庆。

【陆翱】字楚臣。约在文宣朝登进士科。

(五代)刘崇远《金华子杂编》卷上:"陆翱,字楚臣,进士擢第……及第累年,无闻入召,一游东诸侯……长子希声,好学多艺,勤于读史,非寝食未尝释卷。中朝诸侯子弟好读史者,无及希声。昭宗朝登庸,辞疾不就。"

(宋)王谠撰,周勋初校证《唐语林校证》卷二《文学》:"陆翱为诗有情思……登第累年,无辟召,一游东诸侯,得钱仅百万,而卒于江南。长子希声,好学多才艺,勤于读史,非寝食未尝释卷,中朝子弟好读史者无及。昭宗时为相。"

《登科记考》卷二七《附考·进士科》云陆翱及第。按:昭宗登庸,陆翱子希声不就,则陆翱登第应在文宣朝。

【陈光】梓州射洪人,父子昂官至拾遗。进士及第。官至膳部郎中、商州刺史。

《全唐文》卷七三二,赵儋撰《大唐剑南东川节度观察处置等使户部尚书兼御史大夫梓州刺史鲜于公为拾遗陈公建旌德之碑》:"公讳子昂,字伯玉,梓州射洪人也……有子二人,并进士及第,长曰光,官至膳部郎中,商州刺史。仲曰斐,历河东、蓝田、长安三尉。"按:《赵儋小传》:"儋,长庆中为鄜坊节度使。"

《登科记考补正》卷二七《附考·进士科》录载陈光。

【陈齐卿】父承德官阴平郡别驾。登进士第,再判高等。自监察御史终太常博士。

《唐代墓志汇编》开成〇一五开成三年(838)四月廿三日《唐故处士颍川陈府君(汭)墓志铭并序》:"府□讳汭……曾祖承德,皇登进士科阴平郡别驾,祖齐卿,继升进士,再判高等,自监察御史终太常博士;先考讳位。"

刘汉忠《〈登科记考〉摭遗》补入。

【陈希烈】颍川人,祖官许州刺史,父谨赠工部尚书。进士及第。官至左相兼兵部尚书。

《全唐文补遗》第七辑,永泰三年(767)七月十三日《大唐故左相兼兵部尚书集贤院弘文馆学士崇玄馆大学士上柱国许国公陈府君(希烈)墓志》:"公讳希烈,字子明,颍川人也……曾祖冲用,皇陈州刺史。祖,许州刺史。父谨,皇赠工部尚书……公发迹进士擢第,历官廿正,从仕五十年。"

(宋)李昉等《太平广记》卷一七〇《知人二·薛季昶》引《定命录》:"左相陈希烈初进士及第,曾与人制碑文。其人则天时破家,因搜家资,见其文,以为与反者通,所由便以枷杖送陈于府,见河南尹薛季昶,陈神色无惧,自辩其事百余言。薛尹观而奇之,便引上厅。谓之曰:'公当位极台铉,老夫当以子孙见托耳。'后陈位果至丞相。"

《登科记考》卷二七《附考·进士科》录载陈希烈。

【陈季卿】江南人。进士及第。

(宋)李昉等《太平广记》卷七四《道术四·陈季卿》引《纂异记》:"陈季卿者,家于江南,词家十年,举进士,志不能无成归……后年季卿成名。"

《登科记考》卷二七《附考·进士科》录载陈季卿。

【陈岳】新淦人。唐末登第。累官南昌观察判官。

《新唐书》卷五七《艺文一》:"陈岳《折衷春秋》三十卷。唐末钟传江西从事。"

嘉靖《临江府志》卷五《选举表第六·科第》:陈岳及第。同书卷六《人物志七》:"陈岳,新淦人,累官南昌观察判官,著唐书统纪一百卷。"

【陈承德】登进士第。官阴平郡别驾。子齐卿官至太常博士。

《唐代墓志汇编》开成〇一五,开成三年(838)四月廿三日《唐故处士颍川陈府君(汭)墓志铭并序》:"府□讳汭……曾祖承德,皇登进士科阴平郡别驾,祖齐卿,继升进士,再判高等,自监察御史终太常博士;先考讳位。"

刘汉忠《〈登科记考〉摭遗》补入。

【陈庶】颍川郡人。进士及第。官大理司直,赠库部郎中。

《大唐西市博物馆藏墓志》四六〇,冯涓撰《唐故前河东节度副使朝散大夫检校尚书屯田郎中兼侍御史柱国赐紫金鱼袋陈公府君墓志》:"公讳鲂,字中远,其先颍川郡人也……皇考讳庶,登进士甲科,文名巧思,冠绝当世。位大理司直,赠库部郎中。"

【陈斐】梓州射洪人,父子昂官至拾遗。进士及第。历官河东、蓝田、长安三尉。

《全唐文》卷七三二,赵儋撰《大唐剑南东川节度观察处置等使户部尚书兼御史大夫梓州刺史鲜于公为拾遗陈公建旌德之碑》："公讳子昂,字伯玉,梓州射洪人也……有子二人,并进士及第,长曰光,官至膳部郎中,商州刺史。仲曰斐,历河东、蓝田、长安三尉。"按:《赵儋小传》："儋,长庆中为郦坊节度使。"

《登科记考补正》卷二七《附考·进士科》录载陈斐。

【陈渤】浔阳人。龙纪以后登进士科。

《全唐文》卷八八八,徐锴《陈氏书堂记》："浔阳庐山之阳,有陈氏书楼……子弟之秀者,弱冠以上皆就学焉。自龙纪以降,崇之子蜕、从子渤、族子乘登进士第。"

《登科记考》卷二七《附考·进士科》补入陈渤。

【陈蜕】浔阳人。龙纪以后登进士科。

《全唐文》卷八八八,徐锴《陈氏书堂记》："浔阳庐山之阳,有陈氏书楼……子弟之秀者,弱冠以上皆就学焉。自龙纪以降,崇之子蜕、从子渤、族子乘,登进士第。"

《登科记考》卷二七《附考·进士科》云陈蜕及第。

【陈樵】约乾宁二年(895)前进士及第。

《全唐文》卷八二四,黄滔《工部陆侍郎启》："比者先辈陈樵,早同砚席,曾将姓字,虔为启闻。"

(五代)王定保《唐摭言》卷一《述进士下篇》："得第谓之'前进士',互相推敬谓之'先辈'。"又见《登科记考》凡例和附录,又见傅璇琮著《唐代科举与文学》,又见程千帆著《唐代进士行卷与文学》。由此可见,陈樵曾进士及第。据《全唐文》和《登科记考》,黄滔于乾宁二年进士及第,其既称陈樵为先辈,则陈樵及第应在黄滔之前,原书阙,应增入。

黄震云《〈登科记考〉甄补》已补入。

【陈嶠】约晚唐登进士科。

《登科记考》卷二七《附考·进士科》云陈嶠及第,见《永乐大典》引《宜春志》。

四库本《福建通志》卷六二《古迹·福州》:唐"大理司直陈嶠墓"。

【陈曙】蜀人。唐末举进士。

(明)陈霆《唐余纪传》卷一六："陈曙,蜀人,尝举进士,唐末避地淮南。"

《登科记考补正》卷二七《附考·进士科》补入。

【邵炅】一作"邵景",字炅,安阳邺人,父处珣官扬州大都督府江杨县尉。进士及第。初授蒲州汾阴县尉,又改汴州浚仪尉。官终朝请大夫行尚书考功员外郎。

《全唐文》卷三一三孙逖撰《宋州司马先府君墓志铭》："府君讳嘉之,字某,魏郡武水人也……久视初,预拔萃,与邵炅齐瀚同升甲科。"

《全唐文补遗》千唐志斋新藏专辑,姚重眦撰开元十五年(727)正月十二日《唐故朝请大夫行尚书考功员外郎上柱国魏郡安阳邵府君(炅)墓志铭并序》："公讳炅,字炅,安阳邺人也……初,以乡赋进士擢第。居无何,制授蒲州汾阴县尉,又改汴州浚仪尉……越开元四年五月廿二日,春秋卌有九,遇疾终于京兆万年县道政里之私第。"

《全唐文补遗》千唐志斋新藏专辑录有刘澄澜撰开元十五年(727)正月十二日《大唐故扬州大都督府江杨县尉邵府君(处珣)夫人钜鹿郡魏氏墓志铭并序》,云邵处珣、魏氏夫妇育有二子:邵升、邵炅。可证《元和姓纂》所云邵升、邵炅系昆弟而非同一人之说。

《登科记考》卷二七《附考·进士科》录载邵景,《登科记考补正》卷二七《附考·进士科》录载邵炅(邵景),考:原作"邵景",徐氏考:"《太平广记》引《御史台记》:'邵景,安阳人,擢第,授汾阴尉。'"赵校:"岑仲勉:此即卷四大足元年拔萃科之邵炅,'景'乃避宋讳改。见《订补》。"今从岑补。

【邵锡】约在文宣间登进士科。

《全唐诗》第二十三册卷八一三有无可《送邵锡及第归湖州》。(明)董斯张《吴兴备志》卷一八《选举征第十四》:"锡吴兴人,僧无可有《送邵锡及第归湖州》诗。"按:僧无可活跃在大中间,邵锡大约在文宣间及第。

《登科记考》卷二七《附考·进士科》云邵锡及第。

【武公素】字受采,沛人。进士及第。官至登仕郎守太府寺主簿。

《墓志秦晋豫新出墓志蒐佚》七一〇,武缙撰长庆三年(823)十月十三日《唐故登仕郎守太府寺主簿赐绯鱼袋武君墓志铭并序》:"君名公素,字受采,其先沛人也……冠年举进士。"

【武言】沛人,父公素。进士及第。

《墓志秦晋豫新出墓志蒐佚》七一〇,武缙撰长庆三年(823)十月十三日《唐故登仕郎守太府寺主簿赐绯鱼袋武君墓志铭并序》:"君名公素,字受采,其先沛人也……冠年举进士。"按:据墓志,公素三子:次曰言,举进士。

【武唐珪】登进士科。

《登科记考》卷二七《附考·进士科》云武唐珪及第,见《永乐大典》引《宜春志》。

【苗龁】约在中晚唐登进士科。历江州刺史。

(唐)阙名《玉泉子》:"苗龁以进士及第,困居洛中有年矣,不堪其穷……终江州刺史。"按:(唐)阙名《玉泉子》成书于中晚唐,则苗耽及第应在中晚唐,兹暂附此处。

《登科记考》卷二七《附考·进士科》录载苗龁。

【苗缵】父粲官至给事中。约在中晚唐登进士科。

(宋)李昉等《太平广记》卷一八〇《贡举三·苗缵》引《嘉话录》:"苗粲子缵应举,而粲以中风语涩,而心绪至切,临试,又疾亟。缵乃为状,请许入试否。粲犹能把笔,淡墨为书:'入,入!'其父子之情切如此。其年,缵及第。"

(宋)王谠撰,周勋初校证《唐语林校证》卷四《企羡》:"苗给事子缵应举次,而给事以中风语涩,而心至中切。临试,又疾亟。缵乃为状,请许入试否。给事犹能把笔,淡墨为书,曰:'入!'其父子之情切如此。其年缵及第。"

《登科记考》卷二七《附考·进士科》录载苗缵。

【范传礼】进士及第。

《秦晋豫新出墓志蒐佚》七〇三,姚勖撰长庆二年(822)五月十二日《唐故监察御史里行顺阳范府君墓铭并序》:"公讳传楚……公之家以文继业多显官,从父昆弟登进士科者四,伯兄传庆牧涪、利二郡,仲兄传礼举进士早世。"按:据志文,范传楚昆弟四人登进士科,随即举传庆、传礼为例,则传庆兄弟二人当为进士出身。

【范传庆】进士及第。官涪州、利州刺史。

《秦晋豫新出墓志蒐佚》七〇三,姚勖撰长庆二年(822)五月十二日《唐故监察御史里行顺阳范府君墓铭并序》:"公讳传楚……公之家以文继业多显官,从父昆弟登进士科者四,伯兄传庆牧涪、利二郡,仲兄传礼举进士早世。"按:据志文,范传楚昆弟四人登进士科,随即举传庆、传礼为例,则传庆兄弟二人当为进士出身。

【范履冰】怀州河内人。进士登第。历鸾台、天官二侍郎,迁春官尚书、同凤阁鸾台平章事,兼修国史。

(五代)王定保《唐摭言》卷一《两监》:"开元已前,进士不由两监者,深以为耻……又郭代公、崔湜、范履冰辈,皆由太学登科。"按:范履冰即范仲淹之远祖,见富弼撰《范仲淹墓志》。

《旧唐书》卷一九〇中《文苑中·范履冰传》:"范履冰者,怀州河内人。自周王府户曹召入禁中,凡二十余年。垂拱中,历鸾台、天官二侍郎。寻迁春官尚书、同凤阁鸾台平章事,兼修国史。载初元年,坐尝举犯逆者被杀。"

《登科记考》卷二七《附考·进士科》录载范履冰。

【林贲】进士及第。官左神武胄曹。

(唐)林宝《元和姓纂》卷五《林氏》:"(北齐散骑侍郎)胜。胜生昙。昙生通。通生登,唐清苑、博野二令,以二子官居高陆,入关居三源县,生游楚、游艺、游道、游真。游楚自万泉令应燮理阴阳科第二等,擢夏官郎中,出凤、陈、鄜三州刺史,生希邱、希望、希礼。希邱,定平丞,生肃、琨。肃,延安主簿,生少良、伯成、季随、贾。伯成,偃师尉。琨,司驾员外、知制诰,生礼,膳部左侍郎中、谏议大夫、中都男、赠兵部侍郎、工部尚书;生贲、贽、贵、宝。贲,左神武胄曹。贽,崇文校书,并举进士。"

《登科记考》卷二七《附考·进士科》录载林贲。

【林贽】进士及第。官崇文校书。

(唐)林宝《元和姓纂》卷五《林氏》:"(北齐散骑侍郎)胜。胜生昙。昙生通。通生登,唐清苑、博野二令,以二子官居高陆,入关居三源县,生游楚、游艺、游道、游真。游楚自万泉令应燮理阴阳科第二等,擢夏官郎中,出凤、陈、鄜三州刺史,生希邱、希望、希礼。希邱,定平丞,生肃、琨。肃,延安主簿,生少良、伯成、季随、贾。伯成,偃师尉。琨,司驾员外、知制诰,生礼,膳部左侍郎中、谏议大夫、中都男、赠兵部侍郎、工部尚书;生贲、贽、贵、宝。贲,左神武胄曹。贽,崇文校书,并举进士。"

《登科记考》卷二七《附考·进士科》录载林贽。

【林宽】晚唐登进士科。

《全唐诗》第二十一册卷七〇四,黄滔《寄林宽》:"相知四十年,故国与长安。俱喜今辰在,休论往岁难。海鸣秋日黑,山直夏风寒。终始前儒道,升沉尽一般。"

《全唐诗》第二十一册卷七〇五,黄滔《送林宽下第东归》:"为君惆怅惜离京,年少无人有屈名。积雪未开移发日,鸣蝉初急说来程。楚天去路过飞雁,灞岸归尘触锁城。又得新诗几章别,烟村竹径海涛声。"

《全唐诗》第十八册卷六〇六有林宽《献同年孔郎中》诗,则宽应进士及第。

《登科记考》卷二七《附考·进士科》云林宽及第。

【欧阳薰】登进士科。

《登科记考》卷二七《附考·进士科》云欧阳薰及第,见《永乐大典》引《宜春志》。

【易廷桢】进士科登第。

《登科记考》卷二七《附考·进士科》云易廷桢及第,见《永乐大典》引《宜春志》。

【易偲】一作"易思"。约咸通前后登进士科。

《登科记考》卷二七《附考·进士科》云易偲及第,注:"以上《永乐大典》引《宜春志》。"《全唐诗》卷七七五作"易思"。

【和逢尧】岐州岐山人。进士及第。官至御史中丞摄鸿胪卿。

《新唐书》卷一二三《和逢尧传》:"和逢尧,岐州岐山人。武后时,负鼎诣阙下上书,自言愿助天子和饪百度。有司让曰:'昔桀不道,伊尹负鼎于汤;今天子圣明,百司以和,尚何所调?'逢尧不能答,流庄州。十余年,乃举进士高第,累擢监察御史。突厥默啜请尚公主,逢尧以御史中丞摄鸿胪卿,报可……逢尧以使有指,擢户部侍郎。坐善太平公主,斥朗州司马,终柘州刺史。"

《登科记考》卷二七《附考·进士科》录载和逢尧。

【金可纪】一作"金可记",新罗人。约晚唐登进士科。

《全唐诗》第十五册卷五〇六章孝标《送金可纪归新罗》诗:"登唐科第语唐音,望日初生忆故林。鲛室夜眠阴火冷,蜃楼朝泊晓霞深。风高一叶飞鱼背,潮净三山出海心。想把文章合夷乐,蟠桃花里醉人参。"

(宋)李昉等《太平广记》卷五三《神仙五十三·金可记》引《续仙传》:"金可记,新罗人也,宾贡进士……博学强记,属文清丽。美姿容,举动言谈,迥有中华之风。俄擢第。"按:《全唐诗逸》"记"作"纪"。

朝鲜赵在三《松南杂识·科举》"东人唐第"条云:"唐长庆初,有金云卿者,始以新罗宾贡。又金夷鱼、金可纪、崔致远、朴仁范、金渥皆登唐第。"

【金夷鱼】一作"金夷吾",新罗人。约僖宗朝登进士科。

《全唐诗》第十九册卷六三八,张乔《送宾贡金夷吾奉使归本国诗》:"渡海登仙籍。"按:其当已登第。

《登科记考》卷二七《附考·进士科》云金夷吾及第。《登科记考》、《登科记考补正》卷二七《附考·进士科》均作"金夷吾"。据朝鲜赵在三《松南杂识·科举》"东人唐第"条云:"唐长庆初,有金云卿者,始以新罗宾贡。又金夷鱼、金可纪、崔致远、朴仁范、金渥皆登唐第。"(参见刘海锋《科举考试的教育视角》)则"金夷鱼"为是。据(宋)李昉等《文苑英华》卷二九七《诗·行迈九》有张乔《送金夷鱼奉使归本国(一作"吴")》,(明)高棅《唐诗品汇》卷六九《五言律诗·十四余响》有张乔《送金夷鱼奉使归本国》,(明)曹学佺编《石仓历代诗选》卷八七《晚唐十四》有张乔《送宾贡金夷吾奉使归本国》,《全唐诗》卷六三八有张乔《送金夷吾奉使归本国》。按：徐松《登科记考》以较晚的《全唐诗》作为依据，不妥，应以《文苑英华》和朝鲜《松南杂识》为确。关于金夷鱼的登第时间，史书没有确切记载，但张乔生活的时代大致可考。据（五代）王定保《唐摭言》卷一〇《海叙不遇》："张乔，池州九华人也，诗句清雅，复无与伦。咸通末，京兆府解，李建州时为京兆参军主试，同时有许棠与乔，及俞坦之、剧燕、任涛、吴罕、张蠙、周繇、郑谷、李栖远、温宪、李昌符，谓之十哲。"则张乔写这首诗的时间大致在僖宗朝，金夷鱼进士及第当在此期间。

【金渥】新罗人。约晚唐登进士科。

朝鲜赵在三《松南杂识·科举》"东人唐第"条云："唐长庆初，有金云卿者，始以新罗宾贡。又金夷鱼、金可纪、崔致远、朴仁范、金渥皆登唐第。"

【周允元】豫州人。弱冠举进士。历官左肃政御史中丞、凤阁鸾台平章事，赠贝州刺史。

《旧唐书》卷九〇《豆卢钦望传》附周允元传："周允元者，豫州人也。弱冠举进士。延载初，累转左肃政御史中丞，俄除凤阁鸾台平章事。尝与诸宰臣侍宴，则天令各述书传中善言。允元曰：'耻其君不如尧、舜。'武三思以为语有指斥，纠而驳之。则天曰：'闻此言足以为诫，岂特将为过耶？'证圣元年卒，赠贝州刺史。则天为七言诗以伤之，又自缮写，时以为荣。"

《登科记考》卷二七《附考·进士科》录载周允元。

【周确】进士科登第。

《登科记考》卷二七《附考·进士科》云周确及第，见《永乐大典》引《宜春志》。

【郑邻】荥阳人，郑亚之祖。进士及第。

《旧唐书》卷一七八《郑畋传》："郑畋字台文，荥阳人也。曾祖邻、祖穆、父亚，并登进士第。"

《登科记考》卷二七《附考·进士科》录载郑邻。

【郑旷】荥阳人。进士及第。官至滁州刺史。

《全唐文》卷六七九，白居易撰《故滁州刺史赠刑部尚书荥阳郑公墓志铭并序》："公讳某，字某。五代祖讳某，北齐尚书令，是为平简公；曾祖讳某，下邳郡太守；王父讳某，卫州刺史；王考讳某，秘书郎，赠郑州刺史。公即秘书第三子。好学攻词赋，进士中第，判入高等。始授郾城尉……长子云逵，有才名，官至刑部侍郎京兆尹。"

《新唐书》卷一六一《郑云逵传》："郑云逵，系本荥阳。父旷，为郾城尉……终滁州刺史。"

《登科记考》卷二七《附考·进士科》作"郑□"，《登科记考补正》卷二七《附考·进士科》录为"郑旷"。

【郑临】荥阳人。进士及第。官京兆府周至令。

《秦晋豫新出墓志蒐佚续编》九三八，崔证撰咸通十五年（874）十二月十六日《唐故阳武县尉荥阳郑府君墓志铭并序》："府君讳无倦，字知进。其先本姬姓，荥阳人也……祖讳临，进士及第，判入等，皇京兆府周至令。"

【郑亮】任丘人。进士及第。

光绪《畿辅通志》卷三四《选举·唐·进士·附录》:"郑亮,任丘人。"

【郑泰】任丘人,进士及第。

光绪《畿辅通志》卷三四《选举·唐·进士·附录》:"郑泰,任丘人。"

【郑班】唐末进士及第。

(宋)计有功《唐诗纪事》卷五〇《郑薰》:"郑谷有《故少师从翁隐岩别业乱后榛芜感旧怆怀》之作,即薰也。诗:'……骑驴入室宾。(注:咸通中,举子乘马,唯张乔跨驴,延于门下。)……犹喜于门秀,年来屈并伸。(注:班即孤卿侄孙,登进士科级也。)'"按:孤卿盖指郑薰,班约在唐末登第。

【郑起潜】进士及第。累官中书舍人,转直学士权兵部尚书。

嘉靖《赣州府志》卷七《秋官》:"郑起潜……进士……笃志力学,累官中书舍人,转直学士权兵部尚书。"

【郑偊】荥阳人。进士及第。曾官安邑县尉。

《秦晋豫新出墓志蒐佚续编》七一五,郑元简撰贞元十五年(799)十一月九日《故京兆府功曹李公墓志文并序》:"夫人荥阳郑氏,即皇陕州平陆主簿成之女也。兄琬,见任昭义令。兄倕,见任解县尉。弟偊,秀才登科,前安邑县尉。"按:此云"秀才登科",当为进士及第。

【郑愔】字文靖,荥阳人,一说沧州人。年十七进士及第,授桃林丞。又举贤良,擢授左补阙,官至吏部尚书。

(宋)乐史《太平寰宇记》卷九《河南道·郑州·人物》:"郑愔,荥阳人。年十七,进士及第。中宗朝弘文馆学士。"

(宋)王钦若等《册府元龟》卷六五〇《贡举部(十二)·应举》:"郑愔,常以言行闻,转桃林丞。又举贤良,玄宗时在春宫,亲问国政,愔对策第一,擢授左补阙,寻判主爵员外郎。"

(宋)计有功《唐诗纪事》卷一一《郑愔传》:"愔,字文靖,年十七,进士擢第。神龙中为中书舍人。"

《登科记考补正》卷二七《附考·进士科》、同卷《附考·制科》分别录载郑愔。

光绪《畿辅通志》卷三四《选举·唐·进士》:"武后时,郑愔,沧州人,年十七成进士,吏部尚书。"

【郑楚相】字叔敖,郑州荥阳人,祖敬宾官梓州通泉丞,父琨官冀州南宫尉。进士及第。官至同州澄城县令。

《全唐文》卷五一五,陈京撰《大唐同州澄城县令郑公(叔敖)德政碑并序》:"由是贞元十一年秋闰八月十七日辛巳诏谕铭纪左冯翊澄城令郑楚相功德于其理所之南门也……公字叔敖,郑州荥阳人。高祖元胄,皇朝散大夫祠部郎中;曾祖慈力,皇朝议大夫蔡州刺史;祖敬宾,梓州通泉丞;烈考琨,冀州南宫尉……(楚相)遂以幅巾诸生,修刺先进;醇粹流藻,馨香立言。德成敢雄,籍奏用申。擢秀才第东观校书郎,劳谒者于遗编,勉训士以主簿。

爱仙家于早岁,安猴氏以弥年。秩满从调,判及殊绩,授长安尉,而至于宰是邑也。"按:楚相"擢秀才第",当为进士出身。

《登科记考》卷二七《附考·进士科》录载郑楚相。

【郑辟】唐代进士登科。

正德《姑苏志》卷五《科第表上》云郑辟进士及第。

【郑潜】字无闷,京兆府人,祖珣瑜官至宰相,兄覃官至宰相。穆敬朝登进士甲科。

《旧唐书》卷一七三《郑覃传》:"郑覃,故相珣瑜之子……(大和九年)以本官同平章事……会昌二年,守司徒致仕,卒……覃弟朗、潜……潜,字无闷,亦登进士第。"按:潜大致在穆敬朝进士及第。

《登科记考》卷二七《附考·进士科》录载郑潜。

【郑穆】荥阳人,郑亚之父。进士及第。

《旧唐书》卷一七八《郑畋传》:"郑畋字台文,荥阳人也。曾祖邻、祖穆、父亚,并登进士第。"

《登科记考》卷二七《附考·进士科》录载郑穆。

【郑璧】一作"郑壁",苏州人。唐末登进士科。

(宋)计有功《唐诗纪事》卷六四《郑璧》:"璧,唐末江南进士也。"

《永乐大典》卷二三六八引《苏州府志》作"郑壁"。张忱《徐松〈登科记考〉续补(上)》补入。

乾隆《江南通志》卷一一九《选举志·进士》:唐"郑璧,吴县人"。

【宗楚客】字叔敖,其先南阳人,后迁蒲州河东,父岌仕魏王泰府,与谢偃等撰《括地志》,兄秦客、弟晋卿皆至高官。进士及第。官至宰相。

《旧唐书》卷九二《宗楚客传》:"宗楚客者,蒲州河东人,则天从父姊之子也……楚客累迁夏官侍郎、同凤阁鸾台平章事。神龙初,为太仆卿。武三思用事,引楚客为兵部尚书、同中书门下三品……韦庶人及安乐公主尤加亲信,未几,迁中书令。楚客虽迹附韦氏,而尝别有异图,与侍中纪处讷共为朋党,故时人呼为宗、纪。"

《新唐书》卷一〇九《宗楚客传》:"宗楚客,字叔敖,其先南阳人。曾祖丕,后梁南弘农太守,梁亡入隋,居河东之汾阴,故为蒲州人。父岌,仕魏王泰府,与谢偃等撰《括地志》。楚客,武后从姊子,长六尺八寸,明皙美须髯。及进士第,累迁户部侍郎。兄秦客,垂拱中,劝武后革命,进为内史,而弟晋卿典羽林兵。后兄弟并坐奸赃流岭外。岁余,秦客死,而楚客等还。俄检校夏官侍郎、同凤阁鸾台平章事。与武懿宗不协,会赐将作材营第,僭侈过度,为懿宗所劾,自文昌左丞贬播州司马,晋卿流峰州。稍为豫州长史,迁少府少监、岐陕二州刺史。久之,复以夏官侍郎同凤阁鸾台平章事。坐聘邵王妓,贬原州都督。神龙初,为太仆卿、郢国公。武三思引为兵部尚书,以晋卿为将作大匠。节愍太子败,逃于鄠,被杀,殊其首祭三思等枢,楚客请之也。俄同中书门下三品。韦后、安乐公主亲赖之,与纪处讷为党,世号'宗纪'。"

《登科科考》卷二七《附考·进士科》录载宗楚客。

【郎余令】定州新乐人。登进士第,又登博学宏词科。授霍王元轨府参军事,改著作佐郎卒。

《旧唐书》卷一八九下《儒学下·郎余令传》:"郎余令,定州新乐人也。祖楚之,少与兄蔚之,俱有重名。隋大业中,蔚之为左丞,楚之尚书民曹郎,炀帝重其兄弟,称为二郎。楚之,武德初为大理卿,与太子少保李纲、侍中陈叔达撰定律令。后受诏招谕山东,为窦建德所获,胁以兵刃,又诱以厚利,楚之竟不为屈。及还,以年老致仕。贞观初,卒,时年八十。余令父知运,贝州刺史;兄余庆,高宗时万年令,理有威名,京城路不拾遗,后卒于交州都督。余令少以博学知名,举进士。初授霍王元轨府参军,数上词赋,元轨深礼之……孝敬在东宫,余令续梁元帝《孝德传》,撰《孝子后传》三十卷,以献,甚见嗟重。累转著作佐郎。撰《隋书》未成,会病卒,时人甚痛惜之。"

(宋)计有功《唐诗纪事》卷七《郎余令》:"余令,定州人。博学擢第,授霍王元轨府参军事……改著作郎卒。"按:"博学",当指制举"博学宏词"。

《登科记考》卷二七《附考·进士科》录载郎余令。

光绪《畿辅通志》卷三四《选举·唐·进士》:"太宗年,郎余令,新乐人,著作佐郎。"

【孟云卿】进士及第。官校书郎。

(明)高棅《唐诗品汇》卷首:"孟云卿,平昌人,第进士,校书郎。"

(明)凌迪知《万姓统谱》卷一〇八:"孟云卿,平昌人,第进士,擢校书郎。与杜甫、元结最相友善,甫服其稽古,有'孟子论文更不疑'之句。"

《四库全书》之《箧中集》提要:"(孟)云卿,河南人,或曰武昌人,尝第进士,官校书郎,今所传诗一卷,仅十七首,而悲苦之词凡十三首,则亦不得志之士。"

《登科记考补正》卷二七《附考·进士科》录载孟云卿。

康熙《南海县志》卷一〇《名宦列传》附《寓贤》:"孟云卿,平昌人,家樊口,所为诗高古奥逸,不作常语。第进士,擢校书郎。与杜甫、元结相善。"

【孟诜】汝州梁人。进士及第。历官凤阁舍人、台州司马、礼部侍郎、相王侍读、同州刺史。

《旧唐书》卷一九一《方伎·孟诜传》:"孟诜,汝州梁人也。举进士。垂拱中,累迁凤阁舍人……因事出为台州司马。后累迁春官侍郎。睿宗在藩,召为侍读。长安中,为同州刺史,加银青光禄大夫。神龙初致仕。"

(宋)李昉等《太平广记》卷一九七《博物·孟诜》引《御史台记》:"唐孟诜,平昌人也。父曜明经擢第。拜学官。诜少敏悟,博闻多奇,举世无与比,进士擢第。"

《新唐书》卷一九六《隐逸·孟诜传》:"孟诜,汝州梁人。擢进士第,累迁凤阁舍人……出为台州司马,频迁春官侍郎。相王召为侍读。拜同州刺史。神龙初,致仕。"

《登科记考》卷二七《附考·进士科》录载孟诜。

【孟景休】进士及第。历监察御史、鸿胪丞。

(唐)刘肃《大唐新语》卷五《孝行第十一》:"孟景休事亲以孝闻,丁母忧,哀毁逾礼,殆至灭性。弟景祐年在襁褓,景休亲乳之。祭为之丰。及葬时,属寒,跣而履霜,脚指皆堕,既而复生如初。景休进士擢第，历监察御史、鸿胪丞。为来俊臣所构，遇害，时人伤焉。"

《登科记考补正》卷二七《附考·进士科》录载孟景休。

【封其】河间人。进士及第。

嘉靖《河间府志》卷二六《选举制》："封其……为国子生，寻以明经擢进士第。"

【封真】蓨人。进士及第。

光绪《畿辅通志》卷三四《选举·唐·进士·附录》："封真，蓨人。"

【封舜卿】字赞圣，冀州蓨人，父敖官至户部尚书。晚唐登进士第。历礼部侍郎、翰林学士。

《旧五代史》卷六八《封舜卿传》："封舜卿，（案：原本有阙文。据《新唐书·宰相世系表》，封氏世居渤海蓨县。舜卿，字赞圣，父敖，字硕夫，户部尚书、渤海县男。《唐书》有传。）仕梁，为礼部侍郎，知贡举。开平三年，奉使幽州，以门生郑致雍从行，复命之日，又与致雍同受命入翰林为学士。"

（清）刘喜海《金石苑》（清道光刻本），卷二中和四年（884）三月八日（唐）张祎《南龛题名记》："表兄巢湖处士薛瓒、前进士封舜卿、侄曙同□。"

光绪《畿辅通志》卷三四《选举·唐·进士·附录》："封舜卿，蓨人，后梁翰林，见《五代史》。"

【赵不器】河南府河南县人，宝符子。进士及第。官至户部郎中。

《全唐文补遗》第四辑，天宝十载（751）四月甲申《唐故国子祭酒赵君（冬曦）圹》："府君讳冬曦，字仲爱，博陵鼓城人也。昔秦既灭赵，迁王族于陇外，遂居天水。及魏下曲阳公崇，实启斯土，子孙家焉。五世祖讳达，高祖讳约，皆以秀才举。曾祖讳协，祖讳宝符，考讳不器，皆以进士擢。"

《全唐文补遗》第八辑，赵恩撰天宝十三载（754）七月十二日《唐故处士赵君（应）墓志铭并序》："君讳应，字士元，其先天水人，因官河南，今为河南人也。皇崇文馆学士讳宝符之曾孙，户部郎中讳不器之孙，太常少卿讳颐□之第四子。"

（唐）林宝《元和姓纂》卷七《中山赵氏》："（中山）称本自天水徙中山曲阳，今定州鼓城县。后周信州长史赵达，孙协，生宝符。宝符生不器。不器生夏日、和璧、冬曦、安贞、居贞、汇贞、颙贞，兄弟七人举进士。"按："颙贞"当作"颐贞"。

（宋）乐史《广卓异记》卷一九《一家八人进士及第·赵不器》："右按《登科记》：赵不器子夏日、冬曦、和璧、安贞、居贞、颐贞、汇贞，父子八人皆进士及第。内冬曦、安贞，神龙二年考功崔彦昭下兄弟二人及第。"

《登科记考》卷二七《附考·进士科》录载赵不器。

【赵汇贞】河南府河南县人，不器子。进士及第。

（唐）林宝《元和姓纂》卷七《中山赵氏》："（中山）称本自天水徙中山曲阳，今定州鼓城县。后周信州长史赵达，孙协，生宝符。宝符生不器。不器生夏日、和璧、冬曦、安贞、居贞、汇贞、颙贞，兄弟七人举进士。"按："颙贞"当作"颐贞"。

《旧唐书》卷一〇二《韦述传》："中书令张说专集贤院事，引述为直学士，迁起居舍人。

说重词学之士,述与张九龄、许景先、袁晖、赵冬曦、孙逖、王翰常游其门。赵冬曦兄冬日,弟和璧、居贞、安贞、颐贞等六人,述弟迪、逌、迥、迟、巡亦六人,并词学登科。说曰'赵、韦昆季,今之杞梓'。"按:赵冬曦兄冬日,当作"夏日";弟和壁,当作"和璧"。

(宋)乐史《广卓异记》卷一九《一家八人进士及第·赵不器》:"右按《登科记》:赵不器子夏日、冬曦、和璧、安贞、居贞、颐贞、汇贞,父子八人皆进士及第。内冬曦、安贞,神龙二年考功崔彦昭下兄弟二人及第。"

《新唐书》卷二〇〇《儒学下·赵冬曦传》:"赵冬曦,定州鼓城人。进士擢第,历左拾遗……弟和璧、安贞、居贞、颐贞、汇贞,皆擢进士第。安贞给事中,居贞吴郡采访使,颐贞安西都护。居贞子昌,别传。"

《登科记考》卷二七《附考·进士科》录载赵汇贞。

光绪《畿辅通志》卷三四《选举·唐·进士》:"睿宗年,赵汇贞,冬曦弟。"

【赵防】进士科登第。

《登科记考》卷二七《附考·进士科》云赵防及第,见《永乐大典》引《宜春志》。

【赵武孟】一作"赵武盖",甘州张掖人。进士出身。官至右台侍御史,撰《河西人物志》十卷。

(唐)刘肃《大唐新语》卷一二《劝励第二十六》:"赵武盖少孤,生于河右,遂狃弋猎,获鲜禽以膳其母。母勉之以学,武盖不从,母欷歔谓曰:'汝不习典坟,而肆情畋猎,吾无望矣。'不御所膳。感激而学焉,数年博通经史,进士擢第,侍御史,著《河西人物志》,有集行于代。"按:"武孟",此处作"武盖"。

《旧唐书》卷九二《赵彦昭传》:"赵彦昭者,甘州张掖人也。父武孟,初以驰骋佃猎为事。尝获肥鲜以遗母,母泣曰:'汝不读书而佃猎如是,吾无望矣。'竟不食其膳。武孟感激勤学,遂博通经史。举进士,官至右台侍御史,撰《河西人物志》十卷。"

《新唐书》卷一二三《赵彦昭传》:"赵彦昭字奂然,甘州张掖人。父武孟,少游猎,以所获遗其母,母泣曰:'汝不好书而敖荡,吾安望哉?'不为食。武孟感激,遂力学,淹该书记。自长安丞为右台侍御史,著《河西人物志》十卷。"

《登科记考》卷二七《附考·进士科》录载赵武孟。

【赵拙】登进士科。

《登科记考》卷二七《附考·进士科》云赵拙及第,注:"以上《永乐大典》引《宜春志》。"

【赵林】进士及第。

(宋)曾慥《类说》卷一二引《纪异录·朝霞诗》:"赵林《朝霞诗》:'不因红日照,长作白云飞。'然太阳一照,不久之像,后及第,升朝赐绯而卒。"

《登科记考补正》卷二七《附考·进士科》补入。

【赵和璧】河南府河南县人,不器子。进士及第。

(唐)林宝《元和姓纂》卷七《中山赵氏》:"(中山)称本自天水徙中山曲阳,今定州鼓城县。后周信州长史赵达,孙协,生宝符。宝符生不器。不器生夏日、和璧、冬曦、安贞、居贞、汇贞、颉贞，兄弟七人举进士。"按："颉贞"当作"颐贞"。

《旧唐书》卷一〇二《韦述传》："中书令张说专集贤院事，引述为直学士，迁起居舍人。说重词学之士，述与张九龄、许景先、袁晖、赵冬曦、孙逖、王翰常游其门。赵冬曦兄冬日，弟和璧、居贞、安贞、颐贞等六人，述弟迪、逌、迥、迟、巡亦六人，并词学登科。说曰'赵、韦昆季，今之杞梓'。"按：赵冬曦兄冬日，当作"夏日"；弟和璧，当作"和璧"。

（宋）乐史《广卓异记》卷一九《一家八人进士及第·赵不器》："右按《登科记》：赵不器子夏日、冬曦、和璧、安贞、居贞、颐贞、汇贞，父子八人皆进士及第。内冬曦、安贞，神龙二年考功崔彦昭下兄弟二人及第。"

《新唐书》卷二〇〇《儒学下·赵冬曦传》："赵冬曦，定州鼓城人。进士擢第，历左拾遗……弟和璧、安贞、居贞、颐贞、汇贞，皆擢进士第。安贞给事中，居贞吴郡采访使，颐贞安西都护。居贞子昌，别传。"

《登科记考》卷二七《附考·进士科》录载赵和璧。

【赵宝符】一作"赵实符"，博陵鼓城人，赵协子。进士及第。官崇文馆学士。

《全唐文补遗》第四辑，天宝十载（751）四月甲申《唐故国子祭酒赵君（冬曦）圹》："府君讳冬曦，字仲爱，博陵鼓城人也。昔秦既灭赵，迁王族于陇外，遂居天水。及魏下曲阳公崇，实启斯土，子孙家焉。五世祖讳达，高祖讳约，皆以秀才举。曾祖讳协，祖讳宝符，考讳不器，皆以进士擢。"

《全唐文补遗》第八辑，赵恩撰天宝十三载（754）七月十二日《唐故处士赵君（应）墓志铭并序》："君讳应，字士元，其先天水人，因官河南，今为河南人也。皇崇文馆学士讳宝符之曾孙，户部郎中讳不器之孙，太常少卿讳颐□之第四子。"

（唐）林宝《元和姓纂》卷七《中山赵氏》："（中山）称本自天水徙中山曲阳，今定州鼓城县。后周信州长史赵达，孙协，生宝符。宝符生不器。不器生夏日、和璧、冬曦、安贞、居贞、汇贞、颉贞，兄弟七人举进士。"按："颉贞"当作"颐贞"。

《登科记考》卷二七《附考·进士科》录载赵实符，赵校："洪校本《姓纂》卷七'实'作'宝'。"

【赵居贞】河南府河南县人，不器子。进士及第。官吴郡太守兼江南采访处置使。

《全唐文》卷二九六录载赵居贞《新修春申君庙记》，作者小传："居贞，国子祭酒冬曦弟，擢进士第。官吴郡太守兼江南采访处置使。"

（唐）林宝《元和姓纂》卷七《中山赵氏》："（中山）称本自天水徙中山曲阳，今定州鼓城县。后周信州长史赵达，孙协，生宝符。宝符生不器。不器生夏日、和璧、冬曦、安贞、居贞、汇贞、颉贞，兄弟七人举进士。"按："颉贞"当作"颐贞"。

《旧唐书》卷一〇二《韦述传》："中书令张说专集贤院事，引述为直学士，迁起居舍人。说重词学之士，述与张九龄、许景先、袁晖、赵冬曦、孙逖、王翰常游其门。赵冬曦兄冬日，弟和璧、居贞、安贞、颐贞等六人，述弟迪、逌、迥、迟、巡亦六人，并词学登科。说曰'赵、韦昆季，今之杞梓'。"按：赵冬曦兄冬日，当作"夏日"；弟和璧，当作"和璧"。

（宋）乐史《广卓异记》卷一九《一家八人进士及第·赵不器》："右按《登科记》：赵不

器子夏日、冬曦、和璧、安贞、居贞、颐贞、汇贞,父子八人皆进士及第。内冬曦、安贞,神龙二年考功崔彦昭下兄弟二人及第。"

《新唐书》卷二〇〇《儒学下·赵冬曦传》:"赵冬曦,定州鼓城人。进士擢第,历左拾遗……弟和璧、安贞、居贞、颐贞、汇贞,皆擢进士第。安贞给事中,居贞吴郡采访使,颐贞安西都护。居贞子昌,别传。"

《登科记考》卷二七《附考·进士科》录载赵居贞。

光绪《畿辅通志》卷三四《选举·唐·进士》:"睿宗年,赵居贞,冬曦弟,景云年第,吴郡采访使。"

【赵彦昭】字奂然,甘州张掖人,父武孟官至右台侍御史。进士出身,相中宗。

《旧唐书》卷九二《赵彦昭传》:"赵彦昭者,甘州张掖人也。父武孟,初以驰骋佃猎为事。尝获肥鲜以遗母,母泣曰:'汝不读书而佃猎如是,吾无望矣。'竟不食其膳。武孟感激勤学,遂博通经史。举进士,官至右台侍御史,撰《河西人物志》十卷……彦昭少以文辞知名。中宗时,累迁中书侍郎、同中书门下三品,兼修国史,充修文馆学士……睿宗时,出为凉州都督,为政清严,将士已下皆动足股慄。又为宋州刺史,入为吏部侍郎,又为刑部尚书、关内道持节巡边使、检校左御史台大夫。"

《新唐书》卷一二三《赵彦昭传》:"赵彦昭字奂然,甘州张掖人。父武孟,少游猎,以所获遗其母,母泣曰:'汝不好书而敖荡,吾安望哉?'不为食。武孟感激,遂力学,淹该书记。自长安丞为右台侍御史,著《河西人物志》十卷。彦昭少豪迈,风骨秀爽。及进士第,调为南部尉。与郭元振、薛稷、萧至忠善。自新丰丞为左台监察御史。景龙中,累迁中书侍郎、同中书门下平章事……改刑部尚书,封耿国公,实封百户……贬江州别驾,卒。"

《登科记考》卷二七《附考·进士科》录载赵彦昭。

【赵祝】进士及第,时间无考。

(宋)乐史《广卓异记》卷一九《兄弟五人进士及第》:"右按《登科记》:赵祝弟晰、格、樑、榑五人,皆进士及第。"

【赵格】进士及第,时间无考。

(宋)乐史《广卓异记》卷一九《兄弟五人进士及第》:"右按《登科记》:赵祝弟晰、格、樑、榑五人,皆进士及第。"

【赵涉】郡望天水,洛阳河南县人。进士及第。官至朝散大夫、侍御史。

《唐代墓志汇编》大中〇一一,赵璜撰大中元年(847)九月十四日《唐故进士赵君(珪)志铭》:"进士赵珪,字子达,天水人也……曾祖府君讳驹,制策登科朝散大夫魏郡司马;司马生皇祖府君讳涉,进士及第朝散大夫侍御史;侍御史府君生皇考府君讳伉,进士及第监察御史。秀才监察府君第三子也……长兄江西观察判官监察御史里行璘,寄财毕葬事;次兄京兆府鄠县尉璜,乞假护丧东归……世以进士相贵重,自吾皇祖皇考伯修、叔伸、叔佶、叔僖及吾昆仲,爰暨中外,咸以科名光显记册。"

《唐代墓志汇编》咸通〇二一,赵璘撰咸通三年(862)十月十四日《唐故处州刺史赵府君(璜)墓志铭》:"君讳璜,字祥牙,其先自秦灭同姓……五代祖讳仁泰,邢州南和令；高王父讳慎己，相州内黄主簿；曾王父讳骃，大明帝时制举，自同州韩城令，擢拜京兆府士曹，转河阴令，再迁扶风郡长史。王父讳涉，进士擢第，累佐藩府，至朝散大夫检校著作郎兼侍御史；先君讳优，自建中至元和，伯仲五人，登进士第，时号卓绝……咸通三年四月十一日，遭大病于郡廨，享年五十九。"按：墓志署"兄中大夫守衢州刺史璘撰"，归葬之地为河南府河南县。

【赵惟暕】进士及第。官滁州全椒尉。

（宋）陈振孙《直斋书录解题》卷一四录载《琴书》三卷，注："唐待诏赵惟暕撰，称前进士滁州全椒尉。"

《登科记考》卷二七《附考·进士科》录载赵惟暕。

【赵惊】一作"赵琼"。疑为中晚唐进士科及第。

（唐）阙名《玉泉子》："赵惊妻父为钟陵大将，惊以久随计不第，穷悴愈甚。妻族益相薄，虽妻父母不能不然也。一日，军中高会，州郡谓之春设者，大将家相率列棚以观之。其妻虽贫，不能无往，然所服故弊，众以帷隔绝之。设方酣，廉使忽驰吏呼将，将且惧。既至，廉使临轩手持一书笑曰：'赵惊得非君之婿乎？'曰：'然'。乃告之：'适报至，已及第矣。'即授所持书，乃榜也。将遽以榜奔归呼曰：'赵郎已及第矣。'妻之族即撤去帷帐，相与同席，竟以簪服而庆遗焉。"（宋）李昉等《太平广记》卷一八二《贡举五·赵琼》引《玉泉子》同。

《登科记考》卷二七《附考·进士科》云赵琼及第。

【赵晰】进士及第，时间无考。

（宋）乐史《广卓异记》卷一九《兄弟五人进士及第》："右按《登科记》：赵祝弟晰、格、檏、槫五人，皆进士及第。"

【赵颐贞】河南府河南县人，不器子。进士及第。官安西都护。

《全唐文》卷二九六录载赵颐贞《对小吏持剑判》《对清白二渠判》，作者小传："颐贞，国子祭酒冬曦弟，擢进士第。官安西都护。"

（唐）林宝《元和姓纂》卷七《中山赵氏》："（中山）称本自天水徙中山曲阳，今定州鼓城县。后周信州长史赵达，孙协，生宝符。宝符生不器。不器生夏日、和璧、冬曦、安贞、居贞、汇贞、颛贞，兄弟七人举进士。"按："颛贞"当作"颐贞"。

《旧唐书》卷一〇二《韦述传》："中书令张说专集贤院事，引述为直学士，迁起居舍人。说重词学之士，述与张九龄、许景先、袁晖、赵冬曦、孙逖、王翰常游其门。赵冬曦兄冬日，弟和璧、居贞、颐贞等六人，述弟迪、迥、迴、迟、巡亦六人，并词学登科。说曰'赵、韦昆季，今之杞梓'。"按：赵冬曦兄冬日，当作"夏日"；弟和璧，当作"和璧"。

（宋）乐史《广卓异记》卷一九《一家八人进士及第·赵不器》："右按《登科记》：赵不器子夏日、冬曦、和璧、安贞、居贞、颐贞、汇贞，父子八人皆进士及第。内冬曦、安贞，神龙二年考功崔彦昭下兄弟二人及第。"

《新唐书》卷二〇〇《儒学下·赵冬曦传》："赵冬曦，定州鼓城人。进士擢第，历左拾遗……弟和璧、安贞、居贞、颐贞、汇贞，皆擢进士第。安贞给事中，居贞吴郡采访使，颐贞安西都护。居贞子昌,别传。"

《登科记考》卷二七《附考·进士科》录载赵颐贞。

光绪《畿辅通志》卷三四《选举·唐·进士》:"睿宗年,赵颐贞,冬曦弟,安西都护。"

【赵榑】一作"赵抟"。进士及第,时间无考。

(宋)乐史《广卓异记》卷一九《兄弟五人进士及第》:"右按《登科记》:赵祝弟晰、格、樑、榑五人,皆进士及第。"

《新唐书》卷六〇《艺文四》著录"《赵抟歌诗》二卷";《唐才子传》卷一〇《张鼎传》亦谓"同时赵抟,有爽迈之度,工歌诗"。

《登科记考补正》卷二七《附考·进士科》录为赵抟。

【赵樑】一作"赵摤"。进士及第,时间无考。

(宋)乐史《广卓异记》卷一九《兄弟五人进士及第》:"右按《登科记》:赵祝弟晰、格、樑、榑五人,皆进士及第。"

《登科记考补正》卷二七《附考·进士科》录为赵摤。

【赵橹】河中人。约在文宣朝前后登进士科。历台省。

(宋)王谠撰,周勋初校证《唐语林校证》卷四《企羡》:"胡尚书证,河中人。太傅昭公镇河中,尚书建节赴振武,备桑梓礼入谒,持刺称百姓。献昭公诗:'诗书入京国,旌旆过乡关。'州里荣之。进士赵橹著《乡籍》一篇,夸河东人物之盛,皆实录也。同乡中,赵氏轩冕文儒最著,曾祖父、祖父,世掌纶诰。橹昆弟五人,进士及第,皆历台省。卢少傅宏宣,卢尚书简辞、宏正、简求,皆其姑子也,时称'赵家出'。外家敬氏,先世亦出自河中,人物名望皆谓至盛,橹著《乡籍》载之。"

《登科记考》卷二七《附考·进士科》云赵橹及第。

【赵鄸】河南府河南县人,冬曦子。进士及第,历官未详。

(唐)林宝《元和姓纂》卷七《中山赵氏》:"(中山)称本自天水徙中山曲阳,今定州鼓城县。后周信州长史赵达,孙协,生宝符。宝符生不器。不器生夏日、和璧、冬曦、安贞、居贞、汇贞、颐贞,兄弟七人举进士。自宝符至冬曦、安贞孙鄸,又五代进士。冬曦,中书舍人、国子祭酒;生湛,屯田郎中、国子祭酒,生鄸。按:"颐贞"当作"颐贞"。

《华岳题名》,大历六年有前国子进士赵鄸。

【胡直方】进士及第。

《秦晋豫新出墓志蒐佚续编》七五六,元和八年(813)十月二十七日《唐故天威军正将云麾将军守左金吾卫大将军员外置同正员兼殿中监上柱国彭城县开国男食邑三百户司徒公墓志铭并序》,署"前进士胡直方撰"。

【胡珪】晚唐登进士科。

《唐音戊签》卷《统签》之六〇三方干《哭胡珪诗》:"才高登上第,孝极殁庐茔。"施子愉《登科记考补正》补入。按:方干为晚唐人,则胡珪应于晚唐登进士科。

【胡宰臣】进士及第。官平阳冀氏令。

韩昌黎《胡良公神道碑》:"父宰臣,用进士卒官平阳冀氏令。"

《登科记考》卷二七《附考·进士科》录有胡宰臣。

【柏元封】字子上，济阴人，父良器官平原郡王，赠司空。进士及第。官至中散大夫守卫尉卿，卒后追赠左散骑常侍。

《全唐文补遗》第四辑，郭捐之撰大和六年（832）十一月《唐故中散大夫守卫尉卿上柱国赐紫金鱼袋赠左散骑常侍魏郡柏公（元封）墓志铭》："公讳元封，字子上，其先晋伯宗之后……至裔孙鸿仕汉为魏郡守，子孙留而不还，遂为魏郡人焉。曾高祖季纂，在隋为祁令，入唐为工部尚书。高祖敬仁，勒州长史。王父謇，赠大理少卿。大父造，赠邓州刺史。父良器，平原郡王，赠司空。公生有殊状，幼有老风。天资聪明，性本忠孝。七岁就学，达诗书之义理；十岁能赋，得体物之玄微。十五以司空武功授太仆寺丞。公曰：予家世儒也。昔予大父以射策甲科授获嘉令。禄山陷东都，围获嘉，持印不去，为贼所害。故吾父痛吾祖之不终，遂学剑从戎，将复仇以快冤叫。今吾父武功立，予不可不守吾世业而苟且于宦达也。遂请授其弟下帷读书，不窥园林者周于天。业成名光，登太常第。"

（唐）林宝《元和姓纂》卷一〇《济阴柏氏》："贞元左威卫大将军柏良器，济阴人；生耆，谏议大夫；元封，进士。"岑仲勉校：元封官至"蔡州刺史"。《碑林集刊》第四辑载大中十年《韦挺夫人柏氏墓志》："（夫人）长兄元封，进士及第，刺三郡，官至太子宾客。"按：其妹大中十年亡，彼时其已官至太子宾客，则其登第应在文宗朝或武宗朝。

【柳韬】蒲州人，祖登官至右散骑常侍，父璟官至礼部侍郎。武宗前后登进士科。历右谏议大夫，官至给事中。

《全唐文》卷八九僖宗《册王景崇常山郡王文》："往惟钦哉，敬服厥命。今遣使给事中柳韬副使吏部郎中赵秘持节册尔为常山郡王。"

《旧唐书》卷一四九《柳登传》："柳登字成伯，河东人……长庆二年卒，时九十余，辍朝一日，赠工部尚书。弟冕。冕……子璟，登进士第，亦以著述知名。璟，宝历初登进士第，三迁监察御史……再迁度支员外郎，转吏部。开成初，换库部员外郎、知制诰，寻以本官充翰林学士……五年，拜中书舍人充职。武宗朝，转礼部侍郎，再司贡籍，时号得人。子韬亦以进士擢第。"

《新唐书》卷一三二《柳芳传》："柳芳字仲敷，蒲州河东人……登字成伯。淹贯群书，年六十余，始仕宦。元和初，为大理少卿，与许孟容等刊正敕格。以病改右散骑常侍，致仕……子登、冕。登……子璟，字德辉。宝历初，第进士、宏词，三迁监察御史……迁中书舍人。武宗立，转礼部侍郎……会昌二年，再主贡部，坐其子招贿，贬信州司马，终郴州刺史。"按：其子韬进士及第当在会昌二年前。

《新唐书》卷二二二中《南蛮中》："乾符四年……未几，寇西川，骈奏请与和亲，右谏议大夫柳韬、吏部侍郎崔澹丑其事。"

《登科记考》卷二七《附考·进士科》云柳韬及第。

【侯晋升】字德昭。进士登第。

《全唐文》卷七一二李渤《司空侯安都庙记》："公之族有登进士第者，名晋升，字德昭，诿予记之。"

《登科记考补正》卷二七《附考·进士科》录载侯晋升。

【侯愉】登进士第。历幽州因安县令。

《唐代墓志汇编》大和一〇〇，刘轲撰大和九年（835）十二月十一日《唐故朝议郎行陕州硖石县令上柱国侯公墓志铭并叙》："公讳绩，字夏士，上谷人。六代祖安都，陈司空桂阳郡公；高祖稜，皇密州高密县令；曾祖元晧，皇杭州司仓参军；祖讳愉，皇进士出身，幽州因安县令。"

王其祎、周晓薇《〈登科记考〉补续》补入。

【独孤庠】河南人，祖及，父郁官至秘书少监。约在宪武间登进士科。官至侍郎。

《旧唐书》卷一六八《独孤郁传》："独孤郁，河南人。父及，天宝末与李华、萧颖士等齐名。善为文，所著《仙掌铭》，大为时流所赏，位终常州刺史。郁……（元和）九年，以疾辞内职。十一月，改秘书少监，卒……郁子庠，亦登进士第。大中后官达，亦至侍郎。"

《登科记考》卷二七《附考·进士科》云独孤庠及第。

【饶廷直】字朝弼，南城人。第进士。官至邓州通判。

（宋）王象之《舆地纪胜》卷三五《江南西路·建昌军·仙释》："饶廷直：廷直字朝弼，南城人，第进士……后为邓州通判。"

（明）凌迪知《万姓统谱》卷三〇"唐"："饶廷直，南城人，第进士……后为邓州通判。"

《登科记考补正》卷二七《附考·进士科》补入。

【洪奋虬】唐进士登科。

隆庆《潮阳县志》卷四《选举表》中有洪奋虬。

【姚郜】进士及第。

《全唐诗》第十八册卷五八八李频有《送姚郜先辈赴汝州辟》，知姚郜尝登进士第。

《登科记考补正》卷二七《附考·进士科》录载姚郜。

【敖颖】鲁国人。唐代登进士第。

《登科记考》卷二七《附考·进士科》载邓名世《古今姓氏书辨证》："唐有敖颖，进士第，望出鲁国。"

【袁希古】登进士科。

《登科记考》卷二七《附考·进士科》云袁希古及第，见《永乐大典》引《宜春志》。

【莫彦修】本贯郓州，徙居台州。晚唐登进士科。

嘉定《赤城志》卷三二："孙郃作《才名志》云前进士莫彦修在本贯郓州，徙居台州。"

《登科记考补正》卷二七《附考·进士科》补入。

【索元礼】唐代登进士科。

（宋）郑樵《通志》卷二八《氏族略第四·以族为氏》"素氏"条云唐有索元礼登科。

《登科记考》卷二七《附考·进士科》录载索元礼。

【夏侯敬】元和十五年（820）前登进士第。

《秦晋豫新出墓志蒐佚续编》七八〇，元和十五年（820）十月二十七日《唐故汾州灵石县主簿博陵崔君墓志铭并叙》，署"前乡贡进士谯郡夏侯敬撰"。

《河洛墓刻拾零》，夏侯孜撰大中七年（853）十月十六日《唐故尚书库部郎中赠工部尚书谯郡夏侯府君夫人赵郡太夫人李氏归祔志》："先夫人姓李，赵郡东祖，玄元皇帝之后，寿止八十有八，大中七年七月二十日弃背于陕州官舍……（子）敬，登名进士第。"

【夏侯瞳】约在文宣朝登进士科。历昭义军节度判官、朝议郎、殿中御史、忠武军节度副使。

《全唐文》卷七七二，李商隐《为濮阳公陈许奏韩琮等四人充判官状》："夏侯瞳。右件官藏器于身，为仁由己，齐庄难犯，劲挺不摇。臣任切拊循，务繁稽勾，思留仙尉，以重宾阶，伏请依资改授一官，充臣节度巡官。以前件状如前，臣四朝受任，三镇叨荣。慕碣石之筑宫，广延儒雅；效西河之拥篲，乐得贤才。韩琮等并无所因依，不由请托，久谙才地，堪列幕庭。伏希殊私，尽允诚请，谨录奏闻，伏听敕旨。"

（唐）杜牧《樊川文集》卷一九《夏侯瞳除忠武军节度副使薛途除泾阳尉充集贤校理等制》："敕。前昭义军节度判官、朝议郎、殿中御史、内供奉夏侯瞳等。瞳以科名辞学，开敏多才，久游诸侯，长蕴令闻，周知吏理，兼能洁身。戎臣上言，愿为毗赞，既诺仕以委质，宜直道以酬知……可依前件。"

《登科记考》卷二七《附考·进士科》云夏侯瞳及第。

【柴少仪】平阳临汾人，父令将，官至太子宾客，封岳阳伯。进士及第。官至太常博士。

《秦晋豫新出墓志蒐佚》五七四，天宝十三载（754）十二月六日《唐故贬邵阳郡邵阳县尉岳阳县开国伯平阳柴府君墓志铭并序》："君讳阅，字子文，平阳临汾人也……大父令将，举秀才，历侍御史、中书舍人、工部侍郎、卫尉大理二寺卿、浦□及充三州牧，寻加银青迁太子宾客，封岳阳伯，食邑千户……皇考少仪，进士及高第，历校书郎、洛阳县尉、太常博士。"

【柴令将】平阳临汾人。进士及第。官至太子宾客，封岳阳伯。

《秦晋豫新出墓志蒐佚》五七四，天宝十三载（754）十二月六日《唐故贬邵阳郡邵阳县尉岳阳县开国伯平阳柴府君墓志铭并序》："君讳阅，字子文，平阳临汾人也……大父令将，举秀才，历侍御史、中书舍人、工部侍郎、卫尉大理二寺卿、浦□及充三州牧，寻加银青迁太子宾客，封岳阳伯，食邑千户……皇考少仪，进士及高第，历校书郎、洛阳县尉、太常博士。"按：据志，柴阅卒于天宝十一载（752），享年三十五；唐代秀才科废除于永徽二年（651），按时间推算，柴令将"举秀才"亦当为进士出身。

【晏璩】登进士科。

《登科记考》卷二七《附考·进士科》云晏璩及第，见《永乐大典》引《宜春志》。

【倪子泉】字若水，中山藁城人。进士及第，永昌元年（689）制科及第。终官户部侍郎、尚书右丞。

《全唐文补遗》第六辑，开元七年（719）十一月六日《大唐故尚书右丞倪公（泉）墓志铭并序》："公讳泉，字若水，中山藁城人也……曾祖护，祖范，考基……公生而含灵，幼有成德。年甫七岁，口诵万言。诗书礼乐之英，黼黻鞶帨之妙。曾未弱冠，声已芬于河朔矣。应八道使举射□登科，授秘书正字。复以举迁右骁卫兵曹参军，俄转洛州福昌县丞。又应封岳举，授雍州□□□丞，调补长安县丞。"按：据《唐书》本传，"公讳泉"当作"公讳子泉"。

《旧唐书》卷一八五下《良吏下·倪若水传》:"倪若水,恒州藁城人也。开元初,历迁中书舍人、尚书右丞,出为汴州刺史……寻入拜户部侍郎。七年,复授尚书右丞,卒。"

《新唐书》卷一二八《倪若水传》:"倪若水字子泉,恒州藁城人。擢进士第,累迁右台监察御史。黜陟剑南道,绳举严允,课第一。开元初,为中书舍人、尚书右丞,出为汴州刺史……入为户部侍郎,复拜右丞,卒。"

罗继祖《登科记考补》引《尚书右丞倪子泉墓志》:"字若水,中山藁城人也。曾未弱冠,声已芬于河朔矣。应八道使举,授秘书正字。"按:是年六月诏曰"其有报梁栋之才,可以丹青神化;蕴韬钤之略,可以振耀天威;资道德之方,可以奖训风俗;践孝友之行,可以劝率生灵;抱儒素之业,可以师范国胄;蓄文藻之思,可以方驾词人;守贞亮之节,可以直言无隐;履清白之操,可以守职不渝:凡此八科,实该三道"云云,若水志所谓"八道使科",盖谓此也。天授三年《德州蓚县令苏卿墓志》为若水所撰,天授三年至永昌元年,相距仅二年,而若水署衔正作"麟台正字"(麟台即秘阁,武后改名),可为佐证。又志称"名子泉,字若水",而《唐书》本传作"名若水,字子泉",苏志亦作"若水",盖当时以字行,志失书其事,传则误名为字耳。

《登科记考》卷二七《附考·进士科》录载倪若水。

《登科记考补正》卷三永昌元年(689)贤良方正科、卷四天册万岁二年(696)贤良方正科、卷二七《附考·进士科》、卷二七《附考·制科》分别录载倪若水。

光绪《畿辅通志》卷三四《选举·唐·进士》:"武后时,倪若水,藁城人,汴州刺史。"

【徐□□】京兆万年人。进士及第。官至成都府司录参军。

《全唐文补遗》第四辑,孙事问撰会昌三年(843)二月十二日《唐故朝散大夫□成都府司录参军上柱国徐公墓志铭并序》:"公讳□□,字□□……京兆府万年县□□乡胄贵里之人也……公自乡贡进士奏授怀州参军。"按:据墓志,徐氏卒于会昌二年(842)十二月五日,享年七十一。

《登科记考补正》卷二七《附考·进士科》录载徐□□。

【徐元之】进士及第。

正德《南康府志》卷六《人物》:"徐元之,幼颖悟,博通经史,年十七登进士,累迁监察御史。"

【徐世业】登进士第。

崇祯《吴县志》卷三三《选举·进士》云徐世业及第。

【徐玄之】一作"徐元之",建昌人。年十七进士及第。历官监察御史、谏议大夫、湖州刺史、邠王府长史、曹州刺史。有文集十卷。

(唐)林宝《元和姓纂》卷二《诸郡徐氏》:"谏议大夫徐元之,居南昌。"岑仲勉校:"按《李文公集》一一《徐申行状》:'祖玄之,皇考功员外郎,赠吏部郎中、谏议大夫……'则知'元'之字本作'玄'……"《吴兴备志》四引《一统志》:"玄之,建昌人,十七第进士,累迁监察御史、谏议大夫,开元七年出为湖州刺史,有集十卷。"

(明)李贤等《明一统志》卷五二《南康府·人物·唐》:"徐元之,建昌人。幼颖悟,博通经史,年十七第进士,累迁监察御史、谏议大夫,出为湖州刺史,迁邠王府长史,改曹州刺史,卒。有文集十卷。”

(明)凌迪知《万姓统谱》卷七:“徐元之,建昌人。幼颖悟,博通经史,年十七,第进士,累迁监察御史、谏议大夫,出为湖州刺史。”四库本《江西通志》卷四九、卷九一记载略同。

《登科记考补正》卷二七《附考·进士科》录载徐玄之(徐元之)。

【徐坚】字元固,其先东海郯人,永嘉南迁吴兴,隋平陈后徙家冯翊。上元中进士。历官秘书监、中书舍人、左散骑常侍、集贤院副知院事,封东海郡公,卒赠太子少保,谥曰文。

《全唐文》卷二九一,张九龄撰《大唐故光禄大夫右散骑常侍集贤院学士赠太子少保东海徐文公(坚)神道碑铭》:“公讳坚,字元固,其先东海郯人也。永嘉之后,仕业南国,因家吴兴焉。隋氏平陈,徙族人入雍,今为冯翊人也⋯⋯五代祖梁直阁将军慈源侯整,整生陈始安太守综,综生隋延州临真令方贵,方贵生唐果州刺史孝德,孝德生唐西台舍人赠礼部尚书齐聃⋯⋯公即尚书府君之元子也。上元中⋯⋯州辟秀才,其年登科,解巾补汾州参军事。”

《旧唐书》卷一○二《徐坚传》:“徐坚,西台舍人齐聃子也。少好学,遍览经史,性宽厚长者。进士举,累授太子文学。圣历中,车驾在三阳宫,御史大夫杨再思、太子左庶子王方庆为东都留守,引坚为判官,表奏专以委之。方庆善《三礼》之学,每有疑滞,常就坚质问,坚必能征旧说,训释详明,方庆深善之。又赏其文章典实,常称曰:‘掌纶诰之选也。’再思亦曰:‘此凤阁舍人样,如此才识,走避不得。’坚又与给事中徐彦伯、定王府仓曹刘知几、右补阙张说同修《三教珠英》⋯⋯神龙初,再迁给事中⋯⋯睿宗即位,坚自刑部侍郎加银青光禄大夫,拜左散骑常侍,俄转黄门侍郎⋯⋯坚妻即侍中岑羲之妹,坚以与羲近亲,固辞机密,乃转太子詹事,谓人曰:‘非敢求高,盖避难也。’及羲诛,坚竟免深累。出为绛州刺史,五转复入秘书监。开元二十三年,再迁左散骑常侍。其年,玄宗改丽正书院为集贤院,以坚为学士,副张说知院事,累封东海郡公。以修东封仪注及从升太山之功,特加光禄大夫。坚多识典故,前后修撰格式、氏族及国史等,凡七入书府,时论美之。十七年卒,年七十余⋯⋯赠太子少保,谥曰文。”

《新唐书》卷一九九《徐齐聃传》:“徐齐聃字将道,湖州长城人,世客冯翊。梁慈源侯整四世孙⋯⋯睿宗时,赠礼部尚书。子坚,坚字元固,幼有敏性,沛王闻其名,召见,授纸为赋,异之。十四而孤,及壮,宽厚长者。举秀才及第,为汾州参军事,迁万年主簿。”

《登科记考》卷二七《附考·进士科》录载徐坚。

嘉靖《浙江通志》卷三八《人物志》:“(徐坚)幼有敏性,及壮宽厚长者,举秀才及第,为万年主簿。”

同治《湖州府志》卷七四《人物传·文学一》:“(徐坚)举秀才及第,为汾州参军迁万年主簿。”

【徐济】进士及第。

《全唐诗》第十九册卷六六二,罗隐《寄徐济进士》:“往年疏懒共江湖,月满花香记得无。霜压楚莲秋后折,雨催蛮酒夜深酤。红尘偶别迷前事,丹桂相倾愧后徒。出得函关抽得手,从来不及阮元瑜。"是知徐济为登第之进士,非乡贡进士。

陈冠名补入,见《登科记考补正》卷二七《附考·进士科》。

【徐陶】约在宪敬朝登进士科。

《旧唐书》卷一七九《徐彦若传》:"徐彦若,天后朝大理卿有功之裔。曾祖宰,祖陶,父商,三世继登进士科。商,字义声,大中十三年及第。"《登科记考》卷二七《附考·进士科》云徐陶及第。按:商在大中十三年(869)登进士科,则其父约在宪敬朝登第。

《登科记考》卷二七《附考·进士科》录载徐陶。

【徐琼】进士科登第。

《登科记考》卷二七《附考·进士科》云徐琼及第,见《永乐大典》引《宜春志》。

【殷琪】进士及第。

《登科记考》卷二七《附考·进士科》云殷琪及第,见《永乐大典》引《宜春志》。

【翁承检】约乾宁后登进士科。

(元)辛文房撰,傅璇琮主编《唐才子传校笺》(册四)卷一〇《翁承赞》:"承赞,字文尧,乾宁三年礼部侍郎独孤损下第四人进士。又中宏词敕头。"

(清)李调元《全五代诗》卷一有翁承赞《喜弟承检登科》。

《登科记考》卷二七《附考·进士科》云翁承检及第。

【高元固】渤海宾贡进士。

《全唐诗》第二十一册卷七〇九,徐夤《渤海宾贡高元固先辈闽中相访云本国人写得夤斩蛇剑御沟水人生几何赋家皆以金书列为屏障因而有赠》:"折桂何年下月中,闽山来问我雕虫。肯销金翠书屏上,谁把刍尧过日东。郯子昔时遭孔圣,繇余往代讽秦宫。嗟嗟大国金门士,几个人能振素风。"

《渤海国志长编》卷一〇:"高元固,于王玄锡之世,入唐应宾贡试。过福建,遇诗人徐夤,谓之曰:'国人得公斩蛇剑、御沟水、人生几何诸赋,皆以金书,烈为屏障。'"同书卷一六《族俗考》:"高元固及乌炤度、光赞父子以宾贡入唐应举,乌氏父子皆登第。"

《登科记考补正》卷二七《附考·进士科》据薛亚军《〈登科记考〉正补》录载高元固。

【高应】渤海蓨人。进士及第。

《唐代墓志汇编》天宝一四四,天宝八载(749)六月九日《大唐故吏部选彭城刘君故妻高氏(娩)墓志铭并序》:"君讳娩,字温,渤海蓨人也……祖应,皇进士及第,□□射策,太常登科。"按:据志文,高氏天宝五载(746)卒,春秋三十四。

【高辇】疑为晚唐进士及第。

(宋)李昉等《太平广记》卷一八四《贡举七·高辇》引《玉堂闲话》:"高辇应举,梦雷电晦冥,有一小龙子在前,吐出一石子。辇得之。占者曰:'雷电晦冥,变化之象,一石,十科也。将来科第,其十数矣。'及将放榜,有一吏持主文帖子至,问小吏姓名,则曰姓龙;询其名第高卑,则曰第十人。"

(清)李调元《全五代诗》卷九《高辇》:"辇,后唐秦王从荣府咨议参军。"

《登科记考》卷二七《附考·进士科》云高辇及第。

【高湘】字浚之,福州连江县人,祖去疾摄监察御史,父锴历官吏部员外郎。约在大中中登进士科。自员外郎知制诰,历中书舍人、谏议大夫,官至礼部侍郎。

《全唐诗》第十六册卷五四四有刘得仁《送高湘及第后东归觐叔》。

(唐)李冗《独异志》卷上《饯歌序》:"前进士高湘:谢安春渚饯袁宏。"

《旧唐书》卷一六八《高钺传》:"高钺字翘之。祖郑宾,宋州宁陵令。父去疾,摄监察御史。钺,元和初进士及第,判入等,补秘书省校书郎,累迁至右补阙,充史馆修撰……四年冬,迁吏部侍郎。铨综之司,官业振举。七年,出为同州刺史兼御史中丞。八年六月卒,赠兵部尚书……与弟铢、锴皆以检静自立,致位崇显,居家友睦,为搢绅所重……钺子湜,锴子湘,偕登进士第。湜,咸通十二年为礼部侍郎。湘自员外郎知制诰,正拜中书舍人。咸通年,改谏议大夫。坐宰相刘瞻亲厚,贬高州司马。乾符初,复为中书舍人。三年,迁礼部侍郎,选士得人。出为潞州大都督府长史、昭义节度、泽潞观察等使,卒。"

《新唐书》卷一七七《高钺传》:"高钺字翘之,史失其何所人。与弟铢、锴俱擢进士第。累迁右补阙、史馆修撰。……锴……历吏部员外郎……子湘,字浚之,擢进士第,历长安令、右谏议大夫。从兄湜与路岩亲善,而湘厚刘瞻,岩既逐瞻,贬湘高州司马。僖宗初,召为太子右庶子,终江西观察使。"

《登科记考》卷二七《附考·进士科》云高湘及第。

【高湜】字澄之,祖去疾摄监察御史,父钺官至吏部侍郎。约在文宣朝登进士科。历湖南推官、右谏议大夫,官至礼部侍郎。

《全唐文》卷七四九,杜牧《卢籍除河东副使李推贤除殿中丞高湜除湖南推官薛廷杰除桂管支使等制》:"敕。河东节度副使朝散大夫检校大理少卿摄御史中丞上柱国卢籍等:夫诸侯之任重矣,其行道也,得以阜俗变俗;其行法也,得以刑人赏人。若张政化,得以助业。某等上言,咸举可用。籍等或负才器,倜傥不群;或以文章,策名俊秀;或有干局,可佐图圄。皆徇所请,予安能知。并州近胡,王业兹始,艰难已来,何战不会。长沙始安,颇闻旱耗,各宜良士,以佐贤侯。夫直道枉道,无他故也。取容尽节而已,勿虑后患,宜竭报知。暨殿省佐僚,县道为郡,岂曰虚授,亦当尔才。正霜台之旧名,班芸阁之初命,各服宠禄,勉于自强。可依前件。"

《旧唐书》卷一九上《懿宗》:"(咸通五年三月)以兵部郎中高湜、员外于怀试吏部,平判选人。"

《旧唐书》卷一六八《高钺传》:"高钺字翘之。祖郑宾,宋州宁陵令。父去疾,摄监察御史。钺,元和初进士及第,判入等,补秘书省校书郎,累迁至右补阙,充史馆修撰……(大和)四年冬,迁吏部侍郎。铨综之司,官业振举。七年,出为同州刺史兼御史中丞。八年六月卒,赠兵部尚书……与弟铢、锴皆以检静自立,致位崇显,居家友睦,为搢绅所重……钺子湜,锴子湘,偕登进士第。湜,咸通十二年为礼部侍郎。"

《新唐书》卷九《僖宗》:"(乾符四年闰二月)昭义军乱,逐其节度使高湜。"

《新唐书》卷一七七《高钺传》:"高钺字翘之,史失其何所人。与弟铢、锴俱擢进士第。累迁右补阙、史馆修撰。元和末……累进吏部侍郎……子湜,字澄之,第进士,累官右谏议大夫。咸通末,为礼部侍郎……乃取公乘亿、许棠、聂夷中等。以兵部侍郎判度支出为昭义节度使,为下所逐,贬连州司马。以太子宾客分司东都,卒。"

《登科记考》卷二七《附考·进士科》云高湜及第。

【唐汭】唐末登进士科。历宣武从事、天雄军判官、左谏议大夫。

(宋)王钦若等《册府元龟》卷一七二《帝王部(一百七十二)·求旧第二》:"(后唐)愍帝长兴四年十一月即位。丙辰,以天雄军节度判官唐汭为左谏议大夫……唐汭举进士,自帝帅宣武时从事,历太原、真、定三府。"

【黄讽】唐末登进士科。仕闽。

《登科记考》卷二七《附考·进士科》云黄讽及第,见《永乐大典》引《宜春志》。

(清)吴任臣《十国春秋》卷九六《闽七·黄讽传》:"黄讽,□□人,以康宗淫暴,与妻子辞诀,入见,康宗欲杖之。"

【黄金生】登进士科。

(宋)李昉等《太平广记》卷一八四《贡举七·黄生》引《尚书故实》:"有黄生者,擢进士第,人问与颜同房否,对曰:'别洞。'黄本溪洞豪姓,生故以此对。人虽哈之,亦赏其直实也。"按《尚书故实》:"有黄金生者,擢进士第,人问:'与颜同房否?'对曰:'别洞。'黄本溪洞豪姓,生故以此对。人虽哈之,亦赏其真实也。"

《登科记考》卷二七《附考·进士科》录载黄金生。

【萧轩】应进士举。

《秦晋豫新出墓志蒐佚》七五〇,萧颙撰、萧轩书开成三年(838)正月二十三日《大唐正一盟威二十四阶兰陵萧炼师墓方石文》:"炼师讳去尘,会稽郡山阴人……生子男二人,女一人。长男颙,仲男轩,皆应进士举。"

【萧粲】兰陵人。进士及第。终官左金吾卫胄曹。

《秦晋豫新出墓志蒐佚》六三一,程纲撰贞元五年(789)十二月三日《唐故兰陵萧夫人墓志铭并叙》:"夫人姓萧氏,兰陵人也,前河南府渑池县尉广平程纲之妻……九代祖梁宣皇帝。大父景猷,淄州司士。考粲,进士高第,终左金吾卫胄曹。"

【萧颙】应进士举。

《秦晋豫新出墓志蒐佚》七五〇,萧颙撰、萧轩书开成三年(838)正月二十三日《大唐正一盟威二十四阶兰陵萧炼师墓方石文》:"炼师讳去尘,会稽郡山阴人……生子男二人,女一人。长男颙,仲男轩,皆应进士举。"

【曹翊】新安人,父全晸官至招讨使。登第。官福州牧。

《登科记考补正》卷二七《附考·进士科》补入。

嘉靖《新安名族志》下卷《曹姓·歙·佳源》:"在邑东南百里。唐招讨使(曹)全晸生二子,长曰翊,登第,福州牧,追(黄)巢授封岩将;次子曰翔,登第,南州推官,追巢封河南节度使。"按:全晸、翔名并见两《唐书》。

【曹翔】新安人,父全晸官至招讨使。登第。官河南节度使。

《登科记考补正》卷二七《附考·进士科》补入。

嘉靖《新安名族志》下卷《曹姓·歙·佳源》："在邑东南百里。唐招讨使(曹)全晸生二子,长曰翙,登第,福州牧,追(黄)巢授封岩将;次子曰翔,登第,南州推官,追巢封河南节度使。"按:全晸、翔名并见两《唐书》。

【曹鄴】晚唐登科第。

《全唐诗》第二十一册卷七一七,曹松《览春榜喜孙鄴成名》："门外报春榜,喜君天子知。旧愁浑似雪,见日总消时。塔下牡丹气,江头杨柳丝。风光若有分,无处不相宜。"

【常无为】河内温人。进士及第。官三原丞。

《全唐文》卷四二〇,常衮撰《叔父故礼部员外郎墓志铭》："宾客讳无名,字某,河内温人也。"

(宋)乐史《广卓异记》卷一九《兄弟四人进士及第》："右按《登科记》:常无欲并弟无为、无名、无求,皆进士及第。无欲、无名,又拔萃入高等。"按:《新唐书》卷七五下《宰相世系表》五下载"新丰常氏":绪,咸安令。生毅,杞王府司马。生楚珪,雍王府文学。生无名,礼部员外郎;无为,三原丞;无欲;无求,右补阙。

《登科记考补正》卷二七《附考·进士科》录载常无为。

【常无求】河内温人。进士及第。官右补阙。

《全唐文》卷四二〇,常衮撰《叔父故礼部员外郎墓志铭》："宾客讳无名,字某,河内温人也。"

(宋)乐史《广卓异记》卷一九《兄弟四人进士及第》："右按《登科记》:常无欲并弟无为、无名、无求,皆进士及第。无欲、无名,又拔萃入高等。"按:《新唐书》卷七五下《宰相世系表》五下载"新丰常氏":绪,咸安令。生毅,杞王府司马。生楚珪,雍王府文学。生无名,礼部员外郎;无为,三原丞;无欲;无求,右补阙。

《登科记考补正》卷二七《附考·进士科》录载常无求。

【常无欲】河内温人。进士及第。

《全唐文》卷四二〇,常衮撰《叔父故礼部员外郎墓志铭》："宾客讳无名,字某,河内温人也。"

(宋)乐史《广卓异记》卷一九《兄弟四人进士及第》："右按《登科记》:常无欲并弟无为、无名、无求,皆进士及第。无欲、无名,又拔萃入高等。"按:《新唐书》卷七五下《宰相世系表》五下载"新丰常氏":绪,咸安令。生毅,杞王府司马。生楚珪,雍王府文学。生无名,礼部员外郎;无为,三原丞;无欲;无求,右补阙。

《登科记考补正》卷二七《附考·进士科》录载常无欲。

【常非自】一作"常非月"。进士及第。官西河尉。

《全唐文》卷三五六常非月小传:"非月(《登科记》作"自"),官西河尉。"

(宋)李昉等《文苑英华》卷五〇三《判一》录载常非月《典同度管判》,名下注:"《登科记》作'自'。"

《登科记考补正》卷二七《附考·进士科》录载常非自(常非月)。

【崔邠】字处仁,郡望贝州武城,贯偃师,祖结官卑,父儆位吏部侍郎。进士及第,贞元元年(785)贤良方正能直言极谏科。授渭南尉,历补阙、兵部员外郎、知制诰、中书舍人、礼部侍郎、吏部侍郎,赐以金紫,官至太常卿,赠吏部尚书,谥曰文简。

《旧唐书》卷一五五《崔邠传》:"崔邠字处仁,清河武城人。祖结,父倕,官卑。邠少举进士,又登贤良方正科。贞元中授渭南尉。迁拾遗、补阙。常疏论裴延龄,为时所知。以兵部员外郎知制诰至中书舍人,凡七年。又权知吏部选事。明年,为礼部侍郎,转吏部侍郎,赐以金紫。邠温裕沉密,尤敦清俭。上亦器重之。裴垍将引为相,病难于承答,事竟寝。兄弟同时奉朝请者四人,颇以孝敬怡睦闻。后改太常卿,知吏部尚书铨事。故事,太常卿初上,大阅《四部乐》于署,观者纵焉。邠自私第去帽,亲导母舆,公卿逢者回骑避之,衢路以为荣。居母忧,岁余卒,元和十年三月也,时年六十二。赠吏部尚书,谥曰文简。弟郜、郾、郸等六人。子瓘、璜,瓘子彦融,皆登进士第,历位台阁。"

(宋)王溥《唐会要》卷七六《贡举中·制科举》:"贞元元年九月,贤良方正能直言极谏科……崔邠……及第。"《册府元龟》卷六四五《贡举部·科目》同。参考《登科记考》卷一一贞元元年制科条崔邠,嘉靖《山东通志》卷三一《人物四·东昌府》。

《新唐书》卷一六三《崔邠传》:"崔邠字处仁,贝州武城人。父倕……位吏部侍郎。邠第进士,复擢贤良方正,授渭南尉,迁补阙……久乃为太常卿,知吏部尚书铨……赠吏部尚书,谥曰文简。"

【崔行首】博陵安平人。进士及第。官拜晋州司士参军。

《秦晋豫新出墓志蒐佚续编》四五八,开元十七年(729)二月二十三日《唐故晋州司士崔府君墓志并序》:"公讳行首,博陵安平人也……皇朝秀才拜晋州司士参军。"

【崔汪】清河人,祖仁坚,父纲。及进士第。迁廷尉评,辟荆、襄、益三府,官终剑南节度判官。

《全唐文》卷四二〇,常衮撰《剑南节度判官崔君墓志铭》:"故人清河崔汪,字巨源,举秀才校文,寻佐戎卫,迁廷尉评,辟荆襄益三府,春秋若干。大历四年月日,遇疾终于成都官舍……祖仁坚,父纲,位不配才,佐郡贰邑而已。"

《登科记考补正》卷二七《附考·进士科》录载崔汪。

【崔宇】进士及第。授东畿尉。

(宋)李昉等《太平广记》卷一七《神仙十七·薛肇》引《仙传拾遗》:"薛肇,不知何许人也,与进士崔宇,于庐山读书,同志四人,二人业未成而去,崔宇勤苦,寻已擢第……崔宇既及第,寻授东畿尉。"

《登科记考补正》卷二七《附考·进士科》补入。

【崔周桢】博陵人。唐代登进士科。

《唐代墓志汇编》残志〇二五《唐故润州句容县尉褚君(峰)墓记》:"君名峰,字君石,京兆人也。早岁登进士第,调补润州□尉……""……前进士崔周桢撰。"

罗继祖《登科记考补》补入。

【崔郜】清河武城人,祖结,父倕,兄邠官至太常卿。举进士。

《旧唐书》卷一五五《崔邠传》:"崔邠字处仁,清河武城人。祖结,父倕,官卑。邠少举进士，又登贤良方正科。贞元中授渭南尉。迁拾遗、补阙。常疏论裴延龄，为时所知。以兵部员外郎知制诰至中书舍人，凡七年。又权知吏部选事。明年，为礼部侍郎，转吏部侍郎，赐以金紫。邠温裕沉密，尤敦清俭。上亦器重之。裴垍将引为相，病难于承答，事竟寝。兄弟同时奉朝请者四人，颇以孝敬怡睦闻。后改太常卿，知吏部尚书铨事。故事，太常卿初上，大阅《四部乐》于署，观者纵焉。邠自私第去帽，亲导母舆，公卿逢者回骑避之，衢路以为荣。居母忧，岁余卒，元和十年三月也，时年六十二。赠吏部尚书，谥曰文简。弟鄯、郿、郇等六人。子璀、璜，璀子彦融，皆登进士第，历位台阁。鄯少有文学，举进士。元和中，历监察御史。大和元年十月，自太子詹事拜左金吾卫大将军。鄯昆弟六人，仕官皆至三品。邠、郿、郇三人，知贡举，章铨衡。冠族闻望，为时名德。"

《新唐书》卷一六三《崔邠传》："崔邠字处仁，贝州武城人。父倕……弟鄯、郿、郇、鄯、郿。"

《登科记考》卷二七《附考·进士科》录载崔郇。

【崔育】中原人。唐代登进士科。

(宋)李昉等《太平广记》卷二六二《嗤鄙五·崔育》："唐□□□前进士崔育以中原乱离，客于边上。"

《登科记考》卷二七《附考·进士科》云崔育及第。

【崔峒】登进士科。初为拾遗，入集贤为学士，后终右补阙。

《新唐书》卷二〇三《文艺下·卢纶传》："卢纶字允言，河中蒲人……纶与吉中孚、韩翃、钱起、司空曙、苗发、崔峒、耿湋、夏侯审、李端皆能诗齐名，号'大历十才子'……峒终右补阙。"

(宋)计有功《唐诗纪事》卷三〇《崔峒》："峒登进士第，为拾遗，入集贤为学士，后终州刺史，或云终玄武令。《文艺传》：终右补阙。"

《登科记考》卷二七《附考·进士科》录载崔峒。

【崔钧】郡望博陵，贯京兆，祖儆官至尚书左丞，父元受历官高陵尉直史馆、河北行营粮料使。约在文武朝登进士科。累辟诸府，官至苏州刺史。

《全唐文补遗》第八辑，崔均撰《唐故大理评事博陵崔府君(元夫)墓志铭并序》。按：崔钧会昌三年二月撰崔元夫妻敬损之墓志时署"再从侄、摄江南西道团练推官、前进士崔钧撰"。又按：据志可知崔钧及进士第应在会昌三年(843)之前。

《全唐诗》第十六册卷五二三，杜牧《寄崔钧》："缄书报子玉，为我谢平津。自愧扫门士，谁为乞火人。词臣陪羽猎，战将骋骐骥。两地差池恨，江江醉送君。"

《旧唐书》卷一八下《宣宗》："(大中十一月十月)以太常少卿崔钧为苏州刺史。"按：崔钧兄弟登第当在文武朝。

《旧唐书》卷一六三《崔元略传》："崔元略，博陵人。祖浑之。父儆，贞元中官至尚书左丞。元略举进士，历佐使府。元和八年，拜殿中侍御史……大和三年，转户部尚书。四年，判度支。五年……卒……(弟)元受登进士第，高陵尉直史馆。元和初，于皋谟为河北行营粮料使。元受与韦岵、薛巽、王湘等皆为皋谟判官，分督供馈。既罢兵，或以皋谟隐没赃罪,除名赐死。元受从坐,皆逐岭表,竟坎壈不达而卒。子钧、铟、铢相继登进士第,辟诸侯府。"

《新唐书》卷一六〇《崔元略传》:"崔元略,博州人。父敬,贞元时终尚书左丞。元略第进士……元略弟元受、元式、元儒,皆举进士第。元受以高陵尉直史馆。元和时,于皋暮为河北行营粮料使,元受从之,督供馈。皋暮得罪,元受逐死岭表。"

《登科记考》卷二七《附考·进士科》录载崔钧。

【崔禹昌】汴州人。唐末登进士科。

(五代)孙光宪《北梦琐言》卷四《崔禹昌不识牛》:"唐世梁太祖未建国前,崔禹昌擢进士第,有别业在汴州管内。"

【崔彦回】字端源。举进士。历官拾遗、补阙、工部员外郎、金刑考功郎中,终官检校左庶子兼御史中丞。

《洛阳新获七朝墓志》,崔彦昭撰乾符四年(877)四月二日《唐故秦国太夫人赠晋国太夫人郑夫人合祔墓志》:"太夫人号太素,不字不名,所以厚流俗也……次子彦回,举进士,历拾遗、补阙、工部员外郎、金刑考功郎中,佐丞相令狐凤翔府幕职,居副倅,累授检校左庶子兼御史中丞,赐紫金鱼袋。"按:墓志署"孤子彦昭撰",《旧唐书·崔彦昭传》:"崔彦昭,字思文,清河人。父岂。彦昭,大中三年进士擢第,释褐诸侯府。"

《新唐书》卷七二下《宰相世系表》二下,彦昭父岂;长兄彦辞,彦辞子胶,字寿卿;次兄彦回,字端源。

【崔彦融】郡望贝州,贯京兆府长安县,曾祖倕官至吏部侍郎,祖邠官至吏部尚书,父璀。约在文宣朝登进士科。历户部郎中、长安令。

(唐)阙名《玉泉子》:"咸通中,韦保衡、路岩作相,除不附己者十司户:崔沆循州,李浞绣州,萧连播州,崔彦融雷州,高湘高州,张颜潘州,李觊勤州,杜裔休端州,杜彦持义州,李藻费州。"

《旧唐书》卷一九下《僖宗》:"(乾符二年)三月……以户部郎中崔彦融为长安令。"

《旧唐书》卷一五五《崔邠传》:"崔邠字处仁,清河武城人。祖结,父倕,官卑。邠少举进士,又登贤良方正科。弟鄯、郾、郸等六人。子璀、璜,璀子彦融,皆登进士第,历位台阁。"

《新唐书》卷一六四《崔邠传》:"崔邠字处仁,贝州武城人。父倕……位吏部侍郎。邠第进士……知吏部尚书铨……邠自第去帽,亲导母舆,公卿见者皆避道,都人荣之。以母忧解,卒于丧,年六十。赠吏部尚书,谥曰文简。弟鄘、郾、郇、鄯、郸……崔氏四世缌麻同爨,兄弟六人至三品,邠、郾、郸凡为礼部五,吏部再,唐兴无有也。居光德里……后京兆民即其里为'德星社'云。"

【崔绛】进士科登第。

《登科记考》卷二七《附考·进士科》云崔绛及第,见《永乐大典》引《宜春志》。

【崔铢】博陵人,祖倕官至尚书左丞,父元受历官高陵尉直史馆、河北行营粮料使。约在文武朝登进士科。累辟诸府。

《旧唐书》卷一六三《崔元略传》："崔元略，博陵人。祖浑之。父儆，贞元中官至尚书左丞。元略举进士，历佐使府。元和八年，拜殿中侍御史……大和三年，转户部尚书。四年，判度支。五年……卒……（弟）元受登进士第，高陵尉，直史馆。元和初，于皋谟为河北行营粮料使。元受与韦岵、薛巽、王湘等皆为皋谟判官，分督供馈。既罢兵，或以皋谟隐没赃罪，除名赐死。元受从坐，皆逐岭表，竟坎壈不达而卒。子钧、铜、铢相继登进士第，辟诸侯府。"

《新唐书》卷一六〇《崔元略传》："崔元略，博州人。父敬，贞元时终尚书左丞。元略第进士……元略弟元受、元式、元儒，皆举进士第。元受以高陵尉直史馆。元和时，于皋暮为河北行营粮料使，元受从之，督供馈。皋暮得罪，元受逐死岭表。"按：崔钧兄弟登第当在文武朝。

《登科记考》卷二七《附考·进士科》录载崔铢。

【崔道纪】登进士科。

（宋）李昉等《太平广记》卷一三三《报应三十三·崔道纪》引《录异记》："唐前进士崔道纪，及第后，游江淮间，遇酒醉甚，卧于客馆中……是夜道纪暴卒，时年三十五。"

《登科记考》卷二七《附考·进士科》云崔道纪及第。

【崔藏之】字含光，博陵安平人，祖玄亮官朝散大夫、雍州泾阳县丞，父无纵官朝散大夫、洛州广武县令、上柱国。进士及第。官至朝议大夫行尚书膳部员外郎，曾参与编写《四部书目》。

《全唐文补遗》千唐志斋新藏专辑，徐浩撰天宝十载（751）十一月五日《唐故朝议大夫行尚书膳部员外郎上柱国崔府君（藏之）墓志铭并序》："自魏司工尚书、幽并二大都督、恭懿公讳秉府君，生北齐赵定二州刺史讳仲琰府君，生梁袭定州刺史、博陵公讳仲哲府君，生隋处士讳公牧府君，生皇朝朝散大夫、雍州泾阳县丞讳玄亮府君，生朝散大夫、洛州广武县令、上柱国讳无纵府君，六代无违德，一行无伐善。庆积有征，源长流衍。是生府君讳藏之，字含光……开元初，上方辟图书之府，征内外之学。丽正学士、左常侍元公行冲与沙门一行特表闻荐，召入丽正殿，详注庄老。公以进而无位，退不得隐，遂应进士，一举登科。其年，上所注老经，制补集贤院直学士……以天宝九载十一月廿日，遘疾终于京兆怀真私第。春秋五十七。"

《全唐文补遗》第八辑，崔钧撰《唐故大理评事博陵崔府君（元夫）墓志铭并序》："府君讳元夫，字大端，其先博陵安平人也……王父藏之，尚书膳部员外郎……膳部府君以雄词富学登上第。"

《新唐书》卷一九九《儒学中·马怀素传》："马怀素字惟白，润州丹徒人……行冲知丽正院，又奏绍伯、利征、彦直、践猷、行果、子钊、直、煚、述、湾、玄默、钦、良金与朝邑丞冯朝隐、冠氏尉权寅献、秘书省校书郎孟晓、扬州兵曹参军韩覃王嗣琳、福昌令张怑、进士崔藏之入校丽正书。由是秘书省罢撰缉，而学士皆在丽正矣。"

《登科记考》卷二七《附考·进士科》录载崔藏之。

【崔酆】清河武城人，祖结，父倕，兄郓官至太常卿。举进士。

《旧唐书》卷一五五《崔邠传》:"崔邠字处仁,清河武城人。祖结,父儆,官卑。邠少举进士,又登贤良方正科。贞元中授渭南尉。迁拾遗、补阙。常疏论裴延龄,为时所知。以兵部员外郎知制诰至中书舍人,凡七年。又权知吏部选事。明年,为礼部侍郎,转吏部侍郎,赐以金紫。邠温裕沉密,尤敦清俭。上亦器重之。裴垍将引为相,病难于承答,事竟寝。兄弟同时奉朝请者四人,颇以孝敬怡睦闻。后改太常卿,知吏部尚书铨事。故事,太常卿初上,大阅《四部乐》于署,观者纵焉。邠自私第去帽,亲导母舆,公卿逢者回骑避之,衢路以为荣。居母忧,岁余卒,元和十年三月也,时年六十二。赠吏部尚书,谥曰文简。弟鄯、郾、郸等六人。子瓈、璜,瓈子彦融,皆登进士第,历位台阁。鄯少有文学,举进士。元和中,历监察御史。大和元年十月,自太子詹事拜左金吾卫大将军。郾昆弟六人,仕官皆至三品。邠、郾、郸三人,知贡举,章铨衡。冠族闻望,为时名德。"

《新唐书》卷一六三《崔邠传》:"崔邠字处仁,贝州武城人。父儆……弟鄮、郾、郇、鄯、郸。"

《登科记考》卷二七《附考·进士科》录载崔鄮。

【庾道蔚】新野人,父敬休官至银青光禄大夫行尚书左丞。进士及第。

《秦晋豫新出墓志蒐佚续编》八二七,庾简休撰大和九年(835)七月三十日《唐故银青光禄大夫行尚书左丞上柱国南阳郡开国公食邑二千户庾府君之墓》:"公讳敬休,字顺之,新野人也……有子三人:长曰道蔚,进士及第。"

【梁珪】进士科登第。

《登科记考》卷二七《附考·进士科》云梁珪及第,见《永乐大典》引《宜春志》。

【彭伴】建昌人,后改名休。登进士第。官至吏部员外郎,卒赠本部尚书、金紫充光禄大夫。

正德《南康府志》卷六《人物》:"彭伴,后改名休,登进士第,知明州,升吏部员外郎,赠本部尚书金紫充光禄大夫。"

四库本《江西通志》卷四九《选举·唐》元和中进士条:"彭伴,名休,建昌人,官吏部。"

【彭惟岳】进士科登第。

《登科记考》卷二七《附考·进士科》云彭惟岳及第,见《永乐大典》引《宜春志》。

【彭遵】登进士科。

《登科记考》卷二七《附考·进士科》云彭遵及第,见《永乐大典》引《宜春志》。

【董昂】进士及第。

《秦晋豫新出墓志蒐佚续编》六二六,乾元二年(759)二月九日《唐故唐州湖阳县令谯郡曹公武威郡石夫人墓志铭并序》,署"前乡贡进士董昂撰"。

【蒋兆】郡望常州义兴,贯河南府。进士及第。曾参修国史实录。

《旧唐书》卷一四九《蒋乂传》:"蒋乂字德源,常州义兴人也……蒋氏世以儒史称,不以文藻为事,唯伸及係子兆有文才,登进士第,然不为文士所誉。与柳氏、沈氏父子相继修国史实录,时推良史,京师云《蒋氏日历》,士族靡不家藏焉。"

《登科记考》卷二七《附考·进士科》云蒋兆及第。

【蒋冽】一作"蒋洌"，常州晋陵人。进士及第。终官尚书左丞。

《旧唐书》卷一八五上《良吏上·高智周传》："（蒋）会子捷，举进士。开元中，历台省，仕至湖、延二州刺史。子贵，赠扬州大都督。捷子洌、涣，并进士及第。"

（宋）乐史《广卓异记》卷一九《一家六人并进士及第》："右按《登科记》：蒋挺二子洌、涣，挺弟播，播子准，洌子悚，一家父子孙六人并进士及第。"

《新唐书》卷一〇六《高智周传》："智周所善义兴蒋子慎，有客尝视两人，曰：'高公位极人臣，而嗣少弱；蒋侯宦不达，后且兴。'子慎终达安尉。其子缯往见智周，智周方贵，以女妻之。生子挺，历湖、延二州刺史。生子洌、涣，皆擢进士。"按："缯"，《旧唐书》作"会"；"挺"，《旧唐书》作"捷"；"洌"，《旧唐书》作"冽"。

（宋）计有功《唐诗纪事》卷三二《蒋涣》："涣，仪凤宰相高智周之外曾孙，与兄洌皆第进士……（涣）终礼部尚书。洌终尚书左丞。"

《登科记考》卷二七《附考·进士科》录载蒋冽。

【蒋勋】进士科登第。

《登科记考》卷二七《附考·进士科》云蒋勋及第，见《永乐大典》引《宜春志》。

【蒋钦绪】莱州胶水人。进士及第。历官太常博士、吏部员外郎、华州长史、御史中丞，官终吏部侍郎，汴、魏二州刺史。

《新唐书》卷一一二《蒋钦绪传》："蒋钦绪，莱州胶水人。颇工文辞，擢进士第，累迁太常博士……历吏部员外郎……出为华州长史……开元十三年，以御史中丞录河南囚，宣尉百姓，振穷乏。徙吏部侍郎，历汴、魏二州刺史，卒。"

《登科记考》卷二七《附考·进士科》录载蒋钦绪。

【蒋涣】常州晋陵人。进士及第。终官礼部尚书。

《旧唐书》卷一八五上《良吏上·高智周传》："（蒋）会子捷，举进士。开元中，历台省，仕至湖、延二州刺史。子贵，赠扬州大都督。捷子洌、涣，并进士及第。"

（宋）乐史《广卓异记》卷一九《一家六人并进士及第》："右按《登科记》：蒋挺二子洌、涣，挺弟播，播子准，洌子悚，一家父子孙六人并进士及第。"

《新唐书》卷一〇六《高智周传》："智周所善义兴蒋子慎，有客尝视两人，曰：'高公位极人臣，而嗣少弱；蒋侯宦不达，后且兴。'子慎终达安尉。其子缯往见智周，智周方贵，以女妻之。生子挺，历湖、延二州刺史。生子洌、涣，皆擢进士。"按："缯"，《旧唐书》作"会"；"挺"，《旧唐书》作"捷"；"洌"，《旧唐书》作"冽"。

（宋）计有功《唐诗纪事》卷三二《蒋涣》："涣，仪凤宰相高智周之外曾孙，与兄洌皆第进士……（涣）终礼部尚书。洌终尚书左丞。"

《登科记考》卷二七《附考·进士科》录载蒋涣。

【蒋捷】一作"蒋挺"，常州晋陵人。进士及第。官至湖、延二州刺史。

《旧唐书》卷一八五上《良吏上·高智周传》："（蒋）会子捷，举进士。开元中，历台省，仕至湖、延二州刺史。子贵，赠扬州大都督。捷子洌、涣，并进士及第。"

（宋）乐史《广卓异记》卷一九《一家六人并进士及第》："右按《登科记》：蒋挺二子洌、

涣,挺弟播,播子准,洌子铢,一家父子孙六人并进士及第。"

《新唐书》卷一〇六《高智周传》:"智周所善义兴蒋子慎,有客尝视两人,曰:'高公位极人臣,而嗣少弱;蒋侯宦不达,后且兴。'子慎终达安尉。其子缯往见智周,智周方贵,以女妻之。生子挺,历湖、延二州刺史。生子洌、涣,皆擢进士。"按:"缯",《旧唐书》作"会";"挺",《旧唐书》作"捷";"洌",《旧唐书》作"冽"。

《登科记考》卷二七《附考·进士科》录载蒋捷。

【蒋播】常州晋陵人,蒋捷弟。进士及第。

(宋)乐史《广卓异记》卷一九《一家六人并进士及第》:"右按《登科记》:蒋挺二子洌、涣,挺弟播,播子准,洌子铢,一家父子孙六人并进士及第。"

《登科记考补正》卷二七《附考·进士科》录载蒋播。

【韩北渚】邓州昌黎人,吏部侍郎韩愈之孙。约在大中咸通间登进士科。历江西观察使从事。

《全唐文》卷七三五,沈亚之《送韩北渚赴江西序》:"昔者余尝得诸吏部韩昌黎公,凡游门下十有余年,北渚,公之诸孙也……今年春,进士得第,冬则宾仕于江西府。"按:北渚登第时间大致在文宣间,参考贞元七年进士科条韩愈小传。

《登科记考》卷二七《附考·进士科》云韩北渚及第。

【韩思复】字绍出,京兆长安人。进士及第。官至御史大夫。

《旧唐书》卷一〇一《韩思复传》:"韩思复,京兆长安人也。祖伦,贞观中为左卫率,赐爵长山县男。思复少袭祖爵,初为汴州司户参军……擢授司礼博士。景龙中,累迁给事中……开元初,为谏议大夫……出为德州刺史,转绛州刺史。入为黄门侍郎,加银青光禄大夫,代裴漼为御史大夫。思复性恬澹,好玄言,安仁体道,非纪纲之任。无几,转天子宾客。十三年卒……子朝宗,天宝初为京兆尹。"

《新唐书》卷一一八《韩思复传》:"韩思复字绍出,京兆长安人。祖伦,贞观中历左卫率,封长山县男。思复少孤,年十岁……笃学,举秀才高第,袭祖封。"按:思复"举秀才高第",当为进士出身。

《登科记考》卷二七《附考·进士科》录载韩思复。

【韩绛】约会昌元年(841)前登进士第。

《全唐诗》第十七册卷五四九,赵嘏《送韩绛归淮南寄韩绰先辈》:"岛上花枝系钓船,隋家宫畔水连天。江帆自落鸟飞外,月观静依春色边。门巷草生车辙在,朝廷恩及雁行联。相逢且问昭州事,曾鼓庄盆对逝川。"《全唐诗》第十六册卷五四八有薛逢《送韩绛归淮南寄韩绰先辈》。按:赵嘏会昌四年进士及第,薛逢会昌元年进士及第,其称韩绛、韩绰为前辈,则此二人当在此前及第。朱玉麒《〈登科记考〉补遗、订正》补入。

【韩绰】约会昌元年(841)前登进士第。

《全唐诗》第十七册卷五四九,赵嘏《送韩绛归淮南寄韩绰先辈》:"岛上花枝系钓船,隋家宫畔水连天。江帆自落鸟飞外,月观静依春色边。门巷草生车辙在,朝廷恩及雁行联。相逢莫问昭州事,曾鼓庄盆对逝川。"《全唐诗》第十六册卷五四八有薛逢《送韩绛归淮南寄韩绰先辈》。按：赵嘏会昌四年进士及第，薛逢会昌元年进士及第，其称韩绛、韩绰为前辈，则此二人当在此前及第。朱玉麒《〈登科记考〉补遗、订正》补入。

【韩琬】字茂贞，邓州南阳人。举茂才第，又万岁通天元年（696）举文艺优长、神龙三年（707）举贤良方正科。开元中官至殿中侍御史。

（宋）王钦若等《册府元龟》卷六四五《贡举部（七）·科目》："万岁通天元年，文艺优长科。（韩琬及第。）"

《新唐书》卷一一二《韩思彦传》："韩思彦字英远，邓州南阳人……子琬。琬字茂贞，喜交酒徒，落魄少崖检。有姻劝举茂才，名动里中。刺史行乡饮饯之，主人扬觯曰：'孝于家，忠于国，今始充赋，请行无算爵。'儒林荣之。擢第，又举文艺优长、贤良方正，连中。拜监察御史……出监河北军，兼按察使……开元中，迁殿中侍御史，坐事贬官，卒。"按：《唐会要》作"韩璘"，误。

（宋）王应麟《玉海》卷一一五《选举·唐制举》："文艺优长韩琬。""崔圆、韩思彦、琬中二科。""韩琬举茂才，名动里中。刺史行乡饮饯之，主人扬觯曰：'孝于家，忠于国，今始充赋，请行无算爵。'儒林荣之。擢第，又举文艺优长、贤良方正连中。"

《登科记考》卷四天册万岁二年（696）制举文艺优长科、同卷神龙三年（707）贤良方正科分别录载韩琬。

《登科记考补正》卷二七《附考·进士科》录载韩琬。

【韩镒】进士及第。

《秦晋豫新出墓志蒐佚续编》八三〇，大和九年（835）十月一日《唐故弘农杨夫人墓志铭并序》，署"前乡贡进士韩镒撰"。

【韩衡】望出南阳，河东永乐人，祖和官隋荡寇将军，父成官唐朝散大夫。进士出身。历官遂州青石县尉。

《全唐文补遗》第五辑，开元三年（715）十月二十二日《大唐故韩府君（孝纯）墓志并序》："君讳孝纯，其先南阳人也。齐梁间十一代祖仕至河北太守，因家河东，便为永乐人也。曾祖和，隋荡寇将军……祖成，皇朝散大夫……父衡，皇朝进士、遂州青石县尉。甲科为首，天聪自乎一德；位及化行，声振闻乎百里。"

《登科记考补正》卷二七《附考·进士科》录载韩衡，认为韩衡"是为进士科状元"。

【游山甫】建安人。登进士第。

（宋）游九言《默斋遗稿》卷下《游氏世谱》："唐至五代三百五十余年，《登科记》仅得九人：曰山甫，曰乾晦，曰芳，曰温，曰申伯，曰蔚，曰恭，曰震；而五代一人：曰邵。名又不显，惟《九国志》列传载恭字梦得，建安人，以文才见推，为杨行密知制诰。"按：《马氏南唐书》卷一〇《列传第五·游简言传》："游简言字敏中，其先建安人。父恭，登进士第，有名于时，仕吴为驾部员外郎、知制诰。"又（清）吴任臣《十国春秋》卷一一《吴十一·游恭传》："游恭，建安人，登唐进士第。博学能文辞，有名于世。初为鄂州杜洪掌书记，洪死来归，署馆驿巡官。武义改元，迁知制诰，无何卒。"

《登科记考补正》卷二七《附考·进士科》录载游山甫。

【游申伯】建安人。登进士第。

（宋）游九言《默斋遗稿》卷下《游氏世谱》："唐至五代三百五十余年，《登科记》仅得九人：曰山甫，曰乾晦，曰芳，曰温，曰申伯，曰蔚，曰恭，曰震；而五代一人：曰邵。名又不显，惟《九国志》列传载恭字梦得，建安人，以文才见推，为杨行密知制诰。"按：《马氏南唐书》卷一〇《列传第五·游简言传》："游简言字敏中，其先建安人。父恭，登进士第，有名于时，仕吴为驾部员外郎、知制诰。"又（清）吴任臣《十国春秋》卷一一《吴十一·游恭传》："游恭，建安人，登唐进士第。博学能文辞，有名于世。初为鄂州杜洪掌书记，洪死来归，署馆驿巡官。武义改元，迁知制诰，无何卒。"

《登科记考补正》卷二七《附考·进士科》录载游申伯。

【游芳】建安人。登进士第。

（宋）游九言《默斋遗稿》卷下《游氏世谱》："唐至五代三百五十余年，《登科记》仅得九人：曰山甫，曰乾晦，曰芳，曰温，曰申伯，曰蔚，曰恭，曰震；而五代一人：曰邵。名又不显，惟《九国志》列传载恭字梦得，建安人，以文才见推，为杨行密知制诰。"按：《马氏南唐书》卷一〇《列传第五·游简言传》："游简言字敏中，其先建安人。父恭，登进士第，有名于时，仕吴为驾部员外郎、知制诰。"又（清）吴任臣《十国春秋》卷一一《吴十一·游恭传》："游恭，建安人，登唐进士第。博学能文辞，有名于世。初为鄂州杜洪掌书记，洪死来归，署馆驿巡官。武义改元，迁知制诰，无何卒。"

《登科记考补正》卷二七《附考·进士科》录载游芳。

【游邵】建安人。五代时登进士第。

（宋）游九言《默斋遗稿》卷下《游氏世谱》："唐至五代三百五十余年，《登科记》仅得九人：曰山甫，曰乾晦，曰芳，曰温，曰申伯，曰蔚，曰恭，曰震；而五代一人：曰邵。名又不显，惟《九国志》列传载恭字梦得，建安人，以文才见推，为杨行密知制诰。"按：《马氏南唐书》卷一〇《列传第五·游简言传》："游简言字敏中，其先建安人。父恭，登进士第，有名于时，仕吴为驾部员外郎、知制诰。"又（清）吴任臣《十国春秋》卷一一《吴十一·游恭传》："游恭，建安人，登唐进士第。博学能文辞，有名于世。初为鄂州杜洪掌书记，洪死来归，署馆驿巡官。武义改元，迁知制诰，无何卒。"

《登科记考补正》卷二七《附考·进士科》录载游邵。

【游乾晦】建安人。登进士第。

（宋）游九言《默斋遗稿》卷下《游氏世谱》："唐至五代三百五十余年，《登科记》仅得九人：曰山甫，曰乾晦，曰芳，曰温，曰申伯，曰蔚，曰恭，曰震；而五代一人：曰邵。名又不显，惟《九国志》列传载恭字梦得，建安人，以文才见推，为杨行密知制诰。"按：《马氏南唐书》卷一〇《列传第五·游简言传》："游简言字敏中，其先建安人。父恭，登进士第，有名于时，仕吴为驾部员外郎、知制诰。"又（清）吴任臣《十国春秋》卷一一《吴十一·游恭传》："游恭，建安人，登唐进士第。博学能文辞，有名于世。初为鄂州杜洪掌书记，洪死来归，署馆驿巡官。武义改元,迁知制诰,无何卒。"

《登科记考补正》卷二七《附考·进士科》录载游乾晦。

【游温】建安人。登进士第。

(宋)游九言《默斋遗稿》卷下《游氏世谱》:"唐至五代三百五十余年,《登科记》仅得九人:曰山甫,曰乾晦,曰芳,曰温,曰申伯,曰蔚,曰恭,曰震;而五代一人:曰邵。名又不显,惟《九国志》列传载恭字梦得,建安人,以文才见推,为杨行密知制诰。"按:《马氏南唐书》卷一〇《列传第五·游简言传》:"游简言字敏中,其先建安人。父恭,登进士第,有名于时,仕吴为驾部员外郎、知制诰。"又(清)吴任臣《十国春秋》卷一一《吴十一·游恭传》:"游恭,建安人,登唐进士第。博学能文辞,有名于世。初为鄂州杜洪掌书记,洪死来归,署馆驿巡官。武义改元,迁知制诰,无何卒。"

《登科记考补正》卷二七《附考·进士科》录载游温。

【游蔚】建安人。登进士第。

(宋)游九言《默斋遗稿》卷下《游氏世谱》:"唐至五代三百五十余年,《登科记》仅得九人:曰山甫,曰乾晦,曰芳,曰温,曰申伯,曰蔚,曰恭,曰震;而五代一人:曰邵。名又不显,惟《九国志》列传载恭字梦得,建安人,以文才见推,为杨行密知制诰。"按:《马氏南唐书》卷一〇《列传第五·游简言传》:"游简言字敏中,其先建安人。父恭,登进士第,有名于时,仕吴为驾部员外郎、知制诰。"又(清)吴任臣《十国春秋》卷一一《吴十一·游恭传》:"游恭,建安人,登唐进士第。博学能文辞,有名于世。初为鄂州杜洪掌书记,洪死来归,署馆驿巡官。武义改元,迁知制诰,无何卒。"

《登科记考补正》卷二七《附考·进士科》录载游蔚。

【游震】建安人。登进士第。

(宋)游九言《默斋遗稿》卷下《游氏世谱》:"唐至五代三百五十余年,《登科记》仅得九人:曰山甫,曰乾晦,曰芳,曰温,曰申伯,曰蔚,曰恭,曰震;而五代一人:曰邵。名又不显,惟《九国志》列传载恭字梦得,建安人,以文才见推,为杨行密知制诰。"按:《马氏南唐书》卷一〇《列传第五·游简言传》:"游简言字敏中,其先建安人。父恭,登进士第,有名于时,仕吴为驾部员外郎、知制诰。"又(清)吴任臣《十国春秋》卷一一《吴十一·游恭传》:"游恭,建安人,登唐进士第。博学能文辞,有名于世。初为鄂州杜洪掌书记,洪死来归,署馆驿巡官。武义改元,迁知制诰,无何卒。"

《登科记考补正》卷二七《附考·进士科》录载游震。

【富嘉谟】雍州武功人。举进士。历官晋阳尉、寿安尉、左台监察御史。有文集五卷。

《旧唐书》卷一九〇《文苑中·富嘉谟传》:"富嘉谟,雍州武功人也。举进士。长安中,累转晋阳尉,与新安吴少微友善,同官。先是,文士撰碑颂,皆以徐、庾为宗,气调渐劣。嘉谟与少微属词,皆以经典为本,时人钦慕之,文体一变,称为富吴体。嘉谟作《双龙泉颂》《千蠋谷颂》,少微撰《崇福寺钟铭》,词最高雅,作者推重。并州长史张仁亶待以殊礼,坐必同榻。嘉谟后为寿安尉,预修《三教珠英》。中兴初,为左台监察御史,卒。有文集五卷。"

《登科记考》卷二七《附考·进士科》录载富嘉谟。

【谢石】宣州人。晚唐登进士科。

《全唐诗》第十八册卷六〇六,林宽有《送谢石前辈归宣州》诗。

(清)李调元《全五代诗》卷八六,林宽《献同年孔郎中》:"炊琼燕桂帝关居,卖尽寒衣典尽书……蟾枝交彩清兰署,鸾珮排光映玉除。"按:林宽为晚唐人,则谢石当于彼时登第也。

施子愉《登科记考补正》补入。

【谢苌】约唐末登进士科。

《登科记考》卷二七《附考·进士科》云谢苌及第,注:"以上《永乐大典》引《宜春志》。"

【谢辟】登进士科。

《登科记考》卷二七《附考·进士科》云谢辟及第,见《永乐大典》引《宜春志》。

【谢鹗】南康人。唐末举进士。仕吴越。

(清)李调元《全五代诗》卷七三《谢鹗》:"鹗,南康人。仕吴越。"

(清)吴任臣《十国春秋》卷八五《吴越九·谢鹗传》:"谢鹗,南康人。举唐进士……及长,善为诗,有文名,仕武肃王为□□□。宝大时,朱行先勤王事而殁,鹗为撰墓志铭,文章雅赡,一时推许。"

胡可先《〈登科记考〉匡补续编》补入。

【蒲□】蜀人。进士及第。

《全唐诗》第六册卷二〇〇,岑参《送蒲秀才擢第归蜀》:"去马疾如飞,看君战胜归。新登郗诜第,更著老莱衣。汉水行人少,巴山客舍稀。向南风候暖,腊月见春辉。"

《登科记考补正》卷二七《附考·进士科》录载蒲□。

【路□网】进士及第。

《大唐西市博物馆藏墓志》四六八,唐徽撰并书乾符五年(878)十一月十一日《唐故渭南县丞赐绯鱼袋韦公夫人汝南周氏墓志铭》:"夫人年十九,归韦氏……夫人生一女,适司勋员外郎路□网,登进士□,名知于□。"按:据志文推测,路□网当为进士出身。

【路敬淳】贝州临清人,父文逸官至申州司马。举进士。历官司礼博士、太子司议郎、崇贤馆学士,卒赠秘书少监。

《旧唐书》卷一八九下《儒学下·路敬淳传》:"路敬淳,贝州临清人也。父文逸……贞观末,官至申州司马。敬淳与季弟敬潜俱早知名。敬淳尤勤学,不窥门庭,遍览坟籍,而孝友笃敬……后举进士。天授中,历司礼博士、太子司议郎,兼修国史,仍授崇贤馆学士……敬淳尤明谱学,尽能究其根源枝派,近代已来,无及之者。撰《著姓略记》十卷,行于时。又撰《衣冠本系》,未成而死。神龙初,追赠秘书少监。敬潜仕至中书舍人。"

《登科记考》卷二七《附考·进士科》录载路敬淳。

【源乾曜】相州临漳人，祖师（民）官比（刑）部侍郎，父直心官司刑太常伯。举进士。开元年间官至宰相，终官太子少傅，封安阳郡公，卒赠幽州大都督。

《旧唐书》卷九八《源乾曜传》："源乾曜，相州临漳人。隋比部侍郎师之孙也。父直心，高宗时为司刑太常伯，坐事配流岭南而卒。乾曜举进士，景云中，累迁谏议大夫……乾曜寻出为梁州都督。开元初，邠王府僚吏有犯法者，上令左右求堪为王府长史者，太常卿姜皎荐乾曜公清有吏干，因召见与语。乾曜神气清爽，对答皆有伦序，上甚悦之，乃拜少府少监，兼邠王府长史。寻迁户部侍郎兼御史中丞。无几，转尚书左丞。四年冬，擢拜黄门侍郎、同紫微黄门平章事。旬日，与姚元之俱罢知政事……八年春，复为黄门侍郎、同中书门下三品，寻加银青光禄大夫，迁侍中……十年十一月，敕中书门下共食实封三百户，自乾曜及张嘉贞始也。乾曜后扈从东封，拜尚书左丞相，仍兼侍中……十七年夏，停兼侍中事。其秋，迁太子少师，以祖名师，固辞，乃拜太子少傅，封安阳郡公。十九年，驾幸东都，乾曜以年老辞疾，不堪扈从，因留京养疾。是年冬卒，诏赠幽州大都督。"

《新唐书》卷一二七《源乾曜传》："源乾曜，相州临漳人。祖师民，隋刑部侍郎。父直心，高宗时太常伯，流死岭南。乾曜第进士。神龙中，以殿中侍御史黜陟江东，奏课最，频迁谏议大夫。"按："祖师民"，《旧唐书》作"祖民"。

《登科记考》卷二七《附考·进士科》录载源乾曜。

【褚峰】字君石，京兆人。唐代登进士科。官至润州句容县尉。

《唐代墓志汇编》残志〇二五《唐故润州句容县尉褚君（峰）墓记》："君名峰，字君石，京兆人也。早岁登进士第，调补润州□尉"，"前进士崔周桢撰"。

《登科记考补正》卷二七《附考·进士科》增补。

【裴元质】河东人。进士及第。

（唐）张鷟《朝野金载》卷三："河东裴元质初举进士。明朝唱策，夜梦一狗从窦出，挽弓射之，其箭遂撇。以为不祥，问曹良史，曰：'吾往唱策之夜，亦为此梦。梦神为吾解之曰：狗者，第字头也；弓，第字身也；箭者，第竖也；有撇为第也。'寻而唱第，果如梦焉。"

《登科记考》卷二七《附考·进士科》录载裴元质，考："河东裴元质举进士得第，见《太平广记》引《朝野金载》。"

【裴守真】绛州稷山人，父眘历官淮南郡司户、鄺县令。进士及第，又应八科举。历官乾封尉、太常博士、司府丞、汴州司录、成州刺史，终官宁州刺史。

《旧唐书》卷一八八《孝友·裴守真传》："裴守真，绛州稷山人也。后魏冀州刺史叔业六世孙也。父眘，大业中为淮南郡司户……贞观中，官至鄺令……守真早孤，事母至孝……初举进士，及应八科举，累转乾封尉，属永淳初关中大饥，守真尽以俸禄供姊及诸甥，身及妻子粗粝不充，初无倦色。寻授太常博士……守真天授中为司府丞，则天特令推究诏狱，务存平恕，前后奏免数十家。由是不合旨，初为汴州司录，累转成州刺史。为政不务威刑，甚为人吏所爱。俄转宁州刺史，成州人送出境者数千人。长安中卒。"

《新唐书》卷一二九《裴守真传》："裴守真，绛州稷山人，后魏冀州刺史叔业六世孙。

父睿,隋大业中为淮安司户参军……守真……举进士,六科连中,累调乾封尉……天授中,为司府丞,推核诏狱,多裁恕,全免数十姓。不合武后旨,出为汴州司马。累迁成州刺史,政不务威严,吏民两怀之。徙宁州,送者千数,出境尚不止。长安中卒,赠户部尚书。"

(宋)王应麟《玉海》卷一一五《选举·唐制科》:"裴守真六科连中。"

《登科记考》卷二上元三年(676)制科录作裴守贞,卷二七《附考·进士科》录作裴守真。

【裴诣】约宪宣中登进士科。历监察御史里行、桂管节度使支使。

(唐)杜牧《樊川文集》卷一九《裴诣除监察御史里行桂管支使等制》:"敕。前郓曹濮等州观察支使、朝散大夫、试大理评事裴诣等。守臣有司,上言请士,皆曰诣等士族之中有政事科名,清廉公谨,尝经职守,称有才能。古人于一饭之恩,尚有杀身以报,况于知己,得不勉之。可依前件。"参考《文苑英华》卷四一二《中书制诰》、《全唐文》卷七四九。按:杜牧讲到的"政事科名"即指登科。

【裴夏日】河东闻喜人,子政官至凤翔少尹、右庶子。进士及第。赠工部郎中。

《全唐文补遗》第四辑,李定之撰长庆元年(821)十一月十六日《唐故襄城县尉范阳卢公搏夫人河东裴氏墓志铭并序》:"夫人其先河东闻喜人也……曾祖夏日,进士及第,累赠工部郎中。祖政,凤翔少尹、右庶子。"

《登科记考补正》卷二七《附考·进士科》录载裴夏日。

【裴睿】河东闻喜人。进士及第,又第明经。历官许州司户、□□郎。

《全唐文》卷四七九,许孟容撰《唐故侍中尚书右仆射赠司空文献公裴公(耀卿)神道碑铭并序》:"耀卿字子涣,河东闻喜人也……王父睿,皇朝举秀才,授许州司户。登明经高科,迁□□郎。"

《登科记考补正》卷二七《附考·进士科》、同卷《附考·明经科》分别录载裴睿。按:唐人登进士第后又第明经者极为鲜见,许孟容、裴睿是也。

【裴懿】萧山人。约在长庆前后登进士科。历陕郊从事,终官使下员外郎。

《全唐文》卷七八一李商隐《为裴懿无私祭薛郎中衮文》:"两书上第,五辟名公。"按:李商隐约在长庆元年及第,裴懿女咸通十年四十九岁,则裴懿应在长庆前后登第。

《唐代墓志汇编》咸通○八○○《盖》失:"(君)以咸通十年……终于家,享年四十九,娶河东裴氏。先府君讳懿,登进士第,从事陕郊,终使下员外。"

《登科记考》卷二七《附考·进士科》云裴懿及第。

【黎球】约唐末登进士科。历吴百胜军指挥使、梁虔州防御使。

《登科记考》卷二七《附考·进士科》云黎球及第,注:"以上《永乐大典》引《宜春志》。"

四库本《江西通志》卷三〇《武事二·五代》:"(天祐)八年冬十二月,百胜军指挥使黎球杀卢延昌而代之,梁以球为虔州防御使。球卒,牙将李彦图代知州事。"

【滕亢】苏州人。进士及第。

《全唐诗》第六册卷二〇〇，岑参《送滕亢擢第归苏州拜亲》："送尔姑苏客，沧波秋正凉。橘怀三个去，桂折一枝将。湖上山当舍，天边水是乡。江村人事少，时作捕鱼郎。"

《登科记考》卷二七《附考·进士科》录载滕亢。

【颜方侨】琅琊临沂人，晋侍中颜含十四代孙。进士及第。官宫门丞。

《全唐文》卷三三九，颜真卿撰《晋侍中右光禄大夫本州大中正西平靖侯颜公（含）大宗碑》："公讳含，字宏都。琅琊临沂人……十四代孙温之，有志行，举方正，司门郎中。……方侨，进士，宫门丞。"

《登科记考》卷二七《附考·进士科》录载颜方侨。

【颜式宣】琅琊临沂人，晋侍中颜含十四代孙。进士及第。官殿中侍御史。

《全唐文》卷三三九，颜真卿撰《晋侍中右光禄大夫本州大中正西平靖侯颜公（含）大宗碑》："公讳含，字宏都。琅琊临沂人……十四代孙温之，有志行，举方正，司门郎中。……式宣、清修，进士，殿中侍御史。"

《登科记考》卷二七《附考·进士科》录载颜式宣。

【颜孝悌】琅琊临沂人，晋侍中颜含十四代孙。进士及第。官评事。

《全唐文》卷三三九，颜真卿撰《晋侍中右光禄大夫本州大中正西平靖侯颜公（含）大宗碑》："公讳含，字宏都。琅琊临沂人……十四代孙温之，有志行，举方正，司门郎中。……顺、孝悌，进士，评事。"

《登科记考》卷二七《附考·进士科》录载颜孝悌。

【颜希庄】琅琊临沂人，晋侍中颜含十二代孙。进士及第。官银青和州刺史。

《全唐文》卷三三九，颜真卿撰《晋侍中右光禄大夫本州大中正西平靖侯颜公（含）大宗碑》："公讳含，字宏都。琅琊临沂人……十二代孙中和，渝州刺史。……希庄，进士，银青和州刺史。"

《登科记考》卷二七《附考·进士科》录载颜希庄。

【颜荛】约在咸通中登进士科。历尚书郎、中书舍人。

《全唐文》卷八二九，颜荛《颜上人集序》："颜公姓薛氏，字茂圣。少工为五言诗，天赋其才，迥超名辈。荛同年文人故许州节度使尚书薛公字大拙，以文人不言其名，擅诗名于天下，无所与让。唯于颜公，许待优异。每吟其警句，常曰：'吾不喜颜为僧，嘉有诗僧为吾枝派，以增薛氏之荣耳。'性端静寡合，而价誉自彰。名公钜人，争识其面。余景福间为尚书郎，故相国陆希声为给事中。一日谓余曰：'颜公自荆门惠然访我，兴尽而去。无以赠其行，请于知交赋送别。'余亦勉为应命，而莫之披睹也。后数载，余罢自合江，沿浃流而下，至荆之日，方遂疑阙。阅其篇章，睹其仪相，然后知师之盛名不虚得也。向之送别者，自故太傅相国韦政公而下，凡四十三首。余亦别为一卷，陆相公为序。余继忝清华荐兼史任，宜以师之名字书于文苑传中。缉编未遑，漏略是惧。今且掇师之序于诗集之前，其五言七字诗凡四百篇。"

（清）李调元《全五代诗》卷六二《颜荛》："荛登进士第，昭宗时，为中书舍人。后依湖南马氏。"

【颜顺】琅琊临沂人,晋侍中颜含十四代孙。进士及第。官评事。

《全唐文》卷三三九,颜真卿撰《晋侍中右光禄大夫本州大中正西平靖侯颜公(含)大宗碑》:"公讳含,字宏都。琅琊临沂人……十四代孙温之,有志行,举方正,司门郎中。……顺、孝悌,进士,评事。"

《全唐文》卷三四○,颜真卿撰《唐故通议大夫行薛王友柱国赠秘书少监国子祭酒太子太保颜君(惟贞)碑铭》:"君讳惟贞,字叔坚……康成、强学、希庄、日损、隐朝、邻几、知微、舒、说、顺、胜、式宣、韶,并进士、制举。"

《登科记考补正》卷二七《附考·进士科》录载颜顺。

【颜胜】琅琊临沂人,晋侍中颜含十四代孙。进士及第。官左补阙。

《全唐文》卷三三九,颜真卿撰《晋侍中右光禄大夫本州大中正西平靖侯颜公(含)大宗碑》:"公讳含,字宏都。琅琊临沂人……十四代孙温之,有志行,举方正,司门郎中。……胜,进士,左补阙。"

《登科记考》卷二七《附考·进士科》录载颜胜。

【颜康成】琅琊临沂人,晋侍中颜含十二代孙。进士及第。官太子舍人、崇文馆学士。

《全唐文》卷三三九,颜真卿撰《晋侍中右光禄大夫本州大中正西平靖侯颜公(含)大宗碑》:"公讳含,字宏都。琅琊临沂人……十二代孙中和,渝州刺史。……康成,进士,太子舍人、崇文馆学士。"

《登科记考》卷二七《附考·进士科》录载颜康成。

【颜清修】琅琊临沂人,晋侍中颜含十四代孙。进士及第。官殿中侍御史。

《全唐文》卷三三九,颜真卿撰《晋侍中右光禄大夫本州大中正西平靖侯颜公(含)大宗碑》:"公讳含,字宏都。琅琊临沂人……十四代孙温之,有志行,举方正,司门郎中。……式宣、清修,进士,殿中侍御史。"

《登科记考》卷二七《附考·进士科》录载颜清修。

【颜隐朝】琅琊临沂人,晋侍中颜含十三代孙。进士及第,拔萃登科。官河北尉。

《全唐文》卷三三九,颜真卿撰《晋侍中右光禄大夫本州大中正西平靖侯颜公(含)大宗碑》:"公讳含,字宏都。琅琊临沂人……十三代孙大智,并州录事参军。隐朝,进士拔萃河北尉。"

《全唐文》卷三四○,颜真卿撰《唐故通议大夫行薛王友柱国赠秘书少监国子祭酒太子太保颜君(惟贞)碑铭》:"君讳惟贞,字叔坚……康成、强学、希庄、日损、隐朝、邻几、知微、舒、说、顺、胜、式宣、韶,并进士、制举。"

《登科记考》卷二七《附考·进士科》录载颜朝隐。按:据颜真卿文,"朝隐"当为"隐朝"。

【颜韶】琅琊临沂人,晋侍中颜含十五代孙,颜真卿侄。进士及第。官濮阳尉。

《全唐文》卷三三九,颜真卿撰《晋侍中右光禄大夫本州大中正西平靖侯颜公(含)大宗碑》："公讳含,字宏都。琅琊临沂人……十五代孙逸,好文,武康令。……韶,有才气,工诗策,进士,濮阳尉。"

《登科记考》卷二七《附考·进士科》录载颜韶。

【颜觐】琅琊临沂人。进士及第。

《全唐文》卷三四〇,颜真卿撰《唐故通议大夫行薛王友柱国赠秘书少监国子祭酒太子太保颜君(惟贞)碑铭》："君讳惟贞,字叔坚……觐,有文行,宏文,进士。"

《登科记考补正》卷二七《附考·进士科》录载颜觐。

【潘图】约在文宗前后登进士科。

《全唐文》卷七四一,潘图《唐彭城刘府君墓志》："以开成元年十一月二十五日,卒于私第。"则潘图所处的时代应在开成前后。

《登科记考》卷二七《附考·进士科》云潘图及第,见《永乐大典》引《宜春志》。

【薛诉】大中九年(855)前进士及第。

(唐)裴庭裕《东观奏记》卷下："(大中九年)初裴谂兼上铨,主试宏、拔两科。其年争名者众,应宏词选,前进士苗台符、杨严、薛诉、李询古、敬翊一十五人就试。谂宽豫仁厚,有赋题不密之说。前进士柳翰,京兆尹柳憙之子也。故事,宏词科只三人,翰在选中。不中选者言翰于谂处先得赋题,讬词人温庭筠为之。翰既中选,其声聒不止,事彻宸听。杜德公时为中书舍人,言于执政曰:'某两为考官,未试宏词,先镆考官,然后考文书。若自先得赋题者必佳,糊名考文书得佳者,考官乃公。当罪止,考官不合坐。'宏词赵柷,丞相令狐绹故人子也,同列将以此事嫁患于令狐丞相,丞相逐之,尽覆去。"据此,苗台符、杨严、薛诉、李询古、敬翊、柳翰等人皆进士及第。

《登科记考补正》卷二七《附考·进士科》录载薛诉。

【薛胜】河东人。登进士第。

《全唐文》卷六一八,薛胜小传:"胜,河东人,赠刑部侍郎,存诚父,登进士第。"

《旧唐书》卷一五三《薛存诚传》："薛存诚字资明,河东人。父胜能文,尝作《拔河赋》,词致浏亮,为时所称。"

《登科记考补正》卷二七《附考·进士科》录载薛胜。

【薛衮】晚唐两书上第。五辟使府。

《全唐文》卷七八一,李商隐《为裴懿无私祭薛郎中衮文》:"(薛衮)两书上第,五辟名公。"按:参考本书进士科条裴懿书证。

《登科记考》卷二七《附考·进士科》录载薛衮。

【薛推】晚唐登进士科。

(唐)黄滔《黄御史集》卷七有《薛推先辈启》:"滔体物非工,属词无取,每欲效颦于越女,常思裂撰于灵光。今者先辈提江笔以云飞,掷孙金而羽化。贤愚塞望,远近腾声。凡是怀刺来人,操觚学者,莫不竞为市诣,争作镜窥。所以耻不游门,勇于执靮。遂投鄙拙,上渎精奇。仁聆架屋之讥,莫俟披沙之谕。岂料蓂闻抚掌,翻获知音。林先辈至,伏话仁恩,超越涯分,对彼莺迁之侣,当于凤集之时。遽起兰言,爰开金口,大垂激发,曲赐吹嘘。荣迈序都,事逾折简。倾身耸听,局影瞻风。如飞冰雪以清心,若韵笙簧而到耳。感深旋泣,喜极增忧。未知腹蟹行踪,巢蚊寓迹。获采片言于叔向,何酬一字于仲尼。虽切朝暾,尤加夕惕。然而伏念近世以科网英髦,榜张取舍,虽例从都试,实采自众闻。故其负艺而来,怀才以至。是皆阍投哲匠,神拜先鸣。苟有所称,便驰殊誉。然后方冲桂丹,递蹑蓬山。如滔今则有此遭逢,受此奖录,来从特异,出自非常。便可释疑,永将去惑。虽惭陋质,粗抱丹心。既得地以戴邱,倍推诚而倚玉。在面陈而莫尽,于笔写以宁周。攀感依投,不任荣惧。谨诣宅祗候起居陈谢。"按:此为黄滔未第时求薛推为其延誉之书信。黄滔于乾宁二年登进士第,则薛推登第当在此之前。施子愉《登科记考补正》补入。

【戴光义】进士科登第。

《登科记考》卷二七《附考·进士科》云戴光义及第,见《永乐大典》引《宜春志》。

【戴迟】约咸通前后登进士科。

《登科记考》卷二七《附考·进士科》云戴迟及第,见《永乐大典》引《宜春志》。

【戴叔伦】字幼公,润州金坛人。登进士科。历湖南观察使从事、江西观察使从事、试抚州刺史,封谯县男,加金紫服,卒容管经略使。

《全唐文》卷五〇二,权德舆撰《朝散大夫使持节都督容州诸军事守容州刺史兼侍御史充本管经略招讨制置等使谯县开国男赐紫金鱼袋戴公(叔伦)墓志铭并序》:"维贞元五年夏四月,容州刺史经略使侍御史谯县男戴公至部之三月,以疾受代,回车瓯骆。六月甲申,次于清远峡而薨,春秋五十八。明年正月庚申,返葬于金坛玉京原之旧封,宜叙世德,以识幽爱云。公讳叔伦,字幼公,本谯国人。共先在宋为公族,于汉为儒宗,东汉则有司徒涉,西晋则有司农逯。逯后南渡,始居丹徒,八叶至宋临湘侯明宝,明宝曾孙梁左丞暠,暠元孙皇德州司士好问,公之曾王父也。王父修誉,父育用,皆自縻天爵,不顾翘车,传次君之礼文,尽通奥旨,师安道之晦德,尤恶知名,故世风纯庆,及公而发。公早以词艺振嘉闻,中以材术商功利,终以理行敷教化。"

《新唐书》卷一四三《戴叔伦传》:"戴叔伦字幼公,润州金坛人……嗣曹王皋领湖南、江西,表在幕府。皋讨李希烈,留叔伦领府事,试守抚州刺史……封谯县男,加金紫服……迁容管经略使……代还,卒于道,年五十八。"

(宋)晁公武《郡斋读书志校证》卷一八《别集类中》录《戴叔伦述稿》十卷,注:"右唐戴叔伦幼公也。润州人。为人温雅,善举止。中进士第,累迁容管经略使,政治称最。"

(元)辛文房撰,傅璇琮主编《唐才子传校笺》(册二)卷五《戴叔伦》:"叔伦字幼公,润州金坛人……贞元十六年陈权榜进士。"

《登科记考》卷一四,贞元十六年(800)进士科录载戴叔伦,所据史料为《唐才子传》。《登科记考补正》卷二七《附考·进士科》据权德舆所撰戴叔伦墓志,改系附考。

【魏叔虹】一作"魏升卿""魏昇卿",洛阳人。进士及第。

《全唐诗》第六册卷一九九,岑参《送魏升卿擢第归东都因怀魏校书陆浑乔潭》:"井上桐叶雨,灞亭卷秋风。故人适战胜,匹马归山东……君不见三峰直上五千仞,见君文章亦如此。如君兄弟天下稀,雄辞健笔皆若飞。"魏升卿,《全唐诗》卷一九九该诗题中注:"一作'叔虹'。"《元和姓纂》卷八《西祖裴氏》:"(魏)绰生孟驯、叔敖、仲犀、叔虬、季龙……叔虬,京兆户曹。"岑仲勉校:"《岑嘉州诗》有进士魏叔虹,一作'升卿',时代相当,谅即其人。以彼昆仲——仲犀、季龙——等名考之,则作'虬'者近是。"

《登科记考》卷二七《附考·进士科》录载魏叔虹(魏升卿)。

【魏恬】字安礼,玄同子,进士及第。开元中官至颍王傅。

《旧唐书》卷八七《魏玄同传》:"魏玄同,定州鼓城人也。举进士……子恬,开元中为颍王傅。"

《新唐书》卷一一七《魏玄同传》:"玄同字和初,定州鼓城人。祖士廓,仕齐为轻车将军。玄同进士擢第,调长安令……玄同子恬,字安礼,事亲以孝闻。第进士,为御史主簿。开元中。至颍王傅。"

《登科记考》卷二七《附考·进士科》录载魏恬。

【繁知一】秭归人。进士及第。

嘉靖《归州志》卷四《人物·科第》云繁知一登第。

附考明经

【□黄中】姓氏未详,字黄中,河南人。明经擢第,解褐眉州参军。历河间县丞、睢阳郡录事参军、冯翊郡司户参军。

《秦晋豫新出墓志蒐佚续编》五四五,天宝三载(744)六月二十九日《唐□黄中墓志》:"公讳黄中,字黄中,河南人也……公明经擢第,解褐眉州参军,历河间县丞、睢阳郡录事参军、冯翊郡司户参军,所莅皆以清白,进除大理寺丞。"

【万民】字协,潞州上党人。明经及第。官至当阳县丞、朝散大夫上骑都尉。

《秦晋豫新出墓志蒐佚》二四九,天册万岁二年(696)正月二十八日《周故前当阳县丞朝散大夫上骑都尉万府君墓志铭》:"君讳民,字协,潞州上党人也……年甫明经及第,拜为本州博士。"按:志文"年甫"之后疑有阙字。

【马全庆】字休复,扶风人。以明经及第。试左卫兵曹参军,终官朝散大夫、衢王友、上柱国。

《秦晋豫新出墓志蒐佚续编》八六六,阎衡撰大中元年(847)十月十一日《唐故朝散大夫衢王友上柱国扶风马君墓志铭并序》:"君讳全庆,字休复,扶风人也……洎幼学以明经及第,试左卫兵曹参军。"

【马珉】明经及第。官至开州万岁县令,赠工部尚书。

《全唐文补遗》第六辑,郑叔规撰贞元八年(792)二月十七日《唐故银青光禄大夫兵部尚书上柱国汉阳郡公赠太子少保马公(炫)墓志铭并序》:"公讳炫,字抱元……王父珉,州举明经高第,三命为开州万岁令,赠工部尚书。"

【马晞】茂陵人,祖晟官左司御率府兵曹参军,父璘官至尚书左仆射知省事兼御史大夫。明经及第。曾官太常寺奉礼郎。

《全唐文》卷六二三,熊执易撰《武陵郡王马公神道碑》:"公讳某,字某,其先茂陵人……在皇朝松、安、嵩、鄯四府都督,陇右节度,嘉、眉、鄜三州刺史,右武左武二卫大将军,扶风公,食邑千户,赠光禄卿府君讳正会,公之曾祖也;左司御率府兵曹参军、赠太子少保府君讳晟,公之皇祖也;四镇北庭泾原郑颍等节度使、开府仪同三司、尚书左仆射知省事兼御史大夫、扶风郡王,赠司徒、太尉府君讳璘,公之烈考也……公之令弟皓,右神武军将兼御史中丞……次晞,前太常寺奉礼郎。次煜,前扬州参军,并擢宏文馆明经。"

《登科记考》卷二七《附考·明经科》录载马晞。

【马煜】茂陵人,祖晟官左司御率府兵曹参军,父璘官至尚书左仆射知省事兼御史大夫。明经及第。曾官扬州参军。

《全唐文》卷六二三,熊执易撰《武陵郡王马公神道碑》:"公讳某,字某,其先茂陵人……在皇朝松、安、嵩、鄯四府都督,陇右节度,嘉、眉、鄜三州刺史,右武左武二卫大将军,扶风公,食邑千户,赠光禄卿府君讳正会,公之曾祖也;左司御率府兵曹参军、赠太子少保府君讳晟,公之皇祖也;四镇北庭泾原郑颍等节度使、开府仪同三司、尚书左仆射知省事兼御史大夫、扶风郡王,赠司徒、太尉府君讳璘,公之烈考也……公之令弟皓,右神武军将兼御史中丞……次晞,前太常寺奉礼郎。次煜,前扬州参军,并擢宏文馆明经。"

《登科记考》卷二七《附考·明经科》录载马煜。

【王玄度】阳平人。登明经科。

《唐代墓志汇编》残志〇〇四，佚名撰《有唐太子文学王公（太贞）墓志铭并序》："公讳太贞，字大正，阳平人也……曾祖君懿，高蹈不仕；祖玄度，明经登科；父修恪，安州云梦丞。"按：据志文，玄度孙太贞，孝廉擢第，官太子文学。

【王处俊】字处俊，太原人。明经及第。官终朝请大夫、汉州长史。

《大唐西市博物馆藏墓志》二三一，开元二十七年（739）《唐故朝请大夫汉州长史王公墓志铭并序》："公讳处俊，字处俊，太原人也……公诞灵冲和，由质端懿，纯行退密，经术登科。其解巾由魏王府典签，以明祀礼，敕授郊社令，次补蜀州司功，扬府户曹。"

【王台老】明经及第。

《新唐书》卷七二中《宰相世系表》二中王氏："台老，明经及第。"按：台老父建子；祖海，字巨元。

《登科记考》卷二七《附考·明经科》录载王台老。

【王郊】字文秀，琅琊临沂人。明经及第。官至奉义郎行京兆府泾阳县主簿。

《唐代墓志汇编》贞元一二六，李润撰贞元十九年（803）闰十月七日《大唐故奉义郎行京兆府泾阳县主簿王府君（郊）墓志铭并序》："公讳郊，字文秀，琅琊临沂人也。曾祖同皎，驸马都尉、琅耶文烈公，赠太子少保，尚安定长公主。祖繇，驸马都尉，琅琊懿公，赠太子太傅，尚永穆长公主。父训，累授光禄卿，娶嗣纪王纤诚之季女……公自弘文馆明经虢州弘农尉。"按：据墓志，王郊卒于贞元十九年（803），享年五十七。

【王纬】字文卿，太原人，祖景历司门员外、莱州刺史，父之咸官长安尉。举明经第。官至检校工部尚书，卒赠太子少保。

《旧唐书》卷一四六《王纬传》："王纬字文卿，太原人也。祖景，司门员外、莱州刺史。父之咸，长安尉。与昆弟之贲、之涣皆善属文。之咸以纬贵，故累赠刺史。纬举明经，又书判入等，历长安尉，出佐使府，授御史郎官，入朝为金部员外郎、剑南租庸使、检校司封郎中、彭州刺史、检校庶子兼御史中丞、西川节度营田副使。初，大历中，路嗣恭为江西观察使，陷害判官李泌，将诛之。纬亦为路嗣恭判官，说谕救解，获免。贞元三年，泌为相，擢授纬给事中。未数日，又擢为润州刺史兼御史中丞、浙江西道都团练观察使。十年，加御史大夫，兼诸道盐铁转运使。三岁，加检校工部尚书。纬性勤俭，历官清洁，而伤于苛碎，多用削刻之吏，督察巡属，人不聊生。贞元十四年卒，年七十一，废朝一日，赠太子少保。"

《新唐书》卷一七七《韦表微传》："韦皋镇西川，王纬、司空曙、独孤良弼、裴况居幕府，皆厚相推挹。"

《登科记考》卷二七《附考·明经科》录载王纬。

【王思宗】高密人。明经及第。

张忱石《徐松〈登科记考〉续补（下）》补入，疑为晚唐人。

嘉靖《河间府志》卷二〇："王思宗，高密人，世业儒，以经术仕高阳县尹。"

【王俌】字灵龟，雍州咸阳人，祖方庆相武后。明经及第。初授莫州参军，官至河北招讨副使,卒赠太常卿。

《新唐书》卷一一六《王方庆传》:"王綝,字方庆,以字显。其先自丹杨徙雍咸阳……孙俌……俌字灵龟。明经,调莫州参军,辟范阳节度使张守珪幕府。时契丹屈烈部将谋入寇,河北骚然。俌至虏中,胁说祸福,虏乃不入。安禄山叛,拜博陵、常山二太守,副河北招讨。卒,赠太常卿。"

《登科记考》卷二七《附考·明经科》录载王俌。

【王晟】祖濡历膳部员外郎、黄州刺史,父长文官礼宾使。明经及第。

《新唐书》卷七二中《宰相世系表》二中王氏:"晟,明经及第。"按:晟父长文,礼宾使;祖濡,膳部员外郎、黄州刺史。

《登科记考》卷二七《附考·明经科》录载王晟。

【王解公】明经及第。官涿郡范阳县丞。

《唐代墓志汇编续集》会昌〇三〇,贾暄撰会昌六年(846)三月朔日《唐故幽州节度押衙银青光禄大夫检校太子宾客兼监察御史太原王公(时邑)墓志铭并序》:"公讳时邑,字子泰,其先太原人也。昔因之宦,徙家于燕,乃为燕人也……祖讳解公,错综五经,深秘奥义,礼闱对策,而取十全,条奏精辩,才冠等列。首选涿郡范阳县丞……皇考讳杲,躅其先迹,以五经及第,获瀛州河间县主簿,终幽府功曹参军。"按:据志文,王解公、王杲父子二人均明经及第。

【王璠】字伯玉,琅琊人,祖德官义阳郡义阳县令,父知历颍州郡襄城县令、上柱国。以国子监太学明经擢第。授上党郡长子县主簿,官至昭庆令。

《全唐文》卷一三三,李大亮撰《昭庆令王璠清德颂碑》:"公讳璠,字伯玉,其先琅琊人也……曾祖岌,隋任北海郡长史……祖德,皇朝义阳郡义阳县令……父知,皇朝颍州郡襄城县令上柱国……(公)以国子监太学明经擢第辉扬,授上党郡长子县主簿。又任北京乐平县主簿。长子望邑,乐平帝畿,黄绶班雄,朱丝抗直。秩满授此县令。"

《登科记考》卷二七《附考·明经科》录载王璠,考:"《王君德政碑》:'公讳璠,字伯玉,其先琅琊人。以国子监太学明经擢第,授上党郡长子县主簿。'按:此与《唐书》列传所载之元和进士王璠别一人。"

【王翱】晚唐登明经科。历宣州当涂县令。

崔致远《桂苑笔耕集》卷一三《前宣州当涂县令王翱摄扬子》:"……前件官相门积庆,儒室推贤,早登孝廉之科,尝历句稽之任。"

【元□】河南洛阳人,兄察官至试左骁卫兵曹参军。明经出身。

《秦晋豫新出墓志蒐佚续编》七六七,元侗撰元和十一年(816)八月九日《唐故试左骁卫兵曹参军河南元府君墓志铭并序》:"公讳察,字朗夫,河南洛阳人也……公少失所怙,守道独立,不与杂人交奉养。太夫人孝诚温恭,进退无违。弟妹四人,皆在童幼,掬育训导,冀遂成立。及妹有归,季弟得明经出身,乃大吁曰:'吾累岁忧勤,今稍释也。'"

【元戒】明经及第。

《洛阳新获七朝墓志》,李虚中撰元和六年(811)十月十二日《唐故河中府户曹元府君夫人陇西李氏墓志铭并叙》："夫人讳真，号圆虚，陇西成纪人也……（嗣子）前乡贡明经宬。"

【韦子威】明经及第。

（宋）李昉等《太平广记》卷四五《神仙四十五·丁约》引《广异记》："唐大历中，有韦行式为西州采访使，有侄曰子威，年及弱冠，聪敏温克……后擢明经第。"

《登科记考》卷二七《附考·明经科》录载韦子威。

【韦孝思】字敬馀。明经及第，释褐补和州乌江县尉。

《秦晋豫新出墓志蒐佚》七五七。韦毅撰开成四年（839）四月四日《唐和州乌江县尉韦府君墓志铭并序》："府君讳孝思，字敬馀……举太常孝廉登第，释褐补和州乌江县尉。"按：志云孝思"孝廉登科"，当为明经及第。

【韦洄】字上流，京兆人，祖肇官至吏部侍郎，父缋官至简州刺史。约在文武朝登明经科。一假宪衔，三兼使职，历奉礼郎、户部度支。

《全唐文补遗》第七辑《唐故华州司马韦府君（洄）墓志铭》："大中甲戌岁四月十一日，华州司马杜陵韦君终于位，享年五十七。君讳洄，字上流，皇吏部侍郎、赠太尉肇之孙，皇简州刺史缋之子，明经擢第。凡历官八任：一假宪衔，三兼使职。其为奉礼郎……户部度支……归葬于京兆府万年县洪固乡李永村南。"按：洄大中八年春秋五十七卒，历官八任，其擢第当在文武朝。

【韦造】京兆万年人。弘文馆明经擢第。

《大唐西市博物馆藏墓志》三二二，韩皋撰贞元十二年（796）十二月十五日《大唐故银青光禄大夫检校工部尚书兼太府□□□尚书上柱□□城县开国男食邑三百户京兆韦公墓志铭并序》："公讳少华，字维翰，京兆万年人也……有子曰通，乡贡进士；次曰逞，前太庙斋郎；次曰造，弘文馆明经擢第。长女适潞府参军李术，幼女在保傅训育之间。"

【韦谏】明经及第。

《大唐西市博物馆藏墓志》三七一，李直方撰元和十四年（819）五月七日《唐故剑南西川南道运粮使检校尚书户部员外郎兼侍御史赐绯鱼袋京兆韦府君夫人博陵崔氏合祔墓志铭并序》："夫人姓崔氏，讳成简，字□□，博陵人也……既笄而归于韦氏……一子曰谏，端肃好礼，实儒林之庄士，既冠而明经登第。"

【公孙道育】辽西人。明经及第。官终银青光禄大夫、蔚州刺史。

《洛阳新获七朝墓志》，神龙元年（705）十一月九日《大唐故银青光禄大夫蔚州刺史公孙府君墓志铭并序》："公讳道育，其先辽西人……泊乎弱冠，业尚颛门，年甫十八，崇文生擢第，调补鲁王府主簿。"按：墓志云公孙道育"业尚颛门"，颛与专同，专门者，谓其别为一家之学。《新唐书》卷一六四《归崇敬传》："近世明经，不课其义，先取帖经，颛门废业，传受义绝。"志主"业尚颛门"，年十八崇文生擢第，当为明经出身。

【孔温裕】明经及第。小传见进士科。

《登科记考》卷二七《附考·明经科》录有孔遵孺，考："韩愈《孔戣墓志》：'子遵孺、遵宪、温裕，皆明经。'按《旧书·孔巢父传》以遵孺、温裕为登进士第，今两载之。"

【孔遵宪】明经及第。

《登科记考》卷二七《附考·明经科》录有孔遵孺,考:"韩愈《孔戣墓志》:'子遵孺、遵宪、温裕,皆明经。'按《旧书·孔巢父传》以遵孺、温裕为登进士第,今两载之。"

【孔遵孺】明经及第。小传见进士科。

《登科记考》卷二七《附考·明经科》录有孔遵孺,考:"韩愈《孔戣墓志》:'子遵孺、遵宪、温裕,皆明经。'按《旧书·孔巢父传》以遵孺、温裕为登进士第,今两载之。"

【卢迈】字子玄,范阳人。两经及第。初授太子正字,历尚书右丞同中书门下平章事、中书侍郎、太子宾客,卒赠太子太傅。

《全唐文》卷四三八作者小传:"迈字子元,范阳人。明经第,补太子正字,累迁尚书右丞。贞元九年以本官同中书门下平章事,迁中书侍郎,以疾乞休,除太子宾客。十四年卒,年六十,赠太子太傅。"按:卢迈字子元,乃清人避讳改。

《全唐文》卷五〇七,权德舆撰《故朝议大夫守太子宾客上轻车都尉赐紫金鱼袋赠太子太傅卢公(迈)行状》:"曾祖勤嘉,皇朝散大夫青州司马陇城县开国子。祖克明,皇瀛洲高阳县令,赠国子祭酒。父沼,皇陕州芮城县尉,累赠慈州刺史秘书监。河南府洛阳县遵化乡恭安里卢迈字子元年六十状。公……经明筮仕,补太子正字、蓝田尉。"

《旧唐书》卷一三六《卢迈传》:"卢迈字子玄,范阳人。少以孝友谨厚称,深为叔舅崔祐甫所亲重。两经及第,历太子正字、蓝田尉。以书判拔萃,授河南主簿,充集贤校理……迈九年以本官同中书门下平章事;岁余,迁中书侍郎……乃除太子宾客。贞元十四年卒,时年六十,赠太子太傅。"

《新唐书》卷一五〇《卢迈传》:"卢迈字子玄,河南河南人。性孝友。举明经入第,补太子正字。以拔萃调河南主簿、集贤校理……改尚书右丞。"

《登科记考》卷二七《附考·明经科》录载卢迈。

【卢仲规】约在元和至大和前后明经及第。历任金乡县令。

《千唐志斋藏志》一二〇〇,乾符五年《崔植墓志》:"夫人范阳卢氏,外王父讳仲规,明经出身,历任金乡县令。"按:墓志立于乾符五年,则其外王父及第当在元和至大和前后。

【卢行质】字子义,涿郡人。明经及第。官至陕州芮城县令。

《秦晋豫新出墓志蒐佚》七九一,赵格撰大中八年(854)十一月二十一日《唐故陕州芮城县令涿郡卢府君夫人天水赵氏墓志》:"府君讳行质,字子义……府君生而偲悦,少耽六经,未几,以孝廉入仕,解褐滑州匡城尉。"按:行质"以孝廉入仕",当为明经出身。

【卢志安】字安国,范阳涿人。太学明经擢第。官至雍州万年县丞。

《秦晋豫新出墓志蒐佚续编》三八四,卢朓撰景龙三年(709)十月二十六日《大唐故雍州万年县丞卢府君墓志铭并序》:"公讳志安,字安国,范阳涿人也……年既七岁,丁别驾府君忧,虽不杖为容,而绝浆秉性、蕴慕之至,暗合礼经汉册,登科虞庠者睹奥如太学明经擢第,解褐授左武卫铠曹。"

【卢峦】涿郡范阳人,祖审经官齐州祝阿县令,父河童历徐州丰令。明经及第。官直太常,赠郑州刺史。

《全唐文》卷四九七，权德舆撰《唐故剑南东川节度副大使知节度事管内支度营田观察处置等使正议大夫持节梓州诸军事守梓州刺史兼御史大夫护军赐紫金鱼袋赠礼部尚书卢公（坦）神道碑铭并序》："惟卢公讳坦，字保衡，涿郡范阳人也。代为北州冠族，曾祖审经，皇齐州祝阿县令。祖河童，徐州丰令。父峦，明经上第，赠郑州刺史，仍代以六百石，廉厚有循化……公始为同州韩城宣州宣城巩县河南四县尉，监察御史里行殿中侍御史内供奉，真为殿中侍御史户部员外郎，寻转库部员外郎刑部郎中，皆兼侍御史知杂事，拜御史中丞，除右庶子，又以御史中丞为宣州刺史宣歙池观察使，入为刑部侍郎，转运盐铁使户部侍郎判度支，又以御史大夫为梓州刺史剑南东川节度使。元和十二年秋九月，薨于位，其年六十九。"

《新唐书》卷七三上《宰相世系表》三上卢姓之卢峦：一为澂之子，世系为："彦卿，石门令、东宫学士。"生"大道，荆州刺史"。生"元珪，当涂令"。生"澂，丰令"。生"峦，明经直太常"。一为河童之子，世系为："士朗，殿中郎。"生"仁爽"。生"审经，瑕丘令"。生"河童，丰令"。生"峦"。生"坦，字保衡，剑南东川节度使"。按：据《卢坦神道碑》，峦当为河童之子。

【卢巽】字巽，范阳涿人。弱冠明经及第。官至京兆府云阳县尉。

《秦晋豫新出墓志蒐佚续编》六九六，杜贤撰贞元九年（793）正月二十三日《唐故京兆府云阳县尉卢府君墓志铭并序》："公讳巽，字巽，范阳涿人也……公弱冠明经及第，因随常调，侍郎达奚珣特赏书判授汝阳县主簿。"

【卢操】河东人。明经及第。历临勇尉。

《新唐书》卷七三上《宰相世系表》三上卢氏有"操"，子"寰"，孙"政，检校郎中"。

（宋）李昉等《太平御览》卷四一四《人事部五十五·孝下》引《史系》："卢操字安节，河东人。九岁通《孝经》《论语》……明经擢第。"

乾隆《山西通志》卷一四一《孝义一·平阳府·唐》："卢操，河东人，幼勤学，通《孝经》《论语》……后擢明经，授临勇尉。"

【卢膺】字子隐，涿人。明经出身。官至楚州盱眙县尉。

《秦晋豫新出墓志蒐佚续编》九四三，郑黯撰乾符四年（877）七月三日《故楚州盱眙县尉卢公墓表并序》："公讳膺，字子隐，涿人也……公居家孝，与朋友信，兄弟睦，乡里推其贤荐之于春官，时伯舅鲁居朝颇有古人之风，国之趁名之士，至于亲戚间有才行者，无不出其门宇，得于公众戚中甚喜，且曰：何趣？乡人以经明荐，又喜曰：真可以镇浇俗矣。遂荐于春官，其年上第。"按：卢膺"以经明荐"，继而上第，则其当为明经出身。

【印□】郡望京兆，建康人。登明经科。释褐太子校书，历豫章从事，仕吴、南唐。

《全唐文》卷八八六，徐铉《唐故印府君墓志铭》："君讳某，字某，其先京兆人也。因官徙牒，遂居建康。曾祖知章，无禄早世。祖某官，考某官。君幼而勤学，长而力行。孝悌著于家庭，信义行于州里。弱冠明经擢第，释褐太子校书。千里之行，时辈推许。会上国丧乱，遂南奔豫章。连帅钟公，见而悦之，辟为从事。豫章府变，始归建康。井邑更移，亲旧泯没。君慨然悲世难之未已，感宦路之多艰，于是抗志衡门，息机世表。乐山水，寡言语，极谈不过经籍之事,足迹不游卿相之门。笃好六经,岁诵再遍。虽忧惨疾病,未尝废也。孜孜焉修善如不及,恂恂焉与人无间言。保大丙寅夏四月日,考终命。临终训励诸子,备有严诫。如魏颗之命,无庄舄之吟。春秋六十有九。”按:南唐保大无丙寅年。

孟二冬《登科记考补正》卷二七《附考·明经科》补入。

【冯果】长乐人。乡贡明经擢第。授文林郎。

《秦晋豫新出墓志蒐佚》四六二,开元二十六年(738)五月二十九日《唐故定州北平县尉长乐冯君墓志铭并序》:“君讳宏之,字宏之,长乐人也……父果,乡贡明经擢第,授文林郎,高尚不仕,黄金受遗,世业方殷,白首为郎。”

【吕□】名未详,河东蒲人。明经及第。初授博昌主簿,历任营邱、文安二丞,试守洺水令。

《全唐文》卷五二二,梁肃撰《外王父赠秘书少监东平吕公神道表铭》:“公之先出自姜姓,太公之允也……时魏分为东西,中夏拥隔,遂居于河东,今为蒲人也。从尚书四叶生珤,皇朝晋阳令,赠郴州刺史。郴州之嗣曰仁海,以文学称,以从父兄太一俱用射策科。太一历御史尚书郎中书舍人户部侍郎右庶子。仁海由成王文学转岐王府属,累迁右庶子金吾中郎将资州刺史,除许州,未拜而薨。以孝行闻,仕至太仆丞,加朝散大夫。太仆生公。公讳某,字某……治《古文尚书》《左氏春秋》。二十举孝廉,补博昌主簿,历任营邱、文安二丞。宣劳使以清白荐,试守洺水令……著书十余卷,号《续吕氏春秋》,草稿未就,属寝疾捐馆。享年若干,时开元二十五年也。”

《登科记考》卷二七《附考·明经科》录载吕□。

【朱冲和】唐末五经科及第。

(五代)刘崇远《金华子杂编》卷下:“朱冲和五经及第。”按:《金华子》为晚唐五代人刘崇远所撰,所记多为晚唐五代之事,朱冲和应在唐末及第。

《登科记考》卷二七《附考·明经科》录载朱冲和。

【朱循】嘉兴人,祖伯道官襄州司马,父贞筠官至筠州丰利县令。明经及第。赠洗马。

《全唐文》卷三九五,李纾撰《故中书舍人吴郡朱府君(巨川)神道碑》:“吴郡朱君,其君子欤!讳巨川,字德源,嘉兴人也。此邦之人,不学则农,苟违二业,必自他邑。故王父举秀才,先子举孝廉,皆在上第。君以文承祖,以经传代,行中规,身中度,阳休于气,和积于中,而藻之以文章也。年二十,明经擢第……曾祖伯道,皇朝襄州司马;祖贞筠,皇朝筠州丰利县令;父循,赠洗马,君即洗马府君之元子。”按:巨川建中四年(783)卒,春秋五十九,明经擢第在天宝三年(744),则其王父,即其祖贞筠“举秀才”,当为进士及第;先子,即其父循“举孝廉”,当为明经及第。

【先宣力】名未详,字宣力,平阳临晋人。明经出身。官至汴州浚仪县令。

《秦晋豫新出墓志蒐佚》六六〇,李周史撰、赵钺题贞元十八年(802)五月二十日《唐故汴州浚仪县令平阳先府君墓志铭并叙》:“公讳□,字宣力,平阳临晋人也……弱冠应乡里之选,以经明登第,调补谯县尉,转丹杨县尉,寻授交城县尉,稍迁□原县尉。”按:宣力“以经明登第”,当为明经出身。

【任□】名未详，万年县人。祖官隋梁州南郑县令，父官唐石州离石县令。乡贡明经擢第。历官益州新都尉、左金吾卫兵曹参军、左卫录事参军，官至右豹韬卫长史。

《全唐文》卷三二六，王维撰《故右豹韬卫长史赐丹州刺史任君神道碑》："君讳某，字某……今为万年县人也。远祖某，汉河东太守；曾祖某，周清河太守，光复旧职，异世而同符。祖某，隋梁州南郑县令；父某，皇石州离石县令……君离石府君之第某子也……以乡贡明经擢第，解褐益州新都尉……授左金吾卫兵曹参军，转左卫录事参军，又迁右豹韬卫长史。"

《登科记考补正》卷二七《附考·明经科》录载任□，但史料出处误载为《全唐文》卷二三六。

【刘十儿】五经及第。

《新唐书》卷七一上《宰相世系表》一上曹州南华刘氏："十儿，五经及第。"按：十儿曾祖郁，字蔚卿，唐初为弘文馆学士。

《登科记考》卷二七《附考·明经科》录为刘卜儿，《登科记考补正》卷二七《附考·明经科》改名。

【刘汝言】彭城人，父行馀官朝议郎、国子毛诗博士、上柱国。明经及第。

《秦晋豫新出墓志蒐佚》七八一，沈枢撰大中四年（850）十月十七日《唐故朝议郎国子毛诗博士上柱国刘君墓志铭并序》："公讳行馀，字子郁，彭城人也……未娶前有一男二女，男曰汝言，策明经第。"

【刘度】京兆府万年县人。唐末登明经科。

《登科记考》卷二七《附考·明经科》："《永乐大典》引《龙江志》：'刘度，京兆万年人。唐末明经及第。'按：度即宋刘恕之六世祖，见司马光《十国纪年序》。"

【刘素】字素。明经及第。终官信都郡武邑县丞。

《洛阳新获七朝墓志》，刘谂撰贞元三年（787）十二月十七日《有唐故信都郡武邑县丞彭城刘府君墓志铭并序》："君讳素，字素……弱冠以先天中明经擢第，授信都郡武邑县丞。"按：墓志载刘素卒于开元八年（720）三月四日，春秋七十□岁。这一记载与志文中"弱冠以先天中明经擢第"相矛盾，先天、开元均为玄宗时使用的年号，睿宗景云三年（712）正月己丑，改元太极。五月辛巳，改元延和。八月庚子，玄宗即位，尊睿宗为太上皇。甲辰，改元先天。先天二年（713）十二月庚寅，改元为开元。唐代科举常科考试均在冬春时节进行，则先天中明经及第应在先天二年（713），刘素开元八年（720）去世，距离先天二年只有七年时间，如果确认其春秋七十岁以上，则其弱冠之年绝不可能在先天年间。疑墓志记载有误，附此俟考。

【刘暎】五经及第。

李商隐有《赠送前刘五经暎三十四韵》诗。

《登科记考》卷二七《附考·明经科》录载刘暎。

【刘粲】彭城人。明经及第。终官泽州刺史。

《唐代墓志汇编》元和〇七四，辛劼撰元和九年（814）十月六日《唐朝请大夫唐州长史兼监察御史彭城刘公(密)故夫人崔氏墓志铭并序》："刘公名密,积袭衣冠,门为世重,即皇朝进士出身、授秘书省秘书郎道积之曾孙,皇开府仪同三司、行太子宾客、上柱国、滕国公,赠凉州大都督之仲子,历官唐州长史兼监察御史。"

《唐代墓志汇编》大和〇五〇,大和六年(832)七月十九日《唐故朝请大夫唐州长史兼监察御史彭城刘府君(密)墓志并序》："公讳密,字霞夫,其先望出彭城……曾祖讳道积,进士擢第,终襄州乐乡县令;列祖讳希顺,终秘书省秘书郎;昭考府君讳粲,明经擢第,终泽州刺史。"

【刘寡辞】明经及第。

(五代)刘崇远《金华子杂编》卷下："客有前明经刘寡辞曰:'此《尔雅》所谓王蚨蝎,景纯之注可校焉。'证之于书皆信,众皆叹服。"

《登科记考》卷二七《附考·明经科》录载刘寡辞。

【齐祐】明经及第。

《洛阳新获七朝墓志》,苏探微撰会昌六年(846)二月十九日《唐故文林郎前越州会稽县尉齐府君墓志铭并序》："府君讳鄲,字东鲁,其先河南人也……有男二人,女子二人。男之长曰祐,小字阿珣,早以经学精通,旋登上第。"按:齐祐以精通"经学"登上第,当为明经出身。

【羊愔】泰山人。明经擢第。解褐嘉州夹江尉。

(五代)沈汾《续仙传》卷下："羊愔者,泰山人也,以世禄官家于缙云。明经擢第,解褐嘉州夹江尉。"

《登科记考补正》卷二七《附考·明经科》补入。

【孙令名】乐安人。明经及第。授相州成安主簿,迁韦城尉。

《唐代墓志汇编》残志〇六二《唐故滑州韦城县尉孙府君(令名)墓志铭》："君讳令名,乐安人,中书侍郎处约之犹子。幼秉□粹,能明经术,尤善属文,工于词翰,初以甲科补相州成安主簿,调迁韦城尉。"按:其叔父孙处约为唐初人。

【孙兰】五代末三传科及第。

(宋)李焘《续资治通鉴长编》："宋太祖建隆元年二月,前乡贡三传孙兰治《左氏春秋》,聚徒教授。其门人有被黜退者,兰乘醉突入贡部,喧哗不已。"按:孙兰当为五代末登第。

《登科记考》卷二七《附考·明经科》录载孙兰。

【严亮】明经及第。

《秦晋豫新出墓志蒐佚》五八三,房休撰圣武二年(757)十月五日《大燕赠中散大夫太子左赞善大夫严公墓志铭并序》："公讳希庄……王父讳亮,明经高第,才茂道尊。"

【苏仲容】高密人。唐末登九经科。初授广文助教,迁辅唐令,累赠太师。

《旧五代史》卷一二七《苏禹珪传》："苏禹珪,字玄锡,其先出于武功,近世家高密,今为郡人也。父仲容,以儒学称于乡里,唐末举《九经》,补广文助教,迁辅唐令,累赠太师。"

【苏系】武功人。明经及第。官至滁州刺史。

郁贤皓《唐刺史考全编》卷一三四《淮南道·滁州（永阳郡）》"长庆时（？）"录有苏系，考："《新表四上》苏氏：'系，滁州刺史。'《姓纂》卷三邺西苏氏同。岑仲勉《姓纂四校记》：'按《旧纪》一四：苏系元和二年七月为京兆府司录。是否七年修书（《姓纂》，元和七年修纂）时已跻刺史，殊有疑问。'姑列于长庆中。"

（明）康海《武功县志》卷三《选举志第七》载唐人擢明经者有苏系。

四库本《陕西通志》卷三〇《选举·唐·明经科》："苏系，武功人。"

【苏妙】武功人。明经及第。官至泉州刺史。

郁贤皓《唐刺史考全编》卷一五三《江南东道·泉州（丰州、武荣州、清源郡）》"大历中"录有苏妙，考："《姓纂》卷三邺西苏氏：'妙，泉州刺史。'《新表四上》同。《八闽志》及《闽书》称大历间任。"

（明）康海《武功县志》卷三《选举志第七》载唐人擢明经者有苏妙。

四库本《陕西通志》卷三〇《选举·唐·明经科》："苏妙，武功人。"

【李□】名字未详，陇西人。明经及第。

《秦晋豫新出墓志蒐佚》七一六，长庆四年（824）八月二十四日《唐故将仕郎守太原府盂县尉李公铭志并序》："公讳诜，即陇西盛族……先君讳□□□□□□业经典，孝廉登科。"按：此云"孝廉登科"，当为明经及第。

【李元雄】渤海蓨人。明经及第。官至忠王府录事参军。

《大唐西市博物馆藏墓志》二〇九，宋适撰开元十八年（730）十月二十八日《大唐故忠王府录事参军李府君墓志铭并序》："君讳元雄，渤海蓨人也……君禀岐嶷之姿，负稽古之器。德行昭著，明经擢才。解褐拜郯王府参军，转左武卫兵曹参军、桥陵丞、忠王府录事参军。"

【李少安】字公和，陇西成纪人，祖侨官河南府渑池县令，父惜历朝议大夫宗正丞，赠濮州刺史。明经及第。官至长安主簿。

《全唐文》卷五〇四，权德舆撰《长安主簿李君（少安）墓志铭并序》："君讳少安，字公和，陇西成纪人。自元魏仆射文穆公冲而下，为西州冠族，或位不充者，必以令德闻。曾祖仲进，皇宣州司马。祖侨，河南府渑池县令。父惜，朝议大夫宗正丞，赠濮州刺史。君即濮州第三子，敏信宽绰，笃于行义，方举孝廉，偶为所亲者荐授冀州阜城县尉，既非所好，终不屑就。王黔中础之持节廉问也，表为推官，转支使，历左武卫胄曹参军大理评事，用诚直赞佐，夷落之人宜之。府除，至京师，转三原县尉，笕中书甲库。考绩四居上第，迁长安主簿……元和三年三月乙酉，感疾不起于长安兴化里第，享年五十。"

《登科记考》卷二七《附考·明经科》录载李少安。

【李从偓】字景哲，陇西成纪人。明经及第。授左内率府胄曹参军，终官太常寺郊社令。

《大唐西市博物馆藏墓志》二九五，郑汲撰大历十三年（778）十二月庚寅《唐故太常寺郊社令陇西李府君墓志铭并序》："公讳从偓，字景哲，陇西成纪人也……弱冠明经擢第，授左内率府胄曹参军。"

【李延】明经出身。

《秦晋豫新出墓志蒐佚续编》九二〇,李罕撰咸通十年(869)四月十日《大唐故度支郎延院官侍御史内供奉柱国赐绯鱼袋陇西李府君墓铭并叙》:"柱史即颛顼之裔也,讳又玄,字通征……夫人安阳邵氏……有四子二女,皆夫人所出。三子悉宗正明经及第,第三子早丧,小子未冠。"按:墓志署"孤子罕奉遗旨撰,子婿宣义郎前行杭州余杭县尉韦承素书"。

《秦晋豫新出墓志蒐佚续编》九三七,李罕撰咸通十五年(874)十月二十七日《大唐故侍御史内供奉度支郎延院官赐绯鱼袋陇西李公又玄夫人安阳邵氏墓志铭并序》:"四子二女皆夫人所出,长女□殇,三子不育于龆龀,二女适杭州余杭县尉,逍遥韦荀今为华原县尉子。逢途延皆宗正寺明经,逢举进士名□。途右内率府录事参军,有吏理机才,伏于群智。小子延举进士,名瀚时谓奇童。"按:据志文,李延为明经出身,又举进士,是否及第难以确认。

【李明允】字明允,魏郡顿丘人。明经及第。授太常寺太祝,官终太中大夫行淄州长史。

《洛阳新获七朝墓志》,开元十二年(724)正月二十二日《唐故太中大夫行淄州长史李府君墓志铭并序》:"公讳明允,字明允,魏郡顿丘人也……始以明经甲科授太常寺太祝。"

【李季卿】祖象官怀州别驾,父适官至吏部侍郎。弱冠举明经,应制举,登博学宏词科。历官京兆府鄠县尉、中书舍人、通州别驾、京兆少尹、吏部侍郎,官终右散骑常侍。

《全唐文》卷三六八,贾至《唐故正议大夫右散骑常侍赠礼部尚书李公(季卿)墓志铭》:"早岁登科,以文从吏。累擢大邑,拔乎其萃。"

《全唐文》卷四五八李季卿小传:"季卿,京兆人。明经擢第,代宗朝官潮州刺史。"

《旧唐书》卷九九《李适之传》:"李适之,一名昌,恒山王承乾之孙。父象,官至怀州别驾……子季卿,弱冠举明经,颇工文词。应制举,登博学宏词科,再迁京兆府鄠县尉。肃宗朝,累迁中书舍人,以公事坐贬通州别驾。代宗即位,大举淹抑,自通州征为京兆少尹。寻复中书舍人,拜吏部侍郎。俄兼御史大夫,奉使河南、江淮宣慰,振拔幽滞,进用忠廉,时人称之。在铨衡数年,转右散骑常侍……大历二年卒,赠礼部尚书。"

《新唐书》卷二〇二《文艺中·李适传》:"李适字子至,京兆万年人。举进士,再调猗氏尉……子季卿,亦能文,举明经、博学宏词,调鄠尉。肃宗时,为中书舍人,以累贬通州别驾。代宗立,还为京兆少尹,复授舍人,进吏部侍郎、河南江淮宣慰使。振拔幽滞,号振职。大历中,中右散骑常侍,遗命以布车一乘葬,赠礼部尚书。"按:李适,《旧唐书》作"李适之"。

《登科记考》卷二七《附考·明经科》、同卷《附考·制科》分别录载李季卿。

【李矩】郡望渤海,庐州合肥县人,父李群官至濠州刺史。明经及第。

《秦晋豫新出墓志蒐佚》七七六,李邺撰大中三年(849)《唐故濠州刺史渤海李公墓志铭》:"有唐渤海李公讳群,字处一……嗣子矩,前乡贡孝廉,善守家法。"按:《登科记考补正》卷二七《附考·进士科》以《玉泉子》为据录载李矩,别是一人。

【李翔】赵人。弱冠孝廉上第。初授司经正字,官终左司郎中兼景城郡太守。

《秦晋豫新出墓志蒐佚》六四六，贞元十二年（796）十月二十七日《唐故左司郎中兼景城郡太守李府君墓志》："公讳珝，其先赵人……弱冠孝廉上第，调司经正字。"

【李途】明经出身。官右内率府录事参军。

《秦晋豫新出墓志蒐佚续编》九二〇，李罕撰咸通十年（869）四月十日《大唐故度支郎延院官侍御史内供奉柱国赐绯鱼袋陇西李府君墓铭并叙》："柱史即颛顼之裔也，讳又玄，字通征……夫人安阳邵氏……有四子二女，皆夫人所出。三子悉宗正明经及第，第三子早丧，小子未冠。"按：墓志署"孤子罕奉遗旨撰，子婿宣义郎前行杭州余杭县尉韦承素书"。

《秦晋豫新出墓志蒐佚续编》九三七，李罕撰咸通十五年（874）十月二十七日《大唐故侍御史内供奉度支郎延院官赐绯鱼袋陇西李公又玄夫人安阳邵氏墓志铭并序》："四子二女皆夫人所出，长女□殇，三子不育于龆龀，二女适杭州余杭县尉，逍遥韦荀今为华原县尉子。逢途延皆宗正寺明经，逢举进士名□。途右内率府录事参军，有吏理机才，伏于群智。小子延举进士，名澣时谓奇童。"

【李逢】明经出身。

《秦晋豫新出墓志蒐佚续编》九二〇，李罕撰咸通十年（869）四月十日《大唐故度支郎延院官侍御史内供奉柱国赐绯鱼袋陇西李府君墓铭并叙》："柱史即颛顼之裔也，讳又玄，字通征……夫人安阳邵氏……有四子二女，皆夫人所出。三子悉宗正明经及第，第三子早丧，小子未冠。"按：墓志署"孤子罕奉遗旨撰，子婿宣义郎前行杭州余杭县尉韦承素书"。

《秦晋豫新出墓志蒐佚续编》九三七，李罕撰咸通十五年（874）十月二十七日《大唐故侍御史内供奉度支郎延院官赐绯鱼袋陇西李公又玄夫人安阳邵氏墓志铭并序》："四子二女皆夫人所出，长女□殇，三子不育于龆龀，二女适杭州余杭县尉，逍遥韦荀今为华原县尉子。逢途延皆宗正寺明经，逢举进士名□。途右内率府录事参军，有吏理机才，伏于群智。小子延举进士，名澣时谓奇童。"按：唐代有进士李逢，别是一人。据志文，逢为明经出身，又举进士，是否及第难以确认。

【李绁】字绁，赵郡高邑人。初以孝廉擢第。官至河南府河南县主簿。

《秦晋豫新出墓志蒐佚》六四七，贞元十二年（796）十一月九日《唐故河南府河南县主簿李君墓志铭并序》："有唐河南府河南县主簿李君讳绁，字绁，其先赵郡高邑人……初以孝廉擢第。"

【李楚金】李翱祖父。明经出身。官至贝州司法参军。

《全唐文》卷六三八，李翱撰《皇祖实录》："公讳楚金，谘议诏第二子。明经出身，初授卫州参军，又授贝州司法参军。"

《旧唐书》卷一六〇《李翱传》："李翱字习之，凉武昭王之后。父楚金，贝州司法参军。"按："父楚金"，当作"祖父楚金"。

《登科记考》卷二七《附考·明经科》录载李楚金。

【李楚琼】陇西狄道人。明经及第。

《大唐西市博物馆藏墓志》一四三，圣历三年（700）五月十二日《大周前明经及第天官散官李君墓志铭并序》："君讳楚琼，陇西狄道人也……以圣历二年九月五日，终于平辽里之私第,春秋六十有一。"按:据墓志,楚琼为明经及第。

【李翼】赵国人。明经及第。官至朝散郎行河中府虞乡县尉。

《唐代墓志汇编》大和〇八五,武公绪撰大和九年(835)正月十五日《唐故朝散郎行河中府虞乡县尉李公(翼)墓志铭并序》:"公讳翼,字子羽,其先赵国人也……幼以门荫自崇文馆明经调补太常寺奉礼郎,再授河中府虞乡县尉。"按:据墓志,李翼卒于大和六年(832)十月十五日,享年七十一。

《唐代墓志汇编续集》咸通〇〇二,史霖撰咸通二年(861)二月二十八日《唐故兖海观察支使朝散大夫检校秘书省著作郎兼侍御史河南独孤府君(襄)墓志铭并序》:"君讳襄,字希龙,临川八世孙也。曾祖讳道济,蔡州长史,赠秘书少监;王父讳恪,尚书右司郎中赠工部尚书;皇考讳寔,尚书膳部员外郎国子博士;夫人博陵崔氏。尚书天宝末制策登□员外,贞元初进士擢第。文学之美,世济家传。君即员外之次子也。举明经,初补鄂州文学。再调授同州冯翊县尉,除司农寺主簿,充右街使判官,又授光禄寺丞,知兵部甲库。久之去职,迁太子舍人,充海辟观察支使,拜检校秘书省著作郎兼侍御史。无几奏加章服,授五品阶。府罢,赴荐未朝拜。咸通元年闰十月二十三日暴疾,一夕而终,年五十七。明年二月二十八日祔葬于万年县铜人原。娶赵郡李氏,河中府虞乡县尉李翼之女。三子,长曰献,前乡贡明经。"

【杨公甫】字宫余,虢州弘农人。明经及第。

《大唐西市博物馆藏墓志》四二六,杨之敏撰大中八年(854)建卯月廿九日《唐故弘农杨处士墓志铭并序》:"处士讳公甫,字宫余,其先命氏,虢州弘农人也……处士幼有奇志,好学不倦。应乡举明经,受六军卫佐。知命乐天,退身不仕,佛道二乘,精通义理。"

【杨廷式】泉州人。唐末登明经科。历太子舍人。

(清)吴任臣《十国春秋》卷九七《闽八·杨廷式传》:"杨廷式字□□,泉州人。唐末明经登第,除太子舍人。"

《登科记考》卷二七《附考·明经科》云杨廷式及第。

弘治《八闽通志》卷五七泉州府记有王玫、杨廷式、蔡沼三人,且谓"上三人以明经举,俱晋江人"。

【杨海】明经及第。官至歙州刺史。

《全唐文》卷八七四,陈致雍撰《故歙州刺史太尉杨海谥议》:"右:详门吏录到行状,杨海父祖仕郡县为吏,海始明经调选,有开厥嗣,杰作将臣。性怀不羁,雄豪独处。昔岁中州纷扰,群盗纵横。自言力胜于人,分部得众,归命我朝。爰服休恩,擢在上将。期门清跸,勾陈卫兵,统御得权,严整有序。用海为新安守,到任知物情之所未便,补累政之所未修。治堤防,筑壁垒,蠲水害,利民居,勤绩著闻,功用可取。谨按谥法施勤无私曰顺。请谥曰顺。"

【吴训】濮州濮阳人,父绚官德阳县令。明经及第。官至神泉县令,赠司徒。

《全唐文补遗》第七辑,陈鸿撰元和四年(809)十一月八日《唐故朝议郎行大理司直临濮县开国男吴君(士平)墓志铭并序》:"元和四年五月甲戌,大理司直吴君终于长安□兴里私第,享年卅八……高祖绚,德阳县令,赠司空。曾祖训,神泉县令,赠司徒。祖珪,郫县丞,赠太尉。父溆,右金吾大将军,赠太子太傅。四朝经明,藉在春官。人物公望,仪冠当时。"

《登科记考补正》卷二七《附考·明经科》增补,考:"按:吴溆即孝敬皇后之弟,其祖训(两《唐书》称'神泉')、父珪(两《唐书》称'令珪')事并见两《唐书》《吴溆传》,然均未载其'四代经明,藉在春官'事。"

【吴珪】一作"吴令珪",濮州濮阳人,祖绚官德阳县令,父训官神泉县令。明经及第。官至郫县丞,赠太尉。

《全唐文补遗》第七辑,陈鸿撰元和四年(809)十一月八日《唐故朝议郎行大理司直临濮县开国男吴君(士平)墓志铭并序》:"元和四年五月甲戌,大理司直吴君终于长安□兴里私第,享年卅八……高祖绚,德阳县令,赠司空。曾祖训,神泉县令,赠司徒。祖珪,郫县丞,赠太尉。父溆,右金吾大将军,赠太子太傅。四朝经明,藉在春官。人物公望,仪冠当时。"

《登科记考补正》卷二七《附考·明经科》增补,考:"按:吴溆即孝敬皇后之弟,其祖训(两《唐书》称'神泉')、父珪(两《唐书》称'令珪')事并见两《唐书》《吴溆传》,然均未载其'四代经明,藉在春官'事。"

【吴绚】濮州濮阳人。明经及第。官至德阳县令,赠司空。

《全唐文补遗》第七辑,陈鸿撰元和四年(809)十一月八日《唐故朝议郎行大理司直临濮县开国男吴君(士平)墓志铭并序》:"元和四年五月甲戌,大理司直吴君终于长安□兴里私第,享年卅八……高祖绚,德阳县令,赠司空。曾祖训,神泉县令,赠司徒。祖珪,郫县丞,赠太尉。父溆,右金吾大将军,赠太子太傅。四朝经明,藉在春官。人物公望,仪冠当时。"

《登科记考补正》卷二七《附考·明经科》增补,考:"按:吴溆即孝敬皇后之弟,其祖训(两《唐书》称'神泉')、父珪(两《唐书》称'令珪')事并见两《唐书》《吴溆传》,然均未载其'四代经明,藉在春官'事。"

【吴琰】字允殖,河南灵源人。明经及第。官至历阳太守。

《秦晋豫新出墓志蒐佚》五三七,元德秀撰天宝七载(748)十一月十八日《唐故朝议大夫使持节历阳郡诸军事守历阳太守上骑都尉袭常山郡开国公河南元府君墓志铭并序》:"公讳琰,字允殖,生河南灵源……君为长胄,弱岁经明解巾薛府参军。"按:元琰以"经明解巾",当是明经及第。

【吴溆】濮州濮阳人,祖训官神泉县令,父珪官至郫县丞。明经及第。官至右金吾大将军,赠太子太傅。

《全唐文补遗》第七辑,陈鸿撰元和四年(809)十一月八日《唐故朝议郎行大理司直临濮县开国男吴君(士平)墓志铭并序》:"元和四年五月甲戌,大理司直吴君终于长安□兴里私第,享年卅八……高祖绚,德阳县令,赠司空。曾祖训,神泉县令,赠司徒。祖珪,郫县丞,赠太尉。父溆,右金吾大将军,赠太子太傅。四朝经明,藉在春官。人物公望,仪冠当时。"

《登科记考补正》卷二七《附考·明经科》增补,考:"按:吴淑即孝敬皇后之弟,其祖训（两《唐书》称'神泉'）、父珪(两《唐书》称'令珪')事并见两《唐书》、《吴淑传》,然均未载其'四代经明,藉在春官'事。"

【吴缙】字子臧,郡望渤海郡。国子生明经登第,神龙初元应制举学该经史、识达古今甲科。历莱州昌阳尉、温王府祭酒、秘书郎、太子舍人、朝议大夫,终官濮州长史。

《秦晋豫新出墓志蒐佚》三五三,胡皓撰开元五年(717)二月一日《大唐故朝议大夫行濮州长史上柱国吴府君墓志铭并序》:"君讳缙,字子臧,其望氏出于渤海郡……少为国子生,以明经登第,始授莱州之昌阳尉……神龙初元,举学该经史、识达古今甲科,除温王府祭酒,寻授文学,除秘书郎加朝散大夫,又除太子舍人,又加朝议大夫。久之,迁濮州长史。"

【沈伦】旧名义伦,字顺仪,开封太康人。明经及第。官至户部郎中。

(宋)王曾《王文正公笔录》:"沈伦以明经事太祖潜跃中,伐蜀凯旋,奏事称旨,遂有意于大用。其后命伦为相,赵普执奏以为不可。上曰:'如伦者,忠孝谨饬,虽守散钱亦可。'普无以对,翌日制下。"

《宋史》卷二六四《沈伦传》:"沈伦,字顺仪,开封太康人。旧名义伦,以与太宗名下字同,止名伦……周显德初,太祖领同州节度,宣徽使昝居润与伦厚善,荐于太祖,留幕府。太祖继领滑、许、宋三镇,皆署从事,掌留使财货,以廉闻。及受周禅,自宋州观察推官召为户部郎中。"

【沈志廉】吴兴武康人。举孝廉。官至大中大夫。

嘉泰《吴兴志》卷一六《贤贵事实》:"沈综,吴兴武康人,年十四察孝廉,上吏部尚书严挺之主铨衡书于厅壁。时又有沈志廉,年八岁诵《尚书》《毛诗》,通大义,年四十察孝廉,官至大中大夫。并见《统记》。"按:文中"年四十",疑当作"年十四"。

【沈怀文】吴兴人。举孝廉。为休宁主簿。

嘉泰《吴兴志》卷一六《贤贵事实》:"沈怀文,吴兴人,举孝廉,为休宁主簿。"

【沈综】吴兴武康人。举孝廉。

嘉泰《吴兴志》卷一六《贤贵事实》:"沈综,吴兴武康人,年十四察孝廉,上吏部尚书严挺之主铨衡书于厅壁。时又有沈志廉,年八岁诵《尚书》《毛诗》,通大义,年四十察孝廉,官至大中大夫。并见《统记》。"按:文中"年四十",疑当作"年十四"。

【沈豪之】吴兴武康人,祖孝澄官国学博士,父山之官至校书郎。举孝廉。

嘉泰《吴兴志》卷一六《贤贵事实》:"沈孝澄,吴兴武康人,学通九经,官至国学博士。子山之,通礼传训诂,官至校书郎。山之子豪之,通诗礼,举孝廉。皆以儒术著名。"

【张行果】南阳西鄂人。明经及第,又举制科学穷坟典。授越州诸暨主簿。

《秦晋豫新出墓志蒐佚续编》三三七,天授二年(691)十月二十四日《唐故越州诸暨县主簿张君墓志铭并序》:"君讳行果,字□,南阳西鄂人……既冠游太学,与李玄植齐名,特为孔祭酒所知,举明经为郎,又举学穷坟典,调诸暨主簿。"

【张志和】原名龟龄，号元真子，东阳金华人。明经及第。授左金吾卫录事参军，贬南浦尉。

《全唐文》卷三四〇，颜真卿撰《浪迹先生元真子张志和碑铭》："元真子姓张氏，本名龟龄，东阳金华人。父游朝，清真好道，著《南华象罔说》十卷，又著《冲虚白马非马证》八卷，代莫知之。母留氏，梦枫生腹上，因而诞焉。年十六游太学，以明经擢第。献策肃宗，深蒙赏重，令翰林待诏，授左金吾卫录事参军。仍改名志和，字子同。寻复贬南浦尉，经量移，不愿之任，得还本贯。既而亲丧，无复宦情，遂扁舟垂纶，浮三江，泛五湖，自谓烟波钓徒。著十二卷，凡三万言，号元真子，遂以称焉。"

《登科记考》卷二七《附考·明经科》录载张志和。

【张克勤】明经及第。官利州葭萌令。

（宋）李昉等《太平广记》卷三八八《悟前生二·张克勤》："张克勤者，应明经举……后五年，克勤登第……明年，克勤为利州葭萌令，罢任，居利州。"

《登科记考》卷二七《附考·明经科》录载张克勤。

【张忠】祖仲孚历监察御史、广州节度判官，父继文官韶州司法参军。明经及第。

《新唐书》卷七二下《宰相世系表》二下始兴张氏："忠，明经及第。"按：忠父继文，韶州司法参军；祖仲孚，监察御史、广州节度判官。

《登科记考》卷二七《附考·明经科》录载张忠。

【张绍儒】祖仲暮官江都令，父师老官永康令。明经及第。

《新唐书》卷七二下《宰相世系表》二下始兴张氏："绍儒，明经及第。"按：绍儒父师老，永康令；祖仲暮，江都令。

《登科记考》卷二七《附考·明经科》录载张绍儒。

【张群】字群，吴郡人。弘文馆明经出身。官至朝议郎、河南府长水县令。

《秦晋豫新出墓志蒐佚》七三六，张孜撰大和八年（834）八月十九日《唐故朝议郎河南府长水县令张府君墓志铭并序》："公讳群，字群，其先吴郡人也……自荫补弘文馆明经左卫率府仓曹参军，次补右卫录事参军，初授河南府河南县尉，自河南尉授汝州梁县令。"按：据墓志，张群当为弘文馆明经出身。

【陆元朗】字德明，苏州人。举明经。历官太子中允国子博士。

《永乐大典》卷二三六八引《苏州府志》："明经科，陆元朗。"按：两《唐书》本传皆云元朗陈大建已释褐入仕，贞观初，拜国子博士，封吴县男。寻卒。据此可知其不太可能为唐代明经，附此俟考。

《登科记考补正》卷二七《附考·明经科》补入。

崇祯《吴县志》卷三二《选举·诸科》中有陆元朗。

【陆质】苏州人。明经及第。

《永乐大典》卷二三六八引《苏州府志》："陆质，春秋科。"

《登科记考补正》卷二七《附考·明经科》据张补增入。

【陈聿】字式明。明经及第。

《洛阳新获七朝墓志》,开元十二年(724)十一月十六日《唐故国子监明经颍川许昌陈君墓志并序》:"君讳聿,字式明……年十九,以良字子补太学国子生,抠衣胶庠,苦心经术。夜则淫书萤雪,昼则惜阴分寸,居无何明经擢第。"

【陈昙】字玄成。明经出身。历官河南参军、昭义节度使从事。

(唐)张彦远《历代名画记》卷一〇:"陈昙字玄成,国初丞相述达之后,明经出身,河南尹严武荐为参军,昭义节度使李抱真辟为从事。"

《登科记考》卷二七《附考·明经科》录载陈昙。

【陈鍊】明经及第。

《大唐西市博物馆藏墓志》三〇八,贞元二年(786)十二月五日《大唐陈氏先君元从宝应功臣奉天定难功臣开府仪同三司试太子宾客前左龙武军大将军知军事淮阳郡开国公墓志铭并序》,署"第十二男奉义郎前左卫长史锽撰并书、第十四男前弘文馆明经鍊初校。"

【张正则】字叔度,敦煌人。明经入仕。始为宋州单父县尉,终官恩州阳江县尉。

《全唐文补遗》第六辑,张知实撰会昌元年(841)十月七日《唐故赠著作郎张府君(正则)及夫人赠陇西县太君李氏祔葬墓志》:"公讳正则,字叔度,敦煌人……由明经入仕,始为宋州单父县尉,调改陕州灵宝县尉。贞元中……贬为恩州阳江县尉。"按:正则卒于贞元十六年(800)十二月,享年四十五。

罗继祖《登科记考补》补入。

【邵图】余姚人。明经擢第。任江东纠曹,连假宰邑。

《神仙感遇传》卷二"邵图"条:"邵图者,余姚人也。以孝廉擢第,任江东纠曹,连假宰邑。"按:纠曹,即录事参军。

《登科记考补正》卷二七《附考·明经科》据朱补增入。

【武迥】望出沛郡,后迁太谷。明经及第。授汝州鲁山县主簿。

《全唐文补遗》第六辑,贞元十二年(796)十一月二十七日《唐故昭武校尉延州金明府折冲上柱国武君(龙宾)墓志铭并序》:"君讳龙宾,字璿,其先沛郡人也……后以远祖从宦,遂附版籍于太谷之邑……次子迥……十九明经擢第,廿七授汝州鲁山县主簿。"

【武琬】沛人,父公素官登仕郎守太府寺主簿。弘文馆明经出身。

《秦晋豫新出墓志蒐佚》七一〇,武缙撰长庆三年(823)十月十三日《唐故登仕郎守太府寺主簿赐绯鱼袋武君墓志铭并序》:"君名公素,字受采,其先沛人也……三男:长曰琬,前弘文明经。"

【周延禧】旧贯洛阳,居广陵,祖侃太常博士,父潜深州乐寿县令。唐末明经擢第。辟南吴淮南巡官,累官至户部郎中。

《全唐文》卷八八五,徐铉《唐故客省使寿昌殿承宣金紫光禄大夫检校太保使持节筠州诸军事筠州刺史本州团练使汝南县开国男周公(廷构)墓志铭》:"君讳廷构,字正材,洛阳人也。岐山至德,绵瓜瓞者万邦。洛宅旧都,守枌榆者百世。簪组相继,谱牒存焉。曾祖侃,太常博士。祖潜,深州乐寿县令。避乱南徙,因家广陵。考延禧,明经擢第。有吴之霸,受辟为淮南巡官,累官至户部郎中。与殷文公游贞公同掌文翰,无禄早世,故大位不跻。君即户部第四子也……丙寅岁十月二十二日,终于京师某里之官舍,春秋六十有六。”
按:丙寅岁即宋太祖乾德四年(966)。

《登科记考》卷二七《附考·明经科》云周延禧及第。

【周道荣】河中河西人。明经及第。官至广州司马。

《全唐文补遗》第三辑,周在中撰大中十年(856)九月三日《唐故平州刺史龙卢节度留
后周府君(玓)墓志铭并序》:“先公讳玓,字仲信,其先出于汝南……公乃世为河中河西人
也。八代祖法明,武德中为安州总管。曾王父讳思仁,右卫长史。王父讳知远,蚤著机略,
左仆射代国公表为朔方兵马副使,殉节于京洛之间,赠岐州刺史。王考讳道荣,举孝廉,调
补作为兵曹参军。贞元中,南海节度使赵昌表授广州司马,实赴知己之请。”按:道荣登科
约在德宗初年。

【郑□】荥阳人。明经及第。

《秦晋豫新出墓志蒐佚续编》六七三,郑通诚撰建中三年(782)十二月十二日《唐故左
卫骑曹参军郑府君灵表》:“公讳超诚,字□,荥阳人……父讳瀚,以明经高第,无禄早
世……(超诚)有子二人:长曰□,明经擢第。”

【郑又玄】荥阳人。明经及第。曾官唐安郡参军。

(唐)张读《宣室志》卷九:“荥阳郑又玄,名家子也,居长安中……又玄以明经上第,其
后调补参军于唐安郡。”

《登科记考》卷二七《附考·明经科》录作“郑又元”,乃清人避讳改。

【郑叔则】荥阳人,父老莱官至遂宁郡守。明经及第。官至河南尹、户部侍郎、东都
留守。

《唐代墓志汇编》大中一二四,裴瓒撰大中十年(856)十一月廿七日《唐故秘书郎兼河
中府宝鼎县令赵郡李府君夫人荥阳郑氏(秀实)墓志铭并序》:“夫人荥阳郑氏,讳秀
实……曾王父讳孝莱,皇进士及第,累官至遂宁郡守。烈祖讳叔则,河南尹、户部侍郎、东
都留守。显考讳约,河南府洛阳县主簿。”按:“孝莱”亦作“老莱”,《唐代墓志汇编》大中一
三五,王式撰《唐故邵州郑使君(珬)墓志铭》:“使君之曾王父,开元闻人,用前进士科,官
至遂宁守,讳老莱。”

《全唐文》卷七八四载穆员撰《福建观察使郑公(叔则)墓志铭》:“公讳叔则,字某,荥
阳人,自元魏中书令周小司空金乡文公穆,凡五叶至皇朝遂州刺史老莱,代以婚姻德义,俱
为家法相授。公则遂州之冢子也。未冠以明经擢第,凡五命至御史府。”

《登科记考》卷二七《附考·明经科》录载郑叔则。

【郑易】字子庄,荥阳人。明经及第。官至朝散大夫、尚书工部郎中。

《洛阳新获七朝墓志》,李正辞撰元和十一年(816)八月二十七日《唐故朝散大夫尚书
工部郎中荥阳郑公墓志铭并序》:“公讳易,字子庄,郑氏荥阳人也……年十四,通诗礼登明
经之第。”

【郑敬】字子和,洛阳人。明经及第,贞元元年(785)贤良方正能直言极谏科登科。授
京兆府参军,历山南观察使支使、大理评事、监察御史、漳州刺史、金部员外郎、户部郎中、

京兆少尹、绛州刺史,官至京兆少尹。

《唐代墓志汇编》元和〇八八,郑易撰元和十一年(816)二月十三日《唐故朝散大夫绛州刺史上柱国赐紫金鱼袋郑公(敬)墓志铭并叙》:"公讳敬,字子和……郑氏之先,自桓公祚土,缁衣之美,被于本支。后七国荡折,以国为姓,自西汉之初,以至于北齐,世有名德,焕于前史。而平简公德冠当时,遂首出诸侯,三世而至于博州府君讳进思,实有纯行至德,位不充亮,追赠以州。博州生太常府君讳游,学为士师,行为士表,生常侍府君讳宝,学通今古,道映当时,中立不倚,身否而道亨。公即常侍府君之嫡长子也……(公)俄以经明为郎,寻丁家艰……时有诏征天下贤良文学之士,上亲御正殿策焉。公与吏部侍郎崔公郃、兵部侍郎归公登、中书侍郎韦公执谊、给事中穆公质等并对为上第,起家授京兆府参军……寻而山南观察使相国严公(砺)辟为支使,授大理评事,俄迁监察御史……漳州刺史……授尚书金部员外郎,迁户部郎中、左司郎中……入为京兆少尹……出为绛州刺史。"按:其死后归葬于洛阳芒山,可见其为洛阳人。

(宋)王溥《唐会要》卷七六《贡举中·制科举》:"贞元元年九月,贤良方正能直言极谏科……郑敬……及第。"《册府元龟》卷六四五《贡举部·科目》同。《登科记考》卷一二贞元元年贤良方正能直言极谏科条云郑敬及第。

王其祎、周晓薇《〈登科记考〉补续》补入制科。

【郑景仁】荥阳人,字东卿。明经及第。官至登仕郎河南府伊阙县尉。

《秦晋豫新出墓志蒐佚续编》八七〇,郑埙撰大中三年(849)十月十七日《唐故登仕郎河南府伊阙县尉荥阳郑府君墓志铭并叙》:"府君讳景仁,字东卿……以经明入仕。"按:景仁"以经明入仕",当为明经出身。

【郑瀚】荥阳人。明经及第,无禄早世。子超诚,官左卫骑曹参军。

《秦晋豫新出墓志蒐佚续编》六七三,郑通诚撰建中三年(782)十二月十二日《唐故左卫骑曹参军郑府君灵表》:"公讳超诚,字□,荥阳人……父讳瀚,以明经高第,无禄早世……(超诚)有子二人:长曰□,明经擢第。"

【房武】河南人,祖肱为虢州司马,父峦官都水使者。明经及第。终官兴元少尹。

《全唐文》卷五六五韩愈撰《兴元少尹房君(武)墓志铭》:"公曾祖讳玄静,尚书膳部郎中,历资、简、泾、隰四州刺史,太尉之叔父也。祖讳肱,为虢州司马。父讳峦,都水使者。皆名能守家法。公讳武,字某,以明经历官至兴元少尹。谨饬畏慎。年七十三,以其官终……公母弟式,自给事中为河南尹,孝友慈良,尽费其财以奉公葬。"

《全唐文》卷五三三有李观《与房武支使书》。

《登科记考》卷二七《附考·明经科》录载房武。

【孟元方】字弘规,东平野人。明经及第。

(宋)李昉等《太平御览》卷四一四《人事部五十五·孝下》引《史系》:"孟元方字弘规,东平野人……年十八明经擢第……会昌末……元方在河内。"

【孟洋】平昌安丘人。明经及第,制举入仕。授浔阳尉,官至西台监察殿中御史、虔吉二州刺史,赠光禄卿。

《全唐文补遗》第八辑，孟球撰大中十四年（860）四月十四日《唐故朝请大夫守京兆少尹上柱国孟公（璲）墓志铭》："公讳璲，字虞颂，平昌安丘人……祖洋，以至孝闻，明经制举，授浔阳尉，居官有能名。"

《洛阳新获七朝墓志》，孟球撰咸通七年（866）十一月二十九日《唐故朝散大夫使持节都督寿州诸军事守寿州刺史充本州团练使兼御史中丞柱国赐紫金鱼袋孟公墓志铭》："公讳珏，字廷硕，德州平昌人……祖洋，明经，由相国弟五琦府辟，累迁西台监察殿中御史、虔吉二州刺史，赠光禄卿。"

【孟通】平昌人，父义官沧州司户参军，祖忠官滁州永阳县尉。乡贡明经及第。

《秦晋豫新出墓志蒐佚》七三〇，大和五年（831）十月二十一日《唐故光州殷城县令孟公墓志》："公讳元谅，字彝伦，平昌人也。曾祖忠，皇滁州永阳县尉。祖义，皇沧州司户参军。列考通，前乡贡明经……（元谅）贞元十三年明经擢弟，元和三年释褐滑州灵昌尉，长庆元年调补光州殷城令。"

【赵□】名未详，饶阳人，祖官隋钜鹿大中正，父官唐范阳令。明经及第。官至辰州泸溪令。

《全唐文》卷二九二，张九龄撰《故辰州泸溪令赵公碣铭并序》："有唐泸溪令晋国赵君，讳某，字某，终于其位……公太祖旴，北齐河间太守，因家于饶阳，亦既重代，今为饶阳人也。曾祖北齐幽州大总管，大父隋钜鹿大中正府君，烈考范阳令府君，皆累行积庆，以贻于后，正性直道，遂钟于公。公……而俯就乡举，寻而明经登科，补太子正字，又改射洪尉，皆以逮亲自乞，执政哀之，遂屈换定襄尉，公欣然而捧檄矣。秩满，转洪洞主簿永城丞……则授泸溪令。"

《登科记考》卷二七《附考·明经科》录载赵□。

【赵乔卿】南阳人。国子生明经擢第。官至寿州安丰县尉。

《秦晋豫新出墓志蒐佚》四一一，开元十五年（727）十月五日《大唐故寿州安丰县尉赵君墓志》："君讳乔卿，南阳人也……为国子生，明经擢第，除寿州安丰县尉。"

【赵鸿】学究出身。

《秦晋豫新出墓志蒐佚续编》八五八，会昌二年（842）八月二十三日《吴郡顾夫人墓志铭并序》，署"学究赵鸿撰"。

《登科记考补正》卷二七《附考·进士科》录载赵鸿，考：《全唐诗》卷五九八李频《和太学赵鸿博士归蔡中》诗："得禄从高第，还乡见后生。田园休问主，词赋已垂名。"学究赵鸿与博士赵鸿是否一人，还需史料证实。

【赵随】晚唐五经登科。授广德尉。

《全唐诗》第六册卷一八九，韦应物《送五经赵随登科授广德尉》："明经有清秩，当在石渠中。独往宣城郡，高斋谒谢公。寒原正芜漫，夕鸟自西东。秋日不堪别，凄凄多朔风。"

《登科记考》卷二七《附考·明经科》录载赵随。

【赵纂】曾祖思谦官陇州司马，祖班官义王友，父惠伯官河内晋绛慈隰等州观察处置使兼御史中丞。明经及第。官太常寺郊社丞。

《秦晋豫新出墓志蒐佚续编》八一七,韦博撰大和六年(832)正月十二日《唐故侍御史内供奉知盐铁埇桥院赵府君墓志铭》:"君姓赵氏,名纂,其先于赵为简子后。曾祖思谦,陇州司马。祖斑,义王友,赠太子宾客。考惠伯,河内晋绛慈隰等州观察处置使兼御史中丞。君中丞第四子,出河东郡夫人裴氏。以明经补太常寺郊社丞。"

【茹子颜】吴人。明经及第。官双流尉。

(宋)李昉等《太平广记》卷三三二《鬼十七·茹子颜》引《纪闻》:"吴人茹子颜以明经为双流尉。"按:其"以明经为双流尉",当指明经科及第。

【皇甫敥】字敥,安定朝那人。十六岁明经及第。初授左清道率府录事参军,改金吾卫仓曹参军,终官膳部郎中。

《秦晋豫新出墓志蒐佚续编》六九八,李直方撰贞元十年(794)二月十七日《故膳部郎中皇甫府君墓志铭并叙》:"公讳敥,字敥,安定朝那人……年十六,擢经明第,调补左清道率府录事参军,改金吾卫仓曹参军。"

【皇甫翼】字孟安,安定朝那人。明经及第。历太子校书、河阳主簿,终官青州刺史,卒赠荥阳太守。

《秦晋豫新出墓志蒐佚》四九四,权寅献撰天宝元年(742)十月二十日《唐故青州刺史赠荥阳太守皇甫君墓志铭并序》:"君讳翼,字孟安,安定朝那人也……明经高第,补太子校书,调河阳主簿。"

【贺兰宪】明经及第。

见柳珹摹《雁塔题名》。按:《登科记考补正》卷二七《附考·明经科》录载贺兰宪。

【贾翃】洛阳人,泰州刺史贾潭之父。明经及第。以才用为诸侯卿。

(宋)徐铉《骑省集》卷一五《大唐故中散大夫检校司徒持节泰州诸军事兼泰州刺史御史大夫洛阳县开国子贾宣公(潭)墓志铭》:"公讳潭,字孟泽,洛阳人也……考翃,以经术擢太常第,以才用为诸侯卿。"按:以"经术擢太常第",当为明经出身。

【晁□】名字未详。明经及第。

《秦晋豫新出墓志蒐佚续编》四三六,开元十一年(723)十一月二十日《大唐故朝散大夫河南府兵曹参军晁君墓志铭并序》:"君讳良贞,字杲……烈考明经高第,已而重天爵,轻人位。君即孝廉之第三子也。"按:墓志未书良贞祖上三代姓名,但明载其父明经高第。

【钱仁昉】字德纯。明经及第。官至长城令。

《全唐文》卷八九七,罗隐撰《司仪钱公列传》:"公讳仁昉,字德纯,师宝公次子。性格端秀,识量宏深。少禀清规,早怀干济。举孝廉高第,拜太子司仪郎,迁长城令……清风雅望,今古垂芳。竟以寿终,年八十有一。娶本郡王氏,生三子,曰硕崇、硕琛、硕寘。"

《登科记考》卷二七《附考·明经科》录载钱仁昉。

【徐云】东海郯县人。明经及第。官建州录事参军。

《邙洛碑志三百种》,徐沼撰乾符三年(876)八月二十二日《唐故河阳军马军都教练使节度押衙鼓角军兵马使银青光禄大夫检校太子宾客兼御史大夫上柱国东海郡徐公(观)墓志铭并序》："公讳观,字尚宾,东海郯县人也⋯⋯曾祖讳云,皇明经及第,建州录事参军。考讳容,皇明经及第,任虔州青田县令。"

【徐容】东海郯县人,祖云官建州录事参军。明经及第。官虔州青田县令。

《邙洛碑志三百种》,徐沼撰乾符三年(876)八月二十二日《唐故河阳军马军都教练使节度押衙鼓角军兵马使银青光禄大夫检校太子宾客兼御史大夫上柱国东海郡徐公(观)墓志铭并序》："公讳观,字尚宾,东海郯县人也⋯⋯曾祖讳云,皇明经及第,建州录事参军。考讳容,皇明经及第,任虔州青田县令。"

【高璠】父绰尚书祠部员外郎。明经及第。

《大唐西市博物馆藏墓志》四四八,崔坦撰咸通六年(865)八月二十四日《唐故尚书祠部员外渤海高绰长男墓志铭并序》："祠部讳绰,有子二人,长曰璠,次曰瓒,皆出于侧室⋯⋯而何璠年才十六,遘疾半岁,以咸通六年七月八日,殁于京师,其年八月廿四日,葬于万年县义善乡大仵村,祔先茔之礼也。呜呼！尔早岁好学,复善篇什,谢世之春,已擢孝廉科。"按:此"孝廉科"即"明经科"。

【郭瑜】字无暇,太原人。太学明经及第。授国子监大成,官至嶲州都督府别驾。

《秦晋豫新出墓志蒐佚》四六五,开元二十六年(738)十一月八日《大唐故朝请大夫守嶲州都督府别驾兼昆明军副使上柱国郭府君墓志并序》："公讳瑜,字无暇,太原人也⋯⋯弱冠入太学,明年射策登科,便授国子大成。"按:据唐制,国子监大成皆授明经及第之"聪明灼然"者。

【唐贞操】北海中山人。明经及第。

《秦晋豫新出墓志蒐佚续编》四〇〇,开元二年(714)八月二十日《唐故滑州胙城县令北海郡唐府君墓志铭》："公践正,北海中山人也⋯⋯父贞操,皇朝明经对策及第。"

【萧□】名未详,祖元礼官湘州刺史,父诠官大理评事。明经及第。历曹州冤句、杭州富阳二邑,调大理评事,地官司国计,官至成都功曹。

《全唐文》卷七八五穆员撰贞元八年(792)十月二日《成都功曹萧公墓志铭》："公讳某,字某。其先事具梁史。盖宣武皇帝七代孙也。曾祖文憬,皇朝朝散大夫湖州司马。祖元礼,湘州刺史,赠太子詹事。父诠,大理评事。昭穆相遗者曰清白孝友,人称之。君幼以明经登第⋯⋯历任曹州冤句、杭州富阳二邑,转都水监主簿左金吾卫兵曹,调大理评事,地官司国计⋯⋯剑南节度使表公成都功曹掾兼佐蜀州戎事⋯⋯贞元八年,归故国于洛汭。秋九月十四日,终于康裕里第,春秋五十八。"

《登科记考》卷二七《附考·明经科》录载萧□。

【萧悫】兰陵中都人,父攒官至光禄卿赠右散骑常侍。明经及第。

《大唐西市博物馆藏墓志》四三四,裴寅撰大中十年(856)十月二十四日《唐故光禄卿赠右散骑常侍萧府君墓志铭并序》："公讳攒,字思本,兰陵中都人也⋯⋯公早岁以门荫补弘文馆明经,调授同州参军⋯⋯有子三人,长曰宽,前长安县尉;次曰悫,前乡贡明经。俱怀不器之才,皆负乡里之誉。"

【萧晦】父攒官京兆少尹。明经及第。

《大唐西市博物馆藏墓志》四二〇,韦澳撰大中四年(850)十一月十日《唐京兆少尹萧公亡夫人荥阳县君郑夫人墓志铭并序》:"京兆少尹萧公攒亡室荥阳县君郑夫人,开成元年六月廿八日,终于东都河南县之官舍,享年卅九……长男曰宽,京兆府云阳县主簿;女曰苏苏;小男曰晦,前乡贡明经。女与晦,夫人自出也。苏苏后夫人七年卒。晦既孩嗜学,成童以经明登第,观其神气开爽,性质沉详,将来之势,若风帆之纵江海,骏马之骋康衢,岂可量哉!"

【萧隆】字道士,兰陵人。明经及第。历官隰州温泉令、夷州宜林令、泸州泸川令。

《秦晋豫新出墓志蒐佚》二五二,万岁通天二年(697)二月二十九日《唐故泸州泸川县令兰陵萧君墓志铭并序》:"君讳隆,字道士,兰陵人也……起家以唐乡贡明经擢第,授隰州温泉令,寻授夷州宜林令、泸州泸川令。"

【萧攒】字思本,兰陵中都人。明经及第。制举出身。官至光禄卿赠右散骑常侍。

《大唐西市博物馆藏墓志》四三四,裴寅撰大中十年(856)十月二十四日《唐故光禄卿赠右散骑常侍萧府君墓志铭并序》:"公讳攒,字思本,兰陵中都人也……公早岁以门荫补弘文馆明经,调授同州参军……有子三人,长曰宽,前长安县尉;次曰悫,前乡贡明经。俱怀不器之才,皆负乡里之誉。"

【常伯儒】明经出身。

《秦晋豫新出墓志蒐佚续编》七一二,常次儒撰贞元十五年(799)九月十四日《大唐故豪州司马常府君墓志铭并序》:"冢嗣三人:长曰伯儒,前宋州襄邑县尉,幼志于学,经明入仕。次曰次儒,郑州新郑县尉。叔曰复儒,童年业文。"按:伯儒"经明入仕",当为明经出身。

【常献】河内郡人。孝廉及第。官至檀州司户参军。

《全唐文补遗》第四辑,王仲孚撰咸通六年(865)十月十二日《大唐河内故常府君(克谋)墓志铭并序》:"府君讳克谋,字境安……曾祖讳冀,字行能,上谷郡司马,试大理评事。列祖讳庆冲,字希夷,学通三教,秘奥道门,霞服霓裳,绝迹尘外。王父讳献,字贡宾,年才弱冠,乡举孝廉,遂遥摄檀州司户参军。"按:据墓志,志主卒于咸通五年(864)十一月十四日,春秋七十七。

【崔公辅】宪穆间登明经科。官至雅州刺史。

(宋)张君房《云笈七签》卷一一九《道教灵验记》:"崔公辅明经及第,历官雅州刺史。至官一年,忽觉精神恍惚,多悲恚狷急……此事是开成年中任雅州刺史也。"按:崔公辅开成中已为刺史,其登第应在长庆前后。

【崔可准】字允中,博陵安平人。明经及第。制授朝散郎、试左卫率府兵曹,迁洛阳县尉。

《全唐文补遗》第六辑,崔遂撰贞元十七年(801)七月二十二日《唐故洛阳县尉崔府君(可准)墓志铭并序》:"府君讳可准,字允中。其先齐之大族,存乎鲁史。厥后徙居,食邑博陵,代为安平人也……以经明行修□举里选,解褐以明经荫第,制授朝散郎、试左卫率府兵曹。"按:据墓志,可准卒于贞元辛巳岁(十七年,801)六月二日,享年五十二。

【崔权】贝州清河人。明经及第。官至朝散大夫少府少监。

《秦晋豫新出墓志蒐佚续编》九六〇，郑仁轨撰《唐故朝散大夫少府少监柱国崔府君墓铭并序》："府君讳权，贝州清河人也……少喜书能通二经，益为儒以经明应所举，一上而中，调授郑州参军。"

【崔绛】字绛，清河武城人，曾祖大质官复州刺史，祖玄官泰官长安丞，父行温官延州刺史。明经及第。初授绛州参军，终官朝请大夫、河东郡永乐县令。

《秦晋豫新出墓志蒐佚》五二五，李华叙、卢沼铭、王诉书天宝六载（747）二月二十六日《唐故朝请大夫河东郡永乐县令崔公墓志铭》："公讳绛，字绛，即清河武城人也……曾祖复州刺史讳大质，祖长安丞讳玄泰，父延州刺史讳行温……（绛）以经明上第，补绛州参军，为水陆运判官。"按：唐代有同名进士，别是一人。

【崔浩】字广及，博陵安平人。明经出身。官至汴州浚仪县令。

《秦晋豫新出墓志蒐佚续编》九四八，崔洎撰乾符六年（879）二月二十四日《唐故汴州浚仪县令崔府君墓志铭并序》："府君讳浩，字广及，博陵安平人也……府君锐敏夙成，学自句读已知义训，先率履为采，后经明升第，业拔萃艺工而不科，调参蒲军堂。"按：建中元年（780）制科有崔浩，别是一人。

【崔琔】清河东武城人。明经及第。官邓州南阳主簿。

《洛阳新获七朝墓志》，崔安潜撰咸通五年（864）八月十八日《唐立山郡司马权知军州事清河崔公墓志铭并序》："公讳师蒙，字养正，清河东武城人……公娶荥阳郑缔女，生一子曰琔……令子以明经上第，调补邓州南阳主簿。"

【崔葰】字葰。崇文馆明经出身。释褐授河南府参军，历官京兆兴平尉、河南主簿、华州华阴县令，终官朝议郎、河南府陆浑县令、上柱国。

《秦晋豫新出墓志蒐佚》六九七，吴丹撰元和十四年（819）九月九日《唐故朝议郎河南府陆浑县令上柱国博陵崔府君墓志铭并序》："公讳葰，字葰……弱冠以门胄崇文馆明经出身，释褐授河南府参军。次任京兆兴平尉，历河南主簿、华州华阴县令。"

【崔赓】博陵人，父镛官朝议大夫行尚书度支员外郎。明经及第。

《秦晋豫新出墓志蒐佚》七七七，崔铉撰大中四年（850）正月二十三日《唐故朝议大夫行尚书度支员外郎柱国赐绯鱼袋博陵崔府君墓志铭并序》："府君讳镛，字希声，其先博陵人也……别子赓，前明经。"

【崔谠】崇文馆明经及第。弟谣，亦崇文馆明经及第。

《秦晋豫新出墓志蒐佚》七三五。苏庆撰大和八年（834）二月三日《唐故陆浑县令博陵崔府君故夫人赵郡李氏合袝墓志铭并序》："长子谅，前摧盐巡官、试太常寺协律郎。第四子谠、第五子谣，并前崇文馆明经。"按：大和二年（828）贤良方正能直言极谏科，以《册府元龟》《唐会要》为据录载崔谠，未知与墓志所载之崔谠是否一人，附此俟考。

【崔谣】崇文馆明经及第。兄谠，亦崇文馆明经及第。

《秦晋豫新出墓志蒐佚》七三五。苏庆撰大和八年（834）二月三日《唐故陆浑县令博陵崔府君故夫人赵郡李氏合袝墓志铭并序》："长子谅，前摧盐巡官、试太常寺协律郎。第四子谠、第五子谣,并前崇文馆明经。"

【崔蒙】字孔明,博陵安定人。明经及第。授汴州参军,后迁凉王府仓曹。

《洛阳新获七朝墓志》,姜文撰大历十三年(778)七月十三日《大唐故凉王府仓曹崔府君墓志铭并序》:"府君博陵崔氏,名蒙,字孔明。博陵安定人也……以弘文明经登科,解褐授汴州参军,后迁凉王府仓曹。"

【崔韬】蒲州人。登明经科。

(宋)李昉等《太平广记》卷四三三《虎八·崔韬》引《集异记》:"崔韬,蒲州人也。旅游滁州,南抵历阳。晓发滁州,至仁义馆,宿馆。吏曰:'此馆凶恶,幸无宿也。'韬不听,负笈升厅。馆吏备灯烛讫,而韬至二更,展衾方欲就寝,忽见馆门有一大足如兽,俄然其门豁开,见一虎自门而入。韬惊走,于暗处潜伏视之,见兽于中庭脱去兽皮,见一女子奇丽严饰,升厅而上,乃就韬衾。出问之曰:'何故宿余衾而寝?韬适见汝为兽入来,何也?'女子起谓韬曰:'愿君子无所怪,妾父兄以畋猎为事,家贫,欲求良匹,无从自达,乃夜潜将虎皮为衣。知君子宿于是馆,故欲托身,以备洒扫。前后宾旅,皆自怖而殒。妾今夜幸逢达人,愿察斯志。'韬曰:'诚如此意,愿奉欢好。'来日,韬取兽皮衣,弃厅后枯井中,乃挈女子而去。后韬明经擢第,任宣城。时韬妻及男将赴任,与俱行。月余,复宿仁义馆。韬笑曰:'此馆乃与子始会之地也。'韬往视井中,兽皮衣宛然如故。韬又笑谓其妻子:'往日卿所着之衣犹在。'妻曰:'可令人取之。'既得,妻笑谓韬曰:'妾试更着之。'衣犹在请,妻乃下阶将兽皮衣着之才毕,乃化为虎,跳踯哮吼,奋而上厅,食子及韬而去。"

《登科记考》卷二七《附考·明经科》云崔韬及第。

【梁旷】登明经科。历节度使从事。

《唐代墓志汇编》残志〇〇七《大唐故刘氏墓志铭》:"□□节度随军前明经梁旷撰。"见《隋唐五代墓志汇编》北大卷第二册。按:此碑撰写时间不详,约为中晚唐。罗继祖《登科记考补》补入。

【寇南容】字三覆,上谷昌平人。明经及第。解褐蜀州唐安主簿,官至朝散大夫、太原府阳曲县令。

《秦晋豫新出墓志蒐佚》五一一,达奚珣撰天宝四载(745)十月十三日《大唐朝散大夫太原府阳曲县令上谷寇南容墓志铭并序》:"公讳南容,字三覆,其先上谷昌平人也……自国序明经登科,一命蜀州唐安主簿。"按:墓志署"礼部侍郎达奚珣文",奚珣妻寇氏。

【董全道】虞乡人,宰相董晋子。明经及第。官至殿中少监。

(唐)林宝《元和姓纂》卷六《河东董氏》:"唐右仆射、平章事董晋,生全道、谿、全素、瀗。全道,殿中少监。"

《新唐书》卷七五下《宰相世系表》五下:董晋子"全道,殿中少监"。

乾隆《山西通志》卷六五《科目·唐》:"明经甲科:董全道,虞乡人,晋长子,秘书省著作郎。"

【董晋】字混成,郡望河中虞乡,父伯良赠尚书左仆射。明经及第。官至宰相。

《全唐文》卷五六七,韩愈《故金紫光禄大夫检校尚书左仆射同中书门下平章事兼汴州刺史充宣武军节度副大使知节度事管内支度管田汴宋亳颍等州观察处置等使上柱国陇西郡开国公赠太傅董公行状》:"曾祖仁琬,皇任梁州博士。祖大礼,皇赠右散骑常侍。父伯良,皇赠尚书左仆射。公讳晋,字混成,河中虞乡万岁里人。少以明经上第……拜秘书省校书郎,入翰林为学士……拜左金吾卫大将军,由大金吾为尚书左丞,又为太常卿。由太常卿拜门下侍郎平章事,在宰相位凡五年。"

《新唐书》卷一五一《董晋传》:"董晋字混成,河中虞乡人。擢明经。"

《登科记考》卷二七《附考·明经科》录载董晋。

【敬稜】父晭官至北都留守判官。约在唐末登明经中第。守汾州参军。

《登科记考》卷二七《附考·明经科》云敬稜及第,并引(宋)文彦博撰《潞公文集》卷一二《碑记墓志·赠尚书祠部员外郎文府君墓志铭》:"府君讳锐,字挺之。本姓敬,当晋室以犯高祖御名,改赐今姓……八代祖太尉平阳王有大勋力于中宗,载于国书,可以覆视。高祖晭,大和中由鸿胪丞辟北都留守判官。曾王父稜,时以明经中第,守汾州参军。"

【焦西鸾】建中前后明经及第。

《唐代墓志汇编续集》贞元〇〇五,王叔之撰贞元二年(786)十一月《唐故夫人郑氏墓志铭并序》:"夫人荥阳人也……婉其令仪,以配君子,归我前孝廉焦公西鸾,和鸣未几,兆祸行及,以贞元二年三月乙巳终于幽都县遵化里之私第,春秋廿有六。"按:西鸾擢第当在建中前后。

【甯安】河南人。明经甲科。

《唐代墓志汇编》天宝〇一八天宝元年(742)十月十六日《唐故处士颍川郡陈府君(懿)夫人渔阳郡甯氏墓志铭并序》:"夫人讳,其先渔阳人也……今为河南人焉……父安,明经甲科。"

【路任玄】阳平人。明经及第。官终三原令。

《洛阳新获七朝墓志》,颜标撰咸通十年(869)十月十日《唐琅邪颜夫人阳平路氏墓铭并序》:"夫人姓路氏,以嗜佛号曰自在心,其先阳平人也……父任玄,明经及第,以孝行称,终三原令。夫人即三原之幼女。"

【雍鼎】三礼科及第。官试左司御率府兵曹参军。

《秦晋豫新出墓志蒐佚续编》七六四,元和九年(814)十一月十七日《大唐故昭义军节度押衙四军兵马使检校太子宾客兼监察御史榆林郡王南阳韩公墓志铭并序》,署"应三礼前试左司御率府兵曹参军雍鼎撰"。按《登科记考》体例,三礼属明经科。

【窦昱】父华官中书舍人、集贤翰林院学士。明经及第。

《秦晋豫新出墓志蒐佚续编》六二七,徐浩撰乾元二年(759)二月十二日《唐故朝议大夫中书舍人集贤翰林院学士窦府君墓志铭并序》:"公讳华,字华,弱不好弄,幼而能文……次子右千牛申、前崇文馆明经昱等幼而能立。"

【褚冲】明经及第。官奉化主簿、国子助教。

《新唐书》卷一四六《李栖筠传》:"李栖筠字贞一,世为赵人……则又增学庐,表宿儒河南褚冲、吴何员等,超拜学官为之师,身执经问义,远迩趋慕,至徒数百人。"

（明）凌迪知《万姓统谱》卷七五："褚冲，字士和，通《礼》《易》，举明经，授奉化主簿，辞归。观察使李栖筠复表授国子助教。"

【蔡□□】京兆人。明经及第，三礼登科。官至太子左庶子。

《全唐文补遗》第六辑，李匡尧撰天福八年（943）正月十一日《故银青光禄大夫太子左庶子致仕上柱国济阳蔡府君墓志并序》："君讳□□，京兆人也。昭义节度掌书记振，大王父也；清河张氏夫人，□祖母也。□□□□县令灵丹，王父也；清河张氏夫人，祖母也。尚书工部郎中□，考也。□□□□太君，先妣也。公自明经及第，三礼登科，榜下除□□□宫香□令。"

【蔡直清】字惟宪，父燕客历魏州司户、越州剡县令。明经出身。历官常州无锡县令、大理评事、高陵县令、归州刺史、朗州刺史、检校户部员外郎、司勋员外郎、蕲州刺史，终官沔州刺史。

《秦晋豫新出墓志蒐佚续编》九二三，陈当撰咸通十一年（870）八月□日《唐故朝议郎使持节都督银州诸军事守银州刺史兼度支营田使上柱国蔡府君墓志铭》："公讳勋，字士绩，本姬姓，周文王之后也。武王母弟叔度食邑于蔡，子孙遂为蔡氏焉。自是侯伯卿相世世不绝，已布史册，从略举其要耳。曾王父燕客，字相时，德让第三子，魏州司户、越州剡县令，赠著作郎。娶兰陵萧有宾女，生三子。王父直清，字惟宪，燕客第三子，明经出身，常州无锡县令、大理评事、高陵县令、归州刺史、朗州刺史、检校户部员外郎，赐紫金鱼袋。转司勋员外郎、蕲州刺史改沔州刺史。娶弘农杨垍，生二子。父符，字昌运，直清长子，明经出身，鄂州录事参军、宣州宁国县令，赠祠部员外郎。"

【蔡符】字昌运，父直清官至沔州刺史。明经出身。历官鄂州录事参军、宣州宁国县令，卒赠祠部员外郎。

《秦晋豫新出墓志蒐佚续编》九二三，陈当撰咸通十一年（870）八月□日《唐故朝议郎使持节都督银州诸军事守银州刺史兼度支营田使上柱国蔡府君墓志铭》："公讳勋，字士绩，本姬姓，周文王之后也。武王母弟叔度食邑于蔡，子孙遂为蔡氏焉。自是侯伯卿相世世不绝，已布史册，从略举其要耳。曾王父燕客，字相时，德让第三子，魏州司户、越州剡县令，赠著作郎。娶兰陵萧有宾女，生三子。王父直清，字惟宪，燕客第三子，明经出身，常州无锡县令、大理评事、高陵县令、归州刺史、朗州刺史、检校户部员外郎，赐紫金鱼袋。转司勋员外郎、蕲州刺史改沔州刺史。娶弘农杨垍，生二子。父符，字昌运，直清长子，明经出身，鄂州录事参军、宣州宁国县令，赠祠部员外郎。"

【裴□】名字未详，河东闻喜人。国子监明经擢第。初授并州祁县主簿，官至雍州乾封县尉。

《秦晋豫新出墓志蒐佚》三一二，景龙三年（709）七月《唐故雍州乾封县尉裴府君墓志铭并序》："君讳某，河东闻喜人也……初以国子明经擢第，调补并州祁县主簿。"

【裴江】明经及第。

《新唐书》卷七一上《宰相世系表》一上"南来吴裴氏"："叔卿，济州司马。"子："洵，扬府参军。润，明法。净，明法。演，明经。江，明经。"

《登科记考》卷二七《附考·明经科》录载裴江。

【裴涣】明经及第。

《新唐书》卷七一上《宰相世系表》一上"南来吴裴氏"："涣,弘文明经。"

《登科记考》卷二七《附考·明经科》录载裴涣。

【裴演】明经及第。

《新唐书》卷七一上《宰相世系表》一上"南来吴裴氏"："叔卿,济州司马。"子："洵,扬府参军。润,明法。净,明法。演,明经。江,明经。"

《登科记考》卷二七《附考·明经科》录载裴演。

【裴濛】字源明。弘文馆明经及第。释褐郑州原武县主簿,官至朝议大夫、章陵台令。

《洛阳新获七朝墓志》,崔复撰大中二年(848)五月二十六日《唐故朝议大夫章陵台令上柱国河东裴公合祔墓志铭并序》："公讳濛,字源明……门荫补弘文馆明经,释褐郑州原武县主簿。"

【樊钊】南阳人。明经出身。官至泗州涟水县令。

《唐代墓志汇编》大中〇四一,大中四年(850)十月十日《唐故右内率府兵曹参军朱府君夫人南阳樊氏墓志并序》："南阳之后,轩冕间世,最为国内所称。曾祖钊,皇明经出身泗州涟水县令。夫人涟水嫡女。"

【滕盖】东阳人。明经及第。释褐莱州刺史,终官礼部侍郎。

(明)凌迪知《万姓统谱》卷五七"唐"："滕盖,东阳人。代宗时以明经及第为莱州刺史,有惠政,终礼部侍郎。"按:"代宗时",万历《金华府志》卷一八,四库本《浙江通志》卷一二三作"穆宗长庆时"。

《唐刺史考全编》卷七七《河南道·莱州(东莱郡)》(待考录)："滕盖,康熙十七年《山东通志》卷二四职官:'滕盖,东阳人,为莱州刺史。'"

《登科记考补正》卷二七《附考·明经科》增补。

【颜大智】琅琊临沂人,晋侍中颜含十三代孙。明经及第。官至录事参军。

《全唐文》卷三三九,颜真卿撰《晋侍中右光禄大夫本州大中正西平靖侯颜公(含)大宗碑》："公讳含,字宏都。琅琊临沂人……十三代孙大智,并州录事参军。"

《全唐文》卷三四〇,颜真卿撰《唐故通议大夫行薛王友柱国赠秘书少监国子祭酒太子太保颜君(惟贞)碑铭》："君讳惟贞,字叔坚……中和、至诚、敬仲、大智、温之、澂之、澹之、揩、挺、援、撰、温、泳、陵,并明经。"

《登科记考》卷二七《附考·明经科》录载颜大智。

【颜中和】琅琊临沂人,晋侍中颜含十二代孙。明经及第。官至渝州刺史。

《全唐文》卷三三九,颜真卿撰《晋侍中右光禄大夫本州大中正西平靖侯颜公(含)大宗碑》："公讳含,字宏都。琅琊临沂人……十二代孙中和,渝州刺史。"

《全唐文》卷三四〇,颜真卿撰《唐故通议大夫行薛王友柱国赠秘书少监国子祭酒太子太保颜君(惟贞)碑铭》："君讳惟贞,字叔坚……中和、至诚、敬仲、大智、温之、澂之、澹之、揩、挺、援、撰、温、泳、陵,并明经。"

《登科记考》卷二七《附考·明经科》录载颜中和。

【颜至诚】明经及第。

《全唐文》卷三四〇,颜真卿撰《唐故通议大夫行薛王友柱国赠秘书少监国子祭酒太子太保颜君(惟贞)碑铭》:"君讳惟贞,字叔坚……中和、至诚、敬仲、大智、温之、澂之、澹之、揎、挺、援、撰、温、泳、陵,并明经。"

《登科记考》卷二七《附考·明经科》录载颜至诚。

【颜同寅】琅琊临沂人,晋侍中颜含十三代孙。明经及第。官至富阳令。

《全唐文》卷三三九,颜真卿撰《晋侍中右光禄大夫本州大中正西平靖侯颜公(含)大宗碑》:"公讳含,字宏都。琅琊临沂人……十三代孙大智,并州录事参军。……同寅,明经,升庠,有词学,富阳令。"

《登科记考》卷二七《附考·明经科》录载颜同寅。

【颜克明】明经及第。

《全唐文》卷三四〇,颜真卿撰《唐故通议大夫行薛王友柱国赠秘书少监国子祭酒太子太保颜君(惟贞)碑铭》:"君讳惟贞,字叔坚……克明,崇文明经,卫密标榜之。"

《登科记考补正》卷二七《附考·明经科》补入。

【颜时】明经及第。

《全唐诗》卷六七四,郑谷《送太学颜(时)明经及第东归》:"平楚干戈后,田园失耦耕。艰难登一第,离乱省诸兄。"

(宋)李昉等《文苑英华》卷二八二《诗一百三十三·送行十七》录有郑谷《送太学颜时明经及第东归》诗:"平楚干戈后,田园失耦耕。艰难登一第,丧(一作"离")乱省诸兄。树没春江涨,人繁野渡晴。闲来思学馆,犹梦雪窗明。"

【颜泳】明经及第。

《全唐文》卷三四〇,颜真卿撰《唐故通议大夫行薛王友柱国赠秘书少监国子祭酒太子太保颜君(惟贞)碑铭》:"君讳惟贞,字叔坚……中和、至诚、敬仲、大智、温之、澂之、澹之、揎、挺、援、撰、温、泳、陵,并明经。"

《登科记考》卷二七《附考·明经科》录载颜泳。

【颜春卿】琅琊临沂人。明经及第。初授犀浦主簿,官至偃师丞。

《新唐书》卷一九二《忠义中·颜春卿传》:"春卿,偼傥美姿仪,通当世务。十六举明经、拔萃高第,调犀浦主簿……终偃师丞。"

《全唐文》卷三四一,颜真卿《秘书省著作郎夔州都督长史上护军颜公神道碑》:"君讳勤礼,字敬,琅琊临沂人……曾孙:春卿,工词翰,有风义,明经拔萃,犀浦、蜀二县尉。故相国苏颋举茂才,又为张敬忠剑南节度判官、偃师丞。"

《登科记考》卷二七《附考·明经科》录载颜春卿。

【颜挺】琅琊临沂人,晋侍中颜含十四代孙。明经及第。

《全唐文》卷三三九,颜真卿撰《晋侍中右光禄大夫本州大中正西平靖侯颜公(含)大宗碑》:"公讳含,字宏都。琅琊临沂人……十四代孙温之,有志行,举方正,司门郎中。……挺,有词理,万年尉。"

《登科记考》卷二七《附考·明经科》录载颜挺。

【颜说】琅琊临沂人,晋侍中颜含十四代孙。明经及第。官至渭南丞。

《全唐文》卷三三九,颜真卿撰《晋侍中右光禄大夫本州大中正西平靖侯颜公(含)大宗碑》:"公讳含,字宏都。琅琊临沂人……十四代孙温之,有志行,举方正,司门郎中。……说,明经,有才器,渭南丞。"

《全唐文》卷三四〇,颜真卿撰《唐故通议大夫行薛王友柱国赠秘书少监国子祭酒太子太保颜君(惟贞)碑铭》:"公讳含,字宏都。琅琊临沂人……说,明经,有才器,渭南丞。"

《登科记考补正》卷二七《附考·明经科》补入。

【颜真长】琅琊临沂人。明经及第。

《全唐文》卷三四一,颜真卿《秘书省著作郎夔州都督长史上护军颜公(勤礼)神道碑》:"君讳勤礼,字敬,琅琊临沂人……真长,耿介举明经。"

《登科记考》卷二七《附考·明经科》录载颜真长。

【颜陵】明经及第。

《全唐文》卷三四〇,颜真卿撰《唐故通议大夫行薛王友柱国赠秘书少监国子祭酒太子太保颜君(惟贞)碑铭》:"君讳惟贞,字叔坚……中和、至诚、敬仲、大智、温之、澂之、澹之、揩、挺、援、撰、温、泳、陵,并明经。"

《登科记考》卷二七《附考·明经科》录载颜陵。

【颜据】琅琊临沂人,晋侍中颜含十四代孙。明经及第。

《全唐文》卷三三九,颜真卿撰《晋侍中右光禄大夫本州大中正西平靖侯颜公(含)大宗碑》:"公讳含,字宏都。琅琊临沂人……十四代孙温之,有志行,举方正,司门郎中。……揩、援、挺、据、揆、撰,并明经。"

《登科记考》卷二七《附考·明经科》录载颜据。

【颜援】琅琊临沂人,晋侍中颜含十四代孙。明经及第。

《全唐文》卷三三九,颜真卿撰《晋侍中右光禄大夫本州大中正西平靖侯颜公(含)大宗碑》:"公讳含,字宏都。琅琊临沂人……十四代孙温之,有志行,举方正,司门郎中。……揩、援、挺、据、揆、撰,并明经。"

《登科记考》卷二七《附考·明经科》录载颜援。

【颜揆】琅琊临沂人,晋侍中颜含十四代孙。明经及第。

《全唐文》卷三三九,颜真卿撰《晋侍中右光禄大夫本州大中正西平靖侯颜公(含)大宗碑》:"公讳含,字宏都。琅琊临沂人……十四代孙温之,有志行,举方正,司门郎中。……揩、援、挺、据、揆、撰,并明经。"

《登科记考》卷二七《附考·明经科》录载颜揆。

【颜敬仲】琅琊临沂人,晋侍中颜含十二代孙。明经及第。官至吏部郎中。

《全唐文》卷三三九,颜真卿撰《晋侍中右光禄大夫本州大中正西平靖侯颜公(含)大宗碑》:"公讳含,字宏都。琅琊临沂人……十二代孙中和,渝州刺史。……敬仲,仁孝,吏部郎中、平昌男。"

《全唐文》卷三四〇,颜真卿撰《唐故通议大夫行薛王友柱国赠秘书少监国子祭酒太子太保颜君(惟贞)碑铭》:"君讳惟贞,字叔坚……中和、至诚、敬仲、大智、温之、澂之、澹之、揔、挺、援、撰、温、泳、陵,并明经。"

《登科记考》卷二七《附考·明经科》录载颜敬仲。

【颜颋】琅琊临沂人,晋侍中颜含十五代孙。明经及第。官至大理司直、岭南营田判官。

《全唐文》卷三三九,颜真卿撰《晋侍中右光禄大夫本州大中正西平靖侯颜公(含)大宗碑》:"公讳含,字宏都。琅琊临沂人……十五代孙逸,好文,武康令。……颋,孝,明经,大理司直。"

《全唐文》卷三四一,颜真卿《秘书省著作郎夔州都督长史上护军颜公(勤礼)神道碑》:"君讳勤礼,字敬,琅琊临沂人……颋,仁孝方正,明经大理司直,充张万顷岭南营田判官。"

《登科记考》卷二七《附考·明经科》录载颜颋。

【颜温】明经及第。

《全唐文》卷三四〇,颜真卿撰《唐故通议大夫行薛王友柱国赠秘书少监国子祭酒太子太保颜君(惟贞)碑铭》:"君讳惟贞,字叔坚……中和、至诚、敬仲、大智、温之、澂之、澹之、揔、挺、援、撰、温、泳、陵,并明经。"

《登科记考》卷二七《附考·明经科》录载颜温。

【颜揔】琅琊临沂人,晋侍中颜含十四代孙。明经及第。

《全唐文》卷三三九,颜真卿撰《晋侍中右光禄大夫本州大中正西平靖侯颜公(含)大宗碑》:"公讳含,字宏都。琅琊临沂人……十四代孙温之,有志行,举方正,司门郎中。……揔、援、挺、据、挨、撰,并明经。"

《登科记考》卷二七《附考·明经科》录载颜揔。

【颜撰】琅琊临沂人,晋侍中颜含十四代孙。明经及第。

《全唐文》卷三三九,颜真卿撰《晋侍中右光禄大夫本州大中正西平靖侯颜公(含)大宗碑》:"公讳含,字宏都。琅琊临沂人……十四代孙温之,有志行,举方正,司门郎中。……揔、援、挺、据、挨、撰,并明经。"

《登科记考》卷二七《附考·明经科》录载颜撰。

【颜澂之】琅琊临沂人,晋侍中颜含十四代孙。明经及第。

《全唐文》卷三三九,颜真卿撰《晋侍中右光禄大夫本州大中正西平靖侯颜公(含)大宗碑》:"公讳含,字宏都。琅琊临沂人……十四代孙温之,有志行,举方正,司门郎中。澂之、澹之,并明经。"

《登科记考》卷二七《附考·明经科》录载颜澂之。

【颜澹之】琅琊临沂人,晋侍中颜含十四代孙。明经及第。

《全唐文》卷三三九颜真卿撰《晋侍中右光禄大夫本州大中正西平靖侯颜公(含)大宗

碑》："公讳含,字宏都。琅琊临沂人……十四代孙温之,有志行,举方正,司门郎中。澂之、澹之,并明经。"

《登科记考》卷二七《附考·明经科》录载颜澹之。

【潘元简】京兆华原人,祖佛寿官九原郡守,父观官大中大夫行司津监。弱冠明经及第。吏部选。

《全唐文》卷九九五,佚名撰《吏部常选广宗郡潘府君(智昭)墓志铭》："曾祖佛寿,识叶天谋,辅翼左右,拯济涂炭,永宁邦社,拜银青光禄大夫、仪同三司、九原郡守。祖观,大中大夫行司津监。父元简,积学成业,温恭允克,仁惠乡闾,博通今古,弱冠明经,擢第吏部选。君名智昭,字洛,京兆华原人也。"

《登科记考》卷二七《附考·明经科》录有潘元简。

【薛抢】字安维,河东人。弱冠明经及第。释褐授徐州丰县主簿,再调邓州穰县尉,终官承务郎、河南府王屋县丞。

《秦晋豫新出墓志蒐佚》七四七,侯能撰开成二年(837)十一月六日《唐故承务郎前河南府王屋县丞河东薛府君墓志铭并序》："君讳抢,字安维,河东人也……年甫弱冠,明经擢第,解褐授徐州丰县主簿,再调邓州穰县尉。"

【薛晤】字正言,河东宝鼎人。明经及第。释褐太子典膳丞,终官江南西道观察推官、宣德郎、监察御史里行、骁骑尉。

《秦晋豫新出墓志蒐佚》六二八,薛膺撰贞元四年(788)八月三日《大唐故江南西道观察推官宣德郎监察御史里行骁骑尉河东薛府君墓志铭并序》："公讳晤,字正言,河东宝鼎人也……年未弱冠,经明登第,释褐太子典膳丞。"按："经明登第"当即"明经登第"。

【王太贞】字大正,阳平人,父修恪官安州云梦丞。登孝廉科。官太子文学。

《唐代墓志汇编》残志〇〇四,佚名撰《有唐太子文学王公(太贞)墓志铭并序》:"公讳太贞,字大正,阳平人也……曾祖君懿,高蹈不仕;祖玄度,明经登科;父修恪,安州云梦丞……(公)郡举孝廉,吏补正字……署太子文学,从人望也。"按:据志文,太贞卒年未详,春秋五十九。

【王文义】太原人,父雅官吏部常选。孝廉擢第。历上柱国、吏部常选。

《秦晋豫新出墓志蒐佚续编》四八一,开元二十二年(734)五月十二日《大唐王府君墓志铭并序》:"君讳玄珪,太原人也……祖雅,孝廉擢第,吏部常选。父文义,孝廉擢第,上柱国、吏部常选。"

【王雅】太原人。孝廉擢第。历吏部常选。

《秦晋豫新出墓志蒐佚续编》四八一,开元二十二年(734)五月十二日《大唐王府君墓志铭并序》:"君讳玄珪,太原人也……祖雅,孝廉擢第,吏部常选。父文义,孝廉擢第,上柱国、吏部常选。"

【元庭珍】字瑊,河南人。孝廉擢第。历广平郡洺水尉、鲁郡金乡县丞。

《秦晋豫新出墓志蒐佚续编》五三六,天宝元年(742)十一月二十九日《大唐故鲁郡金乡县丞元府君墓志铭并序》:"君讳庭珍,字瑊,河南人也……以孝廉擢第,历广平郡洺水尉。"

【石休光】伊阙人,祖琮以孝廉授文林郎,父奖官至仙州方城县令。孝廉擢第。

《秦晋豫新出墓志蒐佚》四一五,开元十七年(729)二月二十四日《大唐故仙州方城县令石府君墓志铭并序》:"君讳奖,字文奖,其先乐陵人也。烈曾贵,以经世道,在随朝为叶城宰,故自赵来许。烈祖才,以济时德,逢皇运为伊阙丞,故自许入周。烈考琮,以孝廉授文林郎,奉而家焉,是以今又为伊阙人也。君即文林府君之叔子,颢元冲粹,昭象纯懿;德自天植,道惟神开,弱冠以孝廉登科,解褐授湖州安吉尉,又调魏州昌乐主簿。……有子曰休光、仲良、季良,并克荷严训,继崇先烈,以孝廉擢第,时议所高。"

【石仲良】伊阙人,祖琮以孝廉授文林郎,父奖官至仙州方城县令。孝廉擢第。

《秦晋豫新出墓志蒐佚》四一五,开元十七年(729)二月二十四日《大唐故仙州方城县令石府君墓志铭并序》:"君讳奖,字文奖,其先乐陵人也。烈曾贵,以经世道,在随朝为叶城宰,故自赵来许。烈祖才,以济时德,逢皇运为伊阙丞,故自许入周。烈考琮,以孝廉授文林郎,奉而家焉,是以今又为伊阙人也。君即文林府君之叔子,颢元冲粹,昭象纯懿;德自天植,道惟神开,弱冠以孝廉登科,解褐授湖州安吉尉,又调魏州昌乐主簿。……有子曰休光、仲良、季良,并克荷严训,继崇先烈,以孝廉擢第,时议所高。"

【石季良】伊阙人,祖琮以孝廉授文林郎,父奖官至仙州方城县令。孝廉擢第。

《秦晋豫新出墓志蒐佚》四一五,开元十七年(729)二月二十四日《大唐故仙州方城县令石府君墓志铭并序》:"君讳奖,字文奖,其先乐陵人也。烈曾贵,以经世道,在随朝为叶城宰,故自赵来许。烈祖才,以济时德,逢皇运为伊阙丞,故自许入周。烈考琮,以孝廉授文林郎,奉而家焉,是以今又为伊阙人也。君即文林府君之叔子,颢元冲粹,昭象纯懿;德自天植,道惟神开,弱冠以孝廉登科,解褐授湖州安吉尉,又调魏州昌乐主簿。……有子曰休光、仲良、季良,并克荷严训,继崇先烈,以孝廉擢第,时议所高。”

【石奖】字文奖,伊阙人,父琮以孝廉授文林郎。弱冠以孝廉登科。官至仙州方城县令。

《秦晋豫新出墓志蒐佚》四一五,开元十七年(729)二月二十四日《大唐故仙州方城县令石府君墓志铭并序》:“君讳奖,字文奖,其先乐陵人也。烈曾贵,以经世道,在随朝为叶城宰,故自赵来许。烈祖才,以济时德,逢皇运为伊阙丞,故自许入周。烈考琮,以孝廉授文林郎,奉而家焉,是以今又为伊阙人也。君即文林府君之叔子,颢元冲粹,昭象纯懿;德自天植,道惟神开,弱冠以孝廉登科,解褐授湖州安吉尉,又调魏州昌乐主簿。……有子曰休光、仲良、季良,并克荷严训,继崇先烈,以孝廉擢第,时议所高。”

【石琮】伊阙人。以孝廉授文林郎。

《秦晋豫新出墓志蒐佚》四一五,开元十七年(729)二月二十四日《大唐故仙州方城县令石府君墓志铭并序》:“君讳奖,字文奖,其先乐陵人也。烈曾贵,以经世道,在随朝为叶城宰,故自赵来许。烈祖才,以济时德,逢皇运为伊阙丞,故自许入周。烈考琮,以孝廉授文林郎,奉而家焉,是以今又为伊阙人也。君即文林府君之叔子,颢元冲粹,昭象纯懿;德自天植,道惟神开,弱冠以孝廉登科,解褐授湖州安吉尉,又调魏州昌乐主簿。”

【柳崇敬】字崇敬,河东解人。孝廉甲科。官至朝散大夫行括州长史、上柱国。

《秦晋豫新出墓志蒐佚续编》五〇三,开元二十六年(738)五月二十九日《唐故朝散大夫行括州长史上柱国柳府君墓志铭并序》:“君讳崇敬,字崇敬,河东解人也……君爱在弱龄,雅蕴深识,实颖实秀,为龙为光,孝廉甲科,年方未冠。”

【高大器】渤海蓨人。孝廉登科。

《洛阳新获七朝墓志》,开元十九年(731)二月十七日《唐故正议大夫洺州刺史高府君墓志铭并序》:“公讳力牧,字力牧,渤海蓨人也……父大器,孝廉登科,秀而不实,未官先世。公五岁而孤,七岁袭爵。弱不好弄,幼而有成……弱冠国子生明经擢第,授潞州参军,转宋州司仓、鸿州司户。”按:高力牧卒于开元十八年(730)九月十二日,春秋七十有八,则其弱冠年在咸亨三年。

【高元】字德道,渤海蓨县人。孝廉擢第。授舒州望江县主簿,终官戎州郁鄢县尉。

《墓志秦晋豫新出墓志蒐佚》二三七,长寿二年(693)八月二十七日《大周戎州郁鄢县尉高府君墓志铭并序》:“君讳元,字德道,渤海蓨人也……起家应孝廉擢第,任舒州望江县主簿。”

【高慈】字志睦,渤海蓨人。孝廉擢第。历官梁王府典签、扬州江都县丞,终官宁远将军守右卫中郎将。

《洛阳新获七朝墓志》,开元二十二年(734)五月二十四日《故宁远将军守右卫中郎将高府君墓志并序》:“君讳慈,字志睦,渤海蓨人也……起家孝廉擢第,授梁王府典签,迁扬州江都县丞。”

【崔行模】字仁则,博陵人。孝廉登科。解褐授邓王府典签、洛州参军,终官寿州寿春县令。

《秦晋豫新出墓志蒐佚》四一二,开元十五年(727)十月十四日《大唐故寿州寿春县令崔府君墓志铭并序》:"君讳行模,字仁则,博陵人也……早岁以郡举孝廉,对策高第,解褐授邓王府典签、洛州参军。"

【崔谭】字敬仲,清河武城人。孝廉及第。授临洺尉,官至大理主簿。

《洛阳新获七朝墓志》,于公异撰贞元五年(789)八月十五日《唐故大理主簿清河崔公墓志铭并序》:"公讳谭,字敬仲,清河武城人也……始以孝廉射策上第,补临洺尉。"

【章仇元素】字元素,任城人,父孝方官博陵郡录事参军。孝廉登科。授将仕郎,卒赠东平郡太守。

《全唐文》卷三〇二,韦述撰《赠东平郡太守章仇府君神道之碑章仇元素神道碑》:"君讳元素,字元素……代为鲁郡□□任城人也。大王父魏郡太守讳夒,大父莱州□□□政烈考博陵郡录事参军讳孝方,皆以友悌博雅,德良清白,增修其勋,克开厥后。君即博陵府□之第三子也。禀粹含和,中温外朗。行必诚信,□□□□之经;学无浮华,莫匪诗书之奥。弱冠以孝廉登科,授将仕郎。"按:其子兼琼,官银青光禄大夫户部尚书。

《登科记考》卷二七《附考·明经科》录载章仇元素。

【寇文秀】上谷昌平人。孝廉擢第。官至青州别驾。

《秦晋豫新出墓志蒐佚续编》四七五,寇霞光撰开元二十一年(733)十月四日《大唐故使持节渝州刺史寇府君墓志》:"君讳太珪,字符瓒,上谷昌平人也……父文秀,皇青州别驾,擢第孝廉。"

【颜传经】孝廉登科。

《全唐文》卷四五八,张参撰《五经文字序例》:"学者传授,义有所存,离之若有失,合之则难并,至当之余,但未发其傍而已。犹虑岁月滋久,官曹代易,悦复芜污,失其本真。乃命孝廉生颜传经收集疑文互体,受法师儒,以为定例,凡一百六十部,三千二百三十五字,分为三卷。"

《登科记考》卷二七《附考·明经科》录载颜传经。

【元基】河南洛阳人。童子科及第。

《全唐文补遗》千唐志斋新藏专辑，垂拱三年（687）十一月二十四日《大唐元氏（基）墓志铭并序》："公讳基，河南洛阳人也……公结发颖悟，胜衣习学。兽之轻重，取验浮船；月之光阴，不劳看树。书生受召，童子明经。及乎释褐，宿卫禁闱，无疲执戟……以大唐垂拱三年闰正月廿九日，终于此邑（豫州褒信县）。"

【牛丹】父俊官终陇州刺史。神童登科。选授宁州参军。

《大唐西市博物馆藏墓志》三五〇，王震撰元和五年（810）十一月九日《唐故陇州刺史牛府君墓志铭并序》："大唐元和四年岁次己丑闰三月丁未朔十四日庚申，奉天定难功臣、开府仪同三司、使持节陇州诸军事、行陇州刺史、充兵马留后兼御史大夫、安陆郡王、上柱国、食实封二百五十户陇西牛府君名俊，嗟乎遘疾不痊，灾兴梦奠，享年六十八，终于陇州之公馆……二男：冢嫡曰丹，袭实封，神童登科，选授宁州参军。"

【卢广】字符表。道举出身。官剡县尉。

《全唐文补遗》千唐志斋新藏专辑，卢蕃撰元和十五年（820）三月二十八日《唐故越州剡县尉卢府君（广）夫人陇西李氏合祔墓志铭并序》："先君讳广，字符表……年廿四，以通庄老文列举上第。洎赴常调，当时重名公卿凡十数辈，咸称操履坚白，得四子之玄妙，怡然自乐，道无将迎。相誓慰荐台司，擢列清贯。"

《全唐文补遗》第八辑，卢膺撰会昌四年（844）二月二十日《唐乡贡进士卢府君（厚德）墓志文并叙》："卢氏北祖第二房，自秦至今，累世有人，门阀如旧。君第二房，名厚德。祖广，道举出身，剡县尉。"

【卢克义】范阳人。道举及第。授官汴州封丘主簿，历登封尉、福昌丞、大理评事，终官著作佐郎。

《大唐西市博物馆藏墓志》三二五，崔溉撰贞元十三年（797）十二月庚寅《唐故著作佐郎范阳卢公墓志铭并序》："公讳克义，范阳人也，元魏仪曹尚书阳乌九代孙……公袭德门之遐庆，承士林之芳躅，其质深厚，其道直方。弱冠，道举及第，选授汴州封丘主簿，历登封尉、福昌丞、大理评事。"

【卢复】李华表弟。道举出身。授官雁门主簿，官至夔州刺史。

《全唐文》卷三一五，李华撰《与表弟卢复书》："八月八日，外兄李华敬简卢十五弟则之处：秋风渐高，路出泗上，将诣职役，如所料乎？往返劳止，当与时俱畅也。华疹疾无聊，贤姊与诸君寻常耳，福卿渐减，弟勿忧之。与弟别来十余年，比闻在代朔之地，明时道举出身，乃能上为寡姊，下为孤甥，求为雁门主簿，束身戎马之间，始终无过之地，此一难也。"

《新唐书》卷七三上《宰相世系表》三上载有卢复，祖瑀官给事中、国子祭酒，卢复官夔州刺史。按：唐有开成五年五月前登进士第之卢复，别是一人。

【冯灵童】长乐人。七岁神童及第。

《全唐文补遗》第八辑，卢琕心撰天宝六载（747）五月二十一日《唐故临汝郡司兵参军冯公（忻）墓志铭并序》："公讳忻，字忻，长乐人也……祖灵童，七岁神童及第。"

【巩玄敏】望出张掖,河南人。十二岁举神童,十四岁拜韩王府祭酒。官至贺州司马。

《唐代墓志汇编》咸通〇一〇,陈汀撰咸通二年(861)十一月二日《唐故东都留守防御都押衙兼都虞候正议大夫检校太子宾客南阳张府君夫人河南巩氏(内范)墓志铭并序》:"夫人讳内范,字守规,其先张掖人也。与周同姓,食菜于巩,因为氏焉……曾祖玄敏,性惟神授,学自生知,十二神童登科,十四拜韩王府祭酒,历仕至贺州司马。"

【刘全交】彭城人。登开元礼科。历官河南清县主簿。

《唐代墓志汇编》残志〇二三,黄粲撰《朝散大夫使持节韶州诸军事守韶州刺史上柱国陈府君(说)墓志铭并序》:"府君讳说字昌言,其先颍川人……皇妣彭城刘氏,赠彭城郡君……亲舅全正,鸿少卿;次全交,前开元礼,见任河南清县主簿。"

【严灌夫】三史登科。

(唐)范摅《云溪友议》卷上《毗陵出》:"慎氏者,毗陵庆亭儒家之女。三史严灌夫,因游彼,遂结姻好,同载归蕲春。"

《登科记考》卷二七《附考·诸科》录载严灌夫。

【杜辇】京兆人。唐末登开元礼科。官至太子太保,赠太师。

《全唐文补遗》第八辑,杜辇撰开成二年(837)三月二十一日《唐京兆杜府君(应)墓志铭》:"君讳应,其先京兆人也……生贞元癸酉年七月二日,终大和己酉年十一月十二日……有二弟:曰愿、曰辇。愿因疾废为道士。辇应进士举。开成二年二月八日,辇自荆州启君之殡,归洛南龙门乡南王村,以其年三月廿一日,祔于先君之茔。"按:此杜辇与唐末习开元礼之杜辇是否同一人,尚待史料证实,录此俟考。

(宋)李光《庄简集》卷一八《杜府君墓志铭》:"杜氏,故京兆人,五世祖辇,唐末习开元礼,以本科出身,仕至太子少保,赠太师。五季之乱,南渡至会稽,乐其风土,因居焉。"

《登科记考》卷二七《附考·诸科》:(宋)李光《杜缜墓志铭》:"杜氏故京兆人。五世祖辇,唐末习开元礼,以本科出身。仕太子太保,赠太师。"

【李□】字行,赵郡人。弱冠明法擢第。授房州上庸县尉,终官括州松阳县尉。

《河洛墓刻拾零》,开元六年(718)五月二十七日《大唐故括州松阳县尉李君(行)墓志铭并序》:"君讳□,字行,其先赵郡人也……弱冠,明法擢第,解褐授房州上庸县尉。"按:据墓志,李□卒于景云二年(711)七月十六日。

【李栖桐】道举出身。

《全唐诗》第七册卷二三七,钱起《送李栖桐道举擢第还乡省侍》:"几年深道要,一举过贤关。名与玄珠出,乡宜昼锦还。莲舟同宿浦,柳岸向家山。欲见宁亲孝,儒衣稚子斑。"

《登科记考》卷二七《附考·诸科》录载李栖桐。

【李涪】陇西人,父福官至宰相。唐末登开元礼科。历宗正卿。

(五代)孙光宪《北梦琐言》卷六《李常侍遇道术》:"陇西李涪常侍,福相之子,质气古淡。光化中,与诸朝士避地梁川,小貌日游邻寺,以散郁陶。"

(五代)孙光宪《北梦琐言》卷九《李涪尚书改切韵》:"唐李涪尚书,福相之子,以《开元礼》及第,亦为小文,好著述。"

《新唐书》卷二二四下《叛臣下·王行瑜传》:"乾宁二年也……始,行瑜乱,宗正卿李涪盛陈其忠,必悔过。"

【宋元同】河南人,子琇孝廉及第。初举神异,再擢茂才。官至莱州司马。

《大唐西市博物馆藏墓志》二五九,任瑗撰天宝七载(748)《唐故孝廉宋君墓志铭并序》:"君讳琇,字秀……烈考,皇莱州司马讳元同。初举神异,再擢茂才。(琇)年廿三,孝廉擢第……以开元廿八载夏四月六日,暴疾终于陈留郡开封县之旅舍,春秋廿有八。"按:元同"初举神异",当为童子科及第。

【陈希乔】颍川人。明法擢第。初授唐州慈丘县尉,官至恒州真定县丞。

《河洛墓刻拾零》,贾鹏撰圣武元年(756)十一月十日《唐故恒州真定县丞颍川陈公(希乔)墓志文》:"公讳希乔,颍川人也……以明法擢第,起家授唐州慈丘县尉,又转恒州真定县丞。"按:据墓志,希乔卒年不详,享年六十七。

【陈少游】博州人,祖俨安西副都护,父庆右武卫兵曹参军。道举及第。德宗时官至检校左仆射,同平章事。

《旧唐书》卷一二六《陈少游传》:"陈少游,博州人也。祖俨,安西副都护。父庆,右武卫兵曹参军,以少游累赠工部尚书。少游幼聪辩,初习《庄》《列》《老子》,为崇玄馆学生,众推引讲经。时同列有私习经义者,期升坐日相问难。及会,少游摄齐升坐,音韵清辩,观者属目。所引文句,悉兼他义,诸生不能对,甚为大学士陈希烈所叹赏,又以同宗,遇之甚厚。既擢第,补渝州南平令,理甚有声……上即位,累加检校礼部、兵部尚书。建中三年,李纳反叛,少游以师收徐、海等州,寻弃之,退军盱眙。又加检校左仆射,赐实封三百户。其年,就加同平章事。"按:《登科记考》卷二七《附考·进士科》录载陈少游,误。少游当为道举出身,参见《登科记考补正》卷二七《附考·诸科》陈少游条考证。

【苗良琼】字继甫。年十五以神童擢第。授将仕郎。

《秦晋豫新出墓志蒐佚》五四〇。天宝七载(748)十一月二十四日《大唐故吏部常选苗府君墓志铭并序》:"府君讳良琼,字继甫,晋大夫贾皇之后。岐嶷凤成,诗书精贯,十五以神童擢第,授将仕郎。"

【范赞时】苏州人,范仲淹之祖。九岁童子及第。仕吴越,终秘书监,北宋时赠太师、唐国公。

(宋)楼钥《范文正公年谱》:"(范仲淹)祖赞时,仕吴越,九岁童子出身,终秘书监,宋赠太师、唐国公。"

《登科记考补正》卷二七《附考·诸科》录载范赞时。

【罗修古】罗隐父。开元礼及第。

《登科记考》卷二七《附考·诸科》录载罗修古,考:"《十国春秋》:'罗隐父修古,应开元礼。'"

【郑小诵】父丰,正平令。神童出身。

《新唐书》卷七五上《宰相世系表》五上:"丰,正平令。"子:"小诵,神童出身。"

《登科记考》卷二七《附考·诸科》录载郑小诵。

【赵□】神童出身。

《全唐诗》第九册卷二八五载有李端《赠赵神童》："圣朝殊汉令,才子少登科。每见先鸣早,常惊后进多。独居方寂寞,相对觉蹉跎。不是通家旧,频劳文举过。"

【萧讖】字讖。明法及第。官至商州刺史。

《秦晋豫新出墓志蒐佚》四四八,萧坦撰开元二十三年(735)二月二十八日《唐故商州刺史萧府君墓志铭并序》："君讳讖,字讖,梁贞阳侯渊明之来孙,湖州司马憬之孙,赠詹事元礼之子。举明法,陈留陕县寿安三主簿、大理评事、监察御史、河南司录司门、刑部二员外、金部吏部二郎中、陵州刺史、益州司马兼营田节度副使、恒濮虢商四州刺史。"

【窦涔】道举及第。

《新唐书》卷七一下《宰相世系表》一下:"昱,延州户曹参军,袭公",生"涔,道举出身"。

《登科记考》卷二七《附考·诸科》录载窦涔。

【窦瑞】扶风人。七岁童子明经登第。

《唐代墓志汇编》元和〇〇八,于方撰元和元年(806)十一月廿六日《唐裴氏(琚)子(承章)墓志铭并序》:"有唐故侍御史裴公讳琚……贞元十七年,竟贬崖州澄迈县尉,至廿年十一月,终于南海……有一子,曰承章……年十八,娶扶风窦氏,父瑞,余之从祖姑之子,七岁以孝廉登名太常,文词学业,衣冠名表。"按:窦瑞七岁登孝廉科,当为童子明经,属诸科。

【裴济】昱子。明法及第。

《新唐书》卷七一上《宰相世系表》一上"南来吴裴氏":"昱,鼓城尉。"子:"济,明法。"

《登科记考》卷二七《附考·诸科》录载裴济。

【裴润】叔卿子。明法及第。

《新唐书》卷七一上《宰相世系表》一上"南来吴裴氏":"叔卿,济州司马。"子:"洄,扬府参军。润,明法。净,明法。演,明经。江,明经。"

《登科记考》卷二七《附考·诸科》录载裴润。

【裴净】叔卿子。明法及第。

《新唐书》卷七一上《宰相世系表》一上"南来吴裴氏":"叔卿,济州司马。"子:"洄,扬府参军。润,明法。净,明法。演,明经。江,明经。"

《登科记考》卷二七《附考·诸科》录载裴净。

【薛敖】明法及第。

《新唐书》卷七三下《宰相世系表》三下:"云石,监门将军",生"敖,前乡贡明法。"

《登科记考》卷二七《附考·诸科》录载薛敖,按语:"敖为嵩之从孙。"

【王升】太原人，祖满官河南府王屋县令，父大班官嘉州司马。应制举对沉谋秘略策登科。官至京兆府咸阳令、河南府伊阙令。有文行学术，诗入《正声集》。

《全唐文》卷六七九，白居易撰《唐扬州仓曹参军王府君墓志铭》："公讳某，字士宽……故今为太原人。又十九代而生琼，琼为后魏仆射，谥孝简公。又二代而生曾祖讳满，官为河南府王屋县令。王父讳大班，为嘉州司马。父讳升，为京兆府咸阳令、河南府伊阙令，有文行学术，应制举对沉谋秘略策登科，诗入《正声集》。"按：据墓志，王升子恕，天宝中明经及第，建中初官至扬州仓曹参军。

《登科记考》卷二七《附考·制科》云王升及第。

【王俊】字真长，祖上客历冀州刺史、灵州都督、朔方道总管，父瞰官宣州宣城县令。以崇文生应深谋秘策，考入上第。拜监察御史，终官监察御史，赠尚书右仆射。

《全唐文》卷六〇九，刘禹锡撰《唐故监察御史赠尚书右仆射王公（俊）神道碑》："公讳俊，字真长，其先叶黄帝……曾祖敬忠，成州刺史。大父上客，高宗封岳，进士及第，历侍御史主客兵部员外郎，累迁兵右金吾卫将军冀州刺史灵州都督朔方道总管，见《职官仪》及衣□。烈考瞰，宣州宣城县令，赠工部郎中。娶河东裴氏，乃生仆射。季睦余力工为文。始以崇文生应深谋秘策，考入上第，拜监察御史。天之赋予，莫能两大，既扬令名，而不以景福，享龄五十五。葬于河南府偃师县亳邑乡。后以子贵，累赠礼部尚书至右仆射。"

《登科记考》卷二七《附考·制科》录载王俊。

【王洛客】字炅，太原祁人。制举器均卓鲁科及第。

马克麾撰先天元年（712）十月十三日《唐正议大夫试大著作上柱国太原王君（洛客）墓志铭并序》："（君）讳洛客，字炅，太原祁人也……永昌年，应大礼举，授合宫尉。又应器均卓鲁科，敕授左台监察御史……登封年，恩授朝散大夫。"

【王神授】太原晋阳人。应清节尤异举，对策高第。除雍州新丰县尉，终官洛州密县令。

《全唐文补遗》第八辑，长安三年（703）十月二日《唐故洛州密县令王府君（神授）墓志铭并序》："公讳神授，太原晋阳人也……定州司马高审行，微树贤之福，为子孙之基。表公藏器下寮，对策高第，除并州太原主簿。无何，三道使又表清节尤异，对策高第，除雍州新丰县尉。城连雍郏，邑故丰徙。厌国门之钤键，清推埋之薮窟。讴吟不归其宰，道路唯谣我尉。朝廷闻之，交相荐表。对策又高第。五任之中，舒卷分半。自岐山三移牒而不进级，自望都三甲科而不满岁。"

【王祚】太原人。登进士科，又登贤良科。官至朝散大夫、青州司马，卒赠户部侍郎。

《全唐文》卷六〇八刘禹锡撰《唐兴元节度使王公先庙碑》："大和二年，增新室既成，祔显考于尊位，告虔由礼。观之者以为世程。第一室曰上仪同幽州别驾府君讳元政，以姚博陵崔氏配；第二室曰湖州安吉县令赠尚书刑部员外郎府君讳寔，以姚赠扶风县太君马氏配；第三室曰朝散大夫青州司马赠户部侍郎府君讳祚，以姚赠武威郡太夫人贾氏配；第四室曰温州刺史赠太尉府君讳晃，以姚赠鲁国太夫人博陵崔氏配……惟户部府君，幼孤，以孝闻于乡曲。未冠,以文售于有司。由前进士补延州临安县主簿。会诏征贤良,策在甲科,授瀛州饶阳尉。岁满迁渭南。天后在神都,而东畿差重,遂由渭南转河阳。适逢建万象神宫,甸内吏分董其役,因上书切谏,緜是名益闻。开元初,以大理司直驰轺车,联讞大狱。闽禺朔漠,所至决平。早以栾棘伤生,晚成剧恙,乐就夷旷,故不至大官。"

《新唐书》卷一七九《王涯传》:"王涯字广津,其先本太原人,魏广阳侯冏之裔。祖祚,武后时谏罢万象神宫知名;开元时,以大理司直驰传决狱,所至仁平。父晃,历左补阙、温州刺史。涯博学,工属文。"

《登科记考》卷二七《附考·进士科》、同卷《附考·制科》分别录载王祚。

【王勮】绛州龙门人,王勃之兄。进士及第,制科登第。官至中书舍人、吏部侍郎、弘文馆学士。

《邙洛碑志三百种》,李贡撰咸通十四年(873)二月二十日《唐故朝散大夫建陵台令太原王府君(融)墓志铭并序》:"公讳融,字内郎,文中六代孙,太原祁人也。高王父讳勮,皇进士及第。制策□科,官至中书舍人,吏部侍郎,弘文馆大学士。曾王父讳怡,皇进士及第,许州长葛县尉,赠屯田员外郎。大父讳彪,皇监察御史,赠兵部侍郎。皇考讳会,进士及第,右金吾卫大将军、御史大夫、充右街使,赠工部尚书。公即尚书之次子。"

《旧唐书》卷一九〇上《文苑上·王勃传》:"王勃字子安,绛州龙门人。祖通,隋蜀郡司户书佐。大业末,弃官归,以著书讲学为业。依《春秋》体例,自获麟后,历秦、汉至于后魏,著纪年之书,谓之《元经》。又依《孔子家语》、杨雄《法言》例,为客主对答之说,号曰《中说》。皆为儒士所称。义宁元年卒,门人薛收等相与议谥曰文中子。二子:福畤、福郊。勃六岁解属文,构思无滞,词情英迈,与兄勔、勮,才藻相类……勮,弱冠进士及第,累除太子典膳丞。长寿中,擢为凤阁舍人……寻加弘文馆学士,兼知天官侍郎。"

【元基】河南洛阳人。应召八科及第。授夏州宁塞县令。

《全唐文补遗》千唐志斋新藏专辑,垂拱三年(687)十一月二十四日《大唐元氏(基)墓志铭并序》:"公讳基,河南洛阳人也……应召八科,擢参高第。其年,授夏州宁塞县令。"

【元释】字敬本,河南人。制举出身。超授稷山令。

《大唐西市博物馆藏墓志》二二三,开元二十六年(738)四月四日《大唐故绛州司马元公墓志》:"公讳释,字敬本,河南人也……君濯(擢)第从幼,历宦初冠。始拜韩王祭酒,制举超为稷山令。"

【云遂】字勔,河南人。久视中科沉谋秘策举及第,后又应武艺绝伦举。历洛州永嘉府果毅、温王府右帐典军,终官泉州刺史。

《河洛墓刻拾零》,程浩撰天宝十二载(753)八月四日《唐故朝议大夫泉州刺史上柱国鄱阳县开国男云府君(遂)墓志铭并序》:"公讳遂,字勔……久视中,对沉谋秘策举,授洛州永嘉府果毅。无何,应武艺绝伦举,授温王府右帐典军。"

【仇克义】字忠烈,弘农郡人。武制举及第。终官恒州刺史。

《全唐文补遗》第九辑,赵不疑撰开元十一年(723)四月三日《大唐故银青光禄大夫恒州刺史上柱国湖城县开国公仇府君(克义)墓志铭并序》:"公讳克义,字忠烈,本弘农郡人也……又应武举高第,累迁左武卫永宁府折冲都尉长上、左威卫翊府左郎将、甘兰州刺史。”按:据墓志,克义年甫十八,郡赋乡贡进士。后投笔从戎,西征绝域,以军功授上柱国。解褐授胜州金河府左果毅都尉。顷之,授游击将军。果毅都尉为从六品下至从五品下之武职事官,游击将军为从五品下之武散官。仇克义应武举之前已经为官多年,故其武举及第当为武制举及第。

【公孙道育】辽西人。应制举及第。历官卫州共城、冀州武强、□州堂阳、邢州沙河等四县令。

《洛阳新获七朝墓志》,神龙元年(705)十一月九日《大唐故银青光禄大夫蔚州刺史公孙府君墓志铭并序》:“公讳道育,其先辽西人……应制举及第,特授卫州共城、冀州武强、□州堂阳、邢州沙河等四县令。”

【孔守元】鲁人。约在玄宗年间孝廉擢第,后又登词藻科。

《全唐文补遗》千唐志斋新藏专辑,裴润撰建中三年(782)四月三日《大唐故段府君夫人鲁郡孔氏墓志铭并序》:“夫人姓孔氏,鲁人也。曾祖、祖皆轩冕不绝。父守元,弱冠孝廉擢第,中年词藻登科,禄位未臻,凶衅先及。”

【卢昭度】制举贤良策试三等。由伊阙县尉拜监察御史。

《全唐文补遗》千唐志斋新藏专辑,卢蕃撰元和十五年(820)三月二十八日《唐故越州剡县尉卢府君(广)夫人陇西李氏合祔墓志铭并序》:“先君讳广,字符表……曾祖昭度,伊阙县尉,以贤良就征,策试三等,拜监察御史。”

《秦晋豫新出墓志蒐佚》七五三,周敬復撰开成三年(838)十月十三日《唐尚书吏部郎中赵公亡妻范阳卢氏夫人墓志铭并序》:“夫人姓卢氏,讳令仪,五代祖昭度对诏射策在异等,拜监察御史。”

【成崇】字舜子,东郡人。应制及第。终官定远将军左骁卫翊府右郎将员外置同正员兼西州都督府别驾。

《大唐西市博物馆藏墓志》二二〇,开元二十五年(737)九月一日《唐故定远将军左骁卫翊府右郎将员外置同正员兼西州都督府别驾赐紫金鱼袋成公府君墓志铭并序》:“君讳崇,字舜子,东郡人也……君,右卫勋卫,应制及第。皇授右卫队正长上。”

【吕太一】河东蒲人。制举及第。历官御史、尚书郎、中书舍人、户部侍郎,官终右庶子。

《全唐文》卷五二二,梁肃撰《外王父赠秘书少监东平吕公神道表铭》:“公之先出自姜姓,太公之允也……临泗侯之孙通封于东平,其后国除,为郡著族。元魏末有汶阳公思礼者,扶翼周文,开霸关右,历行台右丞兵部尚书。时魏分为东西,中夏拥隔,遂居于河东,今为蒲人也。从尚书四叶生琟,皇朝晋阳令,赠郴州刺史,郴州之嗣曰仁海,以文学称,以从父兄太一俱用射策科。太一历御史、尚书郎、中书舍人、户部侍郎、右庶子。仁海由成王文学转岐王府属,累迁右庶子金吾中郎将资州刺史,除许州,未拜而薨。”

《登科记考》卷二七《附考·制科》录载吕太一。

【吕仁诲】河东蒲人。制举及第。历官成王文学、右庶子、金吾中郎将、资州刺史,除许州,未拜而薨。

《全唐文》卷五二二梁肃撰《外王父赠秘书少监东平吕公神道表铭》:"公之先出自姜姓,太公之允也……临泗侯之孙通封于东平,其后国除,为郡著族。元魏末有汝阳公思礼者,扶翼周文,开霸关右,历行台右丞兵部尚书。时魏分为东西,中夏拥隔,遂居于河东,今为蒲人也。从尚书四叶生玭,皇朝晋阳令,赠郴州刺史,郴州之嗣曰仁海,以文学称,以从父兄太一俱用射策科。太一历御史尚书郎中书舍人户部侍郎右庶子。仁海由成王文学转岐王府属,累迁右庶子金吾中郎将资州刺史,除许州,未拜而薨。"

《登科记考》卷二七《附考·制科》录载吕仁海。

【朱佐日】吴郡人。两登制科。三为御史。

黄震云《〈登科记考〉甄补》补入。

《吴郡志》卷二二引《翰林盛事》:"朱佐日,郡人,两登制科,三为御史。子承庆,年十六,登秀才科,代济其美。"

崇祯《吴县志》卷四七《人物·风雅》:"朱佐日,两登制科,三为御史。"

【仲□】制举及第。历官洛州河南县尉、济州亭山县令,终官贝州临清县令。

《全唐文补遗》千唐志斋新藏专辑,圣历三年(700)正月十一日《唐贝州临清县令仲□君墓志》:"起家应制,射策甲科,授洛州河南县尉……又应制举,改授济州亭山县令……以麟德三年正月十八日,释秩言归,终于洛州道德里第,春秋六十有八。"

【刘□□】祖行范官洺州刺史,父嘉德官荣州司马。进士出身,制科及第。官至朔方郡朔方县令。

《唐代墓志汇编》天宝二六〇,蔡彦先撰天宝十三载(754)十月十三日《□□□□□朔方郡朔方县令刘府君墓志铭并序》:"□□□□,本□□丰人也……曾祖□,隋吏部尚书。祖行范,皇朝洺州刺史、□□都督,封和义郡公。父嘉德,累迁为荣州司马。公则和义公之孙,司马公之子。蹈明哲以立身,究典坟之奥秘。初□桂林之第,冠郡英之首;再射东堂之策,见圣人之心。制授宋州宋城尉。执德不回,为群邪所忌,贬授徐州萧县尉,□迁颍川郡临颍县丞……以天宝四载授朔方郡朔方县令。"按:据墓志,刘氏卒于天宝四载(745),春秋六十三。志文云其"初□桂林之第",当为进士出身;"再射东堂之策",当为制科及第。

《登科记考补正》卷二七《附考·进士科》、同卷《附考·制科》分别录载刘氏。

【刘轩】彭城人。拔萃登科。

《洛阳新获七朝墓志》,孟球撰咸通七年(866)十一月二十九日《唐故朝散大夫使持节都督寿州诸军事守寿州刺史充本州团练使兼御史中丞柱国赐紫金鱼袋孟公墓志铭》:"公讳珏,字廷硕,德州平昌人……四女,长曰潼,适彭城刘轩,相国晏之曾孙,拔萃登科。"

【许温】字厉言,高阳人。制举登科。拜平阳郡霍邑县令。

《河洛墓刻拾零》,天宝元年(742)十一月十九日《唐故平阳郡霍邑县令许府君(温)墓志铭并序》:"公讳温,自("自"当为"字")厉言,高阳人也……两孝("孝"疑为"考"字)内举登科,进贤擢职,拜平阳郡霍邑县令。"按:据墓志,许温卒于天宝元年(742)四月二十七日,春秋五十八。

【孙公器】父宿官至华州刺史。制举书判超绝登第。终官邕管经略使,卒赠司空。

《唐代墓志汇编》残志〇一五,孙徽撰《唐故朝议郎前守蓬州刺史安乐孙府君(说)墓志铭并序》:"曾祖府君讳宿,笃富刀翰,摛丽瑰藻,判入高等,授秘书省校书郎,迁谏议大夫、中书舍人、华州刺史。大父府君讳公器,抗志耽学,应书判超绝登第,授京兆府鄠县主簿,迁监察御史,终于邕管经略招讨等使兼御史中丞,累赠司空。"

《全唐文补遗》第四辑,令狐绹撰大中十一年(857)十一月廿六日《唐故银青光禄大夫检校司空□□□□□□司□□上柱国乐安县开国侯食邑一千户赐□□孙公(简)墓志铭并序》:"公讳简,字枢中……大父讳宿,又传文公之业,登制举为谏议大夫、中书舍人,终华州刺史。烈考讳□(公)器,又继词科高第,历监察,后为濠、信二州刺史,于邕管经略使,兼御史中丞。"

《全唐文补遗》第六辑,孙絿撰乾符二年(875)四月九日《唐故湖南观察巡官前同州郃阳县尉乐安孙府君(绚)墓志铭并序》:"府君讳绚,字佩之,其先有妫之后……曾祖府君讳宿,判入高等,累迁中书舍人、终华州刺史。大父府君讳公器,超绝登科,累迁邕管经略招讨等使兼御史中丞,赠司空。"

【孙发】吴人。约晚唐举百篇科。

《中吴纪闻》卷一《孙百篇》:"吴士孙发尝举百篇科,故皮日休赠以诗云:'百篇宫体喧金屋,一日官衔下玉除。'陆龟蒙亦有云:'直应天授与诗情,百咏唯消一日成。'其见推于当时如此。此科不知创于何代,国初亦无定制,惟求应者即命试。"

《永乐大典》卷二三六八引《苏州府志》:"百篇科:孙发。"

张忱石《徐松〈登科记考〉续补(下)》补入。

【孙遘】郡望乐安,贯河南府。年未弱冠,两登制策殊等。官至左补阙。

《唐代墓志汇编》大中一二〇,蒋伸撰大中十年(856)十月廿七日《唐故天平军节度郓曹濮等州观察处置等使朝请大夫检校礼部尚书使持节郓州诸军事兼郓州刺史御史大夫上柱国赐紫金鱼袋赠兵部尚书孙府君(景商)墓志铭并序》:"公讳景商,字安诗,乐安人也……王父讳遘,年未弱冠,两登制策殊等,至左补阙。父讳起,有才不展,终滑州白马县令。大和二年,清河崔公郾下擢进士甲科,赴诸侯之辟于蜀西川、于荆、于越……征拜给事中,半岁,为京兆尹……迁刑部侍郎……出拜天平军节度……大中十年(卒)……赠兵部尚书……祔先茔,葬于河南府也……长嫁南阳张云,云文敏之士,第进士,今为集贤校理。"

【孙藏器】书判拔萃制科及第。官朝散大夫、试太子通事舍人。

《洛阳新获七朝墓志》,王履贞撰元和十三年(818)八月二十一日《唐故西河郡夫人颍川韩氏墓志铭并序》,注:"京兆府法曹参军王履贞撰,应书判拔萃朝散大夫前试太子通事舍人孙藏器书,则孙藏器当为书判拔萃制科出身。"

【阴仁协】武制举出身。官左领军卫前庭府左果毅、上柱国。

北图新0698《金刚经》尾题载:"大唐永隆元年四月卅日,武举左领军卫前庭府左果毅上柱国阴仁协尊造。"按:武举设于长安二年(702),则阴仁协永隆元年(680)时称武举,属于武制举出身。

【杜怀让】字履谦,京兆杜陵人。诏举擢第。授始州阴平县令。

《大唐西市博物馆藏墓志》五一,永徽五年(654)十一月十二日《大唐故始州阴平县令杜君墓志铭并序》:"君讳怀让,字履谦,京兆杜陵人也……州将以君才行兼资,应诏举送。昔游殷之鹰张既,未足齐芳;文若之举郭嘉,尝何比迹。于时藻镜人物,铨试异端,君擢第云台,一时罕二。授始州阴平县令。"

【杜昇】字羾,京兆杜陵人。制举出身。终官滑州司马。

《大唐西市博物馆藏墓志》三一三,冯巗撰贞元六年(790)十月二十八日《唐故滑州司马杜公墓志铭并序》:"公讳昇,字羾,京兆杜陵人也……性多敏惠,志本忠良。儒学足以润身,乃求诸己;贞固足以干事,方济于时。解褐调补郿州洛交尉。寻以制举,宰于梁泉。"按:《登科记考》卷二三,广明二年(881)进士科条云杜昇及第,别是一人。

【李□】名未详。举贤良。官至宣州宣城尉。

《唐代墓志汇编》建中〇〇六,建中二年(781)三月廿三日《大唐故宣州宣城县尉李府君夫人贾氏(嫔)墓志铭并序》:"夫人讳嫔,字淑容,长乐人也……公陇西人也,举贤良,授宣城尉。"

【李仁颖】赵国人。进士及第,又中制科。先后拜白水县尉、云阳尉、洛阳尉、怀州司法,终官水衡监丞。

《全唐文》卷二一六,陈子昂撰《唐水衡监丞李府君墓志铭》:"君讳某,字某,赵国人也……曾祖某,后周陕州芮城县令。祖某,属隋运板荡,君子道消,逊言遁时,不显于仕,拜儒林郎。父某,唐隆州苍溪县丞襄州荆山县尉,有高才而无贵仕。君钟常山之气,炳漳水之灵,少尚名节,躬行仁义,始入太学,以精理见知。未几,进士高第,拜白水县尉,寻转云阳尉……秩满,调补洛阳尉,盘根利器,尹守拭目。迁怀州司法……泊上闻,对策甲科,授益州大都督府录事参军,满岁,擢授水衡监丞。"

《登科记考》卷二七《附考·进士科》录载李□,岑仲勉《订补》据《新表》七二上考证:"李某即李仁颖也。"

《登科记考补正》卷二七《附考·进士科》、同卷《附考·制科》分别录载李仁颖。

【李全礼】字具仪,赵郡栾城人。武制举考试擢入高等。授河南府源城府左果毅,终官游击将军河南府环辕府折冲都尉兼横海军副使。

《全唐文补遗》第八辑,郑慈柔撰天宝九载(750)十一月二十四日《大唐故游击将军河南府环辕府折冲都尉兼横海军副使上柱国赵郡李府君(全礼)墓志铭并序》:"公讳全礼,字具仪,赵郡栾城人也……时从事长安,有敕州县官文武各举一人。司马柳崇巽特举公文武俱能。后对御试。公潜文不显,武艺优长,咸称为最,擢入高等,授河南府源城府左果毅。"

【李志】字固业,赵郡元氏人。贤良方正制举及第。初授乾封尉,终官沂州刺史。

《全唐文补遗》第八辑,景龙二年(708)十一月二日《唐故使持节沂州诸军事沂州刺史李府君(志)墓志铭并序》:"君讳志,字固业,赵郡元氏人也……当是时,屡下明制,举贤良方正,为鸿胪少卿于知机所举。初不应,既而累表陈请,不得已而行,以甲科除乾封尉。"

【李志览】陇西成纪人。应制幽素举及第。官至朝议大夫、上柱国、赵州司马。

《全唐文补遗》第八辑，刘谞撰圣历三年（700）二月十六日《大周故朝议大夫上柱国前赵州司马李府君（志览）墓志铭并序》："君讳志览，字□，陇西成纪人也……成均监学生，应制幽素举及第，授左清道率府兵曹参军、殿中省上乘直长……以圣历元年四月十四日，终于稷州始平县界，享年六十九。"

【李季卿】弱冠举明经，制举，登博学宏词科。小传见明经科。

《全唐文》卷三六八，贾至《唐故正议大夫右散骑常侍赠礼部尚书李公（季卿）墓志铭》："早岁登科，以文从吏。累擢大邑，拔乎其萃。"

《旧唐书》卷九九《李适之传》："李适之，一名昌，恒山王承乾之孙。父象，官至怀州别驾……子季卿，弱冠举明经，颇工文词。应制举，登博学宏词科，再迁京兆府鄠县尉。肃宗朝，累迁中书舍人，以公事坐贬通州别驾。代宗即位，大举淹抑，自通州征为京兆少尹。寻复中书舍人，拜吏部侍郎。俄兼御史大夫，奉使河南、江淮宣慰，振拔幽滞，进用忠廉，时人称之。在铨衡数年，转右散骑常侍……大历二年卒，赠礼部尚书。"

《新唐书》卷二〇二《文艺中·李适传》："李适字子至，京兆万年人。举进士，再调猗氏尉……子季卿，亦能文，举明经、博学宏词，调鄠尉。肃宗时，为中书舍人，以累贬通州别驾。代宗立，还为京兆少尹，复授舍人，进吏部侍郎、河南江淮宣慰使。振拔幽滞，号振职。大历中，中右散骑常侍，遗命以布车一乘葬，赠礼部尚书。"按："李适"，《旧唐书》作"李适之"。

《登科记考》卷二七《附考·明经科》、同卷《附考·制科》分别录载李季卿。

【李金马】保昌人。唐登才识兼茂科。官至户部侍郎、金紫光禄大夫。

嘉靖《南雄府志》卷二《选举》："李金马，保昌人，力学有大节，累官户部侍郎，金紫光禄大夫。"乾隆《广东通志》卷三一《选举志》云唐举茂才下："李金马，保昌人，官户部侍郎。"

【李浮丘】字仙曹，顿丘人。制举经明行修及第。解褐沧州弓高县尉，迁冀州枣强县丞。

《秦晋豫新出墓志蒐佚续编》五二六，阳浚撰开元二十九年（741）十一月十九日《大唐故冀州枣强县丞顿丘李君墓志铭》："大唐顿丘李君讳浮丘，字仙曹，东郡顿丘人也……经明行修解褐沧州弓高县尉，迁冀州枣强县丞。"按：浮丘"经明行修解褐"，当即通过制科考试入仕为官。

【李惠】字惠，陇西成纪人。制举及第。历官洛州氾水县尉、雍州兰田县尉、雍州明堂县尉。

《全唐文补遗》第八辑，沈宇撰开元二十四年（736）十二月十五日《大唐故雍州明堂县尉陇西李府君（惠）墓志铭并序》："公讳惠，字惠，陇西成纪人也……应制举，迁洛州氾水县尉，又迁雍州兰田县尉，又制举迁雍州明堂县尉。"

【李蒙】字子泉，陇西成纪人。博学宏词制举及第。官至华阴郡□□县尉。

《全唐文补遗》千唐志斋新藏专辑，《华阴郡□□县尉陇西李府君（蒙）墓志铭并叙》：

"公讳蒙,字子泉,陇西成纪人也……诏天官举博学宏词超……日优宠权授华阴尉。"按:墓志缺文甚多,据志,李蒙当参加过吏部博学宏词制举考试,授华阴尉。

【李嗣本】陇西成纪人,祖道丘隋初官工部侍郎,父宗默隋官殷州司马。唐初进士及第,制举清白尤异高第。终官宁州录事参军。

《全唐文补遗》第五辑,景龙三年(709)十二月《唐故宁州录事参军陇西李府君(嗣本)墓志铭并序》:"府君讳嗣本,陇西成纪人也……在北齐时,则有若我曾祖光禄少卿昂。在隋初时,则有若我王父工部侍郎道丘。在隋季时,则有若我烈考殷州司马宗默……(嗣本)初举进士甲科,补金州西城尉。举清白尤异高第,转雍州高陵尉,徙越州录会稽丞……迁宁州录事参军。"按:据墓志,嗣本于上元二年(675)六月二十日卒,享年六十九。

【李魏相】字齐舒,行名楚琼。制举及第。官至润州司功参军。

《洛阳新出土墓志释录》,李允光撰开元二年(714)九月二十四日《大唐故朝议郎润州司功陇西李公(魏相)墓志铭并序》:"公讳魏相,字齐舒,行名楚琼……未登弱冠,擢秀高策。年二十四,调授苏州参军事,转润州司功参军。"按:志云"擢秀高策",当属制举及第。

【杨休烈】字休烈,弘农华阴人。应制登甲科。官至通议大夫、国子司业、崇文馆学士、太清宫使判官。

《全唐文补遗》千唐志斋新藏专辑,卢建撰贞元七年(791)九月十五日《唐故通议大夫国子司业崇□馆学士太清宫使判官赠济阴郡太守弘农杨府君(休烈)墓志铭并序》:"公讳休烈,字休烈,弘农华阴人也……起家应制登甲科,解褐太常寺奉礼,授告成尉。"按:据志文,休烈卒于天宝九载(750),春秋七十二。

【杨鸥】字叔仪,凤翔人。制举及第。官至益州犀浦县令。

《全唐文》卷六九一,符载撰《犀浦县令杨府君墓志铭》:"唐益州犀浦县令宏农杨府君,春秋三十九,以大历十四年冬十月,卒于郫县之私第。且迫多故,权窆于是县之近郊。有才子衡,进士擢第,官曰左金吾卫仓曹参军,为桂阳部从事,以贞元十五年十月某日,启护于成都,以十六年春二月某日,归葬于凤翔之陈仓某乡某原,从先茔也。府君讳鸥,字叔仪,汉太尉次子复之裔,羽林卫大将军袭观国公之曾孙,金吾卫大将军汉润夔濮等六州刺史令深之孙,朝请大夫绛州司马昭献之子……年甫弱冠,俦朋推揖,乡里举秀士。未果铨试,遭司马捐馆,崩迫归绛营邱。三年服除,承顺遗命,再射羿觳,以制科登第,补修前绩,怏怏有遗意也。解褐授陇州汧陇县尉。"按:据志文,杨鸥当为制举及第。

《登科记考》卷二七《附考·制科》录载杨鸥。

【杨缄】字缄,弘农华阴人。应诏武举。授左卫郎将,终官凉州都督府长史。

《全唐文补遗》千唐志斋新藏专辑,乾封元年(666)三月十八日《大唐凉州都督府长史上柱国华阳公杨府君(缄)墓志铭并序》:"公讳缄,字缄,弘农华阴人也……应诏武举,授左卫郎将。"按:唐代武举常科设置于长安二年(702),杨缄应诏武举当属武制举。

【杨㶋】字怀方,弘农华阴人。制举出身。官至荆州长林县令。

《秦晋豫新出墓志蒐佚》二〇五,垂拱元年(685)十月十三日《大唐故荆州长林县令杨府君墓志铭并序》:"君讳㶋,字怀方,弘农华阴人也……诏问贤良,与孙弘而俱对。一枝爱擢,拾芥知归。解褐益州新津县丞,循常调也。"据志,杨暕当为制举出身。

【杨福延】弘农华阴人。制举及第。历官洛州阳翟县令、雍州华原县令。

《全唐文补遗》千唐志斋新藏专辑,咸亨四年(673)十月四日《唐故朝散大夫雍州华原县令杨府君(福延)墓志铭并序》:"公讳福延,字□□,弘农华阴人也……以应诏举高第。又转洛州阳翟县令。"

【吴杨吾】渤海安陵人。约高宗时明经及第,后又应制举及第。历司经局校书郎、富平县主簿、太子文学、直崇文馆兼国子博士,终官豪州刺史。

《大唐故国子博士豪州诸军事豪州刺史吴君(杨吾)墓志铭并序》(赵君平赠拓):"君讳杨吾,字顾名,渤海安陵人也……曾祖贞白,北齐中书博士。祖子彻,隋河南郡博士。父素,孝廉及第,隐名不仕,并学富丘山,德通今古……(杨吾)解褐明经擢第,授司经局校书郎,迁雍州富平县主簿……应两馆学士举,策试高第,制授太子文学直崇文馆兼国子博士。"按:据墓志,杨吾卒于景龙三年(709),春秋八十二。

【沈伯仪】制举及第。官终许州刺史。

《全唐文补遗》千唐志斋新藏专辑,久视元年(700)十一月十六日《大周故正议大夫使持节许州诸军事许州刺史武康县开国男吴兴沈府君(伯仪)墓志铭并序》:"弱龄卓尔,强学专对。俄从岁举于州县,应星台之扬历。首出四科,品加一级。调补曹王府参军事,迁记室……年八十三,以长寿元年十月十三日,遇疾薨洛阳思顺里第。"按:志主"首出四科",当为制举及第。

【陆景献】字闻贤,吴郡吴人。制举词藻宏丽科,试策高第。擢授河南尉,终官大理正。

《秦晋豫新出墓志蒐佚》四〇二,贺知章撰开元十三年(725)五月十四日《大唐故大理正陆君墓志铭并序》:"君讳景献,字闻贤,吴郡吴人也……俄应词藻宏丽科,试策高第,擢授河南尉。"按:墓志署"礼部侍郎贺知章词"。

【张行果】南阳西鄂人。明经及第,又举制科。授越州诸暨主簿。

《秦晋豫新出墓志蒐佚续编》三三七,天授二年(691)十月二十四日《唐故越州诸暨县主簿张君墓志铭并序》:"君讳行果,字□,南阳西鄂人……既冠游太学,与李玄植齐名,特为孔祭酒所知,举明经为郎,又举学穷坟典,调诸暨主簿。"

【张远助】字守谦,赵郡中山人。明堂大礼举及第。历官京苑总监副监、神都苑总监兼知营缮监事,官终司卫少卿。

《全唐文补遗》第八辑,神功元年(697)十月二十一日《大周故司卫少卿张君(远助)墓志铭并序》:"公讳远助,字守谦,赵郡中山人也……又以清白莅职,应明堂大礼举,授京苑总监副监,迁神都苑总监兼知营缮监事。"

【张泽】苏州人。举经史科。

《永乐大典》卷二三六八引《苏州府志》制科:"张泽,又通经史科。"

【张积】南阳人。制科对策高第。

《全唐文补遗》千唐志斋新藏专辑,开元十一年(723)十月十三日《大唐张君(积)墓志并序》:"君讳积,轩辕之后,叶散枝分,今为南阳人也……对策高第,拜为散郎柱门,却不求闻达。"

【武令珪】朔方人。制举出身。官至蒲州甘泉府别将兼夏州押降户使总管。

《全唐文补遗》第八辑,开元二十五年(737)十一月十四日《唐故蒲州甘泉府别将兼夏州押降户使总管武君(令珪)墓志铭并序》:"君讳令珪,此土朔方人也……十五而志学,备闻诗礼;廿而弱冠,雅尚韬钤。孔明以管乐自期,但知长啸;翁归实文武不坠,愿言攸适。则负剑有万人之敌,张弧立四方之事。始以射义高第,终以贤才莅官……粤开元廿五年三月四日,短折于私第,春秋卅八。"按:志云令珪"以射义高第"入仕,当为制举出身。

【林游楚】自万泉令应制举燮理阴阳科及第。擢夏官郎中,出凤、陈、郿三州刺史。

(唐)林宝《元和姓纂》卷五《林氏》:"(北齐散骑侍郎)胜。胜生昙。昙生通。通生登,唐清苑、博野二令,以二子官居高陆,入关居三源县,生游楚、游艺、游道、游真。游楚自万泉令应燮理阴阳科第二等,擢夏官郎中,出凤、陈、郿三州刺史。"

《登科记考》卷二七《附考·制科》录载林游楚。

【明琰】字琰,平原人;进士及第,制举入仕。官至申州义阳县令。

《洛阳新获七朝墓志》,刘安期撰开元二十七年(739)八月十二日《唐故朝散大夫行申州义阳县令上柱国平原明府君临淮刘夫人墓志铭并序》:"府君讳琰,字琰,平原人也,姓明氏……自国子进士及第,调补太常寺奉礼郎。居无何,上敕有司,命多士宜以贤举,务其慎择。府君声实光副,公卿籍甚。表嘉荐于所知,策明试以攸对。帝道成败,有征古昔。王猷可否,无隐今兹。文而致丽,理以经远。第诸甲乙,首出等夷。仁从朝用,先赞县可。敕授河南府济源县丞。"按:据志文,明琰进士及第,制举入仕。

【周三】字才,汝南平舆人。制举及第。历官右卫率府兵曹参军、右监门府铠曹参军,官至定州安喜县令。

《全唐文补遗》第八辑,开元三年(715)三月十四日《唐故定州安喜县令周府君(三)墓志并序》:"公讳三,字才,汝南平舆人也。宇宙文明,广求英杰。公膺兹征辟,擢第甲科。解褐任右卫率府兵曹参军,又授右监门府铠曹参军……以咸亨五年六月八日亡,春秋六十有五。"

【周宝】字尚珪。晚唐时武制举出身。授官泾原。

(宋)钱俨《吴越备史》卷一:"(周)宝字尚珪……唐制,武选以马上击球,较其能否,有置铁钩于球杖以相击。宝尝遇此选,为铁钩所摘一目睛突,宝即取而吞之,复击球,遂获头筹,授泾原。"按:唐代武举考试未见有马上击球的史料,若史料属实,则周宝极有可能参加的是武制举考试,以其卒于光启四年(888)十二月,享年七十四推之,擢第当在晚唐。

《登科记考补正》卷二七《附考·武举》录载周宝,证据不足。

【庞□】百篇科及第。曾官青阳县尉。

《全唐诗》第十九册卷六三八,张乔《送庞百篇之任青阳县尉》诗:"都堂公试日,词翰独超群。品秩台庭与,篇章圣主闻。乡连三楚树,县封九华云。多少青门客,临岐共羡君。"按:此庞□当为百篇科及第。

【郑齐丘】字千里,荥阳开封人也。制举词殚文律科及第。官至朝请大夫守都水使者。

《全唐文补遗》第八辑，崔沔撰天宝七载（748）正月二十五日《唐故朝请大夫守都水使者荥阳郑府君（齐丘）墓志铭并序》："公讳齐丘，字千里，荥阳开封人也……有制举词弹文律，时应辟者凡数百人，唯公独升上第，拜詹事府司直。"按："词弹文律"当为"词殚文律"，如上元三年（676）即有"词殚文律"科及第者，疑"弹""殚"形近致讹。

【郑齐望】荥阳人。进士及第，拔萃登科。官至太子洗马。

《全唐文补遗》千唐志斋新藏专辑，崔颢撰天宝九载（750）十一月二十四日《唐故太子洗马荥阳郑府君（齐望）墓志铭并序》："惟唐六世开元八载夏六月廿有三日，太子洗马荥阳郑公终于长安崇德里之私第，春秋卌有五……始以进士擢第，一拔萃，三应制，并升高等，名震京师。朝廷诸公，闻风请识。由是天官历试，补益州成都县尉。乃举词擅文场，转左千牛卫录事参军。续满，授洛州武临县丞。次举藻思清华，授长安县主簿。又举学该流略，拜右补阙内供奉。"

【孟玄机】德州平昌人。制举茂学多才高第。官至河南县丞、群书详正学士。

《洛阳新获七朝墓志》，孟球撰咸通七年（866）十一月二十九日《唐故朝散大夫使持节都督寿州诸军事守寿州刺史充本州团练使兼御史中丞柱国赐紫金鱼袋孟公墓志铭》："公讳珏，字廷硕，德州平昌人……高祖玄机，茂学多才高第，河南县丞、群书详正学士。"

【孟洋】平昌安丘人。明经制举。授浔阳尉。

《全唐文补遗》第八辑，孟球撰大中十四年（860）四月十四日《唐故朝请大夫守京兆少尹上柱国孟公（璙）墓志铭》："公讳璙，字虞颂，平昌安丘人……祖洋，以至孝闻，明经制举，授浔阳尉，居官有能名。"按：据志文，孟洋明经及第后，制举入仕。

【封皎】制举及第。官至少府监主簿。

《全唐文补遗》千唐志斋新藏专辑，开元十八年（730）四月十九日《唐故少府监主簿封府君（皎）墓志铭并序》："君封氏，讳皎，炎帝之余也……乃应举对策，褒然为首……春秋凡五十七。开元十六年四月一日，卒于长安兴化。"

【赵才林】字才林，天水上邽人。应文儒异等科及第。解褐任汾州平遥簿，官至郑州中牟县令。

《洛阳新获七朝墓志》，王肱撰天宝十三载（754）十月二十二日《唐故郑州中牟县令天水赵府君太原王夫人墓志铭并叙》："君讳才林，字才林，天水上邽人也……卓尔清迥，凛然弘润，坚心苦节，强学富词。应文儒异等科唱第，探策府之奥饰，翰苑之逸钦，百中传扬望一枝擢桂，解褐任汾州平遥簿。"

【赵骊】郡望天水，洛阳河南县人。制策登科。官至朝散大夫、魏郡司马。

《唐代墓志汇编》大中〇一一，赵璜撰大中元年（847）九月十四日《唐故进士赵君（珪）墓志铭》："进士赵珪，字子达，天水人也……曾祖府君讳骊，制策登科朝散大夫魏郡司马；司马生皇府君讳涉，进士及第朝散大夫侍御史；侍御史府君生皇考府君讳优，进士及第监察御史。秀才监察府君第三子也……长兄江西观察判官监察御史里行璘，寄财毕葬事；次兄京兆府鄠县尉璜，乞假护丧东归……世以进士相贵重，自吾皇祖皇考伯修、叔伸、叔佶、叔儹及吾昆仲，爰暨中外，咸以科名光显记册。"

《唐代墓志汇编》咸通〇二一,赵璘撰咸通三年(862)十月十四日《唐故处州刺史赵府君(璜)墓志铭》:"君讳璜,字祥牙,其先自秦灭同姓,降居天水……五代祖讳仁泰,邢州南和令;高王父讳慎己,相州内黄主簿;曾王父讳驷,大明帝时制举,自同州韩城令,擢拜京兆府士曹,转河阴令,再迁扶风郡长史。王父讳涉,进士擢第,累佐藩府,至朝散大夫检校著作郎兼侍御史;先君讳伉,自建中至元和,伯仲五人,登进士第,时号卓绝……咸通三年四月十一日,遭大病于郡廨,享年五十九。"按:墓志署"兄中大夫守衢州刺史璘撰",归葬之地为河南府河南县。

【赵阐】制科及第。授右拾遗。

《全唐文》卷四一〇《授赵阐等右拾遗制》:"诰献再试文学考入第三等处士赵阐等,或懿丈清拔,四科之美;或纯孝彰著,百行之先;或以言精梗概□□□□□□□□属观风省俗,顿纲求贤,幽滞靡遗,精粗咸纪,俾升荣于中外,庶有光于奖擢。可右拾遗。"

【赵敫先】天水人。父景官好畤令。应制高等。官至醴泉令。

《秦晋豫新出墓志蒐佚》七二九,郑翰撰大和五年(831)二月二十六日《唐故金紫光禄大夫守司空致仕赠司徒相国赵公墓志铭并序》:"公讳宗儒,字秉,天水人也……大王父讳景,好畤令。祖讳敫先,应制高等,历宪台察视转殿内史,官至醴泉令。父讳骅,字云卿,字云卿,开元中登进士宏词甲科,与兰陵萧茂挺、赵郡李遐叔、汝南邵卿齐名,友善当时……(宗儒)进士登第,从调判入殊等,授弘文馆校书郎。"

【胡□】百篇科及第。曾官少府属员。

《全唐诗》第十九册卷六五二,方干《赠上虞胡少府百篇》诗:"求仙不在炼金丹,轻举由来别有门。日暮未移三十刻,风骚已及四千言。宏才尚遣居卑位,公道何曾雪至冤。敛板尘中无恨色,应缘利禄副晨昏。"按:此胡少府当为百篇科及第。

【南道逸】字道逸。制科及第。解褐授湖州司户参军,终官宣议郎守杭州余杭县令。

《邙洛碑志三百种》,张文哲撰大和三年(829)正月十六日《大唐故宣议郎守杭州余杭县令南府君(道逸)墓志铭并序》:"公讳道逸,字道逸……初以翰林擢书□□,解褐授湖州司户参军。"按:据志文,道逸当以制科及第。

【皇甫文房】字大心,安定朝那人。两应诏举。先后授洛州河南县尉、雍州高陵县令。

《洛阳新见墓志》,文明元年(684)八月五日《大唐故朝散大夫太子舍人洺州司马皇甫公墓志铭并序》:"公讳文房,字大心,安定朝那人也……公天机挺质,地宝开灵。百行在躬,行于今而合于古;万书游目,采其实而弃其华。解巾济州司法参军,藏器下寮应诏举射策甲科,授洛州河南县尉……应诏举迁雍州高陵县令。"

【祝尚丘】衢州江山人。制科及第。官太学博士。

(明)李贤等《明一统志》卷四三《衢州府·人物·唐》:"祝尚丘,江山人,中制科,为太学博士。"按:《万姓统谱》卷一一一亦有记载。

【姚爱同】字爱同,吴兴人。应五臣举及第。历左卫执戟左骁卫司戈,终官朝议大夫守绥州刺史。

《洛阳新获七朝墓志》,开元十年(722)二月十日《故朝议大夫守绥州刺史姚府君墓志铭并序》："公讳爱同,字爱同,其先吴兴人也……应五臣举及第,为左卫执戟左骁卫司戈。"

【徐令名】高平金乡人,祖稜官唐右千牛,父玄成官朝散大夫、相州临河县令。科举出身,制科贤良方正及第。官至德州安陵县令。

《唐代墓志汇编》开元四四一,徐易撰开元二十四年(736)十一月七日《大唐故德州安陵县宰徐府君(令名)墓志铭并序》："府君讳令名,高平金乡人。高祖魏金紫光禄大夫度支尚书金乡县开国公讳招字思贤;曾祖隋金紫光禄大夫光禄卿江夏郡开国公讳寔;列祖唐右千牛讳稜;显考朝散大夫相州临河县宰讳玄成……公履太素之贞,敛元和之魄,崇恕轨物,载仁归厚,解褐以重试授邢州栢仁县尉,次任举贤良拜魏州魏县尉。无何,调河南府密县尉,秩满,拜德州安陵县宰。"按:据志文,令名经"重试"授邢州栢仁县尉,当为科举出身,然科目未详;"次任举贤良"拜魏州魏县尉,则为制科贤良方正及第。

《登科记考补正》卷二七《附考·进士科》录载徐令名,证据不足。

【徐放】字达夫。书判拔萃高等。拜河南县主簿,终官朝散大夫守衢州刺史。

《全唐文补遗》千唐志斋新藏专辑,元佑撰元和十二年(817)十月五日《唐故朝散大夫守衢州刺史上柱国徐君(放)墓志铭并序》："元和十二年龙集丁酉正月十九日,朝散大夫、使持节衢州诸军事守衢州刺史、上柱国徐公终于位,享年五十二……公讳放,字达夫,其先禹封伯益子若木于徐乡,因以授氏……(公)勉于常调,补阳翟县主簿,书判拔萃高等,拜河南县主簿。"

【凌准】字宗一,河间人。丞相试其文,日万言,擢为崇文馆校书郎,终官尚书都官员外郎、和州刺史、连州司马。

宋蜀刻本《新刊增广百家详注唐柳先生文》卷一〇《故连州员外司马凌君权厝志》："年月日,尚书都官员外郎、和州刺史、连州司马、富春凌君讳准,卒于桂阳佛寺……君字宗一,以孝悌闻于乡里……年二十,以书干丞相。丞相以闻,试其文,日万言,擢为崇文馆校书郎。"

《全唐文》卷八九五,罗隐《东安镇新筑罗城记》："吾乡则有河间凌准宗一、濮阳吴降下己、汝南袁不约还朴以文学进。"

【陶贡】字士英,丹阳人。制举藏器下僚科及第。官至博州长史。

《河洛墓刻拾零》,张绍贞撰开元二十一年(733)十月四日《唐故中散大夫行博州长史上柱国丹阳陶府君(贡)墓志铭并序》："公讳贡,字士英,丹阳人也……判入甲,授常州参军、虢州司功。骥才未展于千里,牛刀空滞于一塌。遂应藏器下僚科及第,授蒲州司法、同州司仓。"按:据墓志,陶贡卒于开元二十一年,春秋六十三。

【萧安亲】字安亲,兰陵人。开元四年(716)举明经上第,后制举对策高第。拜廷尉评,官至汝州司马。

《全唐文补遗》第八辑,庾何撰大历八年(773)二月十四日《大唐故汝州司马萧府君(安亲)墓志并序》："公讳安亲,字安亲,兰陵人也……对策高第,拜廷尉评。"

【萧攒】字思本,兰陵中都人。制举出身。官至光禄卿赠右散骑常侍。

《大唐西市博物馆藏墓志》四三四,裴寅撰大中十年(856)十月二十四日《唐故光禄卿赠右散骑常侍萧府君墓志铭并序》:"公讳攒,字思本,兰陵中都人也……故太常少卿裴公茝,即公之姨兄也,谓公礼学优深,宜就科选。公曰:'敬奉教。'及随乡赋,有司果厚其学,大其志。列名奏第,擢在殊选。由是闻问藉藉于搢绅间。授大理评事,详究法律,参酌得中。议谳之时,每以济活为事,深得慎刑恤隐之道也。次授詹事府司直,官清事简,颇谐高韵。"按:据志文,萧攒当为制举出身。

【崔元范】拔萃科及第。官监察御史。

《洛阳新获七朝墓志》,崔彦昭撰乾符四年(877)四月二日《唐故秦国太夫人赠晋国太夫人郑夫人合祔墓志》:"太夫人号太素,不字不名,所以厚流俗也……生子男四人,长曰元范,清规茂行,推重搢绅,由拔萃科聘诸侯府,升宪台为监察御史,不幸短折,士林痛之。"按:墓志署"孤子彦昭撰",《旧唐书·崔彦昭传》:"崔彦昭,字思文,清河人。父岂。彦昭,大中三年进士擢第,释褐诸侯府。"

【崔元膺】字献臣,博陵人。以经明行修登第。官至郓州刺史。

《秦晋豫新出墓志蒐佚》八三三,郑修撰乾符三年(876)二月六日《故朝散大夫郓州刺史赐紫金鱼袋崔公墓志铭并序》:"公讳元膺,字献臣,其先博陵人。祖讳藏之,朝散大夫、尚书膳部员外郎。父讳侠,朝散大夫、郴州刺史。公少倜傥有力,称于家,誉于时,遂以经明行修登第。大中元年宣宗亲万机,择人用材为急,公始自宋州单父尉诏授河南府王屋尉。"按:元膺"以经明行修登第",当为制科出身。

【崔无竞】字从让,博陵安平人。制科及第。官至兖州博城县令。

《全唐文补遗》千唐志斋新藏专辑,天授二年(691)十月二十三日《唐故奉议郎行兖州博城县令崔君(无竞)墓志铭并序》:"君讳无竞,字从让,博陵安平人也……丁年筮仕,验管辂之天才;甲科射策,俯夏侯之地芥。"按:无竞"甲科射策",当为制科及第。

【崔茂宗】字季昌,安平博陵人。吏部试及第。终官郑州荥阳县令。

《文史》总第84辑,王缙撰《大唐故朝议郎郑州荥阳县令崔府君(茂宗)墓志铭并序》(赵君平赠拓):"公讳茂宗,字季昌,安平博陵人也……刺史冯履谦独以公名上达,受试于小冢宰日,四判居甲科。"按:唐人所谓"小冢宰"者,实为吏部侍郎。茂宗受试于小冢宰,"四判居甲科",当为应吏部试及第。

【崔昙首】以学究天人举登甲科。终官莱州掖县令。

《全唐文补遗》第八辑,赵匡撰建中二年(781)十二月三十日《故苏州司法参军崔君(潘)墓志铭并序》:"唐建中二年十有二月甲寅,前苏州司法参军崔君终于洛阳利仁里之私馆,春秋七十有一……君讳潘,字子尚,博陵人也……曾祖昙首,以学究天人举登甲科。终莱州掖县令。"按:据志文,崔潘五代祖昂,北齐尚书左仆射、华阳国公。高祖君冶,隋水部司门二侍郎,聘陈使。则其曾祖崔昙首当为初唐人。

【崔郸】贞元十九年(803)登进士第。调补秘书省正字,再调以书判入高等,授渭南县尉,官至宰相,卒赠太子师保。小传见贞元十九年进士科崔郸条。

《文史》总第84辑,令狐绹撰《唐故淮南节度副大使知节度事管内营田观察处置等使金紫光禄大夫检校司空兼扬州大都督府长史御史大夫上柱国清河郡开国公食邑二千户赠司徒崔公（郸）墓志铭并序》（赵君平赠拓）："清河公讳郸……贞元十九年权文公德舆司贡籍擢公登进士第，调补秘书省正字，再调以书判入高等，授渭南县尉。"按《登科记考补正》，《附考·进士科》以《旧唐书·崔邠传》为据录崔邠、崔郸兄弟六人为及第时间无考之进士，未录崔郸制科及第，可据以增补。

【程□】名字未详，广平新安人。祖宏官安阳令，父大辨官泗水、六合二县令。应五臣举及第，解褐徐城尉。迁宋城尉，转栎城主簿，官至桂府长史。

《全唐文》卷二六五，李邕撰《桂府长史程府君神道碑》："公讳某，字某，广平新安人也……五代祖响府君，陈袭重安侯，隋萧县宰；四代祖育府君，隋车骑将军，曾祖皆府君，隋涿郡主簿；大父宏府君，皇朝安阳令；考大辨府君，泗水、六合二县宰，撰《东征记》两卷，藏之秘省……（府君）解褐徐城尉，始足下也。旋应五臣升第，迁宋城，转栎城主簿。"

《登科记考》卷二七《附考·制科》录载程□。

【程文琬】字文琬，广平人。以对制高第。授华州华阴丞，终官巫州司马。

《洛阳新出土墓志释录》，李霞撰开元二十五年（737）十一月三日《大唐故朝散大夫守房州别驾上柱国贬巫州司马程府君（文琬）墓志铭并序》："君讳文琬，字文琬，广平人也……少孤，事母以孝闻。属母后临朝，有事清洛，将祔庙，公以胄子，摄斋郎。获选解褐，补莱州参军事，以忧去职，服阕，补越州永兴丞。非其好也。对制高第，授华州华阴丞，清白著称……开元廿五年七月九日寝疾终于官舍，七十有三。"

【鲁轨】字仁范，家本任城人。制举及第。解褐道王府参军，官至韶州乐昌县令。

《洛阳新见墓志》，永淳元年（682）十一月七日《唐故韶州乐昌县令任城鲁府君墓志铭并序》："君讳轨，字仁范，家本任城人也……投笔负戈，便应羽林之客旌简高第，解褐道王府参军。"按：鲁轨当为武制举高第。

【臧敬廉】字期，东莞莒人。制科将帅举及第。官至正议大夫、胜州都督。

《大唐西市博物馆藏墓志》二七七，张骥撰广德元年（763）十月一日《大唐故正议大夫胜州都〔督〕东莞郡开国公臧府君墓志铭》："公讳敬廉，字期，东莞莒人也……幼而能温，长而且哲。讨寻史籍而特善玄言，好观将帅而偏工武艺。会有将帅之举，而远迩毕臻。公恃其材能，勇于考试。非唯引之盈贯，抑亦舍必中心。养由更赢（嬴），望风嗟服，谓之神授也。乃授公京兆频阳府别将。"按：据墓志，臧敬廉当为制科将帅举及第。

【裴怀古】字德度，河东闻喜人。制举及第。小传见仪凤二年（677）榜"上书拜官"条。

《全唐文补遗》第九辑，魏熺撰先天二年（713）三月二十二日《大唐故幽州都督左威卫大将军兼左羽林军上下赠使持节都督兖州诸军事兖州刺史河东郡开国公裴府君（怀古）墓志铭并序》："公讳怀古，字德度，河东闻喜人也……寻而褒举，射策高第，除监察御史，又殿中侍御史、内供奉。"

【裴悌】字悌，河东闻喜人。制举及第。解褐授潞王府典签，终官朝散大夫、并州太原县令。

《全唐文补遗》第八辑，辛怡谏撰开元五年（717）十月十九日《大唐故朝散大夫并州太原县令裴府君（悌）墓志铭并序》："君讳悌，字悌，河东闻喜人也……起家以孝廉征，俄而对策高第。解褐授潞王府典签。"按:此"孝廉",当指"孝悌廉让",属制举。

【颜日损】琅琊临沂人,晋侍中颜含十二代孙。制科及第。

《全唐文》卷三三九,颜真卿撰《晋侍中右光禄大夫本州大中正西平靖侯颜公(含)大宗碑》:"公讳含,字宏都。琅琊临沂人……十二代孙中和,渝州刺史。……日损,应制高第,大基尉。"

《全唐文》卷三四〇,颜真卿撰《唐故通议大夫行薛王友柱国赠秘书少监国子祭酒太子太保颜君(惟贞)碑铭》:"君讳惟贞,字叔坚……康成、强学、希庄、日损、隐朝、邻几、知微、舒、说、顺、胜、式宣、韶,并进士、制举。"

《登科记考》卷二七《附考·制科》录载颜日损。

【颜式宣】琅琊临沂人,晋侍中颜含十四代孙。进士及第,又制举及第。官至殿中侍御史。

《全唐文》卷三三九,颜真卿撰《晋侍中右光禄大夫本州大中正西平靖侯颜公(含)大宗碑》:"公讳含,字宏都。琅琊临沂人……十四代孙温之,有志行,举方正,司门郎中。……式宣、清修,进士,殿中侍御史。"

《全唐文》卷三四〇,颜真卿撰《唐故通议大夫行薛王友柱国赠秘书少监国子祭酒太子太保颜君(惟贞)碑铭》:"君讳惟贞,字叔坚……康成、强学、希庄、日损、隐朝、邻几、知微、舒、说、顺、胜、式宣、韶,并进士、制举。"

《登科记考》卷二七《附考·制科》录载颜式宣。

【颜邻几】琅琊临沂人,晋侍中颜含十三代孙。制科及第。官至校书郎。

《全唐文》卷三三九,颜真卿撰《晋侍中右光禄大夫本州大中正西平靖侯颜公(含)大宗碑》:"公讳含,字宏都。琅琊临沂人……十三代孙大智,并州录事参军。……元淑、邻几、景灵,并校书郎。"

《全唐文》卷三四〇,颜真卿撰《唐故通议大夫行薛王友柱国赠秘书少监国子祭酒太子太保颜君(惟贞)碑铭》:"君讳惟贞,字叔坚……康成、强学、希庄、日损、隐朝、邻几、知微、舒、说、顺、胜、式宣、韶,并进士、制举。"

《登科记考补正》卷二七《附考·制科》录载颜邻几。

【颜知微】琅琊临沂人,晋侍中颜含十三代孙。制科及第。官伊阙丞。

《全唐文》卷三三九,颜真卿撰《晋侍中右光禄大夫本州大中正西平靖侯颜公(含)大宗碑》:"公讳含,字宏都。琅琊临沂人……十三代孙大智,并州录事参军。……知微,制举伊阙丞。"

《全唐文》卷三四〇,颜真卿撰《唐故通议大夫行薛王友柱国赠秘书少监国子祭酒太子太保颜君(惟贞)碑铭》:"君讳惟贞,字叔坚……康成、强学、希庄、日损、隐朝、邻几、知微、舒、说、顺、胜、式宣、韶,并进士、制举。"

《登科记考》卷二七《附考·制科》录载颜知微。

【颜舒】琅琊临沂人,晋侍中颜含十四代孙。制举及第。官长安尉。

《全唐文》卷三三九,颜真卿撰《晋侍中右光禄大夫本州大中正西平靖侯颜公(含)大宗碑》："公讳含,字宏都。琅琊临沂人……十四代孙温之,有志行,举方正,司门郎中。……舒,俊才,制举,长安尉。"

《全唐文》卷三四〇,颜真卿撰《唐故通议大夫行薛王友柱国赠秘书少监国子祭酒太子太保颜君(惟贞)碑铭》："君讳惟贞,字叔坚……康成、强学、希庄、日损、隐朝、邻几、知微、舒、说、顺、胜、式宣、韶,并进士、制举。"

《全唐文》卷四〇八,颜舒小传："曲阜人,天宝时制科,登进士第。"按:此当本《颜惟贞碑》,误。参见上引《颜含碑》。

《登科记考》卷二七《附考·制科》录载颜舒。

【颜温之】琅琊临沂人,晋侍中颜含十四代孙。举方正。官司门郎中。

《全唐文》卷三三九颜真卿撰《晋侍中右光禄大夫本州大中正西平靖侯颜公(含)大宗碑》："公讳含,字宏都。琅琊临沂人……十四代孙温之,有志行,举方正,司门郎中。"

《登科记考》卷二七《附考·制科》录载颜温之。

【颜强学】琅琊临沂人。制科及第。

《全唐文》卷三四〇,颜真卿撰《唐故通议大夫行薛王友柱国赠秘书少监国子祭酒太子太保颜君(惟贞)碑铭》："君讳惟贞,字叔坚……康成、强学、希庄、日损、隐朝、邻几、知微、舒、说、顺、胜、式宣、韶,并进士、制举。"

《登科记考补正》卷二七《附考·制科》录载颜强学。

【衡守直】字守直。制举英材杰出科、文藻流誉科及第。官至仙州刺史。

《全唐文补遗》千唐志斋新藏专辑,苏颋撰开元九年(721)二月七日《大唐故仙州刺史衡府君(守直)墓志铭并序》："临淄衡公讳守直,字守直……刺史陈敬之荐公英材杰出,对策升科……应文藻流誉高第,授瀛州乐寿丞。"

【魏照】制策登科。

《全唐文补遗》千唐志斋新藏专辑,崔循撰会昌元年(841)十一月《唐故歙县尉博陵崔府君夫人钜鹿魏氏墓志》："太夫人实以会昌元年闰九月十七日弃代,年止五十五……王父讳照,制策登科。"

【□缵】武举及第。历河南尉,累迁虢州全节府折冲都尉。

《全唐文补遗》第六辑,李寮撰大和二年(828)八月十九日《唐南阳张府君(瑗)墓志铭并序》:"次女适河南尉缵,缵武妙文□,弱冠武举擢第,累迁虢州全节府折冲都尉。"按:志主卒于大和二年(828),其婿武举擢第在此前。

《登科记考补正》卷二七《附考·武举》录作尉缵,按唐人墓志的一般表述,尉缵之尉应该是河南尉之尉,尉缵之缵是名,缵之姓氏墓志并未反映。

【王濬】晋州洪洞县人。武举及第。授官汴州大梁折冲都尉。

《全唐文补遗》第七辑,朱藩撰会昌七年(847)正月廿四日《唐故琅琊王公(恽)墓志铭并序》:"曾祖论,家本晋州洪洞县人,以文德俊成乡荐,登贤良方正,任于本郡守。祖濬,应兵部武举,授官汴州大梁折冲都尉,职兼宣武军倅。"按:据墓志,墓主会昌五年(845)卒,春秋五十七。

《登科记考补正》卷二七《附考·武举》录载王濬。

【伊慎】字寡悔。武举及第。官至检校尚书右仆射兼右卫上将军南充郡王,赠太子太保。

《全唐文》卷四九七,权德舆撰《唐故光禄大夫检校尚书右仆射兼右卫上将军南充郡王赠太子太保伊公(慎)神道碑铭并序》:"南充郡王讳慎,字寡悔。刚毅勇悍,鹰扬鹗立。劳勤四朝,终始一心。涉览《春秋》、《战国策》、太史天官、五行之书。用善射中鹄,补广州绥南府折冲都尉。"此当为武举及第。按:据墓志,慎卒于元和六年(811)。

(宋)王钦若等《册府元龟》卷五九六《掌礼部(三十四)·谥法第二》:"伊慎卒,赠太子太保。太常博士崔韶请谥壮缪。吏部尚书韩皋驳议,不报。"

《登科记考补正》卷二七《附考·武举》录载伊慎。

【张晕】清河人。武举擢第。官至游击将军行蜀州金堤府左果毅都尉。

《全唐文补遗》第四辑,甘佃撰贞元四年(788)八月九日《唐故游击将军行蜀州金堤府左果毅都尉张府君(晕)夫人吴兴姚氏墓志铭并序》:"夫人亡夫张府君讳晕,字晕,其先清河人也……少年豪侠,志气风云。弃笔从戎,留心学剑。应武举擢第,以常选授官。历职优深,加拜五品。大历十三年五月十三日,暴卒于金堤府之任也,时年六十三。"

《登科记考补正》卷二七《附考·武举》录载张晕。

【张瑜】字瑜。武举出身。初授右金吾卫长上,累勋至陪戎副尉,守左领军卫右司戈。

《大唐西市博物馆藏墓志》三五五,权璩撰元和七年(812)八月十六日《唐故昭武校尉守左威卫河南府郏鄏府折冲都尉上柱国赐紫金鱼袋左金吾卫宿卫张君墓志铭并序》:"唐故左卫兵曹参军张君远生佑,佑为太原信童府折冲都尉,佑生璀,璀为虢州令节府别将,生君瑜,字瑜,元子也。自君以上三世,以武材补官。君早从乡举明经,过冠不得第,乃曰:'国家每岁第明经百余人,其间非儿则氓,举世贱明经四十年矣。吾得之不可期,可期不足荣吾亲。吾家世以干戈弧矢事君,忠有余,未尝大成,大成庶几在小子。'性善射,乃从兵部举射及第,授右金吾卫长上,累勋至陪戎副尉,守左领军卫右司戈。"按:张瑜"以兵部举射及第",当为武举出身。又按:唐乾宁中有进士张瑜,别是一人。

【宫自劝】字有媚,太原人。武举及第。授晋州岳阳府别将,官至东都畿汝州都防御使押衙中散大夫试太常卿兼监察御史。

《全唐文补遗》千唐志斋新藏专辑,杨管撰元和二年(807)八月十七日《唐故东都畿汝州都防御使押衙中散大夫试太常卿兼监察御史赐紫金鱼袋上柱国宫府君(自劝)墓志铭》:"公讳自劝,字有媚,其先周幽王宫涅之后,为太原人也……公身端善射,武艺绝伦。年未弱冠,武举擢第。授晋州岳阳府别将。"按:据志文,自劝卒于元和二年(807),享年五十九。

【诸葛澄】琅琊人。武举擢第。终官左武卫执戟守中武将军试左金吾卫郎将。

《唐代墓志汇编》宝历〇一〇,韩戒撰宝历元年(825)九月十五日《(上缺)左武卫执戟守中武将军试左金吾卫郎将诸葛府君(澄)墓志铭》:"□□澄,其先琅琊人也……以武举擢第,拜左武卫执戟,实鼎铉之清阶也。"

《登科记考补正》卷二七《附考·武举》录载诸葛澄。

【董虔运】字虔运,陇西狄道人。武举及第。官至左羽林军长上果毅。

《唐代墓志汇编》开元一五五,开元十年(722)九月廿九日《大唐故左羽林军长上果毅都尉董公(虔运)志石文并序》:"公讳虔运,字虔运,陇西狄道人也……初应武举,擢第,授右羽林军押飞骑引驾。"按:据墓志,虔运卒于开元十年(722)八月二日,享年五十九。

《登科记考补正》卷二七《附考·武举》录载董虔运。

【廖汾】字元清,福建延平人。武举及第。官至金吾卫大将军。

《登科记考补正》卷二七《附考·武举》录载廖汾。

弘治《将乐县志》卷八《人物·武功》:"(唐)廖汾,有膂力谋略,由武举授九江团练使,讨黄林儿有功,拜金吾大将军。"

四库本《福建通志》卷三一《名宦三·延平府·唐》:"廖汾,字元清,有膂力,多谋略,授九江团练使,讨黄林儿贼有功,拜金吾卫大将军。"

附考科目选

【**陈齐卿**】父承德官阴平郡别驾。登进士第,再判高等。历监察御史,终太常博士。

《唐代墓志汇编》开成〇一五开成三年(838)四月廿三日《唐故处士颍川陈府君(汭)墓志铭并序》:"府□讳汭……曾祖承德,皇登进士科阴平郡别驾,祖齐卿,继升进士,再判高等,自监察御史终太常博士;先考讳位。"

刘汉忠《〈登科记考〉�摭遗》补入。

【□闰】南阳人。贡举擢第。官信王府户曹参军。

《大唐西市博物馆藏墓志》二六三,天宝十载(751)四月十八日《唐故信王府户曹参军公墓志铭并序》:"府君讳闰,南阳之苗裔人也……朝门贡举擢第,高尚粲然可观。"按:□闰姓氏待考。

【丁孝范】字敬则,陈留济阳人。科举及第。官至洛州新安县主簿。

《秦晋豫新出墓志蒐佚续编》三〇〇,调露元年(679)八月十二日《唐故洛州新安县主簿济阳丁公墓志铭并序》:"公讳孝范,字敬则,陈留济阳人也……金门对册,擢第居三道之宗。"

【于季文】东海人。元和初两馆生擢第。初授润州句容县尉,换江陵松滋尉,官至洪州武宁县令。

《唐代墓志汇编》元和〇七八,李素规撰元和九年(814)十月廿九日《唐故洪州都督府武宁县令于府君(季文)墓志铭并序》:"府君讳季文,其先东海于公之裔也。高祖惟谦,皇朝金紫光禄大夫行中书侍郎同中书门下三品,封东海郡开国□。曾祖光嗣,皇太中大夫泗州刺史;祖荣,皇朝散郎蒲州司仓参军;考称,皇□州录事参军……府君起家两馆生擢第,解褐授润州句容县尉。官虽卑而考课最,换江陵松滋尉。秩满,为江西道观察使御史中丞李公少和荐,以公器济时,元和五年,奏授洪州武宁县令……元和八年十一月七日,卒于武宁官舍,寿五十七。"

【王同政】父官梓州通泉县令。科举及第。

《全唐文补遗》第五辑,咸亨五年(674)二月四日《大唐故梓州通泉县令王君夫人姜氏墓志并序》:"夫人陇西上邽人也……荀家八子,俱擅龙名。第二息同政,擢秀金门,委班松涧。"

《登科记考补正》卷二七《附考·进士科》录载王同政,证据不足。

【王行俭】太原人。科举及第。解褐郑王府西阁祭酒,官终豳州司法参军。

《全唐文补遗》千唐志斋新藏专辑,景龙三年(709)十月二十六日《唐故豳州司法参军王君(行俭)墓志并序》:"君讳行俭,太原人也……谅儒术之先鸣,得甲科之上第。解褐郑王府西阁祭酒……以上元二年五月廿五日,终于洛城私第,春秋卌十有五。"

【王系】太原郡人。弱冠擢第。官渑池县令。

《唐代墓志汇编》咸通〇四五咸通六年(865)十月十三日《唐故处士王君(诞)墓志铭并序》:"君讳诞,太原郡人也……皇祖讳系,经史不群,早登擢第,年在弱冠,受洛州河南府渑池县令。"

【王逢】字大略,世为琅琊人。科举出身。官至朝议郎守恭陵台令。

《大唐西市博物馆藏墓志》四二七,李郇撰大中八年(854)八月二十日《唐故朝议郎守恭陵台令王君墓志铭》:"公讳逢,字大略,世为琅琊人。幼从师,弱冠积所学为文为诗,求乡荐于春,遭昔之相知,今处密位。今之达官,昔通断金,三五年而已,实谓负名闻于乡党间,有屈所望,遂从细禄。筮仕为袁王府参军,次右武卫胄曹,次左武卫仓曹。金有能名,又从有司选,为好畤、云阳二尉。无小无大,任之于公,颇为有公材者所知。京尹闻之,甄奖其劳,考居二等,皆如之。"按:据志文,王逢当为科举出身。

【王道济】字承宗。科举及第。官登州穰县令。

《全唐文补遗》千唐志斋新藏专辑,崔禹撰开元二十二年(734)十月十五日《唐故登州穰县令饶安男王君(道济)墓志》:"讳道济,字承宗。幼而□成,立而有声。经术得儒者之道,孝友当克家之誉。由是擢第,由是入官……以开元廿二年岁次甲戌五月辛酉朔廿七日丁亥,终于河南正俗里之私第,春秋六十有四。"

【王勤道】太原晋阳人,父神授官至洛州密县令,弟勤礼进士及第。科举及第。官临汾尉。

《全唐文补遗》第八辑,长安三年(703)十月二日《唐故洛州密县令王府君(神授)墓志铭并序》:"公讳神授,太原晋阳人也……有六子,并以经术进。第三子勤道,七步成文,千言一览。十六擢第,再调至临汾尉。"按:墓志载王神授明经及第,第五子勤礼进士及第,惟云第三子勤道"十六擢第",故列"科目未详"。

【王谭】太原祁县人。科举及第。官至鄂岳都团练判官、将仕郎、大理评事。

《全唐文补遗》第四辑,卢庠撰咸通五年(864)十月廿日《唐故鄂岳都团练判官将仕郎大理评事太原王公(谭)墓志铭并序》:"廷评,太原祁县人,汉司徒允之后……文雄行特,廷评有之;西府荐彦,廷评首之;甲第擢五,廷评美之;贤侯优辟,廷评唯之。"按:据墓志,王谭祖父□,金部郎中、苏楚州刺史兼御史大夫;父师正,监察御史里行。谭卒于咸通五年(864)五月廿四日,享年五十二。

【王甀】冀州人。科举及第。

《唐代墓志汇编》元和一四八,杜并撰元和十五年(820)十月十日《唐故太原王公(佺)夫人李氏合祔墓志铭并序》:"公讳佺,字佺,其先冀州人也……皇祖讳甀,文可经国,武可济时,德漠早推,名器不假,壮年逈擢于高第。"按:据墓主,志主卒于元和十四年(819)十二月廿八日,春秋七十七。

【王璿】字抱璘,扶风人。弘文馆学生及第。授湖州参军,终官并州参军。

《秦晋豫新出墓志蒐佚续编》三五二,圣历二年(699)二月十一日《大周故并州参军夫人王氏墓志》:"君讳璿,字抱璘,扶风人……解褐补弘文馆学生及第,授湖州参军。"

【韦知人】字行哲,京兆万年人。科举及第。官校书郎。

《新唐书》卷一一八《韦凑传》:"知人字行哲,叔谦子。弱而好古,以国子举授校书郎。"按:知人当为科举及第。

《登科记考补正》卷二七《附考·进士科》录载韦知人,证据不足。

【韦最】京兆杜陵人,祖琬官潞王府司马,父才绚官通议大夫、昭陵令。以崇文生对策高第。授岐州岐阳县尉,历绛州龙门主簿、京兆府富平县尉,终官长安县尉。

《全唐文补遗》第三辑,苏俛撰开元二十五年(737)十二月三日《唐故京兆府长安县尉韦府君(最)墓志铭并序》:"韦氏之先,商伯之后。周则以国受族,因家彭城;汉则以儒继相,爰谍京兆,故君蔚杜陵人也。公讳最,字豁达,后魏侍中、右仆射、周大司空、郧国公、赠太傅、雍州牧、文襄公孝宽之玄孙，隋内史侍郎、民部尚书、皇谏议大夫、黄门侍郎、武阳郡开国公津之曾孙，皇职方员外郎、潞王府司马、寿光县开国男、赠同州刺史、礼部尚书琬之孙，皇通议大夫、昭陵令、金乡县开国男、赠太府少卿才绚之子也……以诗书之正风，礼乐之雅节，回赐之科首，游夏之用心，遂补崇文生。对策高第，授岐州岐阳县尉……转绛州龙门主簿，复调补京兆府富平县尉、长安县尉。"按：韦最以崇文生对策高第，当为科举出身。

《登科记考补正》卷二七《附考·进士科》录载韦最，证据不足。

【长孙□】科举及第。官侍御。

（清）仇兆鳌《杜诗详注》卷五《哭长孙侍御》诗："道为谋书重，名因赋颂雄。礼闱曾擢桂，宪府旧乘骢。流水生涯尽，浮云世事空。唯余旧台柏，萧瑟九原中。"按：长孙氏当为科举及第。

《登科记考补正》卷二七《附考·进士科》录载长孙□，证据不足。

【卢东表】晚唐人。科举及第。

《全唐诗》第二十三册卷七九九，窦梁宾有《喜卢郎及第》。窦梁宾为卢东表侍儿，所称"卢郎"即卢东表。

《登科记考补正》卷二七《附考·进士科》据陈冠明补载入，按系卢东表进士及第，证据不足。

【卢勉】卢逢时子。少登学科。

《唐代墓志汇编》咸通〇二九，崔碣撰咸通四年（863）五月廿九日《□□□□□□□□墓铭并序》："陇西李夫人……故泾州从事卢端公逢时之妻……一子曰勉，幼而自立，少登学科，名誉克宣，躬问乃至。"

【卢博】科举及第。曾官庐州刺史。

《全唐文》卷七四八杜牧草《卢博除庐州刺史制》："朝议郎授尚书刑部郎中上柱国赐绯鱼袋卢博，以文学策名，才能入仕。"

《登科记考补正》卷二七《附考·进士科》录载卢博，证据不足。

【白慎言】科举出身。官至襄州司马。

《洛阳新获七朝墓志》，张鼎撰开元二十七年（739）九月十二日《大唐故襄州司马袭邵陵郡开国公墓志铭并序》："君讳慎言……始以射策高第补邓王府参军。"按：墓志盖篆书阳文"大唐故白府君墓志铭"，三行九字，是知志主姓白。白慎言"始以射策高第"入仕，当是科举出身，然其具体科目尚待新史料证实。

【司空朗】名未详，字朗，广平人，祖瑜官左台侍御史，父穆官长安县丞。科举出身。官至雍州新丰县令。

《全唐文补遗》第三辑，圣历二年（699）八月廿一日《大唐故雍州新丰县令朝议郎上柱国司空府君（朗）墓志铭并序》："君讳□，字朗，广平人也……曾祖议，隋任许州刺史……祖瑜，唐任左台侍御史……父穆，唐任长安县丞……公绍隆贻阙，不坠嘉谋，登璧沼之乙科，践金门之甲第，解褐，任德州宫高县丞，考满，任普州安居县丞。"按：据墓志，司空朗上元二年（675）卒，春秋六十三，则其擢第当在贞观时。

【邢礼安】河间束城人。科举及第。官至监察御史。

《千唐志斋藏志》七九一,开元二十九年(741)《大唐故相州林虑县尉邢公(超)墓志文并序》:"君讳超,河间束城人也。高齐尚书子良之七叶孙。曾祖同琳,皇朝洛州大基县丞;祖礼安,故监察御史;父惟彦,故汾州司士参军,咸以孝秀登科,清能著位。"按:邢超为玄宗时人,其三代祖先"咸以孝秀登科",当为科举及第,然诸人所举之科目未详。

【邢同琳】河间束城人。科举及第。官至洛州大基县丞。

《千唐志斋藏志》七九一,开元二十九年(741)《大唐故相州林虑县尉邢公(超)墓志文并序》:"君讳超,河间束城人也。高齐尚书子良之七叶孙。曾祖同琳,皇朝洛州大基县丞;祖礼安,故监察御史;父惟彦,故汾州司士参军,咸以孝秀登科,清能著位。"按:邢超为玄宗时人,其三代祖先"咸以孝秀登科",当为科举及第,然诸人所举之科目未详。

【邢惟彦】河间束城人。科举及第。官至汾州司士参军。

《千唐志斋藏志》七九一,开元二十九年(741)《大唐故相州林虑县尉邢公(超)墓志文并序》:"君讳超,河间束城人也。高齐尚书子良之七叶孙。曾祖同琳,皇朝洛州大基县丞;祖礼安,故监察御史;父惟彦,故汾州司士参军,咸以孝秀登科,清能著位。"按:邢超为玄宗时人,其三代祖先"咸以孝秀登科",当为科举及第,然诸人所举之科目未详。

【权南仲】科举及第。

《全唐文》卷四九三,权德舆《送从兄南仲登科后归汝州旧居序》:"去岁临汝守首贤能之书,贡于仪曹,瞻言正鹄,审固则获,前此亦尝失之矣。退实无愠,赢而不器,盖能反诸已而已,且用廉贾之道故也。今将抵洛郊,历平阳,与贤诸侯交欢假道。然后自洛之汝,燕居中林,磅礴古昔,务诸远大。莺出幽谷,鹏击南溟,将与群从叔季,复修异日之贺,岂止于今耶?南宫郎有雅知兄者,且与德舆为僚,征诗觇别,以附其志。"按:《新唐书》卷七五下《宰相世系表》五下有其名。

《登科记考补正》卷二七《附考·进士科》录载权南仲,证据不足。

【竹庆基】安喜郡河南人。科举及第。

《唐代墓志汇编》开元四六〇开元二十五年(737)十二月三日《大唐故吏部常选内供奉竹府君(敬敬)墓志铭并序》:"府君讳敬敬,字思敬,安喜郡河南人也。曾祖协,湘东国骠骑大将军,于西南蛮失利,贬为安东卢龙府果毅。祖子,周御朝议郎、隋集州司法参军……父庆基,雄风远播,郁为甲科之首;洪融晶烁,聿膺观光之杰。"按:庆基"郁为甲科之首",当为科举出身,然科目未详。

《登科记考补正》卷二七《附考·进士科》录载竹庆基,并有按语云"庆基当为进士科状元",证据不足。

【刘□】科举及第。后为道士。

《全唐诗》第四册卷一三八,储光羲《刘先生闲居》诗注:"先生及第后,为道士,居太清宫。"按:刘先生及第,当为科举及第无疑,然科目未详。

《登科记考》卷二七《附考·进士科》录载刘□,证据不足。

【刘升】字陟遐,彭城人。科举及第。终官太子右庶子。

《唐代墓志汇编》天宝〇七〇，李翙撰天宝四载（745）十月十三日《大唐故太子右庶子任城县开国男刘府君（升）墓志铭并序》："公讳升，字陟遐，彭城人……丹徽子居，素业克构，周流六籍，该览百氏。穷草隶之妙，擅词赋之工，江沱之人皆典于学，有以见公之惠训也……遂再射策甲科，三入清宪，累兵、户二员外、中书舍人、右庶子。"按：据墓志，刘升卒于开元十八年（730）六月二十九日，享年五十五。

《登科记考补正》卷二七《附考·进士科》录载刘升，证据不足。

【刘延庆】彭城人，祖□隋魏清邑宰，父行之唐永乐县贰。科举及第。

《唐代墓志汇编》开元一八五刘居简撰开元十一年（723）九月廿日《唐故银青光禄大夫博州刺史赵郡李府君故夫人彭城郡夫人刘氏墓志铭并序》："维开元十有一年季秋壬午，彭城郡夫人刘氏薨于河南□私第，春秋知命……皇考延庆，射策甲科，捧檄累任。"按：志载刘夫人烈曾□任齐□威将军，入随魏清邑宰。王父行之，随普慈郡治中，唐永乐县贰。延庆科举及第。

【刘彦参】字孝伯，徐州彭城人。科举及第。官至偃师县令、上柱国。

《大唐西市博物馆藏墓志》一七八，刘彦回撰开元七年（719）三月八日《唐故偃师县令上柱国刘公墓志》："公讳彦参，字孝伯，徐州彭城人也……以国子生擢甲科，授左武卫录事参军。"按：墓志撰者为志主之弟。

【刘海】一作"刘喆"，渤海人。十六登科甲。五十至相位。

《渤海国志长编》卷一九《丛考》："王仁俊辽史艺文志补证（辽文萃附编）道家类海蟾子诗一卷，出郑略（《通志·艺文略》）。按即刘海也。碣石剩谈海蟾姓刘，名喆，渤海人，十六登科甲，五十至相位。"

薛亚军《〈登科记考〉正补》补入。参见《登科记考补正》卷二七《附考·进士科》刘海条。

【刘暹】字士衡。弱冠乡赋及第。释褐左卫执戟，历官泉州莆田令、太常少卿兼括州别驾。

《大唐西市博物馆藏墓志》二七八，大历元年（766）十二月十五日《唐故朝散太（大）夫大（太）常少卿兼桔（括）州别驾赐紫金鱼岱（袋）□府君墓铭》："公讳暹，字士衡，汉楚元〔王〕交之后……公少有忠毅，材兼文武。弱冠，以乡赋及第，释褐左卫执戟，福建节度奉（奏）授泉州莆田令。"

【许仲舆】科举及第。官至郓州刺史、国子司业。

《全唐文》卷四九〇，权德舆《送水部许员外出守郓州序》："叔载以文术而居郎位，以吏理而分郡节，时所重难，辄居选中。其初以献赋射策，取甲科如地芥，交诸侯之聘，车不辍轫，繇外台察视，入佐著作，休声日扬。"

（唐）林宝《元和姓纂》卷六《晋陵许氏》："仲舆，国子司业。"按：仲舆字叔载。

《登科记考补正》卷二七《附考·进士科》录载许仲舆，证据不足。

【孙偓】晚唐人，科举及第。官长水县令。

《全唐文》卷八三二，钱珝草《授前右补阙孙偓长水县令赐绯制》："敕。具官某：士大夫不能理其身,而能理于人,未之有也。尔尝以文行,进取科名,列在华资,讵非素志。一旦身退,朝实多之。所谓能理其身,固可理于人矣。加之朱绶,用表积中。宁无所操,施为善政。可依前件。"按:孙偓当为科举及第。又按:唐有宰相孙偓,别是一人。

《登科记考补正》卷二七《附考·进士科》录载孙偓。

【孙德】字道,乐安人。约贞观时科举及第。授著作佐郎。

《唐代墓志汇编》光宅〇〇二,光宅元年(684)十月六日《唐故著作佐郎孙君(德)墓志铭并序》:"君讳德,字道,乐安人也……祖举,齐太原郡守;父章,隋汝州□□令……肇应弓旌,俄登甲第,蒙授著作佐郎,标令德也。"按:孙德当为贞观时科举及第,科目未详。

【严澄】字盈之,冯翊重泉人。以祭郎应举擢第。初授虢州阌乡尉,官至朝请大夫、夏州司马。

《秦晋豫新出墓志蒐佚》四一八,开元十七年(729)十二月十七日《大唐故朝请大夫夏州司马上柱国严府君墓志铭并序》:"公讳澄,字盈之,冯翊重泉人也……始以祭郎应举擢第,调补虢州阌乡尉。"

《大唐西市博物馆藏墓志》二〇七,开元十七年(730)十二月十七日《大唐故朝请大夫夏州司马上柱国严府君墓志铭并序》:"公讳澄,字盈之,冯翊重泉人也……始以斋郎应举擢第,调补虢州阌乡尉。"

【苏叔节】科举及第。

陕西师范大学图书馆藏拓本先天元年(712)《苏叔节墓志》:"君讳叔节,字贞固。诗书洞明,对策高第,解褐梁州都督府参军。"按:叔节"对策高第",当为科举出身,然科目未详。

《登科记考补正》卷二七《附考·进士科》录载苏叔节,证据不足。

【杜怀古】京兆杜陵人。科举及第。官刑部员外郎。

《大唐西市博物馆藏墓志》五一,永徽五年(654)十一月十二日《大唐故始州阴平县令杜君墓志铭并序》:"君讳怀让,字履谦,京兆杜陵人也……君身游梓泽,名流帝乡。爰应丝纶,群官鹰举。又德光间里,仍被乡贡。君长兄怀古,前年亦于本州举。故谚曰:'此则擢公山于前,举正礼于后,展骐骥于千里,骋二龙于长涂。'以古望今,亦何代无其人也。君应集华省,经史并试。既儒且墨,俱擢甲科。授相州都督府参军。后授东宫典膳丞。秩满,授眉州录事参军……以永徽四年七月十七日,卒于公馆,春秋卅有二。长兄刑部员外郎怀古,属天伦之戚,切中肠之痛。抚襟流涕,情深潘岳之哀;临筵鲠咽,思结子猷之恸。以五年岁次甲寅十一月癸酉朔十二日甲申,归葬于雍州万年县少陵之西原。"按:据墓志,怀古、怀让兄弟均被乡贡,亦先后为官,当是通过科举考试步入仕途。

【杜怀让】字履谦,京兆杜陵人。科举及第。官至始州阴平县令。

《大唐西市博物馆藏墓志》五一,永徽五年(654)十一月十二日《大唐故始州阴平县令杜君墓志铭并序》:"君讳怀让,字履谦,京兆杜陵人也……君身游梓泽,名流帝乡。爰应丝纶,群官鹰举。又德光间里,仍被乡贡。君长兄怀古,前年亦于本州举。故谚曰:'此则擢公山于前,举正礼于后,展骐骥于千里,骋二龙于长涂。'以古望今,亦何代无其人也。君应集华省，经史并试。既儒且墨，俱擢甲科。授相州都督府参军。后授东宫典膳丞。秩满，授眉州录事参军……以永徽四年七月十七日，卒于公馆，春秋卅有二。长兄刑部员外郎怀古，属天伦之戚，切中肠之痛。抚襟流涕，情深潘岳之哀；临筵鲠咽，思结子猷之恸。以五年岁次甲寅十一月癸酉朔十二日甲申，归葬于雍州万年县少陵之西原。"按：据墓志，怀古、怀让兄弟均被乡贡，亦先后为官，当是通过科举考试步入仕途。

【杜濛】科举及第。曾官太常博士。

《全唐文》卷七四八，杜牧草《杜濛除太常博士制》："敕。守左拾遗杜濛：尔五庙祖尝佐太宗，同安生人，共为天下者也。尔能自以文学策名清时，升为谏臣，岂曰虚授？"

《登科记考补正》卷二七《附考·进士科》录载杜濛，证据不足。

【李文寂】陇西成纪人。祖伯官隋沂、亳二州刺史，父护官唐曹州长史、密王友。科举及第，未仕而卒。

《全唐文补遗》第七辑，景龙二年（706）十一月八日《大唐征士陇西李公（文寂）墓志铭并序》："征士李公讳文寂，陇西成纪人也……曾祖乐，隋银青光禄大夫、并州太守。祖伯，隋中散大夫，沂、亳二州刺史……父护，皇朝朝散大夫、曹州长史、密王友、上柱国……公即大夫之第七子也。爰初射策，早升上第……以神龙三年七月十六日，终于郑州私第，春秋七十七。"按：文寂早升上第，当为科举及第，然志文未载仕历。

【李方】科举及第。曾任右谏议大夫。

《全唐文》卷七二六，崔皑撰《授李方右谏议大夫等制》："敕。居谏纳之地，副铨综之司，致予聪明，适彼伦要。自非端方正直之士，检身御众之才，则何以输及雷之忠诚，奉提衡之藻鉴。尔等皆擢秀瑶林，飞华桂苑，早登俊造，共许清贞。入宪府而自竦孤标，历文昌而更光列宿。分符茂绩，远继于龚黄、视草雄词，旧推于贾马。是用擢居右省，陟彼首曹。尔宜征五谏之司，佐三铨之任，无疑逆耳，必在精心。勉服宠光，益扬善价。可依前件。"

【李褒】科举及第。官至郑州刺史。

《全唐文》卷七七七，李商隐《为绛郡公上李相公启》："某少悲羁绁，不承师友之亲规；晚学文章，龋致乡曲之名誉，谬污官秩。"同卷《为绛郡公上崔相公启》："某启：某本洛下诸生，山东旧族。龋沾科第，薄涉艺文，谬藉时来，因成福遇。"按："绛郡公"即李褒，考见张采田《玉溪生年谱会笺》卷三"李褒为郑州刺史"注。

《登科记考补正》卷二七《附考·进士科》录载李褒。

【吴仕敬】渤海人。登射策甲科。累迁为温县主簿。

《秦晋豫新出墓志蒐佚》五二八，天宝六载（747）十一月十二日《大唐故吴君墓志铭并序》："君讳翰，字鸣皋，渤海人也……父仕敬，以射策甲科，累迁为温县主簿。"

【宋懿】字延嗣，广平人，祖玄明官杭州於潜县丞，父彦官检校太史令。高宗时科举及第。官至延州参军。

《全唐文补遗》第五辑，延载元年（694）九月三日《大州故延州参军宋君（懿）墓志并序》："君讳懿，字延嗣，广平人也……高祖晖长，齐平原王功曹、迁建忠将军。曾祖宝裕，唐扬府法曹、苏州司马、封丘令。祖玄明，唐怀州武德尉、舒州录事参军、详正学士、杭州於潜丞。父彦,见任朝请大夫、检校太史令。君生而俊义,长而端雅。以成均生擢第,拜延州参军,又充燕然道中军判官,授上护军……以延载元年六月廿四日,终于江州北第二驿,春秋卅有三。"按:宋懿以成均生擢第,科目未详,时间约在高宗时。

【张玄晏】一作"张元晏"。科举及第。昭宗时翰林学士。

《全唐文》卷八一八张元晏《谢奉常仆射启》:"某启。某今日伏奉圣旨,令充职翰林者。庞鸿恩重,蝼蚁命微。循涯增感激之诚,揣已积叨逾之惧。伏以某名惭钜下,人异隆中。无赋雪之词华,乏论天之才辩。顷岁才萌进取,便获攀投。及门人指其登龙,讬质时推其附凤。因得交朋改观,行止增光。遂忝决科,俄荣筮仕。"又同卷《未召试先与奉常启》:"某启。某人惟冗末,地匪清华。异前修稽古之勤,乏往彦求己之志。偶尘科级,旋履宦途。"

《新唐书》卷六〇《艺文四》著录"《张玄晏集》二卷。字寅节,昭宗翰林学士"。按:《全唐文》云"元晏",当为避讳。

《登科记考补正》卷二七《附考·进士科》录载张玄晏(张元晏),证据不足。

【张弘】字泰,武阳郡人,祖伽官隋越州录事参军,父仁官唐兖州平陆县令。登国子学生甲第。初任辰州麻城县主簿,官终齐州祝阿县丞。

《全唐文补遗》第四辑,景龙三年(709)十一月二十日《大唐故齐州祝阿县丞张府君(弘)墓志铭并序》:"君讳弘,字泰,其先清河人也……遂为武阳郡人焉。曾祖裕,齐洪州豫章县令。祖伽,隋越州录事参军。父仁,唐朝兖州平陆县令……(君)起家国子学生甲第,任辰州麻城县主簿。"按:张弘卒于景龙三年(709),享年六十七。

【张价】南阳西鄂人。科举及第。官校书郎。

《全唐文补遗》第八辑,张准撰乾化四年(914)正月十八日《大梁故尚书司门郎中南阳张府君(荷)墓志铭并序》:"公讳荷,字克之,南阳西鄂人也……少而聪悟,有一览数千言之称;长乃纯明,抱七步咏五字之作。泊随计入贡,凡六上,登第于故致仕司空河东裴相国之门。旋调授京兆府文学……有兄八人,皆历官路。唯兵部郎中、盐铁判官儇,早升高第,历任清途。同就朝班,迨十周岁。何期积疢,去岁云亡。丧纪未终,延及厥绪。季弟价,名震甲科,位方雠校。"按:据墓志,张氏三兄弟均有可能为进士出身,但缺少直接史料依据,故暂以"科目未详"录载。又按:张价"位方雠校",当官校书郎。

【张周封】科举及第。

《全唐文》卷七七七,李商隐《为张周封上杨相公启》:"某价乏琳琅,誉轻乡曲。蠤沾科第,薄涉艺文。"按:张周封当为科举出身。

《登科记考补正》卷二七《附考·进士科》录载张周封。

【张儇】南阳西鄂人。科举及第。官至兵部郎中、盐铁判官。

《全唐文补遗》第八辑,张准撰乾化四年(914)正月十八日《大梁故尚书司门郎中南阳张府君(荷)墓志铭并序》:"公讳荷,字克之,南阳西鄂人也……少而聪悟,有一览数千言之称;长乃纯明,抱七步咏五字之作。泊随计入贡,凡六上,登第于故致仕司空河东裴相国之门。旋调授京兆府文学……有兄八人,皆历官路。唯兵部郎中、盐铁判官儇,早升高第,历任清途。同就朝班,迄十周岁。何期积疢,去岁云亡。丧纪未终,延及厥绪。季弟价,名震甲科,位方雠校。"按:据墓志,张氏三兄弟均有可能为进士出身,但缺少直接史料依据,故暂以"科目未详"录载。

【张谞】永嘉人。应举及第。官至刑部员外郎。

(唐)张彦远《历代名画记》卷一〇:"张谞,官至刑部员外郎。"按:谞为盛唐时人,与王维、李颀等相友善。

(元)辛文房撰,傅璇琮主编《唐才子传校笺》(册一)卷二《张谞》:"谞,永嘉人。初隐少室下,闭门修肄,志甚勤苦,不及声利。后应举,官至刑部员外郎。"

《登科记考补正》卷二七《附考·科目未详》增补张谞。

【张敬之】字叔謩。年十一曾应制举,推为举首,考官以其年幼第不入科,后以成均生高第。授将仕郎。

《唐文拾遗》卷五二,张□撰天授之三年(692)正月六日《唐将仕郎张君(敬之)墓志铭并序》:"君讳敬之,字叔謩,功曹府君之第五子也。耿介不群,文藻贯世。年十一,中书舍人王德本闻其俊材,当时有□□制举天下奇侠,召与相见,赋《城上乌》,勒'归、飞'二字,仍遣七步成篇。君借书于手,不盈跬息,其诗曰:'灵台自可依,爱止竟何归。只由城上冷,故向日轮飞。'王公嗟味,乃推为举首。文昌以其年幼,第不入科。以门荫补成均生,高第,授将仕郎,非其好也。遂与诸兄绀校经史,专以述作为务。唐咸亨四年七月十六日,卒于家,春秋廿五。大周天授之三年正月六日,改窆于安养县西相城里。"

【陆子容】科举及第。曾官秘书省校书郎。

《全唐文》卷四九一,权德舆《送陆校书赴秘省序》:"陆氏为江南冠族,子容一门,将以文藻行实,振起风绪。叔父群从,岁为仪曹首科,子容亦再登甲乙,雠校秘书。繇是君子谓春官天官之举不失人,子容之名不过实。"

《登科记考补正》卷二七《附考·进士科》录载陆子容,证据不足。

【郑曾】字景参,荥阳开封人。科举及第。官至慈州刺史、光禄卿。

《全唐文》卷九九三,阙名撰《唐故慈州刺史光禄卿郑公(曾)碑》:"公讳曾,字景参,荥阳开封人也……烈祖扐,隋尚书右丞、聘陈使、永安侯。大父嗣元,唐通事□□□□明叔考九思□□丰城县令……(郑曾)少而游艺,长善属文,□□□□高第,宁州罗川资州资阳县尉。"

《新唐书》卷七五上《宰相世系表》五上郑氏:"曾,慈州刺史。"

《中州金石记》:"《慈州刺史光禄卿郑曾碑》,开元二十四年立,梁昇卿撰并书。"

《登科记考补正》卷二七《附考·进士科》录载郑曾,按语云:志文所言"少而游艺,长善属文",则其登第当为进士科。今按:系郑曾登进士科,证据不足。

【房从会】清河人,曾祖融官鸾台凤阁平章事,祖璩官兵部郎中,父宪□官淄州邹平县尉。弘文生及第。官至洪州武宁县令。

《全唐文补遗》第六辑,房济撰贞元十二年(796)十月二十七日《唐故洪州武宁县令房府君(从会)墓志□》:"洪州武宁县令房从会,清河人也……曾祖融,皇正议大夫、鸾台凤阁平章事。祖璩,皇兵部郎中。父宪□,皇淄州邹平县尉。尔生于德门,长获高荫,年过志学,补弘文生,及第。解褐授右清道率府兵曹,次授郑州荥泽县主簿。秩满,选授陆浑县尉。自陆浑授于武宁,凡四任,三居州县,皆以清干称。贞元十二年二月十一日遇疾殁于武宁官舍,享年五十七。"

【房先忠】字贞节,清河人。科举及第。官终左千牛将军,赠左金吾大将军。

《大唐西市博物馆藏墓志》一五五,李迥秀撰景龙二年(708)二月二十七日《大唐故左千牛将军赠左金吾大将军清河郡开国公房公墓志铭并序》:"公讳先忠,字贞节,清河人也……弱冠,调补弘文生。抠衣承训,鼓箧自强。师逸功倍,射策高第。"

【赵于】天水人,父升朝官朝议郎试太子通事舍人。科举及第。弱冠而调补仙尉。

《大唐西市博物馆藏墓志》三五一,李计撰元和六年(811)正月十日《大唐故朝议郎试太子通事舍人上柱国天水赵府君墓志铭并序》:"炖煌君讳升朝,字晔,其先天水人也……嗣子长曰于,睿哲天机,从师业就。莺迁出谷,鹿鸣登科。童年而擢桂礼闱,弱冠而调补仙尉。仲曰然,季曰邝,虽之异出,实谓连齐。"按:赵于"擢桂礼闱",当为科举及第。

【赵鸿】科举及第。官太学博士。

《全唐诗》第十八册卷五九八,李频《和太学赵鸿博士归蔡中》诗:"得禄从高第,还乡见后生。田园休问主,词赋已垂名。"按:《秦晋豫新出墓志蒐佚续编》八五八,会昌二年(842)八月二十三日《吴郡顾夫人墓志铭并序》,题下署"学究赵鸿撰"。此学究赵鸿与太学博士赵鸿是否同一人,还需史料证实。又按:《登科记考补正》卷二七《附考·进士科》录载赵鸿,证据不足。

【赵藤】字麻之,天水人。科举出身。初授右卫率府仓曹参军,官至宣德郎行京兆府昭应县丞。

《大唐西市博物馆藏墓志》三五四,李逢撰元和六年(811)十月二十四日《大唐故宣德郎行京兆府昭应县丞赵府君墓志铭并序》:"公讳藤,字麻之,本天水人也……朝廷以公茂族高门,起家拜公试参蜀州军事。公以儒流,耻非文达。繇是曳裾太学,待问春官,星才二周,身已高第。主司宠之,授右卫率府仓曹参军……公素蕴艺文,为时所异,又承乡曲之誉,遂膺俊造之选。六随贡士,四败垂成,迫以甘旨时阙,又调右卫录事参军,历鄠县丞,转昭应县丞。"按:据墓志,赵藤当为科举出身。

【柳岳】科举及第。

《全唐文补遗》第八辑,卢子升撰天宝十二载(753)七月二十六日《唐文部常选柳氏字岳故陇西李夫人墓志铭并序》:"天("天"疑为"夫"字)人第十一,皇汝南郡司马惟之孙,皇汝阴郡司仓参军洪之次女……天("天"疑为"夫"字)又光国登科,调选文部。"按:柳岳"光国登科,调选文部",当为科举出身,科目未详。

【段琮】字子泉。科举及第。官至洋州录事参军。

《唐代墓志汇编续集》咸通〇三〇,段随撰咸通六年(865)七月五日《唐故洋州录事参军段君(琮)墓志铭并叙》:"君讳琮,字子泉……伯仲皆充赋春官,君以选归上国,授洋州录事参军。"按:据墓志,段琮卒于咸通六年三月廿日,享年五十一。

《登科记考补正》卷二七《附考·进士科》录载段琮，证据不足。

【郤□】名未详，晚唐人。科举及第。

《全唐诗》第二十一册卷七二三，李洞《送郤先辈归觐华阴》诗："桂枝博得凤栖枝，欢觐家僮舞翠微。僧向瀑泉声里贺，鸟穿仙掌指间飞。休停砚笔吟荒庙，永别灯笼赴锁闱。骚雅近来颓丧甚，送君傍觉有光辉。"按：郤□疑为进士出身。

《登科记考补正》卷二七《附考·进士科》录载郤□。

【索道疠】科举出身。官至尚书省比部主事。

《大唐西市博物馆藏墓志》二九九，建中二年（781）三月十四日《唐故尚书省比部主事索府君墓志》："公讳道疠，少以文墨入仕，解褐河南府录事，立政干能，转比部主事。"按：索道疠"少以文墨入仕"，当为科举出身。

【贾整】字轨，河东平阳人。科举及第。初授巴州司士参军，官终常州江阴县丞。

《全唐文补遗》第三辑《大唐故常州江阴县丞贾府君（整）墓志铭并序》："公讳整，字轨，河东平阳人也。公三冬成学，九岁作文。金门待诏，云台射策。同孙弘之上第，类仲舒之甲科。起家授巴州司士参军。"

【贾师】字善德，河南洛阳人。科举及第。官至文林郎。

《全唐文补遗》第八辑，长寿二年（693）十月十七日《唐故文林郎贾府君（师）墓志铭并序》："府君讳师，字善德，河南洛阳人也……公器实儒宗，门惟学府。河南郡守，对玉扆而推功；方朔先生，入金门而待制。因蒙擢第，随例为郎……春秋卅有五，以有唐贞观廿一年三月四日，终于清化里之私第。"按：贾师"因蒙擢第，随例为郎"，科目未详。

【钱□】科举及第，授巡官职。

周绍良《全唐文新编》卷六四〇，李翱《祭钱巡官文》："某维洁行而文，上第有司，藉藉京秦。"按：钱□当为科举出身。

《登科记考》卷二七《附考·进士科》录载钱□。

【徐令名】高平金乡人，祖稜官唐右千牛，父玄成官朝散大夫、相州临河县令。科举出身，制科贤良方正及第。官至德州安陵县令。

《唐代墓志汇编》开元四四一，徐易撰开元二十四年（736）十一月七日《大唐故德州安陵县宰徐府君（令名）墓志铭并序》："府君讳令名，高平金乡人。高祖魏金紫光禄大夫度支尚书金乡县开国公讳招字思贤；曾祖隋金紫光禄大夫光禄卿江夏郡开国公讳寔；列祖唐右千牛讳稜；显考朝散大夫相州临河县宰讳玄成……公履太素之贞，敛元和之魄，崇恕轨物，载仁归厚，解褐以重试授邢州柏仁县尉，次任举贤良拜魏州魏县尉。无何，调河南府密县尉，秩满，拜德州安陵县宰。"按：据志文，令名经"重试"授邢州柏仁县尉，当为科举出身，然科目未详；"次任举贤良"拜魏州魏县尉，则为制科贤良方正及第。

《登科记考补正》卷二七《附考·进士科》录载徐令名，证据不足。

【殷□】陈郡人。科举出身。官大理司直，充浙江东西道节度使推官。

《全唐文补遗》第七辑，郑偘撰宝历二年（763）六月廿五日《唐故朝散大夫使持节明州诸军事守明州刺史上柱国陈郡殷府君（文穆）墓志铭并序》："公讳□□字文穆，其先陈郡人也。曾祖皇颖州别驾讳导。祖皇夔州录事参军讳崇本。父皇大理司直赠主□□□□□□□□□□同郡袁氏……先司直出身登科,与公同□□□省正字、蓝田县尉、晋州录事参军。建中中,除试大理司直,充浙江东西道节度推官□□□□□□之盛也。司直早有清白之誉,公实继之。代不乏贤,斯之谓矣。"按:志主名彪,《登科记考补正》卷十大历三年(768)明经科据郁贤皓《唐刺史考全编》卷二○三《山南东道·金州》"长庆元年(821)"条增补。

【郭幼明】字仲远。科举出身。官至银青光禄大夫、少府监,卒赠太子太傅。

《大唐西市博物馆藏墓志》二八五,赵纵撰大历八年(773)七月二十九日《唐故银青光禄大夫少府监赠太子太傅太原郭君墓志铭并序》:"公讳幼明,字仲远,凉州府君昶之曾孙,赠兵部尚书通之孙,太保公之少子,尚书令之母弟。公坤与之厚,阳受之和,识度弘妙,姿行伟茂,通诗礼,善骑射。举高第,累拜五官,咸备卫尉,朝经国典,默记于心。以学孙吴法,出为总戎参谋,改都水使者。"按:郭幼明"举高第"当属科举出身。

【唐技】科举及第。曾官尚书刑部郎中、虔州刺史。

《东观奏记》下卷:"大中九年正月十九日,制曰:'朝议郎、守尚书刑部郎中、柱国、赐绯鱼袋唐技,将仕郎、守尚书职方员外郎裴(原注:庭裕先父),早以科名,荐由台阁,声猷素履,亦有可嘉。昨者,吏部以尔秉心精专,请委考覆,而临事或乖于公当,物议遂至于沸腾,岂可尚列弥纶?是宜并分等符,善绥凋瘵,以补悔尤。技可虔州刺史,散官、勋封如故;裴可申州刺史,散官如故。'舍人杜德公之词也。"按:唐技"早有科名",当为科举及第。

《登科记考补正》卷二七《附考·科目未详》录载唐技,考证过程可参看。

【唐奉一】科举及第。官兵部侍郎。

《全唐文》卷二四二,李峤《授唐奉一兵部侍郎制》:"唐奉一,宇量深明,襟怀雅正。文场得隽,翰苑推工。琐闱内朝,致延誉之美,珪符出守,树威恩之绩……可夏官侍郎。"按:唐奉一"文场得隽",当为科举出身。

《登科记考》卷二七《附考·进士科》据李峤文录载唐奉一,证据不足。今录存科目未详,俟考。

【唐恕】字体仁。考功上第。初授婺州参军事,官至许州扶沟县丞。

《秦晋豫新出墓志蒐佚》五八一,贺兰广撰圣武二年(757)三月一日《唐故许州扶沟县丞唐府君墓志铭》:"公讳恕,字体仁,得侳叔虞盖周之胤也……年十六,以祖荫补弘文生,明年春考功上第,寻补婺州参军事。"

【萧守规】字宪,兰陵人。科举及第。授曹王府功曹参军,转益州唐隆县令,终官简州司马。

《洛阳新出土墓志释录》,单有邻撰景云二年(711)八月二十四日《唐故简州司马兰陵萧君(守规)墓志铭并序》:"君讳守规,字宪,兰陵人也……起家以崇文馆学生擢第,授曹王府功曹参军,转益州唐隆县令。"

【崔正】博陵人。科举出身。终官监察侍御史。

《大唐西市博物馆藏墓志》三一八,李周南撰贞元十一年(795)《夫人博陵崔氏墓志铭并叙》：“夫人姓崔，博陵人也。大父谭，德烈官明，羽仪当代，终唐仓部、左司二郎中。父正，文学进身，早著名誉，仕历畿甸，终监察侍御史。”按：崔正以“文学进身，早著名誉”，当为科举出身。

【崔昇】博陵人。科举及第。官泾州四门府折冲。

《全唐文补遗》千唐志斋新藏专辑，郝公聿撰贞元七年(791)十一月二十八日《唐泾州四门府折冲崔公(昇)夫人弘农杨氏墓志铭并序》：“夫人杨氏，即弘农郡君之媛女也……将适君子，聘于博陵。崔公讳昇，文华武略，擢弟授官，为众知也。”按：据志文，崔昇当为科举及第，科目未详。

【崔希先】博陵人。科举及第。

《全唐文补遗》千唐志斋新藏专辑，李吉甫撰《唐谏议大夫裴公(虬)夫人博陵崔氏墓志铭并序》：“夫人博陵人也。曾祖敬言，皇派王府仓曹。祖福庆，瑕丘县令。烈考希先，滑州灵昌县丞。希先叔仲□人，皆以文学登科。”按：据墓志，墓主崔氏卒于宝应元年(762)四月；“文学登科”，当为科举及第。

【崔宝筠】清河人，唐初太学生。射策高第。授丹州司户参军，官终雍州万年县尉。

《秦晋豫新出墓志蒐佚》一五三，总章二年(669)二月二十三日《雍州万年县尉少府赵大辨夫人崔氏墓志》：“夫人讳，清河人也……父宝筠，唐初太学生，射策高第，授丹州司户参军。”

【庾何】南阳新野人，祖光烈官至大理少卿。元和前后登科第。历尚书兵部郎中、澧州刺史。

《唐代墓志汇编》咸通〇三四庾道蔚撰咸通五年(864)六月癸酉(十八日)《唐朝散大夫前行尚书司勋员外郎柱国苗绅妻故新野县君庾氏夫人墓志铭并序》：“咸通癸未岁冬季月既望，夫人遇疾殁于上都昭国里第，享年四十八……夫人南阳新野人也……曾祖讳光烈，皇尚书祠部郎中大理少卿，清德懿范，澡身文雅；祖讳何，皇尚书兵部郎中，澧州刺史，负济物之才，蕴佐时之略，才逾弱冠，叠中科名。”按：据志文，庾何登第在元和前后。

【梁釜】字南金，安定人，祖僖官隋司农少卿，父嗣表官唐广州怀集县令。科举及第。解褐滑州韦城县主簿。

《全唐文补遗》第五辑，徐彦伯撰久视元年(700)十月五日《大周故滑州韦城县主簿梁君(釜)墓志铭并序》：“公讳釜，字南金，安定人也。曾祖仕规，宇文氏骠骑大将军、大宗伯、陕州总管、冀氏县开国公。祖僖，隋度支侍郎、仓部侍郎、司农少卿、袭封冀氏县开国公。考嗣表，唐左卫兵曹参军、扬府法曹参军、广州怀集县令……(君)以门□补左卫翊卫。及第，解褐滑州韦城县主簿。”按：志文云梁釜“及第”，当为科举出身，科目未详。以其卒于久视元年(700)七月二十四日，享年五十二推之，其擢第约在高宗时。

【程行谌】名则，以字行，郑人，祖德淹官隋太康令，父药王官唐秋浦令。科举及第，首中甲科。官至御史大夫，卒赠右丞相。

《全唐文》卷二五八，苏颋撰《御史大夫赠右丞相程行谌神道碑》：“公名则，字行谌，世以字行……迁自吾祖，定成我居，作郑人矣。曾祖讳庆，隋长子令。祖讳德淹。隋太康令。

考讳药王,皇秋浦令……（公）志大好学,首中甲科,初补潞城尉,转赵之平棘,换虞乡主簿……擢拜御史大夫。"

《新唐书》卷一二九《裴守真传》:"裴守真,绛州稷山人……子子余……中明经,补鄂尉。时同舍李朝隐、程行谌以文法称,而子余以儒显,或问优劣于长史陈崇业,答曰:'兰菊异芳,胡有废者?'"按:《唐诗纪事》卷一四《程行谌》记载略同。

《登科记考》卷二七《附考·进士科》录载程行谌,赵守俨校:"岑仲勉《读全唐诗札记》据《郎官考》卷一五以为'谋'当作'谌'。"又徐松以"首中甲科"为据系程氏进士及第,证据不足。

【程逸】字思亮,京兆咸阳人,祖伯英官泾州阴盘县令,父彦琮官殿中尚食奉御。以太学生射策甲科,科举及第。官至歙州北野县尉、上骑都尉。

《唐代墓志汇编》开元三二二,开元十九年(731)三月十三日《故朝议郎歙州北野县尉上骑都尉程府君(逸)志铭并叙》:"公讳逸,字思亮,京兆咸阳人也……曾祖辉,朝散大夫左赞善;祖伯英,泾州阴盘县令;父彦琮,殿中尚食奉御……公即府君之长子也。年甫弱冠,不拘常轨,悠游经史,晦明藏用,天资亮拔,崖岸峻峭。遂入太学,射策甲科,调补歙州北野县尉,加上骑都尉。"按:程氏以太学生"射策甲科",当为科举及第。又据志文,程氏卒于开元十九年(731)正月十八,春秋五十四。

《登科记考补正》卷二七《附考·进士科》录载程逸,证据不足。

【傅□】科举及第。官闽州都督。

《全唐文补遗》第九辑,开元二十二年(734)五月二十四日《唐故闽州都督傅公夫人金城郡君李氏墓志铭》:"初,傅公擢秀太常,驰声宪府,竦羽华省,翻飞掖垣。"按:傅□"擢秀太常",当为科举及第。

【窦知节】扶风平陵人。以弘文生擢第。历官华州参军、蓝田县丞、司农主簿、陇州汧源县令,终官婺州永康县令。

《大唐西市博物馆藏墓志》一九四,开元十一年(723)十一月十日《大唐故婺州永康县令乐平县开国男窦府君墓志铭并序》:"公讳知节,扶风平陵人也……弱冠,以弘文生擢第,授华州参军,转蓝田县丞,迁司农主簿,出宰陇州汧源县令。"

【窦说】扶风人。以崇文生擢第。初授宣州参军,再任绛州大平县丞,又选彭州司马,寻拜益府兵曹,终官新安郡长史。

《唐代墓志汇编》天宝一五九郭季膺撰天宝九载(750)五月廿八日《唐故朝议郎行新安郡长史窦君(说)志铭并序》:"扶风窦君讳说,字说……君气禀冲和,德降纯粹,少富文学,长多才能,待价弱年,崇文生擢第,授宣州参军,再任绛州大平县丞,又选彭州司马,寻拜益府兵曹,迁新安郡长史。"按:据墓志,窦说卒于天宝庚寅岁,亦即天宝五载(750)五月五日,春秋六十二。志文云其"崇文生擢第",当为科举及第。

《登科记考补正》卷二七《附考·进士科》录载窦说,证据不足。

【裴绅】字子佩,庭裕之父,闻喜人。科举及第。历申州刺史。

《全唐文》卷七九,宣宗《授唐技虔州刺史裴绅申州刺史制》:"朝议郎守尚书刑部郎中柱国赐绯鱼袋唐技，将仕郎守尚书职方员外郎裴绅，早以科名，荐由台阁，声猷素履，亦有可嘉。昨者吏部以尔秉心精专，请委考核，而临事或乖于公当，物议遂至于沸腾。岂可尚列弥纶，是宜并分符竹，善绥凋瘵，以补悔尤。技可虔州刺史，散官勋封如故；绅可申州刺史，散官如故。"

（唐）裴庭裕《东观奏记》下卷："大中九年正月十九日，制曰：'朝议郎、守尚书刑部郎中、柱国、赐绯鱼袋唐技，将仕郎、守尚书职方员外郎裴（原注：庭裕先父），早以科名，荐由台阁，声猷素履，亦有可嘉。昨者，吏部以尔秉心精专，请委考覆，而临事或乖于公当，物议遂至于沸腾，岂可尚列弥纶？是宜并分符竹，善绥凋瘵，以补悔尤。技可虔州刺史，散官、勋封如故；裴可申州刺史，散官如故。'舍人杜德公之词也。"按：裴绅"早有科名"，当为科举及第。

《新唐书》卷七一《宰相世系表》一上载裴庭裕父名绅，字子佩。

【裴巽】河东闻喜人，祖希惇官齐州长史，父思进官随县令。科举出身。官至鸿胪卿、驸马都尉、上柱国、魏郡开国公。

《全唐文》卷二八二，李迥秀撰景龙二年（708）十月二十六日《唐齐州长史裴府君（希惇）神道碑》："公讳希惇，字虔实，河东闻喜人也……有子六人。长曰思进，位随县令，赠蒲州长史、太仆卿……嫡孙巽，鸿胪卿驸马都尉上柱国魏郡开国公，行极天经，才为世出，名题金榜，家振玉箫。"按：据志文，裴巽"名题金榜"，当为科举出身。

《新唐书》卷七一上《宰相世系表》一上裴氏："希惇字处实，齐州长史。"希惇子"思进，隋令"。思进子"巽，国子祭酒，驸马都尉、魏国公"。

《登科记考补正》卷二七《附考·进士科》录载裴巽，证据不足。

【翟木栖】科举及第。

《全唐文》卷七三二，长孙俶《汉故丞相翟公重建碑表》："国朝已还，楚质、木栖皆以文词登第。"按：以"文词登第"，当为科举及第，但科目未详。

《登科记考》卷二七《附考·进士科》录载翟木栖，证据不足。

【翟楚质】科举及第。

《全唐文》卷七三二，长孙俶《汉故丞相翟公重建碑表》："国朝已还，楚质、木栖皆以文词登第。"按：以"文词登第"，当为科举及第，但科目未详。

《登科记考》卷二七《附考·进士科》录载翟楚质，证据不足。

【樊赤松】字贞白，南阳人，祖卿官大理正，父叡官都水监丞。科举及第。授文林郎。

《唐代墓志汇编》垂拱〇四二，垂拱三年（687）十月《唐故征士樊君（赤松）墓志铭并序》："君讳赤松，字贞白，南阳人也……高祖欢，魏伏波将军散骑常侍；曾祖穆，周明威将军南阳太守；祖卿，大理正；父叡，都水监丞……（赤松）爰以弱年，聿膺太学，琼林竦干，挺秀质于词条；璧沼澄澜，沃波涛于辩浪。就朱监以成性，践诗礼以基身。未下仲舒之帷，已擢孙弘之第。选曹以例授君文林郎，盖鸿渐也。"又铭曰："游艺藻身，横经入仕。才登甲乙，俄惊辰巳。"按：据志文，赤松当为科举出身，科目未详。

《登科记考补正》卷二七《附考·进士科》录载樊赤松，证据不足。

【颜遐福】鲁郡人。科举及第。曾为袁州太守。

《全唐文》卷八〇二，刘骧《袁州城隍庙记》："大中十四年，太守鲁郡颜公遐福理斯郡。公文章独步，致身高科。"按：颜氏当为科举出身。

《登科记考补正》卷二七《附考·进士科》录载颜遐福，证据不足。

【薛儆】别名缜，河东汾阴人。武后时科举及第。尚荆山县主（后改封郧国长公主），拜驸马都尉。

《全唐文补遗》第七辑，王光庭撰开元九年（721）七月十六日《唐银青光禄大夫驸马都尉上柱国汾阴郡开国公赠兖州都督薛君（儆）墓志铭并序》："君讳儆，别名缜，轩辕之裔也……曾大父德，充卢奴侯、相州刺史。祖怀安，赠庆州刺史。皇考瑊，赠绛州刺史。公即季子也。驸马都尉瓘之侄，驸马都尉绍之弟，淄川郡王之外孙，睿宗皇帝之子婿……（君）弱而惠，幼而知，长而敏，成而孝。克树丕业，纂修厥躬。性情以利贞，学古以合志。行充于内，声溢于外。乃甲科升焉，补安国府典签，转法曹……乃尚荆山县主，擢朝散大夫、秘书郎，转太常丞，崇好也。属韦武乱常，是作孟□，长策潜辅，圣君用康。皇哉唐哉，寰海夷谧。县主封郧国长公主，君拜驸马都尉、殿中少监……开元八年十二月七日，春秋卅二，薨于安业里。"按：薛儆"乃甲科升焉"，当为科举及第。

【薛融】字修辅，河东汾阴人。十五岁举弘文学生擢第。官至东都左龙武军副使、定远将军守左金吾卫大将军兼试太常卿。

《秦晋豫新出墓志蒐佚》七一一，长庆三年（823）十二月十日《唐故东都左龙武军副使定远将军守左金吾卫大将军兼试太常卿薛公墓志铭并叙》："公讳融，字修辅，其先河东汾阴人也……十有五岁，举弘文学生擢第。"

【魏友方】钜鹿人。崇文高第。官试左骁卫兵曹参军。

《大唐西市博物馆藏墓志》三三七，卢昱撰贞元二十年（804）十一月二十五日《大唐故宣武支度判官试太常寺协律郎魏公墓志铭并序》："公讳友恭，字顾贞，钜鹿人也……为季兄友方成其婚宦，崇文高第，大族结援，尽友敬之道，悌也。"按：墓志乃"季兄前试左骁卫兵曹参军友方书"。

参考文献

一、专著

1.(唐)魏徵:《隋书》,北京:中华书局,1973 年。

2.(唐)李延寿:《北史》,北京:中华书局,1974 年。

3.(唐)苏鹗:《苏氏演义》,吴企明点校,唐宋史料笔记丛刊本,北京:中华书局,2012 年。

4.(唐)杨炯:《杨炯集笺注》,祝尚书笺注,中国古典文学基本丛书本,北京:中华书局,2016 年。

5.(唐)柳宗元:《柳宗元集》,吴文治等点校,北京:中华书局,1979 年。

6.(唐)杜佑:《通典》,北京:中华书局,1984 年。

7.(唐)段成式:《酉阳杂俎》,曹中孚校点,《唐五代笔记小说大观》本,上海:上海古籍出版社,2000 年。

8.(唐)张鷟:《朝野佥载》,恒鹤点校,《唐五代笔记小说大观》本,上海:上海古籍出版社,2000 年。

9.(唐)张读:《宣室志》,萧逸校点,《唐五代笔记小说大观》本,上海:上海古籍出版社,2000 年。

10.(唐)李肇:《唐国史补》,曹中孚校点,《唐五代笔记小说大观》本,上海:上海古籍出版社,2000 年。

11.(唐)刘肃:《大唐新语》,恒鹤校点,《唐五代笔记小说大观》本,上海:上海古籍出版社,2000 年。

12.(唐)林宝:《元和姓纂(附四校记)》,岑仲勉校记,北京:中华书局,1994 年。

13.(唐)杜牧:《樊川文集》,上海:上海古籍出版社,1978 年。

14.(唐)封演:《封氏闻见记》,王云五主编丛书集成初编本(第 0275 册),北京:中华书局,1983 年。

15.(唐)姚合:《极玄集》,影印文渊阁四库全书本(第 1332 册),台北:台湾商务印书馆发行。

16.(唐)薛用弱:《集异记》,影印文渊阁四库全书本(第 1042 册),台北:台湾商务印书馆发行。

17.(唐)钟辂:《前定录》《续前定录》,影印文渊阁四库全书本(第 1042 册),台北:台湾商务印书馆发行。

18.(后晋)刘昫:《旧唐书》,北京:中华书局,1975 年。

19.(五代)王定保:《唐摭言》,阳羡生校点,《唐五代笔记小说大观》本,上海:上海古籍出版社,2000 年。

20.(宋)史温:《钓矶立谈》,影印文渊阁四库全书本(第 464 册),台北:台湾商务印书馆发行。

21.(宋)郑樵:《通志》,北京:中华书局,1987 年。

22.(宋)欧阳修:《新五代史》,北京:中华书局,1974 年。

23.（宋）欧阳修：《新唐书》，北京：中华书局，1975 年。

24.（宋）薛居正：《旧五代史》，北京：中华书局，1976 年。

25.（宋）乐史：《广卓异记》，《笔记小说大观》本，扬州：江苏广陵古籍刻印社，1983 年。

26.（宋）计有功：《唐诗纪事校笺》，王仲镛校笺，北京：中华书局，2007 年。

27.（宋）王谠：《唐语林校证》，周勋初校证，北京：中华书局，1987 年。

28.（宋）王钦若等：《册府元龟》（校订本），周勋初等校订，南京：凤凰出版社，2006 年。

29.（宋）陈振孙：《直斋书录解题》，徐小蛮、顾美华点校，上海：上海古籍出版社，1987 年。

30.（宋）晁公武：《郡斋读书志校证》，孙猛校证，上海：上海古籍出版社，1990 年。

31.（宋）钱易：《南部新书》，黄寿成点校，北京：中华书局，2002 年。

32.（宋）李昉：《太平广记》，北京：中华书局，1961 年。

33.（宋）李昉：《文苑英华》，北京：中华书局，1966 年。

34.（宋）司马光：《资治通鉴》，北京：中华书局，1956 年。

35.（宋）王溥：《唐会要》，北京：中华书局，1955 年。

36.（宋）王溥：《五代会要》，上海：上海古籍出版社，1978 年。

37.（宋）宋敏求：《唐大诏令集》，上海：学林出版社，1992 年。

38.（宋）王应麟：《玉海》，南京：江苏古籍出版社；上海：上海书店，1987 年。

39.（宋）马令：《马氏南唐书》，四部丛刊续编史部，上海涵芬楼景印明刊本。

40.（宋）陆游：《陆氏南唐书》，王云五主编丛书集成初编本（第 3853—3854 册），北京：中华书局，1983 年。

41.（宋）郑文宝：《南唐近事》，王云五主编丛书集成初编本（第 3856 册），北京：中华书局，1983 年。

42.（宋）郑文宝：《江南余载》，王云五主编丛书集成初编本（第 3856 册），北京：中华书局，1983 年。

43.（宋）文莹：《玉壶清话》，唐宋史料笔记丛刊本，北京：中华书局，1984 年。

44.（宋）龙衮：《江南野史》，影印文渊阁四库全书本（第 464 册），台北：台湾商务印书馆发行。

45.（宋）周羽翀：《三楚新录》，影印文渊阁四库全书本（第 464 册），台北：台湾商务印书馆发行。

46.（宋）施宿等：《会稽志》，影印文渊阁四库全书本（第 486 册），台北：台湾商务印书馆发行。

47.（宋）潘自牧：《记纂渊海》，影印文渊阁四库全书本（第 931 册），台北：台湾商务印书馆发行。

48.（宋）费枢：《廉吏传》，影印文渊阁四库全书本（第 448 册），台北：台湾商务印书馆发行。

49.（元）辛文房：《唐才子传校注》，孙映逵校注，北京：中国社会科学出版社，1991 年。

50.(元)辛文房:《唐才子传校笺》(一),傅璇琮等校笺,北京:中华书局,1987年。

51.(元)辛文房:《唐才子传校笺》(二),傅璇琮等校笺,北京:中华书局,1989年。

52.(元)辛文房:《唐才子传校笺》(三),傅璇琮等校笺,北京:中华书局,1990年。

53.(元)辛文房:《唐才子传校笺》(四),傅璇琮等校笺,北京:中华书局,1990年。

54.(元)辛文房:《唐才子传校笺》(五),傅璇琮等校笺,北京:中华书局,1995年。

55.(明)徐应秋:《玉芝堂谈荟》,影印文渊阁四库全书本(第883册),台北:台湾商务印书馆发行。

56.(明)陶宗仪:《书史会要》,影印文渊阁四库全书本(第814册),台北:台湾商务印书馆发行。

57.(清)劳格、(清)赵钺:《唐尚书省郎官石柱题名考》,"月河精舍"丛书,光绪丙戌(1886)本。

58.(清)劳格、(清)赵钺:《唐尚书省郎官石柱题名考》,徐敏霞、王桂珍点校,北京:中华书局,1992年。

59.(清)董诰:《全唐文》(附《唐文拾遗》《唐文续拾》),北京:中华书局影印,1983年。

60.(清)彭定求:《全唐诗》,北京:中华书局,1960年。

61.(清)严可均:《全上古三代秦汉三国六朝文》,上海古籍出版社,2009年。

62.(清)王昶:《金石萃编》,民国十年上海扫叶山房石印本,西安:陕西人民美术出版社,1990年影印出版。

63.(清)吴任臣:《十国春秋》,徐敏霞、周莹点校,北京:中华书局,1983年。

64.(清)王士禛:《五代诗话》,郑方坤删补,戴鸿森校点,北京:人民文学出版社,1989年。

65.(清)徐松:《登科记考》,清光绪十四年(1888)《南菁书院丛书》刻本。

66.(清) 徐松:《登科记考》(点校本),赵守俨点校,北京:中华书局,1984年。

67.岑仲勉:《郎官石柱题名新考订》,上海:上海古籍出版社,1984年。

68.郁贤皓:《唐刺史考全编》,合肥:安徽大学出版社,2000年。

69.赵超:《新唐书宰相世系表集校》,北京:中华书局,1998年。

70.河南省文物研究所等编:《千唐志斋藏志》,北京:文物出版社,1984年。

71.王其祎、周晓薇:《隋代墓志铭汇考》,北京:线装书局,2007年。

72.陈长安主编:《隋唐五代墓志汇编》,天津:天津古籍出版社,1991年。

73.周绍良主编:《唐代墓志汇编》,上海:上海古籍出版社,1992年。

74.周绍良、赵超主编:《唐代墓志汇编续集》,上海:上海古籍出版社,2001年。

75.吴钢主编:《全唐文补遗》(第一辑),西安:三秦出版社,1994年。

76.吴钢主编:《全唐文补遗》(第二辑),西安:三秦出版社,1995年。

77.吴钢主编:《全唐文补遗》(第三辑),西安:三秦出版社,1996年。

78.吴钢主编:《全唐文补遗》(第四辑),西安:三秦出版社,1997年。

79.吴钢主编:《全唐文补遗》(第五辑),西安:三秦出版社,1998年。

80.吴钢主编:《全唐文补遗》(第六辑),西安:三秦出版社,1999 年。

81.吴钢主编:《全唐文补遗》(第七辑),西安:三秦出版社,1999 年。

82.吴钢主编:《全唐文补遗》(第八辑),西安:三秦出版社,2005 年。

83.吴钢主编:《全唐文补遗》(千唐志斋新藏专辑),西安:三秦出版社,2006 年。

84.吴钢主编:《全唐文补遗》(第九辑),西安:三秦出版社,2007 年。

85.陈尚君辑校:《全唐文补编》,北京:中华书局,2005 年。

86.李德辉:《全唐文作者小传正补》,沈阳:辽海出版社,2011 年。

87.杨作龙、赵水森等:《洛阳新出土墓志释录》,北京:北京图书馆出版社,2004 年。

88.赵君平编:《邙洛碑志三百种》,北京:中华书局,2004 年。

89.赵君平、赵文成编:《河洛墓刻拾零》,北京:北京图书馆出版社,2007 年。

90.赵君平、赵文成编:《秦晋豫新出墓志蒐佚》,北京:国家图书馆出版社,2012 年。

91.赵君平、赵文成编:《秦晋豫新出墓志蒐佚续编》,北京:国家图书馆出版社,2015 年。

92.齐渊编:《洛阳新见墓志》,上海:上海古籍出版社,2011 年。

93.齐运通编:《洛阳新获七朝墓志》,北京:中华书局,2012 年。

94.胡戟、荣新江编:《大唐西市博物馆藏墓志》,北京:北京大学出版社,2012 年。

95.赵力光编:《西安碑林博物馆新藏墓志汇编》,北京:线装书局,2007 年。

96.赵力光编:《西安碑林博物馆新藏墓志续编》,西安:陕西师范大学出版总社有限公司,2014 年。

97.毛阳光、余扶危编:《洛阳流散唐代墓志汇编》,北京:国家图书馆出版社,2013 年。

98.毛阳光编:《洛阳流散唐代墓志汇编续集》,北京:国家图书馆出版社,2018 年。

99.李明、刘呆远、李举纲编:《长安高阳原新出土隋唐墓志》,北京:文物出版社,2016 年。

100.孟二冬:《登科记考补正》,北京:北京燕山出版社,2003 年。

101.周腊生:《唐代状元奇谈·唐代状元谱》,北京:紫禁城出版社,2002 年。

102.许友根:《唐代状元研究》,长春:吉林人民出版社,2004 年。

103.许友根:《武举制度史略》,苏州:苏州大学出版社,1997 年。

104.许友根:《〈登科记考补正〉考补》,南京:南京大学出版社,2011 年。

105.吴宗国:《唐代科举制度研究》,沈阳:辽宁大学出版社,1992 年。

106.陈飞:《唐代试策考述》,北京:中华书局,2002 年。

107.傅璇琮:《唐代科举与文学》,西安:陕西人民出版社,1986 年。

108.王勋成:《唐代铨选与文学》,北京:中华书局,2001 年。

109.高明士:《隋唐贡举制度》,北京:文津出版社,1999 年。

110.吴在庆:《增补唐五代文史丛考》,合肥:黄山书社,2006 年。

111.金滢坤:《中晚唐五代科举与社会变迁》,北京:人民出版社,2009 年。

112.金滢坤:《唐五代科举的世界》,上海:复旦大学出版社,2014 年。

113.金滢坤:《中国科举制度通史·隋唐五代卷》,上海:上海人民出版社,2015年。

114.金滢坤:《中国科举通史·隋唐五代卷》,北京:人民出版社,2021年。

115.陶易:《唐代进士录》,合肥:安徽大学出版社,2010年。

116.张忱石:《唐尚书省郎官石柱题名考补考》,北京:中华书局,2018年。

二、论文

1.岑仲勉:《登科记考订补》,《历史语言研究所集刊》第十一本,民国三十年(1941)。

2.罗继祖:《登科记考补》,(日本)《东方学报》京都第十三册第一分,昭和十七年(1942)六月。

3.施子愉:《〈登科记考〉补正》,《文献》第15辑,1982年。

4.卞孝萱:《〈登科记考〉纠谬》,《学林漫录》第6集,中华书局,1982年。

5.张忱石:《徐松〈登科记考〉续补》(上)、(下),《文献》1987年第1期、第2期。

6.张忱石:《唐代登科人名录拾遗》,《文史》2008年第3期。

7.胡可先:《〈登科记考〉匡补》,《文献》1988年第1期。

8.胡可先:《〈登科记考〉匡补续编》,《文献》1988年第2期。

9.杨希义:《〈千唐志斋藏志〉中隋唐科举制度史料辑释》,《中原文物》1992年第1期。

10.刘汉忠:《〈登科记考〉摭遗》,《北京图书馆馆刊》1993年第3期增刊。

11.陈尚君:《〈登科记考〉正补》,《唐代文学研究》第四辑,桂林:广西师范大学出版社,1993年。

12.朱玉麒:《〈登科记考〉补遗、订正》,《文献》1994年第3期。

13.王其祎:《登科记考补》,《台大历史学报》第19期,1996年。

14.陈冠明:《〈登科记考〉补名摭遗》,《文献》1997年第4期。

15.任士英:《孙伏伽非进士考》,《中国史研究》1999年第3期。

16.孟二冬:《〈登科记考〉补正》,《国学研究》第8卷,北京:北京大学出版社,2001年。

17.薛亚军:《〈登科记考〉正补》,《古籍研究》2001年第1期。

18.薛亚军:《〈登科记考〉订补》,《古籍整理研究学刊》2002年第5期。

19.薛亚军:《〈登科记考〉拾补》,《文献》2003年第3期。

20.许友根:《唐代科举科目考述》,《海南大学学报(人文社会科学版)》2001年第3期。

21.许友根:《唐代进士科举子资格研究》,《人文杂志》2002年第3期。

22.许友根:《唐代状元源少良小考》,《史学月刊》2003年第9期。

23.许友根:《"重试及第"解读》,《中国典籍与文化》2006年第1期。

24.许友根:《〈登科记考补正〉纠谬》,《江海学刊》2008年第5期—2010年第2期连载。

25.许友根:《唐人登科名录新补》,《科举学论丛》2013年第3期。

26.许友根:《唐人登科名录再补》,《科举学论丛》2019年第2期。

27.许友根:《唐代状元李群小考》,《合肥师范学院学报》2019 年第 5 期。

28.许友根:《唐人登科名录三补》,《科举学论丛》2022 年第 1 期。

29.许友根:《唐人登科名录四补》,《第二十一届科举学与科举学国际学术研讨会论文集》,中国陕西蒲城,2022 年 9 月。

30.金滢坤:《唐五代童子科与儿童教育》,《西北师大学报(社会科学版)》2002 年第 4 期。

31.金滢坤:《〈登科记考〉再补正》,《晋阳学刊》2008 年 3 期。

32.金滢坤、于瑞:《唐代吏部平判入等科与选举研究》,《学术月刊》2014 年第 11 期。

33.金滢坤:《唐代书判拔萃科的设置、沿革及其影响》,《厦门大学学报(哲学社会科学版)》2016 年第 5 期。

34.金滢坤:《士林华选:唐代博学宏词科研究》,《历史研究》2018 年第 1 期。

35.赵荣蔚:《南唐登科记考》,《盐城师范学院学报(人文社会科学版)》2003 年第 2 期。

36.陈耀东:《唐〈登科记考〉考补》,载《唐代文史考辨录》,北京:团结出版社,1990 年。

37.陈耀东:《〈登科记考〉续考补》,《浙江师范大学学报(社会科学版)》2003 年第 4 期。

38.郭绍林:《两种版本〈登科记考〉的标点校勘错误》,《洛阳师范学院学报》2004 年第 3 期。

39.尹占华:《〈登科记考补正〉之再补》,《甘肃广播电视大学学报》2008 年第 2 期。

40.徐晓峰:《唐代"八科举"考论》,《安徽师范大学学报(人文社会科学版)》2010 年第 6 期。

41.龚延明:《唐孝廉科置废及其指称演变》,《历史研究》2012 年第 2 期。

42.龚延明:《新发现唐朝最早"策学"之作考证》,《浙江大学学报(人文社会科学版)》2013 年第 1 期。

43.龚延明:《隋朝登科录》,《第十七届科举学与中华传统文化学术研讨会论文集》,中国兰州,2019 年 5 月。

44.龚延明、祖慧:《科举制定义再商榷》,《历史研究》2003 年第 6 期。

45.刘海峰:《唐代福建进士考辨》,《集美大学学报》2001 年第 1 期。

46.许显华:《〈大唐西市博物馆藏墓志〉所见唐代进士史料》,《赤峰学院学报(哲学社会科学版)》2014 年第 3 期。

47.郭桂坤:《唐代宗正进士考》,《北京大学学报(哲学社会科学版)》2013 年第 4 期。

登科人姓名笔画
索　引

　　本索引收列正文著录全部登科人姓名,按笔画顺序排列。姓名后的数字为页码。姓名相同见于同一页码的,只标注一次;见于不同页码的,分别标注。

❖ 隋 ❖

□业／10

□伋昂／20

四画〔一〕

王韦／21

王成／12

王贞／3

王安／15

王陇／12

王卿／15

王通／3

王绩／15

王琰／10

王德仁／12

韦云起／10

长孙仁／15

四画〔乛〕

孔刚／21

孔颖达／10

五画〔丨〕

史崇基／16

六画〔丨〕

吕祥／12

仲孝俊／3

六画〔丶〕

刘兰成／11

刘林甫／16

刘炫／21

刘焯／3

刘斡／12

许敬宗／4

许善心／7

六画〔乛〕

孙子起／11

孙伏伽／7

阴弘道／5

纪庆／5

七画〔一〕

严弘信 / 12
严伟 / 13
苏夔 / 16
杜文贡 / 16
杜文宽 / 13
杜正仪 / 7
杜正玄 / 5
杜正伦 / 6
杜正藏 / 6
杜伽那 / 13
杜举 / 16
李贞孝 / 8
李茂 / 6
李操 / 13
杨志明 / 13
杨纂 / 8

七画〔丶〕

辛俭 / 11
宋行 / 21

七画〔一〕

张□ / 13
张义 / 17
张父会 / 8
张处平 / 13
张伟节 / 17
张行成 / 14
张护 / 14

张育 / 17
张损之 / 9
张爽 / 11
张瓘 / 17
陈思道 / 8

八画〔一〕

苗先 / 17
苗裕 / 9

八画〔丶〕

房玄龄 / 9
房基 / 17

九画〔一〕

赵孝钧 / 6
赵构 / 6
赵肃 / 18
赵素 / 14
赵朗 / 18
胡质 / 18
胡俨 / 14

九画〔丿〕

禹艺 / 18
侯君素 / 7

九画〔丶〕

祖孝寿 / 18

十画〔一〕

耿文训 / 18

十画〔丿〕

钱昂 / 11
徐纯 / 7

十画〔丶〕

郭通 / 19
郭悆 / 14
郭康 / 7
郭廉 / 15
席世文 / 18
席纶 / 19
唐收 / 19

十一画〔一〕

黄凤麟 / 9

十一画〔丨〕

崔泰 / 19
崔赜 / 19

十二画〔一〕

韩政 / 20

十二画〔丿〕

傅交益 / 12

十二画〔丶〕

温彦博 / 20
温绰 / 20

十三画〔丶〕

窦威 / 21

十四画〔丨〕

裴怀节 / 15

❖ 唐 ❖

□图 / 971

一画

乙速孤行俨 / 149

二画〔一〕

丁公著 / 602, 604

丁仙芝 / 333
丁位 / 516
丁茂珪 / 1188
丁泽 / 509
丁居晦 / 872

丁悦 / 540
丁稄 / 1014
丁韶 / 256
丁潾 / 452

二画〔丨〕

卜长福 / 346

三画〔一〕

于公异 / 551

于尹躬 / 524

于申 / 499

于玄基 / 168

于休烈 / 309, 459

于汝锡 / 967

于邺 / 1178

于邵 / 413, 414

于知微 / 143

于季子 / 142

于季重 / 459

于珪 / 1044

于敖 / 694

于益 / 382

于梲 / 1177

于偃 / 441

于琮 / 1071

于瑰 / 1056

于濆 / 1107

万希庄 / 459

万俟师 / 184

万俟造 / 662

万玙 / 611

万硕 / 1241

万楚 / 419

三画〔丨〕

上官仪 / 39

山铖 / 740

三画〔一〕

弓嗣初 / 115

卫中行 / 626

卫次公 / 518

卫良儒 / 540

卫知古 / 264

卫凭 / 459

卫庭训 / 387

卫洙 / 971

卫准 / 497

卫菜 / 459

卫璇 / 825

马元场 / 352

马文则 / 825

马文质 / 477

马汇 / 721

马乔 / 740

马异 / 559

马克忠 / 149

马伯达 / 29

马怀素 / 118, 126, 134

马季龙 / 326

马抚 / 373

马佋 / 919

马逢 / 589

马密 / 61

马植 / 816, 922

马颜 / 172

马徵 / 627

马戴 / 1020

马曙 / 529

四画〔一〕

王□ / 452, 469, 722

王□庆 / 452

王大义 / 89

王大礼 / 46, 51

王上客 / 107

王及 / 584

王及德 / 173

王广 / 972

王义方 / 65

王义童 / 452

王元 / 213

王元感 / 149, 241

王元璟 / 264

王无竞 / 130

王太真 / 644

王仁恕 / 294

王仁皎 / 261

王公亮 / 602

王方 / 64

王正卿 / 344

王正雅 / 754

王旦 / 192

王申 / 510

王丘 / 282, 283

王令 / 76

王玄默 / 173

王训 / 198

王式 / 922

王权 / 1226

王存夫 / 993

王贞 / 168, 76, 82

王贞白 / 1217

王师 / 150

王师协 / 87

王师顺 / 65

王同人 / 268

王传 / 1045

王休复 / 1157

王仲囧 / 695

王仲周 / 695

王仲堪 / 504

王仲舒 / 644

王行古 / 694

王行淹 / 112

王行淳 / 113

王众仲 / 825

王庆 / 90

王庆祚 / 92

王齐丘 / 199

王宇 / 694

王论 / 532

王收 / 955

王进思 / 268

王挎 / 1188

王克贞 / 1255

王求古 / 417

王甫 / 498

王轩 / 972

王助 / 529

王虬 / 1202

王岐 / 31

王伷 / 382

王伯伦 / 389, 391

王希羽 / 1238

王舍 / 794

王言从 / 262

王怀良 / 281

王良士 / 581

王启 / 636

王初 / 883

王纾 / 514

王玫 / 1173

王表 / 520

王择从 / 239, 298

王英 / 124, 173

王叔雅 / 590

王尚恭 / 150

王杲 / 844

王国才 / 1227

王昌龄 / 339, 362

王明从 / 262

王易从 / 234

王季友 / 666

王季文 / 1107

王季则 / 826

王季昌 / 337

王岳灵 / 419

王侁 / 228

王质 / 788

王炎 / 674

王泠然 / 315, 327

王沼 / 738

王定保 / 1235

王建 / 509

王驾 / 1202

王参元 / 767

王绍文 / 76

王挺 / 65

王拯 / 1204

王甚夷 / 1015

王胡 / 169

王勃 / 108

王思齐 / 115

王钧 / 459

王适 / 120, 204

王顺孙 / 76

王修福 / 284

王勉 / 30, 33

王麻 / 1102

王彦昌 / 1177

王彦威 / 844

王养 / 184

王洗 / 812

王洛客 / 130, 201

王神授 / 49

王陟 / 780

王绚 / 993

王珫 / 204

王珣 / 203, 284

王素 / 695

王素臣 / 151

王起 / 665, 692, 775

王损之 / 666

王哲 / 972

王晋俗 / 284

王真 / 584

王栖霞 / 1229

王贾 / 281

王础 / 504

王烈 / 150

王翃 / 1204, 476

王虔徽 / 1142

王晃 / 459

王铎 / 1005

王秘 / 150

王偁 / 1213

王翁信 / 524

王佥 / 234

王逢 / 695

王高 / 826

王衮 / 774

王阅 / 382, 398

王涣 / 1204

王涤 / 1244

王悌 / 121

王朗 / 151

王展 / 1029

王恕 / 447

王邕 / 399

王基 / 120

王晙 / 151

王鄂 / 1005

王崇俊 / 407

王铁 / 460

王敏 / 133, 214

王望之 / 285

王淇 / 483

王涯 / 611, 689

王淑 / 931

王谭 / 333

王绰 / 476

王维 / 324

王绚 / 993

王琼 / 281

王敬从 / 235, 259, 310

王植 / 29, 76

王景之 / 90

王储 / 520

王鲁卿 / 696

王潀 / 499

王湾 / 303

王愔 / 1115

王寔 / 695

王榮 / 1109

王裕 / 285

王遐观 / 61

王缄 / 1068

王毂 / 1230

王勤礼 / 264

王楚玉 / 263

王鉴 / 676

王嗣之 / 826

王廉 / 214

王源中 / 767

王源植 / 826

王缙 / 341, 376

王端 / 354

王察 / 441, 473

王播 / 637, 645

王震 / 151, 173

王稷 / 437

王德表 / 50

王颜 / 488

王潏 / 529

王澄 / 357

王履贞 / 606

王豫 / 196

王璠 / 784

王翰 / 260, 310

王鍊 / 529

王凝 / 1037, 949

王甄生 / 81

王澡 / 531

王澥 / 1241

王镣 / 1142

王徽 / 1068

王濯 / 508

王彝伦 / 722

王藻 / 696

开休元 / 229

开承简 / 338

元友直 / 516, 540

元正 / 448

元让 / 151

元则 / 77

元求仁 / 141

元佑 / 696

元希古 / 133

元罕 / 54

元易 / 584

元峰 / 468

元季方 / 448

元宗简 / 681

元秬 / 722

元复业 / 453

元修 / 761

元结 / 408, 460

元振 / 268

元载 / 380

元真 / 441

元积 / 723

元衮 / 502

元晦 / 893

元稹 / 634, 692, 761

元德秀 / 353, 460

元澹 / 200

韦□ / 1038, 1082, 268

韦力仁 / 826

韦少华 / 410

韦中立 / 816

韦仁约 / 42

韦丹 / 723

韦正贯 / 865, 894

韦正卿 / 491

韦本立 / 696

韦处厚 / 755

韦弘景 / 697

韦执谊 / 554, 564

韦光 / 1082

韦同正 / 555

韦行检 / 697

韦行敦 / 724

韦冰 / 635

韦庄 / 1213

韦庆复 / 761

韦齐休 / 826

韦安石 / 152

韦羽 / 484

韦抗 / 268

韦甫 / 379

韦希损 / 125

韦希震 / 1218

韦识 / 815

韦纯 / 555, 565

韦纾 / 684

韦表微 / 754

韦述 / 257

韦叔夏 / 152

韦昌明 / 879

韦牧 / 364

韦周方 / 932

韦郊 / 1213

韦承庆 / 102

韦承贻 / 1123

韦承海 / 993

韦承裕 / 994

韦孟明 / 602

韦昱 / 153

韦昭范 / 1137, 1166

韦昭度 / 1123

韦思明 / 1142

韦思道 / 1097

韦重规 / 497

韦保乂 / 1131

韦保衡 / 1115

韦弇 / 419

韦勉 / 153

韦庠 / 1135

韦美 / 1188

韦洽 / 303

韦济 / 441

韦宪 / 1097

韦说 / 1218

韦昶 / 923

韦象 / 1228

韦珩 / 747, 761

韦埙 / 790

韦夏卿 / 491

韦辂 / 1082, 1102

韦悫 / 915

韦乾度 / 590

韦虚心 / 220

韦虚舟 / 282

韦崇 / 1097

韦淳 / 761

韦谌 / 816

韦绳 / 282

韦绶 / 558, 724

韦琼之 / 117, 285

韦琼 / 827

韦博 / 972

韦彭寿 / 585

韦赏 / 697

韦景骏 / 269

韦凑 / 139

韦温 / 673

韦楚老 / 880

韦楚材 / 768

韦辞 / 724

韦筹 / 919

韦滂 / 1010

韦寘 / 845

韦缜 / 441, 524

韦嘏 / 827

韦端符 / 894

韦璆 / 1033

韦颛 / 1082

韦镒 / 419, 460

韦澳 / 1000, 939

韦潘 / 955

韦潾 / 973

韦凝 / 724

韦璠 / 827

韦曙 / 866

韦繇 / 895

韦蟾 / 1057

韦瓘 / 780

云洪嗣 / 28

云遘 / 231

支让 / 1098

支诉 / 1098

支敬伦 / 104

支谟 / 1028

车孚 / 457

四画〔丿〕

牛峤 / 1170

牛堪 / 689

牛锡庶 / 578

牛蔚 / 947, 996

牛僧孺 / 747, 776

牛徵 / 1108

牛藂 / 956

牛徽 / 1123

长孙铸 / 404

公孙思观 / 211

公乘亿 / 1131

乌光赞 / 1258

四画〔丶〕

卞奉先 / 453

卞俛 / 520

文龟年 / 1193

方竦 / 262

四画〔一〕

尹守贞 / 197

尹极 / 794

尹枢 / 606

尹畅 / 338

尹宗经 / 1033

尹思贞 / 269, 98

尹徵 / 408

孔仲良 / 724

孔齐参 / 297, 461

孔守元 / 453

孔闰 / 1210

孔纬 / 1074

孔纶 / 1107

孔纾 / 1126

孔若思 / 269

孔昌明 / 1235

孔昌庶 / 1214

孔昌寓 / 77

孔炅 / 1120
孔季诩 / 201
孔绚 / 1107
孔振 / 1112
孔祯 / 62
孔敏行 / 785
孔戢 / 725
孔温业 / 859
孔缄 / 1167
孔戡 / 697
孔戣 / 537
孔邈 / 1231
孔纁 / 1137
邓仁期 / 60
邓文佐 / 627
邓延福 / 1244
邓行俨 / 174
邓叔 / 1082
邓兖 / 973
邓承勋 / 1170
邓承绪 / 442, 461
邓森 / 208
邓敞 / 1041
邓景山 / 341
邓鲂 / 827

五画〔一〕

艾居晦 / 996
古之奇 / 482
左光胤 / 336, 338
左牢 / 1015
厉玄 / 920
厉自南 / 1189
厉图南 / 1085
石仙八 / 923
石宜昌 / 1128
石宜隆 / 1112
石贯 / 1015
石贲 / 969
石洪 / 725
石解 / 698
石镇 / 393
平贞昚 / 105
平知和 / 541
平致美 / 698

五画〔丨〕

卢□ / 1250, 437, 935
卢□□ / 62
卢士玫 / 591
卢士英 / 725
卢士珩 / 994
卢士阅 / 509, 698
卢士琼 / 845
卢大炎 / 845
卢之翰 / 442
卢元辅 / 666
卢元裕 / 461
卢友度 / 248
卢中规 / 726
卢长卿 / 591
卢仁炯 / 1214
卢从愿 / 224, 270
卢公及 / 846
卢公质 / 726
卢公赞 / 726
卢文秀 / 1116
卢文焕 / 1233
卢方回 / 994
卢平仲 / 726
卢处权 / 1069
卢玄晖 / 1210
卢玄禧 / 1082
卢汀 / 560
卢弘正 / 820
卢弘宣 / 827
卢有邻 / 253
卢光启 / 1189
卢当 / 961
卢同 / 319
卢先之 / 374, 420
卢延让 / 1235
卢仲璠 / 271
卢自省 / 258
卢行毅 / 184
卢全贞 / 385
卢庄道 / 77
卢汝弼 / 1244
卢导 / 1255
卢巡儿 / 1098
卢求 / 903
卢医王 / 27
卢邺 / 1048
卢岘 / 846
卢告 / 973
卢秀文 / 1143
卢伯明 / 243
卢伯卿 / 635
卢近 / 973
卢舍 / 227
卢沇 / 349
卢纶 / 524
卢招 / 442
卢择 / 1171
卢直 / 846
卢尚卿 / 1179
卢昂 / 442
卢知退 / 994
卢知晦 / 995
卢知猷 / 1083
卢岳 / 417
卢征 / 1110
卢庚 / 415

卢沼 / 382
卢怡 / 253
卢宗冉 / 911
卢宗回 / 798
卢宗和 / 846
卢肃 / 1231
卢承礼 / 48
卢甚 / 1083
卢轺 / 973
卢钧 / 781
卢重 / 995
卢重玄 / 259
卢复 / 974
卢绚 / 248
卢彖 / 1071
卢骈 / 1143
卢项 / 589
卢载 / 796
卢耽 / 974
卢获 / 995
卢虔 / 486
卢峻 / 1143
卢倜 / 448
卢朓 / 208, 209
卢涛 / 321
卢说 / 453
卢悦 / 217
卢象 / 420
卢商 / 780
卢望回 / 995
卢深 / 1037
卢谏卿 / 805
卢谔 / 1098
卢隐 / 1116
卢敬回 / 995
卢锐 / 974
卢鼎 / 1219
卢景亮 / 499
卢嵒 / 355
卢颛 / 995
卢粤 / 846
卢程 / 1241
卢储 / 820
卢就 / 939
卢竦 / 297
卢渥 / 1084
卢缄 / 974
卢瑀 / 481
卢携 / 1063
卢戡 / 821
卢嗣业 / 1171
卢嗣立 / 1025
卢嗣冶 / 282
卢简求 / 860
卢简能 / 827
卢简辞 / 788
卢滔 / 330
卢蝦 / 846
卢锴 / 860
卢肇 / 1014
卢蕃 / 828
卢憕 / 397
卢璠 / 581
卢盥 / 828
卢藏用 / 244
卢赡 / 1219
卢灏 / 478
帅夜光 / 352
归仁泽 / 1140
归仁绍 / 1128
归仁宪 / 1085
归仁晦 / 963
归仁翰 / 1069
归佾 / 1237
归係 / 1255
归崇敬 / 385, 402
归登 / 505, 565
归蔼 / 1210
归融 / 791
归黯 / 1209
叶季良 / 700
叶京 / 1108
申堂构 / 357
田元祐 / 566
田仁会 / 33
田仁汪 / 77
田归道 / 271
田夷吾 / 876
田休光 / 420
田行源 / 1098
田伯 / 592
田备 / 54
田甾 / 895
田章 / 968
田诚 / 243
田敦 / 537
田嵩 / 95
史延 / 508
史行简 / 53
史牟 / 585
史宏 / 974
史青 / 313
史实 / 1033
史翽 / 314
冉实 / 52, 77

五画〔丿〕

丘升 / 324
白行简 / 768
白季平 / 699
白季宁 / 698
白季伦 / 699

白季庚 / 417

白季轸 / 699

白季般 / 699

白季康 / 699

白季随 / 541

白居易 / 677，692，762

白敏中 / 871

白缓 / 846

白锽 / 328

令狐丞简 / 529

令狐沨 / 1143

令狐纬 / 974

令狐定 / 806

令狐峘 / 415

令狐涣 / 1143

令狐绹 / 932

令狐朝 / 386

令狐楚 / 606

令狐简 / 477

令狐滴 / 1078

令狐澄 / 1144

乐元素 / 847

乐伸 / 681

乐坤 / 812

乐朋龟 / 1189

乐鉴虚 / 103，95

包何 / 395

包佶 / 393

包恭 / 996

包谊 / 582

包融 / 461

五画〔丶〕

冯□ / 847

冯万石 / 235，248，285，298，

311，319，335，344，376

冯子华 / 380，457

冯元常 / 65

冯中庸 / 305，351

冯贞懿 / 453

冯伉 / 490，558

冯芜 / 791

冯克麾 / 239

冯宏之 / 244，285

冯苞 / 776

冯图 / 883

冯定 / 685

冯审 / 656

冯药 / 700，740

冯复 / 226

冯涓 / 1069，1073

冯宽 / 700

冯陶 / 891，919

冯球 / 895

冯铤 / 1059

冯涯 / 964

冯渐 / 530

冯宿 / 612

冯鲁 / 592

冯廓 / 153

冯煜 / 700

冯群玉 / 1261

冯韬 / 883

冯镈 / 1054

兰师 / 82

兰承 / 975

宁悌原 / 200

五画〔一〕

司马札 / 1085

司马玄素 / 74

司马论 / 184

司马希奭 / 60

司马诠 / 197

司马望 / 331

司马慎微 / 143

司马镶 / 204

司空图 / 1128

司空曙 / 524

皮日休 / 1124

皮行修 / 1099

边惠 / 78

六画〔一〕

邢巨 / 233，305，322

邢册 / 614

邢政 / 66

邢惟彦 / 271

邢群 / 928

吉中孚 / 510

吉怀恽 / 171

吉宏宗 / 776

吉顼 / 228

权无待 / 62

权少成 / 726

权少清 / 727

权长孺 / 667

权同光 / 62

权自挹 / 309

权若讷 / 174，62

权南仲 / 828

权琐 / 847

权臬 / 395

权潡 / 252

权璩 / 769

过讷 / 1073

达奚抚 / 437

达奚珣 / 317

达奚逢 / 847

成几 / 174，75

成元亮 / 573

成敬奇 / 219

成循 / 174

成廙业 / 249

毕正义 / 92
毕垌 / 727
毕知颜 / 1255
毕诚 / 169
毕绍颜 / 1059
毕諴 / 940
毕粹 / 44

六画〔丨〕

光楚客 / 169
吕元膺 / 541
吕让 / 799
吕价 / 667
吕诏 / 433
吕述 / 821，867
吕炅 / 693
吕岩 / 1144
吕牧 / 487
吕恂 / 253
吕谭 / 377
吕温 / 667，676
吕渭 / 409，624
吕频 / 693
吕熀 / 1086

六画〔丿〕

朱□ / 364，951
朱巨川 / 390
朱可名 / 1029
朱巩 / 1144
朱朴 / 1194
朱延度 / 81
朱行斌 / 169
朱庆余 / 903
朱守琼 / 271
朱邵南 / 511
朱放 / 578
朱革 / 1042
朱昼 / 828
朱贺 / 1086
朱宿 / 701
朱谏 / 646
朱遂 / 520
朱颖 / 646
先汪 / 727
先朝 / 399
乔弁 / 655
乔知之 / 143
乔侃 / 143
乔钦道 / 530
乔梦松 / 457
乔崇隐 / 103，174
乔琳 / 387
乔琛 / 482
乔潭 / 389
伍唐珪 / 1231
伍康羽 / 975
伍愿 / 1066
仲子陵 / 519，646
仵愿德 / 66
任乂 / 56
任公叔 / 516
任协 / 153
任松龄 / 264
任敬臣 / 66，78
任畴 / 828
任瑗 / 240
任畹 / 799，866
伊璠 / 1112
邬载 / 405

六画〔丶〕

庄充 / 975
庄若讷 / 399，492
刘□ / 1250，829，951
刘乃 / 433
刘三复 / 975
刘干 / 996
刘义弘 / 32
刘子玄 / 140
刘元鼎 / 592
刘太冲 / 405
刘太真 / 409
刘日新 / 1184
刘长卿 / 354
刘仁景 / 153
刘仁愿 / 96
刘从一 / 525
刘从仕 / 46
刘公亮 / 542
刘允章 / 1086
刘可大 / 433
刘令彝 / 108
刘处仁 / 197
刘朴 / 1112
刘廷玉 / 316
刘舟 / 405
刘讷言 / 109
刘如珣 / 449
刘寿 / 107
刘玗 / 1144
刘邺 / 1078
刘伯刍 / 701
刘希 / 1132
刘希夷 / 121
刘系 / 462
刘应道 / 78
刘汾 / 1075
刘沧 / 1059
刘茂贞 / 773
刘述古 / 748
刘刺夫 / 1030
刘昌鲁 / 1157
刘明济 / 1241

刘明素 / 654

刘岩夫 / 800

刘迥 / 433

刘岳 / 1242

刘单 / 387

刘驾 / 1054

刘苣 / 542

刘胡 / 75

刘咸 / 1231

刘存虚 / 354, 462

刘轲 / 813

刘毖 / 386

刘幽求 / 228, 231

刘复 / 488, 525

刘禹锡 / 628

刘济 / 701

刘宪 / 113, 204

刘耕 / 1015

刘珪 / 1145

刘顼 / 976

刘晏 / 335, 462

刘积中 / 681

刘兼 / 434

刘宽夫 / 829

刘谅 / 847

刘虚白 / 1079

刘鉴 / 87

刘崇夷 / 1145

刘崇龟 / 1117

刘崇望 / 1140

刘崇鲁 / 1175

刘崇谟 / 1181

刘铨 / 1053, 1067

刘符 / 904

刘象 / 1238

刘清 / 316

刘惟正 / 258

刘寂 / 153

刘覃 / 1168

刘景 / 829

刘景长 / 830

刘景阳 / 830

刘禽习 / 561

刘善 / 59

刘湾 / 434

刘瑰 / 1146

刘琭 / 952

刘蒙 / 1077

刘蜕 / 1048

刘简甫 / 566

刘辟 / 573

刘端夫 / 806

刘璀 / 370

刘蕡 / 904

刘蕃 / 394

刘遵古 / 614

刘潼 / 976

刘裦 / 421

刘赞 / 1256

刘穆 / 141, 175

刘濛 / 976

刘巘 / 316

刘邈之 / 438

刘璩 / 175, 67

刘瞻 / 1038, 1050

刘纂 / 1229

齐孝若 / 613

齐抗 / 525

齐映 / 494

齐昭 / 638

齐浣 / 264, 285

齐据 / 573

齐暎 / 700

齐煦 / 769

齐暐 / 650

齐澣 / 226, 231

羊士谔 / 560

羊绍素 / 1230

羊昭业 / 1127

羊袭吉 / 392

关师 / 82

关弃缥 / 63

关构 / 702

关播 / 416

江璀 / 254

宇文立 / 942

宇文玎 / 848

宇文临 / 1086, 915

宇文斑 / 67

宇文邈 / 489

宇文籍 / 702

安雅 / 430

许□ / 1059, 848

许元佐 / 702

许旦 / 191

许尧佐 / 603, 646

许志雍 / 627

许坚 / 115

许伯会 / 170

许玫 / 916

许枢 / 172

许叔静 / 43

许季同 / 614, 647

许孟容 / 514, 530

许南容 / 215

许浑 / 940

许祐孙 / 1182

许昼 / 1242

许贽 / 566

许恩 / 383

许围师 / 144

许康佐 / 668

许琯 / 977

许棠 / 1132

许景先 / 221, 259, 298

许道敏 / 1055

许道敬 / 1146

许筹 / 977

许稷 / 685

许瑾 / 977

六画〔一〕

孙□ / 169, 951

孙义普 / 67

孙公义 / 564

孙玉汝 / 1021

孙处约 / 33, 88

孙朴 / 1030, 1102

孙成 / 448

孙伏伽 / 25

孙行 / 136

孙谷 / 966

孙纬 / 1126

孙玭 / 542

孙范 / 830

孙昌胤 / 434

孙知节 / 93

孙俐 / 1099

孙郃 / 1229

孙玚 / 322

孙恭 / 184

孙造 / 376

孙逖 / 308, 311, 328, 461

孙偓 / 1169

孙翊仁 / 399

孙宿 / 532

孙谋道 / 154

孙绮 / 977

孙揆 / 1189

孙景商 / 920

孙瑝 / 1045

孙鄠 / 1189

孙嗣初 / 918

孙简 / 768

孙绿 / 1087

孙嘉之 / 215, 232

孙愿 / 34

孙莹 / 744

孙樵 / 1063

孙鋆 / 394

阳城 / 525

阳峤 / 127

阳修己 / 144

阳玭 / 175

阴叔玉 / 261

纥干臬 / 800

七画〔一〕

严仁 / 258

严仁楷 / 34

严公弼 / 593

严识玄 / 141, 192

严迪 / 336

严挺之 / 244

严维 / 473, 474

严绶 / 505

严善思 / 106

严楚封 / 898

苏子华 / 509

苏务寂 / 272

苏弁 / 525

苏冲 / 1087

苏味道 / 111

苏易 / 449

苏京 / 831

苏诜 / 254

苏拯 / 1245

苏昱 / 271

苏奕 / 526

苏盈 / 462

苏珦 / 154

苏哲 / 543

苏晋 / 216, 221, 254

苏虔 / 702

苏卿 / 68

苏涣 / 484

苏鹚 / 1113

苏检 / 1212

苏景凤 / 831

苏颋 / 135, 222, 224

苏循 / 1146

苏幹 / 154

苏亶 / 30

苏源明 / 434

苏鹗 / 1183

苏端 / 474

苏粹 / 1087

苏澄 / 272

苏瓌 / 109, 94

杜义符 / 848

杜元颖 / 678, 766, 810

杜文范 / 286

杜让能 / 1137

杜礼 / 1158

杜弘徽 / 1174

杜亚 / 419

杜师礼 / 859

杜伦 / 585

杜行方 / 635

杜甫 / 403

杜奇 / 45

杜昇 / 1178

杜钑 / 320

杜牧 / 920, 923

杜周士 / 682

杜审权 / 1030，144

杜审言 / 114

杜荀鹤 / 1205

杜荣观 / 58

杜咸 / 264

杜省躬 / 682

杜昱 / 306

杜胜 / 892

杜彦林 / 1171

杜恂 / 831

杜宣猷 / 977

杜陟 / 935

杜晏 / 1211

杜羔 / 593

杜兼 / 538

杜黄裳 / 482

杜鸿渐 / 357

杜绾 / 332，370

杜确 / 492

杜景俭 / 154

杜颛 / 941

杜颜 / 340

杜毅 / 647

杜楚宾 / 374

杜暄 / 380

杜裔休 / 1120

杜蔚 / 1030

杜暹 / 272

杜孺休 / 1147

李□ / 1238，383，414，463，
　　664，678，831，977

李乂 / 137，286

李干 / 800

李大谏 / 1087

李上德 / 25

李亿 / 1071

李广琛 / 370

李义府 / 34，47

李义瑛 / 41

李义琳 / 28

李义琰 / 26

李义琛 / 26

李义璋 / 31

李子卿 / 515

李子简 / 434

李元轨 / 102

李元规 / 703

李元确 / 155

李元福 / 155

李无亏 / 106

李无或 / 68

李弌 / 124

李巨卿 / 399

李日用 / 303

李中敏 / 822

李长 / 453

李长卿 / 32

李仍叔 / 785

李从实 / 969

李从晦 / 892

李从毅 / 905

李公佐 / 703

李文尉 / 201

李文愿 / 205

李方古 / 657

李方玄 / 905

李方叔 / 594

李为 / 1087，526

李劝 / 704

李正本 / 172，175

李正叔 / 668

李正封 / 769，777

李正卿 / 765

李甘 / 880，923

李节 / 1087

李石 / 813

李归厚 / 791

李史鱼 / 356

李冉 / 1199

李令琛 / 216

李玄义 / 31

李玄成 / 311

李玄济 / 29

李汇征 / 1147

李汉 / 792

李让夷 / 817

李训 / 872

李在蒙 / 1148，1189

李成性 / 442

李夷则 / 704

李夷吾 / 248

李夷范 / 705

李夷亮 / 594

李夷遇 / 1147

李夷简 / 574

李尧臣 / 46

李迈 / 1147

李至远 / 127，144

李师 / 145，639

李师直 / 832

李师稷 / 743

李当 / 921

李同 / 1125

李峤 / 1185

李迅 / 155

李回 / 860

李先 / 463

李廷璧 / 1190

李延明 / 138

李仲 / 454

李仲思 / 142
李仲辉 / 438
李华 / 365, 383, 388
李行方 / 807
李行修 / 781
李行敏 / 661
李舟 / 411
李全节 / 175
李旭 / 1242
李问政 / 114
李并 / 463
李汲 / 485
李守贵 / 1147
李宅心 / 454
李讷 / 832, 848
李收 / 434
李观 / 614, 625
李珏 / 497
李远 / 935
李抟 / 1190, 497
李孝本 / 832
李孝祎 / 319
李抗 / 361
李扐 / 119
李志 / 58
李助 / 905
李岑 / 377, 391
李秀 / 884
李佐 / 398
李伸 / 526
李伯鱼 / 264
李位 / 728
李余 / 876, 942
李希倩 / 265
李龟祯 / 1220
李系 / 1190
李应 / 651

李序 / 704
李沖 / 286
李汶儒 / 935
李怀远 / 175
李诏 / 32
李君何 / 594
李君房 / 603
李茂勋 / 1171
李直方 / 567
李枢 / 872
李杰 / 272
李述 / 155, 176
李杼 / 848
李叔 / 884
李叔恒 / 421
李尚贞 / 112
李尚隐 / 194
李果 / 185
李昌 / 705
李昌实 / 896
李昌符 / 1138
李畅 / 729
李昇期 / 317
李昂 / 308, 321, 327
李迪 / 238
李固言 / 791
李迥 / 256
李迥秀 / 117, 120
李牧 / 542
李季何 / 651
李质 / 1071
李郃 / 915, 923
李肱 / 955
李朋 / 952
李备 / 1049
李邦 / 484
李泌 / 343

李沼 / 728
李宗闵 / 748, 777
李宗和 / 629
李宗衡 / 668
李定言 / 956
李宙 / 421
李诚 / 313, 329, 345
李询古 / 1088
李建 / 669
李居中 / 454
李承 / 443
李绅 / 755
李经 / 286
李珏 / 792
李封 / 434
李垣 / 1088
李挺 / 384
李拯 / 1133
李枳 / 1031
李郢 / 1067
李昭德 / 156
李毗 / 1010
李思玄 / 145, 176, 867
李思训 / 106
李勋 / 1148
李峤 / 104, 176
李钜新 / 1147
李钦让 / 253
李钧 / 457
李郜 / 1051
李复礼 / 693
李俨 / 265
李俅 / 905
李修 / 596
李俊 / 574
李俊之 / 263
李俊素 / 978

李朏 / 314

李胤之 / 945

李亮 / 884

李庭训 / 240

李庭芝 / 229

李彦方 / 682

李彦昇 / 1042

李帝臣 / 196

李洪 / 861

李洵 / 1251

李泸 / 832, 896

李浔 / 945

李恬 / 978

李宣古 / 1015, 1034

李宣远 / 705

李祝 / 1088

李祚 / 299

李昼 / 1026, 1041, 934

李逊 / 594

李绛 / 615, 636

李珪 / 938

李项 / 887

李斑 / 1245

李素 / 729

李挚 / 661

李栻 / 924

李栖筠 / 396

李彧 / 728

李础 / 689

李顾行 / 784

李顾言 / 756

李晔 / 1088

李晏 / 134

李峭 / 1116

李顾 / 365

李逢 / 669

李逢吉 / 639, 729

李准 / 133

李益 / 495, 503, 559

李涛 / 463

李谅之 / 705

李披 / 729

李著 / 370

李彬 / 1063

李棁 / 1079

李袭吉 / 1174

李虚中 / 639

李敏 / 93

李侐侐 / 468

李庚 / 978

李翊 / 686

李商卿 / 861, 867

李商隐 / 1013, 956

李清 / 405

李深之 / 1176

李谞 / 44, 79

李随 / 665

李隐 / 833

李隐吉 / 156

李巢 / 99

李琪 / 1240, 1246

李琨 / 1088

李琚 / 357, 362

李款 / 861

李博 / 616

李彭 / 449

李换 / 378, 464

李敬 / 109

李敬方 / 877

李敬彝 / 849

李朝隐 / 283

李棲桐 / 739

李惠 / 56

李觌 / 489

李睨 / 430

李景 / 833

李景仁 / 705

李景文 / 884

李景由 / 124

李景让 / 801

李景庄 / 978

李景初 / 906

李景述 / 877

李景俭 / 674

李景信 / 705

李景亮 / 647

李景素 / 929

李景章 / 1031

李景温 / 833

李景儒 / 706

李粤 / 364, 463

李程 / 654, 661

李循 / 1060

李释 / 32

李释子 / 185

李颍 / 997

李竦 / 489

李道古 / 595

李道敏 / 833

李道裕 / 906

李渤 / 798

李湜 / 421

李温玉 / 242

李湍 / 443

李游道 / 848

李渥 / 1138

李裕 / 1148

李巽 / 449, 585, 730

李搏 / 997

李毅 / 1149

李蒙 / 316, 318, 358, 363

李楚才 / 51
李楗 / 1246
李频 / 1060
李虞仲 / 756，853
李愚 / 1258
李嗣真 / 68
李稜 / 574
李稠 / 964
李筠 / 1131
李詹 / 1057
李廓 / 813
李鄘 / 526
李慈 / 48
李滉 / 834
李滔 / 324
李滂 / 964
李谨微 / 1242
李福 / 942
李福业 / 136
李群 / 879
李群玉 / 1062
李彙 / 414
李嘉祐 / 397
李蔼 / 1108
李蔚 / 1028，969
李锷 / 458
李夐 / 272
李端 / 1178，497
李愻 / 177，91
李璋 / 1042，124，177
李播 / 834
李磎 / 1075
李震 / 48
李镇 / 346
李德元 / 997
李德方 / 555
李德休 / 1214

李德邻 / 1206
李德垂 / 797
李徵 / 400
李潜 / 1016，170
李潘 / 673，834
李澄 / 454
李愷 / 443
李翰 / 421
李橙 / 297
李翱 / 670
李衡□ / 662
李羲叟 / 1038
李濒 / 849
李潏 / 394
李霞 / 422
李霞光 / 235，287
李巕 / 339
李璙 / 119，487
李璿之 / 273
李蟠 / 689，762
李彝 / 492，586
李蟾 / 789
李瀚 / 1199
李瓒 / 1060
李蠙 / 1006
李躔 / 868
李麟 / 363
杨□ / 273
杨之罘 / 807
杨之梁 / 1031
杨元同 / 1261
杨元亨 / 49
杨巨源 / 596
杨仁赡 / 1088
杨介之 / 979
杨去盈 / 156
杨归厚 / 686

杨令一 / 125
杨处济 / 213
杨玄肃 / 58
杨汉公 / 794
杨宁 / 485，730
杨训 / 177
杨发 / 932
杨戎 / 962
杨再思 / 91
杨在尧 / 1256
杨攷之 / 979
杨师善 / 156
杨炭 / 458
杨仲昌 / 299
杨行方 / 997
杨行祎 / 157
杨全 / 48
杨汝士 / 781
杨宇 / 945
杨收 / 1006
杨约 / 178
杨技 / 1089
杨拐 / 1092
杨孝弼 / 185
杨护 / 393
杨志诚 / 177
杨严 / 1021
杨极 / 422
杨迎儿 / 1193
杨系 / 516
杨牟 / 817
杨灵崿 / 273
杨邵 / 567
杨纯 / 112
杨环 / 1141
杨玠 / 212
杨拙 / 1090

杨若 / 392

杨若先 / 454

杨若虚 / 327

杨茂卿 / 789

杨茂谦 / 287

杨范 / 979

杨岩 / 1089

杨知万 / 1237

杨知权 / 980

杨知至 / 1089

杨知进 / 980

杨知远 / 980

杨知退 / 969

杨知温 / 981

杨和 / 60

杨季昭 / 145

杨凭 / 507

杨於陵 / 499, 505

杨注 / 1179

杨询 / 1099

杨承福 / 198

杨绍复 / 1001, 981

杨绍基 / 157

杨拭 / 1090

杨政 / 157

杨贲 / 389

杨拯 / 1090, 366

杨相如 / 242

杨思立 / 944

杨钜 / 1176

杨顺 / 178

杨俭 / 897

杨彦 / 273

杨彦伯 / 1250

杨炯 / 125, 99

杨洞美 / 892

杨振 / 1091

杨栖梧 / 484

杨乘 / 1039

杨凌 / 516

杨涉 / 1163

杨悟虚 / 287

杨纮 / 407

杨授 / 1064

杨据 / 1091

杨假 / 970

杨鸿 / 957

杨谭 / 1099

杨谏 / 363

杨绾 / 411, 434

杨堪 / 981

杨揆 / 1091

杨敬之 / 770, 853

杨鲁士 / 897

杨缄 / 39

杨琡 / 464

杨瑀 / 508

杨虞卿 / 785

杨暄 / 388

杨嗣复 / 686, 753

杨筹 / 1051

杨誉 / 395

杨福延 / 63

杨儇 / 404

杨皞 / 706

杨德深 / 43

杨颜 / 422

杨壇 / 982

杨赞图 / 1228

杨赞禹 / 1201

杨衡 / 597, 706

杨凝 / 518

杨凝式 / 1256

杨戴 / 957

杨擢 / 1092

杨鏻 / 1227

杨膺 / 492

束良 / 178, 98

豆卢轨 / 93

豆卢荣 / 638

豆卢顼 / 453

豆卢策 / 831

豆卢璪 / 1076

豆卢署 / 638

豆卢愿 / 703

豆卢璨 / 1149

豆卢瓒 / 1149

来子珣 / 203

来择 / 898

来济 / 30

来恒 / 31

来景晖 / 157

连总 / 1126

七画〔丨〕

时元佐 / 671

吴士平 / 515

吴仁璧 / 1206

吴丹 / 678

吴文吉 / 1243

吴本立 / 88

吴巩 / 345, 422

吴当 / 958

吴廷隐 / 1190

吴仲舒 / 597

吴全素 / 816

吴汝纳 / 982

吴杨吾 / 157

吴罕 / 1149

吴武陵 / 770

吴卓 / 531

吴降 / 872

吴思 / 868

吴祕 / 629

吴素 / 75

吴通玄 / 532, 543

吴畦 / 1076

吴康仁 / 1092

吴续 / 89

吴道古 / 194

吴蜕 / 1206

吴缙 / 245

吴嘉宾 / 211

吴融 / 1199

吴霭 / 1234

员半千 / 127, 136, 172

员南溟 / 506

员结 / 618

员俶 / 343

岑文本 / 76

岑参 / 389

岑植 / 443

七画〔丿〕

邱上卿 / 1016

邱为 / 388

邱绛 / 629

邱颖 / 629, 647

何士幹 / 487

何凤 / 224

何幼孙 / 1231

何观 / 706

何扶 / 948, 955

何坚 / 657

何伯述 / 397

何迎 / 1176

何拱 / 982

何胜德 / 1232

何涣 / 526

何邕 / 449

何据 / 438

何寂 / 197, 286

何鼎 / 1045

何福 / 157

何瓒 / 1259

余从周 / 1001, 997

余再兴 / 834

余初扬 / 1080

余琦 / 1100

余祯 / 834

余镐 / 1129

余勋 / 266

狄元封 / 998

狄仁杰 / 159

狄知逊 / 68

狄兼谟 / 810

狄慎思 / 1026

邹希回 / 1135

邹象先 / 366

邹儒立 / 586

七画〔丶〕

冷朝阳 / 495

辛之谔 / 346

辛平 / 435

辛仲平 / 158

辛殆庶 / 682

辛恽 / 538

辛海 / 438

辛秘 / 731, 743

辛璿 / 464

汪极 / 1206

汪遵 / 1121

沈□ / 849

沈中黄 / 958

沈文伟 / 1149

沈亚之 / 801, 869

沈存诚 / 63

沈师黄 / 948

沈光 / 1121

沈传师 / 749, 762

沈仲 / 435

沈仲昌 / 398

沈齐文 / 108

沈杞 / 687

沈佐黄 / 982

沈枢 / 970

沈述师 / 706

沈迥 / 516, 566

沈佺期 / 121

沈房 / 527

沈询 / 1007

沈封 / 544

沈修祐 / 450

沈栖远 / 1150

沈浩 / 475

沈朗 / 964

沈谅 / 311

沈崧 / 1220

沈竦 / 500

沈儋 / 1064

沈颜 / 1238

宋之问 / 121

宋元同 / 145

宋少贞 / 380

宋申锡 / 834

宋仕唐 / 835

宋务光 / 254

宋玄之 / 313

宋邢 / 982

宋邧 / 931

宋庆礼 / 158

宋守节 / 114

宋寿 / 1051

宋扬 / 104

宋言 / 1071

宋昆 / 924

宋迪 / 663

宋垂文 / 1124

宋宣远 / 438

宋祯 / 287

宋琇 / 370

宋智亮 / 133

宋裕 / 328

宋微 / 375

宋遥 / 236, 299

宋管 / 982

宋震 / 1011

宋璟 / 136, 178

七画〔一〕

张□ / 624, 644, 835

张□□ / 287, 916

张九宗 / 706

张九皋 / 258

张九龄 / 237, 254, 299

张又新 / 795, 812

张士陵 / 498

张大求 / 249

张山甫 / 79

张义 / 158

张义琛 / 438

张卫□ / 983

张子容 / 303

张子渐 / 306

张元夫 / 835

张元度 / 836

张无择 / 158

张云 / 1093

张不疑 / 968, 983

张少博 / 527

张仁龟 / 1190

张仁祎 / 52

张仁颖 / 983

张仁愿 / 288

张公义 / 789

张公儒 / 750

张文蔚 / 1164

张文瓘 / 41

张正元 / 597

张正甫 / 573

张正矩 / 935

张正谟 / 802

张平叔 / 648

张册 / 1150

张玄弼 / 68, 99

张汇 / 640

张弘宗 / 852

张弘雅 / 99

张台 / 1076

张式 / 503

张存 / 732

张存则 / 770

张贞 / 101, 69

张因 / 740

张廷珪 / 288

张乔 / 1203

张伏果 / 63

张仲方 / 657, 662

张仲臣 / 455

张仲孚 / 640

张仲周 / 983

张仲宣 / 327

张仲素 / 671

张仲晖 / 455

张后余 / 770

张行成 / 35

张守贞 / 119

张聿 / 707

张聿之 / 1158

张迅 / 455

张阶 / 359, 363

张巡 / 373

张远助 / 109, 91

张均 / 315

张严 / 443

张甫 / 333

张时誉 / 465

张秀明 / 262, 306, 322, 348, 350, 371

张何 / 527

张佐 / 422

张希会 / 103, 51

张希复 / 836

张闲 / 423

张灿 / 707

张汾 / 597

张汶 / 555

张怀器 / 158, 179

张良器 / 1031

张识 / 179

张君卿 / 836

张择 / 273, 287

张昔 / 516

张茂之 / 359

张茂枢 / 1247

张苊 / 771

张杰夫 / 984

张叔良 / 489, 496

张卓 / 444

张昌宗 / 100

张昌龄 / 54

张炅 / 179

张忠 / 640

张知元 / 69

张知玄 / 69

张知实 / 906

张知泰 / 71

张知晦 / 69

张知默 / 71

张知睿 / 70

张季友 / 616

张季略 / 516

张佶 / 1108

张质 / 732

张征夫 / 836

张采 / 444

张诚 / 349

张祎 / 1150

张肃珪 / 158

张隶初 / 671

张承休 / 179

张参 / 444

张绅 / 544

张琉 / 105

张贲 / 1093

张莒 / 508

张南容 / 366

张柬之 / 201

张轸 / 423

张览 / 79

张昭远 / 1168

张贵宽 / 185

张思鼎 / 253，288

张贻玘 / 213

张钦敬 / 348，350，423

张重光 / 371

张复 / 758

张复元 / 630，636

张复鲁 / 984

张俊余 / 707

张衍 / 1247

张胜之 / 757

张庭珪 / 130

张美退 / 671

张泚 / 259

张浑 / 605

张说 / 205

张象 / 431

张珮 / 424

张载华 / 512

张荷 / 1251

张莹 / 1203

张贾 / 575

张翃 / 347

张晕 / 366

张峰 / 438

张造 / 527

张倜 / 330

张勔 / 1010

张涉 / 740

张浣 / 212

张读 / 1055

张继 / 405

张紘 / 230

张黄 / 185

张萧远 / 795

张梵信 / 79

张爽 / 837

张庚 / 818

张阐 / 297

张鸿 / 1257

张液 / 837

张惟俭 / 500

张惟素 / 552

张密 / 477

张谓 / 388

张谞 / 256

张琪 / 423

张琬 / 424

张琚 / 424

张越石 / 39

张敬 / 249

张棠 / 959

张鼎 / 1211

张景 / 158

张景阳 / 455，465

张景尚 / 195

张景宪 / 31

张智周 / 998

张皓 / 587

张道古 / 1211

张道符 / 1017

张温琪 / 1048

张游艺 / 444

张愐 / 444

张愃 / 159

张谦 / 424

张弼 / 27，79

张鹭 / 55

张登 / 741

张瑜 / 1247

张瑗 / 424

张楚 / 322

张楚金 / 40

张路斯 / 274

张嗣初 / 803

张署 / 575，741

张嵩 / 262

张锡 / 170

张简修 / 984

张褐 / 1022

张嘉贞 / 194

张嘉祐 / 468

张儁 / 1191

张夐 / 92

张漪 / 217，265

张演 / 1135

张璜 / 424

张徽 / 782

张毅夫 / 837

张潐 / 1011

张濛 / 507

张環 / 423

张曙 / 1207

张鍊 / 424

张濯 / 476

张骥 / 527

张蠙 / 1222

张籍 / 675

张黯 / 1027

张懿 / 29

张鷟 / 122, 131, 249, 263

陆□ / 679

陆广成 / 444

陆元方 / 159, 179

陆亘 / 558, 635, 773

陆孝斌 / 160

陆余庆 / 288

陆畅 / 757

陆肱 / 1065, 1119

陆复礼 / 607, 625

陆振 / 470

陆贽 / 506

陆宾虞 / 916

陆宸 / 1183

陆据 / 340

陆象先 / 289

陆鸾 / 1150

陆康 / 418

陆瑰 / 953

陆简礼 / 707

陆修 / 707

陆震 / 586

陆璩 / 274

陆澶 / 561

陈士会 / 731

陈万言 / 1164

陈上美 / 953

陈广 / 849

陈子昂 / 191

陈元敬 / 56

陈中师 / 707

陈去疾 / 818

陈左流 / 641

陈用拙 / 1243

陈玄锡 / 837, 868

陈权 / 676

陈夷行 / 792

陈夷实 / 837

陈至 / 782

陈师穆 / 651

陈光义 / 1259

陈光问 / 1239

陈传 / 807

陈会 / 916

陈庆 / 1191

陈讽 / 636, 648

陈如 / 445

陈羽 / 617

陈利宾 / 445

陈伯玉 / 196

陈希望 / 454

陈彤 / 814

陈怀俨 / 35

陈纳 / 1022

陈玩 / 1074, 1092

陈玠 / 998

陈述 / 1247

陈昌言 / 679

陈咏 / 1243

陈岵 / 762

陈岩 / 282

陈季 / 400

陈京 / 500

陈河 / 1080

陈宝 / 1247

陈祎 / 256

陈该 / 123, 128, 139, 199

陈诩 / 663

陈居 / 336

陈标 / 873

陈皆 / 450

陈峤 / 1187

陈庭玉 / 352

陈彦博 / 786

陈炯 / 1232

陈宪 / 129

陈祜 / 629

陈昼 / 1093

陈贽 / 731

陈晓 / 1221

陈乘 / 1214

陈烛 / 953

陈润 / 498, 503

陈宽 / 944

陈诸 / 391

陈通方 / 641

陈章甫 / 424, 464

陈商 / 797

陈鸿 / 749

陈淑 / 1261

陈维 / 707

陈越石 / 822

陈毅 / 1057

陈鼎 / 1207

陈曾 / 822

陈谠 / 1164

陈翚 / 1110

陈蜀 / 1172
陈翥 / 598
陈嘏 / 965
陈锴 / 1093
陈璀 / 629
陈臻 / 1247
陈镛 / 1039
附不疑 / 123
邵升 / 232
邵安石 / 1169
邵轸 / 374
邵说 / 435
邵润之 / 312
邵偃 / 641
邵琼之 / 465
邵楚苌 / 675

八画〔一〕

武元衡 / 556
武云坦 / 314
武少仪 / 489
武殷 / 379
武翊黄 / 753
武就 / 465
武儒衡 / 630
武瓘 / 1113
幸轩 / 1122
幸南容 / 630
昔丰 / 527
昔安仁 / 304
苗□ / 708
苗台符 / 1055
苗延乂 / 1167
苗延嗣 / 289
苗艮琼 / 214
苗秀 / 507
苗含泽 / 327
苗含液 / 323
苗季鳞 / 984
苗绅 / 1007, 1013
苗恪 / 945
苗恽 / 936
苗神客 / 109
苗晋卿 / 320, 322
苗晦 / 1150
苗愔 / 874, 925
苗蕃 / 651
苗臻 / 274
苑论 / 626
苑咸 / 345, 381, 424
范元超 / 1125
范传正 / 641
范传式 / 708
范传规 / 708
范传质 / 783
范志玄 / 453
范询 / 732
范崇凯 / 314
范鄘 / 945
林元泰 / 202
林用谦 / 1247
林迈 / 732
林应 / 684
林披 / 407
林杰 / 1050
林明 / 732
林凭 / 865
林兖 / 1203
林荐 / 624
林益 / 496
林著 / 605
林勖 / 1053
林翊 / 1237
林滋 / 1017
林嵩 / 1165
林简言 / 933
林慈 / 849
林慎思 / 1129, 1130
林鹏 / 965
林愻 / 825
林蕴 / 584, 741
林徵 / 1165
林翱 / 1173
林藻 / 607
奇玄表 / 72
欧阳玭 / 1129
欧阳兖 / 892
欧阳持 / 1239
欧阳秬 / 965
欧阳琳 / 1121, 1126
欧阳詹 / 617

八画〔丨〕

叔孙玄观 / 348, 350
卓云 / 1229
尚弘简 / 805
畅当 / 504
畅诸 / 327
畅璀 / 436
明俊 / 242
明恪 / 45, 79
明崇俨 / 110
明琰 / 146
易之武 / 893
易标 / 1211
易重 / 1024
罗立言 / 708, 750
罗让 / 683, 763
罗劭权 / 984
罗劭京 / 910, 925
罗玠 / 598
罗珦 / 481
罗衮 / 1207

罗道琮 / 160

八画〔丿〕

金云卿 / 861

金厚载 / 1017

金貂 / 838

周□ / 1249，849

周万 / 379

周汉杰 / 814

周弘亮 / 598

周匡业 / 624

周匡物 / 808

周匡著 / 709

周存 / 507

周师厚 / 808

周利贞 / 160

周况 / 775

周君巢 / 652

周杰 / 985

周知新 / 1194

周诚 / 238

周急 / 455

周彦晖 / 120

周颂 / 435

周著 / 680

周鲁儒 / 985

周渭 / 521，544

周瑝 / 425

周璃 / 750

周慎辞 / 1108

周墀 / 873

周激 / 516

周縯 / 1136

八画〔丶〕

庞严 / 803，869

庞履温 / 238

郑□ / 425，733，985

郑人政 / 123

郑士林 / 648

郑广 / 985

郑元 / 709

郑元均 / 551

郑元璙 / 160

郑云逵 / 488

郑友 / 160

郑巨 / 709

郑巨源 / 662

郑少微 / 235，300，319

郑日成 / 425

郑仁表 / 1127

郑从谠 / 1011

郑方 / 683

郑玉 / 450

郑史 / 953

郑处诲 / 946

郑弘劼 / 72

郑弘敏 / 733

郑式方 / 689

郑老莱 / 425

郑亚 / 822，925

郑权 / 603

郑迈 / 1093

郑当 / 1002，906，909

郑回 / 450

郑延休 / 1039

郑延昌 / 1136

郑全济 / 560

郑合敬 / 1163

郑齐之 / 930

郑齐丘 / 230

郑齐望 / 146

郑宇 / 455

郑守珍 / 439

郑驯 / 709

郑约 / 733

郑进思 / 170

郑孝本 / 161

郑还古 / 838

郑利用 / 507，568

郑伯义 / 733

郑余庆 / 517

郑希颜 / 1239

郑谷 / 1185

郑言 / 1020

郑抱素 / 850

郑扬 / 291

郑若励 / 294

郑茂休 / 959

郑枢 / 953

郑述诚 / 709

郑昌图 / 1134

郑昉 / 341，350

郑炅之 / 439

郑迪 / 1100

郑岩 / 233

郑知贤 / 186

郑秉彝 / 551

郑泌 / 362

郑宠 / 373

郑诚 / 1012

郑肃 / 60，774，80

郑居中 / 690

郑珏 / 1235

郑相如 / 375

郑畋 / 1012，1029

郑贻矩 / 1187

郑钦说 / 310

郑复礼 / 907

郑俭 / 170

郑俞 / 679

郑洪业 / 1123

郑洵 / 355，466

郑宪 / 959

郑冠 / 876, 925

郑绐 / 501

郑项 / 1093

郑珣瑜 / 503

郑素 / 161, 672

郑虔 / 260

郑特 / 1100

郑颀 / 1094

郑高 / 527

郑准 / 1248

郑益 / 121

郑宽 / 853

郑祥 / 1022

郑通诚 / 709

郑崇道 / 103

郑敏才 / 439

郑侃 / 266

郑鸾 / 1151

郑涯 / 810

郑淮 / 733

郑惟忠 / 266, 290

郑谌 / 115

郑隐 / 1165

郑绩 / 289

郑驹 / 710

郑敬 / 568

郑确 / 947

郑敞 / 46

郑鼎 / 229

郑颐 / 1094

郑嵎 / 1052

郑鲂 / 793

郑就 / 1094

郑遂初 / 219

郑愕 / 406

郑惜 / 290

郑愚 / 959

郑锡 / 482

郑溥 / 1043

郑滂 / 933

郑群 / 582

郑绶 / 999

郑韬 / 450

郑蔼 / 1175

郑兢 / 456

郑碣 / 710

郑辕 / 508, 545

郑繁 / 1151

郑黄 / 1110

郑儋 / 495, 545

郑滇 / 942

郑憬 / 850

郑賨 / 1169

郑翰 / 218

郑徽 / 1185

郑鲲 / 838

郑羲 / 1080

郑澣 / 642

郑澥 / 805

郑薰 / 921

郑赡 / 180

郑蠡 / 192

郑礒 / 439

郑颢 / 1010

郑曜 / 241

郑馥 / 439

单重忻 / 257

宗杞 / 338

郎士元 / 416

房千里 / 916

房由 / 405

房式 / 710

房自谦 / 331

房次卿 / 608

房兴昌 / 283

房安禹 / 355

房诞 / 245

房承先 / 226

房晋 / 192

房宽 / 400

房逸 / 126

房琯 / 332, 466

房鲁 / 986

房凛 / 478

八画 [一]

屈突伯起 / 161

孟万石 / 323

孟元谅 / 665

孟玄一 / 95

孟宁 / 1017

孟迟 / 1025

孟表微 / 1194

孟郊 / 658

孟珏 / 1031

孟彦深 / 388

孟恭 / 50

孟兼礼 / 225

孟球 / 1017

孟寂 / 675

孟琯 / 786

孟景仁 / 146

孟棨 / 1166

孟珹 / 1151

孟简 / 710, 853

孟慈 / 126

孟蔚 / 1100

孟璲 / 917

孟曜 / 72

参开 / 426

九画〔一〕

封□ / 162

封定卿 / 1191

封孟绅 / 674

封彦卿 / 1040

封敖 / 803

封特卿 / 1094

封望卿 / 1094

封渭 / 1223

封演 / 417

项斯 / 1023

赵□升 / 481

赵义 / 87

赵子羽 / 426

赵子卿 / 304

赵不为 / 250

赵不欺 / 225

赵业 / 734

赵仙童 / 445

赵冬曦 / 246，300

赵玄 / 33

赵存约 / 862

赵光胤 / 1208

赵光庭 / 1186

赵光逢 / 1172

赵光裔 / 1186

赵伉 / 711

赵自励 / 426

赵行本 / 180

赵全璧 / 199

赵安贞 / 246

赵观文 / 1216

赵均 / 1191

赵坚 / 439

赵伸 / 711

赵怀珊 / 210

赵良器 / 323

赵君旨 / 850

赵纲 / 712

赵昌翰 / 1184

赵坯 / 734

赵知俭 / 180

赵恬 / 711

赵岳 / 389

赵宗儒 / 528

赵居贞 / 307

赵枧 / 898

赵思廉 / 93

赵保隆 / 50

赵秒 / 734

赵骅 / 368，392

赵夏日 / 212，466

赵峻 / 1126

赵俾乂 / 440

赵颀 / 1243

赵殷铬 / 712

赵涓 / 384

赵宽 / 742

赵陵阳 / 248

赵琏 / 965

赵爽 / 82

赵崇 / 1136

赵隐 / 1045

赵琯 / 1158

赵越宝 / 100

赵博宣 / 520

赵谦光 / 143

赵鹭 / 1056

赵儆 / 578，587

赵碾 / 1023

赵需 / 501

赵睿 / 162

赵璜 / 966

赵蕃 / 783

赵潔 / 196，291

赵璠 / 1033

赵璘 / 946，967

赵叡冲 / 202

赵濬 / 162

赵償 / 712

郝处俊 / 63

郝连梵 / 55

荆冬倩 / 426

荀仁会 / 313

胡□ / 1243，411，803，986

胡元礼 / 146

胡不干 / 893

胡玖 / 426

胡玘 / 426

胡证 / 599，742

胡玟 / 712

胡直钧 / 690

胡学 / 1127

胡珦 / 504

胡悦 / 1032

胡谅 / 618

胡敬文 / 734

胡曾 / 1151

胡瑜 / 427

胡楚宾 / 146

胡澂 / 943

胡瑱 / 427

胡璩 / 986

胡濬 / 713

南巨川 / 377

南卓 / 926

南郭生 / 162

药元 / 213

柯崇 / 1239

柏廷徽 / 1250

柏造 / 464

柳□ / 713
柳公权 / 758, 766
柳公绰 / 569, 587
柳立 / 642
柳戍 / 436
柳仲郢 / 814
柳伉 / 474
柳孝让 / 1101
柳芳 / 367
柳告 / 1113
柳冲 / 206
柳玭 / 1101
柳明演 / 418
柳宗元 / 631, 662
柳昱 / 713
柳顺 / 210
柳彦初 / 274
柳浑 / 384
柳珪 / 1052
柳真召 / 310
柳殊 / 714
柳涧 / 556
柳淳 / 714
柳森 / 436
柳棠 / 960
柳道伦 / 643
柳鋋 / 404
柳縱 / 353
柳镇 / 418
柳徵 / 147
柳璟 / 891, 899
柳翰 / 1095
柳璨 / 1234
柳璧 / 1065

九画〔丨〕

是光乂 / 382

九画〔丿〕

钟辂 / 922
钟辐 / 1152
郜贞铉 / 192
段平仲 / 714
段同泰 / 262
段行琛 / 274
段秀实 / 451
段良秀 / 445
段良伯 / 445
段庚 / 986
段俊之 / 466
皇甫□ / 340
皇甫无言 / 195
皇甫文备 / 89
皇甫文亮 / 52
皇甫冉 / 416
皇甫玄志 / 54
皇甫弘 / 862
皇甫伯琼 / 193
皇甫炜 / 1043
皇甫威 / 715
皇甫铉 / 838
皇甫涣 / 1158
皇甫曾 / 406
皇甫湜 / 758, 777
皇甫滋 / 1158
皇甫鉟 / 936
皇甫颖 / 1191
皇甫澴 / 1159
皇甫镈 / 608, 649
皇甫徹 / 485
皇甫镛 / 575
皇甫镜几 / 180
皇甫燠 / 941
皇甫曙 / 808
侯云长 / 687
侯云章 / 899
侯固 / 948
侯知一 / 59
侯季文 / 528
侯岳 / 1072
侯洌 / 789
侯春时 / 941
侯俞 / 440
侯继 / 619
侯绩 / 661
侯喜 / 690
侯温 / 1032
侯潜 / 1173
侯翮 / 1195
俞仁玩 / 291
俞晃 / 690
俞简 / 675
郗纯 / 466
郗昂 / 359
独孤及 / 412
独孤云 / 960
独孤申步 / 715
独孤申叔 / 663, 676
独孤良史 / 715
独孤良弼 / 715
独孤良器 / 524
独孤郁 / 672, 763
独孤季膺 / 378, 911
独孤铉 / 839
独孤通理 / 301
独孤密 / 652
独孤绶 / 521, 524
独孤恒 / 418
独孤寔 / 608
独孤献 / 1101
独孤樟 / 812
独孤骧 / 999

九画〔丶〕

施肩吾 / 823
姜公辅 / 519, 546
姜师度 / 275
姜诚 / 604
姜荆宝 / 735
姜晞 / 138
娄元颖 / 436
娄师德 / 58
洪子舆 / 225
洪源 / 481
浑偘 / 751
祖咏 / 333
祝钦明 / 209, 275
祝绲 / 180

九画〔一〕

费冠卿 / 771
姚子彦 / 376, 381, 427
姚元庆 / 147, 180
姚元崇 / 132
姚中立 / 862, 869
姚处贤 / 291, 95
姚发 / 406
姚仲豫 / 242
姚合 / 808
姚安之 / 1102, 1158
姚系 / 561
姚南仲 / 475
姚斑 / 162
姚瑊 / 147
姚逖 / 496
姚袞 / 777
姚勗 / 863
姚崇 / 181
姚略 / 266
姚颐 / 1243
姚康 / 823

姚鹄 / 1018
姚闿 / 344
姚嗣卿 / 793
姚潜 / 1070
姚璹 / 163
贺兰务温 / 120, 207
贺兰进明 / 343
贺拔甚 / 874
贺知章 / 216, 218
骆用锡 / 1174
骆均 / 1200
骆兢 / 1122

十画〔一〕

秦贞 / 164
秦宗畅 / 850
秦韬玉 / 1179
秦儒衡 / 850
班宏 / 436
班图源 / 970
班肃 / 680
袁义全 / 101
袁不约 / 877
袁仁爽 / 291
袁仁敬 / 225, 267, 292
袁同直 / 521
袁映 / 338
袁都 / 880
袁晖 / 263
袁高 / 477
袁皓 / 1117
袁惜 / 195
袁楚客 / 312
袁傪 / 400
袁嘉祚 / 181
袁德文 / 986
耿湋 / 482
聂夷中 / 1133

莫宣卿 / 1053
莫藏珍 / 456
晋休景 / 192
桥叔献 / 530
格处仁 / 35
格辅元 / 110, 163
格遵 / 276
哥舒屺 / 734
哥舒恒 / 693, 713
哥舒峄 / 734
哥舒嵫 / 734
贾玄应 / 36
贾玄赞 / 57
贾至 / 385
贾贞 / 45
贾全 / 496
贾驰 / 948
贾伯卿 / 116
贾言忠 / 172
贾季阳 / 330
贾季邻 / 364
贾泳 / 1232
贾怡 / 467
贾弇 / 489
贾洮 / 1013
贾举 / 164
贾统 / 44
贾耽 / 401
贾悚 / 690, 778
贾邕 / 398
贾黄中 / 195
贾隐 / 80
贾握中 / 715
贾朝采 / 445
贾竦 / 839
贾登 / 307
贾稜 / 610

贾誉 / 839

贾潭 / 1212

贾暮 / 793

夏方庆 / 643

夏侯孜 / 907

夏侯杲 / 469

夏侯泽 / 1141

夏侯审 / 546

夏侯绚 / 80

夏侯铦 / 260

夏侯潭 / 1152

夏鸿 / 987

顾云 / 1141

顾少连 / 498

顾在镕 / 1184

顾师闵 / 887

顾师邕 / 878

顾况 / 473

顾非熊 / 1025

顾陶 / 1024

顾谦 / 850

十画〔丨〕

柴宿 / 764

柴夔 / 986

晁良贞 / 250, 301

晏墉 / 1152

十画〔丿〕

钱元修 / 44

钱可及 / 987

钱可复 / 987

钱令绪 / 123

钱众仲 / 771

钱识 / 787

钱若愚 / 1248

钱珝 / 1176

钱起 / 400

钱朗 / 850

钱徽 / 561, 569

钳耳□ / 440

乘著 / 530

倪若水 / 202

倪彬 / 456

倪曙 / 1182

徐□ / 1077

徐仁嗣 / 1111

徐申 / 486

徐弘毅 / 587, 649

徐有功 / 164

徐至 / 683

徐延休 / 1191

徐齐聃 / 57

徐安贞 / 247, 292

徐秀 / 237

徐兖 / 569

徐珏 / 1081

徐昭 / 110

徐彦伯 / 181

徐彦若 / 1072

徐恽 / 229

徐逊 / 1152

徐胶 / 1192

徐浩 / 316

徐涣 / 1067

徐浚 / 261

徐宰 / 715

徐晦 / 684, 778

徐商 / 936

徐寅 / 1215

徐闻 / 356

徐楚玉 / 304

徐群 / 1152

徐熏 / 1018

徐徽 / 353

徐凝 / 878

徐薰 / 1032

殷子慎 / 147

殷元觉 / 275

殷少野 / 406

殷文圭 / 1232

殷尧藩 / 797

殷羽 / 937

殷侑 / 752

殷亮 / 531

殷彪 / 493

殷寅 / 392

殷践道 / 318

殷楷 / 137

奚炅 / 715

奚陟 / 521, 547

奚敬玄 / 715

翁承裕 / 1236

翁承赞 / 1227, 1230

翁彦枢 / 1080

翁洮 / 1186

翁袭明 / 1259

翁绶 / 1118

卿侃 / 715

十画〔丶〕

凌正 / 548

高力牧 / 116

高子贡 / 164

高元裕 / 663

高仁 / 485

高仲舒 / 276

高宇 / 446

高志远 / 276

高希峤 / 353

高孚 / 552

高沐 / 716

高钺 / 759

高拯 / 493

高郢 / 483, 492

高适 / 398

高重 / 851

高俨仁 / 80

高宪 / 141

高退之 / 1018

高铢 / 789

高盖 / 334

高隆基 / 89

高绩 / 1159

高绰 / 987

高嵘 / 200

高智周 / 147

高惩 / 142

高像护 / 101

高锴 / 797, 854

高瑾 / 114

高徵 / 605

高叡 / 276

高璩 / 1046

高蟾 / 1167

郭□ / 80

郭义言 / 266

郭子仪 / 469

郭文应 / 735

郭正一 / 63

郭正礼 / 716

郭仙期 / 148

郭同元 / 744

郭行馀 / 839

郭言扬 / 908

郭纳 / 377

郭周藩 / 790

郭京 / 1012

郭承台 / 839

郭承亨 / 292

郭承嘏 / 783

郭珍岑 / 397

郭昭文 / 968

郭昭述 / 431

郭思训 / 251, 292

郭思谟 / 251

郭品 / 95

郭待封 / 100

郭炯 / 663

郭恒 / 186

郭邕 / 348, 350

郭球 / 778

郭黄中 / 548

郭揆 / 385

郭敬之 / 193

郭敬同 / 110

郭植 / 961

郭湜 / 331

郭瑜 / 276

郭愿 / 72

郭震 / 117, 119

郭遵 / 643

郭豫 / 277

郭璘 / 251

郭璘之 / 301

郭夔 / 1095

席延宾 / 469

席泰 / 36

席豫 / 233, 236, 245, 312, 320

席夔 / 643, 662

唐休璟 / 72

唐冲 / 881

唐次 / 538

唐充 / 735

唐扶 / 787

唐伸 / 899

唐希颜 / 1250

唐备 / 1200

唐河上 / 36

唐持 / 824

唐思言 / 1019

唐彦谦 / 1139

唐款 / 604

唐廪 / 1215

浩虚舟 / 874

谈元茂 / 632

十画〔丆〕

陶史 / 1080

陶立言 / 716

陶乔 / 863

陶拱 / 716

陶举 / 334

陶锽 / 735

陶翰 / 347, 351

姬温 / 47

桑湛 / 32

十一画〔一〕

黄□ / 182, 92

黄元徽 / 73, 80

黄文 / 839

黄师 / 182

黄构 / 744

黄郁 / 1178

黄叔宏 / 1234

黄季长 / 875

黄诜 / 1226

黄驾 / 908

黄匪躬 / 1186

黄益逊 / 562

黄惟坚 / 1052

黄颇 / 1019

黄滔 / 1223

黄僚 / 908

黄璞 / 1208

萧文裕 / 164

萧节 / 672

萧立 / 386

萧夷中 / 900

萧同节 / 345

萧同和 / 345

萧安亲 / 315

萧邺 / 987

萧直 / 378

萧杰 / 811

萧昕 / 349, 351, 386

萧季江 / 394, 412, 493

萧征 / 518

萧诚 / 320

萧建 / 840

萧思一 / 165

萧俛 / 609, 716, 764

萧倣 / 917

萧顼 / 1248

萧浮丘 / 467

萧谊 / 428

萧谔 / 240

萧绶 / 999

萧敞 / 900

萧谦 / 108

萧璪 / 1192

萧遘 / 1115, 486

萧睦 / 764, 779

萧颖士 / 368

萧寘 / 988

萧寰尤 / 268

萧鍊 / 659

萧廩 / 1111

萧膺 / 966

萧籍 / 750

萧灌 / 51

曹邺 / 1049

曹希幹 / 1139

曹汾 / 968

曹松 / 1239

曹绍思 / 986

曹唐 / 986

曹著 / 599

曹确 / 960

曹景伯 / 691, 763

曹愚 / 1211

曹璠 / 876

盛均 / 1070

辅简 / 112

十一画〔丨〕

常习 / 402

常无名 / 302, 307, 329

常沂 / 507

常怀德 / 166

常建 / 340

常修 / 1119

常衮 / 413

常敬忠 / 446

啖彦珍 / 427

啖鳞 / 1032

崔□ / 1061, 1066, 1249, 942, 967

崔于 / 716

崔千里 / 399

崔义邕 / 456

崔元式 / 840

崔元伯 / 988

崔元昕 / 277

崔元受 / 840

崔元略 / 840

崔元童 / 225

崔元翰 / 552, 587, 743

崔元儒 / 787

崔元藻 / 971

崔无固 / 165

崔日用 / 217

崔日知 / 277

崔日新 / 138

崔仁师 / 36

崔仁宝 / 1224

崔仁浣 / 1249

崔从 / 562

崔公信 / 759

崔刍言 / 988

崔立之 / 582, 605

崔玄晖 / 96

崔玄亮 / 61, 652, 693

崔玄隐 / 182, 186

崔弘礼 / 653

崔戎 / 851

崔亚 / 1095

崔亘 / 373

崔协 / 1215

崔成甫 / 431

崔光嗣 / 283

崔回 / 171

崔延 / 562

崔延 / 717

崔伦 / 427

崔行功 / 100

崔众甫 / 304

崔邠 / 570

崔汲 / 73

崔安俨 / 126

崔安潜 / 1046

崔讷 / 165

崔农 / 588

崔防 / 735

崔约 / 632

崔寿 / 989

崔珝 / 863, 926

崔远 / 1200

崔孝昌 / 198

崔护 / 659, 765

崔志恂 / 123

崔志道 / 43

崔芸卿 / 744, 853

崔严扐 / 1182

崔轩 / 1019

崔岘 / 1005

崔谷神 / 110

崔龟从 / 811, 870

崔序 / 1152

崔沔 / 219, 222

崔沂 / 1095

崔沆 / 1072

崔沉 / 52

崔良佐 / 277

崔罕言 / 989

崔纯亮 / 717

崔茂宗 / 210

崔枢 / 717

崔杰 / 314

崔尚 / 230

崔国辅 / 336, 372

崔明允 / 346, 386

崔岩 / 841

崔知白 / 864, 870

崔垂休 / 1095

崔备 / 553

崔泌 / 328

崔泳 / 717

崔泽 / 332

崔诚 / 80

崔承祐 / 1211

崔珏 / 1061

崔茞 / 1043

崔相如 / 101

崔咸 / 771

崔厚 / 1154

崔郢 / 864, 870

崔昭纬 / 1180

崔昭矩 / 1203

崔昭符 / 1125

崔昭愿 / 1173

崔钛 / 1159, 819

崔种 / 509

崔重 / 989

崔复本 / 841

崔信明 / 45

崔禹锡 / 96

崔衍 / 418

崔舣 / 1209

崔胤 / 1166

崔亮 / 718

崔彦扐 / 1259

崔彦昭 / 1047

崔浑 / 222

崔恒 / 509

崔祐甫 / 391

崔神庆 / 165

崔绚 / 841

崔绛 / 485

崔泰之 / 133

崔珪璋 / 384

崔珙 / 854

崔敖 / 553

崔损 / 514

崔致远 / 1141

崔圆 / 371

崔铉 / 917

崔特 / 1101

崔倚 / 428

崔胶 / 1210

崔郸 / 691

崔涓 / 1049

崔浩 / 548

崔涣 / 926

崔容 / 841

崔朗 / 1153

崔恕 / 171

崔能 / 989

崔球 / 908

崔黄左 / 553

崔郾 / 659

崔晤 / 735

崔悬解 / 148

崔晙 / 211

崔铏 / 1066

崔偓 / 305

崔侃 / 318

崔庚 / 1154

崔庸 / 1257

崔渎 / 1081

崔渠 / 927

崔液 / 266

崔淙 / 496, 736

崔寅亮 / 718

崔谞 / 1226

崔谞之 / 142

崔隋 / 1024

崔绩 / 517

崔琢 / 1041

崔琮 / 490

崔琯 / 688, 765

崔博 / 926

崔葆 / 1249

崔植 / 851

崔确 / 990

崔翘 / 220, 228, 236, 312

崔赏 / 1225

崔景旺 / 211

崔景裕 / 852

崔颋 / 563
崔程 / 489
崔稃 / 540
崔释 / 116
崔遂 / 539
崔湜 / 203
崔裕 / 1156
崔谠 / 927
崔翚 / 852
崔瑰 / 1057
崔瑄 / 1044
崔搏 / 884
崔简 / 600
崔詹 / 1260
崔雍 / 1155
崔涂 / 1187
崔滔 / 1040
崔慎由 / 911, 918, 927
崔福 / 1155
崔群 / 619, 649
崔璠 / 854
崔瑶 / 930
崔嘉祉 / 243
崔兢 / 1192
崔嘏 / 824, 870
崔碣 / 989
崔翬 / 166
崔暟 / 165
崔锽 / 322
崔敻 / 340
崔韶 / 119, 148, 679
崔鄯 / 718
崔漪 / 64
崔瑾 / 1067
崔璜 / 885, 900
崔璀 / 885
崔蕃 / 736
崔镇 / 1111, 321
崔皑 / 87
崔颜 / 990
崔潭 / 440
崔澄 / 440, 456
崔橹 / 1192
崔融 / 128
崔器 / 451
崔凝 / 1118
崔澹 / 1076
崔璐 / 1122
崔曙 / 375
崔颢 / 330
崔瀣 / 1166
崔籍若 / 1236
崔鸑 / 1156
崔黯 / 922
崔鏻 / 999
崔蠡 / 787
崇颖 / 427

十一画〔丶〕

麻仲容 / 600
麻察 / 277
庾若讷 / 456
庾承宣 / 620, 649
庾威 / 778
庾敬休 / 759
康子元 / 318
康元瑰 / 255
康希铣 / 182, 97
康言 / 1159
康国安 / 74
康庭芝 / 192
康敬本 / 64
康軿 / 1173, 1174
康僚 / 1008
章八元 / 501
章仇嘉勉 / 233
章孝标 / 818
章碣 / 1168
阎士熊 / 476
阎仙舟 / 267
阎防 / 360
阎伯屿 / 355
阎济美 / 508
阎朝隐 / 267, 293
阎兢几 / 267
盖畅 / 64
盖景昌 / 251
梁升卿 / 312
梁师亮 / 172
梁屿 / 134, 138
梁知微 / 192
梁肃 / 548
梁洽 / 360
梁载言 / 123, 207
梁烛 / 1113
梁皎 / 166
梁献 / 304
梁震 / 1261
梁履谦 / 458
寇钊 / 319
寇钧 / 324
寇泚 / 214, 255
寇洋 / 193, 232, 245
寇堮 / 325
寇鐈 / 326

十一画〔乛〕

逯贞 / 59
逯君怀 / 75
尉迟汾 / 688

十二画〔一〕

彭伉 / 609
彭殷贤 / 323

彭景直 / 207
董本 / 50
董务忠 / 83
董行思 / 183
董全祯 / 1244
董齐 / 852
董守贞 / 230
董禹 / 1156
董溪 / 553
敬守德 / 210, 293, 467
敬昕 / 886
敬昈 / 990
敬括 / 334, 467
敬昭道 / 211
敬晖 / 166
敬宽 / 484
敬晦 / 990
敬翊 / 1096
敬煦 / 991
敬骞 / 490
敬暤 / 886
敬播 / 41
蒋子友 / 1173
蒋至 / 394
蒋防 / 841
蒋伸 / 1032
蒋肱 / 1208
蒋泳 / 1122
蒋俨 / 74
蒋炼 / 718
蒋洽 / 440
蒋准 / 719
蒋铢 / 719
蒋清 / 446
蒋渤 / 335
蒋镇 / 419
蒋德山 / 1249
蒋璲 / 531
蒋凝 / 1156
蒋曙 / 1142
韩乂 / 991
韩休 / 301
韩佑 / 346
韩伯庸 / 719
韩昆 / 533
韩佽 / 760
韩思彦 / 132, 97
韩复 / 804
韩弇 / 557
韩洙 / 1065
韩袒 / 881
韩泰 / 653
韩特 / 852
韩皋 / 549
韩衮 / 1120
韩宾 / 927
韩阜 / 937
韩偓 / 1200
韩翃 / 410
韩液 / 360, 363
韩绾 / 1114
韩琮 / 881
韩琬 / 223, 255
韩朝宗 / 263
韩湘 / 879
韩愈 / 620
韩澄 / 428
韩濬 / 508
韩藩 / 1044
韩瞻 / 961

十二画〔丨〕

景炎 / 992
喻凫 / 970

十二画〔丿〕

程尤 / 918
程芝 / 112
程旭 / 1050
程异 / 736, 739
程纲 / 490
程昔范 / 814
程忠 / 1201
程南锐 / 304
程思义 / 55
程勋 / 1114
程修己 / 908
程俊 / 403
程贺 / 1179
程晏 / 1225
程通 / 477
程谏 / 378
程维 / 1192
傅荀 / 1027
傅思谏 / 283
傅爽 / 81
储光羲 / 337, 467
储嗣宗 / 1077
舒元迥 / 842
舒元肱 / 841
舒元舆 / 795
舒元褒 / 885, 901
舒守谦 / 999
鲁受 / 1026

十二画〔丶〕

曾繇 / 1133
湛贲 / 660
温任 / 305
温宪 / 1201
温商 / 623
温瑄 / 1033
温褪 / 737

游恭 / 1228

谢文达 / 742

谢防 / 1008

谢观 / 961

谢良辅 / 401

谢良弼 / 436

谢偃 / 42

谢脩 / 1188

谢登 / 579

谢楚 / 790

十二画〔一〕

强伟 / 47, 51

十三画〔一〕

靳能 / 381

删希逸 / 1019

赖棐 / 474

甄庭言 / 27

雷处讷 / 81

十三画〔丨〕

虞□ / 719

虞九皋 / 719

虞从道 / 278

虞咸 / 343, 467

虞说 / 719

虞鼎 / 1130

路岩 / 1096, 186

路季登 / 502

路岳 / 1096

路单 / 842

路泌 / 559

路贯 / 902

路庭礼 / 171

路庠 / 842

路悍 / 171

路隋 / 736

路隐 / 293

路群 / 842, 855

路德延 / 1233

十三画〔丿〕

鲍防 / 406

鲍溶 / 783

解琬 / 111

十三画〔丶〕

廉休璇 / 440

雍思泰 / 141

雍陶 / 946

雍惟良 / 302

源少良 / 329

源衍 / 457

源溥 / 458

骞思泰 / 166, 183

骞思哲 / 113

骞晏 / 239

窦专 / 1244

窦从直 / 644

窦公衡 / 437

窦平 / 600

窦戎 / 1097

窦巩 / 772

窦华 / 321

窦牟 / 576

窦叔向 / 488

窦易直 / 577

窦承家 / 437

窦洵直 / 864

窦宾 / 278

窦梦徵 / 1257

窦常 / 522

窦寓 / 410

窦楚 / 610

窦儆 / 751

窦靖 / 531

窦兢 / 278

褚无量 / 278

褚承裕 / 992

褚思光 / 323

褚庭询 / 227

褚庭诲 / 318

褚载 / 1232

褚朝阳 / 437

褚璆 / 242, 252

褚藻 / 720

十四画〔一〕

赫连钦若 / 281

綦毋潜 / 337

慕容知礼 / 93

慕容知廉 / 167, 183

慕容思廉 / 168

慕容敞 / 451

慕容瑾 / 240

蔡广成 / 654

蔡少霞 / 738

蔡希周 / 331

蔡希寂 / 429

蔡直方 / 374

蔡京 / 1000, 954

蔡沼 / 738

臧怀亮 / 139

十四画〔丨〕

裴□ / 1240

裴乂 / 739

裴大章 / 787

裴子余 / 278

裴札 / 474

裴处琏 / 253

裴弘徐 / 1081

裴达 / 517

裴夷直 / 804

裴光庭 / 243

裴光辅 / 624

裴廷裕 / 1182

裴休 / 875, 928

裴延鲁 / 1107

裴行俭 / 74, 81

裴次元 / 583, 588

裴守真 / 129

裴好古 / 239

裴均 / 737

裴志 / 148

裴杞 / 633

裴怀古 / 132

裴扬 / 94

裴宏 / 1102

裴坦 / 279, 946

裴枢 / 1133, 488

裴杰 / 346

裴卓 / 279

裴昌 / 279

裴佶 / 502

裴京 / 279

裴炬 / 317

裴炎 / 167

裴诣 / 1260

裴承亮 / 75

裴坦 / 579, 649

裴咸 / 187

裴杳 / 280

裴胄 / 446

裴思 / 992

裴思谦 / 962

裴复 / 570

裴俦 / 886, 902

裴俅 / 903

裴度 / 600, 626, 650

裴恽 / 902

裴宥 / 279

裴说 / 1257

裴珣 / 280

裴素 / 893, 928

裴赟 / 1137

裴恭孙 / 1125

裴格 / 1234

裴虔余 / 824

裴晔 / 1044

裴晏 / 280

裴悌 / 171

裴宽 / 236, 279

裴通 / 513

裴桴 / 1000

裴偓 / 1116

裴望 / 992

裴寅 / 843

裴谞 / 446

裴鼎 / 819

裴颀 / 676

裴皓 / 48, 88

裴敦复 / 332

裴筠 / 1192

裴歆 / 280

裴堪 / 580

裴廙 / 843

裴潅 / 223

裴積 / 310

裴皞 / 1236

裴德 / 167

裴德融 / 954

裴澈 / 1157

裴澄 / 720

裴操 / 664

裴翰 / 447

裴衡 / 720

裴寰 / 737

裴翻 / 1019

裴謜 / 865

裴耀卿 / 198

十四画〔丿〕

管元惠 / 342, 468

管琮 / 75

鲜于向 / 351

鲜于叔明 / 451

十画〔丶〕

廖广 / 397

廖有方 / 809

谭铢 / 1009

谭戒 / 352

十四画〔一〕

翟均 / 440

熊执易 / 557, 571, 650

熊望 / 910

熊孺登 / 843

熊曜 / 429

十五画〔一〕

樊文 / 183

樊阳源 / 688

樊系 / 344

樊诏 / 342

樊泽 / 549

樊宗师 / 779

樊绅 / 720

樊庭观 / 227, 293

樊晃 / 429, 468

樊铸 / 437

樊端 / 389

樊衡 / 342

樊骧 / 1020

十五画〔丿〕

黎逢 / 515, 550

黎埴 / 1000

滕云翼 / 430

滕迈 / 804

滕珦 / 440

滕遂 / 753, 766

十五画〔丶〕

颜□ / 1027，1128，1240

颜元孙 / 194

颜仁楚 / 53

颜允臧 / 403

颜知权 / 992

颜标 / 1058

颜真卿 / 360，374，387

颜惟贞 / 207，293

颜粲 / 720

潘存实 / 815

潘好礼 / 281

潘纬 / 1157

潘智 / 90

十六画〔一〕

薛少殷 / 720

薛公达 / 633

薛正明 / 1260

薛令之 / 247

薛存庆 / 720，765

薛存诚 / 563

薛迈 / 1109

薛廷老 / 815，843

薛廷珪 / 1180

薛伟 / 692

薛安亲 / 531

薛迅 / 410

薛扶 / 1114

薛纬 / 519

薛拥 / 721

薛放 / 610

薛承裕 / 1111，1159

薛昭纬 / 1157

薛贻矩 / 1193

薛幽棲 / 430

薛矩 / 55

薛重明 / 234

薛保逊 / 992

薛须 / 399

薛庠 / 882

薛彦云 / 431

薛彦伟 / 432

薛彦国 / 432

薛彦辅 / 432

薛逢 / 1009

薛调 / 1061

薛展 / 555

薛能 / 1027，1062

薛邕 / 315

薛据 / 325，394

薛軏 / 971

薛庶 / 947

薛淙 / 844

薛谔 / 1053

薛维翰 / 375

薛蒙 / 993

薛僅 / 346

薛摠 / 347

薛播 / 403

薛稷 / 209，214

薛赞 / 738

薄仁 / 57

霍松龄 / 53

十六画〔丿〕

穆宁 / 452

穆员 / 528

穆贽 / 571

穆寂 / 633，753

衡守直 / 116

十七画〔一〕

璩抱朴 / 224

戴开 / 168

戴归德 / 815

戴司颜 / 1203

戴孚 / 473

戴昭 / 1194

戴添应 / 815

十七画〔丿〕

魏之邈 / 64

魏正则 / 721

魏玄同 / 148

魏弘简 / 539，572

魏扶 / 934

魏体玄 / 168

魏启心 / 252

魏奉古 / 184

魏知古 / 107

魏恬 / 430

魏哲 / 98

魏兼爱 / 261

魏揩 / 477

魏笃 / 1081

魏憕 / 252

魏靖 / 134

魏缜 / 361

魏璀 / 401

魏愁 / 123

魏潜 / 887

魏薯 / 944

魏颢 / 475

十七画〔丶〕

濮阳宁 / 1097

濮阳守 / 529

十八画〔一〕

瞿令□ / 447

瞿令珪 / 447

瞿昙譔 / 469

十九画〔一〕

鞠信陵 / 564，572

鞠澹 / 601

❖ 五代 ❖

□闰 / 1539

□黄中 / 1480

□继 / 1536

二画〔一〕

丁孝范 / 1539

丁居□ / 1385

丁咸序 / 1363

三画〔一〕

于观文 / 1385

于季文 / 1539

于球 / 1385

万民 / 1480

三画〔乛〕

卫增 / 1385

卫融 / 1315

马□ / 1386

马文 / 1344

马光粹 / 1386

马全庆 / 1480

马极 / 1376

马珉 / 1480

马颎 / 1386

马胤孙 / 1289

马晞 / 1480

马煜 / 1480

马缟 / 1286, 1287

马曙 / 1386

四画〔一〕

王子邵 / 1363

王太贞 / 1512

王升 / 1519

王文义 / 1512

王归朴 / 1289

王仙期 / 1386

王处俊 / 1481

王玄度 / 1481

王汀 / 1387

王台老 / 1481

王朴 / 1334

王郊 / 1481

王同政 / 1539

王则 / 1363

王仲华 / 1370

王仲举 / 1299

王仲卿 / 1387

王伦 / 1363

王行俭 / 1539

王会 / 1387

王羽 / 1387

王志愔 / 1387

王克贞 / 1371

王助 / 1387

王彻 / 1287

王谷 / 1295

王系 / 1539

王沔 / 1380

王汾 / 1344, 1350

王宏 / 1375

王纬 / 1481

王松 / 1388

王易从 / 1388

王易简 / 1271

王周 / 1279

王定 / 1388

王诩 / 1375

王昭度 / 1389

王思宗 / 1481

王俌 / 1481

王俊 / 1519

王洛客 / 1519

王恮 / 1389

王神授 / 1519

王祚 / 1389, 1519

王晟 / 1482

王晃 / 1389

王豹 / 1308

王逢 / 1539

王恕 / 1310

王著 / 1336

王敏 / 1376

王惬 / 1390

王密 / 1390

王绩 / 1390

王超 / 1391

王覃 / 1357

王雅 / 1512

王景让 / 1376

王惚 / 1391

王道济 / 1540

王勤道 / 1540

王椿 / 1391

王解公 / 1482

王溥 / 1329, 1391

王慎徽 / 1391

王赞 / 1344

王谭 / 1540

王谱 / 1333

王樗 / 1391

王勴 / 1392, 1520

王德柔 / 1293

王璠 / 1482

王翱 / 1482

王甄 / 1540

王潩 / 1536

王璹 / 1540

王彝训 / 1392

王蟾 / 1291

元□ / 1482

元充 / 1392

元希声 / 1392

元怀景 / 1392

元庭珍 / 1512

元戚 / 1482

元基 / 1515, 1520

元释 / 1520

元察 / 1393

韦□ / 1393

韦士逸 / 1393

韦子威 / 1483

韦元旦 / 1393

韦见素 / 1393

韦安之 / 1394

韦迅 / 1394

韦巡 / 1394

韦孝思 / 1483

韦序 / 1395

韦张 / 1395

韦叔文 / 1395

韦迪 / 1395

韦知人 / 1540

韦峤 / 1396

韦迥 / 1396

韦泂 / 1483

韦洵美 / 1265

韦宪 / 1396

韦逌 / 1396

韦造 / 1483

韦庚 / 1397

韦谏 / 1483

韦维 / 1397

韦最 / 1540

韦楚相 / 1397

韦甄 / 1397

韦嗣立 / 1397

韦雍 / 1398

韦肇 / 1398

韦鹍 / 1398

云遂 / 1520

四画〔丿〕

牛丹 / 1515

毛文锡 / 1399

长孙□ / 1399, 1541

仇华 / 1319

仇克义 / 1520

公孙道育 / 1483, 1521

乌炤度 / 1399

四画〔丶〕

卞震 / 1374

文澹 / 1376

亢潮 / 1399

四画〔一〕

尹拙 / 1276

孔□ / 1399

孔庄 / 1308

孔守元 / 1521

孔英 / 1317

孔迥 / 1400

孔崇弼 / 1400

孔策 / 1401

孔温裕 / 1400, 1483

孔遵宪 / 1484

孔遵孺 / 1400, 1484

邓及 / 1363

邓文思 / 1401

邓吉 / 1370, 1371

邓洵美 / 1330

五画〔一〕

甘元柬 / 1401

艾颖 / 1299

左□ / 1376

石元璨 / 1374

石休光 / 1512

石仲良 / 1512

石季良 / 1512

石奖 / 1513

石琮 / 1513

石鉴 / 1376

石熙载 / 1356

平贞眘 / 1401

五画〔丨〕

卢士衡 / 1291

卢亿 / 1281, 1380

卢广 / 1515

卢文纪 / 1401

卢文亮 / 1402

卢东表 / 1541

卢迈 / 1484

卢仲规 / 1484

卢价 / 1295

卢行质 / 1484

卢多逊 / 1341

卢志安 / 1484

卢克义 / 1515

卢邹 / 1402

卢沆 / 1402

卢怀慎 / 1402

卢郢 / 1364

卢昭度 / 1521

卢复 / 1515

卢勉 / 1541

卢峦 / 1484

卢损 / 1266

卢砺 / 1403

卢虔灌 / 1403

卢常师 / 1403

卢博 / 1541

卢巽 / 1485

卢粲 / 1403

卢蔚 / 1403

卢操 / 1485

卢冀 / 1404

卢藏用 / 1404

卢邀 / 1404

卢膺 / 1485

卢藩 / 1404

叶蒙 / 1404

申文炳 / 1303

田敏 / 1281

田淳 / 1374

冉祖雍 / 1405

五画〔丿〕

丘光庭 / 1405

丘廷敏 / 1377

白论 / 1405

白慎言 / 1541

白璘 / 1405

印□ / 1485

印崇简 / 1370

乐史 / 1363

句中正 / 1374

包幼正 / 1405

五画〔丶〕

冯轩 / 1405

冯灵童 / 1515

冯玠 / 1406

冯果 / 1486

冯岩 / 1406

冯衮 / 1406

冯缄 / 1407

冯颢 / 1407

五画〔一〕

司马都 / 1408

司空朗 / 1541

皮光业 / 1271

边珝 / 1319

六画〔一〕

邢文伟 / 1408

邢礼安 / 1542

邢同琳 / 1542

邢惟彦 / 1542

戎昱 / 1408

巩玄敏 / 1516

朴仁范 / 1408

权南仲 / 1542

达奚恪 / 1408

达奚珣 / 1408

成光诲 / 1310

成彦雄 / 1364

成崇 / 1521

成僚 / 1288

毕构 / 1409

六画〔丨〕

师均 / 1295，1300

吕□ / 1486

吕太一 / 1521

吕仁海 / 1521

吕文仲 / 1364

吕荣 / 1409

六画〔丿〕

朱贞筠 / 1409

朱冲和 / 1486

朱佐日 / 1522

朱承庆 / 1409

朱循 / 1486

朱弼 / 1370

朱德孙 / 1377

朱遵式 / 1341

先宣力 / 1486

竹庆基 / 1542

乔维岳 / 1342

伍乔 / 1364

仲□ / 1522

任□ / 1410，1487

任光 / 1364

任迪简 / 1410

任惟吉 / 1345

任赞 / 1267

伊慎 / 1536

六画〔丶〕

庄布 / 1410

庄南杰 / 1410

刘□ / 1542

刘□□ / 1410，1522

刘十儿 / 1487

刘元英 / 1380

刘升 / 1542

刘仁祥 / 1410

刘斤同 / 1267

刘允济 / 1411

刘式 / 1371

刘延庆 / 1543

刘延祐 / 1411

刘仲丘 / 1411

刘全交 / 1516

刘汝言 / 1487

刘如璋 / 1411

刘轩 / 1522

刘坦 / 1351

刘昌素 / 1267

刘知柔 / 1411

刘承雍 / 1412

刘选 / 1345

刘度 / 1487

刘彦之 / 1412

刘彦参 / 1543

刘素 / 1487

刘载 / 1306

刘莹 / 1298

刘衮 / 1357

刘涛 / 1308

刘海 / 1543

刘继伦 / 1358

刘商 / 1412

刘望 / 1413

刘焕章 / 1413

刘暎 / 1487

刘道积 / 1413

刘温其 / 1413

刘粲 / 1487

刘廓 / 1413

刘熙古 / 1303

刘鹗 / 1371

刘寡辞 / 1488

刘暹 / 1543

刘德润 / 1357

刘蟠 / 1333

齐祐 / 1488

羊愔 / 1488

关图 / 1413

江文蔚 / 1300

宇文审 / 1413

宇文翃 / 1414

安玄度 / 1354

许□ / 1378, 1378

许仲宣 / 1330

许仲舆 / 1543

许俞 / 1414

许洞 / 1414

许鼎 / 1276

许景先 / 1414

许温 / 1522

六画〔一〕

阮思道 / 1301

孙□ / 1414

孙公器 / 1523

孙令名 / 1488

孙兰 / 1488

孙发 / 1523

孙冲 / 1377, 1380

孙纾 / 1415

孙拙 / 1377

孙宗闵 / 1415

孙革 / 1415

孙晟 / 1377

孙展 / 1415

孙偓 / 1543

孙颜 / 1415

孙遘 / 1523

孙德 / 1544

孙澄 / 1296

孙藏器 / 1523

孙徽 / 1415

阴仁协 / 1523

七画〔一〕

严选 / 1415

严挺之 / 1416

严郢 / 1416

严亮 / 1488

严说 / 1345

严澄 / 1544

严灌夫 / 1516

苏仲容 / 1488

苏系 / 1488

苏妙 / 1489

苏叔节 / 1544

苏禹珪 / 1380

苏绾 / 1416

苏践言 / 1416

苏献 / 1417

苏德祥 / 1378

苏颜 / 1417

苏懂 / 1417

杜廷坚 / 1417

杜怀古 / 1544

杜怀让 / 1524, 1544

杜昇 / 1524

杜易简 / 1417

杜思道 / 1354

杜犟 / 1516

杜镐 / 1371

杜濛 / 1545

李□ / 1418, 1489, 1516, 1524

李飞 / 1293

李元 / 1418

李元雄 / 1489

李少安 / 1489

李日知 / 1418

李中 / 1324

李仁济 / 1269

李仁颖 / 1418, 1524

李从偓 / 1489

李文素 / 1418

李文寂 / 1545

李方 / 1545

李甲 / 1419

李匡尧 / 1324

李尧 / 1419

李光庭 / 1419

李同 / 1419

李延 / 1490

李仲云 / 1419

李全礼 / 1524

李庆 / 1351

李守文 / 1299

李安期 / 1419

李羽 / 1364

李赤 / 1419

李志 / 1524

李志览 / 1525

李佐 / 1420

李余庆 / 1420

李谷汝 / 1378

李言 / 1420

李沧 / 1420

李怀远 / 1420

李林宗 / 1420

李叔霁 / 1420

李明允 / 1490

李昉 / 1330

李季卿 / 1490, 1525

李岳 / 1421

李征古 / 1364

李金马 / 1525

李京 / 1276

李怿 / 1421

李承庆 / 1421

李昭皷 / 1422

李峣 / 1422

李觌 / 1422

李矩 / 1490

李适 / 1423

李度 / 1349

李恒 / 1423

李恽 / 1331

李翔 / 1490

李莹 / 1357

李栖桐 / 1516

李殷 / 1423

李途 / 1491

李逢 / 1491

李涛 / 1291

李浮丘 / 1525

李铣 / 1298

李象 / 1296

李涪 / 1516

李惟恕 / 1423

李惠 / 1525

李覃 / 1342

李景阳 / 1423

李鹄 / 1423

李谦顺 / 1423

李缃 / 1491

李蒙 / 1525

李楚金 / 1491

李楚琼 / 1491

李愚 / 1268

李嗣本 / 1424, 1526

李裴老 / 1424

李睿 / 1424

李穀 / 1294

李震 / 1346

李穆 / 1341

李褒 / 1545

李濛 / 1424

李戴 / 1424

李赡 / 1424

李魏相 / 1526

李翼 / 1492

李藻 / 1425

李瀚 / 1303

杨□ / 1357

杨大郁 / 1365

杨义方 / 1425

杨仁远 / 1297

杨公甫 / 1492

杨丹 / 1354

杨文龟 / 1297

杨文郁 / 1365

杨廷式 / 1492

杨休烈 / 1526

杨邺 / 1425

杨玢 / 1425

杨枳 / 1425

杨鸥 / 1526

杨昭俭 / 1308

杨洞 / 1425

杨珣 / 1426

杨海 / 1492

杨辇 / 1426

杨鼎夫 / 1374

杨煚 / 1426, 1426

杨遂 / 1365

杨缄 / 1526

杨鉴 / 1427

杨暕 / 1526

杨筠 / 1427

杨福延 / 1527

杨播 / 1427

杨蕴中 / 1427

杨篆 / 1428

杨徽之 / 1343

杨镰 / 1428

杨夔 / 1428

豆卢籍 / 1428

七画〔丨〕

吴少微 / 1428

吴仕敬 / 1545

吴训 / 1492

吴延保 / 1429

吴守明 / 1429

吴杨吾 / 1527

吴沺 / 1294

吴承范 / 1301

吴绚 / 1493

吴珪 / 1493

吴淑 / 1365

吴琰 / 1493

吴植 / 1429

吴潡 / 1493

吴缙 / 1494

岑羲 / 1429

七画〔丿〕

邱旭 / 1365

何□ / 1430

何仲举 / 1304

何交直 / 1309

何间直 / 1309

何泽 / 1273

何承裕 / 1320

何谊直 / 1309

何景山 / 1430

何蒙 / 1366

何嗣全 / 1309

何简 / 1430

何曦 / 1343

何蠋 / 1430

余知古 / 1430

余渥 / 1268, 1378

七画〔、〕

辛怡谏 / 1430

汪焕 / 1366

沙承赞 / 1279

沈务本 / 1430

沈先 / 1431

沈伦 / 1494

沈全交 / 1431

沈志廉 / 1494

沈利宾 / 1431

沈伯仪 / 1527

沈希义 / 1431

沈怀文 / 1494

沈忌 / 1431

沈既济 / 1431

沈颂 / 1432

沈遘 / 1432

沈综 / 1494

沈遘 / 1378

沈豪之 / 1494

沈融 / 1433

宋元同 / 1517

宋务光 / 1433

宋贞观 / 1366

宋延美 / 1299

宋南容 / 1433

宋维 / 1433

宋琪 / 1324

宋温故 / 1324

宋温舒 / 1325

宋鹏举 / 1433

宋懿 / 1545

七画〔一〕

张□ / 1433

张从申 / 1433

张从师 / 1434

张文伏 / 1289

张为 / 1434

张正则 / 1496

张玄晏 / 1546

张弘 / 1546

张芃 / 1434

张休 / 1317

张价 / 1546

张行果 / 1494, 1527

张观 / 1366

张远助 / 1527

张志和 / 1495

张克勤 / 1495

张忌 / 1434

张沆 / 1301

张纬 / 1306

张林 / 1434

张昉 / 1355

张忠 / 1495

张周封 / 1546

张泽 / 1527

张绍儒 / 1495

张柬之 / 1434

张咸 / 1435

张庭珪 / 1435

张洎 / 1366

张济美 / 1436

张砺 / 1285

张晕 / 1536

张积 / 1527

张僎 / 1546

张谊 / 1304

张凑 / 1436

张翊 / 1367

张盖 / 1436

张惟郴 / 1372

张惟彬 / 1381

张谞 / 1547

张敬之 / 1547

张确 / 1367

张铸 / 1274

张愃 / 1436

张瑜 / 1536

张慎微 / 1346

张群 / 1495

张觐 / 1351

张潽 / 1322

张鹭 / 1437

张霭 / 1348

陆子容 / 1547

陆元朗 / 1495

陆余庆 / 1437

陆质 / 1495

陆景献 / 1527

陆翱 / 1437

陈少游 / 1517

陈光 / 1437

陈乔 / 1367

陈齐卿 / 1438，1538

陈聿 / 1495

陈希乔 / 1517

陈希烈 / 1438

陈沇 / 1265

陈昙 / 1496

陈季卿 / 1438

陈岳 / 1438

陈承德 / 1438

陈保极 / 1292

陈保衡 / 1352

陈度 / 1367

陈起 / 1367

陈皋 / 1367

陈逖 / 1275

陈庶 / 1438

陈彭年 / 1367

陈斐 / 1438

陈渤 / 1439

陈蜕 / 1439

陈德初 / 1279

陈樵 / 1439

陈巇 / 1439

陈鍊 / 1496

陈曙 / 1439

陈濬 / 1378

邵炅 / 1439

邵图 / 1496

邵锡 / 1440

八画〔一〕

武公素 / 1440

武允成 / 1346

武令珪 / 1528

武言 / 1440

武迥 / 1496

武斑 / 1496

武唐珪 / 1440

苗良琼 / 1517

苗龁 / 1440

苗缵 / 1440

范传礼 / 1440

范传庆 / 1441

范质 / 1304

范禹偁 / 1302

范履冰 / 1441

范赞时 / 1517

林松 / 1367

林贲 / 1441

林赞 / 1441

林宽 / 1441

林游楚 / 1528

欧阳仪 / 1368，1372

欧阳薰 / 1442

八画〔丨〕

国孟恭 / 1269

明琰 / 1528

易廷桢 / 1442

易偲 / 1442

罗处约 / 1378

罗贯 / 1279

罗修古 / 1517

罗颖 / 1368

八画〔丿〕

和逢尧 / 1442

和凝 / 1274

欣彪 / 1279

金可纪 / 1442

金夷鱼 / 1442

金渥 / 1443

周三 / 1528

周允元 / 1443

周延禧 / 1496

周宝 / 1528

周度 / 1347

周确 / 1443

周道荣 / 1497

周渥 / 1309

八画〔丶〕

庞□ / 1528

庞式 / 1310

郑□ / 1497

郑又玄 / 1497

郑小诵 / 1517

郑朴 / 1297

郑齐丘 / 1528

郑齐望 / 1529

郑希闵 / 1265

郑邻 / 1443

郑叔则 / 1497

郑易 / 1497

郑旿 / 1443

郑临 / 1443

郑亮 / 1444

郑泰 / 1444

郑班 / 1444

郑起 / 1339

郑起潜 / 1444

郑致雍 / 1265

郑偁 / 1444

郑敬 / 1497

郑景仁 / 1498

郑曾 / 1547

郑愔 / 1444

郑楚相 / 1444

郑辟 / 1445

郑潜 / 1445

郑穆 / 1445

郑璧 / 1445

郑瀚 / 1498

单贻庆 / 1352

宗楚客 / 1445

郎余令 / 1446

房从会 / 1547

房先忠 / 1548

房武 / 1498

八画〔一〕

屈隐之 / 1385

孟□ / 1269

孟元方 / 1498

孟云卿 / 1446

孟玄机 / 1529

孟诜 / 1446

孟洋 / 1498，1529

孟宾于 / 1321

孟通 / 1499

孟景休 / 1446

九画〔一〕

封其 / 1447

封真 / 1447

封皎 / 1529

封舜卿 / 1447

赵□ / 1499，1518

赵于 / 1548

赵才林 / 1529

赵不器 / 1447

赵凤 / 1381

赵汇贞 / 1447

赵乔卿 / 1499

赵守微 / 1348

赵防 / 1448

赵孚 / 1342

赵邻几 / 1343

赵宏 / 1315

赵武孟 / 1448

赵拙 / 1448

赵林 / 1448

赵和璧 / 1448

赵宝符 / 1449

赵居贞 / 1449

赵骃 / 1529

赵保雍 / 1355

赵彦昭 / 1450

赵美 / 1293

赵宣辅 / 1372

赵祝 / 1450

赵都 / 1272

赵莹 / 1276

赵格 / 1450

赵逢 / 1333

赵涉 / 1450

赵阐 / 1530

赵鸿 / 1499，1548

赵惟暕 / 1451

赵悰 / 1451

赵随 / 1499

赵绮 / 1368

赵晰 / 1451

赵颐贞 / 1451

赵歊先 / 1530

赵榑 / 1452

赵樑 / 1452

赵橹 / 1452

赵藤 / 1548

赵鄼 / 1452

赵瓒 / 1379

赵纂 / 1499

胡□ / 1530

胡元龟 / 1372

胡则 / 1368

胡直方 / 1452

胡昌翼 / 1288

胡珪 / 1452

胡宰臣 / 1452

茹子颜 / 1500

南道逸 / 1530

查陶 / 1372

柏元封 / 1453

柳岳 / 1548

柳崇敬 / 1513

柳韬 / 1453

九画〔丿〕

钟允章 / 1375

钟离瑾 / 1379

段宏 / 1350

段琮 / 1548

皇甫文房 / 1530

皇甫敖 / 1500

皇甫翼 / 1500

侯陟 / 1335

侯晋升 / 1453

侯愉 / 1454

郤□ / 1549

独孤庠 / 1454

饶廷直 / 1454

九画〔丶〕

闾邱舜卿 / 1347

姜蟾 / 1357

洪奋虬 / 1454

官自劝 / 1537

祖仲宣 / 1311

祖岳 / 1381

祝尚丘 / 1530

九画〔一〕

姚郜 / 1454

姚爱同 / 1530

姚端 / 1368

贺兰宪 / 1500

骆仲舒 / 1349

十画〔一〕

敖颖 / 1454

袁希古 / 1454

聂屿 / 1272

聂崇义 / 1336

莫彦修 / 1454

索元礼 / 1454

索道疠 / 1549

贾少瑜 / 1310

贾师 / 1549

贾玭 / 1317

贾翃 / 1500

贾琏 / 1357

贾黄中 / 1323, 1349

贾整 / 1549

贾凝 / 1319

夏侯琪 / 1294

夏侯浦 / 1281

夏侯敬 / 1454

夏侯曈 / 1455

十画〔丨〕

柴少仪 / 1455

柴令将 / 1455

柴自牧 / 1379

晁□ / 1500

晏璩 / 1455

十画〔丿〕

钱□ / 1549

钱仁昉 / 1500

倪子泉 / 1455

徐□□ / 1456

徐元之 / 1456

徐云 / 1500

徐世业 / 1456

徐令名 / 1531, 1549

徐玄之 / 1456

徐台符 / 1286

徐坚 / 1457

徐纬 / 1353

徐昌嗣 / 1381

徐放 / 1531

徐济 / 1457

徐容 / 1501

徐陶 / 1458

徐琼 / 1458

徐锴 / 1368

殷□ / 1549

殷琪 / 1458

殷鹏 / 1302

翁承检 / 1458

十画〔丶〕

凌准 / 1531

高大器 / 1513

高元 / 1513

高元固 / 1458

高应 / 1458

高若讷 / 1379

高若拙 / 1379

高总 / 1267

高冕 / 1356

高颐 / 1316

高辇 / 1458

高越 / 1379

高策 / 1298

高湘 / 1459

高湜 / 1459

高锡 / 1333

高慈 / 1513

高璠 / 1501

郭幼明 / 1550

郭忠恕 / 1286

郭昱 / 1358

郭峻 / 1355

郭晙 / 1292

郭瑜 / 1501

郭嵘 / 1358

郭鹏 / 1372

唐贞操 / 1501

唐技 / 1550

唐汭 / 1460

唐奉一 / 1550

唐恕 / 1550

诸葛澄 / 1537

十画〔乛〕

陶贡 / 1531

桑维翰 / 1288

十一画〔一〕

黄仁颖 / 1275, 1291

黄讽 / 1460

黄金生 / 1460

黄损 / 1277

萧□ / 1501

萧士明 / 1358

萧孔冲 / 1310

萧守规 / 1550

萧安亲 / 1531

萧轩 / 1460

萧希甫 / 1280

萧俨 / 1373

萧恝 / 1501

萧晦 / 1501

萧隆 / 1502

萧然 / 1460

萧颛 / 1460

萧攒 / 1502, 1531

萧諴 / 1518

曹国珍 / 1279

曹翊 / 1460

曹翔 / 1460

曹鄂 / 1461

十一画〔丨〕

常无为 / 1461

常无求 / 1461

常无欲 / 1461

常伯儒 / 1502

常非自 / 1461

常献 / 1502

崔元范 / 1532

崔元膺 / 1532

崔无竞 / 1532

崔公辅 / 1502

崔正 / 1550

崔可准 / 1502

崔权 / 1503

崔光表 / 1285

崔行首 / 1462

崔行模 / 1514

崔邠 / 1461

崔宇 / 1462

崔希先 / 1551

崔汪 / 1462

崔茂宗 / 1532

崔昙首 / 1532

崔昇 / 1551

崔周桢 / 1462

崔郇 / 1462

崔育 / 1463

崔宝筠 / 1551

崔居俭 / 1280

崔峒 / 1463

崔贻孙 / 1379

崔钧 / 1463

崔禹昌 / 1464

崔彦回 / 1464

崔彦融 / 1464

崔宪 / 1358

崔绛 / 1464, 1503

崔顼 / 1316

崔郸 / 1532

崔浩 / 1503

崔玭 / 1503

崔棁 / 1274

崔铢 / 1464

崔諲 / 1514

崔蕲 / 1503

崔赓 / 1503

崔道纪 / 1465

崔谠 / 1503

崔谣 / 1503

崔蒙 / 1504

崔韬 / 1504

崔藏之 / 1465

崔邀 / 1265

崔鄑 / 1465

十一画〔丿〕

符蒙 / 1289

十一画〔丶〕

麻希梦 / 1277

庚何 / 1551

庚道蔚 / 1466

章仇元素 / 1514

章谷 / 1368

淳于晏 / 1281

梁文献 / 1374

梁旷 / 1504

梁周翰 / 1339

梁珪 / 1466

梁勖 / 1333

梁惟忠 / 1381

梁鉴 / 1551

梁嵩 / 1375

梁翰 / 1336

寇文秀 / 1514

寇南容 / 1504

寇湘 / 1322

扈载 / 1340

扈蒙 / 1319

十二画〔一〕

彭侔 / 1466

彭惟岳 / 1466

彭遵 / 1466

董全道 / 1504

董昂 / 1466

董咸则 / 1356

董晋 / 1504

董虔运 / 1537

董淳 / 1339

敬毬 / 1505

蒋兆 / 1466

蒋冽 / 1467

蒋勋 / 1467

蒋钦绪 / 1467

蒋涣 / 1467

蒋捷 / 1467

蒋播 / 1468

韩北渚 / 1468

韩思复 / 1468

韩洎 / 1358

韩绛 / 1468

韩绰 / 1468

韩琬 / 1469

韩溥 / 1342

韩熙载 / 1290

韩镒 / 1469

韩衡 / 1469

十二画〔丨〕

景范 / 1381

十二画〔丿〕

程□ / 1533

程大雅 / 1272

程文琬 / 1533

程行谌 / 1551

程羽 / 1321

程远光 / 1358

程员 / 1369

程逊 / 1273

程峻 / 1316

程浩然 / 1347

程逸 / 1552

程渥 / 1369

程赞明 / 1303

傅□ / 1552

焦西鸾 / 1505

舒益彰 / 1358

舒雅 / 1369

鲁轨 / 1533

十二画〔丶〕

曾文照 / 1373

曾文黜 / 1373

曾觊 / 1369

曾颛 / 1373

游山甫 / 1469

游申伯 / 1470

游芳 / 1470

游邵 / 1470

游乾晦 / 1470

游温 / 1471

游蔚 / 1471

游震 / 1471

游譬 / 1369

富嘉谟 / 1471

甯安 / 1505

谢石 / 1472

谢兔 / 1325

谢苌 / 1472

谢课 / 1379

谢谌 / 1266

谢辟 / 1472

谢鹑 / 1472

十三画〔一〕

蒲□ / 1472

蒲禹卿 / 1373

雷说 / 1369

雷德骧 / 1340

十三画〔丨〕

路□网 / 1472

路任玄 / 1505

路敬淳 / 1472

十三画〔丿〕

简文会 / 1375

颖贽 / 1358

十三画〔丶〕

雍鼎 / 1505

源乾曜 / 1473

窦仪 / 1318

窦贞固 / 1286

窦知节 / 1552

窦侃 / 1332

窦昱 / 1505

窦俨 / 1319

窦说 / 1552

窦涔 / 1518

窦偁 / 1334

窦瑞 / 1518

窦僖 / 1339

褚冲 / 1505

褚峰 / 1473

十四画〔一〕

蔡□□ / 1506

蔡仁□ / 1325

蔡直清 / 1506

蔡符 / 1506

臧敬廉 / 1533

十四画〔丨〕

裴□ / 1506

裴元质 / 1473

裴庄 / 1375

裴江 / 1506

裴守真 / 1473

裴怀古 / 1533

裴佁 / 1474

裴净 / 1518

裴绅 / 1552

裴济 / 1518

裴夏日 / 1474

裴昚 / 1474

裴涣 / 1507

裴润 / 1518

裴悌 / 1533

裴巽 / 1553

裴演 / 1507

裴濛 / 1507

裴懿 / 1474

十四画〔丶〕

廖汾 / 1537

廖澄 / 1266

廖衢 / 1369

十画〔乛〕

翟木栖 / 1553

翟楚质 / 1553

熊若谷 / 1353

熊曒 / 1307

十五画〔一〕

樊吉 / 1294

樊赤松 / 1553

樊钊 / 1507

十五画〔丿〕

黎球 / 1474

滕亢 / 1474

滕盖 / 1507

十五画〔丶〕

颜大智 / 1507

颜日损 / 1534

颜中和 / 1507

颜方侨 / 1475

颜式宣 / 1475, 1534

颜至诚 / 1508

颜同寅 / 1508

颜传经 / 1514

颜孝悌 / 1475

颜克明 / 1508

颜时 / 1508

颜希庄 / 1475

颜邻几 / 1534

颜知微 / 1534

颜泳 / 1508

颜春卿 / 1508

颜挺 / 1508

颜荛 / 1475

颜顺 / 1476

颜衍 / 1277

颜胜 / 1476

颜说 / 1509

颜真长 / 1509

颜陵 / 1509

颜据 / 1509

颜康成 / 1476

颜清修 / 1476

颜隐朝 / 1476

颜援 / 1509

颜揆 / 1509

颜敬仲 / 1509

颜萱 / 1379

颜颎 / 1510

颜舒 / 1534

颜温 / 1510

颜温之 / 1535

颜退福 / 1554

颜强学 / 1535

颜揩 / 1510

颜韶 / 1476

颜撰 / 1510

颜觌 / 1477

颜澂之 / 1510

颜澹之 / 1510

潘元简 / 1511

潘图 / 1477

十六画〔一〕

薛诉 / 1477

薛抡 / 1511

薛居正 / 1307

薛钧 / 1268

薛胜 / 1477

薛敖 / 1518

薛衮 / 1477

薛推 / 1477

薛晤 / 1511

薛徼 / 1554

薛融 / 1554

十六画〔丿〕

衡守直 / 1535

十七画〔一〕

戴光义 / 1478

戴迟 / 1478

戴叔伦 / 1478

戴秉权 / 1370

戴洪宗 / 1369

鞠恒 / 1334

鞠愉 / 1340

十七画〔丿〕

魏友方 / 1554

魏叔虹 / 1478

魏恬 / 1479

魏清 / 1370

魏照 / 1535

繁知一 / 1479